Lodz um 1840. Ausschnitt aus der Quartiermeisterkarte von 1839
(Aus dem Originalmaßstab 1 : 126 000 vergrößert auf 1 : 50 000)

11505

OSKAR KOSSMANN · DIE DEUTSCHEN IN POLEN

OSKAR KOSSMANN

DIE DEUTSCHEN IN POLEN

SEIT DER REFORMATION

* Historisch-Geographische Skizzen *

Siedlung · Sozialstruktur · Wirtschaft

Mit den Original-Aussagen der Zeitgenossen,
zahlreichen Karten und Tabellen

J. G. Herder-Institut · Marburg/Lahn · 1978

Satz und Druck: Buchdruckerei Poeschel & Schulz-Schomburgk, Eschwege
Einband: Klemme & Bleimund, Bielefeld
Kartographie: J. G. Herder-Institut, Marburg/Lahn
Veröffentlichung der Kartengrundlagen für die Karten 3, 9 a und 9 b
mit Genehmigung der Stiftung Preußischer Kulturbesitz, Berlin
Klischees: Margraf & Fischer Reprotechnik GmbH, Mainz
Printed in Germany
ISBN 3-87969-141-X

In Erinnerung
an die
Blütezeiten des Deutschtums in Polen
und
Jahrhunderte guter Nachbarschaft

INHALTSVERZEICHNIS

KARTENVERZEICHNIS

---

* In einer Tasche am Schluß des Bandes.

TAFELN UND DIAGRAMME IM TEXT

ZAHLENTAFELN IM ANHANG

ABKÜRZUNGEN

AAD, K. Rz. S. W. – Archiwum Akt Dawnych, Komisja Rządowa Spraw Wewnętrznych (Archiv Alter Akten, Regierungskommission für Innere Angelegenheiten)

A. R. Adm. – Akta Rady Administracyjnej (Akten des Verwaltungsrates)

Cod. dipl. Sil. – Codex diplomaticus Silesiae, hrsg. von K. Maleczyński

DM – Deutsche Monatshefte in Polen

Dt. – Deutsch(e)

DWZ – Deutsche Wissenschaftliche Zeitschrift

DWZP – Deutsche Wissenschaftliche Zeitschrift für Polen

Vol. leg. – Volumina legum

ZfO – Zeitschrift für Ostforschung

ZHGP – Zeitschrift der Historischen Gesellschaft für die Provinz Posen

ERRATA

Seite

10	2. Zeile von oben: statt „1945" — 1945 ff.
15	2. und 3. Zeile von unten: statt „Angagen" — Angaben.
46	18. Zeile von oben: statt „stehenden" — stehende.
99	Anm. 64: statt „Netzedistrikt" — Netzdistrikt.
154	25. Zeile von oben: statt „Einblicke" — Einblick.
162	9. Zeile von oben: statt „galten" — gelten.
187	14. Zeile von unten: statt „221" — 211.
202	15. Zeile von oben: statt „könnten" — könnten).
280	8. Zeile von oben: statt „Familien" — Familien[4].
306	15. Zeile von unten: statt „Opatówek" — Opatów.
318	1. Zeile von oben: statt „die" — der.
353	Bromberg, unterm Jahr 1799: statt „170" — 1170.
360	Ludwigsdorf — zu ergänzen für 1871: D 23 19 147.

Karte 9 — statt „Reinzeichnung: O. Kossmann" — Reinzeichnung der Grün- u. Rotplatte: O. Kossmann.
Die schwarzen Querstriche sollten dort, wo senkrechte grüne Striche vorkommen, diesen genau aufsitzen.

Karte 9b — am Westrand der Karte, im Weichseltal, fehlt die Eintragung für Secymin (s. Taf. V, Nr. 9). Für die Kolonien Aleksandrów, Izabelin, Augustów (im NO) ist der grüne Querstrich 1 mm über der Basis des roten Balkens anzubringen.

VORWORT

„Gott hat den Menschen mit einer natürlichen Neugierde geschaffen.“
Wernher von Braun

Oft erinnere ich mich an den temperamentvollen Bauern, den ich auf einer meiner zahlreichen Wanderungen durch Polen nach der Bodengüte eines Feldes befragte. Er war soeben am Ende des Gewannes angelangt, hielt und schlug mit dem Pflug kraftvoll auf den Acker, wie man sonst mit der Faust auf den Tisch zu schlagen pflegt. Dann sagte er kurz entschlossen: „Wenn der Herr (*pan*) mich nach dem Boden fragt, so will ich ihm antworten. Hätte mich aber der Herr nach der ‚GRENZE‘ gefragt, so würde ich ihn gleich jetzt als Spion zur Gendarmerie bringen.“ Der mißtrauische Patriot hatte mich im Verdacht, ich forschte nach Dingen, die für die Landesgrenze eine Gefahr bedeuten könnten. Aber er überzeugte sich rasch, daß mein Interesse harmlos war, und ließ sich auf ein langes Gespräch ein, das den Bodengüten der Gegend galt.

Polnische Intellektuelle sind eher noch mißtrauischer und, wie die Erfahrung lehrt, in der Regel nicht bereit einzusehen, daß ein deutscher Forscher an dieser oder jener Frage des polnischen Raumes sachlich-fachlich, ohne die versteckte Absicht einer Grenzverschiebung, interessiert sein kann. Besonders mißtrauisch aber sind sie, wenn es sich dabei um ein „deutsches“ Thema handelt, wie in dem vorliegenden Buch. Dabei ist nur natürlich, daß sich Deutsche noch am ehesten — wenn überhaupt — für solche Geschehnisse im polnischen Raum erwärmen, an denen ihre Volksgenossen so oder so beteiligt waren, und das erst recht, wenn es die eigenen Vorfahren sind.

Wie Grün die Komplementärfarbe zu Rot ist, so steht oder stand diesem sorgenumwölkten polnischen Grenzkomplex auf deutscher Seite ein oft allzu sorgloser Stolz gegenüber, mit dem man dem östlichen Nachbarn begegnete. Die Deutschen im Osten sah man meist in der Glorie des Sieges, der Kulturmission, einer legendären Leistungsfähigkeit. Die nach Osten ziehenden Deutschen wurden zu mythischen Übermenschen, die Slawen zu unterbewerteten Wenden und Kaschuben, Figuren zweiten Ranges. Obzwar mit anderem Vorzeichen, geriet die deutsche Seite damit nicht selten selber in die Schwaden eines psychischen Komplexes, der ihr die klare Sicht nach Osten nahm. Die erschreckende Konsequenz ist, daß beide Völker noch heute einander meist nur wie aus einem Zerrspiegel kennen, was politischen Abenteurern immer wieder ihr grausiges Handwerk erleichtert. Deswegen hat gerade die deutsch-slawische Thematik in Deutschland wie in Polen neben ihrer wissenschaftlichen Bedeutung auch eine erhebliche, gar nicht hoch genug einzuschätzende aktuelle Ausstrahlung. Diese kann freilich nur dann im positiven Sinne wirksam werden, wenn einsichtige Kreise hüben wie drüben die gegenseitige objektive Charakteristik beider Völker entschiedener fördern und die maßgeblichen Stellen auch in ihrem politischen Alltag im gleichen Sinne handeln würden. Bis dahin freilich ist der Weg wohl noch weit.

Im Folgenden erscheint jedenfalls der Deutsche in Polen nicht als Übermensch, sondern als Siedler, der — wie andere Auswanderer — nach einer „besseren Steh" sucht. Die Akzente liegen nicht einseitig auf dem nationalen Gegensatz: Deutsch-Polnisch, als ob das alles erklären könnte, sondern oft auf den weit maßgeblicheren Kategorien: Frei-Unfrei. Laufend werden die wirklichen Prozentanteile der Deutschen angegeben, um der Illusion ihrer Allgegenwart entgegenzuwirken, wie sie erfahrungsgemäß beim Lesen einer solchen Volkstumsgeschichte leicht aufkommt.* Der aufmerksame Leser wird auch sonst, oft am unauffälligen Detail, bestätigt finden, daß hier ernstlich — und ohne Fanfaren — darum gerungen wird, das lange Zusammensein von Ostdeutschen und Polen in seinen beiderseitigen Schatten und Lichtern umwelttreu nachzuzeichnen. Volle Objektivität gilt freilich allgemein als unerreichbar, und sie ist es wohl auch. Wir werden uns daher, statt der Wahrheit selbst, mit dem Streben nach ihr zufrieden geben. Wir werden schlicht, sachlich, Zeile um Zeile bemüht sein, immer mehr von dem Schleier zu lüften, der die vergangene Welt der Deutschen in Polen verhüllt, um sie, soweit erkennbar, in ihren wechselnden Farben und Formen, Kapitel um Kapitel, dem Leser vor Augen zu führen.

Der überwiegende Forschungscharakter dieses Werkes bringt es freilich mit sich, daß nicht sämtliche Aspekte gleichmäßige Berücksichtigung finden. Immerhin vermitteln die hier vorgelegten „Historisch-geographischen Skizzen" (Waldbauern, Holländer, Kolonisten usw.) eine so mannigfaltige Auswahl, daß zusammengenommen dennoch ein umfassender Überblick über die wichtigsten Entwicklungsphasen des Deutschtums auf polnischem Volksboden und unter polnischer Herrschaft, kurz: des Polendeutschtums, zustande kommt. Behandelt werden vor allem jene Räume und Zeiten (bis zum Ersten Weltkrieg), für die ich — dem Laien oft unmerklich — mit neuen Erkenntnissen, Argumenten, Blickwinkeln aufwarten kann, oder wo Stellung zu nehmen war zu polnischen Untersuchungen aus der Nachkriegszeit, die bei uns kaum oder gar nicht bekannt sind. Im Ganzen handelt es sich hier somit nicht so sehr um eine mit persönlicher Note versehene Inhaltswiedergabe des bisherigen Schrifttums, als zumeist um eigene neugierige Forschung, die in den unendlichen Weiten der Vergangenheit unablässig Ausschau hält nach frischen, besseren Erkenntnissen. Als wahre Fundgruben erwiesen sich dabei zahlreiche Buch- und Kartendrucke aus früheren Jahrhunderten; (sie sind im Autorenverzeichnis an ihrem Erscheinungsjahr kenntlich). Unser so hervorgebrachtes Textprodukt ließ sich nun freilich nicht restlos in das gewohnte Koordinatensystem allwissender Sachbücher pressen. Manches Irrationale, hier ein Zuviel, dort ein Zuwenig, spottet der nachmessenden Elle, der sich die Forschung auch sonst in der Regel entzieht.

Eine in allen Hinsichten wirklich ausgewogene Geschichte des Deutschtums

---

* Recht ähnliche Prozentanteile errechnete soeben W. Pruss: Społeczeństwo królestwa polskiego w XIX. i początkach XX. wieku [Die Bevölkerung des Königreichs Polen im 19. und beginnenden 20. Jh.], in: Przegląd Historyczny 68 (1977).

wird wohl noch eine Weile auf sich warten lassen, nachdem die „großen Alten“ wie Breyer, Lattermann, Lück, Maas, derer mit schuldigem Respekt gedacht sei, für dieses Werk nicht mehr zur Verfügung stehen. Möge sich dennoch bald die begnadete Feder finden, die es nicht nur korrekt und lückenlos, sondern auch — befreit vom Ballast der Forschung — so fesselnd zu schreiben vermag, daß es von denen, die es angeht, wirklich gelesen wird! —

Die Niederschrift dieser Arbeit ist im Sommer 1975 dem Verlag übergeben worden. Infolge unvorhersehbarer Schwierigkeiten bei der Kartographie hat sich der Druck leider über Erwarten verzögert. Der Zeitaufwand mußte jedoch hingenommen werden; denn unzählige Einzelfakten waren, abgesehen von den Tabellen, in die eigens dafür vorgesehenen Kartenbeilagen verwiesen worden, um den Text zu entlasten und damit leichter lesbar zu machen.

Abschließend sei mir gestattet, all denen zu danken, die in kritischen Arbeitsphasen verständnisvoll Beistand leisteten, darunter vor allem dem Direktor des Herder-Instituts, Professor Dr. Roderich Schmidt, aber auch Professor Dr. Gotthold Rhode für einige sachliche Korrekturen, dazu den Fachkollegen, die dem Autor wiederholt die heute so seltene Gelegenheit zum aufgeschlossenen hilfreichen Sachgespräch boten, vorzüglich Dr. Ernst Bahr und Dr. Hugo Weczerka. Für zahllose freundliche Handreichungen danke ich ferner den Angestellten der aufgesuchten Institute und Bibliotheken, vor allem denen des Herder-Instituts. Besonders verbunden aber bin ich den eigenen Landsleuten, in erster Linie den ehemaligen Schülern und Schülerinnen des Lodzer Deutschen Gymnasiums, unserer einstigen Alma Mater in Mittelpolen; sie haben durch ihre Vorausbestellungen zusätzlich zu der großzügigen Unterstützung seitens des J. G. Herder-Forschungsrates das Erscheinen dieses „Heimatbuches“ in hohem Maße gefördert. Gleich eingangs finden sie darin als bescheidenes Zeichen des Dankes zwei nachträglich beigegebene, alte Kartendokumente, die unbestechlich, Schwarz auf Weiß den entscheidenden ersten Schritt von der alten Lodzer Waldidylle zur Textilmetropole des Ostens und damit zur einst größten Ballung des Deutschtums ostwärts des Reiches für alle Zeiten festgehalten haben.

Marburg, Herbst 1976 und 1977

Oskar Kossmann
Botschaftsrat i. R.

EINFÜHRUNG

Zum Thema und seiner räumlichen wie sonstigen Abgrenzung seien hier zunächst einige Sätze vorausgeschickt, gleich anschließend auch noch ein Wort zum politischen Aspekt:

Insgesamt zählten die Deutschen in Polen im letzten Vorkriegsjahr, 1939, rund eine Million, was etwa der Bevölkerung Münchens entspricht[1]. Um ihretwillen, die noch nicht drei Prozent der Gesamtbevölkerung ausmachten, hat sich — nach verbreiteten Auffassungen — der Zweite Weltkrieg entsponnen. In einzelnen Teilgebieten freilich, besonders im Westen des historischen Polen, war der deutsche Anteil wesentlich höher. Sie vor allem sollen daher hier näher behandelt werden (s. Karte 1).

In der preußischen Provinz Posen sprachen im Jahre 1910, vor dem Ersten Weltkrieg, noch 38,4% der Bevölkerung deutsch, 60,9% polnisch.[2] Solche Zahlenangaben werden heute sicherlich nicht mehr als politischer Anspruch mißverstanden; die Entwicklung geht eher dahin, in ihnen das zu erkennen, was sie wirklich sind: ein Zeugnis einstigen gutnachbarlichen Zusammenlebens. Dementsprechend war auch der Anteil der Deutschen in den westlichen Provinzen, wo sich beide Völker ineinander verzahnten, immer am höchsten. Dabei rechneten sich zu den Deutschsprechenden im Posenschen auch die Juden und selbstverständlich die deutschen Katholiken. Die Masse der Deutschen indes stellten in ganz Polen die Evangelischen. Diese allein hatten bis dahin, seit es Bevölkerungsstatistiken für das Posensche gibt, ein Viertel bis ein Drittel seiner Bevölkerung betragen.[3] Die

---

1) Th. Bierschenk: Die deutsche Volksgruppe in Polen 1934—39, Kitzingen 1954, S. 10, beziffert die Zahl der Deutschen in Polen zum 1. 1. 1939 mit 1 022 000 oder 2,9% der Gesamtbevölkerung. Hiervon entfielen auf Posen-Westpreußen nur noch 312 000, Ostoberschlesien — 180 000, Teschener Schlesien — 40 000, Galizien — 59 000, Mittelpolen — 364 000, Wolhynien — 62 000, Nordostwojewodschaften — 5000. Die Zahl der deutschen Katholiken in Posen-Westpreußen gibt Bierschenk, ebenda, mit 29 000 an, in Mittelpolen mit 26 000. W. Kuhn: Zahl und Siedlungsweise der Deutschen in Polen 1931, in: DM 4 (1937/38), S. 143—160, nennt für 1937 ähnliche Zahlen (S. 156), für Oberschlesien freilich 300 000. Er kommt so zu einer Gesamtzahl von 1 140 000. Über die nationale Zusammensetzung der Bevölkerung Polens in den ersten Jahren seines Bestehens unterrichtet ausführlich J. Czech: Die Bevölkerung Polens, Breslau 1932. Schrifttum zur neueren Deutschtums-Statistik Polens bei R. Breyer: Das Deutsche Reich und Polen 1932—1937, Würzburg 1955, S. 38 ff.

2) Dzieje Wielkopolski [Geschichte Großpolens], Bd 2, hrsg. von W. Jakóbczyk, Posen 1973, S. 363, wo diese Prozentzahlen aus dem „Gemeindelexikon für die Regierungsbezirke Posen und Bromberg", Berlin 1912, übernommen sind. Nach W. Rusiński: Die Rolle der ländlichen Bevölkerung des Posener Landes, in: Studia Historiae Oeconomicae 4 (1969), S. 33, hat die polnische Bevölkerung im J. 1861 nur 55% der Gesamtbevölkerung der Provinz betragen, im J. 1890 bereits 60%.

3) E. von Bergemann: Zur Geschichte der Entwicklung deutscher, polnischer und jüdischer Bevölkerung in der Provinz Posen seit 1824, Tübingen 1884, S. 242 ff., verzeichnet die Bekenntniszahlen jahrweise von 1819 bis 1873 und nennt z. B. für 1871

1. Verbreitung der Deutschen im nordwestlichen und mittleren Polen (nach 1931)

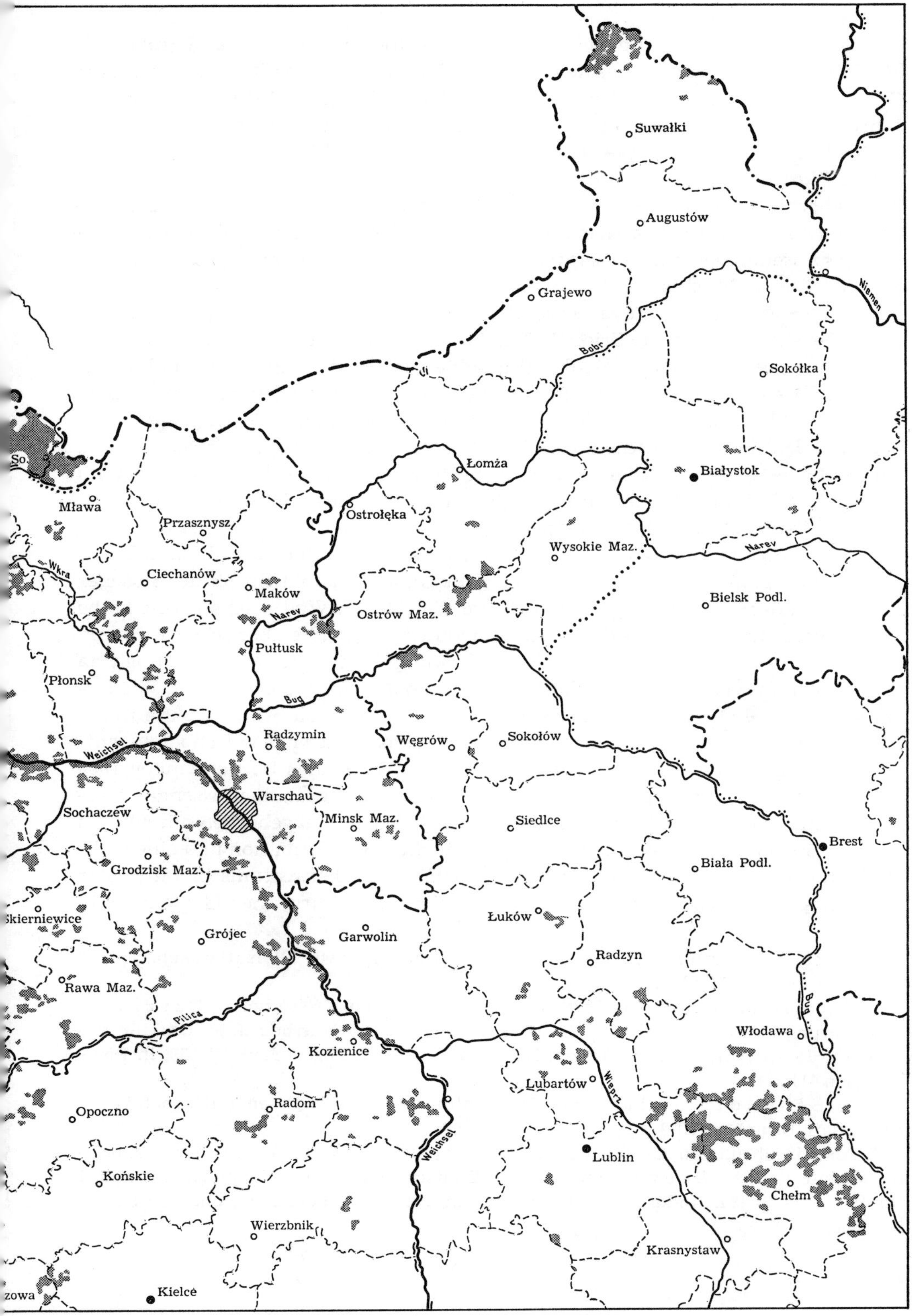

Suwałki
Augustów
Grajewo
Niemen
Bobr
Sokółka
Łomża
Białystok
So.
Mława
Przasznysz
Ostrołęka
Wysokie Maz.
Narev
Wkra
Ciechanów
Maków
Bielsk Podl.
Ostrów Maz.
Narev
Pułtusk
Płonsk
Bug
Radzymin
Węgrów
Sokołów
Weichsel
Warschau
Sochaczew
Minsk Maz.
Siedlce
Brest
Grodzisk Maz.
Biała Podl.
Skierniewice
Łuków
Grójec
Garwolin
Radzyn
Rawa Maz.
Bug
Pilica
Włodawa
Kozienice
Lubartów
Wieprz
Opoczno
Radom
Weichsel
Lublin
Końskie
Chełm
Wierzbnik
Krasnystaw
Kielce
zowa

erste große Einbuße erfolgte nach dem Ersten Weltkrieg, als Posen und große Teile Westpreußens an das neue Polen fielen. Die Zahl der Deutschen auf dem Gebiet der Wojewodschaft Posen sank von 679 333 im Jahre 1910 auf 337 269 im Jahre 1921 und 224 254 im Jahre 1926, auf dem Gebiet der Wojewodschaft Pommerellen entsprechend — von 421 033 auf 195 059 und 117 251.[4]

Heute kennt man dort so gut wie kein Deutschtum mehr. In der Erinnerung der Vertriebenen ist es freilich lebendig; aber die Zeit rückt heran, in der es allein ein Gegenstand der Geschichtsschreibung sein wird. Was diese letzte anbelangt, so besitzt das Posener Deutschtum seit mehr als siebzig Jahren ein nach modernen wissenschaftlichen Gesichtspunkten verfaßtes, bis heute nicht überholtes Werk über seine Geschichte aus der Feder eines Bromberger Oberlehrers und Patrioten des damaligen Reiches namens Erich Schmidt. Er hat sich damit selbst und seiner Volksgruppe ein bleibendes Denkmal gesetzt und gleichzeitig den Grund gelegt zu einer Geschichte des Polendeutschtums überhaupt, die bis heute nicht geschrieben ist.[5] — Wie bei Schmidt bleibt auch hier die Darstellung für Posen (zugleich für Pommerellen) im wesentlichen auf die polnische Herrschaftszeit beschränkt, d. i. auf das 16. bis 18. Jahrhundert. Das weitere Geschehen der dortigen Provinzen im 19. Jahrhundert und bis zum Ende des Ersten Weltkrieges spielte sich im Rahmen der preußischen bzw. deutschen Geschichte ab.

Das Deutschtum in Kongreßpolen, dem anderen hier vor allem in Frage kommenden polnischen Landesteil, kann im Ganzen als ein Sproß der Posener Deutschen angesehen werden. Es wurde vor dem Ersten Weltkrieg auf eine halbe Million geschätzt (unter 5% der Gesamtbevölkerung), büßte aber schon während jenes Krieges über 100 000 Personen ein. Heute gehört es der Vergangenheit an und lebt bis auf verkümmernde Reste nur noch in der Überlieferung fort. Wiederum war es ein Lehrer, Albert Breyer, im Gegensatz zu Schmidt ohne Hochschulstudium, der sich zum führenden Deutschtumsforscher Kongreßpolens entwickelte. Sein Soldatentod bei der Verteidigung Warschaus im September 1939 als Offizier im polnischen Heer ließ ihn nicht mehr zur zusammenfassenden Darstellung kommen.[6] Seine Materialsammlungen jedoch sollen geborgen sein und im Posener Staatsarchiv lagern. Die bisher ausführlichste Information und eine wahre Fundgrube zur Geschichte des kongreßpolnischen Deutschtums bietet Pastor Eduard Kneifels Werk über „Die evangelisch-augsburgischen Gemeinden in

---

in den beiden Regierungsbezirken Posen und Bromberg 1 000 461 Katholiken, 508 060 Evangelische, 61 437 Juden.

4) Errechnet auf Grund der Angaben für die einzelnen Kreise bei J. Czech, Die Bevölkerung Polens, Tabelle III, S. 210 f. Nach dem Statistischen Jahrbuch für das Deutsche Reich 1927, S. 11, waren die Zahlen für 1910 im Posenschen 669 859, in Pommerellen 411 621.

5) E. Schmidt: Geschichte des Deutschtums im Lande Posen unter polnischer Herrschaft, Bromberg 1904.

6) Als Einführung in Geschichte und Geographie des kongreßpolnischen Deutschtums hinterließ A. Breyer die Schrift: Deutsche Gaue in Mittelpolen, in: DM 1 (1934/5), S. 393—434. Andere Arbeiten desselben Verfassers kommen weiter unten zur Sprache.

Polen, 1555—1939".[7] — Die Blütezeit des kongreßpolnischen Deutschtums fällt in die Zeit des autonomen oder teilautonomen Warschauer Regimes vor 1831 bzw. 1863. Seine Darstellung führt uns daher bereits tief ins 19. Jahrhundert und wird mit Rücksicht u. a. auf das Deutschtum des Cholmer Landes, das erst in der zweiten Jahrhunderthälfte aufschoß, bis in die Jahre des Ersten Weltkrieges fortgesetzt.

Das hier kaum zur Sprache kommende Deutschtum der großen südpolnischen Provinz Galizien zählte 1939 knapp 60 000 Personen (0,8% der dortigen Gesamtbevölkerung). Davon lebten etwa 80% nicht auf polnischem, sondern auf ukrainischem Volksboden in Ostgalizien. Abgesehen von Bielitz-Biala im äußersten Westen, wo das Deutschtum bis auf das Mittelalter zurückging, entstammte es im wesentlichen der ephemeren staatlich-habsburgischen Siedlung aus der Zeit nach dem Untergang des alten Polen.[8] Das Wolhynien-Deutschtum wiederum, von dem 1939 noch rund 60 000 Personen im Bereich des damaligen polnischen Staates lebten, entstand erst in der zweiten Hälfte des 19. Jahrhunderts unter den Zaren und auf ukrainischem Boden. Es wird daher hier nur in seinen Umrissen gestreift. Die neuzeitliche Geschichte des Teschener und oberschlesischen Deutschtums vor dem Ersten Weltkrieg spielte sich vollends außerhalb Polens ab.

Die im Folgenden näher behandelten Gebiete (Posen-Pommerellen, Kongreßpolen) erfassen demnach statistisch fast das gesamte neuzeitliche Polendeutschtum, das historisch als solches bezeichnet werden kann.

Leider ist Walter Kuhns Standardwerk über die „Geschichte der deutschen Ostsiedlung in der Neuzeit" bisher ein Torso geblieben.[9] Glänzend und unnachahmlich schildert er in den erschienenen Teilen die Kolonisation des 16. und 17. Jahrhunderts, die im wesentlichen nichtpolnische, allenfalls randpolnische Gebiete betraf. Wäre die Fortsetzung für die neueren Jahrhunderte und damit auch für die Siedlung in Polen erschienen, so hätten wir uns das vorliegende Buch, jedenfalls in wesentlichen Teilen, sparen können. Vielleicht sieht sich der Altmeister nun hierdurch angeregt, das begonnene Werk zum Abschluß zu bringen. Gewiß, es fehlt dafür die Fülle regionaler Vorarbeiten, über die er bei der Niederschrift der beiden ersten Bände verfügte. Vielleicht war das sogar einer der Gründe, die ihn bisher von der eingehenden Darstellung der neuzeitlichen deutschen Siedlung in den tieferen polnischen Räumen zurückhielten.

In der hier vorliegenden Studie geht es freilich nicht so sehr darum, das bisher Erarbeitete methodisch zusammenzufassen, als vielmehr einige zentrale Fragenkomplexe zunächst noch einmal durchzudiskutieren. Immerhin kommt es dabei zu einer generellen, mehr oder weniger einheitlichen Synthese sowie zur Verarbeitung eines vielschichtigen Schrifttums. Auch

---

7) im Selbstverlag (2091 Niedermarschacht) 1973, 358 S.

8) Präzise lexikalische Übersicht über das Galizien-Deutschtum mit Schrifttumsangaben im Handwörterbuch des Grenz- und Auslandsdeutschtums, Bd 3, Breslau 1938, S. 1—47 (meist aus der Feder von W. Kuhn).

9) bisher 2 Bde, Köln-Graz 1955 bzw. 1957, dazu ein Kartenband.

hier werden die räumliche Ausbreitung des Deutschtums, der sog. Siedlungsgang, und seine historischen Hintergründe behandelt, darunter die soziale, wirtschaftliche und besonders die bevölkerungsgeschichtliche Entwicklung in gewissen Zeiträumen, der landschaftliche Rahmen, die zeitgebundenen Lebensbedingungen des Kolonisten und seiner Umwelt, das Porträt des Siedlers selbst und nicht zuletzt die einst so schicksalsschweren religiösen und nationalen Fragen, von denen letztere sich schließlich für das Polendeutschtum als tödlich erweisen sollten.

Mit diesen Fragen geraten wir unwillkürlich in eines der heißesten polnisch-deutschen Spannungsfelder. Kein Wunder, daß die Ansichten bisher kontrovers sind. Schon deshalb wurde hier als Form der Darstellung die wissenschaftliche Diskussion gewählt. Sie läßt jeweils auch den gegenteiligen Standpunkt zur Sprache kommen, ja — sie geht häufig von ihm aus. Bei der Überprüfung älterer Klischee-Vorstellungen und der Präzisierung der eigenen Erkenntnisse wurde durchweg besonderer Wert auf zeitgenössische Dokumentierung, auf Originalstimmen und -zahlen gelegt, um dem Leser Seite für Seite ein eigenes Urteil und kritische Mitarbeit zu ermöglichen. Angesichts der Unzahl der Fakten und Ziffern werden sich dabei, in solcher Arbeit unvermeidlich, auch Irrtümer eingeschlichen haben. Der Verfasser bittet um Nachsicht. —

Eine Schrift, die wie diese einen der wichtigsten Bereiche der deutsch-polnischen Begegnung behandelt, hat zwangsläufig auch eine gewisse außerwissenschaftliche, aktuelle Bedeutung. Kein Politiker von Statur wird zwar noch im Ernst die Meinung vertreten, daß die deutsche Volksgruppe in Polen für die Entscheidung Hitlers über Krieg oder Frieden wirklich von Belang gewesen sei. Dennoch ist notorisch, daß die politische Propaganda beiderseits die nationalen Instinkte durch krasse Schwarzweiß-Malerei der Geschichte und Gegenwart anheizte und damit meist unbewußt zur Entmenschlichung des Krieges und seiner Folgen beigetragen hat. Die wissenschaftliche Forschung ist daher heute aufgerufen, durch Aufhellung der historischen Wahrheit die Voraussetzungen dafür zu schaffen, daß die nun einmal vorhandenen Komplexe, soweit sie auf falschen historischen Prämissen beruhen, allmählich abgebaut und entgiftet werden. Da es auf keiner Seite die Völker selber waren, die den Haß organisierten, so ist Hoffnung vorhanden, daß trotz allem eine Chance besteht für eine lichtere freundschaftliche Zukunft, die in der Lage ist, neuem Ungeist aus besserer Kenntnis besser zu widerstehen.

Heute lösen sich die kriegsbedingten Nebel, und es ist erfreulich festzustellen, daß auf polnischer Seite manche Stimme laut wird, die das historische Geschehen, das zwischen Nachbarn nicht immer idyllisch verlaufen konnte, von billiger Schwarzweiß-Malerei befreit wissen will. Es sei nur an den in unserem Zusammenhange so naheliegenden Mythos des „deutschen Drangs nach Osten" erinnert, der in Polen oft als der pure Ausdruck einer ständigen, feindseligen Aggression geschmäht wird; er ist kürzlich von angesehenen polnischen Forschern einer ein-

---

10) G. Labuda: Historiograficzna analiza tzw. niemieckiego „naporu na Wschód", in: Wschodnia ekspansja Niemiec w Europie środkowej [Historiographische Analyse des sog. deutschen „Drangs nach Osten", in: Ostexpansion Deutschlands in Mitteleu-

sichtigeren Prüfung unterzogen worden.[10] Erst neuerdings hat Jerzy Krasuski in einem Sammelwerk polnischer Historiker über die wichtigsten deutsch-polnischen Spannungsfelder erklärt, diese seien in hohem Maße ein „Lieblingsfressen [żerowisko] für Ignoranten", während sich die echte Forschung auch auf diesen Gebieten bereits recht nahe stehe und damit zur Verständigung zwischen den Völkern führe.[11] Den Weg dahin weist meines Erachtens die Objektivität, d. i. die persönliche und versöhnliche Neutralität des Forschers, ein Kennzeichen jeder echten Wissenschaft.

Neben diesem aktuellen wie intellektuellen Reiz des Themas waren es — was einzugestehen ist — nicht zuletzt eine Dosis Heimatliebe und auch das Gefühl einer dankbaren, vielfältigen Verbundenheit mit den polendeutschen Kolonisten in ihren verschiedenen Erscheinungsformen, die die Feder des Verfassers nicht erlahmen ließen.

Der Anstoß zu der hier vorgelegten Arbeit kam freilich aus einem ganz bescheidenen, eher zufälligen Begebnis. Eines Tages nämlich fiel mir überraschend beim Auspacken älterer Papiere eine Liste der Kolonien und Kolonisten Kongreßpolens vom Jahre 1835 wieder in die Hände, die ich im Jahre 1935 in einem Warschauer Archiv gefunden hatte und abschreiben ließ, nach dem Krieg aber verloren glaubte. Aus dem Plan, sie mit einem knappen Begleittext zu publizieren, erwuchs schließlich dieses Buch, wobei die letzten Kapitel zuerst, die einführenden zuletzt geschrieben wurden.

Der Zutritt zu unveröffentlichten Quellen ist uns zwar noch erschwert; indes schien mir das hier zugängliche, gedruckte Material, so sehr es in einzelnen Fällen der Nachprüfung in Archiven bedurft hätte, ausreichend, um auf seiner Basis das Vorhaben durchzuführen. Außerhalb Polens war das nur in Marburg möglich, dem Sitz des Johann-Gottfried-Herder-Instituts mit seinem in Westeuropa einmaligen Schrifttum über den ostmitteleuropäischen Raum. In Marburg befindet sich ferner die private wissenschaftliche Büchersammlung von Albert Heise mit Tausenden seltener Polonica, eine wohl ebenfalls einmalige Erscheinung in der westlichen Welt. Was freilich am Orte nicht vorhanden war, blieb bei der immer noch unvollkommenen Fernleihe meist unerreichbar.

In den „Allgemeinen Geographischen Ephemeriden", der Vorgängerin der später so berühmten „Petermanns Geographischen Mitteilungen", hieß es 1804 aus Anlaß des Erscheinens der ersten genaueren Karte von Südpreußen im Maßstab 1:150 000 von Gilly: „Alle Kenntnisse, die wir bisher von jenen Gegenden hatten, gingen nicht viel weiter als die, welche wir von manchen asiatischen Ländern haben. Bald werden wir aber das ehemalige Polen besser kennen, als manche teutsche Provinz."[12] Möge der weitere Fortgang der deutschen Ostforschung,

---

ropa], Posen 1963, S. 14 ff.; B. Zientara: Z zagadnień terminologii historycznej: „Drang nach Osten" [Aus der Problematik der histor. Terminologie . . .], in: Społeczeństwo-Gospodarka-Kultura (M. Małowist-Festschr.), Warschau 1974, S. 425 ff.

11) J. Krasuski, Mitglied des Redaktionskomitees des Sammelwerks „Stosunki polsko-niemieckie w historiografii" [Die polnisch-deutschen Beziehungen in der Historiographie], Bd 1, Posen 1974, S. 16.

12) Allgemeine Geographische Ephemeriden 13 (1804), S. 88.

insbesondere der Polenforschung es verhüten, daß früher oder später festgestellt werden muß, Polen sei uns wieder so fremd und fern geworden wie manche asiatischen Länder!

In diesem Sinne wird eine jede Schrift über unsere polnischen Nachbarn mindestens dazu beitragen, daß sie nicht noch mehr in Vergessenheit geraten und allmählich ganz aus dem westdeutschen und westlichen Gesichtskreis schwinden. W i e nahe sie uns einst waren und wie Generationen von Deutschen durch Jahrhunderte in ihrer Mitte ein ebenso arbeits- wie erfolgreiches Leben führen konnten, das kommt in dieser Arbeit deutlich zum Ausdruck. Auch das darf — allen bitteren Erfahrungen der jüngsten Vergangenheit zum Trotz — nicht in Vergessenheit geraten und sei daher ins Gedächtnis zurückgerufen. Man möge ferner nicht aus den Augen verlieren, daß es erst der gewaltsamen Aufpeitschung der nationalen Leidenschaften im bisher furchtbarsten aller Kriege bedurfte, um jenem hautnahen und im ganzen dennoch friedlichen Zusammenleben die gegenseitige Vertrauensbasis zu entziehen. Sollen die Kriegsfurien jener Jahre und die „Ignoranten“ nun für immer zwischen uns stehen?

I. Polen in der Neuzeit

Das Polendeutschtum hatte in jedem Landesteil sein eigenes Schicksal. Das zeigt sich deutlich im deutschen[1] wie polnischen Schrifttum[2], wo es zwar manche regionale, aber keine umfassendere Gesamtdarstellung gibt. Das erste große gemein-

1) Als Einführung in das schier unübersehbare Schrifttum für den ganzen ostmitteleuropäischen Raum dient am besten W. Kuhn: Die Erforschung der neuzeitlichen deutschen Ostsiedlung, im Sammelwerk: Deutsche Ostforschung — Ergebnisse und Aufgaben, hrsg. von H. Aubin, O. Brunner, W. Kohte, J. Papritz, Bd 2, Leipzig 1943, S. 156—235. Eine sachkundige Zusammenstellung des Schrifttums seit 1945 besorgte A. Heise: Das Nachkriegsschrifttum über das Deutschtum in Polen, in: Jahrbuch Weichsel-Warthe 1969 und 1974. — Materialreiche Ergänzungen zu E. Schmidts Standardwerk, besonders zur ersten Phase der neuzeitlichen Siedlung brachten W. Schulz: Die zweite deutsche Ostsiedlung im westlichen Netzegau, Leipzig 1938 (dazu ein besonderer Quellenband, ebenfalls Leipzig 1938), sowie H.-G. Ost: Die zweite deutsche Ostsiedlung im Drage- und Küddow-Gebiet, Leipzig 1939. Die letztere Arbeit ist auch geographisch glänzend fundiert. Gleich hier ist auf die vielen Publikationen des aus Bromberg gebürtigen Geographen Walther Maas hinzuweisen, der sich ein Leben lang erfolgreich auf diesem Gebiet betätigt hat und meisterlich noch betätigt; erwähnt sei zunächst seine Abhandlung über „Die Posener Hauländereien“ in: DWZP 34/35 (1938), S. 77—126, sowie seine Karte: Die Hauländerdörfer in Polen, 1:500 000, in: DM 6 (1940), 2 Blätter; hinzuweisen ist ferner auf die informativen Studien „Zur Siedlungskunde Westpreußens 1466—1772“ und „Zur Siedlungskunde des Warthe-Weichsellandes“, Marburg 1958 bzw. 1961. Eine Übersicht über kartographische Darstellungen des Deutschtums in Polen findet sich bei F. A. Doubek: Volks- und Sprachenkarten Mitteleuropas, Teil I (Polen), in: Deutsches Archiv f. Landes- u. Volksforschung 2 (1938), S. 240 ff.

2) Charakteristisch ist, daß sich polnische Autoren erst spät der Geschichte der neuzeitlichen deutschen Siedlung zugewandt haben und sich dabei bevorzugt mit der sogenannten holländischen Siedlung befaßten. Pioniercharakter hatte die knappe sachliche Studie von I. Baranowski: Wsie holenderskie na ziemiach polskich [Holländische Dörfer in den polnischen Ländern], in: Przegląd Historyczny 19 (1915), S. 64—82. Sie knüpft an die holländische Arbeit von F. Szper an (Nederlandsche Nederzettingen in West-Pruisen gedurende den Poolschen tijd, Enkhuizen 1913) und behandelt hauptsächlich den raschen, linearen Vorstoß der ersten Holländersiedlungen längs der unteren Weichsel. Das Werk von Pfarrer K. Zimmermann: Fryderyk Wielki i jego kolonizacya rolna na ziemiach polskich [Friedrich der Große und seine ländliche Kolonisation in den polnischen Gebieten], 2 Bde, Posen 1915, materialreich und sachlich zuverlässig, ist konsequent bemüht, die Schattenseiten der friderizianischen Kolonisation herauszustellen, eine Reaktion auf die voraufgegangene, z. T. panegyrische Behandlung durch frühere deutsche Autoren. In der Zwischenkriegszeit erschienen u. a. die ebenfalls recht sachlichen Arbeiten von Z. Ludkiewicz: Osady holenderskie na nizinie Sartawicko-Nowskiej [Holländische Siedlungen in der Sartowitz-Neuen-

same Erlebnis der Deutschen in allen Teilen Polens war der Leidensweg in den Jahren 1945 mit Flucht und Zwangsaussiedlung als letztem dramatischen Schluß-

---

burger Niederung], Thorn 1934, und von Z. Cichocka-Petrażycka: Żywioł niemiecki na Wołyniu [Das deutsche Element in Wolhynien], Warschau 1933. Die Verfasserin der letzten Arbeit bewies Einfühlungsvermögen in die Daseinsbedingungen einer Minderheit. Gleich nach dem Kriege erschien eine lesenswerte Synthese, in der Hauptsache freilich der ersten, mittelalterlichen deutschen Siedlung von Z. Kaczmarczyk: Kolonizacja niemiecka na wschód od Odry [Die deutsche Kolonisation östlich der Oder], Posen 1945. Das heute maßgebliche Werk von W. Rusiński: Osady tzw. „Olędrów" w dawnym województwie poznańskim [Die Siedlungen sog. Holländer in der einstigen Woj. Posen], Posen 1939—Krakau 1947 (160 Seiten, 1 Karte, 4 Dorfpläne), verneint systematisch — auf zahlreiche Quellen gestützt — die Thesen der deutschen Ostforschung über die Holländer. Deren Abwertung, eine Folge der aufwühlenden Kriegsjahre, brachte ihm damals hohes Ansehen in Polen. Gleichgerichtet folgte ihm zehn Jahre später J. Goldberg, der in der deutschen Siedlungsforschung nichts anderes als ein politisches Zweckunternehmen sieht (Osadnictwo olęderskie w dawnym województwie Łęczyckim i Sieradzkim [Die holländische Siedlung in den einstigen Wojewodschaften Lentschütz und Sieradz], in: Zeszyty naukowe uniw. Łódzkiego, Nauki human.-społ., Lodz 1957, Ser. 1, H. 5, S. 67—110). Sachlich brachte er manche Ergänzung zu O. Kossmann: Die Anfänge des Deutschtums im Litzmannstädter Raum — Hauländer- und Schwabensiedlung im östlichen Wartheland, Leipzig 1942. Daß man im heutigen Polen wieder nüchtern und wissenschaftlich darüber schreiben kann, zeigt u. a. K. Ciesielska: Osadnictwo ‚olęderskie' w Prusach Królewskich i na Kujawach [Die ‚holländische' Siedlung im Kgl. Preußen und in Kujawien im Licht der Ansiedlungsverträge], in: Studia i materiały do dziejów Wielkopolski i Pomorza [Studien und Materialien zur Geschichte Großpolens und Pommerns], Bd 4, H. 2, Posen 1958, S. 219—256. Ihre Abhandlung ist gleichzeitig eine gute Einführung in Quellen und Schrifttum. M. Żychowski: Osadnictwo rolnicze kolonistów niemieckich w Królestwie Polskim [Die bäuerliche Siedlung deutscher Kolonisten im Kgr. Polen in den 30er-60er Jahren des 19. Jh.s], in: Kwartalnik Historyczny 64 (1957), H. 3, S. 44—78, ist eine statistische Darstellung nach größeren Gebietseinheiten (vgl. weiter unten S. 320 f.). Einen ermutigenden Fortschritt der neueren polnischen Forschung brachte das Werk von W. Śladkowski: Kolonizacja niemiecka w południowo-wschodniej części królestwa polskiego w latach 1815—1915 [Die deutsche Kolonisation im südöstlichen Teil des Königreichs Polen in den Jahren 1815—1915], Lublin 1969, 286 Seiten, 1 Karte, zahlreiche Dorfpläne (vgl. die Rezension durch W. Kuhn in: Zeitschrift für Ostforschung 20 (1971), S. 356—358). Polnischerseits wird jetzt die deutsche Siedlung in der Regel weniger aus nationaler Sicht, sondern mehr als Teilphänomen der Entwicklung des polnischen Dorfes vom Feudalismus zum Kapitalismus behandelt. So z. B. in der inhaltlich gewichtigen Studie von F. Żmidziński: Osadnictwo w starostwie ujsko-pilskim do 1772 r. [Das Siedlungswesen in der Starostei Usch-Schneidemühl bis 1772], in: Rocznik Nadnotecki 1 (1966), S. 49—69, und in der nicht weniger lesenswerten Abhandlung von B. Szczepański: Przemiany w strukturze społeczno-gospodarczej ludności wiejskiej w dobrach szlacheckich powiatu konińskiego [Wandlungen in der Sozial- und Wirtschaftsstruktur der ländlichen Bevölkerung in den Adelsgütern des Kreises Konin im 18. Jh.], in: Studia Historyczno-Gospodarcze nad Polską Zachodnią [Wirtschaftshistorische Studien über Westpolen], Posen 1971, S. 131—191, ergänzt durch desselben Verfassers: Osadnictwo olęderskie w dobrach szlacheckich [Die hollän-

akt ihrer sonst so uneinheitlichen Geschichte.[3] An deren Beginn freilich steht eine zweite entsprechende Gemeinsamkeit: die Abwanderung nach Polen. Den einzelnen reizte damals gewiß die Hoffnung auf ein besseres Auskommen, sei es materiell oder ideell, z. B. in religiöser Hinsicht; aber dahinter verbargen sich bestimmte Zeitverhältnisse, die zu solchen Hoffnungen Anlaß gaben. Ihre Aufhellung wird uns bis in die letzten Kapitel und noch im Schlußwort beschäftigen. — Was war der allgemeine Hintergrund der Wanderung?

Die bekannte These vom Kulturgefälle sieht den Auswanderer früherer Jahrhunderte als Kulturträger, der gewissermaßen naturgesetzlich vom Orte höherer Zivilisation zum Orte niederer Zivilisation zog, bis der Niveauausgleich erreicht war.[4] Das wird für die antiken griechischen Wanderungen zutreffen, auch für das langfristige Einsickern der Lateiner in die heute romanischen Räume des westlichen Europa. Diese These mag sogar noch für die Ostsiedlung der Deutschen im Mittelalter stimmen. War aber nicht mit ihr der Ausgleich vollzogen? Jedenfalls ließ der deutsche Zuzug in die polnischen Kernlande schon im 14. Jahrhundert nach, als Städte und Dörfer überraschend schnell aufgeblüht waren. Wie kam es dann, daß im 16. Jahrhundert bereits wieder eine Situation eintrat, die erneut einen säkulären kräftigen Wanderstrom von West nach Ost auslöste?

Zwischen dem Ende der ersten Kolonisation und dem Beginn der zweiten, der

---

dische Siedlung in den Adelsgütern des Koniner Kreises im 18. Jh.], in: Rocznik Wielkopolski Wschodniej 1 (1973), S. 43—61: „Die Holländersiedlung hat zur Zersetzung des Feudalsystems beigetragen und bahnte den Weg zu neuen fortschrittlicheren Wirtschafts- und Sozialverhältnissen." (S. 55). Die noch heute lesenswerte Zusammenstellung in Vorbereitung befindlicher Arbeiten zur polnischen Dorfgeschichte: Badania nad historią wsi w Polsce [Forschungen zur Geschichte des Dorfes in Polen], in: Kwartalnik Historyczny Kult. Mat. 10 (1962), S. 245—257, gibt Hinweise auf die damalige Forschungsplanung. Ankündigungen in Bälde erscheinender Schriften enthält das Sammelwerk Dzieje Wielkopolski [Geschichte Großpolens], Bd 1, red. von J. Topolski, Posen 1969, S. 798, Anm. 10, sowie S. 993. Danach zu urteilen, stünde ein Neubeginn der Erforschung des Deutschtums in Polen bevor. In Aussicht gestellt werden u. a. Monographien der Holländersiedlung sowohl für die Wojewodschaften Gnesen und Kalisch als auch für einzelne großpolnische Kreise.

3) Von den zahlreichen Dokumentationen dieser Ereignisse sei hier nur genannt die Sammlung: Dokumente der Menschlichkeit in der Zeit der Massenaustreibungen, 2. Aufl., Würzburg 1960.

4) B. Zientara, Z zagadnień terminologii, S. 430: „Die Erklärung für diese Expansion [die Ostsiedlung], die die neuere deutsche Wissenschaft in dem sog. ‚Kulturgefälle' sieht, verdient nicht jene kategorische Ablehnung und Verurteilung, mit der man ihr in den slawischen Ländern begegnete. Mir scheint, daß das ‚Kulturgefälle', ein Niveauunterschied der Kulturen (im weiteren Sinne dieses Wortes, d. i. einschließlich der Wirtschaft), im Mittelalter bestanden hat: das kulturelle Übergewicht Frankreichs gegenüber Deutschland und zumindest Westdeutschlands gegenüber den westslawischen Ländern kann nicht angezweifelt werden. Andernfalls hätten sich die kulturellen Einflüsse in der umgekehrten Richtung verbreitet, und die deutschen Gelehrten hätten heute Schwierigkeiten bei der Kommentierung der Rolle des polnischen Rechts in der Entwicklung ihres Landes."

neuzeitlichen, lag bekanntlich das Zeitalter der Entdeckungen, der Aufsegelung der Weltmeere, das in der Entdeckung Amerikas gipfelte. Zweifellos hat sich das belebend auf die westlichen Küstenländer Europas ausgewirkt: Portugal, Spanien, Niederlande, England und andere. Sollte diesem Aufstieg des Westens ein - vielleicht nur relativer - Abstieg oder eine wirtschaftliche Sonderentwicklung der östlichen, küstenferneren Teile Europas entsprochen haben, so daß in manchen Hinsichten noch einmal ein Gefälle entstand, das zu neuer Ausgleichsbewegung führte? Hatten etwa z. B. die Holländer neue Errungenschaften zu vermitteln, die zu einer Ausweitung der landwirtschaftlichen Nutzfläche in Polen führen konnten?[5]

Schon Erich Schmidt gab sich mit der allgemeinen Kulturträger-These für die zweite deutsche Ostsiedlung nicht zufrieden. Er suchte die entscheidende Ursache in den sozialen Zuständen Polens. Nach seiner Meinung hatte die seit dem 16. Jahrhundert immer verzweifelter werdende Lage der dortigen Bauern die natürliche Bevölkerungsvermehrung unterbunden. Zusammen mit der Abwanderung vieler Bauern in die freiheitlicheren polnischen Ostgebiete habe das zu einer erschreckenden Entvölkerung des westpolnischen Dorfes geführt. So sei die Provinz Großpolen schließlich zu einem „Vakuum" geworden, „nach welchem von allen Seiten die überschüssigen Arbeitskräfte mit der Wucht einer elementaren Gewalt hinströmten".[6] Als Beweis seiner These berief sich Schmidt einfach darauf, daß „jede Quelle des 16. Jahrhunderts" lehre, wie Hunderte von Dörfern damals ganz verödet und Wüstungen geworden seien, wie selbst in noch bestehenden Dörfern viele Grundstücke aus Mangel an Arbeitskräften brach gelegen hätten. In einer einzigen Fußnote zu diesem Thema verwies er auf einen Band der Posener Grodbücher, der — wie viele andere — wiederholt von wüsten Hufen und Dörfern spreche, von denen Schmidt einige namentlich zitiert.[7]

Diese auf den ersten Blick sehr einleuchtende These von Schmidt blieb lange Zeit unwidersprochen. Erst neuerdings hat der rührige Posener Wirtschaftshistoriker Jerzy Topolski eine völlig entgegengesetzte, optimistische Darstellung der Zustände und Bevölkerungsverhältnisse im neuzeitlichen Großpolen gegeben. Die dortige Bevölkerung habe sich immer durch eine besondere Vitalität, sowie durch eine ungewöhnliche wirtschaftliche Intensität und Krisenfestigkeit ausgezeichnet. Diese Vitalität und wirtschaftliche Standfestigkeit seien geradezu kennzeichnende regionale Merkmale der Bevölkerung Großpolens durch alle Jahrhunderte und bis in die jüngste Zeit gewesen. Selbst im 17. Jahrhundert, als ganz Polen von einer gefährlichen Krise und Regression befallen war, sei Großpolen davon verschont geblieben. Topolski kann sich dabei auf die Ergebnisse der neueren polnischen Bevölkerungsgeschichte berufen und nennt präzise Zahlen. Das „eigene demographische Potential" der Provinz habe allein im Zeitraum von 1720 bis 1793, d. i. vom Ende des Nordischen Krieges bis zur preußischen Besetzung,

5) Zu den gesamteuropäischen Zusammenhängen der Entwicklung von der Antike bis zur Neuzeit vgl. O. Kossmann: Warum ist Europa so?, Stuttgart-Zürich 1948.

6) Schmidt, Geschichte des Deutschtums, S. 278 f.

7) ebenda, Anm. 25.

einen Bevölkerungszuwachs von 200 000 Personen erbracht. Der Anteil der Zuwanderung von außen sei dagegen nur gering gewesen. Erst die preußische Herrschaft seit 1793 habe diese vitale Entwicklung des Landes brutal unterbrochen.[8] — Die Vakuum-These scheint damit erschüttert.

Angesichts der Bedeutung, die diesen kontroversen Thesen für eine Erklärung der deutschen Einwanderung zukommt, sei im folgenden u. a. der Versuch gemacht, die Hintergründe der Siedlungsentwicklung im westlichen Polen, vor allem in Großpolen, der Provinz mit der stärksten deutschen Einwanderung, noch einmal auszuleuchten und dann (im Kapitel V) zu überprüfen, ob die neuen Berechnungen von Topolski, die für die Beurteilung der Rolle des neuzeitlichen Polendeutschtums grundlegend sind, wirklich Stich halten. Schon hier sei jedoch vorausgeschickt, daß die Entvölkerungsthese nur für jene, freilich recht zahlreichen deutschen Schulzendörfer zutreffen kann, die an die Stelle älterer wüst gewordener Dörfer getreten sind. Dagegen ist die gesamte neuzeitliche Kolonisation der sogenannten Holländer und Kolonisten, die Tausende von neuen Siedlungen schuf, sicher nicht oder nur bedingt durch voraufgehende Entvölkerung zu erklären, weil sie fast ausschließlich unbewohntes Unland betraf. Dort hatte es in historischer Zeit nie eine Bevölkerung gegeben.

1. Ende der spätmittelalterlichen Kolonisation

Die deutschrechtliche mittelalterliche Kolonisation in Polen, anfangs von Deutschen getragen, ging zu Ende, als sämtliche fruchtbaren, bei der damaligen Technik nutzbaren Gebiete besetzt waren. Sie blieben seitdem für jede neue Siedlung verschlossen; es sei denn, daß sie infolge von Rückschlägen wieder geräumt wurden. Daß nur die schlechteren Bodenarten übrig gelassen waren, hat bereits der Vater der polnischen Geschichtsschreibung Długosz im 15. Jahrhundert erkannt, obschon moderne Forscher heute darüber streiten, wer von ihnen der Entdecker dieses Phänomens sei. Długosz unterscheidet ausdrücklich das „fette" Ackerland von denjenigen Gebieten, wo der Boden „sandig, nur zum Wald geeignet, unbebaut und unfruchtbar" sei.[9] Dementsprechend hatte er bereits wahrgenommen, daß sich die Bevölkerung durchweg auf die fruchtbareren Landstriche beschränkte und daß diese jeweils durch weite Waldzonen voneinander geschieden waren. Die unfruchtbaren Gebiete schienen ihm sogar weit größer als die Fruchtgaue. Er meint nämlich — gewiß auf etymologischer Basis — daß der sagenhafte Stammvater Lech bei der Staatsgründung die offenen Gefilde (= pole, daher der Name Polen) in der Gegend um Gnesen zu seinem Landeszentrum bestimmte; die übrige Volksmenge sei auf die anderen fruchtbaren Gaue verteilt worden: da jedoch

---

8) J. Topolski: Dzieje Wielkopolski, Bd 1, Posen 1969, S. 812 f., 947.

9) J. Długosz: Historiae Polonicae libri XII, hrsg. von A. Przezdziecki, Bd 1, Krakau 1873, S. 9.

die sterilen Partien des Landes ungewöhnlich groß gewesen seien, habe sich das Volk über eine sehr weite Fläche zerstreuen müssen.[10]

In der Tat sind alle größeren zusammenhängenden Lehmflächen im Bodenmosaik der Moränenlandschaft Polens bereits im Mittelalter dicht von Siedlungen ausgefüllt worden und waren daher mehr oder weniger waldleer. Das ist vom Verfasser auf seiner Bodenkarte des Lodzer Raumes zum ersten Mal exakt aufgezeigt worden.[11] Im ganzen gesehen hatte der landhungrige, polnische Bauer unter grundherrschaftlicher Regie aus der Urlandschaft sämtliche geeigneten fruchtbareren Partien sauber als Ackerland herauspräpariert und den Rest, kaum berührt, in seinem Urzustand belassen. Diese riesige menschenfeindliche Wildnis sollte erst in der Neuzeit zur vorübergehenden Heimat der Polendeutschen und damit zum Schauplatz ihrer hier dargelegten Geschichte werden (vgl. Karte 2).

Gilly's Karte des westlichen Polen aus dem Ende des 18. Jahrhunderts läßt noch die Verbreitung der Wälder und Ackergaue des Mittelalters recht gut erkennen (vgl. Karte 3).[12] Man braucht nur den neuesten Siedlungsanflug, vor allem den der „Holländer", die Gilly deutlich als solche hervorhebt, auszuscheiden, so hat man das Bild der polnischen Kulturlandschaft vor sich, wie es seit dem ausgehenden Mittelalter wenig verändert bis ins 18. Jahrhundert ausgesehen hat. Gilly's Karte kann daher gleichzeitig indirekt als eine erste Übersicht der Bodengüten dieses Landes dienen. Wo sie waldleere, weiße Flächen zeigt, waren die Böden — abgesehen von den leicht kenntlichen Holländereien — ertragreich, fruchtbar und daher schon lange unter Kultur. Wo sich dagegen bei Gilly die grauen Waldsignaturen ausbreiten, war das Land — wie Długosz sagt — zu unfruchtbar, um unter den Pflug genommen zu werden. Es trug dort nicht einmal das dritte Korn. Wie man auf derselben Karte erkennt, bildeten die alten Ackergaue mehr oder weniger unregelmäßige Kreise und Ellipsen von 20 oder mehr Kilometern Durchmesser. Allseitig waren sie von endlos scheinendem Wald umschlossen. Es überwog augenfällig selbst noch um 1800 die Wildnis, während die darin verstreuten Ackerlandschaften noch nicht ein Drittel der Gesamtfläche, in Großpolen etwas mehr, einnahmen.

Man wird das Ende der stürmischen westpolnischen Siedlungsentwicklung des Mittelalters nicht, wie es meist geschieht, erst auf 1500, sondern für das diluviale Flachland allgemein gegen 1400 ansetzen können. Mit anderen Worten, so früh schon war die polnische Kulturlandschaft in den damals gültigen Formen ausgereift, waren fast sämtliche fruchtbareren Böden, insbesondere die lehmigen und anlehmigen, erstaunlich dicht besetzt.

---

10) ebenda, S. 46.

11) O. Kossmann: Die deutschrechtliche Siedlung in Polen, dargestellt am Lodzer Raum, Leipzig 1938, Karte 1 und 2; ders.: Die Pustkowier oder Waldbauern, in: Zeitschrift f. Ostforschung 22 (1973), S. 421, Anm. 66 (vgl. weiter unten S. 71).

12) Specialkarte von Südpreußen, 1:150 000, Berlin 1802/03, reduziert nach der mehrfarbigen Originalaufnahme von Gilly und Krohn (auch Cron) aus den Jahren 1793 f. im Maßstab 1:50 000. Vgl. O. Kossmann: Die preußischen Landesaufnahmen in Polen, in: Jomsburg 1 (1937), S. 24 f. (mit Übersichtskarte der Sektionen). S. ferner Karte 3.

Die allgemeine Annahme, daß das 15. Jahrhundert hier noch ein Jahrhundert intensiver Kolonisation gewesen sei, geht in der Hauptsache auf Hładyłowicz zurück.[13] Seine Überschätzung der Siedlungsleistung des 15. Jahrhunderts erklärt sich aus einer methodischen Fehlinterpretation der frühesten Eintragungen in die Grod- und Landgerichtsbücher. Diese Bücher setzten hier nämlich Ende des 14., z. T. Anfang des 15. Jahrhunderts ein. Da sich in zahlreichen Dörfern nicht gleich ein Anlaß zu gerichtlichen Eintragungen ergab, tauchen sie begreiflicherweise in den Gerichtsbüchern zu einem erheblichen Teil erst in den Jahren nach 1400 auf. Hładyłowicz sah daher solche Ortschaften durchweg als Gründungen des 15. Jahrhunderts an, in welchem sie rein formal zum ersten Mal genannt wurden.[14] In der gleichen Weise verfuhr erst kürzlich wieder Sobisiak.[15] Rosin dagegen stellte für das Wieluner Land ganz richtig fest, daß das Siedlungsgeschehen schon nach 1420 nachlasse. Im 16. Jahrhundert entstehe dort kein einziges Dorf.[16] Wo die historischen Quellen reichlicher fließen, im Schildberger Land, seien die im 16. Jahrhundert vorhandenen Dörfer sogar fast restlos bereits zu Beginn des 14. Jahrhunderts dokumentarisch nachweisbar. — Einen gewissen Spielraum wird man dabei freilich der regional unterschiedlichen Entwicklung einräumen müssen.[17]

Die lange Siedlungsflaute seit dem 15. Jahrhundert, die u. a. darauf zurückzuführen ist, daß alle fruchtbaren Böden bereits besetzt waren, hatte zur Folge, daß bäuerlicher Nachwuchs in Polen fortan weniger gefragt war. Die große Zeit der deutschrechtlichen Siedlung, der Rodung und der Bauern, die zur Vergetreidung der Wirtschaft und zu einer ersten polnischen Agrarreform nach westlichen Modellen geführt hatte, war damit abgeschlossen (wobei hier grundsätzlich immer von den polnischen Ostgebieten abgesehen wird). Es begann eine Zeit der Prävalenz des Herrn; denn das Angebot an Bauern war nun größer als der Bedarf. Dazu konnte der Grundherr spätestens seit dem 16. Jahrhundert aus einem Gutsbetrieb in Eigenregie mehr herausholen als aus Bauernhöfen.[18] Noch waren keine hun-

13) K. J. Hładyłowicz: Zmiany krajobrazu i rozwój osadnictwa w Wielkopolsce [Landschaftswandlungen und Siedlungsentwicklung in Großpolen vom 14. bis 19. Jahrhundert], Lemberg 1932, S. 83 u. a.

14) vgl. Kossmann, Die deutschrechtliche Siedlung in Polen, S. 3; W. Maas: Geologie und Philologie als Hilfen bei der mittelalterlichen Siedlungsgeschichte, dargestellt am Gnesener Lande, in: Zeitschrift für Ostforschung 13 (1964), S. 54.

15) W. Sobisiak: Dzieje ziemi rawickiej [Geschichte des Rawitscher Landes], Posen 1967, S. 81.

16) R. Rosin: Ziemia Wieluńska [Das Wieluner Land im 12.—16. Jh. — Siedlungsgeschichtliche Studien], Lodz 1961, S. 205.

17) Eine Übersicht der polnischen mittelalterlichen Siedlungsforschung findet sich bei M. Młynarska-Kaletynowa: W sprawie polskich badań nad osadnictwem średniowiecznym [Zur polnischen mittelalterlichen Siedlungsforschung], in: Studia z dziejów osadnictwa [Studien zur Siedlungsgeschichte] 6, Breslau 1968, S. 82 ff. Zur Landschaftsgeschichte vgl. K. Buczek: Ziemie polskie przed tysiącem lat [Die polnischen Länder vor tausend Jahren], Breslau usw. 1960, mit recht ausführlichen Angagen über das Schrifttum.

18) vgl. Kossmann, Polen im Mittelalter, S. 414 f. Aber schon an der Südostflanke

dert Jahre ins Land gegangen, und die Bauern in Polen, mit gewissen regionalen Zeitunterschieden, sahen sich daher wieder in das Joch der Fronwirtschaft und der Gerichtsherrschaft des auch politisch übermächtigen Adels gespannt. Um die Mitte des 16. Jahrunderts waren bäuerliche Unfreiheit und absolute Gewalt der Grundherren bereits Selbstverständlichkeiten.[19] Die Produktion wurde im Sinne der Herrschaft rationalisiert, der Nährraum der Leute eher verringert, um die Nettoerträge für die Herrschaft zu steigern. Gnadenlos wurden die fruchtbaren Ackergaue in den gutsherrschaftlichen Rahmen gespannt. Es war darin kein Platz für Kolonien freier Bauern; denn die allein entscheidenden Grundherren waren jetzt auf eine das Dorf ausdünnende Fronwirtschaft als für sie lukrativste Betriebsform eingeschworen. Nur die riesige Wildnis stand offen, war aber bei der damaligen Technik und Marktstruktur für die Landwirtschaft noch unbrauchbar und uninteressant.

Masowiens von Czersk an der Weichsel (in der Nähe der Pilica-Mündung oberhalb Warschau) bis etwa Augustowo im Nordosten war die Neusiedlung noch später, z. B. selbst im 16. Jahrhundert, rege, wie u. a. deutlich aus Andreas Święcicki: Topographia sive Masoviae descriptio, Varsaviae 1634, Neudruck Warschau 1974, besorgt von Stanisław Pazyra, hervorgeht.

19) z. B. bei Andrzej Frycz Modrzewski (lt. Materiały do dziejów Sejmu Czteroletniego [Material zur Geschichte des Vierjährigen Sejms] Bd 1, S. 180) oder bei Martin Kromer: Polska, czyli o położeniu, obyczajach usw. [Polen, d. i. von der Lage, den Sitten usw.], übers. von W. Syrokomla, Wilno 1853, S. 64, die beide den polnischen Bauernstand schon mit demjenigen von Sklaven vergleichen. Zur *absoluta potestas* des Grundherrn, wie auch zum angemaßten Recht über Leben und Tod vgl. Modrzewski, ebenda, S. 185; Kromer, S. 64. Zur Geschichte der polnischen Fronwirtschaft u. a. W. Maas: Zur Entwicklung der polnischen Agrarstruktur vom 15. bis 18. Jh., in: Vierteljahrschrift f. Sozial- u. Wirtschaftsgeschichte 20 (1928), S. 490—498; J. Topolski in Dzieje wsi wielkopolskiej [Geschichte des großpolnischen Dorfes] hrsg. von W. Rusiński, Posen 1959, S. 47 ff.; A. Wyczański: Studia nad folwarkiem szlacheckim w Polsce [Studien über das adelige Vorwerk in Polen in den Jahren 1500—80], Warschau 1960, mit dem älteren Schrifttum S. 272 ff.; ders.: Wieś polskiego odrodzenia [Das Dorf der polnischen Renaissance], Warschau 1969, mit Literaturangaben S. 185; Zarys historii gospodarstwa wiejskiego w Polsce [Abriß der Geschichte der Landwirtschaft in Polen], Bd 2, Warschau 1964, mit Schrifttumsauswahl von T. Sobisiak auf S. 303—310; zahlreiche Schrifttumshinweise bei St. M. Zajączkowski: Początki folwarku w ziemiach łęczyckiej i sieradzkiej [Anfänge des Vorwerks im Lentschützer und Sieradzer Land], in: Roczniki dziejów społecznych i gospodarczych 31 (1970), S. 4 ff. Ein guter Informator in allen wirtschaftsgeschichtlichen Fragen bleibt J. Rutkowski: Historia gospodarcza Polski [Wirtschaftsgeschichte Polens (bis 1864)], Neudruck: Warschau 1953, mit ausführlicher Bibliographie und Sachindex; nützlich auch die populär angelegte Schrift von B. Zientara, A. Mączak, I. Ihnatowicz, Z. Landau: Dzieje gospodarcze Polski do 1939 r. [Wirtschaftsgeschichte Polens bis 1939], Warschau 1965.

2. Im Schatten der großen Entdeckungen

Rückschauend wird oft — ohne nach den realen, u. a. den geographischen Hintergründen zu fragen — gesagt, daß die Bauernfreiheit in Polen mit den Piasten (1370) zu Ende gegangen sei und die Alleinherrschaft des Adels mit den Wahlkönigen (1573) begonnen habe. So stellte bereits ein polnischer Gelehrter im Jahre 1810 fest: „Die unglückselige Königswahl und mit ihr der Hochmut, Egoismus und alle Launen der Alleinherrschaft einer einzigen Klasse der Staatsbürger haben jene Konvulsionen entfesselt, die unsere arme Nation erschütterten, bis sie der fremden Übermacht und der eignen Unvernunft zum Opfer fiel. Der Bauernstand in schwere Untertänigkeit gepreßt, die Bürger verachtet und jeglichen Einflusses auf Gesetzgebung und Exekutive beraubt, sie sahen sich unter dem schwachen Szepter der Wahlkönige als Waisen im eignen Vaterlande... Der Mensch aber steigt niemals in die Sielen der Arbeit, als nur nach Maßgabe seiner Freiheit, seiner Hoffnungen und seiner Mittel. Nimmt man ihm diese Triebfedern, so verliert er jegliche Arbeitslust und -fähigkeit."[20] Dem ist sicher zuzustimmen.

Indes hätten meines Erachtens der Niedergang der Städte und die neuzeitliche Fron auf dem Dorfe hier niemals ein im Vergleich zu anderen Ländern so ungewöhnliches Ausmaß angenommen, wenn sie nicht durch einen plötzlichen geographischen Szenenwechsel von welthistorischem Maßstab gefördert worden wären; er traf Polen besonders schwer. Kultur und Zivilisation hatten nämlich auf ihrem langen Marsch vom Orient her inzwischen längst das Frankenreich durchschritten, hatten dann Deutschland erreicht und zu welthistorischer Geltung erhoben. Sie nahmen anschließend ihren weiteren Weg zwangsläufig nach Osten, vor allem über Polen. Dementsprechend stieg dieses im späten Mittelalter rasch empor. Polen erschien damals, auch den zahlreich einwandernden Deutschen, als ein Land der Verheißung. Seine Siege über das Ordensheer, die Ausbreitung der Macht der Jagellonen über Ostmitteleuropa vermittelten eine Ahnung dessen, was hier bevorstand... Da öffnete die Aufsegelung der Weltmeere plötzlich neue Horizonte. Eine unerhörte Umwertung der Länder Europas nach ihrer geographischen Lage war die Folge. Der Westen, nicht der Osten sollte jetzt das Rennen machen: die Weltgeschichte wandte sich jäh von Polen ab, das ein Opfer der geographischen Kehrtwendung wurde. Der so unverständliche Kontrast zwischen dem „goldenen Zeitalter" Polens im 16. Jahrhundert und dem anschließenden Verfall findet nicht zuletzt darin seine Erklärung. Vielversprechende Wachstumsspitzen, vor allem die Städte, verkümmerten. Geld wurde knapp. Die Zinswirtschaft wich wieder der Naturalwirtschaft und den persönlichen Dienstleistungen der Bauern. Wirtschaftliche und soziale Rückbildungen waren die Folge. Sie sind in der polnischen Geschichtsschreibung als die „große Regression" bekannt. Das endliche Zurückweichen der noch im beginnenden 17. Jahrhundert bis zum Kreml

---

20) W. Surowiecki: O upadku przemysłu i miast w Polsce [Vom Niedergang der Industrie und Städte in Polen], Warschau (1810), S. 205 f.

Moskaus vordringenden polnisch-litauischen Großmacht ist letztlich aus dem Richtungswechsel der gesamteuropäischen Entwicklung zu verstehen.[21]

Dafür wurden jetzt einsame westliche Küsten überraschend zu Brennpunkten des Welthandels und Schaltstellen der Weltgeschichte. An den iberischen, flandrischen, holländischen, englischen Küsten reihten sich die Märkte und Schaufenster einer neuen Weltwirtschaft. Ihre Städte und Kaufherren gewannen Bedeutung und politische Macht. Daher war dort eine Alleinherrschaft der Grundherren für die Dauer schwer durchzusetzen; die bäuerliche Siedlung konnte sich relativ rasch wieder einigermaßen erholen. Anders im Osten, wo der adlige Grundherr nun einziger, egoistischer Machtträger wurde, bis auf einige Handelsplätze an der Ostsee, die sich ihm mehr oder weniger zu entziehen wußten.

Vervielfacht wurden die Auswirkungen des europäischen Szenenwechsels auf Polen meines Erachtens durch massenpsychologische Effekte: die Magie der Ferne und der neuen Handelswaren, den Zwang der aus neuen Weltstädten um sich greifenden Moden. Der polnische Adel unterlag rasch diesen Verlockungen. Sie fesselten ihn jetzt materiell nicht minder an Westeuropa, als es die römische Kirche ideell seit Jahrhunderten tat. Die Entwicklung zum modischen Luxus empfand Martin Kromer, der deutschbürtige polnische Geschichtsschreiber, bezeichnenderweise noch um 1570 als Neuerung. Nie zuvor sei der Handel mit dem Ausland so groß gewesen. Neben den bekannten Ausfuhrwaren (Getreide, Felle, Honig, Holz, Teer, Pottasche usw.) nennt er als Einfuhren: Seiden- und Goldgewebe, feine Tuche und Leinenwaren, Teppiche, Wandbehänge, Schmuck und Zierat, Perlen, Edelsteine, kostbare Pelze, Weine usw. Als neuzeitliche Statussymbole, an die der polnische Adel sein Herz gehängt hatte, kennt Staszic noch im ausgehenden 18. Jahrhundert: „chinesische Tapeten, kostbare Stoffe, indische Edelsteine, französische Moden, englisches Werkzeug, holländisches und schweizer Leinen, spanische, italienische und ungarische Weine, Brabanter Spitzen, Moskauer Pelze." In dieser Liste von Staszic, dem großen Mahner im untergehenden Polen, fehlen noch die gewöhnlichen Kolonialwaren wie Tabak, Kaffee, Zucker, Gewürze, Südfrüchte usw.[22]

---

21) vgl. O. Kossmann, Warum ist Europa so?, S. 249 ff. J. Topolski (in dem Sammelwerk: Polska w epoce odrodzenia [Polen in der Renaissance], red. von A. Wyczański, Warschau 1970, S. 69) bezeichnet den seit dem 16. Jh. aufbrechenden Gegensatz in der wirtschaftlichen Entwicklung West- und Osteuropas als eines der faszinierendsten Rätsel der Geschichte: dort Aufstieg des Kapitalismus, der Industrialisierung, des Bürgertums, hier Refeudalisierung, Agrarisierung und absolute Vorherrschaft des Adels. Er erklärt diese Unterschiede einfach durch „unterschiedliches Verhalten" des Adels, ohne auf die seit etwa 1500 von Grund auf veränderten wirtschaftsgeographischen Voraussetzungen Ost- und Westeuropas einzugehen (vgl. auch J. Topolski in: Studia Historiae Oeconom. 6 (1971), S. 551 ff.). Dieses „unterschiedliche" Verhalten des polnischen Adels skizziert W. Szczygielski: Die ökonomische Aktivität des polnischen Adels im 16.—18. Jh., in: Studia Historiae Oeconomicae 2 (1967), S. 83—101.

22) M. Kromer, Polska, Wilno 1853, S. 53 f., 70 f., 139 f. S. Staszic: Pisma filozoficzne i społeczne [Philosophische und soziale Werke], bearb. von B. Suchodol-

Neben den überbewerteten neuen Handelswaren verloren die eigenen Erzeugnisse an Marktwert und Anziehungskraft. Das daraus am Ende resultierende Defizit der polnischen Handelsbilanz zehrte wiederum an der allgemeinen polnischen Finanzkraft, was um so gefährlicher war, als die eingeführten Waren meist unproduktivem Luxus dienten. Zeno Giorgio, venetianischer Botschafter, berichtete 1638: „Ich halte es für einen großen Nachteil für einen Staat, wenn er mehr Fremdes empfängt, als er anderen von seinem Eigenen schickt. Das ist in Polen der Fall, welches, obwohl es den Ausländern viel Holz, Schlachtvieh, Wachs, Honig, Pech, Blei, Salz und manches andere bringt und verkauft, es im Gegenteil zuläßt, daß seinen Einwohnern andere Dinge zugeführt werden, wie Stoffe aus Seide und Gold, wie auch die meisten Tuche, Weine, Zuckerwerk, Früchte und manche anderen Dinge, die von der Schlachta zu jedem Preis gekauft werden (und die viel teurer sind als die im Land selbst hergestellte Ware), so daß es nicht anders sein kann, als daß das Land immer ärmer an Gold und Silber wird . . . Und obwohl in Preußen und Livland Häfen sind und auch Danzig einen Hafen hat, dank denen sie auf der Ostsee Handel treiben, ist dennoch der Nutzen, den man daraus zieht, nicht mit der Ausfuhr des Geldes zu vergleichen, die durch den Luxus der Großen und die Bedürfnisse der anderen gewöhnlich verursacht wird.“ In einem französischen Bericht vom Jahre 1647 heißt es: „Ich möchte ihnen [den Polen] noch zur Pflicht machen, die mechanischen Gewerbe einzuführen; denn es ist eine Schande, daß die Holländer all deren Geld fortbringen und sie weder ihre Schwerter noch ihre Bögen noch andere Waffen selber herstellen, noch auch ihre Möbel und nicht einmal ihre Kleidung.“[23]

---

ski, Bd 1, Krakau 1954, S. 249. Ähnlich J. Jezierski: Wszyscy błądzą [Alle irren], Warschau 1790 (in: Materiały do dziejów Sejmu, Bd 1, S. 299 ff., S. 355 ff.).

23) E. M. Szarota: Die gelehrte Welt des 17. Jhs. über Polen — zeitgenössische Texte, Wien-München-Zürich 1972, S. 61, 74. Vgl. auch Z. Sadowski: Pieniądz a początki upadku Rzeczypospolitej [Das Geld und die Anfänge des Niedergangs der Rzeczpospolita im 17. Jh.], Warschau 1964, S. 75, 77 f., 110, 117 ff., 132. A. Mączak (Beitrag zum Sammelwerk Dzieje gospodarcze Polski [Wirtschaftsgeschichte Polens], Warschau 1964, S. 275) meint, daß die polnische Handelsbilanz seit Beginn des 17. Jh.s negativ geworden sei. A. Manikowski: Zmiany czy stagnacja? [Veränderungen oder Stagnierung? Zur Problematik des polnischen Handels in der zweiten Hälfte des 17. Jh.s], in: Przegląd Hist. 64 (1973), S. 771—789, stellt im Außenhandel über Danzig zwar noch in der zweiten Hälfte des 17. Jh.s Überschüsse fest, jedoch bereits mit rückläufiger Tendenz; sie mögen Ende des Jh.s die Defizite des gleichzeitigen Außenhandels über Land nicht mehr ausgeglichen haben. Nach M. Bogucka: Handel zagraniczny Gdańska w pierwszej połowie XVII w. [Der Danziger Außenhandel in der ersten Hälfte des 17. Jh.s], Breslau 1970, S. 164, kam es infolge sinkender Getreidepreise in Danzig bereits in der ersten Hälfte des 17. Jh.s zu einer „Minderung des Nationaleinkommens“. W. Surowiecki, O upadku, Warschau 1810 (zit. nach der Ausgabe von 1861, S. 117), hielt die Handelsbilanz des 16. Jh.s noch für positiv; um 1780 dagegen habe sie ein jährliches Defizit von 20 Millionen Gulden eingebracht (S. 163, 165). J. Wybicki: Listy patriotyczne, Neudruck, hrsg. von K. Opałek, Breslau 1955, S. 195, sprach 1776 f. von schwierigem Absatz der „rohen Landprodukte“ im Ausland; für die verarbeiteten und wiedereingeführten — zahlten die Polen das Dreifache: das Geld wandre daher ins

Kein Wunder, daß die polnischen Städte jetzt endgültig verarmten und viel vom eben gewonnenen, westlichen Gepräge verloren. Bürgerliche Bauzeugnisse aus jenen Jahrhunderten sind Seltenheiten. Was die Kriege in Schutt und Asche legten, konnte meist nicht wieder aufgebaut werden. Nur die genügsamen, leidensfähigen, aus Westeuropa hinausgeprügelten Juden ließen sich selbst durch die kümmerlicher werdenden Erwerbsmöglichkeiten, die durch Gewaltakte des Adels zusätzlich in Frage gestellt wurden, nicht vergrämen. Die im Mittelalter zugewanderten Deutschen waren inzwischen verpolt. So überlebten nur die Juden, wenn auch kümmerlich, als historisches Relikt eines kurzen, nur zu rasch versiegten Wirtschaftsbooms vor der Entdeckung Amerikas.

Die neue Situation des Landes bewirkte aber auch Veränderungen in seiner landwirtschaftlichen Struktur. Die Getreidepreise Westeuropas regten zur Produktion an. Außerdem mußte der Adel, der sich im Mittelalter bei einfacher Lebenshaltung mit einer kleinen Gutsreserve und dem Bauernzins begnügte, plötzlich — ganz abgesehen von der oft zitierten Entwertung des Silbers — ungewohnte Summen aufbringen, wenn er sich, um dem neuen Gesellschaftsstil nachzukommen, mit den Luxusgütern des Westens und der Übersee ausstatten wollte. Er zog es daher vor, wieder mehr in eigener Regie zu produzieren und die Leistungsfähigkeit der Äcker und Bauern bis zum Raubbau zu steigern. So wuchsen die Gutsäcker und mit ihnen kehrten Leibeigenschaft und Ausbeutung der Bauern ins Land zurück. Wenn die Produktion verbilligt werden mußte, um aufkommender Konkurrenz zu begegnen, geschah auch das auf Kosten der Bauern, die bald ebenso verelendeten wie der ausgesogene Boden selber. Nirgends sonst in Europa wurden Bauer und Acker in ein so vollendetes Werkzeug der Gutswirtschaft umgeschmiedet. Vor der Zeitenwende weithin ein Land bürgerlicher und bäuerlicher Freiheit ward Polen jetzt — durch die besondere geographische Ungunst geschlagen — zur sprichwörtlichen „Hölle der Bauern“, ein Land der Getreideplantagen mit vom Kantschu gehetzten, hungernden Weißen.[24] Als ideale Gebrauchsanweisung der neuen Fronmaschinerie erhielt der Adel ge-

---

Ausland ab. „Nach Büsching betrug die Einfuhr im Jahre 1776 über 48, die Ausfuhr nur 22 Millionen polnische Gulden, im J. 1777 betrug die Einfuhr über 47, die Ausfuhr 29 Millionen ... Um den schrecklichen Verlusten zu begegnen, wurden gegen gewisse ausländische Luxuswaren Gesetze erlassen; aber dieses Verbot betraf die Schlachta nicht, und wer in Polen ist nicht Schlachtschiz?“ (aus einem Brief vom J. 1791 in der Berlinischen Monatsschrift, zit. nach X. Liske, Cudzoziemcy w Polsce, S. 290 f.). Ein Anonymus meinte 1788: „Wir staunen, wie die Polen früher so gut am Danziger Handel verdienen konnten; uns ist es unmöglich. Ja, wenn jetzt, wie damals, der Ackerbau nicht in Amerika blühte, desgleichen in Preußen, England, Italien, der Schweiz, so könnten auch wir uns noch in ähnlicher Weise bereichern“ (Materiały do dziejów Sejmu Czteroletn., Bd 1, S. 38). Über Schrifttum und Grundlinien der Außenhandelsentwicklung im 17. und 18. Jh. unterrichtet W. Rusiński: The role of Polish territories in the European trade in the seventeenth and eighteenth centuries, in: Studia historiae oeconom. 3 (1968).

24) Ein englischer Zeitgenosse meinte, neun Zehntel der polnischen Nation „werden grausamer behandelt als viele Negersklaven auf den westindischen Inseln“ (J. Williams: The rise, progress and present state of the northern governments, Bd 2, Lon-

rade zur rechten Zeit das Traktat *Gospodarstwo* [Der Wirtschaftsbetrieb] an die Hand. Es war der erste gedruckte, polnische Ratgeber für den Gutsbetrieb. Sein Verfasser, ein Ideologe der Vorwerkswirtschaft, war der Wojewode von Rawa, Anzelm Gostomski, ein Protestant.[25]

Um keinen Groschen zu verlieren, brachte der Adel seine Erzeugnisse häufig in privilegierter Eigenregie mit Fronfuhren und -booten zu den Ausfuhrhäfen Danzig und Elbing, daneben Königsberg, gelegentlich auch Stettin (besonders für Großpolen) und Breslau. Als wichtigster Transportweg im ethnisch polnischen Landesteil diente die Weichsel mit Nebenflüssen. Das bestätigt Długosz,[26] kurz nachdem sich der polnische Adel, die Zerwürfnisse im Ordenslande nutzend, den Zugang zum Meer über die untere Weichsel geöffnet hatte. Danzig wuchs nun zu einem der größten europäischen Getreidehäfen heran und wurde der wichtigste Platz für die Einfuhr nach Polen. Die Erinnerung daran lebt in seinen herrlichen Bauzeugnissen fort.[27]

---

don 1777, S. 625, zit. nach J. K. Hoensch: Sozialverfassung und politische Reform — Polen im vorrevolutionären Zeitalter, Köln—Wien 1973, S. 119, Anm. 6). P. Pietsch: Aus dem Tagebuch eines sächsischen Offiziers im J. 1808, in: Hist. Monatsbl. f. d. Provinz Posen 7 (1906), S. 120, gewiß ein unbefangener Zeuge, berichtet: man sehe in Polen einen Grundherrn oder dessen Vertreter selten anders „als mit dem Ochsenziemer oder Kantschu gehen". Ein Zeitgenosse aus der Mitte des 17. Jh.s, Krzysztof Opaliński, Wojewode von Posen, charakterisierte diese Zustände folgendermaßen: „Wo früher zwanzig und mehr Bauern waren, dort sind jetzt acht oder zehn, und dennoch heißen sie die zehn dasselbe machen, was die zwanzig gemacht haben" (zit. nach J. Marchlewski: Pisma wybrane [Ausgewählte Schriften], Bd 1, Warschau 1952, S. 262).

25) A. Gostomski: Gospodarstwo, neu hrsg. von St. Inglot, Breslau 1951. Die sehr verbreitete Schrift erschien erstmalig posthum bei Jakob Siebeneycher, Krakau 1588. Vgl. auch J. Bergerówna: Z dziejów książki gospodarczej w Polsce [Aus der Geschichte des Wirtschaftsbuches in Polen im 16. Jh.], Lemberg 1939.

26) J. Długosz: Historiae Polonicae, Bd 1, S. 27. Daß das ausgeführte Getreide aus Gebieten kam, die von den schiffbaren Flüssen Weichsel, Narew, Bug, Wieprz und San erschlossen waren, wußte schon vor zweihundert Jahren J. Wybicki, Listy patriotyczne, S. 145; dsgl. schon Święcicki in seiner Topographie Masowiens im J. 1635 (Najstarszy opis Mazowsza, S. 155 f.).

27) E. Keyser (†): Die Baugeschichte der Stadt Danzig, hrsg. von E. Bahr, Marburg 1972. M. Bogucka (im Sammelwerk: Polska w epoce odrodzenia [Polen während der Renaissance], red. von A. Wyczański, Warschau 1970, S. 116): „ohne Danzig hätte der Wirtschaftsorganismus Polens überhaupt nicht funktionieren können". Vgl. auch E. R. Raths: Die Entwicklung des Weichselhandels von der Mitte des 13. bis zum 15. Jh., in: Deutsche Blätter in Polen 4 (1927), in 4 Folgen; D. Krannhals: Danzig und der Weichselhandel in seiner Blütezeit, Leipzig 1942. Neueres Schrifttum bei M. Bogucka, Handel zagraniczny Gdańska, S. 3 ff., auch bei L. Żytkowicz: Następstwa ekonomiczne i społeczne niskich plonów zbóż w Polsce od połowy XVI do połowy XVIII wieku [Wirtschaftliche und soziale Folgen der niedrigen Ernteerträge in Polen seit der Mitte des 16. bis zur Mitte des 18. Jh.s], in: Roczniki dziejów społecznych i gospodarczych 34 (1973), S. 16 ff., 20 ff.; dazu in den Beiträgen von A. Mączak und A. Wyczański in dem Sammelwerk „Der Außenhandel Ostmitteleuropas 1450—1650", hrsg. von I. Bog, Köln-Wien 1971.

Lange Zeit galt das Weichselland seitdem als Getreidekammer Westeuropas. „Der westliche Teil dieses Königreiches bringt viel Korn, welches in großer Menge in fremde Länder verführt wird. Über dieses ist es auch sehr reich an Honig, Wachs, Hanf und Segelzeug, welches alles nach Danzig gebracht und von da an andere Örter geschafft wird."[28] Noch um 1800 stellte der preußische Polenexperte Holsche fest: „Die Bauern und kleinen Gutsbesitzer fahren ihre Produkte zu Markte; die Beamten [Domänenverwalter] und großen Gutsbesitzer hingegen schütten ihr Getreide auf, warten auf teure Preise ... Aber auch dann verkaufen sie das Getreide nicht in den großen Städten, sondern schicken es nach Danzig oder nach anderen großen Handelsplätzen."[29] Selbst ihre Wälder verkauften sie auf den westeuropäischen Märkten in Form von Pottasche und Teer, aber auch als Masten und Schiffsbauholz.

Mit der neuen westeuropäischen Entwicklung konnte eine solche primitive Wirtschaft freilich nicht Schritt halten. Sie sicherte allenfalls das standesgemäße Leben einiger Tausende genießerischer polnischer Souveräne, Sonnenkönige en miniature. Das war an sich nicht zeitfremd, indes einseitiger als anderwärts, wo starke Regenten den Adel zügelten. In dieser Atmosphäre entwickelte der „ritterliche" Pole seinen berühmten Kavaliersstil, während die breite Masse leer ausging. Von dem kümmerlichen Hintergrund der Dorflandschaft hoben sich allein Kirchen und lebensfrohe Herrenhäuser ab, deren oft großzügige Anlage schon aus den ältesten großmaßstäbigen Landesaufnahmen des österreichischen Teilgebiets abgelesen werden kann.

Die selbst auf dem damaligen europäischen Hintergrund auffallende, übermäßige Auspowerung und Resignation des polnischen Bauern war daher keineswegs ein Zeichen seiner Unfähigkeit, wie es dem Außenstehenden zunächst vorkommt. Schon im Jahre 1810 wandte sich ein polnischer Gelehrter dagegen, daß Fremde, verleitet durch den äußeren Schein, die Gründe des polnischen Niedergangs allgemein im Volkscharakter suchten: „Was nur eine Folge der unglücklichen [sozialen] Lage war, schrieben sie fälschlich der Faulheit und Unfähigkeit zu. Die Polen hatten sich bereits so sehr an derartige Urteile gewöhnt, daß sie sie ohne Erröten schließlich selber nachplapperten."[30] Diese soziale Lage aber war, wenn man genauer hinschaut, nicht zuletzt eine Folge der geographischen Abwertung des Landes zu Beginn der Neuzeit.

Erst recht kann dem Adel nicht wirtschaftliche Unfähigkeit nachgesagt werden. Ganz im Gegenteil: er hat es im unternehmerischen Alleingang und mit dem üblichen sacro egoismo verstanden, alle Energien des Landes, insbesondere die der fruchtbaren Ackergaue, in seinen Dienst zu stellen. Der Erfolg gab ihm über Ge-

---

28) B. Connor: Beschreibung des Königreichs Polen und Großherzogthums Litthauen, Leipzig 1700, S. 264.

29) A. C. von Holsche: Geographie und Statistik von West-, Süd- und Neu-Ostpreußen, Bd 2, Berlin 1804, S. 512. Ähnlich die von M. Różycka herausgegebene „Landwirtschaftliche Enquete von 1785" (in: Studia z dziejów gospodarstwa wiejskiego, Bd 2, Breslau 1959, S. 683).

30) W. Surowiecki, O upadku przemysłu, S. 280.

nerationen recht. Trotz der nachteiligen geographischen Lage stieg die Republik zu ungeahntem Glanz im Osten empor. Sie behauptete sich dort selbst dann noch, als das farbenprächtige Adelsheer kein gefürchteter Gegner mehr war, als mutig geschwungene Säbel nicht mehr die Schlachten entschieden. Das „goldene Zeitalter" Polens, von Dichtern und Gelehrten gepriesen, überdauerte sogar manche Niederlage. Bis an Düna und Dniepr und darüber hinaus, in den unterentwickelten riesigen Ostgebieten, spielten die Schlachtschizen auf ihren Landgütern — mitunter in prunkvollen Schlössern — jahrhundertelang die bekannte Rolle des ebenso bewunderten wie gehaßten Herrenvolkes. Die berühmtesten polnischen Magnatengeschlechter, wie die Radziwiłł, Czartoryski, Potocki, Sapieha usw., hatten hier ihre Latifundien. Stolz zeigten sie und ihre Adelsgenossen so manche bizarre, „sarmatische" Note in Kleidung, Gehabe, Haartracht und Lebensstil. Während der tragischen Jahrzehnte des Untergangs im 18. Jahrhundert betonten sie diese Eigenarten in einer letzten patriotischen Aufwallung, so daß sie zu der Zeit einen geradezu exotischen Eindruck auf westeuropäische Besucher machten. Kein Wunder, daß Polen damals auch aus diesem Grunde ein beliebtes Thema der westlichen Reiseliteratur war.

Seit der Union Polens mit Litauen (1385/6 und 1569) fand sich lange kein überlegener Nachbar. Erst seit dem 17. Jahrhundert organisierten Brandenburg-Preußen im Westen, Rußland im Osten mühsam moderne Armeen. Durch stetes Wachstum erstarkten ihre Völker im Gegensatz zum polnischen. Dieses Menetekel aus Ost und West aber blieb unbeachtet, obwohl einzelne Polen das Ende kommen sahen. Bereits seit dem 17. Jahrhundert wütete der Zweikampf zwischen Moskau und Polen um die Vorherrschaft in Osteuropa[31]; Kosaken, Türken und Tataren brandschatzten den Südosten des Landes; moderne schwedische Heere durchstreiften siegreich seinen Norden und Westen. Im 18. Jahrhundert waren mehr oder weniger ständig russische Truppen im Lande, und der wirkliche Herrscher war schließlich der russische Botschafter in Warschau. Der Adel aber verweigerte stur die Mittel für ein größeres modernes Mietsheer; aus ständischen Interessen sah er die größere Gefahr in bewaffnetem Bauerntum und einer starken Königsmacht. Abgesehen von dem Adelsaufgebot, das allenfalls noch den Wert eines Landsturms hatte, stand schließlich nur ein Heer von noch nicht 15 000 Mann bereit, während seine Nachbarn jeweils über mehr als das Zehnfache verfügten.

Das Aristokratenleben in Saus und Braus hatte erst jetzt, unter den Sachsenkönigen, seine historische Epoche.[32] Noch heute kennt jedermann in Polen das Sprichwort:

---

31) vgl. hierzu den Beitrag von Z. Wójcik in: Polska XVII wieku [Polen im 17. Jh.], red. von J. Tazbir, Warschau 1969, S. 16 ff., 33 f. Zur allgemeinen Geschichte des Landes G. Rhode: Geschichte Polens, Darmstadt ²1966.

32) J. Kitowicz: Opis obyczajów za panowania Augusta III [Beschreibung der Sitten unter August III.], bearb. von R. Pollak, Breslau 1951, ein farbenreiches Bild der Zeit. Eine ausführliche Schilderung der Zustände während der zweiten Hälfte des 18. Jh.s bei J. K. Hoensch, Sozialverfassung und politische Reform, knapper bei G. Rhode: Die polnische Adelsrepublik um die Mitte des 18. Jh.s, im Sammelwerk „Die

„Unter dem König aus Sachsen
Friß, sauf und laß den Bauch wachsen!“

Die langzeitlichen Folgen dieses oligarchischen Systems interessieren jedoch hier nur insoweit, als sie Voraussetzungen für die neuzeitliche Siedlerbewegung schufen, die — wie im Mittelalter — in so eigenartiger Weise lange Zeit von Kolonisten aus dem Auslande getragen wurde. Der polnische Bauer blieb zunächst, bis auf die Pustkowien, passiv. Das aber ist aus der geschilderten Wirtschafts- und Sozialstruktur des Landes zu erklären, das auf adlige Vorwerkswirtschaft zugeschnitten und für freie Bauern verschlossen war. Die schrecklichste aller Folgen des Systems freilich war eine heute unvorstellbare Zerstörung der körperlichen wie seelischen Substanz des eigenen Bauern.

3. Der polnische Fronbauer

Eine viel zitierte, klassische Diagnose des Fronbauern nach mehrhundertjähriger Ausbeutung gab Staszic: „Ich sehe Millionen von Geschöpfen, die einen halb nackt, die anderen von Fell oder scharfem grobem Zeug bedeckt, alle ausgetrocknet, elend, zottig, verrußt, die Augen tief in die Höhlen gesunken. Ihre schwindsüchtigen Lungen arbeiten unaufhörlich. Trübe, dumpf und stumpf nehmen sie wenig wahr und denken wenig, was ihr größtes Glück ist. Fast kann man in ihnen keine vernünftige Seele erkennen. Ihr Äußeres erinnert auf den ersten Blick eher an ein Tier als an ein menschliches Wesen... Ihre Nahrung ist Schrotbrot, ein Vierteljahr nur Grünzeug, ihr Getränk — Wasser und Schnaps, der ihnen die Därme verbrennt. Ihre Wohnungen sind Gruben, etwas aus der Erde herausschauende Hütten. Die Sonne hat dort keinen Zutritt. Sie sind voller Gestank und barmherzigen Rauches, der sie des Lichtes beraubt, damit sie ihr Elend weniger sehen und weniger leiden, und der sie Tag und Nacht stickt und ihr klägliches Dasein kürzt, die meisten im Säuglingsalter tötet. In solcher finsteren Höhle voll Gestank und Rauch ruht der von seiner Tagesarbeit ermattete Wirt auf verfaultem Lager, neben ihm schlafen die kleinen und nackten Kinder auf demselben Platz, auf dem Kuh und Kalb stehen und das Schwein mit seinen Ferkeln liegt...“[33] Ein solcher

---

erste polnische Teilung 1772“, hrsg. von F. B. Kaiser und B. Stasiewski, Köln-Wien 1974, S. 1—28. Das Schrifttum zur Geschichte der Teilungen jetzt kritisch analysiert von J. Topolski: Poglądy na rozbiory Polski [Ansichten über die Teilungen Polens], im Sammelwerk „Stosunki polsko-niemieckie w historiografii“ [Die deutsch-polnischen Beziehungen in der Historiographie], Bd 1, Posen 1974, S. 410—515. Nachgetragen sei eine anonyme Schrift „Darstellung der Preußischen Monarchie... nebst einigen Bemerkungen über die Ursachen ihres Falles“, Frankfurt-Heidelberg 1807, S. 47 ff., laut der der Untergang Polens in den Jahren 1793 ff. den anschließenden Fall Preußens ausgelöst habe, was — wie hinzugefügt sei — an die Aufeinanderfolge der Ereignisse von 1939 und 1945 erinnert. Beidemal war Polen als Scheidewand zwischen Preußen und Rußland vorher gefallen.

33) Staszic, Pisma, Bd 1, Krakau 1954, S. 283. Vgl. hierzu das ausgewogene Urteil

Mensch hat auch nach Staszic keine Initiative mehr. Ohne Zwang werde er nichts Neues beginnen. Sein Verstand reiche nur so weit, um sich vor der Arbeit zu drücken und keine Habe anzusammeln. „Die Grundstücke, die die Untertanen haben, liegen in größter Verkommenheit und in äußerster Verwahrlosung."[34] Der Fronbauer vermeide es, gute Pferde zu züchten, da ihm der Grundherr dann nur um so öfter Fuhren aufhalsen würde. Vieh halte er nur sehr wenig, weil er seines Besitzes nicht sicher sei.

Da dem Bauern jederzeit eine andere Hofstelle aufgezwungen werden konnte, verzichtete er — wie hier eingeflochten sei — auf die Anlage von Obstgärten. Der päpstliche Nuntius berichtete 1565: „Weder finden sie Freude am Gemüsegarten, noch pflanzen sie Bäume." Ulrich von Werdum notierte 1670: „Übrigens sieht man in Polen, außerhalb der großen Städte, wenig Gärten."[35] Selbst der Adel hatte kaum Gärten. „Die polnischen Edelleute haben selten einige Gärten an ihren Häusern, da doch die fruchtbaren Bäume in Polen sehr wohl fortkommen. Sie könnten auch dadurch ein gut Teil vom Getreide ersparen, welches sie zum Bierbrauen anwenden müssen, wenn sie gleich wie bei uns von Äpfeln oder Birnen einen Trunk zubereiteten", meinte kurz vor 1700 ein englischer Arzt.[36] Der schon vorhin zitierte sächsische Offizier stellte noch 1808 fest, daß in Polen „fast überall außer einigem Hartobst die Baumzucht fehlt".[37] Noch in einer Posener Verordnung der preußischen Provinzialregierung vom Februar 1817 „Die Anpflanzung von Obstbäumen betreffend" heißt es in geradezu lyrischem Ton: „Die meisten der hiesigen Bauerndörfer entbehren der Lebendigkeit, welche das angenehme Grün der Bäume gewährt, und bieten ein trauriges wildes Äußere dar",[38] eine Beschreibung, die bis heute für so manches Dorf zutrifft.

„So bleibt alles Land der Untertanen unfruchtbar, vernachlässigt, nur hier und da eingesät und trägt jämmerliche Frucht."[39] Nach Beobachtungen preußischer Beamten aus dem Jahre 1773 fanden die Bauern adeliger Grundherren in der Regel nicht einmal die Zeit, um ihre eigenen Hofstellen richtig anzubauen, die immerhin noch den überwiegenden Teil, zwei Drittel bis drei Viertel des Ackerlandes ausmachten. Sie lebten daher „größtenteils in den kümmerlichsten Ver-

---

von Z. Kuchowicz: Z badań nad stanem biologicznym społeczeństwa polskiego od schyłku XVI do końca XVIII wieku [Aus Forschungen über den biologischen Zustand der polnischen Gesellschaft seit dem Ausgang des 16. bis zum Ende des 18. Jh.s], Lodz 1972, S. 81 ff. Weitere zeitgenössische Stimmen zur Situation der Bauern jener Epoche u. a. in den S. 93, Anm. 29 zitierten Textsammlungen.

34) Staszic, Pisma, Bd 1, S. 287.

35) Aus dem Bericht des päpstlichen Nuntius Ruggieri vom Jahre 1565, in Relacye nuncyuszów apostolskich [Relationen der apostolischen Nuntien], hrsg. von E. Rykaczewski, Berlin-Posen 1864, S. 131. — Werdum zit. nach X. Liske, Cudzoziemcy, Lemberg 1876, S. 79.

36) B. Connor, Beschreibung des Königreichs, S. 639 f.

37) P. Pietsch, Aus dem Tagebuch eines sächsischen Offiziers, S. 122.

38) Öffentlicher Anzeiger, Beilage des Amtsblattes Nr 13 der Kgl. Regierung zu Posen, S. 432.

39) Staszic, Pisma, Bd 1, S. 288.

hältnissen".[40] Der Bauer dämmere dahin und habe auch nicht die Mittel, um sich in der Wildnis neu anzubauen. Diese stand außerhalb des herrschenden Wirtschaftssystems als eine Welt für sich und war dem Zugriff des Fronbauern entzogen. Der Zeitgenosse Wybicki sagt das mit aller nur wünschbaren Deutlichkeit: „Wo immer der Herr aus weniger fruchtbaren Ländereien etwas herausholen will, Buschland ausräumen oder Land gegen Überschwemmungen schützen will — er muß freie Leute dafür suchen und ihnen entsprechende Rechte verleihen."[41]

Der gelehrte preußische Zeitgenosse, August Carl von Holsche,[42] faßt sein Urteil über den polnischen Fronbauern folgendermaßen zusammen: „Nach gegenwärtiger Verfassung lebt der Bauer nur für heute; hat er etwas übrig, so vertrinkt er es, um sich zu betäuben, weil er in dem Gedanken steht, der Herr werde es ihm doch wegnehmen; brennt ihm das Haus ab, so ist er dabei gleichgültig, weil der Gutsherr es wieder aufbauen muß, und sieht es sogar gern... Fällt ihm ein Stück Vieh, so muß es der Herr wieder anschaffen, wenn er Dienste von ihm haben will: und da der Bauer kein Interesse daran hat, treibt er es unmenschlich ab ... Die Wohnungen der hiesigen Bauern sind in der kläglichsten Verfassung." Um einen heruntergekommenen Fronbauern wieder mit einer neuen „Hofwehr" auszustatten, habe der Herr — laut Wybicki — 500 polnische Gulden aufzuwenden; „welch ein Kapitalist müßte er sein, um einige Dutzend Untertanen einzurichten!"[43]

Die konservative Gutsherrschaft hatte, was die Bauern anbelangt, nur ein Ziel im Auge: ihren unmittelbaren Bedarf an praktisch unentgeltlichen Arbeitskräften. Zu deren Unterhalt und als einzige Entlohnung schuf sie eine bestimmte Zahl von Bauernhöfen verschiedener Kategorien (Ganz- und Halbhüfner, Kossäten, Büdner, dazu Einlieger), jeweils ex *absoluta potestate,* wie der anonyme „Gewissenswurm" des 17. Jahrhunderts ihre Machtstellung charakterisierte.[44] Dabei maßen einzelne Grundherren ihren Untertanen mehr Land zu und setzten entsprechend mehr Leute an. Auf den einzelnen entfiel dann eine geringere Fron. Andere Grundherren wiederum, die mit ihrem Land geizten oder weniger davon besaßen, nötigten ihre Leibeigenen zu höheren Fronlasten. Dieses völlig selbst-

40) M. Bär: Westpreußen unter Friedrich dem Großen, Bd 2, Leipzig 1909, S. 218.

41) Staszic, Pisma, Bd 1, S. 176; Wybicki, Listy, S. 129. Vgl. K. Zimmermann, Fryderyk Wielki, Bd 1, S. 153, der aus „Nankes Wanderungen durch Preußen", Hamburg-Altona 1800, S. 173, zitiert.

42) zur Person dieses gelehrten Juristen und Kronzeugen der damaligen Zustände in den polnischen Provinzen Preußens s. A. Warschauer: Die deutsche Geschichtsschreibung in der Provinz Posen, Posen 1911, S. 27 ff. Vgl. auch J. Wąsicki: Pruska literatura urzędnicza z końca XVIII i początku XIX wieku, opisująca ziemie polskie [Die Schriften preußischer Beamter vom Ende des 18. und Anfang des 19. Jh.s, die die polnischen Länder des preußischen Anteils beschreiben], in: Studia i materiały do dziejów Wielkopolski i Pomorza 4 (1958), S. 257—268, der sich, wie manche anderen polnischen Forscher, positiv über die Zuverlässigkeit Holsches äußert.

43) Holsche, Geographie, Bd 1, S. 222; Wybicki, Listy, S. 134.

44) Robak sumienia złego [Der Gewissenswurm] (zit. nach J. Bergerówna, Z dziejów książki gospodarczej, S. 104).

herrliche, individuelle Prinzip der Fronbemessung, wie es Holsche und andere zeitgenössische Beobachter schildern, ist von modernen polnischen Wirtschaftsforschern, die diesen Fragen eifrig nachgehen, bestätigt worden.[45] Das gesamte nutzbare Land, nicht nur das Gutsland, auch das der Bauern, war in dieser Weise in den Dienst der Gutsherrschaft gezwungen.

Die Konsequenz der autoritären und knappen Bemessung der Bauernhöfe war logischerweise, daß damit gleichzeitig ein enger Rahmen für die Entwicklung des Bauernstandes, sein Nährraum, abgesteckt war. In diesem Rahmen hatte sich in Zukunft die Einwohnerzahl der Dörfer zu bewegen. Das dadurch gesetzte obere Limit war nur schwer zu überschreiten. Die Einwohnerzahl des Landes und die natürliche Zuwachsrate waren damit letztlich durch die Grundherren, d. i. von deren Interessen diktiert.[46] Daß das keine abstrakte Spekulation ist, bestätigt u. a. wiederum Staszic, um uns auf diesen Kronzeugen zu beschränken. Auf Grund vielfacher eigener Erfahrungen erklärt er, daß die Fronordnung jegliches Wachstum der Bevölkerung behindere: ein vernichtendes Urteil im physiokratischen Zeitalter der Peuplierung und der stehenden Bauernheere. Er brandmarkt das System als das „Monstrum" der Feudalzeit, welches das Menschengeschlecht verschlinge und jedes Bevölkerungswachstum ausschließe.[47] Deswegen sei Polen dazu verdammt, immer auf demselben Entwicklungsstand zu verharren, immer arm und ohne jeden Fortschritt zu vegetieren.

Mit Unmut und Bitterkeit zieht Staszic folgende bevölkerungsgeschichtliche Bi-

---

45) Holsche, Geographie, Bd 2, S. 398 f. Über die tatsächlichen Fronpflichten in Polen im auslaufenden 18. Jh. unterrichtet vorzüglich der anonyme Verfasser der „Uwagi praktyczne o poddanych polskich" [Praktische Bemerkungen über die polnischen Fronleute], in: Materiały do dziejów Sejmu Czteroletn., Bd 1, S. 464 ff. Von modernen Darstellungen vgl. L. Żytkowicz: Okres gospodarki folwarczno—pańszczyźnianej [Die Ära der Guts-Fronwirtschaft], im Sammelwerk Historia chłopów polskich [Geschichte der polnischen Bauern], Bd 1, red. von St. Inglot, o. O. 1970, S. 274; J. Rutkowski, Historia gospodarcza, S. 214.

46) Bezeichnend hierfür ist der Titel einer hier unzugänglichen Schrift des Posener Wojewoden Stefan Garczyński: „Anatomie der polnischen Adelsrepublik — Den Söhnen des Vaterlandes zur Warnung und Besserung dessen, was in Unordnung geraten, nämlich von den Mitteln, Polen mit gewöhnlichem Volk zu mehren, die Kinder auf den Dörfern, die durch Not und Elend kläglich umkommen, zu erhalten, und ausländische Manufakturen und Handel einzuführen", o. O. 1751.

47) Staszic, Pisma, Bd 1, S. 290. Ähnlich J. Pawlikowski: O poddanych polskich [Von den polnischen Fronleuten], Krakau 1788: „Die Hauptursache der niedrigen Menschenzahl ist die Unfreiheit der Bauern" (zit. nach Materiały do dziejów Sejmu Czteroletn., Bd 1, S. 42). Ein Anonymus aus dem J. 1789: „Es sterben mehr als geboren werden — aus Not, Sorge, Hunger und zu Tode geprügelt" (ebenda, S. 90); ähnlich die Klage einer Dorfgemeinde (ebenda, S. 164). Auch Z. Kuchowicz (s. Anm. 33) betont die Rolle von Hunger und Epidemien für die Bevölkerungsbewegung des 17. und 18. Jh.s. Sie waren letztlich eine Folge der sozialen Struktur des Landes. Sz. Starowolski schrieb schon um 1560: „es würde eine solche Menge Menschen aus Not auf dem Lande nicht dahinsterben, wie es jetzt geschieht, wenn ..." (zit. nach St. Śreniowski: Kwestja chłopska w Polsce w XVII w. [Die Bauernfrage in Polen im 17. Jh.], Warschau 1955, S. 133.

lanz: seit undenklichen Zeiten wachse das Volk nicht mehr, sondern „versaure“ bei einigen Millionen. Ein Land, das das reichste Europas sein müßte, sei heute sein ärmstes. „Der Bauer bleibt immer in derselben Anzahl, immer im Elend, immer träge und dumm.“ Schuld sei der Adel; er verhindere „mit Fleiß“, daß sich die Bevölkerung vermehre. Zornig erklärt Staszic: der böseste Feind hätte, um Polen menschenarm zu halten, keine besseren Mittel erfinden können.[48] Auch nach Wybicki ist Polen nicht von einer Seuche entvölkert worden, sondern „die Sklaverei ist diese Pest“.[49] „Die Bevölkerungszahl ist zweifellos kleiner, als sie einst war und besonders, wie sie zur Zeit der Jagellonen war“. Er widmete seine bekannten „Patriotischen Briefe“ der Jahre 1776/77 vor allem diesem Thema. Der Adel habe sich darauf eingestellt, die Bauern durch Hunger aussterben zu lassen, wenn er nur seine herrschaftlichen Speicher mit Korn für die westlichen Märkte füllen könne.[50] Voller Bitterkeit schleudert Staszic den Grundherren die Anklage ins Gesicht: „Ihr schadet diesem Lande mehr, als die Moskowiter, Schweden, Deutschen, Türken und Tataren je vermochten ... Eure Grausamkeit ... verhindert das Wachstum der Bevölkerung und die Steigerung der Ernteerträge ... Gebt dem Menschen das Recht seiner Natur zurück, zu wachsen und sich zu mehren.“ Auf den Dörfern gebe es heute, 1790, nicht mehr Menschen als vor hundert Jahren (falls damals alle bäuerlichen Stellen besetzt gewesen seien); das habe er an alten Inventaren nachprüfen können. Wo aber, fragt er, sind alle die geblieben, die in jenen Dörfern „über die Zahl der Grundstücke hinaus“ (oder „über das [den Bauern] zugeteilte Land hinaus“) geboren wurden? Eine in diesem Zusammenhang sehr aufschlußreiche Art zu formulieren! Staszic fragt damit beinahe makaber nach jenen, für die keine bäuerliche Hofstelle mehr bereit stand. Sie waren, so lautet die Antwort, in dem betreffenden Dorf überflüssig; trotzdem durften sie nicht fort, um vielleicht anderswo ein Handwerk zu erlernen oder irgendeinen andern Lebensunterhalt zu finden. „Oh nein, das Leben haben wir ihnen nicht genommen, das haben wir ihnen gelassen, aber doch nur, um ihre Leiden zu verlängern; denn da wir ihnen kein Land gaben und ihnen die natürliche Freizügigkeit genommen haben, wurden sie durch uns um jeden Lebensunterhalt gebracht.“[51]

Diese Überzähligen der damaligen Gesellschaftsstruktur werden in die Hun-

---

48) Staszic, Pisma, Bd 1, S. 286, 288, 271.

49) J. Wybicki: Rozmowa między szlachcicem polskim ... [Gespräch zwischen einem polnischen Adligen usw.], Warschau 1780, S. 33 (zit. nach K. G. Hausmann: Die politischen Begriffe und Wertungen in der polnischen Aufklärung, T. 1, (vervielfältigt) Göttingen 1957, S. 115).

50) Wybicki, Listy, S. 127 f., 199.

51) Staszic, Pisma, Bd 1, S. 290. Dazu D. Pilchowski im J. 1789: „Oh Gott, wieviele aus diesem unglücklichen Volk werden Jahr für Jahr erschlagen, erschossen! ... Dazu jene im Elend Verschmachteten, denen zwar ihr Herr weder Strick noch Schwert an den Hals gelegt, die er nicht zu Tode geprügelt, gleichwohl aber so gut wie getötet hat. Wie das? Non pavisti, occidisti: Du nährtest nicht, eben damit hast du umgebracht. Deine Hundemeute ward fett, aber das halbe Dorf ist vor Hunger und Not ausgestorben“ (Materiały do dziejów Sejmu Czteroletn., Bd 1, S. 201).

derttausende gegangen sein. Nach Staszic mußten sie entweder ledig bleiben und ihr Leben als Knecht oder Magd beschließen, oder sie heirateten dennoch; dann starben ihre Kinder meist nach wenigen Leidensjahren an Hunger und Entbehrungen dahin. Die Frauen, die im eigenen Dorf keinen Mann fanden, durften in kein fremdes Dorf einheiraten, damit ihr Herr nur ja keine Arbeitskraft verliere. So seien auch sie ohne Nachkommen geblieben.[52]

Die sehr eingehenden Untertanenlisten der Klarenberger Klostergüter von Kłobucko und Brzeźnica bei Tschenstochau aus dem Jahre 1789 verzeichnen in der Tat häufig die Anwesenheit von ledigen, aber auch von verheirateten Erwachsenen auf den Höfen ihrer nächsten Verwandten.[53] Kein Wunder, daß die bisherige Forschung auf den Dörfern kaum mehr als durchschnittlich 2 Kinder je Familie feststellen konnte.[54] Die gleiche Beobachtung hat schon Beheim-Schwarzbach gemacht.[55] Laut ihm bestanden die Familien auf dem Lande aus einer „außer-

---

52) Staszic, Pisma, Bd 1, S. 290. Pfarrer Świtkowski weist 1792 auf dieselben Ehehindernisse für den Fronbauern hin: er heirate widerwillig, da er keine Möglichkeit sehe, eine Familie zu ernähren. Kinder wolle er nicht haben und bringe Neugeborene aus Not und Verzweiflung um (Materiały do dziejów Sejmu Czteroletn., Bd 1, S. 616). Daß die wirtschaftlich Abhängigen noch in der ersten Hälfte des 19. Jh.s häufig unverheiratet blieben, bestätigt S. Borowski: Demographic development and malthusian problem in the Polish territories under German rule, in: Studia historiae oeconom. 3 (1968), S. 166 f.

53) Lustracja województwa krakowskiego 1789, Bd 2, hrsg. von A. Falniowska-Gradowska und I. Rychlikowa, Breslau usw. 1963, S. 553 ff. B. Kumor: Księgi status animarum w diecezjach polskich [Die Bücher des status animarum in polnischen Diözesen], in: Przeszłość demograficzna Polski 1 (1967), S. 99, enthält eine Aufstellung für die Parochie Schrimm aus den Jahren 1777/8, laut der es in den dortigen katholischen Siedlungen neben 533 „Frauen und Gattinnen“ 490 „unverheiratete und minderjährige Frauen“ gab, außerdem 337 „kleine Mädchen“; in den evangelischen Siedlungen dagegen kam auf 15 „Frauen und Gattinnen“ nur 1 „unverheiratete oder minderjährige Frau“.

54) vgl. z. B. J. Łużyńska: Rozwój demograficzny południowej Wielkopolski z XVIII wieku — na przykładzie dóbr Przygodzice [Die demographische Entwicklung des südlichen Großpolen im 18. Jh. — am Beispiel der Güter von Przygodzice], in: Studia i materiały do dziejów Wielkopolski i Pomorza, 10 (1970), H. 1, S. 29—58. Sie zeigt ferner, daß die besser Gestellten mehr Kinder hatten als die Dorfarmen. Die wenigsten Kinder fand sie bei den Einliegern. Auf die Zusammenhänge zwischen Wohlstand und Familiengröße verwies auch Z. Kuchowicz, Z badań nad stanem biologicznym, S. 84 f. W. Styś: Współzależność rozwoju rodziny chłopskiej i jej gospodarstwa [Die Wechselseitigkeit in der Entwicklung der bäuerlichen Familie und ihres Hofes], Breslau 1959, beobachtet an 20 Dörfern Kleinpolens, wie sich die Zahl der Hofbewohner, die zur Zeit des Feudalismus sehr hoch gewesen sei, nach der Bauernbefreiung verringerte: „Es fielen die Untertanenfesseln und die Fronlasten, die seinerzeit bei vielen Bauern den Willen zur selbständigen Landwirtschaft erstickt hatten“ (S. 37). Die Personenzahl der „Betriebskollektive“ (der Hofbewohner) habe rasch abgenommen (von 6,8 im J. 1820 auf 5,1 im J. 1931).

55) M. Beheim-Schwarzbach: Der Netzedistrikt in seinem Bestande zur Zeit der ersten Theilung Polens, in: ZHGP 7 (1892), S. 233.

ordentlich geringen Anzahl von Mitgliedern". Es sei fast erschreckend zu sehen, „wie sehr das Zweikindersystem meist in den Scharwerksdörfern durchgeführt war". In einigen Dörfern spiele ein „eigener Zufall", daß ebenso viel Söhne wie Väter, ebenso viel Töchter wie Mütter vorhanden seien; eine Ausnahme von diesem geringen Familienbestand machten namentlich manche lutherischen Dörfer, in denen freie Bauern säßen. Die geringe Kinderzahl kann man auch aus den oben zitierten Klarenberger Inventaren ablesen.[56]

Aber schon Holsche hält dafür Zahlen bereit.[57] Er errechnete im Posener Departement 25 Kinder auf 12 Familien. Im Kalischer Departement fand er dieselbe Relation.[58] Für das Warschauer Departement lagen ihm nur Nachrichten vor, wonach dort auf eine Feuerstelle (Rauchfang, dym) je $3^1/_2$ Kinder entfielen. „Allein es sind weit mehr Familien als Feuerstellen, und man kann auch hier mit Wahrscheinlichkeit annehmen, daß nur 2 Kinder auf eine Familie kommen."[59]

Im Sinne der Darlegungen von Staszic konnte jedenfalls nur ein Kind die väterliche Stelle übernehmen, da eine weitere Hofteilung dem Grundherrn meist nicht tragbar erschien. Ein zweites Kind durfte mit der Einheirat in einen anderen Hof des Dorfes oder Gutsschlüssels rechnen. An der Schaffung neuer Stellen für weitere Kinder auf Kosten des Vorwerks war der Grundherr wirtschaftlich nicht interessiert. Damit war das Zweikindersystem, der „eigene Zufall", von dem Beheim-Schwarzbach spricht, geradezu von den „Produktionsverhältnissen" vorgeschrieben; das gesamte fruchtbare Land war „ausgebucht".

Ein allfälliger Menschenüberschuß wurde früher oder später durch das Regulativ der Kriege, der Epidemien und vor allem der unvorstellbaren Not ausgeschaltet. So hat schon Staszic bemerkt, daß es im Lande zwar „sehr viele kleine Kinder" gebe; eine ungewöhnlich große Zahl aber verkomme vor dem siebenten Lebensjahr wegen des allgemeinen Elends und der ungesunden Wohnweise. Von den Epidemien forderten Pocken und Masern die meisten Opfer. Schon bei der Geburt stürbe eine „bedeutende Anzahl".[60] Laut Wybicki starben fast ebensoviel Kinder, wie geboren wurden, an den Folgekrankheiten der Not, der ungesunden oder unzureichenden Ernährung, die wie eine ewige schreckliche Pest wirkten.[61] Nach den Bevölkerungsstatistiken des Herzogtums Warschau entfielen 27% der Toten auf das erste Lebensjahr, 19% auf das zweite und dritte; auf die drei ersten Lebensjahre zusammen 46% der Toten.[62]

---

56) Bei solchen Berechnungen ist sicherzustellen, daß die Zahl der Erwachsenen, der Onkel, Tanten usw., die außer den Eltern auf dem Hofe leben, eliminiert werden. Die Zahl der Personen, die auf einen Rauchfang entfallen, entspricht keineswegs der Mitgliederzahl einer Familie im engeren biologischen Sinne.

57) Holsche, Geographie, Bd 2, S. 432.

58) ebenda, S. 433.

59) ebenda, S. 434.

60) Staszic, Pisma, Bd 2, S. 294; ebenda, Bd 1, S. 291.

61) Wybicki, Listy, S. 218.

62) H. Grossmann: Struktura społeczna i gospodarcza Ks. Warszawskiego [Die Sozial- und Wirtschaftsstruktur des Warschauer Herzogtums auf Grund der Volkszählungen von 1808 und 1810], in: Kwartalnik Statystyczny 2 (1925), S. 82: Pocken seien

Solche Beobachtungen einer stagnierenden, ja abnehmenden Dorfbevölkerung, die z. T. auch nach Osten abwanderte, sind meines Erachtens die einfachste Erklärung, weshalb hier in der beginnenden Neuzeit (ähnlich wie zuvor im Westen) infolge schwindender Bauernfreiheit und wachsender grundherrlicher Gewalt, einzelne Siedlungen aus ungünstigeren Lagen wieder zurückgenommen wurden und daß es selbst in Dörfern auf fettem Boden bald so viele wüste Höfe gab. Dort konnte der Bauer unter den inzwischen drückender gewordenen Bedingungen nicht mehr das erwirtschaften, was Grundherr, Staat, Kirche und Eigenbedarf von ihm verlangten. Auf den mittelalterlichen Konjunkturboom der freien Bauernsiedlung folgte nun eine Rückentwicklung der Landwirtschaft zur adligen Guts- oder Vorwerkswirtschaft. Von dieser aus gesehen, war der ganze Prozeß eine „Rationalisierung" zum Zweck einer Erhöhung der Profite für den Grundherrn. Der Nährraum der Bauern unterlag Kürzungen, die gesamte Landwirtschaft — Reglementierungen. Sinkende Freiheit führte zu sinkendem Arbeitselan und sinkendem Ertrag. Die daraufhin ebenfalls sinkende Zahl der Bauern wurde durch höhere Fronforderungen an den Einzelnen wettgemacht, bis schließlich der Bauernstand in der für den Gutsbedarf optimalen Höhe stagnierte. Nun stabilisierten sich auch die gutsherrschaftlich durchorganisierten Ackergaue an mehr oder weniger festen Fronten gegenüber der Wildnis. Den Frontenverlauf bestimmten aber allein die Rentabilitätsgrenzen der Gutsherrschaft, der Herren, und nicht wie vordem die der freien Bauern und deren Nahrungsbedarf. Kein Wunder, daß sie im ganzen auf die Grenzen der fruchtbarsten Böden zurückgefallen waren. Mit einem Wort: das Ende der Bauernfreiheit war der Anfang der Krise. — Das etwa sind meines Erachtens die Hintergründe der langen polnischen Wüstungsperiode. Vielleicht spielten sie auch im Westen eine Rolle.

Im verkehrstechnisch aufgeschlosseneren Westeuropa freilich fanden, noch vor der Aufsegelung der Ozeane, Gewerbe und Städte stimulierende Plätze. Die gesamte, seit Jahrhunderten ostwärts wachsende Ökumene wurde von ihnen aus versorgt und ausgebeutet. So wurden die Städte dort für die Bauern ein Ventil, für ihre Produktion — ein Absatzmarkt in ständiger Expansion. Mag dadurch

---

die Todesursache bei 18% der Verstorbenen. — „An den Pocken sterben auf den Dörfern fast drei Viertel der Kinder, und auch das vierte leidet lange daran" (Materiały do dziejów Sejmu Czteroletn., Bd 1, S. 46, Anm. 49). — In Uniejów waren 1792 über 60 Kinder unter 10 Jahren an den „Blattern" gestorben (Wąsicki, Opisy miast, S. 851). — „Die bedeutende Sterblichkeit des Jahres 1778 [in Westpreußen] hat ihren Grund in der damaligen Blattern- und Ruhr-Epidemie; die des Jahres 1808 war eine Nachwehe des beendigten Krieges, und die des Jahres 1813 Folge des durch den rückkehrenden Rest des französischen Heeres verbreiteten Lazarethfiebers" (aus „Übersicht der Bestandtheile und Verzeichniß aller Ortschaften des Marienwerderschen Regierungsbezirks, Marienwerder o. J. (um 1820), S. 6). Als Grund für die große Sterblichkeit in Schlesien im J. 1805 (angeblich nur übertroffen in den Jahren 1737 und 1758) werden genannt: „Brodttheuerung und häufiges Sterben von Kindern unter 10 Jahren (die Pocken rafften 6929 weg) usw." (Allgemeine Geographische Ephemeriden 21 (1806), S. 94).

anfänglich auch die ländliche Bevölkerung in gewissen Regionen noch zusätzlich verdünnt worden sein, am Ende — seit der Erschließung der Übersee und einer gewissen Zurückdrängung des Adels — kam es im Westen doch weithin wieder zu einer allgemeinen Belebung der bäuerlichen Konjunktur, besonders der arbeitsintensiveren Kulturen (Viehzucht, Gemüsebau), so daß sich auch das Zinsbauerntum gut behaupten konnte.

Dem Bauern Ostelbiens wie Ostmitteleuropas überhaupt waren diese Möglichkeiten im wesentlichen verschlossen. Er blieb noch lange stagnierendes Element einer im Interesse der Grundherren immer straffer „rationalisierten" Wirtschaft. Dieser lag sicher nichts daran, eine ständig wachsende Zahl von Bauern zu ernähren; das wäre unnützer Ballast gewesen. Eine freie bäuerliche Wirtschaft dagegen hätte wohl auch hier in Polen zu einer selbsttätigen, ständigen Ausweitung des Siedlungsraumes, zu einer mehr oder weniger permanenten Binnenkolonisation geführt.

II. Späte deutsche Schulzendörfer

Die neuzeitliche deutsche Bauernsiedlung in Polen hatte mit den sogenannten Schulzendörfern und Holländereien einen doppelten Anfang, denen meines Erachtens die Pustkowien aller Arten als dritte, überwiegend einheimische Siedlungsweise an die Seite zu stellen sind. Räumlich beginnt die Tradition der Schulzendörfer im Nordwesten und Westen Polens,[1] die der Holländereien im unteren Weichseltal.[2] Zeitlich fallen ihre Anfänge — nach bisher verbreiteten Anschauungen — hier wie da in die Mitte des 16. Jahrhunderts, also in eine Periode relativen Friedens und Wohlstandes im Lande. Während bei den Schulzendörfern der historische Beginn und die geographische Verbreitung erhebliche Rätsel aufgeben, vor allem für den schlesischen Abschnitt (worüber Breslauer oder Wiener Archive noch Auskunft verschaffen könnten), ist es bei den Holländereien eher umgekehrt: hier ist die spätere Phase, die tiefer in Polen spielt, weniger bekannt; die Anfänge im Ordensland und um Danzig, wo die Quellenlage sehr viel günstiger ist, sind dagegen weitgehend geklärt.[3]

Die Schulzensiedlung im westlichen Polen, sei es die pommersch-neumärkische oder die bisher weniger beachtete niederschlesische, war in Wirklichkeit nur eine auslaufende letzte Phase der deutschen mittelalterlichen Ostsiedlung und hat schon deshalb keinen rechten Anfang; man müßte ihn denn im 13. Jahrhundert suchen.[4] Ihr Ende fällt freilich in die hier behandelte Periode. — Neu und fortschrittlich waren in Polen nur die Siedlungen der Holländer. Sie stellten dort über zwei Jahrhunderte lang die Pioniere moderner bäuerlicher Lebensformen. Ursprünglich waren sie nichts anderes als Ableger des blühenden Holland jener ersten neuzeitlichen Jahrhunderte, das kontinentale Gegenstück der weit bekannteren holländischen Avantgarde auf den Weltmeeren und in Übersee.

Beide Bezeichnungen, Schulzendorf und Holländerei, sind künstlicher Herkunft, am Schreibtisch erfunden, als die Blütezeit der beiden Siedlungstypen vorüber war. Der Terminus Schulzendorf stammt von dem um die Geschichte des Deutschtums im Posenschen hochverdienten Bromberger Oberlehrer Erich Schmidt: „Wegen der Machtstellung, welche die Schulzen kraft ihres größeren Reichtums und ihrer Vertrauensstellung beim Grundherrn in ihren Dörfern inne

1) vgl. die eine vielschichtige Literatur zusammenfassende Darstellung von W. Kuhn: Die deutsche Ostsiedlung in der Neuzeit, Bd 2, Köln-Graz 1957, S. 108 ff.

2) ebenda, S. 60 ff.

3) besonders dank B. Schumacher: Niederländische Ansiedlungen im Herzogtum Preußen zur Zeit Herzog Albrechts (1525—1568), Leipzig 1903.

4) W. Maas: Die Posener Hauländereien, in: DWZP 34 (1938), S. 117, und ders.: Von der Provinz Südpreußen zum Reichsgau Wartheland, Leipzig 1942, S. 76, sieht eine andere Kontinuität des Siedlungsvorgangs darin, daß die Holländer bald nach dem Auslaufen der deutschrechtlichen Siedlung auch in Großpolen auftauchen.

hatten, seien diese ‚Schulzendörfer' genannt, zum Unterschiede von den gleichzeitig entstehenden Holländereien, deren Rechts- und Wirtschaftsleben sich ganz anders gestaltete."[5] Die Bezeichnung Holländerei ist von der preußischen Bürokratie vor 1800 eingeführt worden, die diesem holländischen Siedlungstyp in den ehemals polnischen Provinzen Preußens zum ersten Male so recht begegnete. Östlich der Elbe war das die übliche Bezeichnung gewisser milchwirtschaftlicher Betriebe. Da sich auch die holländischen Siedlungen in Polen — von der einheimischen Bevölkerung seit je olendry genannt — mehr mit Milchvieh befaßten als die übrigen Bauern im Lande, mochte es angebracht erscheinen, diese Bezeichnung auf sie auszudehnen. Ihre Fragwürdigkeit geht aber schon aus dem nunmehr bereits zwei Jahrhunderte anhaltenden Schwanken zwischen den Formen Hauländerei und Holländerei hervor.[6] Im Folgenden sollen dennoch die inzwischen eingebürgerten Bezeichnungen Schulzendorf wie Holländerei beibehalten werden.

Die bisherigen reichen Forschungsergebnisse über die deutsche Bauernsiedlung in beiden Formen sind in einer Fülle von wissenschaftlichen wie publizistischen Darstellungen niedergelegt.[7] An die Quellen selbst kommen wir jetzt leider nicht recht heran. Wenn das Thema hier trotzdem noch einmal aufgegriffen wird, so deshalb, um die bisherigen Vorstellungen in einigen Hinsichten schärfer zu profilieren, in manchen Fragen zu verbesserten Lösungen zu kommen und zu neueren polnischen Untersuchungen Stellung zu nehmen.

1. Aus der Geschichte der Schulzendörfer

Deutsche Schulzendörfer gab es auf polnischem Volksboden, wie gesagt, seit der mittelalterlichen Kolonisation. Neugründungen seit dem 14. Jahrhundert wurden bereits meist mit einheimischen Polen besetzt, die damit auch das Modell der dreifeldrigen Getreidekultur übernahmen und Polen in ein Land des Getreidebaus verwandelten. Neue deutsche Schulzendörfer entstanden fortan vornehmlich noch am Fuße der Karpathen, in Anlehnung an die dortigen Ödräume und reußischen Gebiete, sowie im Westen und Nordwesten Polens, hier in Anlehnung an deutsche Heimatgebiete. Nur diese späten deutschen Dorfgründungen haben ihre Nationalität behauptet, im Karpathenvorland bis tief in die Neuzeit, im westlichen Polen — u. a. dank wiederholter Ergänzung aus deutscher Nachbarschaft — bis 1945. Von diesem späten Nachschub, weniger von der meist mittelalterlichen Stammsiedlung, soll hier des näheren die Rede sein.

Die erste genauere Kunde über neuzeitliche Grenzlandsiedlung in Westpolen betrifft einen solchen Nachschub. Er ging im 16. Jahrhundert vom pommersch-neumärkischen Raum aus. Man stellt ihn heute häufig als den Beginn der neu-

---

5) E. Schmidt, Geschichte des Deutschtums, S. 338.

6) Dr. Kremmer und Dr. Dalchow: Die Provinz Posen, Berlin-Stuttgart 1911, S. 49.

7) Vgl. oben S. 1, Anm. 1 und 2, sowie S. 33, Anm. 1 u. 2.

zeitlichen deutschen Siedlung in Polen dar. Horst-Gotthard O s t hat ihn in einem Grenzabschnitt näher untersucht und die Hintergründe aufgehellt.[8] Den neumärkischen Bauern sei damals, wenn sie nicht zu „unselbständigen Gutsarbeitern oder Kossäten" herabsinken wollten, nichts anderes übrig geblieben, als nach Gebieten abzuwandern, wo noch „Urland" der Erschließung harrte. „Das war im Osten des Reiches und den anstoßenden Grenzgebieten seines dortigen Nachbarstaates der Fall."[9] „Die ländliche Bevölkerung der östlichen Grenzkreise [der Neumark] sah in der Flucht nach dem ‚freien' Polen und der Ansiedlung auf Neuland eine Möglichkeit, sich dem Absinken in eine sozial tieferstehende Schicht zu entziehen, während die Bauern der weiter westwärts gelegenen Landesteile sich in ihr Schicksal ergeben oder in die Städte abwandern mußten, wo sie der Proletarisierung verfielen."[10] Im Osten war also auch jetzt noch „eine bessere Steh", wie es die freien Ostsiedler des Mittelalters einst formulierten.

Was aber war der bisherige Status der Abwandernden des 16. Jahrhunderts? Daß sie Bauern waren, ist nicht anzuzweifeln. Indes gab es im Abwanderungsgebiet laut der um 1540 verfaßten pommerschen Chronik des zeitgenössischen Thomas K a n t z o w[11] damals noch zwei Arten von Bauern: einerseits freizügige, erbberechtigte Zinsbauern, andrerseits Fronbauern ohne Erbrechte, in der Literatur häufig als unerbliche Lassiten bezeichnet. Diese sind besonders aus dem rechtsufrigen Oberschlesien bekannt geworden, denen linksufrig, also auch geographisch in groben Zügen abgesondert, die Masse der deutschen Schlesier zu besserem Erbzinsrecht gegenübersaß. Die folgenden, auch sonst grundlegenden Texte zeigen, aus welcher der beiden Gruppen sich die nach Polen entlaufenden Pommern und Neumärker damals hauptsächlich rekrutierten. In der Chronik heißt es:

„Der Bauern Wesend aber ist nicht durchaus gleich. Etliche haben ihre Erbe an den Höfen, darauf sie wohnen; dieselben geben ihre bescheidene Zinse und haben auch bestimmten Dienst. Dieselben stehen wohl und seind reich, und wann einem nicht geliebet, auf dem Hofe lenger zu wohnen oder seine Kinder darauf wohnen zu lassen, so verkauft ers mit seiner Herrschaft Wille und gibt der Herrschaft den Zehenden vom Kaufgelde, und der wieder auf den Hof zeucht, gibt der Herrschaft auch Geld. Und also zeucht der ander mit seinen Kindern und Guete frei weg, wohin er will. Aber mit den andern ists nicht so. Denn die haben an den Höfen kein Erbe und müssen der Herrschaft so viel dienen, als sie immer von ihnen haben wollen, und konnen ofte vor solchen Dienst ihre eigen Werke nicht tuen und mussen deshalben vorarmen und entlaufen. Und ist von denselben Pauren ein Sprichwort, daß sie nur sechs Tage in der Wochen dienen, den siebenden müssen sie Briefe tragen. Demnach seind dieselbigen Pauren nicht viel anders wann eigen; dann die Herrschaft vorjagt sie, wann sie wollen. Wann aber die Pauren

---

8) H.-G. O s t : Die Besiedlung der nördlichen Grenzmark und des südlichen Hinterpommerns im 16. Jh., in: Dt. Archiv f. Landes- u. Volksforschung 1 (1937), S. 180 ff.; d e r s. : Die zweite deutsche Ostsiedlung im Drage- und Küddow-Gebiet, 1. Teil, Leipzig 1939. Der 2. Teil ist nicht mehr erschienen; die Unterlagen verbrannten in Berlin.

9) O s t , Die zweite deutsche Ostsiedlung, S. 5.

10) ebenda, S. 22.

11) Kantzow als den Verfasser der „Pomerania" erweist auf Grund eines Archivfundes in Kopenhagen J. P e t e r s o h n : Die dritte hochdeutsche Fassung von Kantzows Pommerscher Chronik, in: Baltische Studien 9 (1973), S. 27 ff.

*wollen anderswohin ziehen oder ihre Kinder in andere Orter begeben und es nicht mit Willen der Herrschaft tuen, obgleich ihre Höf zu gueter Wehre gepracht, so holet sie die Herrschaft wieder als ihre eigen Leute. Und mussen derselbigen Paure Kinder, es sei Sohn oder Tochter, nicht aus ihrer Herrschaft Güter ziehen, er gebe es dann sonderlich nach... Doch entlaufen ihrer viele oder entziehen heimlich, daß ofte die Höfe wüste werden. Alsdann muß die Herrschaft sehen, daß er einen anderen Pauren darauf kriege. Hat dann der Abrünstiger [*in anderen Hss.: *Abtrünnige, Abgelaufene, Verlaufene] nichts beim Hofe gelassen, damit er möchte erhalten werden, so muß die Herrschaft demjenigen, der wieder darauf zeucht, Pferde, Kühe, Schweine, Pflug, Wagen, Samen und anderes dazu geben, damit er den Hof und den Acker begaten könne, und bisweilen noch etliche Jahr zinsfrei darzu lassen. Und derselbige wird dann samt seinen Kindern so eigen als die andern Pauren; wann er aber oder seine Kinder mit Willen der Herrschaft wieder davonziehen, so lassen sie dasselbig, was sie bei dem Hofe empfangen, oder anders, so gut, darbei. Und diese lassen sich aus leichten Ursachen vortreiben oder entlaufen sonst. Aber die andern Pauren, die ihre Erbe an den Höfen haben, wann man sie gleich gerne bisweilen wegtriebe, so wollen sie nicht weg; und die seind so eigen nicht, sondern ziehen wohl, wor sie wollen.“*[12]

Daraus geht meines Erachtens hervor, daß die damals nach Polen entlaufenden Pommern vorwiegend „Abrünstige“, d. i. der zweiten Art waren: Fronbauern, die kein Erbe hatten und sich daher leicht vertreiben ließen oder entliefen. Das wird indirekt durch die von Ost angeführten Texte bestätigt; dort heißt es nämlich, die Bauern seien mit der Hofwehr entlaufen.[13] Aus manchen von Erich Schmidt geschilderten Einzelheiten der Abwanderung geht dasselbe hervor. So heißt es laut ihm in einem Brief der Herren von dem Borne und von Rentzow aus der Neumark vom Jahre 1619:

„daß nuhn etzliche Jhare hehr bey Churfürstlicher Durchlaucht und bey allen Zusammenkünften diese Kreise sich höchlich besweret, daß die Pauren von den Höfen mit allem Ihren, auch Hoffwehr, so dem Adel gehöret, heimlich in Pohlen ziehen, allda aufgenommen und geschützet werden; daher nit wenich, sundern große Ungelegenheit, Schade und Nachteil entstanden und noch erfolget.“

Schmidt sagt ferner: die Pommern hätten „all das Zugvieh, Getreide, Ackergerät und andere Dinge, die ihnen doch nur für die Zeit der Bewirtschaftung von ihren Herren zum Gebrauch überwiesen seien“, mit sich nach Polen verschleppt.[14] Die Hofwehr aber, als Gabe des Herrn, war — auch nach den obigen Zitaten aus der pommerschen Chronik und aus dem Schreiben der neumärkischen Herren — ein Merkmal des Eigenbauern. Die Forderung der deutschen Grundherren nach Auslieferung der Entlaufenen bestätigt, daß es insoweit Eigenleute waren, die nach Polen entwichen. Selbstverständliche Voraussetzung der Flucht war freilich die Aufnahmewilligkeit der Grundherren auf der anderen Seite der Grenze, ja ihre Mitwirkung bei der Abwerbung durch besondere Agenten-Lokatoren. Daher blieben auch alle Bemühungen der neumärkischen Herren um Auslieferung ihrer Leute vergeblich. Die Flucht über die nahe Grenze, vielleicht in einer langen stürmischen Nacht auf versteckten Pfaden, unbemerkt und mit der

---

12) Pomerania. Eine pommersche Chronik, hrsg. von G. Gaebel, Bd 2, Stettin 1908, S. 161 f.

13) Ost, Die zweite deutsche Ostsiedlung, S. 141.

14) Schmidt, Geschichte, S. 325 ff.

ganzen Hofwehr, löste die Bindungen zu ihren bisherigen Herren endgültig. „Abrünstige" solcher Art also waren zumeist die Vorväter der ländlichen deutschen Kolonisten in Polen, soweit es sich nicht bei den Dörfern im Grenzgebiet um weit ältere Gründungen, häufig noch unter zeitweilig deutscher Herrschaft handelte, wie im Fraustädter Land im Süden oder dem Deutsch-Kroner im Norden. Auch freie und erbberechtigte Bauern konnten freilich noch in der Neuzeit über die Grenze gehen, legal und unbehelligt; sie hatten nur keinen rechten Grund dafür: *„dieselben stehen wohl und seind reich"* in Pommern, wie es in der Chronik heißt, was gewiß ebenso für Schlesien gilt.

Die Ankunft in Polen mit der gesamten wirtschaftlichen Ausrüstung bewirkte, daß selbst die Entlaufenen dort als freie Bauern behandelt wurden. Man setzte sie in wüsten Dörfern oder in Wäldern des Grenzgebietes an.[15] Sie gewannen dadurch im fremden Land das kostbarste Gut des Menschen, die Freiheit, zu denselben Bedingungen, die in ihrer Heimat nur den bevorzugten und erbberechtigten Zinsbauern zustanden und die sie dort nie erlangt hätten. Die Flucht hatte sie nicht nur, wie Ost richtig sagt, vor einem Absinken in das Kossätendasein bewahrt, sondern gleichzeitig in eine höhere Bauernklasse gehoben, mit Erbberechtigung, Freizügigkeit und „bestimmtem" Dienst. Die Analogien ihrer pommerschen Ansiedlungsbedingungen zu denen des spätmittelalterlichen deutschen Rechts in Polen sind vielfach aufgefallen.[16] Sie erklären sich leicht daraus, daß Pommern wie Brandenburg im hohen Mittelalter selber in den Geltungsbereich des sächsischen Rechts geraten waren, ähnlich dem spätmittelalterlichen Polen, das sich auf dem bäuerlichen wie bürgerlichen Sektor dem deutschen Recht geöffnet hatte, ähnlich auch dem linksufrigen Schlesien mit seinem noch im 18. Jahrhundert so gutem Bauernrecht.

Wie die Pommern und Neumärker gingen sicher auch Schlesier über die nahe Grenze, seitdem sie über Gebühr von ihren Herren bedrückt wurden. Ziekursch z. B. berichtet vielfach von schlesischen Bauern, die noch um die Mitte des 18. Jahrhunderts und später nach Polen flüchteten. Er zitiert u. a. einen englischen Reisebericht aus dem Jahre 1780, laut dem Oppelner Bauern bei geringster Veranlassung mit Weib, Kind und Vieh auf gut Glück nach Polen zögen. „Man hat uns versichert, daß es nichts Ungewöhnliches ist, in den Dörfern an der Grenze des Morgens einen oder ein paar Höfe verlassen zu finden". Seit dem Verfall der bäuerlichen Freizügigkeit war hier die Flucht praktisch der einzige Weg in die Freiheit. Eine große Menge Menschen hat auch Ostpreußen [um 1790] dadurch verloren. Als Werber traten hier Juden auf, die den leibeigenen und dienstpflichtigen Bauern vor allem klar machten, daß sie jenseits der Grenze völlig frei wären. In

15) Im Privileg vom J. 1751 für die Holländer von Dymaczewo Stare heißt es in Punkt 17: „dieselben Holländer verpflichten sich, keinen Holländer ohne Wissen des Herrn bei sich aufzunehmen, der nicht Zugvieh und Inventar hat". Die Ansetzung eines solchen eventuell nicht ordnungsgemäß entlassenen Bauern hätte Streit mit dem früheren Herrn des Entlaufenen hervorrufen können, ganz abgesehen von seiner fraglichen Leistungsfähigkeit.

16) Schmidt, Geschichte, S. 338 f.; Kuhn, Die deutsche Ostsiedlung, Bd 2, S. 118 ff.

Mierunsken, Kreis Treuburg, gingen alle über die Grenze nach dem nahegelegenen Filipowo. „Etwa zehn Meilen im Umkreis von Filipowo gäbe es 9 000 Preußen“.[17]

Ebenso zogen Ukrainer zukunftsträchtig über die polnischen Ostgrenzen und früher schon rumänische Bauern aus Ungarn über die östlichen karpatischen Grenzgebirge zur Moldau, wo sie neue Akzente in der Geschichte jener Gebiete setzten. Die befreiende Wirkung des Grenzübertritts, hier meist in östlicher Richtung, eine vielleicht in der Siedlungsgeschichte noch zu wenig beachtete, universale Erscheinung, ist bis in die neueste Zeit eine der wesentlichsten Voraussetzungen für Abwanderungen ins Ausland geblieben.

Zu beschränkten Diensten (bis zu drei Tagen wöchentlich!) ließ sich freilich auch der pommersche Flüchtling oder Einwanderer herbei, anders als der echte Holländer in den polnischen Niederungen, der aus einer freiheitlicheren Umwelt des Westens stammte und sie aus religiösen Gründen verlassen hatte. „Bestimmten“ Dienst neben bescheidenem Zins leisteten nach dem Zeugnis Kantzows selbst die pommerschen Erbzinsbauern in der alten Heimat. Der auf neue Einkünfte bedachte posensche und westpreußische Grundherr konnte den Flüchtigen in dieser Hinsicht umso leichter entgegenkommen, als er — in den ausgedehnten Grenzwäldern — noch keine Vorwerke besaß und daher zunächst auch keinen Bedarf an Dienstleistungen hatte. Ähnlich verfuhr der deutsche Grundherr in den vorwerklosen Waldgebieten der sogenannten Hinterkreise der Neumark.[18]

Auf der polnischen Seite jener Grenzzone hatten bereits seit dem Mittelalter zahlreiche deutsche Dörfer bestanden. Sie wurden häufig wieder wüst. Ihre verlassenen Fluren, in die der Wald zurückgekehrt war, dienten nun oft als erste Anlaufstellen für den frischen Nachschub. Es sei nur an die ausgedehnten Krongüter von Filehne im Norden der Netze erinnert, an den Raum um Schloppe. Mit entlaufenen Pommern und Neumärkern siedelten ihn die Filehner Starosten und Schloßherren jetzt Dorf um Dorf wieder auf.[19] „Die Ursache dieser Bewegung aber ist, daß allerorten in jener Gegend die Wälder gerodet und neue Dörfer errichtet werden“, so heißt es in einem Schreiben des Kurfürsten von Brandenburg aus dem Jahre 1584.[20] Der erste Anstoß dazu war offenbar von den polnischen Grundherren ausgegangen; sie hatten ihre Chance richtig erkannt, die sich aus der Verschlechterung der bäuerlichen Lebensbedingungen auf deutscher Seite ergab. In derselben günstigen Lage befanden sich die Grundherren gegenüber Niederschlesien. Auch sie wußten sich Siedler auf Kosten ihrer deutschen Standesgenossen zu verschaffen. Dem polnischen Angebot der persönlichen Freiheit war schwer zu widerstehen. Frühzeitig, größtenteils seit dem späten Mittelalter, entstand so — bzw. wurde immer wieder neu aufgefüllt — eine Zone freier deutscher

---

17) J. Ziekursch: Hundert Jahre schlesischer Agrargeschichte, Breslau 1915, S. 142; zum Abzug schlesischer Bauern nach Polen ders., S. 13 ff., 127, 142; für ostpreußische — A. Pockrandt (s. S. 262, Anm. 97).

18) Ost: Die zweite deutsche Ostsiedlung, S. 39.

19) W. Schulz, Die zweite deutsche Ostsiedlung, S. 12 und Karte 1.

20) Schmidt, Geschichte, S. 326, Anm. 13.

Dörfer in den Grenzsäumen Polens gegen den deutschen Volkskörper, in schütterer Form auch längs der alten polnisch-westpreußischen Grenze.

Nichts jedoch kündigte an, daß damit bereits der Rubikon zur späteren großen Kolonisation des Landesinnern überschritten war, daß der kolonisatorische Siegeszug begonnen habe, wie es gelegentlich dargestellt wird. Auch in anderen waldreichen Teilen Polens entstanden mitunter im 16. Jahrhundert noch neue Dörfer ohne Deutsche, so z. B. im Lodzer Raum.[21] Dazu zeichneten sich jene Pommern und Schlesier aus östlichen deutschen Gauen weder durch eine besondere Ackerkunst, noch sonst durch eine ungewöhnliche Fertigkeit aus. Ihr Vorteil gegenüber den einheimischen Bauern bestand im wesentlichen darin, daß sie frei waren und daher in eigener Regie wirtschaften konnten. Das aber rief Energien wach, die man beim einheimischen Fronbauern vergeblich gesucht hätte.

Selbst die polnischen Scharwerksbauern waren laut Holsche, sobald sie von ihren Grundherren im 18. Jahrhundert auch nur zu „Contractsbauern" gemacht wurden, „tätiger, arbeiten auf Hoffnung, und die Herrschaft gewinnt dabei eben so gut als die Bauern". „Es gibt daher Beispiele, daß Scharwerksbauern auf ihren Höfen garnicht haben bestehen können . . . sobald sie aber die nemlichen Leute zu Contractsbauern mit eben den Pflichten gemacht hat, sie nicht allein fertig geworden, sondern auch ihre Gebäude und Inventarium im Stande erhalten, und sich das Saat- und Brodkorn selbst geschafft haben. So mächtig ist der Trieb zur Freyheit, zum Erwerb und was Eignes zu haben." Wie Holsche sah die Dinge auch ein Bericht der polnischen Präfektur in Bromberg zur Zeit des Warschauer Herzogtums. Es heißt dort, die Kreise Bromberg, Deutsch-Krone, Kamin, Kulm, ein Teil der Kreise Michelau und Thorn besäßen weit mehr Erb- und Zeitpächter sowie Zinsbauern als adeliges Land. Deswegen habe sich die Landwirtschaft dort, obwohl das Land schlechter sei als in den Kreisen Kowal, Brest, Radziejów, Hohensalza (Teil) weit besser entwickelt. Den Bauern gehe es dort gut, „denn der Hang zum Eigentum ermuntert und treibt zur Arbeit". Selbst auf Sandböden sei ein blühendes Bauerntum zu sehen, das man im gesamten fruchtbaren Gebiet Kujawiens vergeblich suchen würde. Wybicki sagt geradeheraus: „Die Ansetzung eines Freien auf dem Acker garantiert dem Grundherrn, daß er von ihm Dienst und Geld haben wird ohne jegliche Vorschüsse für seinen Unterhalt, sein Vieh oder für die Reparatur der Gebäude" . . . „Wir beobachten täglich bei den freien Bauern gute Ordnung in der Wirtschaftsführung, gutes und zahlreiches Vieh, während der Fronbauer Jahr um Jahr beim Grundherrn um Unterstützung und Brot fleht und dennoch immer Mangel leidet".[22]

Als Contractsbauern war es auch den freien Pommern möglich, auf Bodenarten auszuhalten, wo der polnische Fronbauer einging. Indes zum großen kolonisatorischen Durchbruch fehlte es ihnen vor allem an den betriebstechnischen Voraussetzungen, ganz abgesehen von der Konkurrenz mit dem damals überhand neh-

---

21) Kossmann, Die deutschrechtliche Siedlung, S. 27, 142, 183 f.

22) Holsche, Der Netzdistrikt, S. 88 f. — Statystyka departamentu bydgoskiego [Statistik des Bromberger Departements vom April 1812], Warschau-Posen 1972, S. 29. — Wybicki, Listy, S. 131 f.

menden Vorwerksidol des Adels, der darauf bedacht war, die bäuerliche Flur einzuengen und nicht auszuweiten. Bewegte sich doch die Wirtschaftsart der Pommern in den nördlichen polnischen Grenzkreisen um 1600 wie die der schlesischen Kolonisten im benachbarten südlicheren Grenzsaum noch ganz im alten Geleis. Wie eh und je seit der spätmittelalterlichen Vergetreidung des polnischen Dorfes[23] bauten sie vornehmlich Getreide im alten Dreifelderschema: Wintergetreide, Sommergetreide, Brache.[24] Dementsprechend waren ihre Gehöfte in ein enges Straßendorf zusammengedrängt, das sich meist nur über die Breite des Mittelfeldes erstreckte, quer zu den Flurlinien, genau wie in den alten polnischen Dörfern. Ihr Schulze spielte noch dieselbe herausragende, „monarchische" Rolle, wie einst in den deutschrechtlichen Siedlungen des Mittelalters, weshalb Erich Schmidt ihre Dörfer als „Schulzendörfer" bezeichnet hat.[25] Überhaupt wurde hier das Mittelalter von den Pommern und Schlesiern nur fortgesetzt, nicht abgelöst. Es hätte daher nicht einmal eines besonderen wissenschaftlichen Terminus zur Kennzeichnung ihrer Dörfer bedurft. Er kann sogar irreführend wirken, insoweit er den Eindruck erweckt, als ob es sich dabei um etwas völlig Neues handle, was es vorher nicht gegeben habe.

Der päpstliche Nuntius Ruggieri, dessen Auftrag es war, die Gegenreformation in dem damals vom Protestantismus „bedrohten" Polen anzufachen, hat in seinem Bericht vom Jahr 1565 u. a. die Entstehung solcher Dörfer alten, „autoritären" Stiles einigermaßen zutreffend geschildert. Ein wohlhabender Bauer (er entsprach dem mittelalterlichen Lokator) werbe zehn oder mehr ärmere an, empfange vom Grundherrn ein Gelände und verteile es unter sie gegen einen Getreidezins und gegen eine wöchentliche Fron von mehreren Tagen (!). Die letztere diene dem Anbau des für den Grundherrn reservierten Landes. Derselbe Bauer erwerbe außerdem vom Herrn einige Morgen käuflich für sich selbst. Er erhalte die Aufsicht und Gerichtsgewalt nicht nur über jene ärmeren Bauern, sondern auch über deren Nachkommen und über neue Zuzügler. Man nenne ihn sołtys (Schultheiß, Schulze).[26]

Aus einer solchen, im Grunde überalterten Sozial- und Wirtschaftsverfassung konnte, wie leicht zu erraten ist, keine Initiative zu einer großen neuen Siedlungsbewegung in Polen erwartet werden, die imstande gewesen wäre, die feststehenden Waldwände der Ackerlandschaften aufzubrechen und in die ökologisch ganz anders geartete Welt der bisherigen Wildnis einzudringen. Im Gegenteil, die pommerschen wie die niederschlesischen oder preußischen Siedler ließen sich damals gleich den Polen meist auf den besseren Böden nieder, wo solche auf verlassenen oder verwahrlosten alten Dorfplätzen oder hier und da in Wäldern noch zu finden waren.

---

23) Hierzu vgl. Kossmann, Polen im Mittelalter, S. 160 ff.

24) Schulz, Die zweite deutsche Ostsiedlung, Bd 1, S. 20. Dabei ist zu bemerken, daß selbst die Dreifelderwirtschaft in den einheimischen Dörfern nicht selten in Verfall geraten war.

25) Schmidt, Geschichte, S. 338.

26) Relacye nuncyuszów apostolskich, Bd 1, S. 130.

Schon Holsche war im Netzedistrikt die Andersartigkeit dieser Siedler gegenüber den Holländern der Weichselniederung aufgefallen. Er bezeichnet sie ausdrücklich als „deutsche Emphyteuten" (Erb-, aber auch Zeitpächter).[27] Ihre Zahl sei „nicht geringe". „Im vorigen und im Anfang dieses Jahrhunderts müssen Pest und Krieg die Menschen in dieser Provinz [Netzedistrikt], so wie in ganz Polen, gewaltig aufgerieben haben. Die Deutschen sind daher haufenweise eingewandert, und haben die von Polen verlassenen oder ausgestorbenen Dörfer nach schriftlichen Contracten, welche sie Privilegien nennen, auf beständig oder auf bestimmte Zeit, die meiste Zeit auf 40 Jahre, übernommen ... Selten nahmen die deutschen Bauern einzelne Höfe, sondern es mußte ihnen ein ganzes Dorf eingeräumt werden, damit sie eine Commune ausmachten. Die Herrschaften nahmen daher aus den Dörfern, wo noch polnische Untertanen waren, solche weg, wiesen ihnen anderwärts in den Gütern Höfe an, und verliehen das ganze Dorf den sich meldenden Deutschen. Oft erhielt nur einer oder ein paar Deutsche ein ganzes Dorf, mit der Erlaubnis mehrere Familien anzusetzen, und hieraus erwuchsen viel und zum Teil große deutsche Colonien, welche jetzt die größten Dörfer sind [gesperrt durch O. K.]."[28]

An andrer Stelle wandelt Holsche dasselbe Thema leicht ab, was einige weitere Einblicke gewährt: „In alten Urkunden werden auch oft Dörfer genannt, wovon keine Spur mehr anzutreffen, und in anderen wird gesagt, daß durch die Pest und Kriegsunruhen die Menschen vermindert worden, und damit das Gut oder das Dorf wieder in Aufnahme komme, die Herrschaft sich entschlossen habe, deutsche Leute anzusetzen. Aus dieser Epoke schreibt sich auch die Entstehung der vielen [!] deutschen Dörfer und Colonien her, so sich in der Provinz finden, denn man kann die Deutschen jetzt beynahe auf die Hälfte der Einwohner rechnen. Die Deutschen vermischen sich auch nicht mit den Polen; wenn sie sich niederließen, mußten die etwa noch vorhandenen polnischen Familien aus dem Dorfe heraus und wo anders hin versetzet werden, und sie nahmen das ganze Dorf an. Bisweilen wurde es einem oder ein paar Deutschen verliehen, und diese schafften die übrigen Bauern an, damit sie eine Gemeinde ausmachen konnten. Die Religion trug vieles dazu bey, so wie die Sprache und Industrie, denn mit den Polen konnten sie nichts anfangen. Die Deutschen hatten auch ein weit erträglicheres Schicksal, als die Polen, welche in Knechtschaft lebten, wozu sich kein Deutscher verstehen wollte. Diese waren freye Leute, schlossen mit den Herrschaften Contracte, übernahmen nur leidliche Dienste [!], konnten sich Vermögen erwerben, und vermehrten sich weit stärker als die in der Leibeigenschaft lebenden Polen."[29]

Die Verallgemeinerung Holsches, daß nur entvölkerte alte Dorfplätze übernommen wurden, beruht wahrscheinlich auf der Beobachtung, daß die „Schulzendörfer" den alten Siedlungen nachgeformt waren, selbst dann, wenn es sich nicht um wiederbesetzte Wüstungen handelte. So konnte leicht der Eindruck entstehen, daß alle sog. deutschen Schulzendörfer vorher polnisch besiedelt waren. Indes

27) Holsche, Der Netzdistrikt, S. 221 ff.

28) ebenda.

29) ebenda, S. 63.

gehen die älteren deutschen Schulzendörfer — und das waren die meisten — bis auf die mittelalterliche Ostsiedlung zurück, die gerade noch einen schmalen Grenzstreifen Polens erfaßte und dort „einfror". Weiter landeinwärts konnten die Grundherren bereits die eigenen polnischen Bauern als Kolonisten einsetzen. Bald aber zogen sie ohnehin die Gutswirtschaft vor, und die bäuerliche Neusiedlung schlief gänzlich ein. Nur an Plätzen, wo Epidemien oder Kriege die Einwohnerschaft alter Dörfer dezimiert hatten und Deutsche erreichbar waren, wurden solche auch noch im 16. Jahrhundert und später angesiedelt, wie Holsche es — verallgemeinernd, im übrigen aber richtig — schildert.

2. Verbreitung und Zahl der Schulzendörfer

Immerhin haben auch die Schulzendörfer eine starke Verbreitung gefunden. Sie ist bisher nicht endgültig geklärt. Die Angaben schwanken. Nach Władysław Rusiński „beschränkte sich diese Siedelweise auf insgesamt etwas über ein Dutzend Dörfer".[30] Erich Schmidt, der wie Rusiński hierbei Pommerellen außer acht ließ, hat auf seiner „Karte der im 16., 17. und 18. Jahrhundert begründeten Holländereien und Schulzendörfer" die letzteren fast nur für den Netzedistrikt von 1772 eingezeichnet. Die Unterlagen nennt er leider nicht, spricht aber von „urkundlichem Material", nach dem er die Karte „genau" hergestellt habe. Dazu vermerkt er: „Die Schulzendörfer . . . waren mit Sicherheit nur für den Netzedistrikt festzustellen, obwohl sie gewiß auch in den nördlichen Landstrichen des späteren Südpreußens zahlreich vorhanden waren."[31] Seine Karte enthält, wenn ich richtig gezählt habe, 122 Schulzendörfer, von denen einige, außerhalb des Netzedistrikts von 1772, bis an die untere Warthe bei Wronki (unterhalb Oborniki) nach Süden reichen. Ihre Namen hat Schmidt weder auf der Karte noch in einer Liste verzeichnet. Nur wenig Schulzendörfer führt er im Text mit ihren Gründungsjahren oder anderen Einzelheiten auf.

Beheim-Schwarzbach gibt für den Netzedistrikt nach preußischen Klassifikationsanschlägen 173 „rein" evangelische Dörfer an, aber nur 40 Holländereien, von denen einige katholisch waren.[32] Es verbleiben somit 130 evangelische Dörfer nichtholländischer Herkunft. Schmidt spricht zweifellos richtiger von „etwa 80" Holländereien im damaligen Netzedistrikt, was der Wirklichkeit näher kommt.[33] Es verbleiben selbst dann noch fast 100 Orte, die keine Holländereien, aber doch evangelische, deutsche Dörfer waren. Sie können demnach nur als „Schulzendörfer" angesehen werden. Tertium non datur. Von Kolonien preußischen Stils

30) Dzieje Wielkopolski, Bd 1, S. 716. W. Rusiński: Rozwój gospodarczy [Wirtschaftsentwicklung der polnischen Länder], Warschau²1969, schätzt die Schulzendörfer für die Mitte des 18. Jh.s auf „über 30".

31) Schmidt, Geschichte, S. VI und Karte im Anhang.

32) M. Beheim-Schwarzbach, Der Netzedistrikt, T. 3, S. 128 f. und 154 ff.

33) Schmidt, Geschichte, S. 405.

kann hier noch keine Rede sein. Dokumentierte Schulzendorf-Gründungen gibt es laut Schmidt dort aber nur 20—30. So schreibt er denn die Entstehung der meisten von ihnen, nach einer ersten stürmischen Einwanderungszeit des 16. Jahrhunderts, einem späteren stillen Infiltrationsprozeß zu, der die ursprünglich polnischen, menschenarmen Dörfer mehr und mehr mit Deutschen aufgefüllt habe, bis sich der Grundherr entschloß, dem Dorf auch eine neue rechtliche Ordnung zu geben.[34] Oft aber sei es bei den ersten Einzelabmachungen geblieben, die mit den hereintröpfelnden Deutschen nach und nach getroffen worden waren.[35] Hier fänden sich daher oft noch später polnische Bevölkerungsreste vor.

Es mag teilweise zutreffen, was Schmidt — im Gegensatz zu Holsche — über diese langsame und späte Entwicklung vieler deutscher Dörfer sagt. Im Endergebnis entstanden aber auch daraus Schulzendörfer. Warum sollte dieser Terminus nur für Siedlungen gelten, die schlagartig neu angelegt wurden? Selbst Neusiedlungen brauchten ihre Zeit, bis sie voll besetzt waren. Das Anlagetempo sollte jedenfalls nicht zum Kriterium eines Schulzendorfes gemacht werden. Entscheidend waren vielmehr seine endgültige wirtschaftliche und rechtliche Struktur, sowie seine Besiedlung durch freie Deutsche.

Aus dem Verzeichnis der Ortschaften des Regierungsbezirkes Bromberg von 1818, wo die „rein" evangelischen Dörfer als solche gekennzeichnet und damit als deutsche Siedlungen erkennbar sind, kann ein erster Einblick in die Verbreitung und damit in den Werdegang der dortigen Schulzendörfer gewonnen werden. Das Verzeichnis nennt 269 solche Ortschaften. Dabei wurden weder die zahlreichen Mühlen, die fast durchweg evangelische Bewohner hatten, noch die Hunderte von „Etablissements" (größtenteils Pustkowien), auch nicht die Vorwerke berücksichtigt, sondern nur solche Ortschaften, deren Qualität im Verzeichnis ausdrücklich als „Dorf" angegeben ist. In demselben Verzeichnis fanden sich außerdem 158 Holländereien und 89 sog. Kolonien, die bekanntlich neueren Ursprungs waren. Die Gesamtzahl der Ortschaften des Regierungsbezirks belief sich auf 2328, wovon etwa die Hälfte Dörfer waren. Diese Zahlen zeigen, wie stark die deutsche Siedlung jener Gegenden schon ohne die Holländereien gewesen ist. Die Zahl der evangelischen und nichtholländischen Dörfer (269), die nur „Schulzendörfer" gewesen sein können, übertraf hier sogar ganz erheblich diejenigen der Holländereien (158). Außerdem gab es zahlreiche deutsch-katholische Schulzendörfer aus älterer Zeit, besonders im Westen des Bezirks. Sie sind auf einige Dutzend zu schätzen. Laut demselben Verzeichnis standen im Regierungsbezirk Bromberg damals 146 000 Katholiken 83 000 Evangelischen gegenüber.[36]

Aus der kreisweisen Aufstellung ist zu erkennen, daß die südlichen Kreise Mogilno und Gnesen (um vom kujawischen Inowrocław ganz abzusehen, das nur schwach von der deutschen Siedlung betroffen war) die wenigsten „rein" evangelischen oder Schulzendörfer aufweisen, dafür aber die meisten Holländereien;

---

34) ebenda.

35) ebenda, S. 407.

36) Uebersicht der Bestandtheile und Verzeichniss aller Ortschaften des Bromberger Regierungsbezirks, Bromberg 1818, S. 3.

T a f e l 1. Zahl der „rein“ evangelischen Dörfer, Holländereien und Kolonien des Regierungsbezirks Bromberg im J. 1818

Kreis	„rein“ evang. Dörfer	Holländereien	Kolonien	Orte insgesamt
Bromberg	70	—	7	271
Wirsitz	39	—	7	162
Chodziesen (Kolmar)	31	11	18	146
Czarnikau	39	7	8	156
Schubin	31	4	2	269
Mogilno	11	55	11	276
Wongrowiec	21	16	4	293
Gnesen	8	51	6	326
Inowrocław (Hohensalza)	19	14	26	429
insgesamt	269	158	89	2328

und umgekehrt: die nördlicheren wie westlicheren Kreise waren stärker von Schulzendörfern durchsetzt und hatten weniger Holländereien. Im Ortschaftsverzeichnis wird für Wirsitz überhaupt keine Holländerei angegeben.[37] Hier — w i e i m ü b r i g e n P o m m e r e l l e n — war also die deutsche Siedlung, abgesehen von den Pustkowien, zumeist noch in der alten Schulzendorfform erfolgt, unabhängig von der holländischen Siedlung im Weichseltal, die sich damals und in dieser Gegend noch in jeder Hinsicht kraß von der pommerschen unterschied. Die Holländersiedlung im großpolnisch-kujawischen Raum beginnt dagegen geographisch an der Netze und stieß von dort, abgesehen von einigen Vorposten, erst im 18. Jahrhundert in breiter Front nach Süden vor.

Das Verzeichnis der P o s e n e r Ortschaften von 1819 enthält leider keine Angaben über die Bekenntniszugehörigkeit. So mußte die vorläufige Auszählung hier nach der Statistik von 1840 vorgenommen werden.[38] Berücksichtigt wurden die zu mehr als etwa zwei Dritteln evangelischen Dörfer des Regierungsbezirks Posen. Das Ergebnis war: 20 Ortschaften im Kreis Meseritz (im Nordwesten des Posenschen), jeweils rund 15 in den Kreisen Birnbaum und Obornik (im Norden), nur 3 in dem nach Süden ausgreifenden Kreis Samter, in den südlicher und östlicher gelegenen Kreisen noch weniger (Bomst — 5, Buk — 1, Kosten — 0, Posen — 3, Schrimm — 2, Schroda — 3 oder 4 unsichere, Wreschen — 0, Pleschen — 0, Krotoschin — einige, Adelnau — vielleicht 2). Erst in den an das deutsche Schlesien stoßenden Kreisen gab es wieder eine stattliche Zahl solcher Dörfer (Kröben — 20, Fraustadt — über 30).

Die deutschkatholischen Schulzendörfer im Regierungsbezirk Posen werden wie im Bromberger auf einige Dutzend zu schätzen sein. Sie sind zu den mehr als hun-

37) Das Fehlen von Holländereien im Kreise Bromberg beruht auf einer anderen Qualifikation dieser Orte im Bromberger Ortsverzeichnis von 1818. Sie weicht jedenfalls stark von derjenigen der Forschung, z. B. Schmidts, ab. Auch sonst war damals in den seit 1772 preußischen Landesteilen die Bezeichnung Holland im Schwinden begriffen. Sie sagte den Preußen offenbar nicht zu.

38) Verzeichnis sämmtlicher Ortschaften des Regierungsbezirks Posen, Posen 1845.

dert evangelischen, nichtholländischen Dörfern hinzuzuzählen, wenn man die Gesamtheit der deutschen Schulzendörfer des Bezirks erhalten will. Das ergibt mindestens 150 Schulzendörfer. In beiden Bezirken ist demnach mit über 400 Dörfern dieses Typs zu rechnen. Hinzu kommen die der pommerellischen Wojewodschaften, meist an deren Außenrändern. Sie gehörten in der Regel, besonders in Großpolen, einer älteren, z. T. um Jahrhunderte älteren Siedlungsphase an als die Holländereien. Trotzdem entwickelten sie keine kolonisatorische Initiative in Richtung auf das Landesinnere. Sie blieben, ganz gleich ob evangelisch oder katholisch, jahrhundertelang am Grenzsaum haften. Kein Wunder; denn um die gleiche Zeit war das Interesse der maßgeblichen polnischen Grundherren an neuen bäuerlichen Dorfgründungen in den alten Ackergauen erloschen. Das Vorwerk war zum Idol ihrer Wirtschaft geworden; alles fruchtbare Land wurde in seinen Dienst gestellt. An die Einbeziehung der Wildnis aber dachte man infolge mangelnder technischer Voraussetzungen noch nicht.

In den meisten übrigen Kreisen des Posener Landes, d. i. im Süden und Osten, war ein evangelisches Dorf in der Regel eine Holländerei. Diese Faustregel gilt nicht für die nördlichen Kreise wie Birnbaum und Oborniki, sowie für die westlichen und südwestlichen Kreise Meseritz, Fraustadt und Kröben, wo sich — wie gesagt — zahlreiche deutsche Dörfer befanden, die nicht Holländereien sondern sogenannte Schulzendörfer waren. Im Fraustädter Kreis gab es überhaupt keine Holländereien, obwohl — oder weil — dieser Kreis seit dem Mittelalter überwiegend deutsch aufgesiedelt war.

Zwischen der Verbreitung der Schulzendörfer und der Holländereien besteht demnach hier eine recht eindeutige Beziehung durchaus nicht zufälliger Art. Während die aus dem Mittelalter in die Neuzeit herüberreichenden Schulzendörfer als auslaufende Phase der ersten großen Kolonisation, derjenigen des Mittelalters, kaum nach dem Landesinnern ausgegriffen haben, stießen die meist späteren Holländereien, die Pioniere des neuen fortschrittlichen Dorfes, trotz herrschender Vorwerksmentalität, aus den Netzekreisen in südöstlicher Richtung bis tief in das Innere Großpolens, ja Polens überhaupt vor. In der Tat wurden die inneren und südöstlichen Teile der Provinz und besonders die mittelpolnischen Gebiete erst seit Beginn des 18. Jahrhunderts stärker von Deutschen durchsiedelt und zwar in der Form der Holländerei. Deutsche Schulzendörfer aus dieser Phase sind in Mittelpolen überhaupt nicht bekannt geworden und hat es anscheinend auch im Mittelalter nur vereinzelt gegeben. Sie wurden bis ins 19. Jahrhundert hinein bisher weder aus dem Kujawischen, Kalischer oder Lodzer Siedlungsraum gemeldet, wo allein die Holländer das Feld beherrschten. Ihnen gegenüber steht der Nordwestrand Polens, wo es sehr viele Schulzendörfer und fast keine Holländereien gab. In einer Zone dazwischen sind Schulzendörfer und Holländereien bunt durcheinander gewürfelt.

3. Der deutsche Grenzgürtel im Westen Großpolens

Wie schon aus der Siedlungskarte von Hładyłowicz hervorgeht,[39] stammen die häufigen deutschen Schulzendörfer der Grenzkreise, auch im Norden der Provinz, meist noch aus dem Mittelalter. Von den zwanzig im Jahre 1840 überwiegend evangelischen Dörfern des Kreises Meseritz z. B. sind 6 vor 1300 genannt, 8 vor 1400, 6 vor 1525. Keines von ihnen ist nach 1525 entstanden. Diese Dörfer waren demnach ursprünglich katholisch. Sie können erst im 16. Jahrhundert evangelisch geworden sein. Ähnlich ist die Lage in den Kreisen Fraustadt und Kröben, aber auch in Oborniki und anderen nördlichen Kreisen der Provinz. Soweit es nicht frühe deutsche Gründungen aus grüner Wurzel waren, dürften hier einerseits kleine slawische Altsiedlungen von mittelalterlichen deutschen Kolonialanlagen eingefaßt und im Laufe der Jahrhunderte aufgesaugt, andererseits etwaige Wüstungen schlagartig oder allmählich noch in der Neuzeit von Deutschen besetzt worden sein. Im 19. Jahrhundert sind es jedenfalls deutsche Dörfer. Neben evangelischen behaupteten sich auch deutschkatholische mit Herkunftszeiten, die — wie bei Konitz in Pommerellen — bis ins späte Mittelalter zurückreichen. Sie alle waren Schulzendörfer desselben Stils.

Der in Rede stehenden Grenzstreifen war im 16. Jahrhundert, z. T. früher (von Böhmen aus), durch den Protestantismus überschwemmt worden.[40] Die anschließende Rekatholisierung gelang nur teilweise, anscheinend nur in kirchlichen Besitzungen. Laut einem Visitationsbericht hat z. B. der Abt von Blesen (nordwestlich Meseritz, an der Obra) die in seine Klosterdörfer eingedrungenen ketzerischen Geistlichen nach 1579 wieder verjagen können. Es handelt sich um die spätmittelalterlichen Dörfer Rokitten, Neudorf, Althöfchen, Oscht, Falkenwalde, Semritz, Poppe und Schwirle. Fast zehn Parochien seien dort 30 Jahre lang, d. i. seit der Mitte des Jahrhunderts, in der Hand der Ketzer gewesen. Daß die dortigen Bauern Deutsche waren, geht aus demselben Bericht hervor. Er sagt nämlich: es sei schwierig gewesen, geeignete katholische Priester zu finden, weil „es Deutsche sein mußten".[41] Die genannten acht Dörfer des Klosters Blesen erscheinen dementsprechend im Jahre 1840 als katholische Ortschaften. Sie sind aber — und zwar seit vielen Jahrhunderten — als deutsch anzusehen. Deutsch war damals auch das fast rein katholische Städtchen Blesen (Bledzew), der Sitz des Klosters.[42] Es gab

---

39) K. Hładyłowicz, Zmiany krajobrazu, Anhang. Vgl. auch die instruktive Siedlungskarte der „südlichen Grenzmark" bei H. Schleinitz: Besiedlung und Bevölkerung der südlichen Grenzmark, Grimmen 1936, S. 31.

40) J. Dworzaczkowa: Reformacja w Wielkopolsce, in dem von Topolski herausgegebenen Sammelwerk Dzieje Wielkopolski, Bd 1, S. 556 ff., ebenda die Karte der evangelischen Kirchen Großpolens im letzten Viertel des 16. Jh.s, bei S. 560, sowie um 1650, bei S. 576. Die Karten sind von E. Jarmuszkiewiczówna und T. Kowalski bearbeitet.

41) Th. Wotschke: Die Reformation im Lande Posen, Lissa 1913, S. 86 f.

42) Laut der preußischen Befragung von 1793 f. zählte der Ort Blesen damals 598 Einwohner, darunter nur 9 Lutheraner, aber 589 Katholiken. Durchweg deutsch waren

demnach auch hier mehr Schulzendörfer, als aus unserer Aufstellung hervorgeht, die nur die ganz überwiegend evangelischen, nichtholländischen Dörfer und Nichtkolonien berücksichtigt. Die genannten acht Blesener Dörfer gehören jedenfalls dazu, wie grundsätzlich alle deutschkatholischen Dörfer jener Gegenden, z. B. die des Klosters Paradies (südlich Meseritz, hart an der damaligen polnischen Grenze).[43] Der gleiche Vorgang der Rekatholisierung spielte sich u. a. in der deutschen Stadt Schwetzkau (bei Lissa) ab, die dem Benediktinerkloster Lubin gehörte.[44] Nach Schleinitz konnten für die Dörfer der Klöster Paradies und Blesen die „meisten und besten" Belege erbracht werden, daß sie zu Beginn des 17. Jahrhunderts deutsch waren.[45] Nach den hier zitierten Zeugnissen waren sie es bereits vor der Mitte des 16. Jahrhunderts, gewiß auch noch früher.

Die Rekatholisierung der deutschen Dörfer des Posener Grenzgebiets ist sichtlich nur für ehemalige Klosterbesitzungen nachweisbar. In den adligen Gütern wurde sie offenbar nicht mit der gleichen Konsequenz betrieben. Dank der toleranten Schlachta ist daher in jener Zone eine stattliche Anzahl von Dörfern evangelisch geblieben, wie bereits unsere obige Aufstellung zeigte. Es ist nun nicht uninteressant festzustellen, daß mit diesen evangelischen Dörfern des Adels, dazu den deutsch-katholischen der Klöster so gut wie alle auf der Karte von Hładyłowicz in jener Zone verzeichneten, mittelalterlichen und frühneuzeitlichen Ortschaften erfaßt sind. Offenbar war fast der ganze Grenzsaum deutsch besiedelt, selbstverständlich von Schulzendörfern.[46] Nach 1600 sind hier kaum noch Dörfer hinzugekommen.

Ein Blick auf alte Karten größeren Maßstabes, z. B. im Atlas von Blaeu, die bis ins 16. Jahrhundert reichen, zeigt, daß jenes westliche Randgebiet des Posenschen nicht nur viele deutsche Ortsnamen aufweist, sondern daß dort auch die ursprünglich slawischen Namen deutsch überformt sind.[47] Das letzte aber zeugt noch eindeutiger von dem schon damals überwiegend deutschen Charakter dieser Landschaften, der vielleicht nicht nur der Zuwanderung von Deutschen, sondern z. T. dem Sprachwechsel altansässiger slawischer Bevölkerung zuzuschreiben ist. Auch die Landesaufnahme von Gilly aus dem Jahre 1793 läßt die deutschsprachige Umwelt der Grenzzone an den zahlreichen Flurnamen erkennen, die hier von den Kartographen für markante, militärisch — besonders für die damalige Artillerie — wichtige Hügel, aber auch für Seen usw. eingetragen wurden, z. B. bei Blesen: Sandberg, Weinberg, Quarkberg, Fuchsberg, Galgenberg, Hintermühle, Brummelsberg, Thümsche Mühle, Vorwerk Althoff; oder bei Meseritz: Judenberg,

---

die aufgeführten Namen des Bürgermeisters, der Ratsherren, des Stadtschreibers, Stadtrichters, der Gerichtsbeisitzer und -geschworenen, im ganzen die Namen von 18 Personen. Dazu heißt es: „Sämtliche Glieder [des Magistrats] sind Deutsche" (J. Wąsicki, Opisy miast polskich, Bd 1, S. 19).

43) Th. Wotschke, Die Reformation, S. 86 f.

44) I. Rhode, Das Nationalitätenverhältnis, S. 55.

45) H. Schleinitz: Besiedlung und Bevölkerung der südlichen Grenzmark, Grimmen 1936, S. 95.

46) Hier lagen auch einige Dörfer der Stadt Meseritz.

47) Novus Atlas, hrsg. von Wilhelm und Johannes Blaeu, Amsterdam 1649.

Donnerberg, ein See Höllengrund; desgleichen um Betsche: Hintersee, Trompeterberg. Bei Bentschen, am Ostrand des Grenzsaumes, führen die Ortschaften bereits einen deutschen und polnischen Namen wie Brandorf-Przyprostin, Dreihofen-Rajewo, Dammern-Dąbrówka, was Schlüsse auf den Verlauf der alten Sprachgrenze zuläßt.

Zahlreich waren die deutschkatholischen Dörfer im Fraustädter Land, das 1343 unter Kasimir dem Großen, Polens berühmtem „Bauernkönig", von Schlesien an Großpolen fiel. Die mittelalterliche Herkunft des ländlichen Deutschtums jener Gegend wird u. a. von Heinrich Barten erhärtet.[48] Als Nachweis führt er nicht zuletzt die deutschen Ortsnamenformen an, die z. T. bis ins Mittelalter, z. T. ins 16. Jahrhundert reichen. Zeillerus berichtet aus der Mitte des 17. Jahrhunderts: „Es wohnen noch in Fraustadt und deren Gebiet herumb eitel Teutschen."[49]

Erich Schmidt hat den ganzen Grenzstreifen von Rawitsch im Süden bis Schwerin und Birnbaum an der Warthe, auf seiner Siedlungskarte als „Gegenden mit deutscher Landbevölkerung (Ende des 18. Jahrhunderts)" durch Schraffierung gekennzeichnet. Kuhn hat unter Berufung auf Schmidt dieselben Randgebiete auf seiner Karte als deutsch „um 1700" bezeichnet. Aus seinem Text aber geht hervor, daß auch er das dortige Deutschtum als mittelalterliches Relikt betrachtet; demgegenüber sei das ganze übrige mittelalterliche Deutschtum Polens auf dem flachen Lande damals bereits „bis auf das letzte Dorf" im Polentum aufgegangen gewesen.[50]

Großenteils bis in die Ordenszeit zurück gingen auch die 19 katholischen Dörfer der „Koschneiderei" (im weiteren Sinne) bei Konitz,[51] die — wie fast der gesamte Grenzgürtel von Schwerin-Birnbaum nordwärts in Richtung Konitz — ihren alten deutschen Charakter bewahren konnten. Im Gebiet von Deutsch-Krone befanden sich zudem seit dem Mittelalter große Besitzungen der Templer, später der Johanniter. Sie waren deutsch besiedelt, als sie schließlich in der zweiten Hälfte des 14. Jahrhunderts fest in polnische Hand gerieten.

---

48) H. Barten, Die Siedlungen in Südwestposen, Breslau 1933, S. 32 ff. — Die von J. Deresiewicz herausgegebenen Gutsinventare bringen für eine große Anzahl von Dörfern des Fraustädter Umkreises die vollen Namen der deutschen Bauern aus der zweiten Hälfte des 18. Jh.s (Materiały do dziejów chłopa wielkopolskiego, Bd 1, S. 417 ff. u. a.); vgl. auch A. Lattermann: Die Ortsnamen im deutsch-polnischen Grenzraum als Geschichtsquelle, in: DM 2 (1935), S. 17 f., 21 ff., mit Ausführungen über das Fraustädter Land.

49) M. Zeillerus: Newe Beschreibung des Königreichs Polen und Großherzogtumbs Lithauen, 2 Bde, Ulm 1652, S. 108, zit. nach H. Schleinitz, Besiedlung und Bevölkerung, S. 57.

50) Schmidt, Geschichte, S. 289 und Karte im Anhang. W. Kuhn, Geschichte der deutschen Ostsiedlung, Karte: Neusiedlungsräume des 15. bis 17. Jh.s, sowie Bd 1, S. 104 f.

51) J. Rink: Die Geschichte der Koschneiderei, Danzig 1932; ders.: Die Koschneiderei, in: DM 3 (1936), S. 233—242; P. Panske: Familien der Koschnaewjerdörfer im 18. Jh., in: DWZP 20 (1930), S. 57—100; ders.: Personennachweis für die Koschnaewjerdörfer von 1651—1702, Posen 1938.

Schon Martin Kromer stellte im Jahre 1573 fest, daß in Polen fast „ganze Städte und Dörfer von Deutschen besetzt sind oder deutsch reden — sowohl im Gebirgsvorland wie im benachbarten Reußen und in der Zips, als auch an den Grenzen Großpolens".[52] Der päpstliche Nuntius Ruggieri berichtete 1565 in Übereinstimmung damit, daß es im ganzen Lande viele Juden gebe, „vielleicht nicht weniger Deutsche; denn — neben den Handwerkern — gibt es ganze Städte, die von ihnen bewohnt sind, hauptsächlich im Karpathenvorland in der Nachbarschaft der Zips und im westlichen Teil Großpolens".[53] Bernard Connor, der britische Arzt des alternden Königs Sobieski (1673—1696) weiß dagegen nur: „viel Teutsche kamen, welche von ihren eigenen Fürsten allzusehr gedruckt wurden, in Polen, welche von dieser Zeit an [seit Kasimir dem Großen] stets unten an dem carpatischen Gebürge gewonet haben."[54]

Die erste Bekenntnisstatistik vom Jahre 1810 ergibt allein für die Evangelischen der Kreise Meseritz, Bomst, Fraustadt recht hohe Zahlen. Da aber auch ein großer Teil der Katholiken hier zu den Deutschen zu rechnen ist, waren diese in der Mehrheit.

Tafel 2. Bekenntnisse in einigen Posener Kreisen (1810)

Kreis	Evangelische	Katholiken	Juden
Meseritz	18 326	18 591	2 981 (?)
Bomst	23 414	18 950	2 287
Fraustadt	16 891	29 983	4 013
	+ 1 659 (Calv.)		

Quelle: H. Grossmann, Struktura społeczna, S. 47.

Kein Wunder, daß schon die Herausgeber des Posener Ortschaftsverzeichnisses von 1819[55] die Bevölkerung in den Kreisen Meseritz und Fraustadt zu 5/6

---

52) M. Kromer: Polska, czyli o położeniu, S. 35. Kromer stammte aus Biecz in den Beskiden und wird daher das Gebirgsvorland wie die Zips persönlich gekannt haben.

53) Relacye nuncyuszów (s. Anm. 26), Bd 1, S. 131.

54) B. Connor: Beschreibung des Königreichs Polen und Groß-Herzogthums Litthauen. Aus dem Englischen übersetzet. Leipzig 1700, S. 71. Connor beruft sich dabei auf Hartknoch lib.1, c.2, p.78, und auf Starovolscius Descriptio Polon., p. 122. Das Deutschtum am Fuß der Karpathen geht in der Tat bis auf das 14. Jh. zurück und hat sich, worauf zuerst (neben A. Lattermann) besonders K. Lück, Deutsche Aufbaukräfte in der Entwicklung Polens, Plauen i. V. 1934, S. 92 ff., hingewiesen hat, bis an Wisłok und San und darüber hinaus nach Osten ausgebreitet. W. Styś, Współzależność rozwoju rodziny chłopskiej, S. 29, 385, beobachtete, daß sich die dort im 14. Jh. importierte Anerbensitte „in den Dörfern der einstigen deutschen Kolonisation um Landshut und Przeworsk" bis ins 19., z. T. bis ins 20. Jh. behauptet habe. Er erwähnt ferner das noch heute häufige Vorkommen deutscher Namen z. B. im Dorfe Markowa. Er selbst stammt aus einem dieser vormals deutschen Dörfer namens Husów. Es steht im Mittelpunkt seines Werkes „Drogi postępu gospodarczego wsi" [Die Wege des wirtschaftlichen Fortschritts auf dem Dorfe], Breslau 1947.

55) Kurze Uebersicht von ... den Ortschaften des Regierungs-Departements Posen, Posen 1821, S. VI.

als sprachlich deutsch bezeichneten (unter Einbeziehung der Juden), in den Kreisen Bomst und Kröben zu 3/6. Demnach hätte es damals in den Kreisen Fraustadt und Meseritz über 30 000 deutsche Katholiken gegeben und etwa 15 000 polnische. Weiter nördlich, in der Gegend von Deutsch-Krone, Schlochau, Konitz gab es ein etwa gleich starkes katholisches Deutschtum.

Zu ähnlichen Ergebnissen führt ein Vergleich der Bekenntnisstatistik von 1843 mit der Sprachenstatistik von 1846.

Tafel 3. Bekenntnisse und Sprachen in einigen Posener Kreisen (1843, 1846)

Kreis	Bekenntnisse 1843			Sprachen 1846		
	evang.	kathol.	jüd.	deutsch	poln. u. dt.	poln.
Birnbaum	20 247	17 248	2 965	29 675	7 157	4 563
Meseritz	20 956	14 844	2 083	30 190	4 594	4 193
Bomst	21 238	22 626	1 921	26 882	8 266	13 204
Fraustadt	21 778	28 001	4 289	40 908	5 312	9 928
insgesamt	84 219	82 719	11 258	127 655	25 329	31 888

Quelle: Verzeichnis sämtlicher Ortschaften, S. XIV, XV, so wie G. Z. F. Hundrich: Übersicht der gesamten außerdt. Sprachverhältnisse im Preußischen Staate, in: Übersicht der Arbeiten und Veränderungen der Schles. Gesellschaft f. vaterländische Kultur, Breslau 1847, S. 232/3.

Auch aus den Zahlen dieser Tabelle geht hervor, daß es allein in den vier westlichen Posener Kreisen über 30 000 deutsche Katholiken gab, am meisten offensichtlich in den Kreisen Fraustadt und Meseritz.[56] So wird verständlich, daß der westliche Grenzstreifen Großpolens wegen seines deutschen Charakters nach dem Ersten Weltkrieg beim Reich verblieb, wo er einen Bestandteil der sogenannten Grenzmark Posen-Westpreußen bildete.

56) s. die Karte 13 in Dzieje Wielkopolski, Bd 2, Posen 1973, bei S. 448.

III. Pustkowier oder Waldbauern*

Vorläufer der neuzeitlichen Siedlung

Die deutsche Forschung konzentriert ihr Interesse verständlicherweise seit je auf den deutschen Anteil an der neuzeitlichen Siedlung in Polen. Hierher gehören sowohl die Holländereien an der Weichsel wie die pommerschen und niederschlesischen Dörfer in den westlichen Teilen Polens. Als Siedelform entsprach den ersteren das niederländische Marschhufendorf, den letzteren ursprünglich das noch aus dem Mittelalter überkommene dreifeldrige Straßendorf. Jede nähere Untersuchung zeigt indes, daß die neuzeitliche Siedlung in Polen gleich zu Beginn noch in einer dritten, sehr verbreiteten Form aufgetreten ist: der Einzelhof- oder Streusiedlung. Sie geht meines Erachtens häufig auf die heute fast vergessene, national indifferente, hier aber überwiegend slawische Einödsiedlung (= pustkowie, sprich: pustkowje mit offenem o) zurück. Doch nicht nur die von mittelalterlicher Tradition gelöste äußere Form weist das Pustkowie als Übergangsform zur neuzeitlichen Siedlung aus. Hinzu kommen eine besondere Art der Freiheit des Pustkowiers, häufig nur eine Freiheit auf Widerruf, und nicht zuletzt eine eigenartige topographische und geographische Verbreitung. Typologisch geht das Pustkowie, als primitives erstes Modell, dem neuen „Holländer"-Dorf und der Kolonie als ausgereifteren Formen vorauf. Bessere Kenntnis der Grundzüge der polnischen Einödsiedlung, vor allem auch ihre richtige Einordnung in das Siedlungsgeschehen, erscheint daher für ein vertieftes Verständnis der neuzeitlichen deutschen Siedlung in Polen unerläßlich. Darüber hinaus kommt der Einödsiedlung insofern noch eine besondere Bedeutung zu, als sie eine der Keimzellen eines wichtigen Elements in der heutigen Gesellschaftsstruktur Polens war: des freien Bauernstandes.

1. Die neuzeitlichen Siedlungen auf Gillys Karte von Südpreußen

Die älteste und bisher beste kartographische Darstellung der neuzeitlichen Siedlung im westlichen Polen bietet ein amtliches preußisches Kartenwerk: die „Specialkarte von Südpreußen" aus den Jahren 1802/03.

---

*) Dieser Beitrag ist ein kaum veränderter Neudruck des Aufsatzes „Die Pustkowier oder Waldbauern" in: Zs. f. Ostforschung 22 (1973), S. 401—433. Eine Monographie der Pustkowier liegt bisher nicht vor. Jedoch ist polnischerseits eine Bearbeitung dieses Themas angekündigt. Vgl. Dzieje Wielkopolski [Geschichte Großpolens], Bd 1, red. von J. Topolski, Posen 1969, S. 993.

Kaum hatte nämlich Preußen in den Jahren 1793 und 1795 sein mit Rußland und Österreich ausgehandeltes polnisches Teilgebiet besetzt, als es unverzüglich die erste genaue topographische Landesaufnahme der neuen polnischen Provinzen einleitete. Ausführende für die Gebiete bis an die Pilica und mittlere Weichsel, d. i. für die Provinz Südpreußen, waren einige „Bauconducteure“ unter der Leitung des Geheimen Oberbaurats David G i l l y , des Abkömmlings einer aus dem Languedoc geflüchteten Hugenottenfamilie. Die Aufnahme erfolgte im Maßstab 1:50 000.[1] Auf ihrer Grundlage publizierte Gilly in Schwarz-Weiß seine „Specialkarte von Südpreußen“ im reduzierten Maßstabe von 1:150 000.[2] Als erste exakte Karte verzeichnet sie sämtliche damals in diesem Raum vorhandenen Siedlungen, darunter über hundert Pustkowien, und läßt darüber hinaus die Dorfformen einigermaßen erkennen (vgl. Karte 3).

Die Karte besitzt für die vorliegende Untersuchung insofern einen ganz besonderen Wert, als sie die neuzeitlichen Siedlungen deutlich von den mittelalterlichen unterscheidet. Diese erscheinen auf ihr als eng bebauter, zentraler Gehöfteblock inmitten der jeweiligen Dorfflur, gleichsam als deren Zellkern. Die neuzeitlichen Siedlungen dagegen sind an den über die ganze Dorfflur locker gestreuten Gehöften kenntlich. Der große Kern ist hier sozusagen in zahlreiche kleinere Kerne aufgelöst. Die Baukondukteure des Geheimen Oberbaurats Gilly haben damit praktisch eine Entdeckung der modernen Siedlungsforschung vorweggenommen, die diese für den polnischen Raum erst ein Jahrhundert später wiederholen sollte. Eine Erörterung der neuzeitlichen Siedlung im westlichen Polen wird daher in der Regel — wie schon bisher häufig der Fall — die Karte von Gilly mit dem größten Nutzen heranziehen.[3]

---

1) O. K o s s m a n n : Die preußischen Landesaufnahmen in Polen (1753—1806), in: Jomsburg 1 (1937), S. 24 f., mit Buntdruck eines Ausschnitts dieser mehrfarbigen Karte von 1793 ff. (Umgebung von Tirschtiegel am Obra-Fluß im Westen des ehemaligen Posenschen). Ein Ausschnitt in Schwarz-Weiß (Umgebung von Lodz) bei d e m s. : Lodz — eine historisch-geographische Analyse (Marburger Ostforschungen, Bd 25), Würzburg 1966, S. 48.

2) Berlin 1802/03. Davon ein Ausschnitt (Lodz und weitere Umgebung) nach einer kolorierten Vorlage bei K o s s m a n n, Lodz, S. 25. Vgl. auch K a r t e 3.

3) B. Z a b o r s k i : O kształtach wsi w Polsce i ich rozmieszczeniu [Von den Dorfformen in Polen und ihrer Verbreitung], Krakau 1926, benutzte sie für seine Karte der Verbreitung der Dorfformen in Mitteleuropa zu Beginn des 19. Jh.s. K. H ł a d y ł o - w i c z : Zmiany krajobrazu, entnahm ausschließlich ihr die Namen der Neusiedlungen von 1601 bis 1800. Auf ihrer Grundlage zeichnete er das Deckblatt zu seiner Siedlungskarte im Maßstab 1:400 000 usw. Auch die deutschen Siedlungsforscher in Polen wie A. B r e y e r und W. M a a s bedienten sich wiederholt der Gilly-Karte als einer der wertvollsten Arbeitsunterlagen. — Über die polnische Dorfformenforschung unterrichten allgemein T. L a l i k : Przegląd badań nad historią rozplanowania osad wiejskich w Polsce [Forschungsübersicht zur Geschichte der ländlichen Siedlungsformen in Polen], Warschau 1953, sowie M. K i e ł c z e w s k a - Z a l e s k a : Rozwój badań geograficznych osadnictwa wiejskiego w Polsce [Entwicklung der geographischen Erforschung des ländlichen Siedlungswesens in Polen], in: Czasopismo Geograficzne 35 (1964), S. 337 ff. Vgl. besonders auch J. B u r s z t a : Osadnictwo i kształty wsi [Siedlung und

Gegen Ende des 19. Jahrhunderts bereiste Julius Kohte, wiederum ein preußischer Architekt, dienstlich die damalige Provinz Posen. Er wiederholte dabei die Entdeckung der Baukondukteure Gillys. Wohl als erster stellte er daraufhin in einer präzisen Formulierung die aufgelockerte Siedlungsweise der sog. Holländer, die auch anderen bereits aufgefallen war, der mittelalterlichen Siedlungsform gegenüber: „Die Besiedlungen des Mittelalters stellen eine geschlossene Dorfanlage dar; zu beiden Seiten einer breiten Straße reihen sich die Gehöfte aneinander ... Die Hauländereien des 17. und 18. Jahrhunderts geben dagegen die geschlossene Besiedlung auf und verbreiten sich mit zerstreuten Gehöften über das ganze Gebiet des ehemaligen polnischen Reiches; in gleicher Weise sehen wir aber auch in der Gegenwart bei der Aufteilung der Güter des Großgrundbesitzes die Zuzügler sich anbauen."[4] Die Beobachtung von Kohte findet sich wieder bei Erich Schmidt[5], wird präzisiert von Rudolf Martiny[6], von diesem durch Bogdan Zaborski in seinem bahnbrechenden Werk über die Dorfformen Polens übernommen[7], bestätigt durch Walther Maas[8], schließlich von Walter Kuhn begrifflich wie räumlich systematisiert.[9]

Seitdem hat sich Maria Kiełczewska, eine namhafte polnische Geographin, wiederholt mit den Streusiedlungen Polens befaßt. Sie wandte sich zwar entschieden gegen die genetische Klassifizierung der Dorfformen bei Zaborski,

---

Dorfformen], in dem Sammelwerk: Kultura ludowa Wielkopolski [Die Volkskultur Großpolens], red. von J. Burszta, Posen 1960, S. 31—105, mit gutem Auswahlschrifttum. Ohne Interesse für historische Untersuchungen ist die moderne, hauptsächlich auf der Entfernung zwischen den Gehöften beruhende, funktionell-statistische Klassifizierung der Dorfformen bei M. Chilczuk: Osadnictwo wiejskie Polski [Das dörfliche Siedlungswesen Polens], Warschau 1970. — Einen vorzüglichen Überblick über das internationale Schrifttum und die verschiedenen Auffassungen vermitteln K. H. Schröder u. G. Schwarz: Die ländlichen Siedlungsformen in Mitteleuropa. Grundzüge und Probleme ihrer Entwicklung (Forschungen zur deutschen Landeskunde, Bd 175), hrsg. von E. Meynen, Bad Godesberg 1969.

4) J. Kothe: Das Bauernhaus in der Provinz Posen, in: Zs. der Historischen Gesellschaft für die Provinz Posen 14 (1899), S. 310 f. In roher Form findet sich dieselbe Beobachtung schon bei Świtkowski: Budowanie wiejskie [Dörfliche Bauweise], Warschau 1782, S. 472 (zit. nach I. Baranowski: Wsie holenderskie [Holländische Dörfer auf polnischem Boden], in: Przegląd Historyczny 19, 1915, S. 79, Anm. 2); dazu in der „Übersicht der Bestandteile und Verzeichniß aller Ortschaften des Danziger Regierungsbezirkes", Danzig 1820, S. 14; sowie bei J. Klebs: Über Ursprung und Verbreitung des Deutschtums im Großherzogtum Posen, Berlin 1849, u. a. m.

5) E. Schmidt: Geschichte des Deutschtums, S. 394 ff.

6) R. Martiny: Die Formen der ländlichen Siedlungen in der Provinz Posen, in: Zs. der Historischen Gesellschaft für die Provinz Posen 28 (1913), S. 23 ff.

7) Zaborski, O kształtach wsi w Polsce.

8) W. Maas: Die Entstehung der Posener Kulturlandschaft, Posen 1927, S. 85.

9) W. Kuhn: Die deutschen Siedlungsformen in Polen, in: Deutsche Blätter in Polen 6 (1929), S. 309—324; ders.: Die regelmäßigen Flurformen der jungen deutschen Sprachinseln, in der Festschrift für Carl Uhlig, Öhringen 1932, S. 162—172.

kam aber schließlich nicht an der Feststellung vorbei, daß die lockere Einzelhofsiedlung (zu der sie im ganzen — wie Martiny — auch das lockere Reihendorf, das Liniendorf Kuhns, zählt) ein neuzeitliches Produkt sei, und zwar, wie sie meint, allein der sog. Holländer; dagegen sei die um 1800 noch überall in Polen dominierende, dicht geschlossene Gruppensiedlung, meist in Form der kurzen Straßendörfer, in der Tat mittelalterlichen Ursprungs.[10]

Die Baukondukteure Gillys waren der modernen Geographin dabei praktisch immer noch um eine wichtige Beobachtung voraus: sie kennzeichneten nämlich nicht nur die sog. Holländer-Dörfer und Kolonien als aufgelockerte Siedlungen, sondern mit demselben Symbol auch die Pustkowien. Als Grundelemente der gemeinsamen Signatur wählte Gilly einen kleinen Kreis (o), den man als Kringel bezeichnen kann. Er soll das einzelne Gehöft repräsentieren.[11] Mehrere solche Kringel, zu beliebigen Gruppen vereint, kennzeichnen die genannten drei neuen Siedlungsformen. Sie werden voneinander unterschieden durch die Zusätze Hol, Kol oder Pstk bzw. P. Damit sind die Pustkowien schon bei Gilly als neuzeitlicher Siedlungstyp ausgewiesen. Auf Schroetters „Karte von Ostpreußen nebst Preußisch-Litauen und Westpreußen nebst dem Netzdistrikt", Blatt 19, heißt es sogar ausdrücklich: „... unter Pustkowien versteht man die ältern Colonie-Etablissements im Bezirk der Westpreuß. Waldungen." Auch er faßt die Pustkowien mit den Kolonien und den sog. Neusassereien zu einer Gruppe zusammen, „weil sie im Wesentlichen verwandte Begriffe sind".

2. Die gewerblichen Einödsiedlungen der Neuzeit (Budy, Huta, Kąty usw.)

Einzelne verstreut liegende Gehöfte, die Gilly durch Kringel wiedergibt, stammen freilich noch aus dem Mittelalter. Bei Lodz waren z. B. schon damals einige Wassermühlen an geeigneter Stelle abseits der alten Siedlungen errichtet worden. Die dazu gehörigen Müllerhufen konnten zunächst noch mit denen der Bauern in der gemeinsamen dreifeldrigen Flur liegen. Erst die später angelegten Mühlen standen inmitten des ihnen gesondert zugeteilten, ausgedehnten Grund-

---

10) M. Kiełczewska: Osadnictwo wiejskie Wielkopolski [Die ländliche Siedlung in Großpolen] (Badania geograficzne nad Polską północno-zachodnią, Heft 6—7), Posen 1931, S. 101. Dieselbe holländische Herkunft der Streusiedlung vertritt M. Kiełczewska-Zaleska: O typach sieci osiedli wiejskich w Polsce [Von den Typen des ländlichen Siedlungsnetzes in Polen], in: Przegląd Geograficzny 37 (1965), S. 470, und dies.: Rozmieszczenie wiejskich osiedli rozproszonych w Polsce [Die Verbreitung der dörflichen Streusiedlung in Polen], in: Przegląd Geograficzny 42 (1970), S. 231 f.

11) D. Reiser: Lebensraum der Deutschen im Kalischer Land, Leipzig 1941, S. 97 f., hat auf dieser Grundlage die Gehöfte der einzelnen Holländer-Dörfer des Kalischer Landes ausgezählt. Auf dieselbe Weise könnte die ungefähre Zahl der Gehöfte sämtlicher aufgelockerter Neusiedlungen Großpolens (etwa Südpreußens) um das Jahr 1800 festgestellt und auch die Zahl ihrer Bewohner annähernd geschätzt werden.

stücks.[12] Auch Schenken fanden sich frühzeitig als Waldschenken außerhalb der Ortschaften. Sie entwickelten dort, wie in deutschen Landen, eine eigene Namenromantik. Sie hießen z. B.: Zum Wolf, Warte!, Bequemlichkeit, Ziegenreißer, Weiberkränke, Es gefällt, Groschenfänger, Letzter Groschen, Zum Ochsen (Bugaj) usw.[13]

In ähnlicher Abseitslage tauchten Waldwächter und Förster auf, vor allem aber die primitiven, meist wenig ortsfesten Waldgewerbe der Köhler, Teerbrenner, Pottaschesieder, Böttcher oder Büttner (pol. bednary), deren Dörfer, wie die der Radmacher, z. T. aber schon aus dem Mittelalter bekannt sind; dazu kamen Muldenhauer, Schindler usw., bald auch die neuzeitliche Welle der Eisenhammer- und Glashüttenarbeiter. Soweit deren Wohnplätze bei Gilly als Einzelgehöfte eingetragen sind, sind sie praktisch, bis auf einzelne Mühlen, der Neuzeit zuzurechnen. Mit ihnen versuchte der Grundherr, aus seinen Wildnisbesitzungen einen ersten wirtschaftlichen Nutzen zu ziehen.

Ihre besonderen wirtschaftlichen Aktivitäten paßten nicht gut in den kollektiven landwirtschaftlichen Dorfbetrieb des Mittelalters und erzwangen auch aus anderen Gründen (Rohstoff- und Energiebedarf) die Abseitslage in den Waldeinöden. Damit dürfte gleichzeitig einer der Gründe für die Streulage der neuzeitlichen Siedlung aufgedeckt sein, die sich bekanntlich häufig aus solchen Waldgewerbeorten entwickelt hat. Jedoch können diese Orte nicht gleich, jedenfalls nicht in ihrer ersten gewerblichen Phase, als ortsfeste landwirtschaftliche Siedlungen gewertet werden.[14]

Man erkennt ehemalige Gewerbeorte solcher Art am besten an ihren Namen. So hießen Ortschaften, wo Asche gebrannt wurde, häufig Majdan.[15] Eine nähere Erläuterung hierzu gibt die neu publizierte Lustration der Wojewodschaft Rawa von 1789. Laut ihr waren in einem bestimmten Majdan-Ort: „ein Schuppen aus Rundhölzern und dicken Brettern im Ständerbau, mit Holzschwarten gedeckt, darin 3 Öfen zum Aschebrennen. Ein zweiter Schuppen von gleicher Bauweise, mit 2 Öfen zum Härten der Pottasche.“[16] Schmiedehütten hießen

12) Vgl. die Karte 6 bei Kossmann, Lodz.

13) Vgl. O. Kossmann: Ein Lodzer Heimatbuch, Hannover 1967, S. 40, 57.

14) Auf der Karte von Gilly wie auf der Quartiermeisterkarte von 1839 (Topograficzna karta królestwa polskiego, 1:126 000, erstellt und graviert unter der Leitung des Generalmajors im Generalstab Richter, graviert unter der Aufsicht von Ch. Minter, 1839) ist gelegentlich deutlich auszumachen, daß sie nur nebenbei Feldfrüchte anbauten. Ihre Gehöfte scheinen dann noch mitten im Gehölz zu stehen. Zu dieser Karte, die in den Jahren 1839—43 gedruckt wurde, vgl. B. Olszewicz: Polska kartografja wojskowa [Polnische Militär-Kartographie], Warschau 1921, S. 119 ff. Die Karte enthält gelegentlich grobe Fehler; z. B. liegen die Kolonien Szatonia und Zimna Woda nicht westlich, sondern östlich von Alexandrów (bei Lodz).

15) Laut A. Brückner: Słownik etymologiczny, Warschau 1957, S. 318, ist das Wort erst im 17. Jh. aus dem Türkischen übernommen worden, stammt aber aus dem Persischen (= Platz). Es bedeute einen „Lagerplatz ..., von Zelten umgeben“, später jeglichen ähnlichen Platz, besonders in Wäldern bei Rodungen, Teerschwelen usw.

16) Lustracja województwa rawskiego 1789 [Lustration der Wojewodschaft Rawa], hrsg. von Z. Kędzierska, Breslau usw. 1971, S. 103, ähnlich S. 118.

Kuźnica, Hamer oder Huta — wie die Glashütten. Wenn sie den Betrieb aufgaben, entstanden an ihrer Stelle meist Siedlungen bäuerlichen Charakters, die aber gewöhnlich die Namen Majdan, Huta, Kuźnica, Hamer usw. weiterführten.

Der verbreitetste Name für solche Gewerbeorte indes lautet Budy, von deutsch: Buden. Die einfachen Behausungen gewisser Waldarbeiter waren nämlich häufig nur für die Zeit ihrer Betätigung an dem betreffenden Ort errichtet. Nach der Erschöpfung des lokalen Holzbestandes wurden sie, z. B. von den Aschenbrennern, immer wieder an einen anderen Platz verlegt. Sie waren deshalb oft nur primitiv zusammengeflickt, halb in die Erde eingegraben, bestanden aus einem einzigen Raum und hatten keinen Kamin. Das letzte war für die Besteuerung von Belang und wurde daher in den Lustrationen vermerkt. Eine solche Nothütte nannte man Bude, polnisch: buda, im Plural budy.[17]

Eine Karte der Verbreitung der Budy-Orte würde zeigen, daß sie einerseits auf ihre Rohstoffquelle, die Wälder, angewiesen waren, andererseits aber bei der Wahl ihres Standortes auch auf Absatzmöglichkeiten bedacht sein mußten. Laut der Lustration der Wojewodschaft Rawa von 1789 florierten sie damals besonders in den dortigen Wäldern, die nur eine Tagesreise von Warschau entfernt waren. Man kann das auch mit einem Blick auf die Gilly-Karte feststellen, die im Westen von Warschau, bei Mszczonów, Łowicz usw., eine große Anzahl von Budy-Orten aufzeigt. Andere Karten aus derselben Epoche, preußische und österreichische, verzeichnen auch im Norden wie Osten und Süden der Residenzstadt zahlreiche Waldgewerbeorte. Sie fanden offenbar alle ihren Absatz in Warschau oder in den benachbarten Umschlagplätzen an der Weichsel. Budy-Orte lagen auch anderwärts nicht allzu fern größerer Verbrauchszentren oder schiffbarer Flüsse. Sie fehlen um 1800 im nördlichen Pommerellen, wo man anscheinend den Wald etwas früher gegen diese extensive Nutzung in Schutz genommen hat und wo noch gelegentlich ein Bude-Ort (in der Einzahl), wie z. B. Pechbude, vorkommt. Die Ortsnamen Heubude, Fischerbude, Schweinebude, die in der weiteren Umgebung von Danzig festzustellen sind, gehören sicher nicht in diesen waldgewerblichen Bereich. Auch im Südwesten Kongreßpolens und im angrenzenden posenschen Südosten waren Budy praktisch unbekannt.[18]

Ein den Budy verwandter Siedlungstyp östlich von Warschau führte die Bezeichnung Kąty, zu deutsch: Winkel, was die Abseitslage der Budy-Orte treffend zum Ausdruck bringt. Es waren lockere, tief in den Wald vordringende, ungeordnete Siedlungen. Ihre Bewohner rodeten oft nur wenig Land, so daß ihre Gehöfte auf der Quartiermeisterkarte des Jahres 1839 unmittelbar im Walde zu stehen scheinen. Das dazugehörige Land lag offensichtlich jeweils in einem Stück

17) Vgl. W. Maas: Zur Siedlungskunde Kujawiens und des Dobriner Landes, in: Deutsche Monatshefte in Polen 2 (1935), S. 245 ff.; ders.: Zur Siedlungskunde des Płocker und Gostyniner Landes, ebenda, 3 (1936), S. 149 ff.; ders.: Von der Provinz Südpreußen zum Reichsgau Wartheland (Forschungen zur deutschen Landeskunde, Bd 40), Leipzig 1942, S. 1—12.

18) Bei Gilly findet sich dort der Name Buden nur einmal (unmittelbar westlich Schildberg).

rund um das Gehöft. Einen ersten Eindruck dieser Winkelsiedlungen vermittelt schon die österreichische Landesaufnahme der Jahre 1801—1804 des „Herrn Obristen Mayer von Heldensfeld“ im Maßstab 1:28 800.[19] Immerhin ist der übliche Übergang zur bäuerlichen Betätigung auch bei diesen Gewerbeorten nicht zu übersehen. In der Lustration von 1789 heißt es von ihnen: „Leute, die einst zum Aschebrennen und Herstellen von Pottasche in die Korytnicer Urwälder gerufen worden waren, haben dort im Walde Grundstücke urbar gemacht und sich auf ihnen niedergelassen.“ Die Böden seien von minderer Güte, sandig und mit feuchtem Untergrund. Sie ständen oft unter Wasser. Ihre Hütungen freilich seien ausgedehnt und ertragreich.[20] Das ergibt insgesamt eine sehr charakteristische Beschreibung der Bodenverhältnisse, die auf die meisten neuzeitlichen Ansiedlungen in der polnischen Wildnis oder Einöde ausgedehnt werden kann.

Dank der kürzlich herausgegebenen Lustration von Rawa aus dem Jahre 1789 fällt jetzt endlich auch besseres dokumentarisches Licht auf Herkunft und Art des Menschenschlages, der in solchen Waldeinöden Fuß faßte. Der Lustration sind nämlich zwei aufschlußreiche Schreiben von Büdnern inseriert, dazu das Rechtfertigungsschreiben ihrer Herrin, der Frau Starostin von Korabiewice, Pikarska, die die Anklagen der Büdner zu entkräften bemüht war. Ihr Inhalt ist für eine Charakteristik damaliger Waldsiedler von größtem Interesse.

Die Büdner erklärten u. a.: „Wir aber sind freie Leute und von verschiedener Kondition: geborene, ehrsame und einfacher Kondition *(urodzeni, sławetni i prostej kondycji)*. Wir sitzen auf dem Grund und Boden seiner königlichen Majestät, den wir mit unserem Schweiß und Blut urbar gemacht haben . . ., auf Grund von Kontrakten.“[21] Die Starostin ihrerseits charakterisiert sie als „die zügellosesten, aus aller Herren Länder stammenden Leute, die nicht die geringste Untertänigkeit dulden und ständig umherziehen“.[22]

---

19) Der Titel des Kartenwerks lautet: Karte von Westgalizien. Es befindet sich im Wiener Kriegsarchiv. Ebenda Reduktionen in kleineren Maßstäben unter 1:100 000.

20) Słownik geograficzny królestwa polskiego [Geographisches Wörterbuch des polnischen Königreiches], Bd 3, Warschau 1882, S. 945.

21) Lustracja województwa rawskiego, S. 125.

22) ebenda, S. 127. Der unbekannte Verfasser des Fragments „O poddanych polskich“ [Über die polnischen Untertanen] aus dem Jahre 1788 schreibt über diese freien Leute: „Jeder von ihnen ist ein Freund seiner Freiheit und schätzt sie wie das Leben selbst. So mancher will lieber Hungers sterben als seinen Nacken der Unfreiheit beugen. Derlei Freiheitsmimosen sehen wir viele bei uns herumbetteln. Wir schimpfen sie gewöhnlich Faulenzer. Aber wie sollen diese Leute nach einem Acker streben, wenn sie im Grundherrn einen Räuber ihrer Freiheit fänden. So treiben sich diese Leute lieber herum, und die Hälfte der Böden in den Provinzen liegt brach“ (aus der Textsammlung von St. Inglot, Próby reform [s. Anm. 31], S. 130). H. Vautrin: L'Observateur en Pologne, Paris 1807, sagt über einige polnische Adlige, die sich als Bauern auf fremdem Boden niedergelassen hätten: „Auf sie gibt niemand etwas. Sie werden wie Pöbel behandelt. Kürzlich [vor 1790] wurde der Vorschlag gemacht, ihnen die Bürgerrechte zu nehmen. Es wäre auch gelungen, ihnen die Adelsprivilegien zu entziehen, wenn sich nicht der König, dessen Güter sie mit Erfolg bebauen, dem widersetzt hätte. Die Furcht,

Es waren also dreierlei freie Leute: adliger Herkunft, von bürgerlichem Stand und Bauern. Von 41 Wirten aus zwei Budy-Orten haben die Klageschrift gegen die Frau Starostin zehn Wirte mit polnischen Namen auf -ski unterschrieben, was noch häufig auf adlige Herkunft deutet, darunter einer eigenhändig als „geborener F. Gruszczyński". Die Bürger kamen, wenn nicht aus dem nahen Warschau, dann aus den zahllosen Ackerstädtchen der Umgebung, die die Freizügigkeit z. T. besser als die Dörfer zu wahren gewußt hatten; beruflich waren sie ohnehin die gleichen Ackerbauern wie die Bewohner des flachen Landes. Die Bauern wiederum müssen, soweit es nicht Deutsche waren, von ihren Grundherren freigelassen worden oder entlaufen sein. Sie konnten aber auch aus demselben Besitztum stammen, zu dem die Budy gehörten, was in den königlichen Gütern von Kaski, im Südosten von Błonie (westlich Warschau), der Fall war. Es heißt dort, die Büdner seien „meist Leute aus dieser Starostei"; es waren hier folglich bisherige Unfreie aus der Mitte der eigenen Untertanen, dazu aber wohl auch Freie aus älteren Holländer-Siedlungen daselbst.[23]

Es gab demnach in Masowien, wie in Polen überhaupt, im 18. Jahrhundert eine gewisse bewegliche Freienschicht zweiter Klasse, die dementsprechend auf Böden zweiter Klasse, abseits der alten Wohngaue, ihr Unterkommen suchte, und zwar hier — wie aus den Texten hervorgeht — zu der Zeit bereits in mehr bäuerlich-landwirtschaftlicher Weise. Den zahllosen verarmten Klein- oder Zwergadligen, die allein ausgereicht hätten, um die polnische Wildnissiedlung zu bestreiten, drohte freilich der Verlust ihrer Standesprivilegien, wenn sie sich als Bauern auf fremdem Eigentum niederließen oder sonst einen nicht standesgemäßen Beruf ausübten. Sie fanden sich daher nur in äußerster Not zu einer bauernähnlichen Rolle unter einem Grundherrn bereit. Der Standesstolz hieß sie, laut dem Bericht eines südpreußischen Beamten, lieber barfuß laufen, „um nicht Bastschuhe zu tragen und sich dadurch den Bauern gleichzusetzen. Dieser Stolz beherrscht sie bei der bittersten Armut; aber eben deshalb treiben sie auch um alles in der Welt kein Handwerk".[24] Utopisches Standesbewußtsein, ein gesellschaftspolitisches Phänomen, liegt somit der unbegreiflichen Tatsache zugrunde, daß Polen seine Wildnisgebiete im ganzen nicht durch eigne Freie erschließen konnte.

Der alte polnische Bauernstand wiederum, dessen Eigeninitiative nach dem Urteil der Zeitgenossen in den Fesseln der Fron abgestorben war, schaffte es zumeist nur mit Mühe, die bereits bestehenden Äcker zu bebauen. Wie allerdings die Herkunft der Büdner in den Gütern von Kaski zeigt, gab es am Ende des 18.

---

auf das Niveau von Bauern abzusinken, verhindert ein Anwachsen dieser Schicht" (zit. nach Polska Stanisławowska [s. Anm. 31], Bd. 1, S. 756).

23) Lustracja województwa rawskiego, S. 140. Zu denselben Gütern gehörte ein Holländerdorf aus dem Jahre 1645; vgl. ebenda, S. 138. — Eine Budy-Siedlung bei Alexandrów (Lodz) war 1784 von „Katholiken und Juden" besetzt (R. Kaczmarek: Zgierz z okolicą [Zgierz und Umgebung am Ende des 18. Jhs.], Lodz 1937, S. 5, Sonderdruck aus: Czasopismo Przyrodnicze 11, 1937). Laut A. C. von Holsche: Der Netzdistrikt, S. 223, waren die dortigen Büdner „gewöhnlich" Deutsche.

24) A. C. von Holsche: Geographie, Bd 1, S. 167 f.

Jahrhunderts Grundherren, die dem einen oder anderen solcher Untertanen ein Leben in relativer Dienstfreiheit in der Einöde, als Büdner, ermöglichten. Im ganzen freilich reichte es aus eigner Kraft zunächst meist nur für eine sporadische Kleinsiedlung nach Art der Pustkowien.[25]

Die wirtschaftlichen Leistungen der „freien" Büdner für ihre Herrschaft bestanden 1789 im wesentlichen aus einem Geldzins. Dazu arbeiteten sie z. B. in den Gütern von Kampinos, im Nordwesten von Warschau, mit Sense, Sichel oder Flegel etwa ein Dutzend Tage im Jahr. Zur Erntezeit waren sie zu Lohnarbeiten auf Abruf verpflichtet, für die sie mit einem Gulden täglich, oft aber viel schlechter, vergütet wurden. Außerdem mußten sie dreimal im Jahr Fuhren nach Warschau stellen. Das alles erinnert stark an die Vertragsbedingungen der „Holländer" und anderer Wildnisbewohner. Zahlreiche Büdner beschäftigten sich hier aber außerdem noch mit der Herstellung von Schindeln, von Teer, in einzelnen Budy-Siedlungen sogar noch mit Pottaschesieden.[26] Ihre Stellen, die sie meist gegen einen Zeitpachtvertrag innehatten, waren anscheinend häufig noch nicht vermessen. Sie durften sie im Rahmen der Verträge verkaufen, sicher auch vererben.

In den meisten dieser Siedlungen ist die Beziehung zum Waldgewerbe noch deutlich zu fassen. Es war der Rohstoffbedarf, der sie zur Niederlassung in der menschenfeindlichen Wildnis zwang. Der Ackerbau stand eher noch im Hintergrunde. Für die neuzeitlichen Glas- und Eisenhüttensiedlungen unter ihnen ist nachgewiesen, daß sie zuerst im Westen des Landes aufkamen und sich dann ostwärts ausgebreitet haben.[27] Überall, wo Holz nicht geflößt werden konnte und keinen Preis hatte, wurde es auf diese Weise verwertet. Die verkehrsfernsten Wildnisse wurden daher bevorzugter Standort frühkapitalistischer Industrien.

3. Die Pustkowien im Wieluner Land und in Oberschlesien

Den waldgewerblichen Siedlungen auf dem Fuße folgte die neuzeitliche landwirtschaftliche Siedlungswelle, deren Schauplatz ebenfalls die Wildnis war und die von Menschen getragen wurde, die ihre Heimat aus verschiedenen Motiven verlassen hatten. Die Welle setzte in den westlichen Grenzgebieten ein und bewegte sich von dort aus im ganzen in östlicher und südöstlicher Richtung. Die Landesaufnahme von Gilly kurz vor dem Jahre 1800 hat diese Welle, soweit sie den großpolnischen Raum betraf, in einer bestimmten Phase wie in einer Momentaufnahme festgehalten. Schon waren die posenschen Wildnisräume massen-

---

25) Eine analoge Situation hatte schon einmal im Mittelalter bestanden und zur ersten deutschen Kolonisation geführt. Vgl. O. Kossmann: Polen im Mittelalter, S. 433 ff.

26) Lustracja województwa rawskiego, S. 81, 116 ff. Vgl. ebenda die Tabellen S. 86 f., 108 f., 142 f.

27) W. Kuhn: Geschichte der deutschen Ostsiedlung, Bd 1, S. 220 f., 245 ff.

haft von den Einzelgehöften der verschiedenen neuzeitlichen Siedelformen durchsetzt, vor allem von „Holländer"-Dörfern, die in Wirklichkeit hier deutsche Dörfer waren. Aber auch der Nordwesten des späteren Kongreßpolen war bereits dicht mit ihnen bestreut.

Dazu erscheint auf Gillys Karte eine weitere Zone — der Wieluner Raum im Südwesten Kongreßpolens, bis über Tschenstochau hinaus — mit denselben Kringeln, d. h. Einzelgehöften, besät. Sie umsäumen und durchsetzen auch dort vornehmlich die Waldgebiete und müssen um 1800 geradezu ein Charakteristikum der Wieluner Siedlungslandschaft gewesen sein. Anders als in der nördlich anschließenden „Holländer"-Zone fehlt bei den dortigen Kringelhäufungen aber überall der Zusatz Hol oder Kol, ein Hinweis, daß es sich nach Ansicht der Baukondukteure Gillys dabei zwar um eine neuzeitliche Wildnissiedlung, jedoch von anderer Art, handelte. Außerdem stellt man bald fest, daß sich die Kringel, also die Einzelgehöfte jener Gegend, auf der Karte nur mit Mühe oder gar nicht zu dorfartigen Trupps zusammenfassen lassen. Das gelingt noch einigermaßen in einer nördlicheren Randzone, die in der Höhe von Mixstadt-Schildberg (poln. Mikstat, Ostrzeszów) beginnt und ostwärts auf Petrikau zustrebt. Oft führen jene Gehöftegruppen bei Gilly daher nicht einmal einen eigenen Namen. Ihr Mangel an Geschlossenheit steht bereits in ihrer nördlichen Randzone im deutlichen Gegensatz zu den ausgeprägteren Formen der Holländer-Dörfer, z. B. des angrenzenden Kalischer Landes.

Weiter nach Süden verlieren diese Siedlungen jegliche Form. Als Einzelgehöfte, zu zweit oder dritt oder zu mehreren, sind sie über die weite Wieluner Landschaft verstreut. Hier erst stellt sich für sie auf der Gilly-Karte der Name Pustkowie ein. In der Wieluner Zone kommt er über 80mal vor. Dabei haben dort viele Gehöftegruppen derselben Art wohl nur aus technischen Gründen diese Bezeichnung nicht erhalten. Die Zahl der Pustkowien jener Gegend ist daher in Wirklichkeit auf mehr als das Doppelte anzusetzen.

Dieser damals auch in anderen Teilen Polens, dazu im preußischen Oberschlesien anzutreffende, insgesamt sicher weit über tausendmal vorkommende neuzeitliche Typ der Wildnissiedlung hat bisher nur wenig Aufmerksamkeit gefunden. Er ist im wesentlichen ein untergeordnetes regionales Thema schlesischer und westpreußischer Autoren geblieben.[28]

---

28) W. Kuhn: Siedlungsgeschichte Oberschlesiens, Würzburg 1954, S. 179, sowie ders.: Geschichte der deutschen Ostsiedlung, Bd 2, S. 126, gibt die Resultate der Regionalforschung in einigen prägnanten Sätzen wieder. S. auch die Karte von W. Maas in: Deutsche Monatshefte in Polen 7 (1941), nach S. 578. H. Plehn: Zur Geschichte der Agrarverfassung von Ost- und Westpreußen, in: Forschungen zur brandenburgischen und preußischen Geschichte 17 (1904) und 18 (1905), geht z. B. im Teil 2, S. 118, mit wenigen Zeilen auf die sog. Neusassereien ein. Laut ihm waren sie „eine besondere Gattung der Ansiedlungen", wo die Siedler nicht in Dörfern, sondern auf „unurbarem Land" angesetzt wurden. M. Aschkewitz: Die deutsche Siedlung in Westpreußen im 16., 17. und 18. Jh., in: ZfO 1 (1952), S. 533 ff., hier S. 563, 565, spricht gemäß seinem Thema nur von Pustkowien, die von Deutschen besiedelt waren. G. Dabinnus: Die ländliche Bevölkerung Pommerellens im Jahre 1772 (Wiss. Beiträge zur Geschichte und

Pusto heißt soviel wie leer, öde. Pustkowie entspricht zunächst formal wie inhaltlich etwa der „Wüstenei, Einöde". Laut Georg Samuel Bandtke, dem zeitgenössischen, nachmals so berühmt gewordenen polnischen Rechtsforscher, war das Pustkowie „eine öde Stelle, die angebaut wird oder worden".[29] Da jedoch auf der Gilly-Karte (wie in den Lustrationen und Visitationen) das Pustkowie als eine Siedlung erscheint, wird der Terminus hier am besten als „Einödhof, Einödsiedlung" zu definieren sein, als Kleinsiedlung in der Einöde. In diesem Sinne heißt es ebenda bei Bandtke: Pustkowianin sei „einer, der darauf wohnt" (d. h. auf der öden Stelle), Pustkowianka — davon das Femininum. In einem westpreußischen Text aus dem 17. Jahrhundert wird dementsprechend der Pustkowianin dem Bewohner des benachbarten Altdorfes, dem Gebuer oder Nachbarn (sąsiad), gegenübergestellt.[30] Mit der Pustkowie-Siedlung verbindet sich also — wie sonst bei Abbauten — die Vorstellung einer Lage abseits vom Dorf, wobei hier noch die Vereinsamung des Objekts hinzutritt, das zumeist als Einödhof mitten im tiefen Wald oder doch an seinem Rande liegt. Die in Oberschlesien geläufige Übersetzung als „Waldbauern" erscheint daher durchaus angebracht. Gelegentlich findet man die Aufschrift „Waldbauern" auch auf der österreichischen „Karte von Westgalizien", die in den ersten Jahren nach 1800 aufgenommen wurde und das südliche und östliche Kongreßpolen bis an Pilica und Bug hinauf umfaßt.

Es ist dabei, wie auch aus Bandtkes Definition hervorgeht, nicht grundsätzlich an Höfe auf alten Wüstungsplätzen zu denken.[31] Oft aber wird die Ausgangsbasis

---

Landeskunde Ost-Mitteleuropas, Nr. 6), Marburg 1953, führt die Neusassereien in großer Zahl auf und erteilt u. a. Auskunft über die Nationalität ihrer Bewohner. E. Bahr nennt in seinen westpreußischen Siedlungs-Monographien wiederholt Pustkowien; vgl. etwa seine Studie „Das Gebiet Kischau und seine Siedlungen im 15. bis 18. Jahrhundert", in: Beiträge zur Geschichte Westpreußens, Zs. der Coppernicus-Vereinigung, Nr. 2, Münster 1969, S. 12—46. Er geht auf die Entstehungsgeschichte der dortigen Pustkowien ein, unterrichtet über ihre Bewohner und z. T. auch über das weitere Schicksal dieser Einödsiedlungen. Viele Einzelangaben finden sich u. a. bei W. Heidn: Die Ortschaften des Kreises Karthaus/Westpr. in der Vergangenheit (Wiss. Beiträge zur Geschichte und Landeskunde Ost-Mitteleuropas, Nr. 73), Marburg 1965.

29) G. S. Bandtke: Polnisch-deutsches Wörterbuch, Breslau 1806, Sp. 1184.

30) G. Labuda: Inwentarz starostwa puckiego i kościerskiego z XVII w. [Inventar der Starosteien Putzig und Berent aus dem 17. Jh.], Thorn 1954, S. 133. W. Odyniec: Starostwo Puckie 1546—1678 [Die Starostei Putzig], Danzig 1961, versteht in seiner schönen Studie unter pustkowie eine „Wüstung". Er spricht z. B. S. 33 von den „Pustkowien" Warszków, Glazica, Przetoczyno, die aber 1565 nur wüste Dörfer waren und später, wie die beiden letzten in der Lustration von 1664, als Dörfer erscheinen. Pustkowie mißversteht als Wüstung auch X. Fröhlich: Geschichte des Graudenzer Kreises, Danzig ²1884.

31) Daß echte Wüstungen seit dem 16. und 17. Jh. in Polen weit verbreitet waren, ist nicht nur aus der Siedlungsforschung, sondern auch aus Reisebeschreibungen des ausgehenden 18. Jhs. bekannt: „Vielerorts bemerkte ich, daß der Wald wieder in die Feldmark zurückkehrt. Junge Bäumchen wachsen in großer Zahl überall dort, wo der Acker verlassen wird. Wie mir gesagt wurde, sind das — die übrigens in fast allen Teilen Po-

eine „wüste Feldmark" gewesen sein, wie sie Horst-Gotthard Ost für die Neumark schon aus dem 16. Jahrhundert mit ihren Kämpen, dem Gegenstück zu den Streifenfluren der Hufendörfer, beschreibt.[32] Auch bei Wieluń liegen manche Pustkowien-Höfe keineswegs im Walde, sondern im waldleeren Offenland, jedenfalls aber abseits vom Dorf oder Gutshof. In der Neumark setzte an solchen Stellen die neuzeitliche Siedlung schon recht früh im 16. Jahrhundert ein, in den westlicheren Kreisen in Form von Vorwerken, in den östlicheren noch als Bauernsiedlung.[33]

Eine Lustration der Krongüter der Krakauer Wojewodschaft von 1789, eine seit kurzem zugängliche Quelle für die Pustkowien im Wieluner Raum, kennt sie vor allem in den Krongütern von Kłobucko und Brzeźnica (im Norden und Nordwesten von Tschenstochau).[34] Ausgerechnet die dort von der Lustration als Pustkowien genannten Orte bezeichnet Gilly freilich meist nicht als solche, vielleicht deshalb, weil sie zu seiner Zeit bereits voll ausgereifte Dörfer mit Dutzenden von Gehöften waren. Immerhin geht auch daraus wie aus der Quartiermeisterkarte von 1839 (1:126 000) hervor, daß es allein im Wieluner Raum noch weit mehr Pustkowien gab, als Gilly unmittelbar erkennen läßt.

Als südlichste Vertreter dieses Typs nennt die Lustration von 1789 die Ortschaften Piekło und Wańczyków in der Südwestecke von Kongreßpolen (gegenüber von Beuthen/Oberschlesien). Von Piekło (= Hölle) heißt es in sehr bezeichnender Weise: „der Untertan sitzt zwischen Sümpfen und Gewässern auf zwei Höfen. Falls er nicht zinsen sollte, muß er arbeiten wie die Bauern ... Er zahlt jährlich 40 Gulden."[35]

Eine östliche Begrenzung ergibt sich aus der Lustration der Sandomirer Woje-

---

lens anzutreffenden — Reste einstiger Höfe, zu denen sogar mitunter Spuren gepflasterter Straßen führen, die man mitten im Wald ausmachen konnte" (W. Coxe: Reise durch Polen, 1778, hier übersetzt nach dem polnischen Sammelwerk: Polska Stanisławowska w oczach cudzoziemców [Polen zur Zeit von Stanislaus August in den Augen von Ausländern], hrsg. von W. Zawadzki, Bd 1, Warschau 1963, S. 678 f.). Dazu folgender Text vom Jahre 1790: „Gibt es denn wenig Wüstungen in den ökonomischen [= kgl. Tafelgütern], starosteilichen, verpachteten, geistlichen und adligen Gütern, wo mitten im Wald Bauten aus Altväterzeit sowie Ackerbeete von einstiger Besiedlung zeugen, und schreien sie nicht zum Himmel nach einer arbeitsamen Hand?" (Textsammlung von St. Inglot: Próby reform włościańskich w Polsce XVIII wieku [Versuche bäuerlicher Reformen in Polen im 18. Jh.], Breslau 1952, S. 203).

32) H.-G. Ost: Die zweite deutsche Ostsiedlung, S. 29 ff.

33) ebenda, S. 2 f. Vgl. auch W. Schulz: Die zweite deutsche Ostsiedlung, sowie die Skizze von F. Żmidziński: Osadnictwo w starostwie ujsko-pilskim sowie ders.: Zmiany w obciążeniach ludności wiejskiej w starostwie ujsko-pilskim od XVI do XVIII wieku [Lastenänderungen für die Dorfbevölkerung in der Starostei Usch-Schneidemühl vom 16. bis 18. Jh.], in dem Sammelband „Studia historyczno-gospodarcze nad Polską Zachodnią" [Wirtschaftshistorische Studien über Westpolen], red. von J. Deresiewicz, Posen 1971, Karte.

34) Lustracja województwa krakowskiego 1789 [Lustration der Wojewodschaft Krakau von 1789], Bd 2, Breslau usw. 1963, S. 527 ff. und laut Index.

35) ebenda, Bd 1, Breslau usw. 1962, S. 16, 42 und 47.

wodschaft von 1789. Laut ihr kamen Pustkowien östlich der Pilica nur noch sporadisch vor; so jenseits von Przedbórz in den Krongütern von Radoszyce und bei Małogoszcz.[36] Einzelne pustkowienartige Siedlungen führten dort sogar die vielsagende Bezeichnung kolonja. Auch sie lagen in tiefen Wäldern und erschienen in Gesellschaft von Hütten- und Hammeranlagen oder auf verlassenem Hüttengelände.

Unmittelbar westwärts vom Wieluner Gebiet, auf der anderen Seite des Prosna-Flusses, fanden sich ebenfalls Pustkowien in größerer Anzahl, so zunächst im Süden Großpolens, im sog. Posenschen, in der Gegend von Adelnau (poln. Odolanów), Schildberg, Kempen (poln. Kępno). Die Karte von Gilly verzeichnet dort zwar nur knapp über ein Dutzend Pustkowien, außerdem aber zahlreiche nicht beschriftete kleine Gehöftegruppen, die großenteils ebenfalls als Pustkowien zu betrachten sind. Laut Józef B u r s z t a sollen in der zweiten Hälfte des 18. Jahrhunderts allein in der Starostei Grabow, Kreis Schildberg, 148 Pustkowien-Höfe bestanden haben.[37] Das ist nicht weiter erstaunlich, da dieses Gebiet ursprünglich, vor den Teilungen Polens, zum Wieluner Land gehört hatte.

Pustkowien gab es selbst südwärts noch, schon außerhalb des alten polnischen Staates, im anschließenden oberschlesischen Kreis Lublinitz und darüber hinaus. Ein Ortsverzeichnis von 1819 weist immer noch 66 Pustkowien für den Kreis Lublinitz, vier für den südwärts anschließenden Kreis Tost auf.[38]

Gillys Karte von Südpreußen greift etwa eine Meile tief nach Oberschlesien hinein, verzeichnet indes in diesem Grenzstreifen keinerlei Pustkowien, jedenfalls nicht unter solcher Bezeichnung. Andererseits wimmelt es bei ihm von Landsberg und Kreuzberg bis Rosenberg und Guttentag von Kringelzeichen, d. h. von verstreut liegenden Einzelgehöften. Sie gehören häufig „Kolonien" an, die bekanntlich in Schlesien seit Friedrich dem Großen zahlreich angelegt wurden. Einige Gehöftegruppen aber führen die auffallende Bezeichnung „Waldbauern", die — wie oben gesagt — die deutsche Benennung für Pustkowier in jenen Gegenden war. In dem erwähnten Ortsverzeichnis von 1819 heißt es an einer Stelle ausdrücklich: „Pustkowie, d. i. Waldbauern."[39] Ebenda ist ein Ort unter dem Namen „Lublinitzer Waldbauern" aufgeführt, dessen „Qualität" als

---

36) Lustracja województwa sandomierskiego 1789 [Lustration der Wojewodschaft Sandomir von 1789], T. 1, Breslau usw. 1965, S. 127, 138.

37) J. B u r s z t a : Od osady słowiańskiej do wsi współczesnej [Von der slawischen Ansiedlung zum Dorf der Gegenwart], Breslau 1958, S. 119. J. Ł u ż y ń s k a : Rozwój demograficzny południowej Wielkopolski, S. 40, erwähnt, daß es in den Gütern von Przygodzice an der oberen Bartsch (Kreis Kalisch und Schildberg) 22 Dörfer und 60 Pustkowien gab. Die dortigen „Holländer" werden in den Gutsinventaren auch Pustkowier genannt. Vgl. Karte 3 bei W. M a a s : Zur Siedlungskunde des Warthe-Weichsellandes, wo die Pustkowien auch im Text behandelt werden.

38) Statistisch-topographische Übersicht des Departements der kgl. preußischen Regierung zu Oppeln in Schlesien, Oppeln 1819. (Die Karte zu H. S c h l e n g e r : Friderizianische Siedlungen, Breslau 1933, war trotz aller Bemühungen nicht aufzutreiben.)

39) Statistisch-topographische Übersicht, S. 20.

Pustkowie bezeichnet wird. Er zählte drei Bauernhöfe und drei Häuslerstellen und lag 2 Kilometer von Lublinitz entfernt.[40]

Damit rundet sich im Südwesten Polens ein Pustkowiengebiet ab, das sich zu beiden Seiten der alten polnisch-schlesischen Grenze, von Beuthen im Süden bis Adelnau im Norden erstreckte.

Über die oberschlesischen Pustkowien, die seinerzeit unter habsburgischer Herrschaft standen, liegt bereits eine knappe Untersuchung aus der Feder Herbert Schlengers vor.[41] Er sieht in ihnen „eine der auffallendsten Eigentümlichkeiten im oberschlesischen Siedlungsbilde". Auch er ist auf die Bezeichnung „Waldbauern" gestoßen, die noch in jüngster Zeit auf die Besitzer solcher Einödhöfe bezogen worden sei. Laut den Separationsakten aus dem Anfang des 19. Jahrhunderts hätten dort neben Freibauern auch „Robotbauern, Freigärtner und sogar Robotgärtner" gesessen. Trotzdem vermutet Schlenger, daß es sich ursprünglich um Rodesiedlungen sogenannter „Freibauern" handelte. Deren Stand habe sich am Anfang des 16. Jahrhunderts durch Loskauf von Abgaben und Diensten gebildet. Statt dieser zahlten sie also einen erhöhten Zins. Schlenger bezieht sich dabei auf Günter Deßmann.[42] Nach dessen Auffassung unterlagen die Freibauern später einer allmählichen sozialen Degradierung. Eine ihrer ältesten Verpflichtungen sei die Waldwacht gewesen, was offensichtlich, neben dem Fuhrdienst, auch sonst eine häufige Funktion der Pustkowier war.[43] — Kuhn bezeichnet die Pustkowien-Siedlung Oberschlesiens

40) ebenda, S. 132. Neben dem Pustkowie erscheinen dort in der Kolonne „Qualität": Dorf, Vorwerk, Stadt, Städtchen, Marktflecken, Kolonie, Wassermühle, Scholtisei, Schäferei, Freidorf, Bergwerksetablissement usw. Vgl. auch J. G. Knie: Übersicht aller Dörfer etc. der kgl. preuß. Provinz Schlesien, Breslau 1830, S. VII.

41) H. Schlenger: Grundzüge des oberschlesischen Siedlungsbildes, in: Der Oberschlesier 14 (1932), S. 32 ff.

42) G. Deßmann: Geschichte der schlesischen Agrarverfassung, Straßburg 1904, S. 68 ff. Eine „größere Verbreitung" des Freibauernbesitzes seit dem Beginn des 16. Jhs. auch auf Wüstungen bestätigt E. Opitz: Die Arten des Rustikalbesitzes und die Laudemien und Markgroschen in Schlesien, Breslau 1904, S. 28. Es handelt sich dabei um Freibauern-Stellen, d. i. — nach F. Lütge: Die mitteldeutsche Grundherrschaft, Stuttgart 1957 (lt. Index) — um unechte Freigüter, die zwar vom Frondienst mehr oder weniger befreit, dennoch nur gewöhnliche Bauernhöfe waren. Vgl. auch, was Lütge, S. 50, über „Neubauern (Anbauern)" sagt.

43) M. Śmerda: Opolskie i kozielskie majątki kameralne w latach 1666—1727 [Die Oppelner und Coseler Kammergüter in den Jahren 1666—1727], in: Sobótka 13 (1958), S. 564, stellt für das 17. Jh. in den genannten Kameralgütern fast 20 v. H. (!) „freie" Bauern fest, die gegen Zahlung eines erhöhten Zinses von der Fron befreit worden waren. 1719 hätten sie oft Waldwächterfunktionen ausgeübt. Im Oppelner Gebiet mit seiner dichten Bewaldung seien weit mehr „Freie" gewesen als im waldärmeren, fruchtbaren Coselschen. Hier waren dafür die Vorwerke zahlreicher. — R. Heck: Studia nad położeniem ekonomicznym ludności wiejskiej na Śląsku w XVI wieku [Studien über die Wirtschaftslage der Dorfbevölkerung in Schlesien im 16. Jh.], Breslau 1959, bringt zahlreiche statistische Tafeln der sozialen Gliederung der schlesischen Landbevölkerung. Dabei treten meist nur geringfügige Prozentsätze von Schulzen und Freien oder

schlicht als eine „Besonderheit dieser Gebiete" und spricht dabei von einem Rückfall des Siedlungswesens in die primitiven Kleinformen der vordeutschen Zeit.[44]

Es wurde bereits erwähnt, daß das später kongreßpolnische Pustkowie Piekło noch im Jahre 1789, statt zu fronen, nur einen Geldzins zahlte. Immerhin war aber die Möglichkeit einer Rückkehr zur Fron dort ausdrücklich vorgesehen. Die Bewohner des benachbarten Pustkowie Kręciwilk (= ‚der Wolf geht um') im Südosten von Tschenstochau entrichteten ebenfalls einen erhöhten Geldzins. Sie bewachten außerdem die dortigen königlichen Wälder und Wiesen.[45] Das bestätigt und festigt die Beobachtungen Schlengers bzw. Deßmanns an den Pustkowien auf der oberschlesischen Seite der Grenze.

Die Pustkowien der Krongüter von Kłobucko und Brzeźnica wurden vom Tschenstochauer Klarenberg-Kloster bewirtschaftet. Sie gehörten administrativ, wie die oberschlesischen, jeweils als eine Art Annex zum benachbarten Mutterdorf. Es unterrichtet über sie, wie gesagt, recht ausführlich die Lustration von 1789. Laut ihr leisteten die Pustkowier der Starostei von Kłobucko dieselben Abgaben und Dienste wie die Bauern im Dorf.[46] Hier war man anscheinend bereits wieder vom erhöhten Zins zur Fron zurückgekehrt. Die Pustkowier der benachbarten Starostei Brzeźnica erfreuten sich dagegen noch einer weitgehenden Dienstfreiheit. Ihre Fron war größtenteils durch erhöhten Zins abgelöst: statt einer mehrtägigen Wochenfron leisteten sie nur Dienste an 10 bis 20 Tagen im Jahr[47], wie bekanntlich häufig auch die „Holländer".

In den „Bemerkungen" zur Lustration derselben Klarenberger Güter findet sich u. a. die interessante Äußerung über „Pustkowier, die Zins zahlen und überhaupt nicht zu Vorwerken gehören".[48] Wie aus einer weiteren Bemerkung hervorgeht, spielte bei dieser Regelung der Prästationen der unterernährten und heruntergekommenen Fronbauern die Entfernung vom Vorwerk eine entscheidende Rolle.[49] In der Tat lagen die Pustkowien von Brzeźnica meist weiter von ihren Vorwerken als die von Kłobucko. Die Lustratoren selbst aber empfahlen, die Fron überall wieder einzuführen, auch wenn keine Vorwerke in der Nähe lägen.

Laut der Lustration von 1765 waren einige Pustkowien nördlich von Tschenstochau ebenfalls auf Zins angelegt.[50] — Jedenfalls erinnert die Ablösung der

---

auch von Schulzen und Lehmännern in Erscheinung, meist um 1 v. H., mitunter einige Prozent. Unter Berufung auf Opitz stellt auch er fest, daß die „Freien" in der Regel Geldzinse entrichteten und nur beschränkt ganz bestimmte Dienste leisteten, wie Waldwacht und Fuhren (S. 94).

44) Kuhn, Siedlungsgeschichte Oberschlesiens, S. 179.

45) Lustracja województwa krakowskiego 1789, Bd 2, S. 367 f.

46) ebenda, S. 563, 566 usw.

47) ebenda, S. 596 ff.

48) Lustracja województwa krakowskiego, S. 615.

49) ebenda, S. 626. Odyniec, Starostwo Puckie, S. 131 f., 137 f., weist auf dieselbe Begründung für die Dienstfreiheit einiger vorwerksferner Dörfer der Putziger Güter durch die dortigen Lustratoren hin.

50) J. Rutkowski: Studia z dziejów wsi polskiej w XVI do XVIII w. [Studien aus der Geschichte des polnischen Dorfes im 16. bis 18. Jh.], Warschau 1956, S. 183.

Fronarbeit in den Brzeźnicer Pustkowien durch erhöhte Zinse stark an den Loskauf der oberschlesischen „Freibauern“ von Abgaben und Diensten. Zweifellos ist daher hier eine Verwandtschaft der Institutionen vorauszusetzen.[51]

Zu beiden Seiten der schlesisch-polnischen Grenze ist demnach im ganzen dieselbe Entwicklung zu beobachten. Sie hatte einzelne Bauern in die Einöde der Wälder, damit in größere Entfernung vom Gut und in die Dienstfreiheit geführt. Die nach den Angaben des oben erwähnten Oppelner Ortsverzeichnisses von 1819 errechnete Durchschnittsentfernung zwischen 31 Pustkowien und ihrem Mutterdorf betrug fast 5 Kilometer. Ähnlich waren die Entfernungen der Brzeźnicer Pustkowien von ihren Gutsdörfern.[52] Kein Wunder, daß Frondienste der Pustkowier als unrentabel angesehen und daher zum Vorteil beider Vertragsparteien durch erhöhten Zins abgelöst wurden. Umgekehrt empfahl sich bei sol-

51) Wie es in den Klarenberger Gütern Hochzinser mit mäßiger Fron vereinzelt in den Altdörfern selbst gab und nicht nur in den Pustkowien, so wird auch nicht jeder schlesische Freibauer in ein Pustkowie zu setzen sein, was bei Opitz, Die Arten des Rustikalbesitzes, S. 28, seine Bestätigung findet. Jedoch ist die Fronablöse in Neusiedlungen, besonders wenn sie vertraglich abgesichert wurde, anders zu beurteilen als in Altsiedlungen. Für Neusiedlungen war sie sozusagen eine unerläßliche Vorbedingung, in Altsiedlungen dagegen meist nur eine zum Vorteil des Grundherrn ausgeklügelte „Reform“. Das Interesse der neueren wirtschaftsgeschichtlichen Forschung in Polen galt zunächst in hohem Grade solchen Reformen, zu denen auch die großzügigen Maßnahmen einiger Magnaten vor dem Untergang Polens gehörten. Als besonders frühes Beispiel beschrieb Altmeister J. Rutkowski die Fronablöse in den alten Posener Stadtdörfern vor der Mitte des 18. Jhs. (Zagadnienie reformy rolnej w Polsce [Das Problem der Agrarreform in Polen im 18. Jh.], Neudruck in: Rutkowski, Studia z dziejów wsi polskiej, S. 241—366). Auch sie war freilich mit der Neuansetzung von Kolonisten, Bambergern, verbunden. J. Topolski: Problem oczynszowań w Polsce [Das Problem der Fronablöse in Polen im 18. Jh.], in: Roczniki Dziejów Społecznych i Gospodarczych 15 (1953), S. 57—73, stellte eine gleichartige Reform schon für das Jahr 1725 fest: einheimische Bauern pachteten einen bischöflichen Gutskomplex gegen Zins. Es gibt auch noch ältere Beispiele. W. Rusiński führte die frühe Fronablöse in Großpolen u. a. auf Einflüsse deutscher Kolonisten zurück (Uwagi o rozwarstwieniu wsi [Bemerkungen über die soziale Schichtung im polnischen Dorf des 18. Jhs.], in: Kwartalnik Historyczny 60 (1953), S. 161—182). — In letzter Zeit hat eine andere Nuance des Vorgangs wachsende Beachtung gefunden: die Fronablöse auf Widerruf. Sie konzentrierte sich anscheinend mehr auf Kleinpolen, bezeichnenderweise vor allem in den vorwerksarmen Bergwäldern. Dort wurden seit dem 16. Jh. Fronen, die den Eigenbedarf überstiegen, auf Zeit durch erhöhten Zins abgelöst, mitunter sogar an andere Herren weitervermietet. Vgl. die vorzügliche Untersuchung von A. Falniowska-Gradowska: Świadczenia poddanych na rzecz dworu [Untertanenleistung für den Gutshof in den Krongütern der Krakauer Wojewodschaft in der zweiten Hälfte des 18. Jhs.], Breslau usw. 1964. Grundlinien des Verfahrens zeichnet die Historia chłopów polskich [Geschichte der polnischen Bauern], Bd 1, red. von St. Inglot, o. O. 1970, S. 277 f., 291, 384 f., 389 ff.; ebenda Schrifttumshinweise. Eine gute Forschungsübersicht bei E. Trzyna: Położenie ludności wiejskiej [Die Lage der Dorfbevölkerung in den Krongütern der Krakauer Wojewodschaft im 17. Jh.], Breslau 1963.

52) laut Lustracja województwa krakowskiego 1789, Bd 2, und Quartiermeisterkarte.

cher Lage ihre häufige Verwendung als Waldwächter. Aus derselben topographischen Lage der Einödhöfe zum Gut geht ferner hervor, daß ihr geographischer Standort überwiegend in den Latifundien zu suchen ist, in erster Linie in den alten Zwischenstammesheiden, deren Einöden größtenteils immer noch im Besitz der Krone waren.

Siedelten nicht die „Holländer" ebenfalls meist in der Wildnis, fernab von Gutshof oder Vorwerk? So war auch deren Dienstfreiheit, wie die der Pustkowier, die rentabelste Lösung für den Grundherrn. Bezüglich der „Holländer" wird es freilich richtiger sein, umgekehrt zu argumentieren: weil sie als originär freie Bauern auf Dienstfreiheit bestanden, war ihr idealer Platz in größerer Entfernung vom Gut und daher ebenfalls in der Wildnis, abseits vom gutsherrschaftlich genutzten, alten Ackergau.[53]

4. Die westpreußischen Pustkowien

Ein zweites großes Pustkowiengebiet befand sich hoch im Norden, im Raum des früheren „Königlichen Preußen", d. i. in Westpreußen. Es vermittelt einige weitere charakteristische Merkmale dieses Siedlungstyps und bestätigt die bereits oben gemachten Beobachtungen. Auch für Westpreußen fehlt bisher eine zusammenfassende Behandlung der Pustkowien. Es muß daher hier und da wieder auf die Quellen selbst zurückgegriffen werden.[54]

Nach Holsche zählten um das Jahr 1800 die „Pustkowienbesitzer" zu den westpreußischen Freien.[55] Sie sind den Preußen, die 1772 ins Land kamen, nicht wenig aufgefallen. Da sie sich, wie zu erwarten und wie aus den Listen bei Georg Dabinnus deutlich hervorgeht, in ihrer Masse an die großen Waldungen hielten, die in der Regel zum Krongut gehörten, gerieten sie alsbald in Konflikt mit den preußischen Forstbeamten. Diese haben in ihren Akten so manches unfreundliche Wort über sie hinterlassen, hauptsächlich wohl deshalb, weil die Pustkowienwirtschaft allen preußischen Vorstellungen von ordnungsgemäßer Forstpflege widersprach. Das Pustkowie paßte nicht in die neue, vom Geist des Rationalismus gezeichnete Wirtschafts- und Siedlungslandschaft. Es war eine

---

53) Rutkowski, Studia, S. 186, führt den mehr Eigeninitiative fordernden Zinsdorf-Charakter der Holländereien u. a. sogar auf einen „rassischen Faktor" zurück: die deutsche Bevölkerung der sog. Holländer-Dörfer sei risikofreudiger und energischer gewesen.

54) Für wiederholte freundliche Auskünfte und Hinweise zu diesem Abschnitt bin ich Herrn Dr. Ernst Bahr, Marburg, sehr verbunden.

55) Holsche, Geographie und Statistik, Bd 3, S. 158. Außer den Pustkowiern rechnet er auch die Kölmer, Freischulzen, Lehmänner und Emphyteuten zu den Freien in Westpreußen. Die genannten Gruppen behandelt näher Dabinnus, Die ländliche Bevölkerung Pommerellens, S. 55—58. Die Pustkowien-Besitzer läßt er freilich dabei unberücksichtigt.

organisch gewachsene, undeutlich abgegrenzte, regellose Siedlungsform, die unvermeidlich mit den geraden Linien der Aufklärungszeit in Widerstreit geraten mußte.

Auf Grund der preußischen Forstakten hat Friedrich Mager den westpreußischen Pustkowiern immerhin einige Seiten gewidmet.[56] Laut ihm waren es oft nur vorübergehende Zeitpächter von Forstland. Zahlreiche Pustkowien oder „Neusassereien", wie sie bezeichnenderweise hier im Norden genannt wurden, hätten sich dennoch in dauernde Siedlungen verwandelt, „obwohl sie zum großen Teil landwirtschaftlich gar nicht existenzfähig waren". Sie hätten sich nur durch zusätzliche Einnahmen aus unrechtmäßiger Waldnutzung wie Holzdiebstahl usw. zu halten vermocht. — Mager betrachtet sie dabei im ganzen doch wohl zu sehr durch die Brille der preußischen Forstverwaltung.

Aus der Waldnutzung erklärt sich gewiß nicht zuletzt, daß auch die Tschenstochauer Pustkowier zu einem erhöhten Zins imstande waren und relativ viel Hornvieh und Pferde, vor allem aber Schafe hielten, deren Wolle sie den schlesischen Tuchmachern gewinnbringend verkauften. Daß der polnische Starost oder Grundherr eine gewisse Waldnutzung einkalkuliert hatte, ist daher anzunehmen. Es konnte ihm außerdem auch einerlei sein, ob der Pustkowier seine Äcker bald hier, bald da anlegte; in den endlosen Wäldern war genug Platz, und auf genaue Abgrenzungen kam es nicht an. Damit erinnert das Pustkowie freilich in mancher Hinsicht an extensive frühgeschichtliche Wirtschafts- und Siedlungsweisen. Daß solche Höfe später den Zorn der korrekten preußischen Forstbeamten erregten, ist nicht verwunderlich.

Nach Mager gab es im Kammerbezirk Marienwerder im Jahre 1797 noch 417 Pustkowien, die hier — wie auch im Kulmer Land und im Netzedistrikt, d. i. im Norden Großpolens — die Wälder durchlöcherten. Vom Kulmer Land aus und vom Netzedistrikt war es aber nur noch ein Schritt nach Kongreßpolen, ins Dobriner und Brester Land. In der Tat war auch dort zu jener Zeit eine pustkowienartige Siedlung deutscher Bauern unter der Bezeichnung Rumunki (Räumungen) im Gange. Nach E. H. Busch waren es „einsam gelegene Höfe mitten im Walde..., die meistens ein oder zwei Werst voneinander entfernt sind... In der Mitte eines Complexes solcher Räumungen liegen gewöhnlich Bethaus, Schule und Schenke".[57] Dementsprechend hat die Quartiermeisterkarte von 1839 in ihrer Zeichenerklärung: „R = Rumunek, Einzelgehöft, hameau". In einem Wörterbuch der dortigen Mundart heißt es sogar ausdrücklich: „rumunek — ein einzelnes Gehöft abseits vom Dorf". Nach Walther Maas waren die Verträge der Rumunki-Höfe juristisch nicht vollwertig, „eine privatrechtliche Angelegenheit".[58]

---

56) F. Mager: Geschichte der Landeskultur Westpreußens, Berlin 1936, S. 118 ff. Kuhn, Geschichte der deutschen Ostsiedlung, Bd 2, S. 126, beschränkt sich im wesentlichen auf die Feststellung, daß sich der Schwerpunkt dieser Klein-Kolonisation in den pommerellischen Wäldern, vor allem in der Tucheler Heide, im 18. Jh. von den Deutschen zu den Kaschuben verlagert habe.

57) E. H. Busch: Beiträge zur Geschichte und Statistik... der Ev. Augsburg. Gemeinden im Königreich Polen, Petersburg, Leipzig 1867, S. 61. Vgl. auch H. Plehn: Geschichte des Kreises Strasburg, Leipzig 1900, S. 216 f.

Hierzu einige Ergänzungen nach der Lustration von 1664.[59] Laut ihr waren in den dortigen Krongütern damals über 80 Pustkowien, womit ihre Masse erfaßt sein dürfte; denn — wie gesagt — sie hielten sich in erster Linie an die großen Wälder, die selten in privater Hand waren. Ihre Bewohner waren: Kleinadlige, Lehmänner, Schulzen, freie deutsche Bauern, Krüger, Müller usw. Sie saßen in tiefer Waldeinsamkeit abseits der alten Dörfer, häufig an einem Flüßchen oder See, auf dem verlassenen Gelände einer Glashütte oder eines Eisenhammers. Sicher ging ihnen dadurch manche Annehmlichkeit der gewohnten Lebensart verloren, wie es auch sonst das Los von Pionieren einer neuen Zeit zu sein pflegt; man denke nur an die ersten europäischen Siedler in den Wäldern Nordamerikas.

Die westpreußischen Pustkowier hatten — und das charakterisiert sie erneut als Freie — besondere Ansiedlungsverträge, die von den Starosten oder Grundherren ausgestellt waren. Einige sind von Gerard Labuda veröffentlicht worden.[60] Man wird annehmen dürfen, daß auch die oberschlesischen Pustkowier vertragliche Abmachungen, vielleicht manchmal nur mündlicher Art, getroffen haben. Eine völlige soziale Identität zwischen den Pustkowiern des Nordens und Südens wird aber schon wegen mancher Unterschiede in den dortigen Sozialstrukturen nicht vorauszusetzen sein. Vor allem war ihre Freiheit im Norden von besserer Art.

Aus denselben westpreußischen Quellen geht ferner einiges über die äußere Anlage der Pustkowien des 17. Jahrhunderts hervor. Sie waren z. B. nicht nach Hufen vermessen, wie es im Gegensatz hierzu die Dörfer waren, zu denen sie gehörten.[61] Der Einödbauer war ja aus dem Dorfverband ausgeschieden und sah sich daher nicht genötigt, das zur Verfügung stehende Gelände mit gleichberechtigten Genossen gerecht und gleichmäßig zu teilen und in einzelnen Anteilstreifen zu nutzen. Oft wurden nur wenige Morgen urbar gemacht, gelegentlich 2 Hufen oder mehr, „wo immer und wie jeder rodete".[62] Die Initiative in dieser Hinsicht lag hier offensichtlich bei dem Wildnisbauern selber.

Es ist ferner charakteristisch für die grenzenlose Formlosigkeit dieses naturgewachsenen Siedlungstyps der Wildnis, daß seine Ackerfläche, wie es öfter heißt, nur „plus minus" geschätzt wurde, um den Zins festzulegen. Das alles weist auf Raumvorstellungen hin, die den osteuropäischen Weiten, zumindest

---

58) J. Maciejewski: Słownik chełmińsko-dobrzyński [Kulm-Dobriner Wörterbuch], Thorn 1969, S. 227; Maas, Zur Siedlungskunde Kujawiens, S. 243.

59) Opis królewszczyzn w województwach chełmińskim, pomorskim i malborskim w roku 1664 [Beschreibung der kgl. Güter in der Kulmer, Pommerschen und Marienburger Wojewodschaft im Jahre 1664], hrsg. von J. Paczkowski, Thorn 1938. Eine ältere Lustration (Lustracja województw Prus Królewskich 1624 [Lustration der Wojewodschaften des Königl. Preußen 1624], hrsg. von St. Hoszowski, Danzig 1967, S. 208 u. a. m.), freilich nicht von allen westpreußischen Krongütern, kennt die Bezeichnung pustkowie nicht, schildert aber einige Objekte, die 1664 als solches auftreten.

60) Inwentarz starostwa puckiego i kościerskiego, vgl. oben Anm. 30.

61) Inwentarz starostwa puckiego i kościerskiego, S. 131: „die Pustkowien, in denen Hufen nicht ausgemessen wurden".

62) Opis królewszczyzn, S. 383.

denen des östlichen Mitteleuropa, entsprechen und schwerlich ihren Ursprung im engen Westen genommen haben können. Der Zins betrug dementsprechend manchmal 2, 3 oder 4 Gulden, gelegentlich aber auch 10, 20 oder 30 und mehr. Manche Pustkowier hatten überhaupt keine weiteren Verpflichtungen als Zins. Das hing im einzelnen davon ab, wes Standes sie waren. „Deutsche pommersche Leute" z. B. zahlten gleichmäßig je 30 Gulden, was aus dem Westen stammende normengewohnte Kolonisten auch sonst zu zahlen pflegten. Dazu kamen neun Tage Fron jährlich, aber keine weiteren Dienste, so daß von Fron im engeren Sinne eigentlich nicht gesprochen werden kann. Die meisten Pustkowier aber hatten in Westpreußen slawische Namen und arbeiteten oft ebenfalls nur etwa ein Dutzend Tage im Jahr auf dem Gut während der Erntezeit. Häufiger noch leisteten sie Fuhren (nach Danzig), worin, wer will, noch ein Relikt der alten *paraveredus*-Pflicht des mittelalterlichen Freien sehen kann. Nicht selten übernahmen sie die Waldwacht und waren dann in der Regel von anderen Diensten befreit. Auch das erinnert an die oberschlesischen und Tschenstochauer Pustkowier. Sie konnten ihren Besitz verkaufen, tauschen und vererben unter entsprechender Beteiligung des Grundherrn oder Starosten.

Die für unsere Untersuchung sehr wichtige Entstehungszeit der ältesten westpreußischen Pustkowien liegt deutlich später als die der oberschlesischen aus dem Beginn des 16. Jahrhunderts.[63] Einige Höfe werden zwar von den Lustratoren von 1664 bis auf die deutschen Ordensritter zurückgeführt; die ältesten konkreten Jahresangaben jedoch, die sie sicher unmittelbar den Ansiedlungsverträgen entnommen haben, sind: 1576 (Pustkowie Welin, bei Parchau), 1583 (Dorf [!] Swornogać auf dem Pustkowie, in der Tucheler Heide), 1605 (Kassowo Nowe al. Załęże, nördlich Karthaus), 1609 (Twarożna Góra, in der Tucheler Heide), 1611 (Łosiny, ebenda), 1619 (Czarlin, bei Berent), 1621 (Owśnica, ebenda), 1625 (Plęsy, ebenda), 1629 (Biebrznica, ebenda), 1630 (Ścibur, ebenda), 1632 (Śluza, bei Parchau) usw.

5. Historisch-geographischer Hintergrund der Pustkowiensiedlung

Ein jüngerer Forscher, Przemysław Szafran, stieß in der Kraina, dem Kreis Nakel des 16. Jahrhunderts zwischen oberer Netze und Küddow, wie zu erwarten war, auf zahlreiche Pustkowien.[64] Trotzdem geht er nicht näher auf sie ein, obwohl sie nach seinen Feststellungen unter den dort seit der Mitte des 17. Jahrhunderts entstehenden Siedlungen bei weitem überwogen und demnach ein Hauptthema seiner Arbeit hätten bilden sollen. Er bemerkt nur knapp, daß

63) Vgl. oben S. 64 und weiter unten S. 76 ff.

64) P. Szafran: Osadnictwo historycznej Krajny w XVI—XVIII w. (1511—1772) [Die Besiedlung der historischen Kraina im 16.—18. Jh. (1511—1772)], Danzig 1961, S. 90.

sie wahrscheinlich aus einer nicht geplanten, spontanen Aktion von Leuten entstanden sind, „die in den alten Dörfern nicht leben wollten oder konnten"; sei doch zu jener Zeit in den Dörfern selbst, wo durch Kriege, Epidemien und andere Gründe viele Lücken gerissen waren, genug Platz gewesen. Die Pustkowien seien einerseits das Ergebnis der „Aggressivität der gutsherrlichen Fronwirtschaft und andrerseits des Wunsches der bäuerlichen Bevölkerung, sich der Nähe des Feudalherrn und seines Vorwerks zu entziehen". Etwa in dieselbe, eher spekulative Richtung geht Schlengers Auffassung, „daß diese Bauern bei ihrer Freiwerdung [d. i. beim Loskauf von Abgaben und Diensten, O. K.] aus dem Dorfverband ausschieden und sich in der Feldmark nahe des Waldes ansiedelten".[65] Eine Konkretisierung der Motive erscheint daher geboten, und zwar sowohl geographisch wie historisch.

Es ist heute communis opinio der Forschung geworden, daß sich das mittelalterliche Dorf auch im polnischen Diluvialgebiet auf die größeren Geschiebemergelflächen konzentriert hat. Endmoränenlandschaften und ausgedehnte Sandgebiete wurden grundsätzlich erst später aufgesiedelt.[66] Der genossenschaftliche

---

65) Schlenger, Grundzüge des oberschlesischen Siedlungsbildes, S. 34.

66) Daß diese Zusammenhänge in Polen erst so spät aufgedeckt werden konnten, lag vor allem an dem zu kleinen Maßstab der viel benutzten Bodenkarte Polens von S. Miklaszewski: Mapa gleb Polski, 1:1 500 000, Warschau 1927, für das diluviale Flachland. Der Vf. ist daher, um den Einfluß der Bodengüte auf den Siedlungsgang im Detail nachzuweisen, von eigenen Bodenaufnahmen ausgegangen, vgl. Kossmann: Die deutschrechtliche Siedlung in Polen, S. 21—27, sowie die Karten 1 und 2. H. Barten: Die Siedlungen in Südwestposen — Beiträge zur Siedlungsgeographie des Grenzgebiets zwischen Posen und Schlesien, Breslau 1933, S. 8 f. und passim, hatte bereits vorher, auf geomorphologischer Basis, die Bedeutung der Bodenart für die Siedlungsentwicklung in einem polnischen Randgebiet festgestellt. S. M. Zajączkowski: Sieć osadnicza i struktura własnościowa... [Siedlungsnetz und Besitzstruktur der alten Länder Lentschütz und Sieradz zu Beginn des 16. Jhs.], in: Slavia Antiqua 9 (1972), Anm. 35, bringt Schrifttum zu dieser Frage, übergeht aber die beiden vorgenannten Arbeiten. Meine diesbezüglichen Ausführungen gibt er dann, S. 71, entstellt wieder. Ich hatte in der zitierten Arbeit in Text und Karten dargelegt, daß bereits die alten Siedlungen in Polen — also auch die fürstlichen und kirchlichen, nicht nur die adligen — die Lehmböden besetzt hatten und damit auf den fruchtbarsten Böden lagen (S. 26). Zajączkowski indes wendet sich jetzt gegen meine angebliche These, daß die fürstlichen Siedlungen nur schlechtere, sandige Böden besessen hätten. Als Argument dafür, daß auch sie auf besseren Böden angelegt waren, verweist er in erster Linie auf die fürstlichen Besitzungen im Umkreis alter Stammesburgen und Landschaftszentren, wie auch ich es u.a. getan hatte. 1938 hatte ich nämlich, abgesehen von der bodenkundlichen Analyse, außerdem festgestellt, daß — geomorphologisch betrachtet — die Grundmoränenflächen weitgehend dem Adel, die Sander- und Endmoränengebiete des Niemandslandes vornehmlich dem Fürsten zugefallen seien (S. 27, 36). Dabei hatte ich für Laien auf dem Gebiet der Geomorphologie vorsorglich bemerkt, daß auch in den letzteren altbesiedelte Lehminseln eingestreut waren (S. 26, 27) sowie daß der fürstliche Besitz sich nicht etwa auf das alte Niemandsland allein beschränkte, „sondern auch Gebiete umfaßte, die als altbesiedelt zu betrachten sind. Ich weise da vor allem auf fürstliche Besitzungen im Umkreis al-

Wirtschaftsbetrieb, wie ihn die deutschrechtliche Siedlung mit ihrem Flurzwang im Lande verbreitet hatte, setzte nämlich ein größeres Areal von gleichmäßigem Boden voraus. Es ist dabei, um eine Richtzahl zu nennen, an einen Umfang von 5—10 Quadratkilometern je Dorf zu denken. Im Endmoränengebiet und überall da, wo die Bodengüte rasch wechselt, konnten daher allenfalls noch kleinere Dörfer oder Vorwerke hier und da angelegt werden. Weite Strecken mit nur vereinzelt eingestreuten besseren Bodenpartien waren nicht einmal für das kleinste Dorf oder Gut zu verwenden. Sie blieben, sozusagen als der Kehraus der mittelalterlichen Kolonisation, zunächst der Wildnis überlassen. Erst mit der neuzeitlichen Einzelhofsiedlung war daher die Zeit für sie gekommen.

Umgekehrt erklärt das u. a., warum die neuzeitliche Siedlung in Polen, für die nur noch Wildnisböden zur Verfügung standen, eine aufgelockerte Einzelsiedlung geworden ist. Kiełczewska warnt folgerichtig die heutigen Wirtschaftsplaner vor der beabsichtigten Beseitigung der Streusiedlung: das könnte solche Gebiete wieder zur totalen Wüstung zurückführen.[67]

Insgesamt kündigte sich also mit der beginnenden Wildnissiedlung eine Neuaufteilung des Landes an, die später, nach 1800, bei der Separation der Güter von den Bauernäckern fortgesetzt wurde, eine Neuaufteilung nach der Bodenklasse, bei der die bevorzugten Adligen die besten Böden für sich beanspruchten und die minder freien Pustkowier, denen hier wiederum die sog. Holländer zuzugesellen sind, auf die schlechteren abgedrängt wurden.

Von hier aus ist auch der Zeitpunkt zu bestimmen, an dem die Wildnissiedlung einsetzte: erst als alles fruchtbare, für die Gutswirtschaft rentable Land angebaut und ihr Bedarf an Arbeitskräften gestillt war, konnte sich die Herrschaft mit dem Abzug des einen oder anderen Bauern in die „Freiheit" der Wälder einverstanden erklären. Für den Bauern wiederum war der Neuaufbau einer Existenz im unwirtlichen Wald, auf Böden zweiter Klasse, fern von Dorfgemeinde und Kirche, erst interessant, seit sich die Lebensbedingungen in den Dörfern ins Unerträgliche verschlechtert hatten. Das war in den Jahren nach der Reformation und der Entdeckung Amerikas der Fall. Der eine oder andere Bauer, dessen Initiative noch nicht ganz erstorben war, wagte jetzt den Schritt in die Einöde, die ihm eine trügerische Freiheit, meist nur eine Dienstfreiheit auf Widerruf, und ein verbessertes Besitzrecht verhieß. Er nahm dafür gern eine große Zinslast in Kauf, mit der er den Grundherrn für den Arbeitsausfall mehr als reichlich entschädigen mußte. Sein Wagnis ist im ganzen in derselben Ebene zu sehen wie das

---

ter Stammesburgen hin" (S. 39). — Laut M. Kiełczewska-Zaleska: O powstaniu i przeobrażeniu kształtów wsi Pomorza Gdańskiego [Von der Entstehung und Wandlung der Dorfformen im Danziger Pommern], Warschau 1956, S. 18, ist dieser Einfluß der Böden erst durch S. Zajchowska: Rozwój sieci osadniczej okolic Poznania [Die Entwicklung des Siedlungsnetzes der Posener Gegend], in: Przegląd Zachodni 9 (1953), H. 6—8, S. 101—141, für Polen nachgewiesen worden. J. Dylik: Rozwój osadnictwa w okolicach Łodzi [Die Siedlungsentwicklung in der Lodzer Gegend], Lodz 1948, wollte die entscheidende Rolle dem Bodenrelief zuschreiben. Er hat auch später noch diesen Standpunkt vertreten.

67) Kiełczewska-Zaleska, Rozmieszczenie wiejskich osiedli, S. 232.

des deutschen Bauern, der über die nahe polnische Grenze in die Freiheit flüchtete oder, später, den Weg in die Neue Welt nahm. Solches Wagnis aber wurde hier wie anderwärts mit der Freiheit belohnt. So erklärt es sich letztlich, warum diese ersten Keime der neuen polnischen Bauernfreiheit aus den Wäldern stammen, wo sie dem Gutsbetrieb nicht im Wege waren.

Für die Frage des Ursprungs der Pustkowien ist ferner von Bedeutung, daß in ihren beiden Gebieten, im Norden wie im Süden, im westpreußischen wie oberschlesisch-Wieluner Raum, slawische Siedler vorherrschten. Für das Wieluner Land erweisen es die langen Listen polnischer Namen, die dank den bereits wiederholt zitierten Lustrationen von 1789 für die Pustkowien der Krongüter Kłobucko und Brzeźnica auf uns gekommen sind. Eindeutige Hinweise auf deutsche Herkunft auch nur eines Teiles der angeführten Familiennamen ergeben sich daraus nicht. Aber auch für das pommerellische Gebiet sind hinreichend Namen überliefert, um eine ähnliche, wenn auch nicht so einseitige Schlußfolgerung für die dortigen Pustkowier um die Mitte des 17. Jahrhunderts zu ziehen. Auf erhebliche deutsche, genauer, pommersche Beteiligung weisen hier u. a. Namen wie Kietell, Hans Belg, Rosmann; außerdem ist der größte Teil der Kischauer Pustkowien, etwa ein Dutzend, seit 1660, von „pommerschen deutschen Leuten" besetzt gewesen.[68] Auch im Jahre 1772 gab es einen starken deutschen Bevölkerungsanteil an den Pustkowien, aber, abgesehen von gewissen Randgebieten, überwogen in ihnen weiterhin Kaschuben und Polen.[69] Es läge daher nahe, die Entstehung der Pustkowien auf ausschließlich innerpolnische Wurzeln zurückzuführen.

Dem widerspricht indes, neben der offenbar frühen Beteiligung von Deutschen, die allgemeine Beschränkung des Phänomens auf den Westen des Landes. Das vereinzelte Vorkommen von Pustkowien und Waldbauern im Landesinnern fällt demgegenüber nicht ins Gewicht und kann daher vernachlässigt werden. Vielsagend ist auch die offensichtliche geographische wie strukturelle Parallelität der Pustkowiersiedlung mit derjenigen der sog. Holländer. Diese ist bekanntlich bis 1800 ebenfalls deutlich auf den Westen Polens beschränkt geblieben. — Da es sich bei beiden um Zinspächter handelt, könnte ihre Verbreitung u. a. einfach mit der im Westen des Landes höher entwickelten Geldwirtschaft zusammenhängen. Das wird im ganzen auch zutreffen und würde die allgemeine Westlage der Pustkowien begreiflich machen. Unverständlich bliebe dabei trotzdem ihr oft unmittelbares Haften an der Westgrenze. Im Süden lag ein alter Herd der Einödsiedlung sogar jenseits der Grenze im oberschlesischen Raum. Dort werden — wie oben erwähnt — „Freibauern" schon aus dem Beginn des 16. Jahrhunderts gemeldet. Die Wieluner und Tschenstochauer Pustkowien dagegen sind nach allem, was bekannt geworden ist, späteren Datums. Wojciech Szczygielski erwähnt sie in seiner Geschichte des Wieluner Landes erst für die zweite Hälfte des 17. Jahrhunderts.[70]

---

68) Opis królewszczyzn, lt. Index unter pustkowie.

69) Vgl. die Siedlungstafeln im Anhang bei Dabinnus, Die ländliche Bevölkerung Pommerellens.

70) W. Szczygielski: Dzieje ziemi wieluńskiej [Geschichte des Wieluner Lan-

Auch im Norden war die Besiedlung wüster Feldmarken jenseits der Grenze, in Pommern, laut Horst-Gotthard Ost schon um 1545 in Gang gekommen. Noch vorher fanden Neurodungen neumärkischer Bauern auf wüsten Feldmarken statt, wo sie sich vereinzelt, wie später die westpreußischen Pustkowier, „Kämpe" außerhalb der Hufenflur der Mutterdörfer anlegten.[71] Letztlich war auch das eine Folge der rücksichtslosen Expansion der Gutswirtschaft in den Altdörfern. Diese wiederum war bekanntlich u. a. durch die nach Beginn des 16. Jahrhunderts in Westeuropa scharf anziehenden Getreidepreise ausgelöst worden.[72] Gewiß wurden die Auswirkungen der neuen Entwicklung im Osten später spürbar als im Westen, in Polen später als in Pommern. — Das alles legt die Annahme einer allgemeinen Ostwanderung der Einödsiedlung nahe. Bei jeder Wanderung von Institutionen wurde aber seinerzeit auch eine Anzahl ihrer Träger mitgeführt.

Das ursprüngliche Haften an der Westgrenze wird besonders deutlich in Westpreußen, wo die Lustration von 1664 einen Einblick in die ursprüngliche Verbreitung des Pustkowie noch in der Phase seiner Entstehung gewährt. Es zeigt sich, daß von den über 80 Pustkowien des Jahres 1664 kein einziges im Osten oder gar östlich der Weichsel lag. Sie konzentrierten sich vielmehr damals ausschließlich in einer westlichen, grenznahen Zone: in den Schlochauer Wäldern, in der Tucheler Heide, bei Kischau (Kiszewa), im Nordwesten von Schöneck (Skarszewy), bei Berent (Kościerzyna), Parchau (Parchowo) und Mirchau (Mirachowo). Einige der ältesten lagen sogar unmittelbar an der Grenze, genau wie die Siedlungen der ersten Neumärker und Hinterpommern weiter südlich, die dort die Wälder ihrer neuen polnischen Herren gegen Einbrüche deutscher Adelsgeschlechter sichern sollten.[73] — Die Ausbreitung der Pustkowien nach Osten ist offensichtlich erst allmählich in Gang gekommen.

Dem Geographen drängt sich daher zwangsläufig die Vorstellung auf, a) daß ein erster Anstoß von jenseits der Grenze gekommen sei und b) daß der freie Siedlertyp des nördlichen Pustkowiers sich teilweise aus Zuwanderern entwickelt habe, die aus dem hintersten kaschubisch-slowinzischen Pommern stammten, wie sich ja analog die Kischauer Pustkowier meist aus pommerschen Deutschen zusammensetzten.

---

des], Lodz 1969, S. 68. Auch aus den Inwentarze dóbr ziemskich województwa krakowskiego 1576—1700 [Inventare der Landgüter der Wojewodschaft Krakau 1576—1700], Warschau 1956, die immerhin einige Dörfer im Nordwesten von Tschenstochau mit umfassen, gehen keine Hinweise auf eine frühere Existenz dortiger Pustkowien hervor. Das ebenda, S. 63, genau beschriebene Dorf Miedzna erscheint noch im Jahre 1658 ohne das Pustkowie Borowe, das in der Lustration von 1789 genannt wird. Aus Rejestr poborowy województwa krakowskiego z r. 1680 [Steuerregister der Krakauer Wojewodschaft vom Jahre 1680], red. von St. Inglot, Breslau 1959, ergeben sich ebenfalls keine Nachweise für frühere Pustkowien der Tschenstochauer Gegend.

71) Ost, Die zweite deutsche Ostsiedlung, S. 4 f., 30, 33.

72) W. Abel: Geschichte der deutschen Landwirtschaft, Stuttgart [2] 1967, S. 183.

73) H.-G. Ost: Die Besiedlung der nördlichen Grenzmark und des südöstlichen Hinterpommerns im 16. Jh., in: Deutsches Archiv für Landes- und Volksforschung 1 (1937), S. 190.

Gleich den deutschen Neusiedlern aus der Neumark und aus Pommern werden auch die kaschubischen Zuwanderer flüchtige Bauern gewesen sein, die dem Druck der Gutsherrschaft auswichen und durch Überschreiten der Staatsgrenze ihre soziale Stellung zu wahren oder zu bessern hofften. Nicht umsonst heißt es in einer pommerschen Chronik aus der Zeit kurz vor der Mitte des 16. Jahrhunderts, die pommerschen Bauern *müssen der Herrschaft so viel dienen, als sie immer von ihnen haben wollen, und konnen ofte vor solchen Dienst ihre eigen Werke nicht tuen und müssen deshalben vorarmen und entlaufen. Und ist von denselben Pauren ein Sprichwort, daß sie nur sechs Tage in der Woche dienen, den siebenden müssen sie Briefe tragen ... Doch entlaufen ihrer viele oder entziehen heimlich, daß ofte die Höfe wüste werden.*[74] Die Getreideausfuhr aus Pommern nach Schottland, Holland, Seeland und Brabant war denn auch laut derselben Chronik bereits seit langem im Gange.[75]

Weiter westlich war die Kaschubei damals bereits eingedeutscht. Aber es muß in Hinterpommern, zwischen dem slawischen Osten der Provinz und ihrem deutschen Westen, um 1600 noch sprachliche Übergangsräume gegeben haben, die zur selben Zeit ebenfalls Siedler an Polen, besonders an die vorgelagerten Teile Westpreußens und des Netzedistrikts, abgaben. Für diesen stellte Holsche um 1800 grundsätzlich fest, daß die dortigen Pustkowier „gewöhnlich auch Deutsche und freien Standes" sind.[76] Diese deutschen und eingedeutschten hinterpommerschen Siedler, die im Laufe der Zeit die Wildnisgebiete zwischen Warthe und Weichsel kolonisierten, wurden noch bis zuletzt vom deutschen Volksmund in Polen Kaschuben genannt. Es war zwar nur spöttisch gemeint, hatte aber doch einen wahren Kern, insofern ihre Herkunftsgebiete in Pommern tatsächlich zur einstigen Kaschubei gehört hatten, die sprachlich erst allmählich auf den hintersten, östlichen Winkel zusammengeschmolzen ist.[77] Auch dieses Detail spricht für eine Parallelität der Pustkowiensiedlung des kaschubischen Westpreußen mit derjenigen der südlich angrenzenden Gebiete, wo die Pustkowier bereits überwiegend Deutsche waren.

Analog in mancher Beziehung erscheinen die Verhältnisse im südlichen Pustkowiengebiet. Wie in Pommern war im hinteren Schlesien ein östliches Refugium slawischer Sprache erhalten geblieben. Auch hier waren die an das Pustkowiengebiet westwärts anschließenden Landschaften noch mehr oder weniger slawisch

---

74) Pomerania. Eine pommersche Chronik, hrsg. von G. Gaebel, Bd 2, Stettin 1908, S. 161 f.

75) ebenda, S. 100, 163.

76) Holsche, Der Netzdistrikt, S. 223.

77) Vgl. W. Kuhn: Kaschuben als deutscher Stammesname, in: Deutsche Monatshefte in Polen 4 (1938), S. 545—549. Auf die pommersche Herkunft von deutschen Siedlern in Polen verwies neben A. Breyer schon H. Textor: Zur Geschichte des Deutschtums im Südosten Kujawiens, in: Deutsche Blätter in Polen 8 (1931), S. 204, sowie ders.: Das deutsche Schulwesen in der Gemeinde Przedecz in der Zeit 1800—1830, ebenda, 6 (1929), S. 134. Aber bereits um 1830 wußten preußische Beamte in Posen von dieser Herkunft (M. Laubert: Beiträge zum Sprach- und Nationalitätenverhältnis in der Provinz Posen, ebenda, 5, 1928, S. 419).

besiedelt. Dazu häuften sich die Pustkowien des Wieluner Landes ebenfalls längs der Westgrenze und wurden landeinwärts rasch seltener. Waren im Norden evangelische Kaschuben, so gab es im Süden viele, sehr bewegliche evangelische Polen, obwohl Oberschlesien grundsätzlich katholisch war.

Evangelische Polen saßen hier vor allem in den posensch-schlesischen Grenzkreisen Ostrowo, Adelnau, Schildberg, Kempen, Wartenberg, Kreuzburg, Rosenberg, d. i. im oberschlesischen Pustkowiengebiet und jenen kongreßpolnischen Kreisen gegenüber, in denen die Pustkowien am häufigsten waren.[78] Laut Johannes Staemmler haben sich die Evangelischen dort hauptsächlich in vier Schüben angesiedelt: nach dem Dreißigjährigen Kriege, nach dem ersten Schlesischen Kriege, in südpreußischer Zeit und in den ersten Jahrzehnten der erneuten preußischen Herrschaft. Sollten diese Siedlerschübe wirklich jeweils an der Prosna, die erst seit 1815 Grenzfluß wurde, haltgemacht haben? Finden sich doch auf der Karte von Gilly die auffallenden, von Pustkowien begleiteten Streusiedlungen nicht nur westlich, sondern auch östlich dieses Flusses, d. i. im kongreßpolnisch gewordenen Teil des Wieluner Landes. Hier sind auch wiederholt Zuwanderer evangelischer Konfession und polnischer Sprache nachgewiesen worden.[79]

Es sei ferner daran erinnert, daß im Wieluner Lande schon im 16. Jahrhundert eine gewisse siedlungsträchtige Eisenindustrie bestand, die sicher auch hier, wie in den großpolnischen Netzekreisen und anderwärts, der neuzeitlichen Siedlung unmittelbar und bahnbrechend vorausging. Die Wieluner Hüttenindustrie aber war mit derjenigen auf der schlesischen Seite, besonders im Malapane-Gebiet, eng verbunden und ist auf dieselben sächsischen Wurzeln zurückzuführen. Der zeitgenössische Hüttenmeister und Dichter Walenty Rożdzieński, dessen Vorfahren sich noch Herzig nannten und der selbst noch dem 16. Jahrhundert entstammte, sagt ausdrücklich: „Aus Schlesien aber wurde das Eisenwesen dann nach Polen durch gewisse Meißner übertragen."[80]

Bemerkenswert ist ferner, daß es ausgerechnet im südlichen Pustkowiengebiet Polens frühzeitig schon protestantische Kirchengemeinden gegeben hat. Die Wieluner Kirche geht laut Busch bis auf das 16. Jahrhundert zurück, sei aber 1656 „gänzlich vertilgt worden. Auf den Dörfern und Edelhöfen lebten zwar auch fernerhin noch Evangelische zerstreut."[81]

---

78) J. Staemmler: Der Protestantismus in Polen, in: Deutsche Blätter in Polen 2 (1925), H. 7/8, S. 370. Laut A. Werner: Geschichte der evangelischen Parochien in der Provinz Posen, Lissa 1904, S. 2, befanden sich in den südlichen Parochien der Provinz Posen etwa 12 000 evangelische Polen, die aus den angrenzenden schlesischen Landschaften eingesickert seien.

79) Busch, Beiträge, S. 120, 121, 123, 127, 171; E. Kneifel: Die evangelisch-augsburgischen Gemeinden der Kalischer Diözese, Plauen i. V. 1937, S. 147 f., 153, 156; W. Maas: Zur Siedlungskunde des Warthe-Weichsellandes, Marburg 1961, S. 84 ff.

80) W. Rożdzieński: Officina ferraria, Breslau usw. 1962, S. 90, 93. Vgl. auch R. Rosin: Ziemia wieluńska w XII—XVI w. [Das Wieluner Land vom 12.—16. Jh.], Lodz 1961, S. 199, der dort im 16. Jh. zahlreiche Eisenbetriebe feststellt.

81) Busch, Beiträge, S. 125. Stawiszyn, weiter nördlich, war laut Busch, S. 136,

Doch der exakte Nachweis eines unmittelbaren oberschlesischen Zuzugs in die Wieluner Pustkowien selbst ist von hier aus nicht zu führen.[82] Szczygielski, dem beneidenswert viel regionales Archivmaterial zur Verfügung stand, erwähnt in seiner vorzüglichen „Geschichte des Wieluner Landes" leider nur lakonisch, es hätten sich „manche Ankömmlinge" seit der zweiten Hälfte des 17. Jahrhunderts und bis zum Ende des 18. Jahrhunderts auf sog. Pustkowien als Pächter niedergelassen.[83] An anderer Stelle vermerkt er wiederum nur kurz, es seien nach dem Beschluß der Konstitution vom 3. Mai 1791 „Einwanderer polnischer Herkunft aus Schlesien" ins Wieluner Land eingeströmt.[84] Er sieht in ihnen anscheinend frühere Polenflüchtlinge oder deren Nachkommen, die jetzt in ihre Heimat zurückgefunden hätten, wofür er ein Beispiel mit Namen usw. anführt.[85]

Im ganzen bleibt kaum ein Zweifel übrig, daß auch diese südliche Pustkowiensiedlung als Teilstück der neuzeitlichen Siedlungswelle anzusehen ist, die den gesamten polnischen Westen seit dem 16./17. Jahrhundert überrollte. In Oberschlesien, gleich gegenüber, hatte es die Institution des „Freibauern" schon im frühen 16. Jahrhundert gegeben. Noch der letzte Herzog von Oppeln († 1532) hat aus Geldnot „gegen 10 Flor. ung. in den 178 Opplischen-Schloßwirtschaften jeden, der es wollte, gefreiet. 1644 waren hier 903/4 Freie".[86] Sie sonderten sich von den Robotbauern durch Erwerb der Dienstfreiheit und z. T. auch andere Vergünstigungen ab.[87] Von ihnen kann der erste Anstoß zur neuzeitlichen Freiensiedlung

---

schon im 15. Jh. eine hussitische Gemeinde, im 16. Jh. eine evangelische. Busch, S. 145, erwähnt ferner eine alte reformierte Kirchengemeinde bei Konin, namens Żychlin. Ebenda, im Umkreis von Konin, fanden sich mehrere Pustkowien (Quartiermeisterkarte, Bl. I, 2). Vgl. hierzu die Karten 9 und 10 (Dissidentenkirchen des 16. und 17. Jhs.), bearbeitet von E. Jarmuszkiewiczówna und T. Kowalski, sowie den sehr informativen Beitrag von J. Dworzaczkowa über die Reformation in Polen zum Sammelwerk Dzieje Wielkopolski [Geschichte Großpolens], Bd 1, red. von J. Topolski, Posen 1969, S. 542—573.

82) Auf fremde Zuzügler allgemein deuten Ortsnamen wie Prusak, Przybyłów, Holender, Olędry im Nordwesten von Wieluń. Dort ist 1726 sogar eine neue Stadt angelegt worden, die nach einem Vornamen Augusts von Polen und Sachsen Frydrychsztat heißen sollte, seit 1791 aber Sokolniki heißt (so Szczygielski, Dzieje ziemi wieluńskiej, S. 76). Laut P. von Köppen: Zahl und Verbreitung der Deutschen im Königreich Polen im Jahre 1851, in: Bulletin de la classe des sciences historiques de l'Académie impériale des sciences 12, Nr. 15/16, St. Petersburg 1855, Sp. 239, zählte Sokolniki im Jahre 1851 noch 155 Deutsche.

83) Szczygielski, Dzieje ziemi wieluńskiej, S. 68. Vgl. oben S. 56, Anm. 17.

84) ebenda, S. 69.

85) Art. IV der Konstitution vom 3. Mai wandte sich indes auch an echte Ausländer. Es heißt dort: „in der Absicht, die Vermehrung der Landbevölkerung möglichst wirksam zu fördern, verkünden wir die volle Freiheit für alle Nationen, sowohl für neue Ankömmlinge, wie auch für die, welche vordem aus dem Lande gegangen waren, jetzt aber ins Vaterland zurückkehren möchten".

86) Opitz, Die Arten des Rustikalbesitzes, S. 28, 211.

87) ebenda, S. 38.

im südöstlichen Polen ausgegangen sein. Dabei werden es weiter südwärts weniger polnisch-evangelische, als vielmehr katholische Oberschlesier gewesen sein.

Das Auffallendste an der Verbreitung des Pustkowien-Phänomens ist jedoch die große Bresche zwischen dem nördlichen und dem südlichen Pustkowiengebiet. Dazwischen liegt der praktisch pustkowienfreie großpolnische Raum. Zwar verweist Zaborski auf Schlitte, laut dem „Gruppen von polnischen Bauernhöfen", Pustkowien genannt, „eigentümlich" seien für die Provinz Posen, Oberschlesien und Westpreußen.[88] Burszta sieht die Pustkowien sogar noch undifferenzierter über ganz Polen verstreut. Er betrachtet sie als Ausdruck „einer wirtschaftlichen Belebung" des gesamten Landes.[89] Indes kamen sie im Posenschen in größerer Zahl nur in den nördlichen und jenen Kreisen vor, die an das östliche Schlesien grenzten. Sie gehörten mit zu dem dortigen großen Pustkowiengebiet. Die Karte von Gilly weist für die Provinz Posen sonst überhaupt keine Pustkowien auf. Anton Friedrich Büsching nennt zwar 1788 einige wenige für das Posensche und für Gebiete jenseits der Weichsel[90]; jedoch können vereinzelte Ausnahmen das Gesamtbild mit den beiden großen Pustkowienzentren im Norden und im Süden, in Westpreußen und im oberschlesisch-Wieluner Raum, nicht beeinträchtigen. — Wie ist diese ungewöhnliche geographische Verbreitung ein und desselben Phänomens in zwei getrennten Gebieten zu erklären?

Aus der Gründungsurkunde der ersten deutschen Kolonien im Lodzer Raum aus dem Jahre 1782 — für Ruda, Bugaj, Wierzbno usw., im Westen von Lodz — geht hervor, daß sie auf dem Boden gleichnamiger Pustkowien angelegt wurden, von denen es heißt, daß sie „seit mehr als hundert Jahren verödet sind" und nun „auf den alten Stand" gebracht werden sollen.[91] Die Bezeichnung des einen von ihnen, Ruda (= Erz), zeigt an, daß auch hier einmal Wieseneisenerz gewonnen wurde. Bugaj wiederum war ein sehr beliebter Waldschenken-Name.[92] Im Nordwesten von Lodz liegt ein Ort Pustkowa Góra, der auf der Quartiermeisterkarte von „1839" noch Pustkowie Górne heißt, bei Gilly aber als „Holland" eingetragen ist. Kurz nach 1800 wurden dort noch einige schwäbische Bauern eingesiedelt.[93] Ein wei-

---

88) Zaborski, O kształtach wsi, S. 82; B. Schlitte: Die Zusammenlegung der Grundstücke, Leipzig 1886, S. 279.

89) Burszta, Od osady słowiańskiej, S. 119. W. Śladkowski: Kolonizacja niemiecka, S. 170, spricht dazu von der Chutor-Siedlung im Osten Polens, die ebenfalls eine Einzelhof-Siedlung war, aber außerhalb des polnischen Volksbodens stattfand.

90) A. F. Büsching: Verzeichnis aller ... Oerter in Polen, in: Magazin für die neue Historie und Geographie, Bd 22, Halle 1788, S. 35—414. Aber auch die „Kurze Uebersicht von der Zusammensetzung, Lage ... und den Ortschaften des Regierungsdepartements Posen", Posen 1821, mit der vollständigen Namenliste sämtlicher Ortschaften kennt Pustkowien nur in den südöstlichen Kreisen des Posener Departements.

91) O. Kossmann: Die Anfänge des Deutschtums im Litzmannstädter Raum, Leipzig 1942, S. 87 ff., Urkunde Nr. 3.

92) Er wurde früher als heiliger „Buchenhain" der Vorzeit gedeutet, dann als „Ufergebüsch", dürfte aber denselben Sinn haben, wie die deutsche Gaststättenbezeichnung „Zum Ochsen". Vgl. Kossmann, Ein Lodzer Heimatbuch, S. 57.

93) Kossmann, Die Anfänge, S. 194.

teres Pustkowie, im Westen von Lodz, ist im beginnenden 19. Jahrhundert in der deutschen Kolonie Feliksów aufgegangen.[94] Ein Pustkowie Golle findet sich bei Gilly rund 30 Kilometer nördlich von Lentschütz; an seine Stelle trat, wie ebenfalls aus Gillys Karte hervorgeht, das Kaliner Holland.

Für den Übergang von Pustkowien in deutsche Hand gibt es auch Beispiele aus Westpreußen. Dort hat z. B. das Schönecker Domänenamt (= Starostei) um 1660 über ein Dutzend Pustkowien an „pommersche deutsche Leute" ausgegeben. Vorher hatten dort Glashütten gestanden.[95] Die „pommerschen deutschen Leute" zahlten 30 Gulden Zins, was der im 17. Jahrhundert übliche freibäuerliche Hufenzins war. Für den Netzedistrikt stellte Holsche schon um 1800 fest, daß die dortigen Pustkowier „gewöhnlich auch Deutsche und freien Standes" seien.[96] Der anliegende Teil Pommerns, aus dem die Zuzügler in den Netzedistrikt und seine Pustkowien strömten, war — wie auch daraus hervorgeht — damals schon eingedeutscht, aber auch die dortigen Abwanderer wurden in Polen immer noch als „Kaschuben" bezeichnet.[97] Waren sie damals noch so gut mit dem slawischen Wesen vertraut, daß sie sich wie die echten Kaschuben ohne Scheu in den einsamen Waldhöfen niederließen? Im allgemeinen pflegten nämlich deutsche Siedler in Polen in größeren Gruppen zu siedeln. Bemerkenswert ist in diesem Zusammenhange, daß auch die Deutschen des Dobriner Landes — wie gesagt — zunächst in einsamen Einzelhöfen saßen, deren Streulage freilich auch durch das dortige unruhige Bodenrelief begünstigt war.

Die Erklärung für die erwähnte großpolnische Bresche im Pustkowiengebiet, das sich ansonsten längs der ganzen polnischen Westgrenze hinzog (bei gleichen Voraussetzungen vielleicht auch längs der übrigen Grenzen des altpolnischen Staates), kann daher nur sein, daß dort gleichzeitig und unter gleichartigen Bedingungen statt der Kleinsiedlung der „Waldbauern" oder „Neusassen" die zahlenstärkere, neumärkisch-schlesische Holländersiedlung stattgefunden hat. Mit anderen Worten: das Pustkowie wurde in Großpolen durch das „Holland" als sozusagen besondere Qualität des Pustkowie vertreten. Auch diese ursprünglich deutsche und später holländisch überformte Siedlung hatte am „Sprungbrett" der Grenze begonnen,

---

94) Vordem befand sich an derselben Stelle das mittelalterliche, später wüst gewordene Dorf Kępa; vgl. Kossmann, Die deutschrechtliche Siedlung, S. 107, 118; ders.: Kritischer Beitrag zur mittelalterlichen Siedlungsgeschichte Zentralpolens, in: ZfO 13 (1964), S. 297.

95) Opis królewszczyzn, S. 310 f. Noch im Jahre 1818 waren diese Pustkowien vorwiegend von „Lutheranern" bewohnt, was für Łąkie, Barhütte, Osenkop, Dypendal, Kamiella, Starkowa Hutta, Kapellowa Hutta, Świnia Buda usw., d. i. für die so 1664 genannten Kischauer Pustkowien, aus einer „Uebersicht der Bestandtheile und Verzeichniß aller Ortschaften des Danziger Regierungs-Bezirks", Danzig 1820, hervorgeht. Näheres bei E. Bahr: Siedlungsvorgänge des 16. bis 18. Jahrhunderts im Gebiet des ehemaligen Deutschordensamts Schöneck, in: ZfO (1967), S. 304 ff.

96) Holsche, Der Netzdistrikt, S. 223. Er spricht dort auch von „Pustkarien- [sic!] oder Bütner-Wohnungen".

97) Vgl. oben S. 75.

und zwar schon vor Beginn der Neuzeit. Sie ist, nach längerer Pause, erst im 18. Jahrhundert weiter landeinwärts vorgedrungen.[98] Eventuell voraufgegangene Pustkowien in Großpolen werden von ihr, wie im Lodzer Raum, aufgesogen worden sein.

Dem könnte entgegengehalten werden, daß Hładyłowicz in Großpolen in der Periode von 1601—1800 folgende Neugründungen festgestellt hat: 430 Holländer-Dörfer, einige Dutzend Budy, Huta, Hamer, Kuźnica, Kolonien und deutsche Schulzendörfer, außerdem aber noch 16 Waldsiedlungen und 266 „andere".[99] Indes genügt ein Blick auf seine Karte der Neusiedlungen, um zu erkennen, daß die „andren" Siedlungen, Orte ohne den Zusatz „Holendry", in ihrer Masse, ja fast ausschließlich, am äußeren Nord- bzw. Südrand der Provinz liegen, längs der westpreußischen Grenze einerseits und längs der schlesischen andererseits. Das weite Gebiet dazwischen aber ist auch auf der Karte von Hładyłowicz in der fraglichen Zeit fast uneingeschränkt der deutschen Neusiedlung in holländischem Gewande vorbehalten. An die sog. Holländer im Mittelabschnitt der langen Siedlungsfront fügt sich also nahtlos am nördlichen wie südlichen Flügel jeweils ein ausgedehntes Pustkowiengebiet.

Diese Dreiteilung der neuzeitlichen Siedlungswelle im westlichen Polen ist letztlich darauf zurückzuführen, daß die im Mittelabschnitt angrenzenden brandenburgischen Landschaften, etwa von Lissa bis über Deutsch-Krone hinaus, gänzlich deutsch besiedelt waren. Die polnischen Pustkowiengebiete an den beiden äußeren Flügeln, im Norden wie im Süden, besaßen einerseits kein derartiges deutsches Gegenüber,[100] andererseits ein ungewöhnlich unruhiges Relief.

Die neuzeitliche Holländersiedlung ist somit historisch wie geographisch von der Pustkowiensiedlung eingerahmt, die im Norden wie im Süden neben der Holländersiedlung einherging. Der großpolnische Grundherr in der Mitte schnitt dabei am günstigsten ab. Denn die Holländer fanden sich bei ihm in vielfach größerer Zahl ein als die Pustkowier in den Nachbargebieten. So betrug auch der Zins von den Holländer-Dörfern ein Vielfaches dessen, was von Pustkowiern zu erwarten gewesen wäre. Aus demselben Grunde waren „holländische" Ansiedlungen größer. Auf sie wäre die Bezeichnung Pustkowie (= Einödhof) gar nicht anwendbar gewesen. Kein Wunder daher, daß diese Bezeichnung in Großpolen — bis auf einige Grenzkreise — so gut wie gar nicht vorkam.

Im übrigen aber bestanden zwischen „Holländern" und Pustkowiern viele

98) W. Rusiński: Osady tzw. „Olędrów", S. 124 ff., Annexe, zeigt, daß die „Holländer"-Siedlung im inneren Großpolen erst im 18. Jh. richtig in Gang gekommen ist.

99) Hładyłowicz, Zmiany krajobrazu, S. 86.

100) Vgl. W. Kuhn: Die Siedlungsräume des bäuerlichen Deutschtums in Polen, in: Deutsche Monatshefte in Polen 2 (1935), S. 34—48, Karte. — Unter wechselnden Namen mag es Pustkowien und andere neuzeitliche Einödsiedlungen auch längs den übrigen Grenzen Polens gegeben haben. Es sei hier nur auf die *zarębki* in den westlichen Karpaten hingewiesen (von zarąbać = verhacken; vgl. zu diesen E. Trzyna: Położenie ludności wiejskiej [s. o. Anm. 51], S. 152 ff.). Auch die Chutor-Höfe im Osten Polens waren Einödsiedlungen der neueren Jahrhunderte.

Gemeinsamkeiten. Auch die „Holländer“ waren dienstfreie Leute.[101] Darüber hinaus freilich waren sie wirklich frei und freizügig in vollem Umfang, was für die Pustkowier nicht immer galt. Beide paßten gut in die vorwerksfernen Einöden, die ihre neue Heimat wurden. Ihre Rechte und Pflichten waren mehr oder weniger häufig vertraglich geregelt. Die Leistung für den Grundherrn bestand bei beiden vorwiegend aus einem Geldzins. Sie wurden aber auch oft zu Fuhren genötigt usw. Schon Holsche meinte, daß die Pustkowien des Netzedistrikts „mit den Holländereien viel Ähnlichkeit haben“.[102]

Was die Holländersiedlungen von Pustkowien am meisten unterschied, war ihr ausgeprägterer Dorfcharakter, obwohl auch das Hofland eines jeden einzelnen Holländers meist in einem Stück lag. Ein Grund für die größere Geschlossenheit der Holländerdörfer wird auch darin zu sehen sein, daß die Pustkowier wenigstens zu Beginn eher Einzelsiedler waren; rekrutierten sie sich doch häufig aus den seltenen wohlhabenderen Bauern und Freien im Lande, die allenfalls in Westpreußen, dank dessen besonderer Rechtslage bis 1569, etwas zahlreicher waren.[103] Die „Holländer“ dagegen, die aus dem größeren deutschen Siedlerreservoir stammten, rückten in der Regel gleich in ganzen Trupps an. Das mag, abgesehen von den Bodenverhältnissen, auf die Landfremdheit der Deutschen zurückzuführen sein, die sich hier wohler fühlten, wenn Verwandte und Bekannte, Vorleser und Pastor mit ihnen waren. Der slawische Pustkowier indessen verzichtete leichteren Herzens auf jegliche Abschirmung oder Abkapselung gegenüber der Umgebung. Das deutet noch einmal mehr auf seine Affinität mit der Landesbevölkerung.

Eine Rolle spielte dabei vielleicht auch, daß die großpolnischen „Holländer“ in der Regel Verträge auf ewige Pacht abschlossen, während die Pustkowier und Rumunken-Siedler oft nur als Zeitpächter antraten, so daß nicht unbedingt und von vornherein die Absicht einer Dauersiedlung zu erkennen war.

Da der Pustkowier grundsätzlich als Einzelsiedler kam, war der spontane weitere Ausbau des Pustkowie zu einer Sippensiedlung der Kinder und Enkel möglich. Das erinnert wiederum an vordeutschrechtliche Zustände und führte zu ähnlichen weiler- oder haufendorfartigen Siedlungen wie in der Frühgeschichte.[104]

---

101) Deren Dienstfreiheit nahm aber ihren Ursprung in der persönlichen Freiheit der „Holländer“. Sie konnte nicht einfach durch einen Rechtsakt des Grundherrn wieder aufgehoben werden, wie bei den einheimischen Untertanen und vielen Pustkowiern. Die bekannten lokalen Bauernreformen gegen Ende des 18. Jh., die von einzelnen Magnaten — Zamoyski, Czartoryski, Chreptowicz, Brzostowski, Poniatowski usw. — praktisch meist in Form der Fronablöse durch höheren Zins vorgenommen wurden, waren schon deshalb nicht auf sicheren Grund gebaut. Ihre Rechtsnachfolger konnten die Reformen jederzeit rückgängig machen.

102) Holsche, Der Netzdistrikt, S. 223.

103) Rutkowski, Studia z dziejów wsi polskiej, S. 109 ff., 125, hat — wie manche andere Verfasser — auf die im Vergleich zu zentralpolnischen Gebieten geringeren Dienstverpflichtungen der westpreußischen Bauern im 16. Jh. hingewiesen.

104) Kiełczewska-Zaleska, O powstaniu, S. 126—133 und passim, unter-

Die Dauersiedlung eines ganzen Trupps dagegen machte schon eine gewisse Planung erforderlich. Sie beschränkte sich indes selbst bei größeren Holländeranlagen meist nur auf das Notwendigste. Oft, besonders in kleineren Anlagen, war das Ergebnis trotzdem nur eine Streusiedlung. Niederlassungen einzelner „Holländer", die gar nicht selten waren, erforderten erst recht keine Planungsanstrengung und erinnerten auch insofern an Pustkowien.

Während der Einödhof in Großpolen gegen die deutsche Konkurrenz nie zum Zuge gekommen war und in Westpreußen daneben eine starke deutsche Dorfsiedlung Platz griff, hat sich das Pustkowie in Oberschlesien bis zur friderizianischen Kolonisation fast ungestört entwickeln können. Erst das 19. Jahrhundert mit seiner üppigen Bevölkerungs- und Wirtschaftsentwicklung hat auch das oberschlesische wie das kongreßpolnische Pustkowie allmählich zu großen, menschenreichen Siedlungen heranwachsen lassen und damit als „Einödsiedlungen" praktisch ausgelöscht. Auch wurden viele von ihnen zwangsweise aus den Wäldern beseitigt, da sie ein Hindernis für die moderne Forstwirtschaft waren.[105]

Die Holländereien dagegen haben sich länger behauptet. Wegen der deutschen Nationalität und evangelischen Konfession ihrer Bewohner waren sie selbst im 19. Jahrhundert, nach dem sozialen Ausgleich mit der Umgebung, nicht ohne weiteres zu assimilieren. Nur die slawisch bewohnten Pustkowien gingen, sowie sich — nach der allgemeinen Bauernbefreiung — ihre soziale Sonderstellung verwischt hatte, rasch und unmerklich in der gleichartigen Umgebung auf.

---

sucht die geographische Siedlungsform der pommerellischen Abbau-Siedlungen. Sie kommt zu dem Schluß, daß es spontan entstandene und planlos weiter gewachsene Siedlungen seien, von denen es besonders viele in den weniger fruchtbaren Teilen der Kaschubei gebe (vgl. ihre sehr instruktive Karte auf S. 128). Ihnen stünden die „gegründeten" Dörfer der Holländer im Weichseltal gegenüber, die in einem einzigen großzügigen Kolonisationsakt geschaffen worden seien (S. 129 f.). Kiełczewska hat, wie man sieht, die rein statistisch-geographische Methode ihrer älteren großpolnischen Studie (vgl. S. 53 f.) abgelegt und sich der „morphogenetischen" Methode nach dem Beispiel von R. Martiny genähert. Sie geht nunmehr von zwei genetischen Grundformen aus: den naturgewachsenen und den gegründeten. F. Piaścik: Osadnictwo w puszczy kurpiowskiej [Das Siedlungswesen in der Kurpenheide], Warschau 1939, habe sie als erster in Polen unterschieden. Die schon 1938 in demselben Sinne gehaltenen Ausführungen des Vfs. über die Dorfformen des zentralpolnischen Raumes um Lodz sind ihr anscheinend unbekannt geblieben (s. Kossmann, Die deutschrechtliche Siedlung, S. 192—200).

105) Solche Aussiedlung aus kongreßpolnischen Wäldern seit den 30er Jahren des 19. Jhs. erwähnt J. Broda: Smolarstwo i popielarstwo w lasach [Teer- und Aschenbrennerei in den Regierungswäldern des Königreichs Polen], in: Studia z dziejów gospodarstwa wiejskiego, Breslau 1959, Bd 2, S. 587.

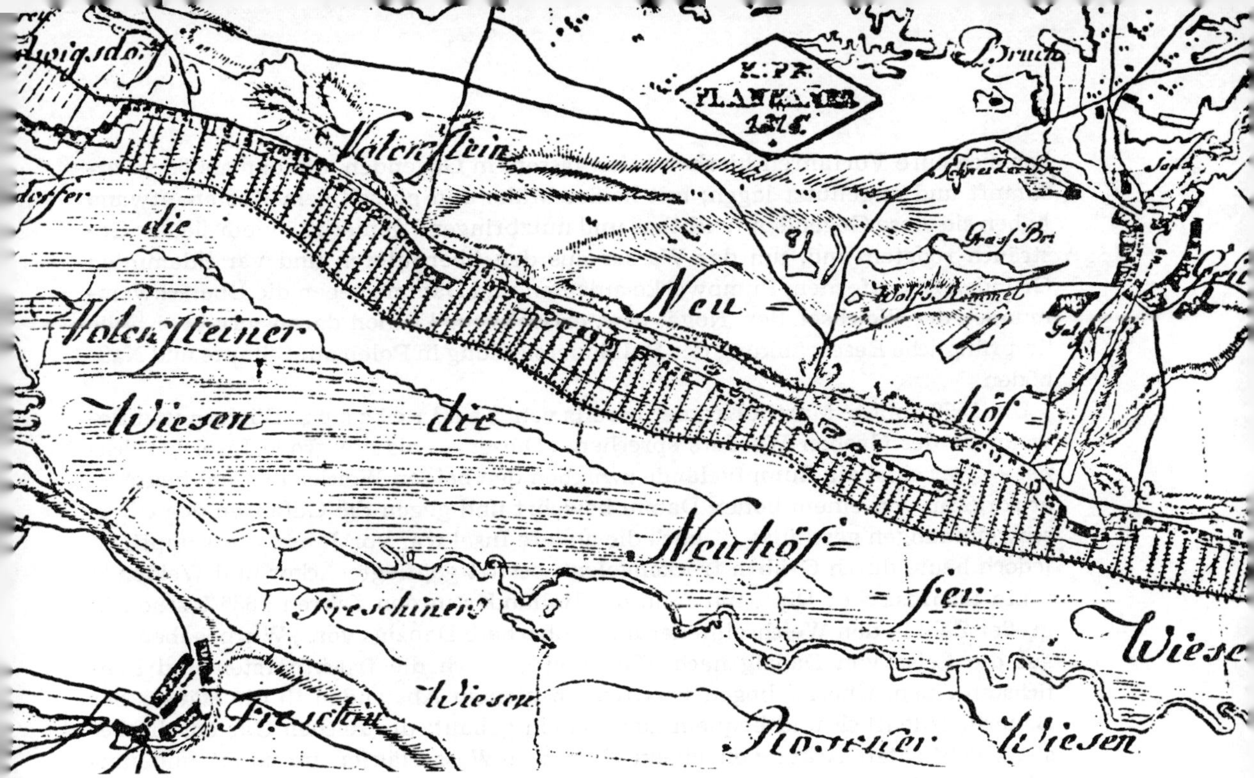

IV. Holländereien

„Wo immer bei uns ein Herr weniger fruchtbare Böden nutzen, von Gestrüpp säubern, gegen Überschwemmungen sichern will, er muß — ich habe den Nachweis dafür — freie Leute suchen und diesen eine Gerechtsame verleihen. Zum andern: wo immer bei uns ein Erbherr seine Äcker mit freien Bauern bestellt oder wo freie Bauern für sich selbst arbeiten, dort ist die Ernte ergiebiger, sind keine wüsten Felder zu sehen, dort nähren und bereichern den Besitzer Erzeugnisse von verschiedener Art, dort — sage ich — schmücken ordentliche und gepflegte Gebäude die Gegend und Herden füllen die Weideflächen" (Wybicki, Listy, S. 129).

A. Entwicklung, Wirtschaft, Ethnik und Struktur

1. Anfänge der Holländersiedlung an Weichsel und Warthe

Noch vor der Mitte des 16. Jahrhunderts trafen die ersten holländischen Bauern und Kleinbürger in den Danziger Werdern ein, z. T. nach einem Zwischenaufenthalt in Ostpreußen. Sie hatten ihre Heimat, die damals wohl allen anderen Ländern wirtschaftlich überlegen war, wegen religiöser Unduldamkeit verlassen müssen. Daß sie lieber die Heimat als den Glauben preisgaben, ist bereits ein deutliches Zeichen für die Unbeugsamkeit dieser Menschen. Über die Anfänge ihrer Weichselsiedlung berichtet ein königlicher Schutzbrief vom Jahre 1642: „Mit Wissen und Willen des Durchlauchtigsten Königs Sigismund August [1548—1572] haben sich eure Vorfahren hierher rufen lassen, in Gegenden, die damals öde, versumpft und ungenutzt lagen; mit heißer Mühe und gewaltigem Kostenaufwand haben sie diese Gegenden fruchtbar und nutzbringend gemacht, indem sie das Gesträuch rodeten und, um das Wasser aus den überfluteten und verschlammten Gründen zu entfernen, Pumpwerke anlegten und Dämme gegen die Überschwemmungen der Weichsel, der Nogat usw. errichteten."[1] Schon daraus ergibt sich die ursprüngliche Beschränkung der Holländersiedlung in Polen auf Sümpfe und Naßböden.

Um 1570 konnte Martin Kromer bereits von zahlreichen Dörfern und Bewohnern des Großen Werders sprechen. „Dieser — als die große Insel bezeichnet — war einst ein Sumpfgelände zwischen den beiden Weichselbetten; heute ist er sorgsam von einem hohen Damm bewehrt und gegen die Gefahren der Überschwemmungen geschützt . . . auch die andere Insel war vor Jahren versumpft, ist jedoch heute durch Gräben trockengelegt, besitzt gepflegte Äcker und Weiden."[2] Ein französischer Diplomat fand die Holländer in den Jahren 1635/6 schon in großer Zahl in den Weichselniederungen oberhalb Danzigs vor: „Wir begaben uns auf die Reise von Danzig nach Marienburg durch die fruchtbarsten und lieblichsten Auen. Überall liegen verstreut in kleinen Abständen [!] die Häuser der Bauern, ordentlich und bequem aus Ziegeln gebaut; die reichen Gärten, die bestens gepflegten Äcker von einem Netz von Wasserläufen umsäumt und umschlossen; eine unendliche Menge Vieh auf den Wiesen; wieder und wieder Dörfer." „Nirgends sonst kannst du soviel fettes Vieh mit prallen Eutern sehen. Es sind Holländer, die jenes Gelände ausgetrocknet und nutzlose Sümpfe durch lange Gräben und künstliche Wasserläufe in Äcker, Wiesen und fruchtbare Gärten verwandelt haben."[3]

Im ganzen hielten sich die Holländer dabei an die Nähe der größeren Weichselstädte, vor allem Danzigs und Elbings, dazu anderer wie Dirschau, Marienwerder, Mewe, Kulm, Thorn, wo sie die Erzeugnisse ihrer Viehzucht (Butter, Käse, Fleisch usw.) vorteilhaft absetzten. Nur so konnten sie die ungewöhnlich hohen Pachtzinse zahlen, mit denen sie sich von servilen Dienstleistungen frei hielten. Jene Städte blieben — im Gegensatz zu den innerpolnischen — zum Glück auch später in Blüte, was letztlich eine Voraussetzung der freiheitlicheren Sozialstruktur war, deren sich ganz Westpreußen erfreute. Bürger und Bauern konnten hier sogar an der Landesverwaltung mitwirken. Besonders Danzig, dazu Elbing und Thorn, hatten gewaltigen Einfluß auf das Geschehen im unteren Weichselgebiet. So bewahrten sie auch ihren alten deutschen Charakter. „Die Städte [Westpreußens] werden von Ratsherren regiert, die nach Herkunft und Sprache Deutsche sind; sie betrachten die Polen als Ausländer und lassen sie bei sich weder zu Ämtern noch zur handwerklichen Lehre zu."[4] Die Anlehnung des neuen „Weichselholland"

---

1) zit. nach Schmidt, Geschichte, S. 317; vgl. W. Kuhn, Die deutsche Ostsiedlung, Bd 2, S. 57 ff.

2) M. Kromer, Polska, S. 42.

3) Karola Ogiera dziennik podróży do Polski 1635—36 [Das Tagebuch der Reise von Charles Ogier nach Polen 1635—36], T. 1, Danzig 1950, S. 29, 293.

4) M. Kromer, Polska, S. 146.

an dieses westpreußische Städtegerüst ist eindeutig. Überall in Polen, wo der marktwirtschaftliche Hintergrund fehlte, hat sich das Holländer- und Kolonistenwesen entweder garnicht, oder nur kümmerlich entwickelt.

Wie ein Lauffeuer hatte sich die Kunde von den holländischen Erfolgen verbreitet. Trotz herrschender Vorwerksmentalität riefen preußische Grundherren, Thorner und andere Stadtväter, zahlreiche polnische Adlige und Magnaten, wer immer nutzlose Sumpfflächen besaß, nach Holländern und versuchten, ihnen bald hier, bald da bisher wertlosen Morast gegen phantastische Zinse abzugeben.

Die langen Deiche und Grabensysteme, die topographische Gleichartigkeit des ebenen Sumpfbodens und der demokratische Charakter der freien Holländergemeinde führten meist zu einer regelmäßigen Anlage ihres Dorfes, zum Marschhufendorf, wie sie es bereits in ihrer Heimat kannten. In Polen wird es als lockeres Reihendorf (rzędówka) bezeichnet und kann dort jetzt, nach dem Exodus ihrer Bewohner, als fossile Dorfform betrachtet werden. Die einzelnen Wirtschaften ziehen sich in parallelen Streifen durch das ganze Dorfgelände. Sie werden von der Dorfstraße quer geschnitten, in deren Nähe die behäbigen Gehöfte stehen. Die beinahe geometrische Regelmäßigkeit des Grundrisses war aber nicht das Ergebnis einer raffinierten Reisbrettplanung, wie bei den späteren Kolonien, den Liniendörfern von Walter Kuhn.[5] Sie ist vielmehr spontan aus den örtlichen monotonen Bodenverhältnissen erwachsen und weicht dementsprechend da von der strengen Form ab, wo vertikal oder horizontal Unregelmäßigkeiten in der Dorfflur auftreten. Das Marschhufendorf der echten Holländer und das ihm nachgeformte Sumpf- oder Waldhufendorf der späteren, unechten Holländer sollten daher noch als naturgewachsene Dorfformen angesehen werden und nicht als moderne Kunstform.

Rasch hatten sich die Holländer, Kuhns „Schnelläufer der Kolonisation", die Fluß- und Urstromtäler hinauf- und hinabbegeben, die das polnische Tiefland netzartig zerschneiden.[6] Anders als die Schulzendörfer mieden sie die alten Ackergaue und stellten sich daher dem damaligen Wirtschaftsidol, dem Vorwerk, nicht störend in den Weg. Das sollte letztlich ausschlaggebend für ihre Erfolge in Polen werden; denn — wie alle anderen Entscheidungen — hatte der Adel auch das Heft der Siedlungstätigkeit fest in der Hand. Geschehen konnte nur, was seinen Interessen dienlich war.

1598 erschienen die Holländer in Olendrów-Sól im Südosten von Sandomir, 1617 als weit vorgeschobener, verlorner Vorposten in der Bugniederung südlich Brest, 1624 bei Warschau (Sächsische Kämpe), bald auch abseits der großen Ströme, z. B. 1645 im Dorf Holendry (östlich Sochaczew bei Jaktorów)[7], vielleicht um dieselbe Zeit in Holendry bei Koźmin, das aber — wie manche anderen Gründungen — seine ersten echten Holländer bald verlor, und in Olendry bei Jasień südlich von Posen.[8] Es ist kaum anzunehmen, daß sie sich in solcher Einsamkeit über die Zei-

5) s. Anm. 9 auf S. 53.

6) I. B a r a n o w s k i , Wsie holenderskie, S. 64 ff.

7) Lustracja województwa rawskiego 1789 [Lustration der Wojewodschaft Rawa], hrsg. von Z. K ę d z i e r s k a , Breslau etc. 1971, S. 138.

8) zu Koźmin s. weiter unten S. 157. Zu Jasień — Maria O l s z e w s k a : Dwa inwen-

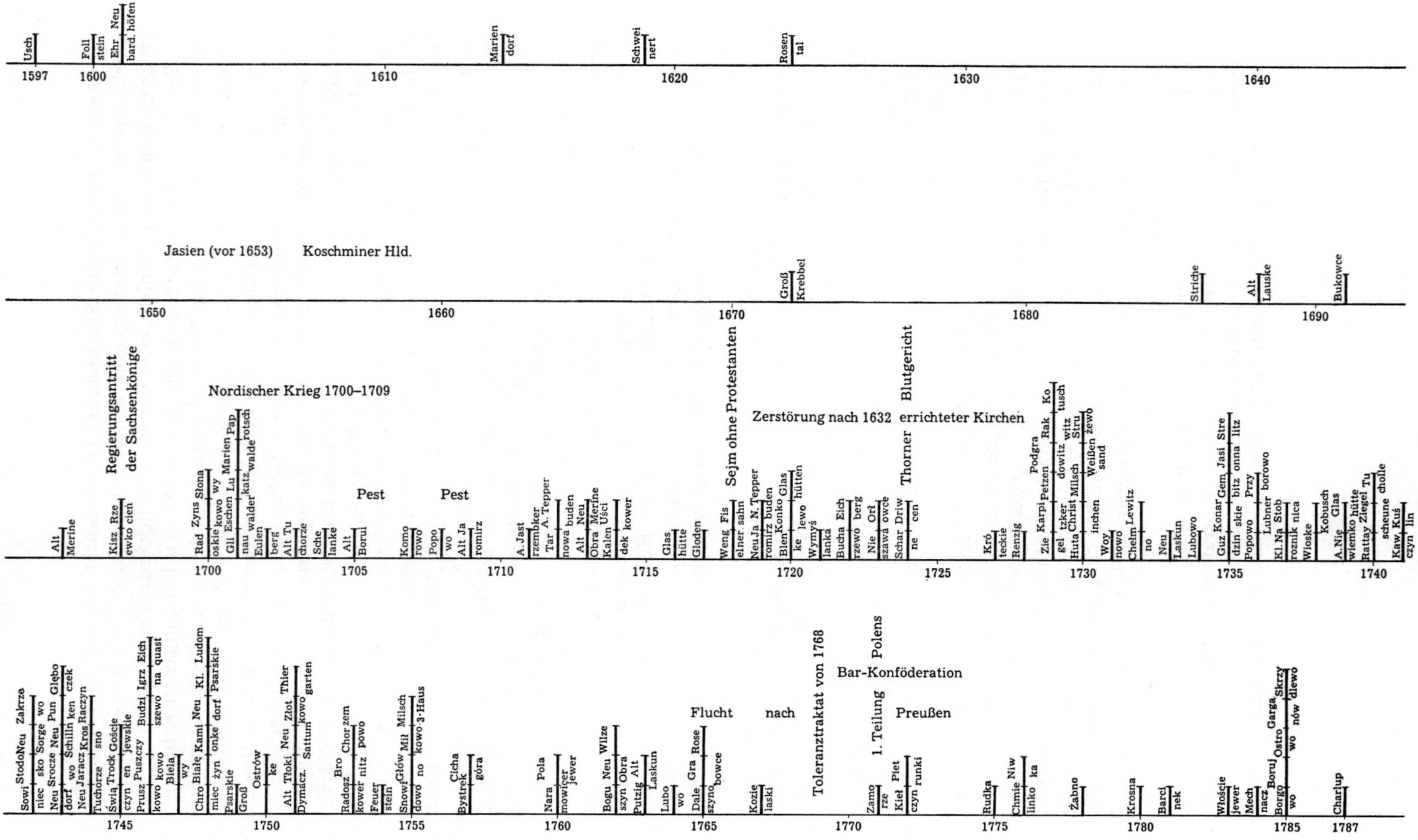

Tafel 4. Gründungszeiten der Holländereien in der Wojewodschaft Posen

ten der Protestantenbedrängnis nach den Schwedenkriegen behaupten konnten, was besonders für die Mennoniten unter ihnen gilt, die in Kronpolen bald den geächteten Arianern zugerechnet wurden, während der Protestantismus hier gesetzlich nie verboten wurde. An der unteren Netze waren den holländischen Siedlern bereits am Ende des 16. Jahrhunderts zahlreiche Ostdeutsche beigemischt.

Auf die ersten, um 1600 im Netzetal angelegten Holländereien[9] folgten etwa eine halbe Generation später — manche Gründung ist freilich bisher zeitlich nicht festgelegt — Ansiedlungen im unteren polnischen Wartheabschnitt parallel zum Netzetal, aber bereits 20 Kilometer südlicher. Als Anziehungskraft wirkten dabei gewiß u. a. die seit jener Zeit dort aufstrebenden Tuchmacherzentren, die einen rasch wachsenden Bedarf an Viehzuchtprodukten wie an Gemüse hatten. Als älteste Gründung an der Warthe erscheint, nach den von Rusiński gesammelten Daten, Schweinert-Holland (Świniary Ol., 1619), gleich oberhalb der Kleinstadt Schwerin. Es folgen Rosental, 10 Kilometer talaufwärts (1624), dessen erste Siedler Rusiński wegen des häufigen Vornamens Joachim zu den echten Holländern rechnen möchte[10]; Großkrebbel ebenda (1672);[11] etwas oberhalb davon die Stricher Holländer (1686); Alt-Lauske (1688, nach Tscheuschner und Schmidt); auf der rechten Wartheseite wenig später die Alt-Meriner (1695); noch weiter flußaufwärts die von Bukowce (1691). Um 1700 tauchten die Holländer bereits unterhalb Oborniki, in Słonawy, auf und um Rewier, nur etwa dreißig Kilometer nordwärts von Posen, wo laut Schmidt früher schon ein ganzer Komplex von Holländereien entstanden sein soll.[12]

Die zeitliche Aufeinanderfolge der Dorfgründungen ist am besten aus dem beigefügten Diagramm zu ersehen. Es zeigt, daß die Siedlung ihren stärksten Auftrieb zur Zeit der beiden Sachsenkönige erfuhr. Sowie der berühmte Türkenbezwinger von Wien, Jan Sobieski, ins Grab sank (1696), war die kurze Epoche der nationalpolnischen Könige, der sog. Piasten, beendet, und es gewannen wieder internationale Kräfte an Einfluß. Kennzeichnend für die nüchterne Einstellung der Schlachta zum Protestantismus, zu dem sich auch die Holländer bekannten, ist, daß den beiden nun aufeinanderfolgenden Sachsenkönigen auf polnischem Thron,

---

tarze klucza kórnickiego z XVII w. [Zwei Inventare des Kurniker Gutsschlüssels], in: Pamiętnik Bibljoteki Kórnickiej 7 (1959), S. 217.

9) vgl. S. 92 (Ehrbardorf, Mariendorf), S. 109 (Uschholland, Neuhöfen), dazu O. Grossert: Evangelium und Deutschtum im Filehner Gebiet, Schönlanke 1929, S. 14 ff., S. 18 ff.

10) W. Rusiński, Osady tzw. „Olędrów", S. 31. Schon Schleinitz, Besiedlung, und vor ihm O. Tscheuschner, Heimatkunde des Kreises Schwerin, S. 103 ff., 106 ff., vermuteten hier und in benachbarten Siedlungen echte Holländer.

11) A. O. Nath: Die Gründung der Gemeinde Großkrebbel, in: Grenzmärkische Heimatblätter 14 (1938), T. 2, S. 115—118, mit dem Privileg vom Ende März des Jahres 1672 für die „Holländer Lorenz Banynk, Joachim Schmidt, Georg Fanselow, Thomas Werfel und alle Übrigen, die noch mitgebracht werden".

12) Schmidt, Geschichte, S. 323 f. K. R.: Die evangelische Kirche in Rejowiec (Rewier), 4 S., Manuskript im Herder-Institut, o. O. und o. J., spricht indes von dortigen brandenburgischen und pommerschen Siedlern, die „schon 1626 oder 1628 ihre Kirche bauten".

August dem Starken und August III., jeweils ein protestantenfreundlicher Thronprätendent gegenübergestellt werden konnte, Stanisław Leszczyński. Für ihn setzten sich während des Nordischen Krieges (1700—1721) vor allem die Schweden ein; nach dem Tode Augusts des Starken, 1733, fand er sogar die Unterstützung des einheimischen Adels. Dessen Haltung zum holländischen Siedler darf daher nicht als grundsätzlich negativ eingeschätzt werden. Entgegen wiederholten Behauptungen kann man auch eine Unterbrechung der Holländersiedlung infolge der Schwedenkriege in der Mitte des 17. Jahrhunderts aus unserem Diagramm nur undeutlich ablesen, erst recht nicht für die Zeit des Nordischen Krieges. Im Gegenteil, weder dieser lange Krieg noch die damit verbundenen Notzeiten, Hunger und Pest haben den elementaren Aufbruch der Holländersiedlung seit der Jahrhundertwende aufzuhalten vermocht. Zur gleichen Zeit, wie jetzt hier von der Netzelinie, drangen die neuen Holländer, in Wirklichkeit Deutsche, auch rechts der Weichsel in großer Zahl ins Landesinnere vor. Kein Wunder, daß ein Beschluß des Dobriner Adels vom Jahre 1733 von einer deutschen „Überflutung" (inundacya narodu niemieckiego) sprach, die der heiligen katholischen Kirche abträglich sei und der nunmehr durch den kommenden Reichstag in Warschau unter Führung des Primas und Erzbischofs Einhalt geboten werden müsse.[13] In der Tat hatte eine in dieser Stärke bisher ungekannte Siedlungswelle den großpolnischen und kujawischen Raum erfaßt und war in raschem Vordringen nach Süden und Südosten begriffen.

In Großpolen waren zwar die Zeiten vorbei, in denen der dortige Adel, wie Ende des 16. Jahrhunderts, immer noch zu einem Zehntel bis Sechstel evangelisch war, darunter die mächtigsten und reichsten Geschlechter.[14] Zu einer stärkeren holländischen Siedlung war es hier damals trotzdem nicht gekommen. Immerhin hatten zu Beginn des 18. Jahrhunderts, als die ostdeutschen Grenzsiedler plötzlich zur neuen raumgreifenden Kolonisation erwachten, die protestantenfreundlichen, zumindest aber toleranten Kreise mit Leszczyński, jedenfalls in Großpolen, die Oberhand, so daß von dieser Seite keine Hinderung zu erwarten war. Entscheidend war jedoch, daß die ostdeutschen Kolonisten inzwischen gelernt hatten, die Schwierigkeiten der Wildnis und des Unlandes technisch zu meistern, wie noch gezeigt werden soll. Für die Kulmination der Siedlungsbewegung seit den 30er Jahren bis über die 50er hinaus war ferner nicht ohne Bedeutung, daß der seit der Jahrhundertwende perfektionierte preußische Militärdienst von den Bauern besonders während der schlesischen Kriege panisch gefürchtet wurde. Erst anschließend an den Siebenjährigen Krieg, als sich Friedrich der Große dem Wiederaufbau zuwandte, schwand dieser Schrecken, und viele Neusiedler in Großpolen zogen nun sogar die Heimkehr nach Preußen dem Verbleib in Großpolen vor, wo der ständige Glaubensdruck seitens der katholischen Kirche die Lust am weiteren

---

13) Lauda sejmików ziemi dobrzyńskiej [Dobriner Landtagsbeschlüsse], hrsg. von F. Kluczycki, Krakau 1887 (= Acta historica res gestas Poloniae illustrantia 10), S. 281.

14) G. Schramm: Der polnische Adel und die Reformation 1548—1607, Wiesbaden 1965, S. 93.

Aufbau vergällte. Hinzu kommt, daß sich bereits — worauf verschiedene Anzeichen hinweisen — eine gewisse Übersättigung Großpolens an Siedlern bemerkbar machte. Geeignetes Gelände wurde knapp, die Forderungen der Grundherren kletterten rapide nach oben. Das hat zweifellos dazu beigetragen, daß Neugründungen in Mittelpolen, wo noch wesentlich günstigere Bedingungen geboten wurden, seither eine sprunghafte Zunahme erkennen lassen. Als seit dem Tode Friedrichs des Großen die Siedlungsintensität in Preußen wieder nachließ, wurde Mittelpolen erst recht zum Mekka der Abwanderung. Doch zunächst, in der ersten Hälfte des Jahrhunderts bis über seine Mitte hinaus, überwog in Großpolen noch das Gründungsfieber.

Um 1700 war die Siedlung von Netze und Warthe aus energisch nach Süden vorgestoßen. Im Westen diente als Leitlinie das versumpfte grenznahe Obra-Tal, das in weitem Bogen das westliche Großpolen umspannt. Frühzeitig erfaßt wurden dort die Gegenden von Tirschtiegel (Eschenwalder Holländer 1701) und von Karge/Unruhstadt (Jaromierzer Holländer im Pestjahr 1709; ihr Privileg lautete auf die „Anheber": Voltin Schiffer, George Kochinke und Christoph Hase;[15] Tepperbuden 1712). Auch das ehemalige Sumpfwaldgebiet von Neu-Tomischei ist noch um dieselbe Jahrhundertwende erreicht worden. Das Zinskower Holland, knapp westlich von Neu-Tomischel, ist wohl überhaupt die älteste Gründung in diesen Gegenden. Auf der ersten Karte von Gilly aus dem Jahre 1793 trägt es dementsprechend die Bezeichnung Czenstkower oder Alte Holländer, im Südteil der Dorfflur auch Schinskower Holländer. Laut Schmidt[16] bestand es schon 1692; Rusiński datiert sein Privileg auf den 11. XI. 1700. Die Anlage der Glinowschen Holländer, die auf derselben Karte ebenfalls als alt bezeichnet werden, und der Paprotscher folgte unmittelbar (1701). Als Datum ihres Privilegs nennt Rusiński wiederum den Martinstag im November.[17] Die benachbarten Holländereien Schelanke (1704), Alt Boruj (1705 ?), die Komorower (1707), die alten Jastrzembker (etwa 1710) entstanden unmittelbar darauf. Schon das zeigt die große Anziehungskraft des Neutomischler Raumes auf die Holländersiedlung. Er wurde in den anschließenden Jahrzehnten zum größten Holländerzentrum der Provinz mit einheitlichem, charakteristischem Landschaftsgepräge und fast geschlossen evangelischer Bevölkerung. 1726 hatten Holländer an der Warthe unterhalb Koło die beiden Dörfer Groß- und Klein-Ochle erworben und auch eine Schule eingerichtet. 1763, symptomatisch für diese spätere Phase, flüchteten sie aus dem Ort über Nacht, als der benachbarte Starost von Koło die Dämme durchstach, ihre Ländereien unter Wasser setzte und sie selbst wie „Übeltäter" auf den Straßen fangen und schlagen ließ, ja mit dem Tode bedrohte. Sie begaben sich daraufhin „in den Schutz eines preußischen Militärkommandos", das damals in Polen stand,

15) H. Tepper: Gründungsgeschichte von Alt-Jaromierz-Hld, in: Grenzmärkische Heimatblätter 7 (1931), S. 41—45.

16) Schmidt, Geschichte, S. 323.

17) Rusiński, Osady, S. 139, 133 und 138. Zur Bedeutung des Martins- und Georgstages in der Datierung der Privilegien und im Leben der Holländer vgl. Kossmann, Die Anfänge, S. 34 ff.

und dürften nach Preußen zurückgegangen sein wie Zehntausende ihrer Schicksalsgenossen.[18]

Dagegen entwickelten sich die oben erwähnten älteren Holländereien in den Tälern von Netze, Warthe und Obra aus kleinen Anfängen bald zu immer größeren Sprachinseln. Neben Alt-Lauske entstand Neu-Lauske, neben Alt-Merinchen — Neu-Merinchen, neben Alt-Jaromierz — Neu-Jaromierz, neben den Alten Jastrzembker Holländern — die Neuen usw. Im einzelnen unterrichtet über den Fortgang der Siedlung in der alten Posener Wojewodschaft die Karte 3.

2. Das neue Wirtschaftsmodell

Am echtesten holländisch, dazu mennonitisch, waren die Siedler im Kerngebiet ihrer Niederlassungen an der unteren Weichsel. Hier fanden sie ungefähr dieselben vom Wasser gefährdeten Lebensbedingungen wie in ihren heimatlichen Tiefebenen. Es fehlte auch nicht der hochentwickelte städtische Markt für ihre Erzeugnisse, den sie in Danzig und anderen Orten zur Verfügung hatten, was — auf die Dauer — eine wesentliche Vorbedingung ihres Wohlstandes und ihrer wirtschaftlichen wie sozialen Überlebenschancen auch im nördlichen und westlichen Großpolen war. Von den Holländern der Danziger Werder berichtet Holsche: „Die häusliche Einrichtung dieser Bauern ist wie die eines wohlhabenden Bürgers, sie haben die feinsten Meubeln, arbeiten nicht selbst, sondern lassen ihre Wirtschaft durch Gesinde betreiben, und in ihren Häusern selbst herrscht viel Luxus."[19]

Weitere Beobachtungen Holsches (s. S. 108) aus der Zeit um 1800 bestätigen diese Lebensform der ursprünglichen holländischen Siedler, die auf einen bestimmten, nassen Landschaftstyp der polnischen Wildnis abgestimmt war. Von den holländischen Marschenspezialisten war daher ebensowenig eine großzügige Rodetätigkeit zu erwarten, wie von den altmodischen Pommern und Schlesiern. Nur die Sümpfe und feuchten Niederungen, nicht aber die in Polen überwiegenden Wälder auf mageren Trockenböden, waren ihrer Wirtschaftsweise zugänglich. Wie die Forschung einwandfrei erwiesen hat, nahm denn auch die großflächige Siedlungsbewegung der Neuzeit, die nach 1700 bis ins Herz Mittelpolens und darüber hinaus führen sollte, keineswegs ihren Ursprung in den alten, echten Holländereien der Weichselniederung. Sie brach vielmehr, wie urkundlich belegt ist, aus dem Norden und Nordwesten Großpolens hervor, wo bis dahin die Schulzendörfer vorgeherrscht hatten. Trotzdem wird die neue Kolonisation als eine Holländersiedlung bezeichnet und heißen ihre Neugründungen Holländereien. Wie es dazu kam, bleibt zunächst rätselhaft, da ihre Träger meist Deutsche waren.

---

18) Materiały do dziejów chłopa wielkopolskiego [Materialien zur Geschichte des großpolnischen Bauern], hrsg. von J. Deresiewicz, Bd 3, Breslau 1957, S. 36.

19) Holsche, Geographie, Bd 3, S. 119.

Walter Kuhn spricht in diesem Zusammenhange von einer „Übernahme“ der Siedlungsmethoden der Holländer durch die nach Polen eingewanderten pommerschen Bauern. Mit ihr will der für seine präzisen Formulierungen bekannte Autor nicht nur die Holländer-Bezeichnung, sondern auch die kolonisatorische Kraft erklären, mit der die Pommern ihren „im 18. und 19. Jahrhundert erneuerten, ununterbrochenen Siedlungsvormarsch durch ganz Polen bis nach Rußland hinein“ angetreten haben. Im Vergleich dazu habe sich ihre bisherige Ausbreitung von Neustettin bis Kolmar nur wie ein bescheidenes Vorspiel ausgenommen.[20]

Eine solche Übernahme, buchstäblich verstanden, würde aber dem tatsächlichen Vorgang nicht wirklich gerecht. Die holländischen Methoden eigneten sich nämlich keinesfalls zur Kolonisation der Wildnisräume, mit Ausnahme der sumpfigen Täler und Niederungen. Die Pommern wären dadurch allenfalls ebenso an die Täler geschmiedet worden, wie es die Holländer von Anfang an waren und wie man es aus deren linearer Verbreitung in den Urstromtälern ablesen kann. Außerhalb der Talauen, auf der sogenannten „Höhe“, versagten die Holländer vollkommen. Schon Herzog Albrecht von Preußen (1525—1568), der sein verwüstetes „Oberland“ mit ihnen zu kolonisieren gedachte, mußte diese Erfahrung machen. Fluchtartig zogen seine Holländer vom ostpreußischen Oberland in die Danziger Werderlandschaften und Weichselniederungen hinunter, die zu jener Zeit zur polnischen Krone gehörten. Feldbau mit Getreidekulturen lag ihnen nicht; ihre Kunst waren Viehzucht und Wiesenkultur wie in der alten Heimat.[21] Der von Herzog Albrecht zu ihrer Beaufsichtigung eingesetzte preußische Beamte meldete dementsprechend im Jahre 1558: „dieselben Hollender ... fhuren kein mist aus, roden nichts, in Summa: thun nichts, alleine daß sie irer viehe zucht und des geniesses davon ... abwartten.“[22] Eck von Reppichau, der „hoptman zu hollant“ (Preußisch-Holland), hatte sogar schon 1528 bald nach Ankunft der ersten Holländer zu seinem Leidwesen feststellen müssen: „dan ich vormercke szovil, das ihre beste und meyste Narung uff viehe zucht, nicht am acker baw leit.“[23]

Je weiter sich freilich dann die Holländer von ihrer Ausgangsbasis, der Weichselniederung, entfernten, und je höher sie die Täler und Nebentäler hinaufgestiegen waren, je enger dort die Niederungen wurden, um so mehr wuchsen sie aus ihnen heraus und in die sog. Höhe, die diluvialen Platten, hinein, die seit Erich Wunderlich, dem Mitarbeiter des „Handbuchs von Polen“ aus dem Ersten Weltkrieg, als die beherrschenden Bauelemente der polnischen Landschaft gelten.

Die „Herren Holländer“, die 1594 in Przyłubie [Grätz a. d. Weichsel] unterhalb Thorns 20 Niederungshufen pachteten, übernahmen zusätzlich 6 Hufen „Waldland auf der Höhe, soviel jeder zur Roggenaussaat brauchen wird oder bewälti-

---

20) K u h n , Geschichte der deutschen Ostsiedlung, Bd 2, S. 114.

21) B. S c h u m a c h e r : Niederländische Ansiedlungen, S. 110 ff.

22) ebenda, S. 110, Anm. 474.

23) ebenda.

gen kann".[24] Das Verhältnis von Niederung und Wald war hier 3:1, und man hört aus dem Text heraus, daß sie dem Wald fremd gegenüberstanden.

Werner Schulz hat weitere interessante Einzelheiten dieses über das ganze nordwestliche Großpolen verbreiteten Vorgangs in seinem Forschungsgebiet, dem westlichen Netzegau, beobachtet, ohne freilich die sich aufdrängenden, allgemeinen Schlüsse zu ziehen. Die ersten Holländerdörfer lagen hier nämlich, genau wie anderwärts, zunächst vor allem im Tal selbst, in Sumpf und Bruch, während die Pommern ganz im Gegenteil die Niederungen mieden und ausschließlich auf der „Höhe" wohnten, wie die Polen.[25] Ein Jahrhundert später jedoch verzeichnet er die ersten lockeren Reihendörfer auch außerhalb des Netzetales. Immer noch aber bildete „irgend ein Sumpf oder die Niederung eines Fließes" den gesamten Landbesitz der Neusiedlungen oder wenigstens ihren Kern. „Längs der Niederungen der Fließe zogen sich die neuen Holländerorte hin."[26] Schulz notiert außerdem die treffliche Beobachtung: schon die am Anfang des 17. Jahrhunderts entstandenen und ziemlich von Pommern durchsetzten Holländereien Ehrbardorf und Mariendorf bei Filehne hatten „zur Hälfte an dem feuchten Niederungsgrund und zur Hälfte an dem ursprünglich mit Wald bedeckten auf der Höhe Anteil".[27]

Dieses Herauswachsen der Holländer aus den Morästen und Überschwemmungsgebieten ist auch an anderen Holländerzentren des nordwestlichen Großpolen zu beobachten. Besonders im Neutomischler Gebiet erscheinen an den Peripherien allmählich Holländereien mit zunehmendem Anteil der Trockenböden. Bald konnte das Verhältnis von Wiese und Wald, je nach den örtlichen Gegebenheiten, recht verschieden sein, nicht eins zu eins, wie in den oben genannten älteren Filehner Holländereien. In Dąb an der Weichsel, unterhalb Płock, sollte das Verhältnis auf Wunsch des Grundherrn sogar 1:3 sein, was freilich nicht mehr optimal war und den Bauern viel zu schaffen machte.[28]

Mit dieser Kombination erst war der Rubikon überschritten, das neue Wirtschaftsmodell gefunden: die aus der Unterwanderung der Holländereien durch die Pommern hervorgehende Verkoppelung von Sumpf und Sand, der holländischen Viehzucht und der pommerschen Getreidewirtschaft. Die zu Wiesen umgeschaffenen Brücher verstärkten die Viehzucht. Der nun reichlicher anfallende Dünger ermöglichte die Nutzung des „Sandes". Selbst auf leichteren Waldböden konnte so der Getreidebau rentabel betrieben werden. Daß dieses Wirtschaftssystem an sich keine Neuentdeckung war, ist unerheblich. Entscheidend war, daß die deutschen Bauern jener Gegenden die kombinierte Wirtschaftsweise nunmehr praktisch in größerem Maßstabe anwandten. Sie erwarben damit die Fähigkeit zur landwirtschaftlichen Erschließung der Wildnis. Wenn man be-

---

24) Dokumenty do dziejów Kujaw [Dokumente zur Geschichte Kujawiens], Warschau-Posen 1974, S. 27.

25) Schulz, Die zweite deutsche Ostsiedlung, Kartenanlagen 1 u. 2.

26) ebenda, Bd 1, S. 61.

27) ebenda, S. 21.

28) J. Goldberg, Osadnictwo olęderskie, S. 80.

denkt, mit welcher Zähigkeit Bauern im allgemeinen am Althergebrachten festhalten, wird ihr hundert Jahre währendes Hineinwachsen in den neuen Wirtschaftsstil letztlich nur aus dem Vorgang der Unterwanderung und Einheirat in die Holländergemeinden begreiflich. Wie hätten Bauern damals anders aus alteingefahrenem Geleise in neue Bahnen gelenkt werden können! Voraussetzung war freilich das Vorhandensein eines so umfänglichen Kaders freier Kolonisten wie hier im Vorfeld des Reiches, im deutsch besiedelten Grenzsaum Polens.

Das neuholländische Wirtschaftsmodell, das etwa seit 1700 zum Vehikel der weiteren Siedlungsvorstöße werden sollte, war den polnischen Reformideologen jener Periode, die im Geist des Physiokratismus schrieben, keineswegs unbekannt geblieben. Es lohnt daher, einen Blick in ihre umfangreiche literarische Hinterlassenschaft zu werfen.[29] Sie wird ergänzt durch die sorgfältigen Landesbeschreibungen der preußischen Beamten, die seit 1772 bzw. 1793/5, d. i. seit den Teilungen Polens, reiche Erfahrungen in den neuen preußischen Provinzen sammeln konnten.[30] Eine dritte, leicht zugängliche Quelle sind zeitgenössische Reisebeschreibungen, die mit ihrem klassisch schöngeistigen Reportagestil damals sehr in Mode gekommen waren. Den Mangel an dokumentarischem Archivmaterial, an dem die deutsche Ostforschung derzeit weithin leidet, werden sie freilich nicht ausgleichen können.

Angesichts der heraufziehenden politischen Katastrophe hatten patriotische Reformideologen Alarm geschlagen und in ihrem mitreißenden Schrifttum den Adel zur sozialliberalen Erneuerung, zur „sanften Revolution" aufgerufen. Sie orientierten sich dabei an den besten Wirtschafts- und Sozialmodellen ihrer Epoche, die sie entweder aus dem benachbarten Westeuropa kannten oder — und das macht ihre Reformgedanken für uns erst interessant — aus ihren eigenen Holländereien. Sie können der Aufmerksamkeit der Reformideologen nicht entgangen sein, deren hochfliegende Zukunftsideen uns hier freilich weniger inter-

---

29) vgl. u. a. Julius Marchlewski: Der Physiokratismus in Polen. (Dissertation) Zürich 1896. Polnisch neu herausgegeben in J. M.: Pisma wybrane [Ausgewählte Schriften], Bd 1, Warschau 1952. Denselben Gegenstand behandelt knapper und ebenfalls aus marxistischer Sicht M. J. Warszawski: Die Entwicklung der gutsherrlich-bäuerlichen Verhältnisse in Polen und die Bauernfrage im 18. Jahrhundert, Zürich-Leipzig 1914, S. 93 ff. Ein eigenes Urteil erleichtern die Textsammlungen von St. Inglot: Próby reform włościańskich w Polsce XVIII w. [Versuche bäuerlicher Reformen in Polen im 18. Jh.], Breslau 1952, mit Schrifttumsauswahl, sowie in den „Materiały do dziejów Sejmu Czteroletniego" [Materialien zur Geschichte des Vierjährigen Sejm], Bd 1, hrsg. von J. Woliński, J. Michalski, E. Rostworowski, Warschau 1955, mit reichhaltigem Schrifttum zur Bauernfrage aus den J. 1788—92. Eine deutsche Pionierarbeit über die Reformer schrieb K. G. Hausmann: Die politischen Begriffe und Wertungen in der polnischen Aufklärung, T. 1, hektographiert, Göttingen 1957. Weitere Hinweise und der breitere historische Hintergrund bei J. K. Hoensch: Sozialverfassung und politische Reform, Köln-Wien 1973. Die beste kritische Übersicht gewährt W. Konopczyński: Polscy pisarze polityczni XVIII w. [Die polnischen politischen Schriftsteller des 18. Jh.s], Warschau 1966 (posthum).

30) s. Anm. 42 auf S. 26.

essieren als ihre gelegentlich eingestreuten Angaben über die damalige Wirklichkeit.

Einer von ihnen, ein namentlich nicht bekannter Pole, schrieb im Jahre 1767, ohne freilich auf die Kolonisten einzugehen, daß dieselben Böden im Ausland weit bessere Ernten einbrächten, weil die Leute dort, obzwar auch Untertanen, dennoch in einer gewissen Freiheit aufwüchsen. In Polen bringe eine Hufe zwei- bis dreihundert Gulden, im Ausland bis zu zehn- und zwanzigtausend [?].[31] Ein anderer schrieb 1773: „Wir haben täglich Beispiele vor unseren Augen dafür, daß jene Ländereien, deren Besitzer freie Bauern sind, die wir Holländer nennen und die nur einen gewissen Geldbetrag jährlich zahlen, bei weitem besser angebaut werden, als das Land der unfreien polnischen Bauern."[32] Ein weiterer Autor sagte 1790: „Schaut, was freie Bauern im Danziger und Elbinger Werder leisten, in welchen Dämmen sie Nogat und Weichsel halten; das hätten die Grundherren mit Millionen von Gulden nicht fertig gebracht. Mittels Windmühlen[33] entwässern sie und treiben das Wasser aus dem tiefen Gelände. So machen sie die Böden fruchtbar, die bisher überschwemmt waren. Eure endlosen polesischen Sümpfe würden unter freien Bauern auch nicht so nutzlos daliegen, die fruchtbaren Talauen würden nicht mit Gestrüpp für wildes Getier zuwachsen, sondern schimmerndes Korn für Menschen tragen."[34] Im gesicherten Erbpachtsystem würden selbst die Bauern wieder fleißig, „würden Sand und Ödland fruchtbar dank zahlreichem Stallvieh".[35] — Das klingt wie ein zeitgenössisches Echo der Holländersiedlung und deckt gleichzeitig die wesentlichsten Elemente auf, die zu ihrem Erfolge geführt haben.

Nach Stanisław Staszic (1755—1826), dem aus Schneidemühl stammenden hochbegabten Schriftsteller und Staatsmann, verfügte der Adel selber weder über die notwendigen Arbeitskräfte noch über die Geldmittel, um in der Wildnis Neuland zu schaffen. Die Ansetzung eines einzigen Siedlers hätte, nach Wybicki, 500 Gulden gekostet.[36] Starosten, temporäre Inhaber öffentlicher und kirchlicher Güter, die fast die Hälfte des Landes umfaßten, hätten ohnehin kein Interesse an eigenen, langfristigen Investitionen wie Rodung, Bau von Dämmen und Gräben usw.[37] Nicht einmal das bereits im Wirtschaftskreislauf stehende Land werde vom Grundherrn voll ausgenutzt. „In den meisten unserer Vorwerke besteht die ganze Ackerkunst bisher allgemein darin, möglichst soviel Land zu haben, daß sich jedes Jahr ein Neubruch finden lasse, der mehrere Jahre geruht

---

31) zit. nach St. Inglot, Próby reform, S. 61.

32) Monitor, Nr. 98, Jg. 1773, S. 772; zit. nach Inglot, Próby reform, S. 63 f.

33) Es waren von Windmühlen getriebene Schöpfwerkanlagen (vgl. B. Schumacher, Niederländische Ansiedlungen, S. 112 f.)

34) Inglot, Próby reform, S. 213.

35) ebenda, S. 206.

36) St. Staszic, Pisma, Bd 1, S. 151. Die ausbleibende eigene Wildniskolonisation wird von den Reformschriftstellern wiederholt auf Menschenmangel zurückgeführt (vgl. z. B. Materiały do dziejów Sejmu, Bd 1, S. 115). Zu Wybicki vgl. S. 26.

37) Staszic, Pisma, Bd 1, S. 256. Ähnlich Holsche (s. Anm. 150).

hat und von Zeit und Luft ein wenig gedüngt ist."[38] Infolge der forcierten, jahrhundertelangen Monokultur des Getreides ohne Viehzucht und praktisch ohne Düngung war es sogar verbreitet zu einem makabren Rückfall in uneuropäische koloniale Betriebsformen gekommen. Ungünstige Lagen ließ man bis zu zwölf und mehr Jahren unbearbeitet, bis wieder einiges Jungholz herangewachsen war. Das fiel ausländischen Beobachtern besonders auf und war freilich das Gegenteil von dem, was man unter Kolonisation versteht.[39] Noch Holsche, der preußische Polenexperte, hat die „sonderbare Gewohnheit" der polnischen Landwirtschaft gerügt, bei der „man von Zeit zu Zeit Wälder aufbricht, neues Land macht und das alte wieder zum Holzanwuchs liegen läßt".[40]

Staszic, der die Reformvorstellungen seiner Zeit systematisch und detailliert wiedergibt, hatte offensichtlich ebenfalls die Erfolge der Holländer vor Augen, wenn er im Jahre 1790 erklärt: weil landwirtschaftliche Investitionen in Polen immer noch unrentabel seien, könnten Sümpfe, Gewässer, Brücher nicht melioriert und in Wiesen verwandelt werden. Die Folge davon sei, daß es in ganz Polen so „schrecklich wenig" lebendes Inventar gebe. Damit entfalle der Dünger, die wichtigste Nährquelle des Ackers.[41] Hinzu komme die Unbill des Winters, der neben dem Hunger das Vieh dezimiere. „Ohne Vieh bringt der ausgelaugte Boden überall nur schales Sommerkorn, Hafer, Buchweizen . . ."[42] Mißmutig beschreibt er neben den endlosen, bedrückenden Wäldern die sumpfigen Flußtäler: Weidengesträuch und faulendes Gras versperrten über eine Meile hin jeden Zutritt zum offenen Wasser. Zahlreiche stehende Gewässer seien über weite Strecken verschlammt und von Röhricht verstopft, wo doch auf den fruchtbaren Ablagerungen Weizenfelder gedeihen könnten. Weiden-, Lärchen- und Binsendickichte, Schaukelwiesen, Sümpfe und Moräste, die ganze Kreise füllen, ernährten niemanden außer Fröschen und anderem Getier. Würden sie durch Gräben trocken-

---

38) Staszic, Bd 1, S. 276.

39) Über die Geschichte der polnischen Landwirtschaft vom 16. bis 18. Jh. unterrichtet bestens J. Topolski: Gospodarstwo wiejskie w dobrach arcybiskupstwa gnieźnieńskiego od 16. do 18. wieku [Die Landwirtschaft in den Gütern des Gnesener Erzbischofs vom 16. bis 18. Jh.], Posen 1958; vgl. auch die informative populärwissenschaftliche Schrift von W. Prandota: Rozwój gospodarstwa wiejskiego w Polsce [Die Entwicklung der Landwirtschaft in Polen], Warschau 1960; dazu den handbuchartigen Zarys historii gospodarstwa wiejskiego w Polsce [Abriß der Landwirtschaftsgeschichte Polens], Bd 2, red. von J. Leskiewiczowa, Warschau 1964, und als Einführung in die aktuellen Fragestellungen der Forschung: „Materiały z konferencji w Rogowie" [Materialien von der Konferenz in Rogów vom 16. bis 18. September 1964], (= Studia z dziejów gospodarstwa wiejskiego, Bd 8, Warschau 1966), u. a. S. 16—19, mit weiterführendem Schrifttum; dazu W. Szczygielski (s. oben S. 18, Anm. 21).

40) Holsche, Geographie, Bd 2, Berlin 1804, S. 168, 171, 494; ähnlich ders., Der Netzdistrikt, S. 62 f.

41) Staszic, Bd 1, S. 276. Bogusław Szretter: Rozmowa Bartka z Frankiem [Gespräch des Bartek mit Franek], Warschau (1792), bestätigt das: wegen schlechten Futters könne der Bauer kein Vieh aufzüchten oder vermehren, „was das wichtigste Wirtschaftsprinzip" sei (zit. nach Materiały do dziejów Sejmu Czteroletn., Bd 1, S. 594).

42) Staszic, Bd 1, S. 244.

gelegt, könnten sie einer Million Menschen Unterhalt geben.[43] Indes sei dort weit und breit kein Mensch zu erblicken. Wo man auf ihn stoße, verkrieche er sich erschrocken in Hausgruben ohne Fenster und Schornstein.[44] Zwei Drittel des Landes seien von solchen menschenarmen Wäldern und Sümpfen bedeckt. Von dem bewirtschafteten Drittel sei noch fast die Hälfte (40%) als Ödland, Brache usw. abzuziehen. Dank der letzteren ernte man wenigstens das vierte Korn, so daß drei als Reinertrag verblieben.[45] Von kümmerlichen Ernteerträgen sprechen auch Holsche[46] und die moderne Forschung. Laut dieser gingen die Erträge sogar seit dem Ausgang des 16. Jahrhunderts zurück[47] und entsprachen insofern dem allgemeinen Bevölkerungsrückgang.

Auch einige Reformideen des preußischen Polenexperten Holsche verdienen es, hier herangezogen zu werden. Sie zeichnen ebenfalls das Wirtschaftsmodell der damaligen Holländereien und deren Erfahrungen nach. So schreibt er, daß es in den polnischen Provinzen Preußens zwar wenig Viehweiden, aber viele kleine Flüsse und Seen gebe, „welche Brücher bilden, aus welchen, wenn sie urbar gemacht würden, viele herrliche Wiesen gewonnen werden könnten".[48] Wenn Südpreußen auf den Stand Schlesiens gebracht werden soll, müßten vor allem die Brücher ausgetrocknet und in Wiesen und Weiden verwandelt werden, was die Viehzucht vermehren würde.[49] „Der Netzbruch bietet ein weites Feld dar zur Ansetzung vieler Tausende Familien, und wenn es auch in den adelichen Gütern geschähe, würde der Staat dadurch unendlich gewinnen."[50] Holsche dachte dabei an die Ansetzung „einheimischer" Familien, „statt daß man für teures Geld ausländische Kolonisten bezahle". — Auch die litauischen Brücher, „als der tauglichste Boden zum Ackerbau", sollten aufgeräumt werden, wobei er unter dem Aufräumen vor allem die Beseitigung des Gesträuchs verstand.[51]

Nachdem die Lehmböden lückenlos besiedelt und vom Vorwerkssystem erfaßt waren, erwartete man offenbar unter dem Eindruck der holländischen Viehwirtschaft eine Erweiterung des Nährraumes durch Einbeziehung der Sümpfe und Brücher. Daß die nahende industrielle Entwicklung und ihre Begleiterscheinungen dem zuvorkommen und schließlich den Druck auf die Naßböden vermindern würden, so daß sie sich im Osten Polens bis in die Gegenwart halten konnten,

43) ebenda, S. 152; ähnlich Wybicki, Listy, S. 127.

44) Staszic, Bd 1, S. 243 f.

45) ebenda, S. 133 f.

46) Holsche, Geographie, Bd 2, S. 167.

47) z. B. Zarys historii gospodarstwa wiejskiego, Bd 2, S. 174 ff.; auf S. 150 wird die mangelhafte Düngung erwähnt, dazu die zerstörerische Getreide-Monokultur. Zum Ernteertrag s. die instruktive Skizze von W. Szczygielski: Le rendement de la production agricole en Pologne du XVe au XVIIIe siècle sur le fond européen, in: Ergon V, Sonderheft zu Kwartalnik Hist. Kult. Mat. 14 (1966), S. 795—803. Die Erträge seien seit Ausgang des 16. Jh.s rückläufig gewesen.

48) Holsche, Geographie, Bd 2, S. 165 f.

49) ebenda, S. 166.

50) Holsche, Der Netzdistrikt, S. 227.

51) Holsche, Geographie, Bd 1, S. 191.

ahnte damals niemand, obwohl Holsche hin und wieder auf die Bedeutung des dörflichen Gewerbes hinweist. Vorläufig sah aber auch er die Zukunft in den Brüchern. Der Reichtum, „welcher darin noch verborgen liegt", müsse alsbald gehoben werden. Überhaupt: „Der größte Schatz der Provinz ... steckt noch in den Brüchern."[52] Holsche fände es daher nützlich, „wenn die bereits urbar gemachten und noch zu cultivirenden Brücher vermessen und Karten davon aufgenommen würden, damit man davon eine gute Übersicht erhielte".[53] Er zielte mit alledem bewußt auf die Vermehrung des Düngers: „Noch jetzt gibt es Felder, welche nicht gedüngt werden, sondern zehn bis fünfzehn Jahre ruhen, da sie jährlich bebaut werden könnten, wenn sie gehörig in Dünger gesetzt würden."[54] „Würde der Viehstand ... vermehrt, so würde alles eine andere Gestalt gewinnen."[55] Alle diese Äußerungen Holsches und der polnischen Reformideologen sind charakteristisch für die damalige Lage in Polen, aber auch für das meist noch auf die Landwirtschaft gerichtete Denken und Planen selbst führender Köpfe der seinerzeitigen Agrargesellschaft.

In aller Kürze findet sich das Rezept für die damalige polnische Landwirtschaft in einer zeitgenössischen preußischen Enzyklopädie, wo über die Verhältnisse im — immerhin fortschrittlicheren — Kreise Meseritz folgendes gesagt wird: „Der Viehstand könnte sehr gut und zum größten Nutzen des Ackerbaus noch vermehrt und verbessert werden, da es häufig an Dünger fehlt und noch mancher Bruch und See urbar gemacht werden könnte."[56] Dieselbe, nicht zuletzt durch das holländische Beispiel aufgedeckte Lücke beobachtete der französische Reisende Hubert V a u t r i n , der 1807 in Paris über seine Besuche in Polen berichtete: „Polen hat keine Wiesen, wenn man nicht die Sümpfe als solche betrachten will, die mit Moos oder einem Gras bedeckt sind, welch letzteres eher an Rohr als an Heu erinnert ... Die Wiesen in einen besseren Stand zu bringen, würde unendlich viel kosten und Arbeitskräfte erfordern, die Polen nicht besitzt ... Die

---

52) ebenda, Bd 2, S. 164.

53) ebenda, Bd 3, S. 178. — Es gab südpreußische Akten und Karten mit heute vergessenen Plänen für Flußregulierung, Bodenmelioration und Siedlung in den Tälern von Bzura, Ner, des Warthelaufs bis Sieradz, der Prosna, der Obra, am Goplo-See. Darüber berichtet mit einigen Detailangaben W. S u r o w i e c k i : O rzekach i spławach krajów księstwa warszawskiego [Von den Flüssen und Wasserstraßen der Länder des Herzogtums Warschau], Warschau 1811 (Neuausgabe „Dzieła W. Surowieckiego", Krakau 1861, S. 235—366); dasselbe gekürzt in deutscher Sprache: „Über die Flüsse und Schiffahrt der Provinzen des Herzogtums Warschau", 1. T., in: Allgemeine Geographische Ephemeriden 40 (1813), S. 245—279. Das Herzogtum Warschau war offensichtlich an einer Fortsetzung der preußischen Anstrengungen auf diesem Sektor interessiert. Erst in kongreßpolnischer Zeit, unter russischer Oberherrschaft, gerieten die Pläne, die zu einer unerwünschten Verbesserung der Verbindungen nach Westen geführt hätten, in Vergessenheit.

54) H o l s c h e , Geographie, Bd 2, S. 171.

55) ebenda, Bd 1, S. 219.

56) Topographisch-statistisch-geographisches Wörterbuch der sämtlichen preußischen Staaten, Teil 7, Halle 1799, S. 315.

Beschaffenheit des Viehfutters und besonders die verschwindend geringe Zahl guter Weiden erschweren die Viehzucht."[57]

Ein sächsischer Offizier, der 1808 in Polen nach den Gründen für die geringen Erträge der polnischen Landwirtschaft forschte, glaubte des Rätsels Lösung gefunden zu haben: „Der Pole ist zu faul, Dünger zu bereiten, hält nichts auf Kleebau und hat daher wenig Rindviehzucht, weil er sie nicht zu ernähren weiß, da wegen des vielen Feldschlags hier nur wenig Wiesen sind, und das Bischen saure Futter, in Brüchern, auf Moor- und Torferde gewachsen, nicht geachtet wird."[58]

Derselbe Mangel an Futterkräutern und Wiesen ist den preußischen Beamten später noch vielfach aufgefallen. „Futterkräuterbau wurde hier und da, aber nirgends zureichend betrieben; es fehlte an guten Wiesen. Es stand deshalb der Viehstand mit wenigen Ausnahmen nicht im Verhältnis zur Ackerfläche; es fehlte daher an Dünger und trotz der sonst guten Ackerbereitung [hervorgehoben von O.K.] konnte der mögliche Ertrag dem guten und mittelmäßigen Boden nicht abgerungen werden".[59]

Von Friedrich dem Großen, der seine westpreußischen Erwerbungen wiederholt besichtigte und sich über eine in die Weichsel geworfene Fuhre Mist jahrelang nicht beruhigen konnte, kann man dasselbe in aller Kürze erfahren: die Bauern sollten mehr Wiesen machen, damit sie ihre Viehzucht vermehren, „dadurch kriegen sie mehr Dünger und so kommt dann ihr Land nach und nach immer in bessern Stand ... Sandland das bringt nichts, wo es nicht ordentlich bemistet wird".[60] Das ursprüngliche, vorwiegend viehwirtschaftliche Konzept der Holländer ist hier bereits bewußt abgewandelt und mit dem Getreidebau auf leichten Böden verkoppelt. Kurz, das neue Wirtschaftsprinzip der Experten entsprach dem der neuen Holländer: „je höher der Misthaufen, desto reicher der Bauer." Dieses System war freilich erst dann anwendbar, wenn für die Produkte der Viehwirtschaft wie für das von den Siedlern angebaute Marktgemüse ein lohnender Absatz möglich war. Das war in Polen regional der Fall, als die holländische Kolonisation anging, besonders am unteren Weichsellauf.

Seinerzeitige Berichte und die moderne Forschung sind sich dementsprechend darin einig, daß die Viehzucht dieser holländischen Siedler stärker entwikkelt war, als sonst im Lande üblich. Anderer Meinung ist Rusiński. Laut ihm

---

57) H. Vautrin: L'observateur en Pologne, Paris 1807; hier zit. nach der polnischen Übersetzung in dem Sammelband Polska Stanisławowska w oczach cudzoziemców [Das Polen des Stanislaus August in den Augen von Ausländern], Bd 1, Warschau 1963, S. 749.

58) P. Pietsch: Aus dem Tagebuch eines sächsischen Offiziers im Jahre 1808, in: Historische Monatsblätter f. d. Provinz Posen 7 (1906), S. 118.

59) M. Meyer: Mitteilungen aus der Geschichte der Königl. Regierung und des Reg.Bez. Bromberg in den Jahren 1815 bis 1820, in: Jahrb. der Historischen Gesellschaft f. d. Netzedistrikt, Bromberg 1895, S. 17. Die Ackerbereitung lobt auch Holsche Geographie, Bd 1, S. 217 („Der Bauer ackert untadelhaft"), während M. Beheim-Schwarzbach, Der Netzedistrikt, T. 1, S. 237, die geringe Sorgfalt moniert, die den Wiesen zugewandt wurde.

60) M. Bär: Westpreußen unter Friedrich dem Großen, Bd 2, Leipzig 1909, S. 388 f.

hielten die Holländer des 18. Jahrhunderts „etwa ebensoviel" Rinder wie die Fronbauern. Belege gibt er keine. Vermutlich stützt er sich auf ein Gutsinventar der Herrschaft Zirke vom Jahre 1759, das acht meist erst spät auf holländisches Recht umgesetzte Dörfer beschreibt, sowie auf die preußischen Klassifikationsakten von 1773, welch letzte er selber in dieser Hinsicht für wenig vertrauenswürdig hält.[61] Beheim-Schwarzbach erklärte dagegen auf Grund derselben Klassifikationsanschläge: „Ein größerer Bestand an Kühen zeigt sich namentlich bei den sog. Holländern." Er wies aber vor allem darauf hin, daß das Vieh der Fronbauern in der Regel nicht diesen, sondern dem Grundherrn gehörte; mußten die Bauern doch selbst die gutsherrlichen Ochsen, mit denen sie die Gutsäcker pflügten, auf ihren Hofstellen halten. „Der Scharwerksbauer hatte nur geliehenes Vieh zu verwalten."[62] Das wußte auch Henryk Grossmann: „Die verhältnismäßig große Zahl des Viehs bei den Bauern ist unter diesen Umständen kein Ausdruck ihres Wohlstands, sondern nur ein Maßstab der Lasten, die auf der ländlichen Bevölkerung ruhten."[63] In dieser Hinsicht herrschte hier wie anderwärts dasselbe Prinzip, das oben schon aus der pommerschen Chronik hervorging, daß nämlich die Hofwehr einschließlich des Viehs — zumindest aber ein Teil davon — Eigentum des Grundherrn war. Dagegen gehörten diese Dinge in den Holländereien samt und sonders den Wirten selbst und dienten deren eigenem Wirtschaftsbetrieb.

Holsche erklärt ausdrücklich: „Vorzüglich legen sich diese Leute [die Holländer] auf Viehzucht."[64] Wybicki hebt hervor: „Wir beobachten täglich bei den freien Bauern gute Ordnung in der Wirtschaft, gutes und zahlreiches Vieh, während der Fronbauer Jahr für Jahr bei seinem Herrn um Unterstützung und Brot bettelt und dennoch immer Mangel leidet."[65] Ein preußischer Siedlungspraktiker und Sachverständiger, Hauptmann von Nothardt, stellte noch im Jahre 1804 für Südpreußen fest: „Die Colonisten halten doppelt soviel Vieh auf gleicher Größe des Ackerguts als die polnischen Bauern, düngen mithin besser."[66] Dabei ist zu bedenken, daß die Milchkuh der Fronbauern mit derjenigen der Holländer gar nicht zu vergleichen war.[67] Auch William C o x e beobachtete 1778, daß die deutschen Dörfer mehr Vieh hatten. Sie „sind besser gebaut, und ihre Felder besser bestellt als jene, die den eingebornen Polen angehören; sie haben mehr Vieh, bezahlen ihren Herren die Abgaben genauer und sind im Vergleich mit den Polen viel reinlicher und artiger von Person".[68] Der erfahrene Nothardt empfahl des-

61) W. R u s i ń s k i , Osady, S. 71 f.

62) M. B e h e i m - S c h w a r z b a c h , Der Netzedistrikt, T. 1, S. 234.

63) H. G r o s s m a n n , Struktura społeczna, S. 32.

64) H o l s c h e , Der Netzedistrikt, S. 223.

65) J. W y b i c k i , Listy, S. 132, auch 126 ff.

66) M. S c h m i t : Mundart und Siedlungsgeschichte der schwäbisch-rheinfränkischen Dörfer bei Litzmannstadt, Marburg 1942, S. 100.

67) H o l s c h e , Geographie, Bd 1, S. 202 f. Vgl. hierzu die zeitgenössische Statystyka departamentu bydgoskiego, S. 30.

68) W. C o x e : Reise durch Polen, Rußland, Schweden und Dänemark, Bd 1, Zürich 1785, S. 95.

halb, einzelne Polen in die deutschen Kolonien zu setzen, damit „sie bald den Futterkräuteranbau und die Abwechslung in der Folge der Feldbestellung lernen und in ihrer Sprache den übrigen Polen verständlich machen können".[69]

Aus solcher Wirtschaftsweise erklärt es sich, daß die Holländer selbst in den Endmoränenlandschaften und auf den Sandern meist — wenn nicht in der Regel — möglichst viel feuchte Gründe in ihre Dorfflur einzubeziehen suchten.[70] Die seit der Deutung der Holländer als „Hauländer" immer wiederkehrende Kontrastvorstellung von den ursprünglichen Sumpfholländern und den späteren Wald-Hauländern auf leichtem Sand ist daher in dieser Form nicht aufrechtzuhalten. (Die letzten werden hier oft schlicht, nach ihrer Chronologie, als die „neuen" Holländer bezeichnet. Jedoch wird das differenzierende Adjektiv weggelassen, wenn ohnehin ersichtlich ist, daß es sich um Holländer der späteren, deutschen Phase handelt.)

Holsche hebt eindeutig hervor, daß selbst den sogenannten Holländern „größtenteils Brücher gegen gewisse Abgaben eingeräumt worden" sind.[71] Auch Beheim-Schwarzbach betont, die Holländer seien fast durchweg nicht in Forstgegenden angesiedelt worden, „sondern in Sümpfen und Morasten, an Flüssen und Teichen".[72] Walter Maas ließ diese Beobachtung, abgesehen von den Niederungsbauern an der Weichsel, später mehr oder weniger auch für die Pommern gelten.[73] Vielleicht ist er dazu durch Albert Breyer mit angeregt worden.[74] Die schlesischen Siedlungen in West- und Südposen wie im Kalischer Land möchte er indes weiterhin zur Kategorie der Waldhauländer zählen.[75] Aber auch dort waren, wie sich zeigen läßt, Naßböden die Ausgangsbasis.

---

69) M. Schmit, Mundart und Siedlungsgeschichte, S. 102. Eine entwickeltere Viehzucht wird den Holländern ferner u. a. bescheinigt von E. Schmidt, Geschichte, S. 397; M. Żychowski, Osadnictwo rolnicze kolonistów niemieckich, S. 77; J. Goldberg, Osadnictwo olęderskie, S. 95; B. Szczepański, Przemiany, S. 167; ders.: Osadnictwo, S. 49.

70) Unglücklich formuliert ist Rusiński's Feststellung: „Fast alle Siedlungen [der Holländer] ließen sich auf den durch postglaziale Gewässer zerfransten Sandern und Dünen [!] der Endmoräne [!] nieder"; seltsamer noch ist der Hinweis, daß der Boden der Holländereien aus den Niederungen hangwärts „in ein System sandiger oder steiniger [!] Dünen und eiszeitlicher Moränenhöhen überging" (Osady, S. 55). Auch seine Angaben über die gleiche Höhe der Hektarerträge bei Holländern wie Fronbauern sind wenig sinnvoll, da die Bodengüten der beiden Gruppen von Produzenten ganz verschieden waren. Diese Angaben können allenfalls als Bestätigung der Leistungsfähigkeit der Holländer aufgefaßt werden, die auf schlechteren Böden dieselben Erträge erzielten wie die Fronbauern auf den besseren. 71) Holsche, Der Netzdistrikt, S. 223.

72) M. Beheim-Schwarzbach, Der Netzedistrikt, T. 3, S. 122.

73) W. Maas: Die Hauländereien im ehemaligen Polen, in: DM 6 (1939), S. 153.

74) A. Breyer: Zur Geschichte von Sompolno und Umgegend, Posen 1938, S. 74: „Bezeichnenderweise befanden sich sämtliche Neugründungen (66 vom Ende des 18. Jh.s) an sumpfigen Flußufern oder zumindest in brüchigem Gelände."

75) W. Maas: Von der Provinz Südpreußen zum Reichsgau Wartheland, Leipzig 1942, S. 79: „Man muß unterscheiden zwischen Moorkultivierung und Waldrodung. Das erstere taten die Holländer an der Weichsel und ihre Nachkommen, die sog. ‚Niedrun-

Bezüglich des Kalischer Landes hat Dietrich Reiser den allgemein sandigen Charakter der dortigen Holländer-Landschaft in der Tat stark betont.[76] Gewiß, die „Hauländer“ saßen dort meist auf gerodetem Sandboden. Jedoch Sand ist nicht gleich Sand. Die Holländer hatten seine verschiedenen Nuancen rasch erkannt. Die Bodenforschung scheint erst heute in der Lage, ihrem Spürsinn zu folgen. In der ausführlicheren Fassung seiner Arbeit spricht selbst Reiser — und das sollte aufhorchen lassen — von den „feuchtsandigen“ Böden, die die dortigen Dünenstreifen begleiten.[77] Ferner bemerkt er ganz richtig: „Neben den Waldstücken mit Kiefern und Birken sind diese Erlen und die ... Kopfweiden die kennzeichnendsten Bäume der Landschaft.“[78]

Nach Breyer ist das Kalischer Holländergebiet eine „sumpfig-sandige Ebene“.[79] „Um die Ackerfläche zu vergrößern, wird der Flugsand Fuhre um Fuhre in die niedriger gelegenen brüchigen Wiesen gefahren.“ Überhaupt fanden die Schlesier laut Breyer „in den waldig-sumpfigen Gebieten des Kalischer Landes ähnliche Bodenverhältnisse, wie sie sie in ihrer Heimat um Grätz, Neutomischel und Wollstein gewöhnt waren“.[80] Der Geograph Müller-Miny berichtet nicht anders über die Holländersiedlungen bei Wreschen: „Die deutschen Siedler haben ihre Höfe, die zu lockeren Reihendörfern mit Streifenflur zusammengesetzt sind oder zerstreut liegen, in feiner Anpassung an die natürlichen Gegebenheiten errichtet. Meist schmiegen sich diese mittel- bis großbäuerlichen Höfe einem Wasserlauf oder einer wiesen- und torferfüllten Vertiefung an.“[81] Am präzisesten und treffendsten hat wohl bisher Eugenia Kwiatkowska beobachtet. Sie stellt für das Dobriner Land fest, daß sich die Holländersiedlung in einem von Sümpfen „durchlöcherten“ Sander- und Moränengebiet entwickelt habe. Das Grundwasser liege dort stellenweise recht hoch und habe lokal auch in Sandgebieten eine größere Fruchtbarkeit zur Folge.[82]

Der sogenannte Neutomischler Sander entpuppt sich für den ortskundigen Karl Hielscher bei näherem Hinsehen „als ein tief liegendes, von Bächen und

---

ger‘, dies taten auch die Hinterpommern. Auch die (Neu)Märker, die die Warthe von Landsberg an aufwärts wanderten (ihre Vorfahren kamen dahin von der unteren Weichsel!) bis hinauf nach Turek und sogar bis vor die Tore von Tschenstochau, waren Sumpfaustrockner. Dagegen sind die ‚Holländer‘ des trockenen Landes, die eigentlichen ‚Hauländer‘, meist schlesischen Stammes, so in Südposen und im Kalischer Lande.“

76) D. Reiser: Die deutschen Siedlungen im Kalischer Lande, in: DM 5 (1939), S. 486 ff.

77) D. Reiser: Lebensraum der Deutschen im Kalischer Land, Leipzig 1941, S. 23 f.

78) ebenda, S. 45.

79) A. Breyer: Deutsche Gaue in Mittelpolen, Plauen i. V. 1935, S. 19.

80) ebenda, S. 19 u. 21 f.

81) H. Müller-Miny: Das Land an der mittleren Warthe, Remagen 1952, S. 29.

82) E. Kwiatkowska: Osadnictwo wiejskie ziemi dobrzyńskiej [Die dörfliche Siedlung im Dobriner Land im Licht von Plänen aus dem 18. und 19. Jh. sowie ihre Wandlungen infolge Übereignung und Parzellierung], Thorn 1963, S. 18. M. Liberacki und T. Celmer hatten dazu Ergebnisse ihrer morphologischen und hydrographischen Forschungen zur Verfügung gestellt.

Gräben durchzogenes Gelände". Die alten Holländer-Gehöfte seien meist mit Rohr eingedeckt gewesen, und dem dortigen Hopfenbau habe „der moorige und anmoorige Boden" zugesagt.[83] Zwei bekannte Posener Schulgeographen lehren, daß die Neutomischler Gegend trotz der starken Entwaldung „noch heute durch ihre größere Menge an Niederschlägen eine Insel in unserer regenarmen Provinz" bilde. „So wucherte hier einst dichter Sumpfwald."[84] Der bekannte Glaziologe Professor Dr. F. Wahnschaffe spricht in einem Reisebericht ebenfalls von der einstigen „Versumpfung" des Flachlandes zwischen Tirschtiegel, Bentschen, Neu- und Alttomischel. Die Ackerkrume des dortigen Sandbodens besitze daher meist eine humose bis schwach humose Beschaffenheit. „Noch gegenwärtig ist der Grundwasserstand hier ein hoher, da sich der Grundwasserspiegel im Frühjahr hier durchschnittlich in 1/2 — 1 m Tiefe unter der Oberfläche befindet. Die Vorfluth in diesem Gebiet ist gering."

Die Lage der Holländereien in wiesenreichem, nassem Gelände mit hohem Grundwasserstand geht aber auch deutlich aus den kolorierten Originalblättern der Karte Südpreußens von Gilly im Maßstab 1:50 000 hervor. Auf ihr sind die feuchteren Böden, nicht nur die Sümpfe, durch einen grünlichen Farbton kenntlich gemacht, während die trockeneren Ackerböden gelblich erscheinen. Diese Unterscheidung hatte ursprünglich gewiß militärische Gründe, besonders für den Querfeldein-Transport von Kanonen oder anderem schweren Kriegsgut.[85]

So dürfte das von dem bekannten polnischen Geographen Nałkowski aufgelesene polnische Sprichtwort den Nagel auf den Kopf treffen: „Die Deutschen gedeihen auf dem Sand wie die Weiden, wenn nur genug Wasser ist."[86]

Eine farbige Schilderung der Neutomischler Landschaft, als der Kernlandschaft der Posener Holländer, darf daher hier nicht fehlen: „Diese Gegend war damals [1700] noch eine einsame Wildnis — das Neutomischler Talsandbecken — das ehemals ein Seebecken bildete. Eine ebene Sand- und Moorfläche mit teilweisem Lehmuntergrund und hohem Grundwasserstand, das Ganze umrahmt und durchzogen von Dünenketten ... Moorige, sumpfige Wassertümpel, Sümpfe und kleine Seen, dichtes Gestrüpp, dazwischen kahle Hügel sterilen Sandes, dichte Urwälder von Eichen und Kiefern."[87]

Aus der zeitgenössischen Perspektive, aber in bester Übereinstimmung mit Beobachtungen der modernen Geologen und Geographen, heißt es in einer preußischen Enzyklopädie im Jahre 1796 über den Kreis Bomst, zu dem das Neuto-

83) K. Hielscher: Chlastawe und die Holländereien zwischen Neutomischel und Wollstein, in: Jahrb. Weichsel-Warthe 1966, S. 110 ff.

84) Dr. Kremmer und Dr. Dalchow: Die Provinz Posen, Berlin-Stuttgart 1911, S. 49.

85) Zu Wahnschaffe s. den Jahresbericht über den Zustand der Landeskultur im Gebiet der Landwirtschaftskammer f. d. Provinz Posen, o. J., S. 141. Zu Gilly vgl. den Buntdruck eines Kartenausschnitts bei Kossmann, Die preußischen Landesaufnahmen in Polen, in: Jomsburg 1 (1937), bei S. 24 (Umgebung von Tirschtiegel).

86) zit. nach W. Maas: Von der Provinz Südpreußen zum Reichsgau Wartheland, Leipzig 1942, S. 70.

87) M. Wagner in: Landwirtschaftlicher Kalender für Polen, Posen 1922, S. 28.

mischler Holländergebiet gehörte: „Der Boden dieses Kreises ist verschieden und besteht größtentheils aus sandigem Lande, welcher jedoch in Ansehung seiner Güte noch nicht zu einem völligen Flugsande ausgeartet ist; er hat aus den vorhanden gewesenen großen Waldungen und Brüchern, die vor 60 bis 70 Jahren urbar gemacht wurden, noch immer Feuchtigkeit genug, und sein Boden schickt sich zum Bau des Roggens und Habers am besten ... Die Rindviehhaltung betrug im genannten Jahre 18 304 Stück, und hiermit geben sich besonders die Hauländer ab, welche die benachbarten Städte und selbst Posen, so viel sie können, mit Butter, Käse, Kälbern und Fettvieh versehen ... und es sind gewiß an 2500 solche [holländische] Familien hier, davon jede abgesondert ihre Grundstücke umzäunt hat ... In den beiden lutherischen Kirchspielen Neutomischel und Hammer Borui als ohngefähr dem sechsten Teil des Kreises [ist] in den letzten 10 Jahren die Zahl der Geborenen 2180 und der Gestorbenen 1015 gewesen ..., es wurden also 1165 mehr geboren, ohnerachtet in 2 Jahren die Pocken, Ritteln und Scharlachfieber viele Kinder wegrafften."[88]

Dazu paßt die Redensart, die Breyer aus Kujawien mitgeteilt hat: wo Erlen wachsen, da sitzt der Deutsche.[89] Kurt Lück hat ähnliche Sprichwörter notiert, z. B.: Sogar aus Modder macht der Deutsche Gold.[90]

Auch die Ortsnamen der Siedlungen deuten oft auf trockene, immer wieder aber auch auf feuchte Gründe: Olszyny (Erlen), Grądy (Gründe), Kaczyniec (Entenpfuhl), Żabiniec (Froschtümpel), Kiełpieniec (Schwanensumpf), die zahlreichen Łęg und Kępa (Wiese und Werder), Ostrów (Insel), Głąbie (Senken), Ruda (Eisenerz) usw. Die Ortsnamen der Kolonien in Polen, von denen unsere Liste rund 1200 für Kongreßpolen nennt, wären einer gründlichen Untersuchung im Vergleich mit den Ortsnamen der älteren Siedlungen wert, wobei interessante Nuancen zutage treten würden. Walter Maas hat auch damit bereits einen Anfang gemacht.[91] Dabei würde jene urtümliche einsame Welt der deutschen Kolonisten in Polen Farben und Formen gewinnen, für die es im heutigen Europa wohl kaum noch Vergleichbares gibt. Es würde daraus auch einiges idealisierende Licht zurückfallen auf den Menschen selbst, der in solcher Umgebung mit der Wildnis rang, dessen Söhne und Enkel — allmählich tiefer ins Land eindringend — sich immer wieder demselben Kampfe stellten, zuletzt im Cholmer Land. Dort hat Kurt Lück noch ihre urtümliche Eigenart erleben und beschreiben können, während der aus Lodz gebürtige Maler Friedrich Kunitzer sie mit Stift und Farbe für die Nachwelt festhielt.[92] Die Liste der Kolonien von 1835 (s. Anhang) nennt dort viermal Orte namens Trzciniec (= Rohrbruch, Nr.

---

88) Topogr.-statist.-geogr. Wörterbuch, T. 2, Halle 1796, S. 43 ff.

89) A. Breyer, Zur Geschichte von Sompolno, S. 74.

90) K. Lück: Deutsche Siedler zwischen Wieprz und Bug, Posen 1939, S. 17.

91) W. Maas: Die Hauländereien im ehemaligen Polen, in: DM 6 (1939), S. 155 f.; ders.: Die Namen der Hauländerdörfer in Polen, in: Zs. f. Namenforschung 16 (1940), S. 73—78.

92) K. Lück: Die deutschen Siedlungen im Cholmer und Lubliner Lande. Mit Gemälden und Zeichnungen von Friedrich Kunitzer, Plauen i. V. 1933.

734—737). Das dürfte freilich nicht ihr endgültiger Ortsname gewesen sein, sondern nur eine vorläufige Bezeichnung nach dem Landschaftscharakter.

3. Ethnische Eigenart der neuen Holländer

Daß die Holländer des 18. Jahrhunderts in Großpolen ethnisch nicht mehr Niederländer, sondern Deutsche waren, ist schon den Zeitgenossen aufgefallen. Deshalb stellte man ihnen damals die Bauern der Schulzendörfer nicht mehr so selbstverständlich wie einst als die „Deutschen" gegenüber, sondern oft als „Zins- oder Dienstbauern", auch kurz als „Bauern". Die Holländer waren bekanntlich im Prinzip dienstfrei.[93] Da seit Ende des 17. Jahrhunderts in Westpolen fast nur noch Holländereien und wenig Schulzendörfer entstanden, war seitdem jeder Neusiedler hier praktisch ein sogenannter Holländer, der in Wirklichkeit fast immer ein Deutscher war. Nach Holsche erhielten in der Tat im Ausgang des 18. Jahrhunderts „alle ausländischen Kolonisten, welche sich in Polen niederließen und Brücher urbar machten", die Bezeichnung Holländer.[94] Selbst das Urbarmachen von Brüchern trat aber schließlich in den Hintergrund. Am Ende hatte die wache Eigeninitiative der freien Siedler andere Wege gefunden, um die unentbehrliche Viehzucht sicherzustellen. Dank der fortschreitenden Agrartechnik im 19. Jahrhundert, die mit der Kartoffel auch das Auskommen auf geringen Böden erleichterte, half man sich zuletzt mit Grünfutteranbau, Stallfütterung, Lupine usw.[95]

---

93) Stenger: Von den Hauländern in Südpreußen, in: Preußische Jahrbücher 1798, S. 251, erwähnt, daß in allen ihren Privilegien „die Besitzer der Hauländereyen Dienstfreye Leute genannt werden". Ein polnischer Reformideologe sah im J. 1773 ihre kennzeichnende Eigenschaft darin, daß sie jährlich „nur einen gewissen Geldbetrag zahlten", d. h. keine Dienste leisteten (Inglot, Próby reform, S. 63 f. Vgl. oben S. 94, Anm. 32). Auf keinen Fall wollten sie „Bauern" genannt werden. Das waren in ihrem Sprachgebrauch die unfreien Fronbauern. Sie selbst hätten solche Bezeichnung als Schimpf empfunden und nannten sich schon deshalb gern Holländer oder „Wirte", womit ebenfalls gesagt sein sollte, daß sie selbständig wirtschafteten.

94) Holsche, Geographie, Bd 3, S. 34.

95) Um 1800 und später mühte sich die preußische Verwaltung um die Einführung des Klees in Südpreußen und dem späteren Posenschen. In Kongreßpolen dauerten die diesbezüglichen Bemühungen der Behörden noch in der zweiten Hälfte des 19. Jh.s an. Schwäbische Kolonisten brachten um 1800 Kleesamen in ihrem Gepäck aus der Heimat mit. Ein schwäbischer Neusiedler schrieb 1801 an seinen Schwager in Kochendorf in der alten Heimat: „Lieber Schwager, wenn Du mir schreibst, so schicke mir mit dem Brief eine Handvoll blauen Klee Saamen mit, es mag kosten, was es will, auch eine Handvoll dunkel" (Kossmann, Die Anfänge, S. 227). In Warschau hielt Michael Gröll in seiner berühmten Buchhandlung und auf Jahrmärkten Kleesamen feil (Zarys historii gospodarstwa wiejskiego, Bd 2, S. 162. Vgl. A. Pawiński: Michael Gröll, Krakau 1896; M. Kage: Förderung der Landwirtschaft und der Urbarmachung des Bodens in Polen, in: Dt. Blätter in Polen 2 (1925), S. 262). Zur Frage der wirtschaftlichen

Gegen Ende der traditionellen Holländersiedlung, die nach der Mitte des 18. Jahrhunderts gerade noch nach Mittelpolen hineinstieß, kann man den Terminus Holländer demnach mit Holsche bereits als Bezeichnung für fast jeden fremden, d. i. praktisch deutschen, Wildniskolonisten im polnischen Westen auffassen. Ludwik Plater z. B. sagt um das Jahr 1840: „Ausländersiedlungen und -Siedler nennt man in Westpolen, besonders aber im Posenschen, gewöhnlich Kolonisten oder Holländer.“[96]

Wegen dieses offenkundigen Widerspruchs zwischen der deutschen Volkszugehörigkeit der Masse der Siedler und ihrer „falschen“ Bezeichnung als Holländer glaubten die südpreußische Bürokratie und die seinerzeitige gelehrte Welt, daß es sich wenigstens bei einem Teil der Siedlungen um eine Verstümmelung des Begriffes Hauländer handle, um „Misverstand und Verwechslung zweier fast gleichlautender Worte“ (Holländer, Hauländer). Befanden sich doch zahlreiche Holländereien Großpolens oder Südpreußens nicht auf Sumpf-, sondern in der Tat auf Rodeland (= Hauland). Bürokraten und Gelehrte setzten nun dort Hauländereien statt Holländereien, Hauland statt Holland, eine Namensumbildung, die gelegentlich schon um die Mitte des 18. Jahrhunderts auftrat. Damit war gleichzeitig eine kulturgeographische Deutung des Phänomens vorgenommen. Auch Krug und Mützell behielten um 1800 beide Termini bei und unterschieden gerodete Hauländereien von echten Sumpf-Holländereien, „welche ihren Namen von der Betreibung der Viehzucht auf holländische Art haben und in Niederungen liegende Meiereien sind“.[97] Beheim-Schwarzbach führte die Deutung gegen Ende des 19. Jahrhunderts erneut völlig in die feuchten Niederungen zurück. Er sah in den Holländern ausschließlich Kolonisten, die Sümpfe trockenlegten und dabei nach Holländerrecht angesiedelt worden waren.[98] Walter Maas dagegen weiß als Siedlungsgeograph nur zu gut, daß nicht alle Holländer in Niederungen angesetzt waren, sondern oft auf der „Höhe“, auf Sand aller Arten. Er unterscheidet daher wieder die „Sumpfaustrockner“ in den Niederungen und die Hauländereien auf dem trockenen Lande. „Diese sind vor allem angelegt, um die großen Wälder zu roden, umzuhauen, und daher heißen sie Hauland.“ Im Volksmund hätten sich beide Begriffe, Holländerdorf und Hauland, vermischt, „und beide heißen heute Hauland“.[99] Holländer aber bedeutete laut Maas schon bald „nicht mehr die Volkszugehörigkeit, sondern eine Rechtsform

---

Neuerungen, die mit den Kolonisten ins Land kamen, s. u. a. Holsche, Geographie, Bd 1, S. 197 ff., Bd 2, S. 171, 178 ff.; M. Żychowski: Osadnictwo rolnicze, S. 71, 77 f.; besonders aber M. Schmit, Mundart und Siedlungsgeschichte, S. 99 ff.

96) L. Plater: Opisanie historyczno-statystyczne wielkiego księstwa poznańskiego [Historisch-statistische Beschreibung des Posener Großherzogtums], Leipzig 1846, S. 73 f.

97) Neues Topogr.-statist.-geogr. Wörterbuch des preußischen Staates, unter Aufsicht von L. Krug hrsg. von A. Mützell, Bd 1, 1821, S. VII; sowie Topogr.-statistisch-geographisches Wörterbuch der sämmtlichen preußischen Staaten, T. 1, Halle 1796, S. VI.

98) M. Beheim-Schwarzbach, Der Netzedistrikt, T. 3, S. 127.

99) W. Maas: Die Entstehung der Posener Kulturlandschaft, Posen 1927, S. 83 ff.; ders.: Von der Provinz Südpreußen, S. 79.

und eine Wirtschaftsweise".[100] Er berief sich dabei u. a. auf die beiden bereits oben erwähnten Posener Schulgeographen, die in ihrer Heimatkunde der Meinung Ausdruck gaben: „Wenn man im 17. Jahrhundert einen Bauern als ‚Holländer' bezeichnete, so dachte man nicht an seine Nationalität, sondern an seine Tätigkeit und seine Rechtsstellung."[101] Das aber war nur eine Wiederholung des maßgeblichen Standpunkts von Erich Schmidt. Auch er suchte die Bezeichnung Holländer von der Nationalität zu abstrahieren. Daher definierte er den Holländer als freien bemittelten Mann, der gegen Zusicherung gewisser Grundrechte wüste Gründe urbar machte und besiedelte, „so daß also mit diesem Namen nicht mehr eine Nationalität, sondern eine Tätigkeit und eine Rechtsstellung bezeichnet wurde".[102]

Wegen desselben ethnischen Dilemmas neigt die polnische Forschung seit Baranowski ebenfalls dazu, im Holländer vor allem einen rechtlich zu definierenden Siedlertyp zu sehen, wobei dem Gemeindeverband, der gleichberechtigten „Nachbarschaft" und der weitgehenden Selbstverwaltung eine besondere Bedeutung eingeräumt wird.[103] Schon Schmidt hatte seinerzeit diesen demokratischen Zug der Holländer stark hervorgehoben.[104] Rusiński hat ihn jetzt sogar zum alleinigen strengen Kriterium gemacht.[105] Er geht so weit, daß er Einzelhof-Holländereien, die das Kriterium der demokratischen Gemeinschaft begreiflicherweise nicht erfüllen können, aus der Liste der Holländereien streicht.[106] Als „einzeln liegende Höfe" aber definierte diese noch Leopold Krug, einer der maßgeblichen zeitgenössischen Gelehrten um 1800.[107]

Der Anlaß zu solchen von der Ethnik abstrahierenden Deutungen war, wie gesagt, die an sich unzutreffende Bezeichnung Holländer für Deutsche. Indes waren einst z. B. Preußen oder Schlesier ebenfalls keine Bezeichnungen für Deutsche, sondern für einen altbaltischen Stamm bzw. für ein slawisches Gauvölkchen in Mittelschlesien. Erst durch die historische Entwicklung wurden sie zur Bezeichnung von Deutschen. Gewiß, jene fremden Prußen und Slenzaner waren inzwischen längst vergessen, während jedermann im 18. Jahrhundert gewärtig war, daß echte Holländer nicht recht mit Deutschen zu identifizieren sind. Aber schon dieser einfache Vergleich zeigt, welchen Bedeutungswandels ethnische Bezeichnungen fähig sind. Ethnische Gruppen sind immerhin lebendige Organismen, die in diese oder jene Hülle hineinwachsen können, z. B. in eine Landschaft mit älterem Namen, eine Provinz oder gar in einen Stand oder eine Beschäftigung, wenn die Voraussetzungen günstig sind.[108] In Polen, das eine ausgespro-

---

100) W. Maas, Von der Provinz Südpreußen, S. 77.

101) Dr. Kremmer und Dr. Dalchow, Die Provinz Posen, S. 49; W. Maas: Hauländereien, Holländereien, in: DWZP 29 (1935), S. 200.

102) Schmidt, Geschichte, S. 392.

103) I. Baranowski, Wsie holenderskie, S. 70.

104) Schmidt, Geschichte, S. 394 ff.

105) Rusiński, Osady, S. 10. 106) ebenda, S. 17.

107) L. Krug: Abriß der neuesten Statistik des preußischen Staates, Halle ²1805, S. 34 (vgl. S. 129).

108) Polnische Deutungen von Stammes- und Völkernamen enthält der vorzügliche

chen ständische Schichtung bis ins 19. Jahrhundert bewahrt hat, gab es ab und zu ständische Leerräume, wie die gewisser Bürgerschichten, Händler, Bauern. Sie wurden von Fremden ausgefüllt, in der Hauptsache von Deutschen, Juden, Armeniern, Schotten usw. Auch sie hatten jeweils eine rechtliche Sonderstellung und besondere wirtschaftliche Aufgaben oder Verfahren. Im Ansatz erinnern sie damit an die Rolle der Holländer.

So wird man auch in den Holländern und sogenannten Holländern Polens nicht zuletzt eine ethnische Erscheinung sehen dürfen, die eine ständische Lücke der polnischen Gesellschaft ausfüllte oder auszufüllen versuchte. Im Laufe ihrer immerhin fast dreihundertjährigen Entwicklung waren sie verständlicherweise gewissen Veränderungen unterworfen, was aber der Tatsache ihrer ethnischen Sonderart im ganzen keinen Abbruch tat. Auch der auffällige Widersinn ihrer Bezeichnung als Holländer ist historisch zu erklären und widerspricht nicht der hier vorgebrachten These.

Ursprünglich, im 16. Jahrhundert, verstand man unter den Holländern im Weichselland noch schlicht, was der Name in seiner Heimat bedeutete: einen echten Holländer, einen Zuzügler aus der Grafschaft Holland oder aus anderen Provinzen der Niederlande. Doch nicht nur auf wirtschaftlichem Gebiet, auch auf ethnischem vollzog sich in den Holländereien Polens ein stetiger Wandel. An dem gleichen Tage sozusagen, als der erste Holländer das Land an der Weichselmündung betrat, setzte die völkische Umformung und Unterwanderung ein. Sie ging, wie üblich, außerordentlich langsam voran. Die Holländer sind nicht umsonst als Individualisten von starker persönlicher Note bekannt, was jede Assimilierung zusätzlich verlangsamen mußte. An eine Annäherung an die slawische Landbevölkerung war ohnehin nicht zu denken. Die sprachliche und zivilisatorische Barriere wäre noch das mindeste Hindernis gewesen. Unüberbrückbar jedoch war die Kluft der Standes- und nicht minder die der Bekenntniszugehörigkeit. Schon deshalb kam es zu keiner unmittelbaren Veränderung des polnischen landwirtschaftlichen Betriebes durch die ersten echten Holländer.

Anders war von Natur deren Verhältnis zu den nach Polen einwandernden Pommern und Niederschlesiern. Noch hatte sich damals Holland nicht einmal ganz vom Deutschen Reich gelöst und war die Grenze zwischen deutsch und holländisch fließend. In allen drei Hinsichten (Stand—Sprache—Bekenntnis), welche Holländer und Polen scharf voneinander schieden, standen die freien — ostniederdeutschen — protestantischen Bauern den Holländern nahe, doppelt nahe in der Fremde. Dementsprchend heißt es in Willküren holländischer Dörfer, z. B. schon in derjenigen von Neu-Schlingen 1562 (an der Weichsel oberhalb Thorn): *„Es soll auch der Käufer ein teutscher Mann sein, welcher Hollender Gebrauch und Gerechtigkeit zu halten weiß, und kein Polnischer, der kein Hollender Gebrauch weiß.“* Wer sein Land an einen Polen verkaufe, soll 10 Gulden Strafe an die Nachbarschaft zahlen. Ähnliche Bestimmungen waren auch in den Willküren anderer Holländereien enthalten.[109] Immerhin ist selbst dieser Bestimmung zu

---

Mały Słownik [Kleines Wörterbuch — Herkunft und Bedeutung geographischer Namen] von J. Staszewski (früher Haliczer), Warschau [3]1968.

109) H. Wiebe: Das Siedlungswerk niederländischer Mennoniten im Weichseltal

entnehmen, daß seitdem mit polnischen Einsiedelungen gerechnet wurde, wenn auch nur in Einzelfällen. Dagegen wird zwischen Holländern und Deutschen offensichtlich keine schärfere Grenze gezogen: einer deutschen Unterwanderung standen daher von vornherein Tür und Tor offen.

In den Weichselniederungen hat sich der ursprüngliche, holländisch-mennonitische Charakter der Siedlungen noch lange gehalten. Holsche hat ihn um 1800 in folgender Weise beschrieben: „Die Bewohner der Niederungen scheinen überdies eine Niederländische Kolonie zu sein, welches ihre Sprache und ihre Lebensart verrät. Sie zeichnen sich in vielen Stücken vor den Preußen, Pommern und Polen aus, suchen immer fette, niedrige Gegenden, und verstehen die Kunst, dem Wasser Land abzugewinnen und den Wassergefahren vorzubeugen. Von den Mennoniten wenigstens, deren Zahl sich auf 15 000 Seelen beläuft, ist es ausgemacht, daß sie niederländischer Abkunft sind. In älteren Zeiten wurden sie auch Holländer und ihre Besitzungen Holländereien genannt. ... Es war ein Hirtenvolk, das wahrscheinlich sein Vieh mitbrachte. Ihre Häuser haben auch noch jetzt, in Ansehung der inneren Einrichtung und Verzierung, so wie ihre Sprache, Kleidung und Lebensweise, mit der niederländischen oder holländischen viel Ähnlichkeit."[110]

Mit dem Untergang des polnischen Adelsstaates schmolz indes das weichselholländische Element rasch zusammen: die Mennoniten, die den neuen preußischen Herren den Kriegsdienst mit der Waffe verweigerten, zogen massenhaft — z. T. aus Raumnot für ihren Nachwuchs — nach Rußland ab. Bis zum Jahre 1795 sollen 1100 Mennoniten-Familien aus Westpreußen nach Cherson abgewandert sein.[111] Laut Karl Stumpp sind 1900 Familien mit über 7000 Seelen aus Westpreußen nach Rußland gegangen: 400 Familien in die Kolonien bei Chortitza (südlich Dniepropietrowsk), 1049 Familien ins Taurische Gebiet (Molotschna), etwa 440 Familien an die Wolga bei Samara.[112] Ein solcher Aderlaß konnte nicht ohne Folgen bleiben; machten doch die Abgewanderten etwa ein Drittel der mennonitischen Siedler an der unteren Weichsel aus. Ähnliche Katastrophen dürften während der schweren Zeiten für die Protestanten, nach den Schwedeninvasionen, hier und da voraufgegangen sein, besonders in Kronpolen, wo die Mennoniten im Anschluß an die Reichstagsbeschlüsse von 1658 gegen die Arianer (= Neutäufler) schließlich derselben Ächtung verfielen wie diese. Die Unterwanderung der Holländereien durch Ostdeutsche wurde dadurch beschleunigt.

---

zwischen Fordon und Weissenberg bis zum Ausgang des 18. Jhs., Marburg 1952, S. 6, sowie Anm. 15 auf S. 52.

110) Holsche, Geographie, Bd 3, S. 34 f.

111) Kossmann, Die Anfänge, S. 181. Eine neue Darstellung der Einwanderung der Mennoniten nach Rußland nach Archivstudien in der Sowjetunion bei D. G. Rempel: The mennonite commonwealth in Russia, a scetch of its founding and endurance 1789—1919, in: The mennonite quarterly review 47 (1973), S. 259 ff.

112) K. Stumpp: Die Auswanderung aus Deutschland nach Rußland in den Jahren 1763 bis 1862, Tübingen 1972, S. 65 (nach Quiring). Laut D. G. Rempel, The mennonite commonwealth, S. 307, fand die zweite große Mennonitenabwanderung (1200 Familien nach Molotschnaja) nach 1803 statt.

Kein Wunder, daß infolgedessen über die Natur der „Holländer" in Polen soviel Unklarheit entstanden ist.

Im Netzetal westwärts der unteren Weichsel, wo die Holländer erst gegen 1600 vorstießen, war das niederländische Element schon von Anfang an etwas schwächer vertreten. Immerhin fanden sich unter den Bauernnamen[113] der zu den ältesten Holländereien im Netzetal zählenden Orte Uschholland (Privileg von 1597) und Neuhöfen (1601) einzelne holländische Formen, so daß dort ein gewisser holländischer Einschlag unzweifelhaft ist. Das wird auch noch für manche andere, anschließend im Netze- und Warthetal gegründete Holländerei gelten. Die Forschung tut sich freilich heute allgemein schwer, wenn sie aus den spärlichen Quellen die Deutschen und die Holländer der Neusiedlungen auseinanderhalten will. Waren es doch im Grunde recht verwandte Stammesgruppen mit vielen Gemeinsamkeiten (Holländer, Pommern, Niederschlesier u. a.), die einander hier als bevorrechtigte Siedler unter polnischen Fronbauern begegneten und alsbald zu einem sehr beweglichen Neustamm zusammenzuwachsen begannen. „Mancher Besitzer aus den Höhendörfern erwarb eine Holländerei [gemeint ist ein Holländerhof]. Es wurde herüber und hinüber geheiratet."[114] Diese Beobachtung am Netzetal wird auch für das der Weichsel gelten.

Unter den Weichselholländern selbst wird eine solche Einheirat oder Einsiedlung freilich zunächst oft zu einer Hollandisierung der Deutschen geführt haben. Sehr bald aber ließ der Zuzug von Holländern nach, die sich inzwischen alle Küsten der Welt erschlossen hatten. Die abwandernden Ostdeutschen dagegen blieben weiterhin auf die polnischen Nachbargebiete angewiesen. Zudem wurden die mennonitischen Holländer mit besonderer Heftigkeit von der Landeskirche bekämpft und schließlich geächtet. Das evangelische Bekenntnis der Ostdeutschen dagegen wurde immerhin geduldet, sofern es sich unauffällig verhielt. So blieben die Mennoniten im ganzen auf das westpreußische Weichseltal beschränkt, wo die Kirche sich nicht wie in Kronpolen durchsetzen konnte. Sie stauten sich sozusagen vor den Toren Kernpolens, das damit nur noch Ostdeutschen als Siedlungsraum offen stand. Nun waren diese es, die als Nachschub das gefragte Holländertum verstärken mußten, es dabei schließlich unterwanderten, aber die Bezeichnung beibehielten. Als neue Holländer führten sie das begonnene Werk weiter, und zwar in breiter Front südwärts der Netzelinie, wie es u. a. die Karte der Hauländerdörfer von Maas so anschaulich zeigt.

Dabei blieben gewisse Elemente der holländischen Siedel- und Wirtschaftsweise, sprachliche und andere Hollandismen erhalten. Von den Niederungen in Langenau, an der Brahe unterhalb Bromberg in Weichselnähe, berichtet der Friese Ulrich von Werdum 1671 zunächst, daß der Fluß dort an beiden Ufern schöne Felder und Wiesen habe. Er fährt dann fort: „Dort liegt das Dorf, locker gestreut, mit einer reformierten Kirche, die die Polen als lutherisch bezeichnen. Diese Ländereien werden von Holländern auf ihre Weise bebaut. Sie waren vor

113) S c h u l z, Die zweite deutsche Ostsiedlung, II, S. 154 u. 246; S c h m i d t, Geschichte, S. 322 f.

114) O. G r o s s e r t: Evangelium und Deutschtum, S. 45.

den Verfolgungen des Herzogs Alba aus Niederland geflohen und halten sich in Hausbau, Sitte, Hausgerät und Lebensweise sehr an ihre holländische Manier, obschon mit einer beträchtlichen Beimischung der polnischen und deutschen. Untereinander sprechen sie preußisch [d. i. plattdeutsch]. Der Bauer, bei dem wir übernachteten, hieß Simon Witten. Es war ein bescheidener Mensch."[115] Holsche stellte um 1800 im Weichseltal, wie gesagt, immer noch „viel Ähnlichkeit" mit der niederländischen Sprache, Kleidung und Lebensweise, in der Einrichtung der Häuser und deren Verzierung fest. Auch an Netze und Warthe dürfte zunächst manche Ähnlichkeit in diesen Dingen anzutreffen gewesen sein, wenn auch mit sinkender Tendenz. So wird verständlich, daß die seit etwa 1600 in Fullsteindorf bei Filehne an der Netze angesetzten Bauern im Privileg von 1677 immer noch als „ehrbare Männer Holländer Geschlechts" bezeichnet wurden, obwohl sie, wie ihre Namen zeigen, schon vorwiegend Deutsche waren. Dasselbe gilt für die „ehrbaren Männer der Holländer Nation" in dem gleichzeitigen Privileg für Neuhöfen (ebenda angesetzt seit 1601).[116] Obzwar in ihren Adern mehr deutsches als holländisches Blut floß, wollten sie dennoch mit dieser Bezeichnung auf ihre holländischen Ahnen pochen. Der Stolz der freibäuerlichen deutschen Bevölkerung auf die angeheirateten holländischen Vorfahren und Traditionen wird deutlich. Dabei ist zu unterstreichen, daß in beiden Formeln nicht vom Rechtsstatus die Rede ist, sondern von „Geschlecht" und „Nation", also unverkennbar von Begriffen der Ethnik.

Schon in einer Lustration von 1639 werden die Holländer von Schlonsk, südlich Thorn an der Weichsel, *holandi germani* genannt.[117] Man wollte sie damit sichtlich von den echten *holandi* unterscheiden, die keine Ostdeutschen waren. Andererseits bestätigt diese Formel, daß die Polen damals gewisse *germani* als Holländer empfanden.

Ein Privileg von 1625 für den Ort Holländerdorf ⟨Jędrzejewo⟩ bei Czarnikau spricht von „der deutschen Herkunft angehörenden Holländern", die dort siedeln sollten.[118] Das läßt keinen Zweifel, daß man nun schon Holländer deutscher Herkunft kannte. Nach dieser Formulierung waren sie ursprünglich Deutsche, aber Holländer geworden und kundig des holländischen „Gebrauchs". Es ist indes bezeichnend, daß der betreffende Ort auch äußerlich keine Holländerei wurde, sondern ein enges, altmodisches Straßendorf mit überwiegendem Ackerland auf der „Höhe". Man war sich sogar bei der Benennung des Ortes dessen bewußt und brachte das mit dem Namen „Holländer d o r f ", an sich ein Kuriosum, zum Ausdruck. Rusiński betrachtet den Ort ebenfalls als einen Sonderfall, freilich nur deswegen, weil er in seiner rechtlichen Verfassung keine Holländе-

115) zit. nach X. L i s k e , Cudzoziemcy w Polsce, Lemberg 1876, S. 105 f.

116) M. B e h e i m - S c h w a r z b a c h , Der Netzedistrikt, 3. Teil, S. 133 f. Derselbe hat auf S. 121 f.: Holländer von Geburt, Holländer von Geschlecht und Holländer von Rasse. Namen von 1653 bei W. S c h u l z , Alte Einwohnerlisten, S. 24 f., 21 ff. (s. Anm. 120).

117) E. M i e l k e : Schlonsk — Chronik eines deutschen Dorfes, Dortmund 1972, S. 11.

118) S c h u l z , Die zweite deutsche Ostsiedlung, Bd 2, S. 97.

rei, sondern ein Schulzendorf mit einem bevorrechtigten Erbschulzen war.[119] Hier haben sich also *holandi germani* , sozusagen in einer typologischen Rückentwicklung, wieder zu „deutschen" Bedingungen niedergelassen, wobei u. a. eine wöchentlich zweitägige Fron vorgesehen war.

In dem Filehner Inventar von 1653 werden die Bewohner der Schulzendörfer sehr deutlich als „Deutsche" den „Holländern" der anderen Neusiedlungen, u. a. Fullsteindorfs und Neuhöfens, gegenübergestellt.[120] Daraus und aus der Unterscheidung von „deutschen bürgern" der Stadt Filehne und „holendern" im Fullsteiner Gemeindebuch aus der Mitte des 17. Jahrhunderts schloß Rusiński auf einen nationalen Gegensatz im modernen Sinne.[121] Das aber konnte in dieser Schärfe hier damals gewiß nicht der Fall sein. Es handelte sich einerseits einfach um *holandi germani,* um von Deutschen unterwanderte Holländer, wie oben an Fullsteindorf und Neuhöfen als Beispielen gezeigt, andererseits um schlichte *germani.*

Wir werden die Zeit nicht genau festlegen können, in der die Holländer an Weichsel und Warthe bereits überwiegend deutscher Herkunft waren, obgleich so schwer mit holländischem „Gebrauch" — nicht nur in der äußeren und inneren Struktur der Siedlung — behaftet, daß sie als eine b e s o n d e r e d e u t s c h e V o l k s g r u p p e galten und vor allem s i c h s e l b e r a l s S o n d e r g r u p p e v e r s t a n d e n. Sicher spielte für dieses Selbstgefühl eine Rolle, daß die Holländer unter den protestantischen Kolonisten in vielfacher Hinsicht die fortschrittlichste Gruppe gewesen sind, die freiheitlichste und wohlhabendste dazu. Sie, die im Privileg von Grätz a. d. Weichsel ⟨Przyłubie⟩ 1594 sogar als die „Herren Holländer" apostrophiert wurden, trugen ihr Haupt zweifellos höher als die deutschen „Dienstbauern", die bis zu drei Tagen wöchentlich dem Herrn dienen mußten. Die Holländer zinsten in bar, wenn nicht gar in Gold; die deutschen Bauern — nicht zuletzt mit ihrer Arbeitskraft. Derlei Ahnen wollte keiner preisgeben, selbst wenn es sich nur um einen Urgroßvater oder eine Großmutter handelte. Solches Prestige trug dazu bei, daß Deutsche, die nach Siedlerstellen Ausschau hielten, in den Sog des Hollandismus gerieten, wohl auch holländische Kleidungsstücke anlegten. Dem folgte rasch das neue S e l b s t v e r s t ä n d n i s als Mitglied dieser oder jener Holländergemeinde, über deren Stolz der Zeitgenosse Stenger zu berichten wußte: „Mögte es Gemeinsinn sein, aber ich muß es leider Gemeinde-Stolz nennen, der diese Leute auszeichnet. Man sehe einmal eine solche Hauländergemeinde unter dem Präsidio ihres Schulzen und ihrer

---

119) R u s i ń s k i, Osady, S. 18 f. Ebenso schon S c h u l z, Die zweite deutsche Ostsiedlung, S. 24. Vgl. ferner die Dorfbeschreibung von 1787 im Gutsinventar von Połajewo; danach fronten die dortigen „deutschen gbury" zwei Tage wöchentlich, die „Halbbauern" einen Tag. Der Ort wird als Zinsdorf qualifiziert (Materiały do dziejów chłopa, Bd 1, S. 213).

120) S c h u l z, Die zweite deutsche Ostsiedlung, S. 34; d e r s.: Alte Einwohnerlisten und Inventare aus der Grenzmark (Sonderheft der Grenzmärkischen Heimatblätter), Schneidemühl 14 (1938), S. 22 ff., S. 28 ff.

121) R u s i ń s k i, Osady, S. 29 f.

Gerichtsleute — ich weiß nicht gleich, womit ich diese Scene am schicklichsten vergleichen könnte!"[122]

Diese Unterwanderung und Verdünnung des alten Holländertums kann nicht in einer eng begrenzten Zeitspanne geschehen sein. Solche Prozesse vollziehen sich fließend, wie in einer allmählich verdünnten Farblösung. Der Deutsche freilich besitzt, wie historische und neueste Beispiele zeigen, eine seltene Begabung zur Absonderung auch auf schmalster Basis, was u. a. in der langen Kleinstaatelei und dem häufigen Obrigkeitswechsel begründet sein mag. Wie viele Sondergruppen mit eigenem starken Selbstverständnis nach Landschaften, Stämmen, Dialekten, Herrschaften, mit fest verwurzelten Eigenheiten des Rechts und Brauchtums barg nicht der mitteleuropäische Raum schon im Verlauf seiner bisherigen Geschichte!

Ein Text aus den 20er Jahren des 18. Jahrhunderts, als die Gegenreformation Triumphe feierte, bringt dann die Definition *Germani haeretici vulgo Holandi dicti* (ketzerische Deutsche, vom Volke Holländer genannt).[123] Gemeint sind damit die geschilderten *holandi germani*, die vom *vulgus* schlicht Holendry genannt wurden. Wie kam das p o l n i s c h e Volk zu einer solchen Bezeichnung für deutsche Bauern? Offenbar sah auch es in ihnen die Erben des holländischen „Gebrauchs". Tiefer im Lande wußte man kaum von deutschen Bauern. Erst mit Beginn des 17. Jahrhunderts tauchten dort plötzlich als neuartige Phänomene die damals noch mehr oder weniger echten Holländer auf. Wie vom Zauber berührt, verwandelten sich nutzlose Sümpfe in fruchtbaren Acker, Wiesen und Gärten. Die unerhörte Kunde sprach sich herum und hinterließ einen unauslöschlichen Eindruck in der Volksseele: im Bewußtsein der Polen war der Holländer zum Inbegriff des fremden Wildnissiedlers geworden.

Als dann nach einer mehr als hundertjährigen Verschmelzungsphase von deutschen und holländischen Elementen im Norden und Westen des Landes der neue Holländer entstanden war und ebenfalls als Wildnissiedler, nun freilich auf Sumpf u n d Sand, tiefer ins Land drang, wurde er — der sich selber als Holländer fühlte — ohne Zögern auch vom Volk, dem *vulgus*, als Nachfahre der früheren Holländer aufgefaßt. Vergleichsmöglichkeiten mit echteren Holländern oder echten Deutschen gab es hier ohnehin nicht; anders im unteren Weichselland, wo man daher schärfer zu unterscheiden wußte. Tiefer im Lande sah man nur, daß die neuen Holländer mit demselben fremdartigen „Gebrauch" und Gehabe wie vordem die Weichselniederländer ins Unland gingen.

So enstand unter dem Prestigenamen der prominenten Holländer — im Kontrast zu den Polen, aber auch im Gegensatz zum deutschen Dienstbauern — eine von gleichartigem holländischem Selbstbewußtsein erfüllte, neuzeitliche bäuerliche Bevölkerungsgruppe überwiegend deutscher Herkunft, nicht nur eine Rechtsfigur oder gar nur ein Rechtsbegriff. „Sie [die holländischen Siedler] zeichnen sich in vielen [!] Stücken vor den Preußen, Pommern und Polen aus", beobachtete Holsche. „Die Hauländer machen in Südpreußen einen sehr wich-

---

122) S t e n g e r , Von den Hauländern, S. 252.

123) H. W i e b e , Das Siedlungswerk niederländischer Mennoniten, S. 28.

tigen Theil der Einwohner aus; sie weichen in ihren Sitten und Charakter sehr ab", meinte Stenger. „Sitten und Charakter" sind schwerlich als Bestandteile einer Rechtsform zu verstehen; d. h. Stenger, der selbst Jurist war und die Rechtslage der Holländer bestens kannte, hielt sie für eine ethnische Sondergruppe. Auch Rempel, ein moderner amerikanischer Mennonitenforscher, wertet die Weichsel-Mennoniten auf Grund von Studien in russischen Archiven als eine „ethnische Minorität von holländischer Abkunft", die seit dem 17. Jahrhundert in Westpreußen einen Germanisierungsprozeß durchmachte und sogar das Holländische gegen einen niederdeutschen Dialekt eintauschte, „a basic Dutch-Low German". Die Russen unterschieden sie laut ihm sorgfältig von den deutschen „Kolonisten". Die Mennoniten selber hätten sich entsprechend nicht nur religiös, sondern auch ethnisch als Sondergruppe verstanden.[124]

Von Deutschen unterwandert waren die Holländer zusammen mit gelegentlich in die Bewegung hineingezogenen Polen schließlich „ein rasch wachsendes, freizügiges Siedlervölkchen" geworden.[125] Es hatte seine fortschrittliche Rechtsstellung, seine neue Wirtschaftsweise, seine Siedlungsform, dazu ein stolzes eigenes Selbstverständnis. Es hatte sogar seinen eigenen, landschaftlich abgrenzbaren Lebensraum: die polnische Wildnis. Erst der Untergang des polnischen Gesellschaftsgefüges, das diesen Holländer hervorgebracht hatte, vor allem die in Preußen rasch vorangetriebene Befreiung des Fronbauern entzog der weiteren Entfaltung des Holländerwesens den Boden und führte seither u. a. zu beschleunigter Polonisierung der wenigen katholischen Holländer.

Wie stark die ursprüngliche Tradition nachwirkte, läßt sich auch daraus ermessen, daß z. B. die wenigen Holländerdörfer am mittleren Bug, als sie bereits polnischsprachig waren, also nach einer zweiten sprachlichen Metamorphose, zu weiteren Tochtersiedlungen in Wolhynien fähig waren, die immer noch als Holländereien galten. Im Ersten Weltkrieg blieben ihre Bewohner, obwohl alle deutschen Nachbarn nach Rußland verschleppt wurden, als „Holländer" von diesem Schicksal verschont.[126]

In einem späteren Kapitel wird die nationale Zusammensetzung der Holländereien um das Jahr 1800 im einzelnen untersucht. Es wird sich dabei zeigen, daß in der Tat auch Polen darunter gemischt waren, besonders als landlose Mitbewohner der Holländereien, z. B. als Gesinde. Daß manche von ihnen allmählich eingedeutscht wurden, jedenfalls deutsch sprechen lernten, ist selbstverständlich. Auch mancher polnische Familienname von echten Holländerwirten wird sicher nicht durch Polonisierung eines deutschen Namens zu erklären sein. Es werden vielmehr gelegentlich echte polnische Bauern unter besonderen, unten näher geschilderten Bedingungen, z. B. bei Einheirat, im Holländertum aufge-

---

124) Holsche, Geographie, Bd 3, S. 34; Stenger, Von den Hauländern, S. 247; D. G. Rempel, The mennonite commonwealth in Russia (s. Anm. 111), S. 261, S. 294 f.

125) Kossmann, Polen im Mittelalter, S. 434.

126) vgl. W. Kuhn, Die Anfänge von Neudorf am Bug, in: DM 4 (1938), S. 544; E. Kneifel: Die Heimkehr der verpolten Holländer am Bug, im Sammelwerk „Deutschtum im Aufbruch", hrsg. von A. Kargel und E. Kneifel, Leipzig 1942, S. 234 ff.; Z. Cichocka-Petrażycka, Żywioł niemiecki na Wołyniu, S. 13.

gangen sein. Zu einer Breitenwirkung in diesem Sinne fehlten indes wichtige Voraussetzungen. So schloß die konfessionelle Kluft eine Assimilierung katholischer Polen grundsätzlich aus. Ein Vergleich der Umvolkungskraft der Holländer mit derjenigen mittelalterlicher deutscher Gruppen, z. B. in Schlesien, fällt daher negativ aus. Im übrigen aber gehören sie etwa in dieselbe historische Kategorie.

Als aus der Fremde zugezogene Elemente, die die Hefe der Umvolkungsprozesse waren, unterschieden sich Holländer wie mittelalterliche deutsche Gruppen von ihrer östlichen Umwelt freilich auch durch eine bessere Rechtsstellung und Wirtschaftsweise. Das bessere Recht war einst in Schlesien, der Neumark, in Pommern, Preußen sogar eine ihrer anziehendsten Eigenschaften, die — neben einer deutsch gewordenen Grundherrschaft — dazu beitrug, daß schließlich die eingestreuten Fermente dort trotz anfänglichen Diasporacharakters zur maßgeblichen ethnischen Formkraft wurden. Derartige Fremdgruppen hatten, besonders in der Antike, als noch religiöse und weltliche Gewalt magisch ineinanderflossen, eine weit größere Prägekraft, die heute unfaßbar erscheint. Exempla docent! Am Ende solcher Ethnogenese standen damals oft neue Einheiten von stammlichen, ja völkischen Dimensionen (Franzosen, Engländer, Spanier, Rumänen usw.). Wie sollte man daher den Fermentierungsgruppen selbst die ethnisch-stammliche Eigenart absprechen! Gab es nicht Besorgnisse um germanisatorische Auswirkungen durch die Holländer Großpolens?

Der Vergleich mit den mittelalterlichen Siedlergruppen dürfte dazu beitragen, die Definition des Holländers in Polen mehr in den Bereich der Ethnik zurückzuführen. Die Holländer werden aus den mehr oder weniger abstrakten Rechtsfiguren und Wirtschaftsschemen Erich Schmidts und anderer Forscher wieder zu einer lebendigen und daher auch in der Substanz recht wandlungsfähigen Volksgruppe. In diese konnte man zwar hineinwachsen, aber nicht etwa, wie wir noch sehen werden, unmittelbar hineindekretiert werden, sei es durch eine Rechtsverleihung des Grundherrn oder gar ex post durch die Definition eines Gelehrten.

Moderne Kriterien für die holländische Qualität eines Siedlers in Polen, die sich auf einen Teilaspekt beschränken, können, wie hier spürbar wird, leicht irreführen. Das sicherste Indiz wird daher weiterhin die jeweilige örtliche und zeitgenössische Praxis bleiben, die Überlieferung des *vulgus,* der noch das G a n z e vor Augen hatte. Was seinerzeit am betreffenden Ort so qualifiziert wurde, sollte heute im Prinzip in seiner holländischen Art anerkannt werden. Was sich in nationaler Hinsicht im einzelnen dahinter verbarg, ist bereits oben für die früheren Phasen behandelt worden.

Mit anderen Worten: wirklichkeitsnahe Quellenaussagen und zeitgenössisches Urteil sollten weiterhin die Priorität vor der meist einengenden gelehrten Definition haben. Wenn Rusińskis Kriterium von der „Gleichheit und Solidarität der holländischen Siedler im Verhältnis zum Herrn, wie innerhalb der Gemeinde" z. B. auf holländische Einzelsiedler nicht paßt[127], diese aber in zeitgenössischen

127) R u s i ń s k i , Osady, S. 17 f.

Karten und Inventaren als Holländer galten, so ist nicht die Natur der Einzelsiedler anzuzweifeln, sondern das Kriterium. Hier hat Maas, indem er solche Zwergholländereien in seine Listen mit aufnahm, den richtigeren Weg gewählt. Der holländische Geist der Emanzipation aus den Zwängen des mittelalterlichen Untertanen-Dorfes findet gerade im häufigen Einzelgängertum seinen stärksten Ausdruck. Entsprechend sollten die zahlreichen Prozesse gegen jede Antastung holländischer Dienstfreiheit nicht einfach als Beweis einer besonderen, niedrigen Streitsucht gelten, wie es Stenger und Rusiński darstellen, sondern als Symptom ihres Unabhängigkeitssinnes, der letztlich selbstverständliche Voraussetzung eines freien Siedlervölkchens war.

4. Dorfform und Dorfverfassung

Wie die geographische Lage und Bodenart, die Ethnik und Wirtschaftsweise, so war die äußere und innere Verfassung der Holländereien, ihr topographischer und rechtlicher Typ, von besonderer Art. Auch er unterlag Veränderungen bei der Verschmelzung mit den pommerschen und niederschlesischen Formen und unter dem Druck der Grundherren. Aber selbst in der neuen, weniger echten Form behielten die Holländereien soviel von ihrer aus den Niederlanden mitgebrachten Art, daß sie weiterhin als sensationell neue Erscheinung in der polnischen Kulturlandschaft jedermann in die Augen fielen, besonders den einheimischen, konservativen Bauern ihrer Umgebung, aber auch den verschiedenen privaten wie staatlichen Verwaltungsorganen. Das macht es um so verständlicher, daß die Bezeichnung Olendry oder Holendry, die sowohl dem Ort wie seinen Bewohnern gelten konnte, bald auch als Bezeichnung für den neuen auffallenden Siedlungstyp angewandt wurde, was bei der Diskussion des Terminus Holländerei zu beachten ist.[128] Im polnischen Sprachgebrauch ist dabei in der Regel jeweils erkennbar, ob die Bewohner oder der Ort, die Holländer oder das Holland, gemeint sind.

In der Tat waren die sog. Schulzendörfer ganz andere Gebilde. Rusiński sieht den Unterschied vor allem in der Sozial- und Rechtsverfassung: „Was waren die Ursachen dieser ungewöhnlichen Popularität der holländischen Siedlung? Man muß sie vor allem in der Sozial- und Rechtsverfassung dieser Siedlungsbewegung suchen.“[129] Er erhebt schließlich die Rechtsverfassung zum alleinigen Krite-

---

128) Świtkowski: Budowanie wiejskie [Ländliche Bauweise], Warschau 1782, S. 472, erklärt als Zeitgenosse: „Es gibt zwei gewöhnliche Arten, Landwirte anzusetzen und ihre Wohnungen zu bauen. Entweder wohnen die Wirte einzeln zerstreut, jeder in der Mitte seiner Äcker, Wiesen und Weiden, oder sie wohnen zusammen und nahe beieinander, während ihre Grundstücke, Wiesen und Weiden in größerer oder kleinerer Entfernung liegen. Die erste Art der Ansiedlungen nennen wir Olendry, die zweite dagegen Dörfer“ (zit. nach I. Baranowski; Wsie holenderskie, S. 79, Anm. 2).

129) Rusiński, Osady, S. 7 ff.; ders. in seinem Beitrag zu Dzieje Wielkopolski, Bd 1, red. von J. Topolski, S. 715.

rium, mit dem die Forschung über die Zurechnung einer Ortschaft in Großpolen zu den Holländereien bestimmen soll. Hatte nicht aber auch die alte Schulzenverfassung längst ihre Eignung für großräumige Siedlungsbewegungen zur Genüge erwiesen? Dazu ist bekannt, daß die Holländereien der letzten großen Phase im 18. Jahrhundert keineswegs mehr die echte holländische Dorfverfassung besaßen. Vielmehr war selbst diese inzwischen in einer Verschmelzung mit der Verfassung der „deutschen“ Dörfer alten Stiles, d. i. der pommerschen und schlesischen Schulzendörfer, aufgegangen.[130]

Gewiß war das rechtliche Element der neuzeitlichen Holländerei fortschrittlicher als das des „deutschen“ Dorfes, das noch im Mittelalter wurzelte. Der Niedergang der Schulzenautorität, um den es sich vor allem handelt, ist insofern im Rahmen des allgemeinen Verfalls des Feudalismus zu sehen. Nicht umsonst kamen die Holländer aus dem damals fortschrittlichsten Land Europas.

Man muß aber, um die Verschiedenheiten des rechtlichen „Oberbaus“ zu verstehen, vor allem die realen Verhältnisse in den beiden Siedlungsarten, ihre topographische und wirtschaftliche „Basis“ ins Auge fassen, um es hier einmal marxistisch auszudrücken. So entfielen z. B. in der Holländerei schon wegen ihrer andersartigen äußeren Anlage gewisse kardinale Elemente des mittelalterlichen Dorfes, wie der Flurzwang und die schematische Fruchtfolge in drei Hauptfeldern, die an sich bereits eine autoritäre Schulzengewalt erforderlich machten. Der Holländer besaß sein Land in der Regel in einem einzigen Stück. Welch unglaubliche wirtschaftliche Vorteile allein diese, später in Polen als „kolonial“ bezeichnete Einrichtung mit sich brachte, geht aus dem Bericht eines kongreßpolnischen Fachmannes, obschon aus dem viel späteren Jahr 1858, einleuchtend hervor. Die Zersplitterung der bäuerlichen Fluren und ihre Vermengung mit den gutsherrlichen führe zur Abhängigkeit des Wirtschaftsbetriebes von den Nachbarn, schließe eine Verbesserung der Fruchtfolge aus, verhindere die Einführung von Futterpflanzen und Hackfrüchten, erschwere die Aufsicht und steigere die Kosten, verschwende Land für Wege und Grenzen, erfordere mehr Zugvieh, vermindere damit den Dünger, erschwere den Zugang zu den Feldern für Mensch und Vieh, verhindere Meliorationen und die Vertilgung des Unkrauts; deshalb sei der Wert einer Bauernstelle im Posenschen gleich nach der sog. Regulierung vom Jahre 1823 um 50 bis 100% gestiegen.[131] Schon ein Beobachter aus der Zeit um 1800 meinte: „Ihre [der deutschen Kolonisten] Besitzungen geben den besten Beweis, wie sehr es die Landeskultur hebt, wenn jeder in der Mitte eines kleinen befriedigten [eingefriedeten] Eigentums wirtschaftet.“ Der von August Müller so gefeierte Kolonisator in Neu-Ostpreußen, Provinzialminister von Schroetter, meinte hierzu 1801: „Wahre Cultur findet man nur in ungeschlossenen Dörfern, wo der Erfindungsgeist eines jeden fleißigen Ackerwirths unge-

---

130) Schmidt, Geschichte, S. 385 ff.; Schulz, Die zweite deutsche Ostsiedlung, S. 58 ff.; aber auch Rusiński, Osady, S. 10 f.

131) St. Śreniowski: Studia nad prawem i stosunkami agrarnymi Królestwa Polskiego 1831—1864 [Studien über Recht und Agrarverhältnisse im Königreich Polen 1831—1864], Warschau 1963, S. 210.

störten Spielraum hat und sein Grundstück, ohne von Gemeinden eingeschränkt zu werden, nach Willkür cultiviren kann."[132]

Ferner gab es in den Holländereien wegen ihrer Lage in der Wildnis und auf schlechteren Böden kaum Gutshöfe oder Vorwerke, jedenfalls weit seltener als in den Schulzendörfern, die auch in dieser Hinsicht oft die Erbschaft eines voraufgegangenen polnischen Dorfes mit übernahmen oder in größerer Nähe eines Gutshofes errichtet waren. Eben deshalb wurden die Deutschen in den Schulzendörfern stärker mit Hofdiensten belastet, während die Holländer — jedenfalls ursprünglich — völlig dienstfrei waren. In preußischen Texten aus dem ausgehenden 18. Jahrhundert konnte man daher den deutschen „Dienstbauer" dem Holländer gegenüberstellen. Das unterscheidende Kriterium war die Arbeitspflicht der Deutschen auf dem Gutshofe, die nicht selten drei Tage wöchentlich betrug.[133] Auch andere Verpflichtungen, wie z. B. der Kirchenzehnt, lasteten als alte Hypothek schwer auf den Schulzendörfern, während das Neuland der Holländereien in dieser Hinsicht freier war. Zur Abwicklung solcher kollektiver Aufgaben war im alten Dorf ein den Bauern vorgeordnetes, „monarchisches" Schulzengeschlecht unentbehrlich.

In den neuzeitlichen Holländereien indes entfielen — entgegen verbreiteten Vorstellungen — die meisten kollektiven Bindungen, auch die gemeinsame Viehweide, Bienenbeute usw. Der Einzelne war weit mehr auf sich gestellt. So konnte auch der Funktionär der Dorfgemeinschaft, der Schulze, hier in den Hintergrund treten. Genau besehen, gab es in den Holländereien keinen Schulzen im ursprünglichen Sinne. Auf Zeit nur übernahm vielmehr einer von ihnen die wenigen Restfunktionen ihres Schulzenamtes und konnte es bei den alljährlichen Neuwahlen wieder auf einen anderen abwälzen. Für das erbliche Daueramt eines bevorrechtigten Dorfgewaltigen war in der Holländergemeinde kein Bedarf. Es wäre nur eine unnütze Belastung der oft recht kleinen Gemeinden gewesen.

Die berühmte Formel der Holländerprivilegien: „Alle für einen, einer für alle", die — als Eigenart der Holländer gepriesen — im deutschen Schrifttum einen beinahe mystischen Klang erhielt und als Ausdruck ihres starken Gemeinsinnes galt, wird jetzt von Rusiński zum strengen Kriterium erhoben. Sie diente in Wirklichkeit zu allererst den materiellen Interessen des Grundherrn. Ging es doch dabei vor allem um die pünktliche Entrichtung des Zinses. Nach dem Prinzip des *cui bono* urteilend, sollte man folglich den Urheber der

---

132) Zit. nach U. L. Lehtonen: Die polnischen Provinzen Rußlands unter Katharina II, Berlin 1907, S. 58; bzw. nach A. Müller: Die preußische Kolonisation in Nordpolen, Berlin 1928, S. 193.

133) s. das Filehner Inventar v. J. 1653 bei W. Schulz, Alte Einwohnerlisten, S. 21 ff., wo z. B. die Holländer von Neuhöfen zu zwei Holzfuhren und einem Tag Wiesenmahd im Jahr verpflichtet waren, und S. 28 ff., wo die „Deutschen" jährlich 20 Tage mit dem Vieh und 20 Tage zu Fuß arbeiteten, oder gar wöchentlich zwei und drei Tage und darüber, freilich in der Regel nach vertraglichen Bestimmungen. Hierzu auch Schmidt, Geschichte, S. 340 ff. usw., sowie Materiały do dziejów chłopa wielkopolskiego, unter dem Stichwort „niemiec" im Index (Bd 3).

Formel im grundherrlichen Lager suchen. Dort war die geringe Schollenhaftung und die den Grundherrn beunruhigende Freizügigkeit der Holländer gut bekannt. Die Formel sollte daher die frei zusammengefügte Gemeinde anspornen, das Dorf von sich aus stets voll besetzt zu halten: andernfalls hätten alle Gemeindeglieder für Zinse und Abgaben der wüsten Stellen aufzukommen. Im festgefügten Schulzendorf dagegen konnte der Herr auf solche Formel verzichten, da es bereits im Interesse des Erbschulzen lag, die Höfe besetzt zu halten. War er doch laut Dorfprivileg neben dem Herrn am Genuß der bäuerlichen Leistungen beteiligt. Einen Anreiz zur lückenlosen Besetzung übte allein schon die Dreifeldrigkeit des Schulzendorfes aus. Der Holländer hingegen war in seinem Wirtschaftsbetrieb, angesichts des einheitlichen Besitztums in einem Stück und infolge der Streulage der Höfe, vom Tun und Lassen der Nachbarn so gut wie unabhängig. Ein gelinder herrschaftlicher Zwang zur nachbarschaftlichen Mitverantwortung war daher hier aus technischen Gründen eher angebracht als im Schulzendorf, dessen ganze Anlage bereits einen gewissen Kollektivismus voraussetzt.

Die so oft als entscheidendes Kriterium gewerteten rechtlichen Besonderheiten der holländischen Dorfverfassung sind somit in Wirklichkeit nur eine sekundäre Erscheinung, eine Konsequenz der Wirtschafts- und Siedlungstechnik, marxistisch gesprochen: deren Oberbau. Die primäre Eigenart der Holländerei ist daher nicht in dieser oder jener formalen Besonderheit des Rechts, sondern im modernen Wirtschaftsstil, Plan und Geist der ganzen Anlage zu sehen. Sie entstammte einer neuen Zeit, dem damals am höchsten entwickelten Wirtschaftsorganismus Westeuropas, vielleicht der Welt überhaupt. Auf dem Seewege hatte sie unvermittelt einen Zugang zu Ostmitteleuropa gefunden und war von der unteren Weichsel her auf kürzestem Wege, unter Umgehung des deutschen Reichsgebietes, sozusagen durch eine Nebentür in das damals relativ friedliche und attraktive Polen gelangt, letzten Endes eine Folge des polnischen Korridors zum Meere. In Polen, besonders in Großpolen, wurden die Holländereien mit ihren modernen technischen Vorzügen dann von den Polendeutschen assimiliert.

Der Grund für die Popularität der neuen Holländerei als Siedlungsmodells bei der weiteren kolonisatorischen Erschließung Polens war daher schlicht ihre bessere wirtschaftliche und strukturelle Eignung in den Verhältnissen eines Landes, das vor allem auf die Erschließung seiner riesigen Wildnisräume angewiesen war. Zwei Drittel seiner Fläche waren noch nicht urbar. Welch ein Feld für echte Kolonisatoren! Sie mußten freilich fähig sein, außerhalb der bisherigen, gutsherrlich genutzten Ackerlandschaft rentabel zu wirtschaften, um so den Weg in ein anderes, von Grund auf neues Polen zu weisen, das seither aus der schlafenden Wildnis neben dem alten entstehen sollte. Echte Holländer standen am Anfang dieses Weges. Mögen sie sich nachher auch ethnisch umgeformt haben, so hafteten sie doch bis ins 19. Jahrhundert an Sumpf und Sand. Nur die Holländerei war eine echte Wildnissiedlung geworden, ein technisches Modell, das wie kein zweites auf die neuzeitlichen Bedürfnisse des diluvialen Flachlandes mit seinem Feinmosaik von Naß- und Trockenböden zugeschnitten war. Wenn im heutigen Polen die langgestreckten Kolonien vorwiegen, in denen jeder

Bauer sein Land in einem einzigen Streifen besitzt, so geht der Anstoß dazu auf jene Holländer des 16. Jahrhunderts zurück.[134]

Sicher, es gab auch unter den Schulzendörfern so manche dreifeldrige Anlage aus grüner Wurzel, wie es jüngere Holländereien gab, die die altstilige Flur wüster Dörfer übernahmen. Im allgemeinen aber überwog bei der Schulzensiedlung die Besetzung besserer Böden, eine Folge ihrer häufigen Ansetzung in alten Ortschaften, die aus diesen oder jenen Gründen wüst oder verwahrlost waren. Oft auch wurden Vorwerksländereien mit bestem Weizenboden übernommen. Nicht selten verblieben einige Polen im Dorf, oder man begann mit einer kleinen deutschen Einsiedlung, und es bedurfte erst einer längeren Entwicklung, bis ein deutsches Schulzendorf beisammen war.[135] Dieses Hineinwachsen in die alte Flur und Ackerlandschaft führte erst recht zur Konservierung der alten Ordnung mit bevorrechtigtem Schulzengeschlecht usw.

Sobald jedoch das Modell der neuen Holländerei im nordwestlichen Großpolen erprobt war, ließ die Anlage von Schulzendörfern nach. Der Gutsherrschaft in den alten Ackergauen waren sie unbequem; sie schlugen mit ihren genormten Privilegien Breschen in die Willkür der Vorwerksbetriebe. Bei wüst gewordenen Dörfern sah man sich freilich oft gezwungen, deutsche Ansiedler heranzuziehen. Neugründungen dieser Siedlungsform sind aber im 18. Jahrhundert „nur noch in ziemlich geringer Zahl zu verzeichnen".[136] Im westlichen Netzegau hatte die Gründung von Schulzendörfern bereits mit dem Ausgang des 17. Jahrhunderts ihren „vorläufigen Abschluß gefunden".[137] Von der Mitte des 18. Jahrhunderts an seien dort nur einige deutsche Schulzendörfer entstanden.[138] Es handelte sich stilgerecht um die Wiederbelebung eines wüsten Dorfes (Braknitz) und um die Übernahme zweier Vorwerke (Ostrówke, Wilsbach). Erich Schmidt weiß für die ganze Provinz nur noch 7 Schulzendorfgründungen aus der Mitte des 18. Jahrhunderts namhaft zu machen.[139]

Die Bevölkerung einer Holländersiedlung um das Jahr 1790 läßt sich, nach den Zahlenunterlagen bei Rusiński, mit durchschnittlich rund 100 Personen errechnen,[140] während die Schulzendörfer erheblich größer waren. Ihre Bevölkerung kam daher in Großpolen trotz geringerer Dorfzahl der der Holländereien[141] etwa gleich. Bis 1600 waren sie fast die einzigen fremden Kolonien der Provinz

---

134) vgl. S. 341. Rusiński, Osady, S. 157, bringt die Fotokopie des Dorfplanes von Alt-Dymaczewo-Holl, als „Musterbeispiel eines Straßendorfes (ulicówka)". Der Plan zeigt eine enge Häuserzeile auf der einen Seite der Dorfstraße und gegenüber gemäß Privileg in lockerer Reihe die Scheunen, so daß vom angeblichen Musterbeispiel eines Straßendorfes nicht die Rede sein kann.

135) E. Schmidt, Geschichte, S. 405 ff.

136) ebenda, S. 404.

137) W. Schulz, Die zweite deutsche Ostsiedlung, S. 58.

138) ebenda, S. 63.

139) E. Schmidt, Geschichte, S. 405.

140) Rusiński, Osady, S. 26, S. 124 ff. Der Durchschnitt wäre 110; für ganz Großpolen dürfte aber 100 richtiger sein.

141) nach Rusiński, S. 14, waren es gegen 550.

gewesen. Erst in den letzten zwei Jahrhunderten vor dem Untergang des alten Polen haben die Holländer so tüchtig aufgeholt, daß sie schließlich zahlenmäßig die deutschen Dienstbauern übertrafen.

Weiter unten (Abschnitt V, 4) wird die Gesamtzahl der deutschen Bauern Großpolens für jene Jahre auf etwa 105 000 geschätzt.[142] Da gut 10 bis 20 Prozent der Einwohner dieser Dörfer jeweils als Polen abzusetzen sind, könnte die Rechnung rein hypothetisch lauten:

550 Holländereien zu 100 E., minus 10%	=	50 000	Deutsche
300 Schulzendörfer zu etwa 200 E., minus 20/30%	=	45 000	„
Mischsiedlungen, Pustkowien, Mühlen usw.	=	10 000	„
zusammen etwa		105 000	Deutsche

So machte die Holländerei ihren Weg in Großpolen, obwohl sie nicht einmal ein Dorf im Sinne der Zeit war, sondern nur ein Abbau. Sie machte ihn eben darum, weil sie kein Dorf war. Auch die einheimische Bevölkerung betrachtete sie nicht als eine vollwertige Siedlung. Sie stellte sie an die Seite der sonstigen Siedlungstypen der Wildnis: der Pustkowien, Budy, Kąty, Chałupniki, hob sie allerdings als Holendry aus deren Mitte heraus. Mit anderen Wald- und Randsiedlungen hatte sie die Lage in der Gemarkung eines Altdorfes gemein. Sie alle aber häuften sich dort, wo noch ungenutzte Wildnis lag. Das zeigen sehr suggestiv Karten der Holländereien, in die der Wald von 1800 eingetragen ist (vgl. Karte 3 oder auch die Siedlungskarte von Hładyłowicz).[143] Dort an den Rändern der Ackergaue besaß der Adel oft noch ausreichend Wildnisland. Meist fielen die Holländereien trotzdem nur klein aus, da sie sich jeweils der mehr oder weniger feinmaschigen Besitzstruktur anzupassen hatten. Wo freilich der Grundherr über große zusammenhängende Wildnisse verfügte, die sich zum Anbau nach Holländerart eigneten, da konnten bedeutende Gemeinden entstehen mit Dutzenden, ja mit mehr als hundert Gehöften.

Darauf hatte natürlich die Oberflächengestalt einen starken Einfluß. Endmoränenzüge boten in der Regel kleinere Plätze als Grundmoränenflächen. Auch das Alter der jeweiligen Landschaft wirkte sich aus. In den älteren, bereits ausgeglicheneren Vereisungsgebieten, also in der südlichen und mittleren Zone Großpolens (kenntlich z. B. am Fehlen der Seen, die hier inzwischen verlandet waren) sind häufig größere Holländereien anzutreffen. Hier hatten die postglazialen Jahrtausende mit ihren verschiedenartigen Anschwemmungen und Abspülungen größere, gleichartige Flächen geformt. In den nördlich anschließenden, seenreicheren und geländeunruhigen jüngeren Moränengebieten, in der sogenannten „buckligen Welt", überwogen die kleineren Holländereien, wenn nicht schon die Einzelhöfe der Pustkowien und Rumunken. Dafür sind freilich im Norden die Urstromtäler breit und geräumig, um Platz zu bieten für ausgedehnte Anlagen, wie für Karwenbruch oder für die großen, noch meist echt holländischen Gründungen an der unteren und untersten Weichsel.

142) s. unten S. 214.

143) K. Hładyłowicz - Zmiany krajobrazu, Karte im Anhang mit Deckblatt.

Kein Wunder, daß die Grundherren in der Epoche der reinen Vorwerkswirtschaft die Anlage von Holländereien begünstigten; gelangten sie doch auf diese Weise unverhofft in den Genuß des Grundgeldes (Einkaufsgeldes) und hoher Geldzinse, ohne ein altes Gutsdorf mit den gewohnten Arbeits- und Naturalienleistungen opfern oder einengen zu müssen. Im übrigen ist kein Zweifel, daß die Holländer des 18. Jahrhunderts, besonders seit seiner Mitte, auch alte, verwahrloste Dörfer übernahmen, wie bekanntlich schon die ersten Ankömmlinge im Danziger Werder auf verlassenen alten Dorfplätzen angesetzt worden waren. Um diese aus mancherlei Gründen unerwünschte Entwicklung abzustellen, wurde in einem Gesetz von 1768 bestimmt, daß nur wirklich wüste Gebiete für die Kolonisten freigegeben werden sollen.

Rusiński versuchte, den Anteil des Rodelandes bzw. fertigen Ackers an den von den Holländern übernommenen Ländereien genauer zu ermitteln.[144] Er stützte sich dabei ausschließlich auf Gründungsprivilegien, die darüber Angaben enthalten, und schaltete alle anderen Unterlagen aus. Sein Ergebnis: nur 65% der übernommenen Ländereien auf dem Gebiet der Posener Wojewodschaft seien Rodeland gewesen: „Im Lichte dieser Ziffern verblassen die Behauptungen der deutschen Wissenschaft über die Pionierrolle der Kolonisten deutscher Volkszugehörigkeit."

Nun, 65% wäre nicht wenig. — Sein zweifelhaftes Rechenverfahren sei jedoch hier am Beispiel des Kreises Kosten verdeutlicht. Rusiński fand dort für 111 seiner Holländereien nur 44 Urkunden, die entsprechende Aussagen machen. Dreizehn davon betreffen fragwürdige Holländereien, die Rusiński selber in seiner Liste nicht als solche bezeichnet; acht von ihnen sind auch in unseren Unterlagen nicht als Holländereien ausgewiesen (Borgowo, Borui, Daleszyno, Krzemieniewo, Ostrowo, Konkolewo, dieses nur 1871 als Holland genannt, Popowo und Rakwitz).

Von den 44 Urkunden lauten 21 auf Wald oder Gesträuch, 3 auf teilweise bewachsenes Land, 4 auf wüste Dörfer, 5 auf „dasselbe Dorf, dieselben Einwohner", 7 auf Dorf mit Gebäuden, 4 auf fertige Äcker. Die „wüsten" Dörfer werden aber hier, wie im Lodzer Raum,[145] bereits mit dichtem Gestrüpp bewachsen gewesen sein, genau wie fünf weiter unten erwähnte wüste Dörfer des Tremessener Abtes, die an deutsche Bauern abgegeben wurden.[146] Die Formel „dasselbe Dorf, dieselben Einwohner" wiederum, die eine slawische Bevölkerung vermuten läßt, hat sich in Wirklichkeit häufig auf Deutsche bezogen, die dort bereits ansässig waren oder zusätzlich angesetzt wurden, als das Dorf holländisches Recht erhielt.[147] Zur Frage der „Pionierrolle der Kolonisten deutscher Volkszugehörigkeit" ist mit solchen Dörfern jedenfalls nichts Negatives ausgesagt. Bei Umset-

---

144) Rusiński, S. 65 f., Tabelle V. Nach B. Szczepański, Osadnictwo olęderskie, S. 47, waren im Koniner Kreis von 28 Holländereien, deren Urkunden Angaben darüber enthalten, 23 in Wäldern und 5 auf bereits teilweise offenem Lande angelegt.

145) Kossmann, Die Anfänge, S. 40 ff., wo deshalb zwischen verwahrlosten und wüsten Dörfern unterschieden wird.

146) s. unten S. 139.

147) s. unten S. 149 ff.

zung von Dörfern bleibt überhaupt zu prüfen, inwieweit fertige Äcker von den Altansässigen, oft ebenfalls Deutschen, weiter benutzt wurden, während etwaige neu zugesiedelte Holländer in den umliegenden Wäldern erst roden mußten.[148] Bei jeder dieser Positionen verschiebt sich demnach das Ergebnis um einige Prozent, die sich im Endresultat summieren. Der Prozentsatz an Rodeland hat also selbst im Kostener Kreis höher gelegen.

Man vergleiche statt dessen die auf S. 124 zitierten zeitgenössischen Aussagen über die Holländer als „unruhige Klasse von Primär-Cultivateurs", die „immer neue Rodungen" bewirkten, die immer wieder „rodeten und brannten", aber oft nicht einmal auf ihrer Rodung bleiben durften. Holsche charakterisiert sie sogar grundsätzlich als Bauern, „welchen ... nichturbare Gründe, größthenteils Brücher gegen gewisse Abgaben eingeräumt wurden". Es ist auch bemerkenswert, daß er die südpreußischen Holländer im Kapitel „Von den Waldungen, Forsten und Holznutzungen" behandelt. Dazu sagt er dort: „Fanden sich sogenannte Hauländer ein, die sich gern ansetzen wollten, so wurde ihnen ohne alle Umstände ein Theil des Waldes angewiesen, welchen sie radeten und auf dem sie sich ansässig machten. Diese wählten gewöhnlich die besten Gegenden, und brannten und radeten so viel sie konnten, um Äcker und Wiesen zu erhalten."[149] Von den Starosten, den Nutznießern der Krongüter, dagegen meint er wie Staszic, daß sie „als temporelle Besitzer auch nicht leicht Hauländer ansetzten und die Wälder ausbrennen ließen".[150] Im übrigen besteht, wie gesagt, kein Zweifel, daß die Holländer auch fertige Äcker gern übernahmen, zweifellos lieber als zu rodende Wälder; nur gingen ihre Wünsche nach fetteren Böden selten in Erfüllung; dazu kosteten sie ein besonders hohes Einkaufsgeld und waren mit Leistungspflichten verbunden, die kein Holländer übernehmen wollte.

Hier, wo neben der äußeren die innere Struktur, d. i. die rechtliche Organisation der Holländerei zur Diskussion steht, ist u. a. auf die fortschreitende Aushöhlung ihrer R e c h t s l a g e durch die adligen Grundherren hinzuweisen (was aber nicht als n a t i o n a l e Schikane anzusehen ist). Die feierlich verkündeten Privilegien, die das ausgehandelte Recht der bäuerlichen Kontrahenten als herrschaftliche Gnadenerweise formulieren und erst später durch Kontrakte ersetzt worden sind, wurden nämlich häufig nicht eingehalten, so daß von einer großen Rechtsunsicherheit der Holländereien gesprochen werden kann. Rusiński hält

148) s. unten zu Sroczewo-Holl. S. 152 f. Selbst die Übernahme eines Dorfes mit Gebäuden ist kein sicherer Nachweis, daß nicht gerodet werden mußte. Wurden doch alte Dorffluren häufig erweitert. Das gilt z. B. für Kotusz-Holland („Dorf mit Gebäuden"), wo die altansässigen Polen auf ihren Äckern blieben, aber als Unfreie (!) auf holländisches Recht umgesetzt wurden, desgl. für Karpickie Ol. („teilweise bewachsenes Land") u. a. m.

149) H o l s c h e , Netzdistrikt, S. 223; d e r s . , Geographie, Bd 2, S. 492.

150) ebenda, S. 494. S t e n g e r , Von den Hauländern, S. 248, schreibt ebenfalls sehr deutlich: „Man etablirte Hauländereyen, d. h. man räumte den Antretungslustigen Flecke Waldungen ein, die sie sich urbar machen, bebauen und dann nach Verlauf einer gewissen Anzahl von Freyjahren (gewöhnlich sieben) mit einer jährlichen Geldabgabe (von der Hufe Culmisch Maas mehrenteils 10 bis 12 Thaler) verzinsen mußten."

die Klagen darüber für unzulässige Verallgemeinerungen einiger Ausnahmefälle.[151] Eher sei den Holländern selber Prozeßsucht und Quengelei nachzusagen. Die in den Verträgen, richtiger Privilegien, festgesetzten Leistungspflichten hätten in Wirklichkeit im Lauf der Zeit infolge Währungsverfalls eine Minderung erfahren.[152] Rusiński diskutiert dabei vor allem die Zinse, während die Klagen sich zentral auf die persönlichen Grundfreiheiten bezogen, die von der Herrschaft mehr und mehr geschmälert wurden.

Ein Zeitgenosse, Pfarrer Świtkowski, schrieb darüber 1792: „Es kommt häufig [Sperrung durch O. K.] vor, daß die Herren diesen Leuten die Verträge nicht einhalten, ihnen neue Leistungen und Abgaben auferlegen oder nicht zulassen, daß sie ihre Stellen anderen Wirten übereignen und sich fortbegeben, oder aber daß sie diese freien Leute willkürlich und widerrechtlich von ihren Stellen entfernen und andere ansetzen.“[153] Das ist deutlich genug und nicht nur auf die Zinsfrage beschränkt. Vielsagend ist auch die berühmte neue Konstitution vom 3. Mai 1791, laut der „von nun ab [Sperrung durch O. K.] alle Freiheiten, Verleihungen oder Absprachen, die zwischen Grundherren und ihren Bauern authentisch festgelegt werden ... eine gemeinsame und gegenseitige Verpflichtung darstellen, gemäß dem rechten Sinn der Bedingungen und ihrer Beschreibung, wie sie aus solchen Verleihungen und Verträgen hervorgehen; das wird in den Schutz der Landesregierung genommen. Solche Verträge und die daraus resultierenden Pflichten, die vom Grundherrn freiwillig übernommen worden sind, binden künftig nicht nur ihn, sondern auch seine Rechtsnachfolger in der Weise, daß sie niemals die Macht haben werden, dieselben selbstherrlich zu ändern“.[154] Daraus geht klar hervor, daß Verträge und Privilegien bis dahin kein Schutz gegen grundherrliche Willkür waren und schon gar nicht den Rechtsnachfolger verpflichteten.

Holsche stellt ebenfalls Rechtsbrüche fest. Die Holländer mußten sie hinnehmen, „wenn sie nicht ihre Besitzungen verlieren und weggejagt werden wollten“.[155] An anderer Stelle sagt er, daß sich Kolonisten und Holländer am Ende der grundherrlichen Rechtssprechung, bei der „der Kantschuh“ entschied, unterwerfen mußten, „weil sie gewöhnlich nicht das Vermögen hatten, bei dem Assessorialgericht Prozesse zu führen, und wenn sie es sich unterstanden, ihr Untergang gewiß war“.[156] Der zeitgenössische Gelehrte Johann Bernoulli vermerkte in den von ihm herausgegebenen Reiseberichten dieselbe Beobachtung: „Außerdem hatten die Edelleute nach und nach angefangen, die Contracte, die sie mit den Deutschen, die sie ins Land gelockt, geschlossen — diese Contracte, sage ich, zu vergessen und die Deutschen als Untertanen zu behandeln.“[157] Es

151) Rusiński, S. 97, 102.

152) ebenda, S. 100.

153) St. Inglot, Próby reform, S. 187.

154) ebenda, S. 224. Solche Verträge besaßen fast nur die fremden Kolonisten, selten die einheimischen Bauern (J. Rutkowski, Historia gospodarcza, S. 227).

155) Holsche, Der Netzdistrikt, S. 222.

156) Holsche, Geographie, Bd 1, S. 229, 325.

157) J. Bernoullis Sammlung kurzer Reisebeschreibungen, Bd 4, Jg. 1781, S.

war im Grunde die gleiche kurzsichtige Haltung der Grundherren, die im Ausgang des Mittelalters die ursprünglich freien deutschen und deutschrechtlichen Dörfer in Hörigkeit und Leibeigenschaft hinabzog und nun dazu ansetzte, dasselbe mit den Holländern zu wiederholen.

Besonders schwierig war die Lage der Siedler, wenn sie ihre Abmachungen mit dem Grundherrn nur mündlich getroffen hatten, ohne jede öffentliche Sanktion, wie es bei den kujawischen Rumunken häufig der Fall war. Die Abmachungen gründeten sich dann, wie Holsche es formuliert, auf einen contractum colonarium tacitum. Selten nur hätten die Kolonisten „Auffahrtbriefe" gehabt.[158] „Diese Hauländer hatten oft gar keine Kontrakte ... es entstanden daher gewöhnlich nach Verlauf einiger Jahre zwischen den Hauländern und den Grundherrschaften Prozesse, die damit endigten, daß erstere verarmten, ihre Besitzungen verließen, in andere Güter zogen, von neuem rodeten und brannten, bis sie wieder vertrieben wurden. Die Grundherrschaften hatten bloß den Vorteil davon, daß mehr Land urbar gemacht wurde, welches sie ohne eigene Kosten zu ihren Vorwerken einzogen."[159] Solche Rodungen vertriebener Holländer blieben natürlich bei den oben erwähnten Berechnungen der „Pionierrolle" der Kolonisten durch Rusiński unberücksichtigt,[160] weil die von ihm zugrundegelegten Verträge hierüber nichts aussagen.

Ein anderer preußischer Beamter hat anscheinend die — von Holsche genannten — Hintergründe des wiederholten Abzugs enttäuschter Holländer nicht recht erfaßt. Aber auch aus seiner Charakteristik geht ihre Rodetätigkeit und typische Waldbauernnatur deutlich hervor: „Viele dieser Leute sind nämlich von der Art Hauländer, welche sich an keinem Orte gänzlich fixieren, sondern Etablissements zu erhalten suchen, sie urbar machen, die Freijahre absitzen, sie dann verkaufen und anderswo den nämlichen Kreislauf und Arbeit und Spekulation anfangen. Da ... diese unruhige Klasse von Primair-Cultivateurs doch immer neue Rodungen bewirkt [!], so ist sie insofern dem Ganzen nicht schädlich, wohl aber wegen ihrer äußeren Zudringlichkeit, Grobheit, Verschlagenheit und Geneigtheit zu coup de mains in den Wäldern, die ihre Heimat sind [!], dem Einzelnen gefährlich. Um zu ihren Zwecken zu gelangen und da sie lesen und schreiben können [!] und es ihnen an natürlicher Gewandtheit nicht fehlt, so sind Unwissende ihr Opfer."[161] Preußische Beamte und freie Holländer-Bauern waren offensichtlich unvereinbare Kontraste, was wohl am deutlichsten aus Stengers bekanntem Pamphlet über die Holländer hervorgeht.[162] Stenger konnte oder wollte nicht begreifen, daß die Holländer so unnachgiebig auf die ihnen in den Privilegien zugesicherte Dienstfreiheit pochten. Rusiński zitiert ihn oft, weil auch Stenger,

---

293. K. Zimmermann, Fryderyk Wielki, Bd 2, S. 141 ff., 144, 146, stellt dasselbe Verhalten der Grundherren fest und zitiert u. a. auch Bernoulli.

158) Holsche, Geographie, Bd 1, S. 177. Dieser Band betrifft Neuostpreußen, so daß man die Zitate vor allem auf den Lipnoer und Suwalker Raum beziehen darf.

159) Holsche, Geographie, Bd 2, S. 492.

160) s. S. 21.

161) Kossmann, Die Anfänge, S. 180.

162) Stenger, Von den Hauländern.

als Justiziar in grundherrlichen Diensten, den Holländer vom Standpunkt der Grundherren sah und ihn zum streitsüchtigen, mißtrauischen Prozeßhansel stempelte, wo er um die Wahrung seiner Freiheiten kämpfte. Stenger warf ihm schließlich sogar Religionslosigkeit vor („er hat endlich keine Religion"), weil er hoffte, ihn damit bei Hofe und herrschenden Kreisen am leichtesten zu diffamieren. Stengers bauernfeindlicher Vorschlag ging dahin, die von den Holländern nach dem Einzug der Preußen angestrengten Prozesse gegen die Grundherren zu „coupieren", die Privilegien in gewissen Punkten außer Kraft zu setzen, um „das Vermögen, oder vielmehr einen beträchtlichen Teil des Vermögens guter Grundherrn nicht dem Ausgang eines mislichen Processes zu opfern".[163]

Jan Wąsicki hat einen dieser Prozesse gegen grundherrliche Willkür in allen Einzelheiten als Muster realistisch geschildert.[164] Danach waren die Bauern des Holländerortes Chmielinko kurz nach der Ansiedlung zu höheren Dienstleistungen erpreßt worden, als ursprünglich ausgemacht war. Sie wehrten sich verzweifelt, nahmen Exekutivkommandos und zahlreiche andere Schikanen geduldig hin. Ihre Abgesandten erwirkten in Warschau einen für sie günstigen Bescheid, wurden aber auf der Rückreise teils abgefangen, teils verjagt. Die Bauern selbst wurden vom Grundherrn wegen Verweigerung des schuldigen Gehorsams zu je 200 Kantschu-Hieben verurteilt. Ein Delinquent erlag der grausamen Strafprozedur. Darauf unterzeichneten die Bauern ein — wie es im Text heißt — „auf ihre Bitten" verfaßtes neues Privileg mit den vermehrten Dienstpflichten. 1793 marschierten die Preußen ein und ließen von den Kanzeln verkünden, daß ein jeder bei seinen Rechten und Privilegien geschützt werden solle.[165] Aber auch die rechtsbewußten Preußen setzten zunächst Militär ein, um die Holländer bis zur gerichtlichen Entscheidung zur Einhaltung ihrer bisherigen Arbeitsverpflichtungen zu zwingen. Als es endlich 1796 zur Gerichtsverhandlung kam, wurde der zweite, erpreßte Vertrag vom Kreisgericht als nichtig erklärt. Der Grundherr legte natürlich Berufung ein und die Bauern wurden weiter mit Waffengewalt angehalten, die ungerechten Dienste zu verrichten, bis im Jahre 1800 das Urteil des Kreisgerichts bestätigt wurde. Wąsicki sagt, er habe den Prozeß dieses Dorfes aus vielen anderen ausgewählt, weil er gut belegt ist und die Situation in anderen Holländergemeinden ähnlich war.[166] Eine entsprechende Klage der Holländer von Alt-Jaromierz zog sich vom Jahre 1795 bis 1828 hin. Die Holländer wurden hier freilich bald nach Prozeßbeginn in den Genuß ihrer Dienstfreiheit gesetzt.[167]

---

163) ebenda, S. 219.

164) J. Wąsicki: Przyczynek do dziejów walki klasowej „olędrów" wsi Chmielinka w latach 1793—1806 [Beitrag zur Geschichte des Klassenkampfes der „Holländer" des Dorfes Chmielinko in den Jahren 1793—1806], in: Studia i materiały do dziejów Wielkopolski i Pomorza, Bd 4, H. 2, Posen 1958, S. 73—83.

165) Hierzu Stenger, S. 250: „Dies erhitzte die Köpfe der Hauländer auf einmal zu schnell; in Strömen eilten sie den Gerichtshöfen zu, ihr Privilegium wohl eingepackt auf der Brust."

166) J. Wąsicki, Przyczynek, S. 74.

167) H. Tepper: Ein 33jähriger Prozeß um Recht und Freiheit. Aus dem Privilegienstreit der deutschen Bauern zu Altjaromierz gegen ihre polnische Grundherrschaft von 1795—1828, in: Grenzmärkische Heimatblätter 13 (1937), H. 2, S. 140—165.

Auch die Bauern von Althütte, Kreis Czarnikau, hatten ihre frühere, relative Dienstfreiheit verloren und reichten 1773 Klage ein; die Preußen hatten den Netzedistrikt bekanntlich schon 1772 besetzt.[168]

Es geht hieraus deutlich genug hervor, daß im Zentrum der Auseinandersetzungen die Dienstfreiheit und nicht die Zinshöhe stand. Vor allem aber zeigt sich, daß es offensichtlich keine vereinzelten, „extremen Fälle“ waren. Stenger: „In Strömen eilten sie [die Holländer] den Gerichtshöfen zu.“[169] Aber selbst Rusińskis Beweis für ihre Seltenheit ist nicht stichhaltig: „Im Augenblick der Besitzübereignung [gemeint ist die preußische Bauernreform in der ersten Hälfte des 19. Jahrhunderts] leisteten sie, wie aus den Hypothekenakten hervorgeht, in der überwiegenden Mehrheit der Fälle die in den Gründungsprivilegien festgesetzten Verpflichtungen.“[170] Der späte Zeitpunkt dieses Arguments, als die Prozeßwelle der Holländer bereits vielfach die Wiederherstellung des Rechts erzwungen hatte, nimmt ihm viel von seiner Beweiskraft für die Jahre um 1790. Außerdem wurde laut Rusiński nur die „überwiegende Mehrheit“ vertragsgerecht behandelt, d. h. daß selbst noch zu dieser Zeit ein erheblicher Prozentsatz der Holländer, mehr als man vermuten sollte, zu vertragswidrigen Leistungen erpreßt wurde. Das alles aber berechtigt dazu, von einer groben Rechtsunsicherheit im alten Polen auch für die Holländerbauern zu sprechen.

Daß sie trotzdem oft bei relativer Dienstfreiheit geblieben sind, geht besser aus zeitgenössischen Äußerungen hervor, wie z. B. aus der Bezeichnung der Deutschen in den Schulzendörfern als „Dienstbauern“, womit man sie von den Holländern unterscheiden wollte, auf die solche Bezeichnung demnach nicht gepaßt hätte. Selbst Stenger stellt fest, daß „die Besitzer der Hauländereyen [d. i. die Holländer-Wirte] Dienstfreye Leute genannt werden“.[171] Laut ihm waren sie in den ursprünglichen Privilegien zu gar keinen Diensten verpflichtet worden.

Derselbe Stenger, der ganz auf Seiten der Grundherren stand, mußte indes feststellen: „Der Edelmann war auch nicht selten ein Despot! seinen leibeigenen Bauern drücken, hieß das Gewehr gegen sich selbst richten; denn, war er ruiniert,

---

168) R. Prümers: Polnische Bauernbedrückung, in: Historische Monatsblätter für die Provinz Posen 6 (1905), S. 124 f. Vgl. auch die gewaltsame Erweiterung der Dienstleistungen in Złotkowo-Holl. bei C. Brandenburger: Das Hauländer-Dorf Goldau bei Posen, in: ZHGP 18 (1903), S. 15 f., 35 ff.; ferner F. Guradze: Der Bauer in Polen, in: ZHGP 13 (1898); sowie den Vertragsbruch, dem Kolonisten 1777 bei Iłów, in Młodzieszynek, zum Opfer fielen (Materiały do dziejów Sejmu, Bd 1, S. 166). Vertragsbrüche dieser Art auch in Księgi referendarii koronnej [Bücher des königlichen Referendargerichts aus der zweiten Hälfte des 18. Jh.s], Bd 1, hrsg. von A. Keckowa und W. Pałucki, Warschau 1955; z. B. in Łąkie (bei Skępe), Ośno (Krs. Znin), Silno (bei Thorn), Słońsk (bei Nieszawa).

169) s. oben Anm. 165.

170) Rusiński, S. 102.

171) Stenger: Von den Hauländern, S. 251. — In den von J. Deresiewicz veröffentlichten drei Bänden Gutsinventare werden die Holländer überwiegend als Dienstfreie qualifiziert; als Nichtuntertanen sind sie in der Regel ohne Namennennung aufgeführt. Es gibt aber auch Holländer, die gewisse Dienste leisten (z. B. in Bd 3 der Materiały do dziejów chłopa, S. 32 f.).

so mußte der Herr ihm wieder aufhelfen. Ganz eine andere Bewandtniß hatte es mit den erb- und eigenthümlichen Hauländern. Von ihnen ließ sich theils noch etwas erholen, theils durfte man vor dem Ersatz sich nicht fürchten — und so ward denn freilich oft die Stimme der Menschlichkeit und Vernunft unterdrückt von Eigennutz, das gegebene Versprechen vergessen, und im dritten Jahr schon als Schuldigkeit verlangt, was man im ersten nur gebeten, im zweiten gehofft und schon befohlen; abschreckende Strafmittel bezeichneten dann das vierte und fünfte, wann es einem einfiel, sich zu weigern."[172]

5. Von den Ortsnamen der Holländereien

Als untergeordnete Abbauten blieben die Holländereien in ihrer ersten Phase oft ohne eigenen Namen. Häufig erhielten sie dann die Bezeichnung des Altdorfes, in dessen Bereich sie angelegt waren, mit dem Zusatz Olendry, Holendry (Holland, Holländer). So entstand neben dem Dorf Świniary (Schweinert) Schweinert-Holland (Świniary-Olędry), auch Schweinerter Holländer genannt; neben dem Dorf Lauske (Dłusko) — das Lausker Holland, neben Muchocin — Muchocin-Holland. In Revisionsakten, Gutsinventaren, Lustrationen werden sie entsprechend im Anschluß an das Altdorf und unter der immer wiederkehrenden Gattungsbezeichnung Olendry aufgeführt. Olendry, Hauland usw. bezeichnete dabei nichts anderes als die Qualität des Ortes; konnte es doch neben Schweinert-Holland auch ein Schweinert-Vorwerk, Schweinert-Dorf usw. geben.

Wo keine Altdörfer angrenzten oder die Holländereien dicht nebeneinander lagen, war die Holland-Bezeichnung begreiflicherweise wenig sinnvoll. Dort bürgerten sich rasch echte Ortsnamen ohne den Zusatz Holland für sie ein. Das gilt z. B. in Teilen der Weichselniederung, wie überhaupt strenge Regeln hier nicht aufzustellen sind, sondern jeweils regionale Unterschiede oder auch einmalige Besonderheiten auftreten.

Im Deutschen freilich wäre es ganz ungewöhnlich und wider den Sprachgeist, würde man einen Ort einfach „Deutsche" oder „Franzosen" nennen. Er müßte schon Deutschendorf oder Franzosendorf heißen. Im Polnischen dagegen ist die unmittelbare Verwendung der ethnischen Bezeichnung als Ortsname gang und gäbe. Ein bekanntes Beispiel ist Nimptsch in Mittelschlesien, was auf ein slawisches Niemcy (Deutsche) zurückgeht. Wahrscheinlich saßen auf der dort neu errichteten Zwingburg deutsche Ritter, solange Markgraf Ekkehard vor dem Jahre 1000 kurzfristig Gewalt über diese Gegenden hatte.[173] Es gibt auch andere Niemcy-Orte in Polen. Besonders verbreitet sind Namen wie Prusy (Prußen) und Pomorzany (Pommern) für Siedlungen, in denen Kriegsgefangene dieser damals noch heidnischen Stämme angesiedelt waren.

Solcher Gebrauch von ethnischen Bezeichnungen ist freilich auch anderen

---

172) Stenger, S. 253. Das läßt die Bede in anderem Licht erscheinen, als es Rusiński, S. 99, gegen E. Schmidt darstellt.

173) Thietmar VII 59 ff.

Sprachen, darunter der deutschen, nicht ganz fremd. So kann man unter Preußen sowohl das Land wie seine Bewohner verstehen, desgleichen unter Sachsen, Bayern usw. Im Polnischen gilt das eigenartigerweise nicht nur für Länder-, sondern auch für Ortsnamen. Sie bezeichnen sowohl den Ort wie seine Bewohner. Sehr geläufig sind z. B. in Polen Ortsnamen, die nach den Berufen ihrer einstigen Bewohner gebildet wurden: Złotniki (Goldschmiede), Psary (Hundemeister), Kobierniki (Teppichmacher), Świątniki (Kirchendiener), Pstrążniki (Forellenfischer), Jadowniki (Giftmischer) usw.[174] Auch solche Ortsnamen sind in Deutschland unvorstellbar.

Da es bald Hunderte von Holländersiedlungen gab, war es mit der Bezeichnung Olendry allein meist nicht getan. In abgelegeneren Gegenden, fern von den Zentren der Holländersiedlung, mochte das hingehen: ein einsames Holländerdorf konnte weiterhin schlicht Olendry heißen.[175] Auch überall dort, wo eine Verwechslung mit einem anderen Holländerort nicht möglich war, wie im örtlichen Gebrauch der Untertanen eines Gutsbezirkes, zu dem eine einzelne Holländerei gehörte, genügte diese Bezeichnung ohne jedes Beiwort. Für zahlreiche andere Holländereien aber und im überregionalen Gebrauch waren Zusätze notwendig. Die Regel war, daß man dabei — wenn die Ansiedlung keinen eigenen, besonderen Namen erhielt — wie gesagt, vom Namen des Herrschaftsgutes oder Dominiums ausging oder von dem des Altdorfes, in dessen Gemarkung die Holländerei angelegt war.

Es war eine Verfälschung der polnischen Ortsbezeichnung Olendry, die inzwischen Gattungsname für die Qualität der Siedlung geworden war, wenn die preußische Bürokratie sie mit Holländerei oder Hauländerei wiedergab. Das hätte nur dann zugetroffen, wenn es nicht Holendry, sondern Holendernia geheißen hätte. Holendernia nannte man in Polen milchwirtschaftliche Betriebe. Laut dem berühmten polnischen Wörterbuch von Samuel Bogumił Linde z. B. war eine Holendernia die Siedlung eines Holländers, „wo man sich meist mit Milch und Molkerei beschäftigte", eine „Kuhmelkerey".[176] König Johann Sobieski, der Türkenbezwinger bei Wien im Jahre 1683, hatte in der Nähe von Warschau eine solche holendernia, d. i. eine verfeinerte Kuhmelkerei. Sie fand Nachahmung bei polnischen Magnaten.[177] Ein landwirtschaftliches Wochenblatt in Warschau bezeichnete 1768/69 die Viehställe in größeren Gütern als holendernie. Eine solche in Nieborów bei Lowitsch war um 1700 mit holländischem Vieh besetzt und wurde von einer holländischen „Dissidenten"-Familie betreut.[178]

Dieselbe ursprüngliche Bedeutung des Terminus Holländerei als Kuhmelkerei war im benachbarten Preußen geläufig und den nach Südpreußen versetzten

174) vgl. Kossmann, Polen im Mittelalter, S. 452.

175) vgl. S. 85.

176) S. B. Linde: Słownik języka polskiego [Wörterbuch der polnischen Sprache], Bd 2, Lemberg 1855, S. 185.

177) Zarys historii gospodarstwa wiejskiego, Bd 2, S. 200.

178) W. Pruski: Hodowla zwierząt gospodarskich w Królestwie Polskim w latach 1815—1918 [Die Zucht von Wirtschaftsvieh im Königreich Polen in den Jahren 1815—1918], Bd 1, Warschau 1967, S. 111 f.

preußischen Beamten um 1800 sicher vertraut. Sie erkannten auch den sachlichen Unterschied gegenüber den polnischen Holendry-Siedlungen. So stellte Leopold Krug ganz richtig fest: „Holländereien in Pommern und in der Neumark beschäftigen sich bloß mit Rindviehzucht; in Südpreußen aber sind es einzeln liegende Höfe."[179] Wie schließlich die moderne Sprachforschung bestätigt, verstand man in Deutschland östlich der Elbe unter einer Holländerei grundsätzlich „ein Wirtschaftsgut, bei dem die Hauptsache in Viehzucht und in Wiesenwuchs besteht".[180] Das erklärt am einfachsten die frühzeitig auch im Osten und Südosten Polens vereinzelt auftretenden Ortsnamen Holendernia; sie sind nicht als Holländereien im Sinne einer neuzeitlichen deutschen Kolonie in Polen aufzufassen.[181]

Der nun einmal eingebürgerte Terminus Holländerei für die polnische Ortsgattung der Olendry/Holendry wird jetzt schwerlich durch einen anderen zu ersetzen sein. Richtiger wäre zweifellos einfach „Holland" gewesen, wie es die Kolonisten selber nannten. Namen wie Wiesen-Holland, Schwarz-Holland, Ziegel-Holland, Butter-Holland, Hütten-Holland, Trocken-Holland, Klein-Holland (für Kliny bei Posen), Alt-Holland, Neu-Holland, aber auch Schweinert-Holland, Lauske-Holland usw. waren durchaus geläufig. Niemand sagte Alt-Holländerei oder Neu-Holländerei. Dabei wurde das o in Holland, jedenfalls bei Lodz, nicht kurz und offen ausgesprochen, sondern lang und geschlossen: o^{u}. Auch auf manchen alten Siegeln der Neutomischler Holländergemeinden heißt es entsprechend buchstäblich: Houland,[182] was wohl auf schlesischen Einfluß zurückgeht.

Etymologisch wird die Bezeichnung des Staates Holland heute,[183] wie schon vor dreihundert Jahren,[184] häufig als — morastiges — Holtland (Holzland) erklärt. Nach anderer Deutung[185] sei an tief gelegenes, brüchiges (hohles), vielleicht aber auch an „freies" Land zu denken. Das alles könnte selbst noch für die holländischen Ansiedlungen in Polen weithin zutreffen.

Wahrscheinlich verstanden die ersten Kolonisten ihre Ansiedlung zunächst im

---

179) s. Anm. 107.

180) J. u. W. Grimm: Deutsches Wörterbuch, Bd 4, Abt. 2, Leipzig 1877, Sp. 1744.

181) Hierher gehören sicherlich die von W. Maas: Mittelpolnische Hauländereien, in: DWZP 36 (1939), S. 45, aufgezählten Orte dieses Namens, denen man nach der österreichischen Karte von Westgalizien aus der Zeit um 1800 noch einige nachtragen könnte.

182) K. E. Goldmann: Die ältesten Siegel und Wappen der Neutomischler und umliegenden Holländergemeinden, in: Dt. Blätter in Polen 3 (1925), S. 418 ff.

183) M. Gysseling: Toponymisch woordenboek van België, Nederland usw., T. 1, o. O. 1960, S. 504.

184) Novus Atlas von Blaeu, T. 3, S. 34.

185) E. Verwies — J. Verdam: Middelnederlandsch Woordenboek, Bd 3, 's-Gravenhage 1894, S. 535. A. Brückner: Słownik Etymologiczny, Warschau 1957, S. 172, dachte an „holen" im Sinne von „Schiffe einholen". — In einer schlesischen Urkunde vom J. 1221 (Cod. dipl. Sil., Bd 3, hrsg. von K. Maleczyński, S. 12) heißt es *pro iuvamine quod hollunge dicitur, predicte ville quatuordecim annorum libertatem indulgemus.* Holland könnte in diesem Sinne ein „freies Land, Freiland" gewesen sein, in welchem den Siedlern langjährige Abgaben- und Dienstfreiheiten zur „Erholung" gewährt wurden, weil der Anbau dort mit besonderen Schwierigkeiten verbunden war.

Stil der Zeit als ein echtes kleines Holland in der Fremde. Preußisch-Holland, das freilich in die mittelalterliche Siedlungsphase gehört, könnte dafür ein typisches Beispiel abgeben. Die fast souveränen polnischen Grundherren schließlich leisteten sich im gleichen Sinne jeweils ein eigenes kleines Holland, das nach ihrem Dominium benannt wurde. Überall waren jene ersten holländischen Ansiedlungen in der Tat ein winziges trockengelegtes Sumpfholland, ein getreues Abbild des großen heimatlichen Modells. Später dachte man wohl nicht mehr so sehr an die Identität mit der alten Heimat, als vielmehr an die Gleichartigkeit mit den anderen älteren Holländersiedlungen in Polen selbst, die sich in vielen Hinsichten scharf von dessen sonstigen Siedlungstypen unterschieden, besonders von den „Dörfern", darunter den deutschen Schulzendörfern.

Diese Schulzendörfer aber führten immer einen richtigen Dorfnamen, sei es einen polnischen, sei es einen deutschen (wie so oft im Fraustädter Land aber auch anderswo: Heyersdorf, Geyersdorf, Ulbersdorf, Langenau, Gramsdorf, Bayersdorf, nicht selten nach dem ersten Schulzengeschlecht), neben dem auch ein polnischer Name bestehen konnte. Dabei wurden im westlichen Grenzgürtel die polnischen Namen mundgerecht abgewandelt und damit mehr oder weniger eingedeutscht. Systematische sprachgeschichtliche Untersuchungen nach dem Beispiel von Ernst Schwarz oder Adolf Lattermann würden hier ein interessantes Feld vorfinden.

Mit der „Regulierung" der bäuerlichen Verhältnisse in der ersten Hälfte des 19. Jahrhunderts, die zu einer Nivellierung des seitdem durchweg freien Bauernstandes führte, schwand auch die Sonderstellung der Holländer. Es war seitdem für die Verwaltung unerheblich zu wissen, ob jemand Holländer sei oder nicht. Während das Posener Ortschaftsverzeichnis von 1845 noch auf die Bezeichnungen Hau- oder Holland, Hau- oder Holländerei Wert legte, wurden sie im Posener Gemeindeverzeichnis von 1874 nur noch dort beibehalten, wo sie Bestandteil des Ortsnamens geworden waren oder wo sie als Zusatz gleichnamige Orte voneinander unterscheiden sollten.[186] Meist aber verzichtete man bereits darauf.

Wie aus den Ortslisten im Anhang zu Rusińskis Abhandlung ersichtlich, wird in diesem Teil Polens nach dem letzten Kriege jegliche Kennzeichnung eines Ortes als Holland vermieden.[187] Mühlen-Holland heißt jetzt hier nicht mehr Młyńskie Olendry, sondern einfach Młyńsko; Lentschen-Holland, Łęczne Olędry — Łęczno; Eschenwalder-Holland, Cisiogórskie Olędry — Cicha Góra usw. Europa wird damit eintöniger im grauen Einerlei, ärmer um eine lebendige Erinnerung an die alte Rzeczpospolita, die alte Adels-Republik, den glänzenden

186) Die Gemeinden und Gutsbezirke der Provinz Posen, Berlin 1874, S. VII, Punkt 11.

187) Das Ortschaftsverzeichnis der Polnischen Volksrepublik (Spis miejscowości PRL), Warschau 1967, S. 361, enthält sechs Holendernia im SO des Landes. Nach Durchsicht von etwa einem Viertel des dickleibigen Bandes schätze ich, daß darin insgesamt noch rund 100 Holländereien vorkommen (Holendry, Olendry, Holędry, Olędry). Sie liegen in der Regel im ehemaligen Kongreßpolen, äußerst selten im Posenschen. Das Verzeichnis kennt allerdings generell, laut Einleitung S. 8, als „größere Ortsteile" von dörflichen Siedlungen neben Kolonien, Weilern, Dorfteilen auch Rumunken und Holendry.

Vielvölkerstaat im Osten Europas, in dem sich auch die Holländer heimisch fühlten. Die ganze Sorge um die ehrwürdige Tradition der Holländer-Bauern Osteuropas wird mehr und mehr auf die Geschichtsschreibung abgewälzt.

B. Bekenntnis und Volkstum der Holländer

Bisher wurde im wissenschaftlichen Schrifttum mit großer Selbstverständlichkeit von der Holländersiedlung als von einer grundsätzlich deutschen Siedlung gesprochen. Das war eine Tradition, die bis ins 18. Jahrhundert zurückgeht, als die Autoren noch unmittelbaren Kontakt mit ihrem Forschungsgegenstand hatten. Es wurde freilich vermerkt, daß gelegentlich Polen als „holländische" Siedler auftraten, was praktisch erst für die späteren Jahrzehnte des 18. Jahrhunderts galt. Walther Maas hat die Frage der Bekenntnis- und Volkszugehörigkeit der Holländer erstmals im Jahre 1938 etwas ausführlicher behandelt,[1] hatte aber schon früher erklärt, daß die Bewohner der Holländereien „zumindest" zu 75% Deutsche gewesen seien; es habe auch Polen unter ihnen gegeben, worauf bereits Max Beheim-Schwarzbach und Franz Guradze aufmerksam gemacht hätten. Auch deuteten Ortsnamen wie Polnisch-Koschmin-Holland neben Deutsch-Koschmin-Holland und ähnliche darauf hin. Maas ging damals noch von der Vorstellung aus, daß es in ganz Polen vor seinem Untergang „mehr" als 10 000 Holländer gegeben habe[2], was noch nicht ein Zehntel Prozent der Bevölkerung Altpolens ausmachte.[3] Heute rechnen wir, nicht zuletzt dank Maas, mit dem Zehnfachen, was — wohlgemerkt — nicht viel mehr als ein halbes Prozent (!) der Gesamtbevölkerung war. Von ihm ist im folgenden die Rede.

Neuerdings stellte Władysław Rusiński in einer Monographie über die Holländersiedlungen der Wojewodschaft Posen die kühne Behauptung auf, daß dort von 31 000 Holländern schon 1790 rund 40% katholisch und 35 bis 38% Polen gewesen seien.[4] Jerzy Topolski spricht bereits von einem 60prozentigen Anteil Nichtdeutscher. Er formuliert das so: „An der neuzeitlichen Siedlung, besonders der ‚holländischen', hat sich die deutsche Bevölkerung gern beteiligt. Sie stellte ungefähr 40% der holländischen Siedler (hauptsächlich in der Posener Wojewodschaft), in absoluten Ziffern rund 25 000 Personen."[5] Topolski verläßt sich dabei,

1) W. Maas: Die Posener Hauländereien, in: DWZP 34/35 (1938), S. 120—123.

2) W. Maas: Die Entstehung der Posener Kulturlandschaft, Heft 10 der DWZP, Posen 1927, S. 84 f. Die Zahl der Holländer übernahm Maas von T. Korzon: Wewnętrzne dzieje Polski, Bd 1, S. 312.

3) ebenda, S. 88. Nach einem Beitrag von G. Rhode zum Sammelwerk „Wir von Weichsel und Warthe", Salzburg 1950, S. 129, waren „die Niederungsholländereien rein, die Waldholländereien aber zumindest zu 85% deutsch".

4) Rusiński, Osady, S. 29 und 34.

5) J. Topolski: Wielkopolska poprzez wieki [Großpolen durch die Jahrhunderte], Posen 1973, S. 101.

wie andere polnische Autoren, die heute dieses Thema berühren, auf die Berechnungen Rusińskis in der oben erwähnten Monographie. Stanisława Zajchowska machte es sich noch wesentlich einfacher, indem sie schrieb: die ersten neuen Siedler im 17. Jahrhundert waren in Großpolen die Holländer; „nach ihrem Vorbild haben dann polnische Siedler mehr und mehr Sumpftäler in Kultur genommen, wo der neue Dorftyp der holländischen Reihendörfer entstand".[6] Die deutschen Siedler sind damit auch rückwirkend eliminiert.

Eine der interessantesten bäuerlichen Bevölkerungsgruppen des alten Polen, deren Nachkommen in den Jahren 1945 ff. ihre Höfe verlassen mußten, wird also jetzt — sozusagen posthum — als ursprünglich etwa zur Hälfte polnisch erklärt. Es sind inzwischen nach der großen Katastrophe 30 Jahre verstrichen, und man sollte sich aus solchem Abstand dieser heute politisch völlig entschärften Frage vielleicht noch einmal annehmen, und zwar in aller Sachlichkeit auf Grund zeitgenössischer Aussagen, soweit sie hier zugänglich sind.

1. Aussage älterer Quellen und Autoren

Einig ist sich die Forschung heute darüber, daß die sogenannte Holländersiedlung ursprünglich mit echten Holländern begonnen hat, auch darüber, daß es zunächst keine polnischen „Holländer" gegeben habe. Daß den Holländern selbst schon recht früh das Eindringen von Polen in ihre Gemeinden möglich erschien, zeigt eine oft zitierte Bestimmung holländischer Dorfwillküren. Es heißt dort z. B. im Jahre 1562, wer sein Grundstück an einen Polen verkaufe, werde mit 10 Gulden bestraft.[7] Interessant ist daran auch auf jeden Fall, daß es zu jener Zeit noch einheimische Bauern gab, die in der Lage waren, d. h. die Freizügigkeit und das Kapital besaßen, sich in eine Holländerei einzukaufen.

Rusiński stellt in seinem in Polen heute maßgeblichen Standardwerk zunächst ganz allgemein fest, daß es an unmittelbaren Quellennachrichten über die Volkszugehörigkeit der Holländer Großpolens „fast völlig fehlt".[8] Man wird ihm darin zustimmen, wenn man den Terminus „Holländer" nicht als ethnische Charakteristik auffaßt, sondern wie Rusiński als Bezeichnung eines Menschen beliebiger Nationalität, der in einer bestimmten Situation einen besonderen Rechtsstatus besaß.[9] Ganz ausnahmsweise sei er, Rusiński, auf eine Notiz aus dem Jahre 1775 gestoßen, wo die Volkszugehörigkeit ausdrücklich angegeben werde. Trotzdem kann er gleich anschließend versichern: „Aber schon um die Mitte des 18. Jahrhunderts stoßen wir nicht nur auf neue Siedlungen, in denen man die Anwesenheit polnischer Elemente zweifelsfrei feststellen kann, sondern Polen er-

---

6) St. Zajchowska: Województwo Poznańskie, zarys geograficzno-gospodarczy [Die Posener Wojewodschaft, ein wirtschaftsgeographischer Abriß], Warschau 1959, S. 37.

7) Polskie ustawy wiejskie [Polnische Dorfordnungen], hrsg. von St. Kutrzeba und A. Mańkowski (= Archiwum Komisji Prawniczej XI), Krakau 1938, S. 13.

8) Rusiński, S. 29.

9) vgl. oben S. 105 f.

scheinen auch in solchen Siedlungen, in welchen sie es bisher nicht gegeben hat." Noch für die Gründungen des beginnenden 18. Jahrhunderts freilich „führen die Quellen fast überhaupt keine polnisch klingenden Namen an".[10] Wenn laut Rusiński gegen Ende des Jahrhunderts fast die Hälfte der Bevölkerung der Holländereien Polen gewesen sein sollen, so müßte sich ihr Zustrom in einer mächtigen Woge in den letzten Jahrzehnten des unabhängigen Polen vollzogen haben. — Wie sahen das die Zeitgenossen?

Der nach einhelliger Meinung der Kritiker, deutscher- wie polnischerseits, wohlunterrichtete Holsche hielt im Ausgang des 18. Jahrhunderts die Holländer ohne jede Umschweife für Deutsche: sie seien „freyen Standes und deutschen Ursprungs".[11] Eine ebenfalls zeitgenössische Enzyklopädie definiert: „Dergleichen Hauländer [= Holländereien] findet man in Südpreußen gar viele; sie sind größthenteils durch eingewanderte Deutsche lutherischer Religion zu Anfang dieses Jahrhunderts urbar gemacht und von ihnen bewohnt [wobei, wie aus dem weiteren Text hervorgeht, das „größtentheils" auf die Zeitbestimmung zu beziehen ist. So verstand es damals schon Justiziar Stenger aus Unruhstadt: er zitiert genau diese Stelle und korrigiert sie — für Großpolen unnötigerweise — dahin, daß die Holländereien „nicht größtentheils zu Anfang dieses Jahrhunderts", sondern vielleicht ebenso viele schon zu Ende des vorigen angelegt worden seien[12]]. Man bezeichnet sie mit dem Namen Hauländer oder Holländer, und unterscheidet sie von den eigentlichen Unterthanen, welche ursprünglich Polen und katholischer Herkunft sind. Unter ihnen hat sich auch die deutsche Sprache erhalten, denn sie vermischen sich durchaus nicht mit jenen [gesperrt durch O. K.], sondern bilden für sich untereinander Gemeinden, ohnerachtet sie zerstreut umher, und jeder in der Mitte des ihm zugehörigen, mit einem Zaun eingefaßten Landes wohnen."[13]

Auch Stenger sah in den Holländern Menschen deutschen Ursprungs. Er schreibt jedenfalls, daß die „ersten Hauländer auch alle deutschen Ursprungs sind".[14] Die späteren sind demnach teilweise bereits nichtdeutschen Ursprungs, d. i. — so muß man ihn nach damaligem Sprachgebrauch verstehen — sie sind

10) Rusiński, S. 31.

11) Holsche, Der Netzdistrikt, S. 223.

12) Stenger, S. 248.

13) Topogr.-stat.-geogr. Wörterbuch, Bd 1, Halle 1796, S. 16.

14) Stenger, S. 249. Stengers prinzipiell negative Haltung zu den Holländern wird damit erklärt, daß er „seiner Stellung gemäß für die Grundherrschaft zu sehr Partei ergreift" (F. Grützmacher: Grundherrschaft und Bürgerschaft in den südpreußischen Mediatstädten, in: ZHGP 27 (1912), S. 72 f.). Stenger war Justiziar im Dienst einiger Grundherrschaften, darunter des Erbprinzen von Oranien, der im Südwesten der Provinz ausgedehnte Ländereien besaß. Auch nach A. Warschauer: Die deutsche Geschichtsschreibung in der Provinz Posen, Posen 1911, S. 37, nahm der Justizkommissar Stenger zu Unruhstadt in den damals anhängigen Gerichtsverfahren zwischen Holländern und Grundherren einseitig Partei für die Grundherren. Es ist bezeichnend, daß Rusiński seine Charakteristik der Holländer wiederholt an Äußerungen Stengers orientiert.

nicht aus Deutschland herübergekommen, sondern bereits im Lande geboren. Es ist gewiß nicht so, daß er damit den ersten deutschen Holländern spätere nationalpolnische gegenüberstellen wollte; setzt er doch eindeutig in bezug auf ihre Herkunft fort: „Der beßre Theil der Deutschen Nation verließ mit den Vorfahren unserer jetzigen Hauländer sein Vaterland gewiß nicht."

Eine Meseritzer Kreisbeschreibung von 1801 bezeichnet die Holländer schlicht als „Teutsche", und in einer südpreußischen Denkschrift desselben Jahres heißt es: „Demgegenüber gibt es in Südpreußen verschiedentlich deutsche Leute (sogenannte Hauländer) ... Sie verstehen auch den Ackerbau, pflegen und warten ihr Vieh erträglich gut, wie ich fast bey allen Hauländern gefunden habe, und sind um so nützlichere Landleute, welche dem unwissenden, obgleich äußerst demüthigen und gutwilligen Polen das beste Beyspiel geben und zur Nachahmung bestimmen."[15]

Ein anonymer Grundherr in Polen schrieb im Jahre 1811: die freien Zinsbauern „gemeiniglich Holländer oder auch Hauländer genannt sind meist teutschen, ja mitunter wirklich holländischen Ursprungs. Pohlnische Hauländer gibt es nur wenige." — Der Dichter der polnischen Nationalhymne und großpolnische Grundherr Józef Wybicki äußerte sich im Jahre 1812 folgendermaßen: „In den großpolnischen Departements des Landes entstanden viele teutsche Hauländereien ... Sie wanderten anfänglich aus Holland ein, später aus Teutschland." In einem polnischen Text der Bromberger Präfektur von 1813 heißt es, die Holländer gehören „zum deutschen Geschlecht". Sie säßen auf Grundstücken, die sie „mit eigener Kraft" gerodet haben.[16]

Noch das ganze 19. Jahrhundert sah in den Holländern grundsätzlich Siedler deutscher Herkunft. Baranowski, der polnische Pionier der Holländerforschung, schildert sie als deutsche Protestanten.[17] Ein so bedeutender Forscher wie Tadeusz Korzon nennt sie: „in Wirklichkeit Deutsche".[18] Kazimierz Zimmermann, zweifellos eine Kapazität auf diesem Gebiet, spricht von 400 Holländereien, „also von Dörfern, die im Großherzogtum Posen von Deutschen besiedelt sind".[19]

Aus den zitierten zeitgenössischen und gelehrten Stimmen, deren Zahl noch

---

15) zu Meseritz: Allgemeine Geographische Ephemeriden, Bd 8 (1801), S. 5. Zur Denkschrift — O. Heike: Die Provinz Südpreußen. Marburg 1953, S. 30 (vervielfältigt).

16) zum anonymen Grundherrn — M. Laubert: Eine kulturhistorisch-politische Denkschrift über Polen 1811, in: ZHGP 25 (1910), S. 120; J. Wybicki — nach den Allgemeinen Geographischen Ephemeriden 39 (1812), S. 15. Der Text der polnischen Bromberger Präfektur nach Dokumenty do dziejów Kujaw i ziemi dobrzyńskiej XIV — XIX w. [Dokumente zur Geschichte Kujawiens und des Dobriner Landes im 14.—19. Jh.], Warschau-Posen 1974, S. 71.

17) I. Baranowski, Wsie holenderskie, S. 78: „diese Schulen ... haben wohl am meisten dazu beigetragen, daß die Holländer-Kolonien bisher, nach oft mehreren hundert Jahren, ihre Muttersprache nicht eingebüßt haben. Vor der Assimilierung mit der polnischen Bevölkerung bewahrte sie übrigens auch ihr abweichendes Bekenntnis. Die Holländer waren Protestanten."

18) T. Korzon, Wewnętrzne dzieje, Bd 1, S. 316.

19) K. Zimmermann, Fryderyk Wielki, Bd 1, S. 174. Ältere polnische Vertreter derselben Auffassung nennt W. Maas, Die Posener Hauländereien, S. 121.

erhöht werden könnte, geht hervor, daß der polnische Anteil an der Holländersiedlung um 1800 geringfügig war. Von einem 40prozentigen Anteil der Polen oder gar einem nur 40prozentigen der Deutschen kann schon auf dieser Grundlage keine Rede sein.

Rusiński vermerkt in seinen in dieser Hinsicht geradezu revolutionären Ausführungen mit Anerkennung die Loyalität von Beheim-Schwarzbach, der die vier polnischen Holländereien des Netzedistrikts nicht verschwiegen habe.[20] Auch Franz Guradze habe sich in dieser Frage korrekt verhalten.[21] Erich Schmidt dagegen, der in der Einleitung zu seinem Werk zwar Objektivität zusichere, habe die polnischen Holländer verschwiegen und alle Holländer als Deutsche identifiziert.[22] Schmidts Thema war freilich nur die „Geschichte des D e u t s c h t u m s im Lande Posen“; überdies findet sich bei ihm nirgends die Behauptung, alle Holländer seien Deutsche gewesen. Im Gegenteil, er sagt in diesem Zusammenhange: „Außerdem gab es aber auch Einheimische, die sich mit dem Arbeitsbetrieb der Neusiedler [Holländer] befreundeten und in ihren Gemeindeverband eintraten.“ Dazu war für Schmidt mit diesem Terminus überhaupt „nicht mehr eine Nationalität verbunden, sondern eine Tätigkeit und eine Rechtsstellung“.[23]

Noch weniger am Platze ist wohl der gleiche, an die Adresse von Werner Schulz gerichtete Tadel. Er kann von niemandem ernst genommen werden, der sich selbst überzeugt hat, mit welch spärlichem und brüchigem Material Rusiński seine These von den rund 40 Prozent polnischer Holländer für das Posensche entwickelt, und damit die unendliche, fast lästige Fülle der Quellenangaben vergleicht, mit denen Schulz für ein relativ kleines Teilgebiet, den westlichen Netzegau, nachweist, daß die dortigen Holländereien deutsche Siedlungen waren. Der Textband von Schulz umfaßt 85 Seiten und enthält umfangreiches Quellenmaterial. Ihm gab Schulz noch einen besonderen Quellenband bei, der auf weiteren 274 Seiten ausgiebig in seltener Vollständigkeit Dorf um Dorf dokumentiert.[24] Überdies decken sich seine Feststellungen in dieser Hinsicht vollkommen mit den Ergebnissen von Beheim-Schwarzbach, der im w e s t l i c h e n Netzegau ebenfalls kein einziges polnisches Holländerdorf vorgefunden hat, von Rusiński aber, wie gesagt, lobend mit Anerkennung zitiert wird.

2. W ä h r e n d d e r G e g e n r e f o r m a t i o n

Wie aus den oben wiedergegebenen Beobachtungen von Zeitgenossen und modernen Forschern hervorgeht, waren im 18. Jahrhundert zweifellos Polen unter den Holländern anzutreffen. Sie können auf mancherlei Wegen in ihre Mitte

20) M. B e h e i m - S c h w a r z b a c h , Der Netzedistrikt, T. 3, S. 122 und 129.

21) F. G u r a d z e : Der Bauer in Polen, in: ZHGP 13 (1898), S. 245. Guradze bezieht sich dabei auf Beheim-Schwarzbach.

22) R u s i ń s k i , S. 31, Anm. 2.

23) S c h m i d t , S. 324, S. 392.

24) S c h u l z , Die zweite deutsche Ostsiedlung, s. Anm. 1 auf S. 9.

gelangt sein, die hier und in den nächsten Abschnitten näher betrachtet werden sollen. Ein sehr begreiflicher Weg führte über die Polonisierung von ursprünglich deutschen Holländern katholischen Bekenntnisses oder solchen, die im 17. und 18. Jahrhundert zu diesem Bekenntnis gezwungen worden waren. Nach einem kurzen meteorhaften Aufstieg des Protestantismus war nämlich die polnische Bevölkerung nicht zuletzt unter dem Einfluß gewandter Jesuiten wieder fast einhellig in den Schoß der katholischen Kirche zurückgekehrt, die sich damals zur alleinherrschenden geistigen Gewalt im Lande aufschwang. Die dramatischen Invasionen der protestantischen Schweden, u. a. 1655—1660 und während des Nordischen Krieges 1700—1721, trugen entscheidend dazu bei. Ähnlich wie in den beiden jüngsten Weltkriegen mußten die Besatzer das Land nach Erschöpfung ihrer Kräfte jeweils wieder räumen. Da die protestantische — um diese Zeit fast restlos deutsche — Minderheit in Polen, seit langem von der katholischen Kirche schwer bedrängt, bei der schwedischen Besatzungsmacht namentlich in ihren kirchlichen Nöten Schutz gefunden hatte, geriet sie nach deren Abzug jedesmal in Bedrängnis, die freilich mit den grausamen Vorgängen im Deutschen Reich während des 30jährigen Krieges nicht zu vergleichen ist. Die herrschende Kirche wollte sich jedoch die Gelegenheit nicht entgehen lassen, die evangelischen Siedler nun als Landesverräter und Quell allen Unheils anzuprangern, in der Hoffnung, damit Adel und Volksstimmung gegen die Ketzer zu mobilisieren, womöglich die Ächtung auch der Protestanten zu erreichen, (was indes nicht gelang). Der Posener Bischof Tolibowski schrieb im Januar 1659, als die Schweden bereits geschlagen waren, vorwurfsvoll an einen evangelischen Grundherrn: „Und wie kontet ihr es uns dann vor übel halten, die wir uns solches wünschen, damit in Polen gar keiner der Dissidenten sein möge, besonders derjenigen, welche die Herren in ihren Gütern aus frembden Landen an sich ziehen und zum Unterhalt des Feindes wider unser Vaterland einfodern? Den so vil derer in Pohlen sind, können wir solche vor so vile Verrähter unseres Landes halten."[25] Analog waren die Folgen, als Schweden nach der Niederlage Karls XII. bei Poltawa in der Ukrai-

25) Th. Wotschke: Die evangelische Gemeinde in Posen-Schwersenz im 17. Jh., in: ZHGP 29 (1915), S. 159. Vgl. auch J. Tazbir: Państwo bez stosów [Der Staat ohne Scheiterhaufen], Warschau 1967, S. 250 ff.: „Im Sinne der katholischen Propagandathesen war jeder ‚Luther' ein Verräter; man machte keinen Unterschied zwischen Schuldigen und Unschuldigen, plünderte und schlug alle gleichermaßen, mordete sogar in Einzelfällen. Den Verfolgungen fielen auch mehr als ein Dutzend protestantischer Geistlicher zu Opfer." — Schrifttum zur Geschichte der Reformation und Gegenreformation in Polen nennt die instruktive Studie von St. Salmonowicz: O sytuacji prawnej protestantów w Polsce (XVI—XVIII w.) [Von der Rechtslage der Protestanten in Polen], in: Czasopismo prawno-historyczne 26 (1974), S. 160—173. Er verweist u. a. auf den Forschungsbericht von B. Stasiewski: Reformation und Gegenreformation in Polen, Münster i. W. 1960, sowie auf G. Schramm: Die polnische Nachkriegsforschung zur Reformation und Gegenreformation, in: Kirche im Osten 13 (1970). Nach Salmonowicz, S. 162, dauerte die Periode der faktischen und rechtlichen Diskriminierung der Protestanten und damit des Sieges der Gegenreformation von 1648 bis 1767. — Im J. 1670 f. fand Ulrich von Werdum kein lutherisches *exercitium* vor (X. Liske, Cudzoziemcy, S. 93).

ne im Jahre 1709 das Land ein zweites Mal räumte. Wieder brach eine Leidenszeit für die Evangelischen an. „Der nordische Krieg und die Regierung der Sachsen brachten eine neue Welle der Xenophobie.“[26] Wie oft hat sich diese historische Situation für das Häuflein der Deutschen in Polen wiederholt! Tausende von Protestanten flüchteten damals über die Grenzen, zahllose verloren ihren Besitz durch Brand, Plünderung und Vertreibung, viele ihr Leben.

Daß es trotzdem nicht zu generellen gesetzlichen Ausrottungsmaßnahmen gegen die Evangelischen und Reformierten und ihr Bekenntnis kam, wie es unduldsame Kirchenherren forderten, zeugt einerseits von einer gewissen Immunität des polnischen Adels gegen blinden ideologischen Fanatismus, andererseits von der wirtschaftlichen Rolle der Protestanten. Adlige, die schon während der voraufgegangenen innerdeutschen Glaubenskriege den flüchtigen Protestanten aus dem benachbarten habsburgischen Schlesien und Böhmen ein großzügiges und für die Grundherren einträgliches Asyl geboten hatten, entzogen sich auch jetzt — obgleich nicht überall — dem Drängen der Kirche nach völliger Entrechtung des Protestantismus. Immerhin war auf dem Reichstag von 1717 zur straflosen Zerstörung aller seit 1632 errichteten evangelischen Gotteshäuser aufgerufen worden, besonders derjenigen, die unter schwedischem Schutz erbaut worden waren. Der Bau neuer Kirchen wurde untersagt (was die Eiferer auf Baureparaturen ausdehnten), desgleichen die Berufung von evangelischen Geistlichen.[27] Die letzten evangelischen Landboten wurden aus dem Reichstag ausgestoßen. Die Rechtsunsicherheit für Protestanten nahm zu.

„Hierdurch ist geschehen, daß sonderlich in den letzten Zeiten so viel unschuldige Personen, aus unerfindlichen oder nichtigen Ursachen vor Gericht gefordert, durch widerrechtliche Ansprüche ihrer Ehren und Güter beraubet und ins Elend vertrieben, eine Kirche nach der anderen weggenommen, geschlossen oder gar geschleiffet und der Erde gleich gemacht.“[28] Ohne hier auf Einzelheiten einzugehen, sei doch an das Thorner Blutgericht von 1724 kurz erinnert. Es war nach Theodor Schieder „tatsächlich das einzige Ereignis aus der Geschichte der westpreußischen Städte geworden, das über den engeren Raum des Ostens hinaus ganz Europa beschäftigte“.[29] Auch muß der späte gegenreformatorische Ei-

---

26) St. Salmonowicz, O sytuacji prawnej, S. 172.

27) A. Warschauer: Geschichte der Provinz Posen in polnischer Zeit, Posen 1914, S. 122 f.; Vol. leg. VI, S. 124 f.

28) Das betrübte Thorn oder die Geschichte so sich zu Thorn von dem 11. Juli 1724 zugetragen, Berlin 1725, S. 12.

29) T. Schieder: Deutscher Geist und ständische Freiheit im Weichsellande, Königsberg 1940, S. 128. Zu den Thorner Ereignissen s. die zeitgenössische Sammelschrift: „Das beklagenswerte Thorn, das ist ausführliche Beschreibung von dem Ursprung des in Thorn entstandenen Tumults, dessen Untersuchung, darauf erfolgten scharfen Urteils und Vollziehung desselben“, Frankfurt/Main 1724; ferner F. Jacobi: Das Thorner Blutgericht 1724, Halle 1896; W. Gastpary: Sprawa Toruńska w roku 1724 [Die Thorner Angelegenheit des J. 1724], Warschau 1969; dazu kritisch St. Salmonowicz: O problematyce politycznej i prawnej tzw. tumultu toruńskiego z 1724 r. [Über die politische und rechtliche Problematik des sog. Thorner Tumults], in: Czasopismo

fer polnischer Bischöfe hier insoweit mit einigen Episoden zur Sprache gebracht werden, als er zur Klärung der Herkunft der katholischen, später oft polonisierten Holländer beitragen kann.

Bischof Szembek z. B., soeben aus Posen nach Leslau (Włocławek) versetzt, später Erzbischof von Gnesen, der auf diesem Gebiet zu trauriger Berühmtheit gelangt ist, vertrieb im Jahre 1722 die *germani haeretici* aus seinem Dorf Komorsk (unweit Graudenz) und übergab die frei gewordenen Höfe polnischen Katholiken.[30] Kazimierz Zimmermann hat offenbar dasselbe Begebnis im Auge, wenn er schreibt, Bischof Szembek habe die von seinem Vorgänger angesetzten protestantischen Bauern im Jahre 1722 gelegt und ihre Stellen Katholiken gegeben.[31] Im Jahre 1738 verbot er den Bauern von Klein Komorsk, ihre Grundstücke an andere als Katholiken zu veräußern.[32] Hier, wie in anderen Vertreibungsorten, konnten also Polen seitdem unmittelbar zu Inhabern der ehemaligen Holländerhöfe werden. Im Regelfall ist freilich kaum anzunehmen, daß die Grundherrschaft bei dieser Gelegenheit willens war, ihren bisherigen Fronbauern gleichzeitig den sozialen Aufstieg zum freizügigen Bauern zu gewähren.

Gelegentlich gaben jedoch die Holländer dem Glaubensdruck nach und durften nach dem Bekenntniswechsel auf ihren Höfen bleiben. Damit waren dann in der Tat Holländer katholischen Bekenntnisses geschaffen. Das in kirchlichen Besitzungen besonders häufige katholische Bekenntnis der Holländerdörfer wird auf dieses Prinzip des *cuius regio eius religio* zurückzuführen sein. Die Nachkommen solcher Bekenntniswechsler konnten das väterliche Erbe bereits als katholische Holländer übernehmen und katholische Tochterkolonien gründen. Nicht selten gingen sie später im polnischen Volkstum auf; denn die größte Barriere, die sie solange von diesem geschieden hatte, war mit dem evangelischen Bekenntnis gefallen.

In Wołyszewo z. B., oberhalb Thorn, beugten sich die evangelischen Bauern dem Bekenntnisterror und traten zum katholischen Glauben über. Die anschließende Polonisierung brachte es mit sich, daß dort seitdem eine Anzahl polnisch-katholischer Bauerngeschlechter lebte, die deutsche Namen trugen, wie Richter, Gronett, Stoltmann, Buse. Einige ließen dann ihre Familiennamen polonisieren. „So wurde aus Schwitzer ein Swieczkowski, aus Buse ein Buza, aus Bohne ein Bonowicz, aus Rosenke ein Rodzynka, aus Rohmann ein Romanowski, aus Hermann ein Hermanowski, aus Lochmann ein Lochmanowicz, aus Drews ein Dryps."[33]

Prawno-Historyczne 24 (1972), S. 223—237. Vgl. auch A. Rhode: Geschichte der evangelischen Kirche im Posener Lande, Würzburg 1956, S. 107 f.; G. Rhode: Brandenburg-Preußen und die Protestanten in Polen 1640—1740, Leipzig 1941, S. 178 ff.; sowie neuerdings M. Kosman: Reformacja i kontrreformacja, im Sammelwerk: Stosunki polsko-niemieckie w historiografii [Die deutsch-polnischen Beziehungen in der Historiographie], Posen 1974, S. 399 f.

30) H. Wiebe, Das Siedlungswerk niederländischer Mennoniten, S. 28.

31) K. Zimmermann, Fryderyk Wielki, Bd 2, S. 67.

32) wie Anm. 30.

33) E. Mielke: Schlonsk, Dortmund 1972, S. 20 f.

Der Abt des Zisterzienserklosters Wongrowitz verfügte 1724 als Herr der gleichnamigen Stadt: „Darum befehlen wir und ordnen hiermitt strengstens an, daß alle Dissidenten, auch alle, die in Mischehen mit Lutheranern leben, innerhalb von drei Monaten, das sind die Monate Juni, Juli und August, entweder zu verkaufen und die Stadt zu verlassen haben oder rechtgläubige Katholiken werden, andernfalls sie gewaltsam entfernt werden . . . Geschehen im Jahre des Herrn 1724 in unserer Residenz Wongrowitz am 24. Mai."[34]

Daß es sich dabei nicht um vereinzelte Fälle, sondern um eine generelle Aktion der kirchlichen Grundherren handelte, geht auch aus einem Bericht des Pastors der alten evangelischen Gemeinde von Rewier, nördlich Posen, aus dem Jahre 1747 hervor: „Es haben auch vor etlichen Jahren auf Verlangen des Abtes zu Tremessen deutsche Bauern fünf, wo nicht mehr wüste Dörfer wohnhaft gemacht. Die Äcker waren mit dickem Strauch bewachsen. Diesen haben sie mit großer Mühe und Arbeit ausgerottet. Nachdem sie nun den Acker fruchtbar gemacht, Häuser und Scheunen und alles wohl aufgebauet, gibt der Abt jetzt vor, der Herr Primas [Erzbischof von Gnesen] bestünde darauf, daß er alle Deutsche abschaffen und katholische Wirte einsetzen solle. So ist nun den Deutschen anbefohlen, entweder die Religion zu ändern oder ihre Wohnungen zu verlassen. Bis Martini ist ihnen noch Frist, sich zu bedenken, gegeben worden. Weil diese Leute in mein Kirchspiel gehören, haben sie mir solches geklagt."[35] Maas verzeichnet in der Tat fünf Tremessener Holländereien mit ausschließlich katholischer Bevölkerung im Jahre 1818: Bieslin, Kamionek, Ostrówek, Ostrów, Stawiska.[36] Allerdings sind diese Orte 6 bis 7 Meilen südostwärts von Rewier gelegen. Möglicherweise waren es die bedrohten Orte, obwohl der betreffende Text nicht von Holländereien spricht, sondern von deutschen Bauern.

Ebenda, in der Umgebung von Tremessen und Mogilno, befanden sich laut Bromberger Ortsverzeichnis von 1818 noch über ein Dutzend weiterer kleiner Holländereien mit überwiegend katholischer Bevölkerung, die offenbar ursprünglich meist zu kirchlichen Grundherrschaften gehört haben.[37] Einige von ihnen sind aus den Klassifikationsakten des Netzedistrikts von 1773/4 näher bekannt. Ihre Bewohner waren, wie daraus hervorgeht, zwar katholisch, trugen aber größtenteils deutsche Namen,[38] gelegentlich auch Namen, die auf eine der Katholisierung folgende Polonisierung deuten.[39] Diese Holländereien u. a. meint

---

34) Der volle Text im „Heimatbuch für den Kreis Eichenbrück-Wongrowitz", Lüneburg, o. J., S. 32 f.

35) Th. Wotschke: Hilferufe nach der Schweiz, in: DWZP 16 (1929), S. 71.

36) W. Maas, Die Posener Hauländereien, S. 122.

37) Übersicht der Bestandtheile und Verzeichniss aller Ortschaften des Bromberger Regierungsbezirks, Bromberg 1818.

38) vgl. weiter unten S. 170.

39) Katholisch war dort offenbar schon damals auch der Ort Popielewo, östlich Tremessen. Der zeitgenössische Reiseschriftsteller J. Bernoulli schildert ihn im Jahre 1781 als „ein großes deutsches Dorf" an einem sehr großen See (J. Bernoullis Sammlung kurzer Reisebeschreibungen 4 (1781), S. 234, im Bericht „Witkove in der Woiwodschaft Gniesen in Groß-Polen. 1781").

zweifellos eine von der Posener Regierung im Jahre 1831 gefertigte Denkschrift unter dem Titel „Approximative Angaben über die Sprachgebiete im Großherzogtum Posen“, wenn sie feststellt, daß die Holländereien in den „mittleren und östlichen Kreisen“ der Provinz „zum Teil polonisiert [!] und katholisch sind“.[40]

Entscheidend war letztlich immer das Verhalten des Grundherrn, der im alten Polen praktisch ein Souverän auf seinen Gütern war. So schrieb ein evangelischer Pfarrer 1732, daß damals die evangelischen Kirchen in und um Filehne gesperrt worden seien. Der Grundherr jedoch, Fürst Sapieha, ein echter Vertreter des selbstherrlichen polnischen Adels, habe daraufhin einfach befohlen, „die Siegel abzureißen und Gottesdienst zu halten, doch so, daß 20 wehrhafte Soldaten allemal vor der Kirche stehen, welche den Befehl haben, alle einfallenden Feinde totzuschießen. So verrichten sie ihren Gottesdienst par force, und Herr Pastor Hanisch wird von einer Kirche zur anderen von den Soldaten begleitet“.[41]

Ganz anders als bei Filehne verlief die Ära der Rekatholisierung im bischöflichen Dorf Trebisch bei Schwerin, hart an der neumärkischen Grenze. Die dort ansässigen Protestanten wurden 1730 aufgefordert, entweder katholisch zu werden oder ihre Höfe zu verlassen. Als sie sich weigerten und auf die ihnen schriftlich zugesicherte Bekenntnisfreiheit verwiesen, ließ der Bischof den Schulzen und sieben andere Bauern vor sich laden. Sie wurden, ohne gehört zu werden, eingekerkert und so lange auf spitze Pfähle gelegt, bis sieben von ihnen übertraten. Entsetzt flüchteten die übrigen Dorfbewohner über die nahe brandenburgische Grenze. Einige wurden später zurückgelockt und zum Übertritt gezwungen. Die anderen blieben im märkischen Warthebruch.[42] Darauf wurden katholische Bauern in Trebisch angesetzt, die aber Niederschlesier waren und aus der Gegend von Meseritz stammten, so daß hier daraus keine polnischen Kolonisten hervorgegangen sind.[43] — Es gibt ein Dorfprivileg für Trebisch aus dem Jahre 1754. Sollte der Ort erst in diesem Jahr neu organisiert worden sein? Jedenfalls heißt es darin, die Trebischer sollen, „so wie vor also auch alle zeit vor freye Leuthe“ gelten. Es dürften aber nur katholische Wirte aufgenommen werden; Protestanten müßten sich verpflichten, ihre Kinder in der katholischen Religion zu erziehen. Der Bischof verspricht seinerseits, auf einem frei werden-

---

40) M. Laubert: Beiträge zum Sprach- und Nationalitätenverhältnis in der Provinz Posen um 1830, in: Dt. Blätter in Polen 5 (1928), S. 419.

41) Th. Wotschke: Zum Drama „Glaube und Heimat“ im Posener Lande, in: ZHGP 28 (1913), S. 60. St. Leszczyński (vertriebener polnischer König): Głos wolny wolność ubezpieczający [Eine freie Stimme zur Sicherung der Freiheit], 1749, S. 55: „das aber ist gewiß, daß in ganz Europa, ja in der ganzen Welt, nichts der Kondition des polnischen Schlachtschiz gleichkommt, dem sogar die absoluta potestas zusteht, indem es ihm frei steht, sich pro libitu auf seinem Erbgut zu verhalten“ (zit. nach dem polnischen Originaltext bei K. G. Hausmann, Die politischen Begriffe, S. 175, Anm. 336).

42) G. Rhode: Das Siedlungswerk Friedrichs des Großen und die Deutschen aus Polen, in: DWZP 36 (1939), S. 6.

43) H. Schleinitz: Besiedlung und Bevölkerung der südlichen Grenzmark, Grimmen 1936, S. 96.

den Hof keinen anderen Wirt anzusetzen als einen „deutsch-catholischen Bauern".[44]

Der vorzügliche Sittenschilderer des untergehenden Polen, der katholische Landpfarrer Jędrzej Kitowicz, erinnerte sich noch im Jahre 1790 an diese Vorgänge. Laut ihm hat der Gnesener Erzbischof Szembek, „der sehr gottgefällig lebte und die Häretiker ausrotten wollte", die evangelischen Kirchen der Provinz durch einen Posener Wojewodschaftsfunktionär, den sog. Schwertträger (miecznik) Bońkowski, im Sinne der Reichstagsbeschlüsse von 1717 zerstören lassen. (Daß der Erzbischof dabei die Initiative ergreifen mußte, zeigt erneut, wie wenig die polnische öffentliche Hand, die es freilich als solche kaum gab, aber auch der polnische Adel und das Volk von sich aus bereit waren, gewaltsam gegen die sog. Dissidenten und ihre Kirchen vorzugehen.) Der Erzbischof habe Bońkowski viel Geld dafür vorgestreckt, ihm auch seine Hoftruppe zur Unterstützung übergeben. Mit dieser sei er in der Provinz umhergeritten und habe die protestantischen Kirchen heimgesucht. „Er wurde der Bevollmächtigte des Herrn Jesus genannt. Bei dieser Vollmacht, die er sein ganzes Leben innehatte, verlor er sein irdisches Erbgut in der Hoffnung, dafür ein Gut im Himmel zu erwerben." Sein Einsatz habe jedoch keinen vollen Erfolg gehabt, „da andere Herren, die ihre Städte und Dörfer so gut wie möglich mit Menschen anfüllen wollten, von überall Dissidenten in ihren Gütern aufnahmen".[45] Die so farbige Erzählung, die die damaligen Lebensverhältnisse in Polen durchblicken läßt, sei hier durch eine von preußischer Seite stammende Schilderung ergänzt:[46] „Ein gewisser Wladislaw Bonikowski, der es sich zum Verdienste, vielleicht auch zum Mittel machte sich zu nähren, daß er um die Mitte dieses Jahrhunderts die Kirchen der Lutheraner beunruhigte, in Prozesse verwickelte und wegnahm, war auch hier Instigator [der die gerichtliche Schließung der lutherischen Kirche in Obersitzk 1746 veranlaßte, O. K.]. Dieser Mann schrieb sich Plenipotent Pana Jezusa, d. i. Plenipotent des Herrn Jesu, und ward zuletzt 1762 in Oplinitz [Opalenica], da er sich hatte gebrauchen lassen, daselbst einzureiten und die zusammengebrachten bewaffneten Leute zu commandiren, in der Tür des dasigen Brauhauses mitten in einer Unterredung vor den Kopf geschossen ... Er fiel aber nicht, wie er fürchtete, durch die Hand eines Lutheraners, sondern eines seiner Glaubensbrüder. Nach erhaltener Religionsfreiheit [nach 1768] ließ der jetzige Besitzer die Kirche sogleich öffnen." Daß nicht blinder Fanatismus allein Bonikowski getrieben hatte, zeigt sein Verhalten in Rakwitz: „Zu Anfang des Jahres 1754 kam der bekannte Bonikowski ..., der so genannte Plenipotent des Herrn Christi hieher, und brachte uns einen Pozew [Vorladung] ins Tribunal nach Petrikow, wegen des vor dem Jahre gemachten neuen Kirchendaches. Allein er ließ sich bewegen, daß er 2 Ducaten an-

---

44) A. O. Nath: Ein Privileg der Gemeinde Trebisch, in: Grenzmärkische Heimatblätter 12 (1936), H. 2, S. 170 ff.

45) J. Kitowicz: Opis obyczajów za panowania Augusta III. [Beschreibung der Sitten unter der Herrschaft Augusts III.], bearbeitet von R. Pollak, Breslau ^{2}1951, S. 6 f.

46) Sirisa (Pseudonym): Beschreibung von Südpreußen, Leipzig 1798, S. 446.

nahm und davor den Pozew wieder einsteckte."[47] Neben einer Portion naiver Frömmigkeit und Donquichoterie spielten bei diesen Begebnissen offensichtlich auch handfeste materielle Interessen eine große, oft die entscheidende Rolle. Immer wieder konnte durch Geldgeschenke an die lokalen weltlichen und geistlichen Herren eine gewisse Duldsamkeit erkauft werden: *vexa Lutherum, dabit tibi thalerum* [Quäle den Luther, er wird dir einen Taler geben!]. Das hat ganz erheblich zum Überleben des Protestantismus in Polen beigetragen und den Druck gemildert.

Es geht indes zu weit, wenn Rusiński erklärt, daß im ganzen gesehen für das religiöse Leben der Siedler beschauliche Zustände herrschten: „In den Quellen fand sich kein einziger Fall, in welchem die den Holländern im Lokationsprivileg zugesicherte Bekenntnisfreiheit nachträglich eingeschränkt worden wäre." Außerdem seien die normalen religiösen Bedürfnisse der Holländer „zur Gänze" vom Dorfschulmeister, dem sog. Vorleser, befriedigt worden.[48] — Laut polnischem Reichsgesetz von 1717, Art. IV, war in Wirklichkeit inzwischen auch die Heranziehung von ketzerischen Lehrern, Predikanten zu Gottesdienst und Predigt, sowie überhaupt jeder gemeinschaftliche Gottesdienst außerhalb der wenigen verbliebenen, vor 1632 errichteten Kirchen verboten worden.[49]

Immer wieder wandten sich die Protestanten in dieser Situation, nachdem ihnen im Lande keine Rechtsmittel mehr zur Verfügung standen, hilfesuchend an einsichtige Regierungen und evangelische Kirchen im Ausland, obwohl solche Hilferufe polnischerseits als Staatsverrat angesehen wurden und unter Androhung schwerster Strafe standen. Offiziell wurde daraufhin u. a. der Bevollmächtigte des erstarkten Preußen-Brandenburg bei der Warschauer Regierung wiederholt zugunsten der Protestanten vorstellig.[50] Nach dem Urteil eines Zeitgenossen und namhaften Protestanten zu Lissa war freilich den preußischen Herrschern das harte Vorgehen der katholischen Kirche gegen die evangelischen Siedler in Wirklichkeit nicht einmal unwillkommen; „denn" — so heißt es in seinem Schreiben vom 21. 12. 1742 — „wäre das Religionsexercitium hier in genugsamer Sicherheit, so würden die brandenburgischen Untertanen sich haufenweise in die polnische Freiheit [!] begeben um des Zeitlichen willen, da sie im Geistlichen nichts zu verlieren hätten. Nun aber sähe man [in Berlin] lieber, daß die dissidentischen Polen [= deutsche Kolonisten] wegen Religionsverfolgung im Vaterlande [Polen] in das Brandenburgische übergingen."[51]

Noch im Jahre 1772 heißt es in der Tat in einer Cabinets-Ordre Friedrichs des

---

47) K. Schulz: Geschichte der evangelischen Kirche zu Rakwitz, Posen 1929, S. 48.

48) Rusiński, S. 118 f.

49) Vol. leg. VI, S. 124. Nach O. Grossert: Evangelium und Deutschtum, S. 69, war seitdem auch die Anlage neuer „Schulen", die den Kolonisten als Bethäuser dienten, verboten. — In der Tat sollte erst laut Traktat von 1768 ihre Errichtung, wie die der evangelischen Kirchen und Krankenhäuser jedem freistehen; ex odio religionis weggenommene Schulen (!) sollten zurückgegeben werden (vgl. Vol. leg. VII, S. 260, 266).

50) Über diese Rolle Preußens berichtet eingehend G. Rhode: Brandenburg-Preußen und die Protestanten in Polen 1640—1740, Leipzig 1941.

51) Th. Wotschke, Hilferufe, S. 39.

Großen: es müsse der Geheime Finanz-Rat von Brenkenhoff „von denen jetzigen verworrenen Umständen in Polen zu profitieren, und aus denen Gegenden, wo die meiste Dissidenten, und wovon Sr Königlichen Majestät Trouppen dermahlen Meister sind, so viel Colonisten, als nur möglich sein will, herauszuziehen suchen, wozu denn demselben die Trouppen beyrätig und behülflich zu sein sicher nicht unterlassen werden".[52] Tatsächlich sind damals, auch nach polnischen Angaben, Zehntausende von Deutschen aus Polen in ihre alte brandenburgische Ausgangsbasis zurückgekehrt, z. T. unter bewaffnetem preußischem Geleit.[53] Kein Wunder, daß um diese Zeit — etwa nach dem siebenjährigen Kriege — die Neuanlage von Holländereien im Posenschen zurückging und mit dem Anschwellen des reaktionären Geistes der Konföderation von Bar immer seltener wurde.

Im Kirchenbuch der evangelischen Kirche zu Rakwitz findet sich unter dem Jahre 1763 eine ausgewogene, auch sonst für die damaligen Zustände im Lande charakteristische Darstellung, als Polen — wie die bekannte Redensart sagt — „offen" war, d. h. ohne Gegenwehr von fremden Truppen durchstreift werden konnte: „Als dies [die Durchmärsche von Truppen während des 7jährigen Krieges] vorüber war, erschienen Preußische Husaren-Commandos in Pohlen, welche denen helfen solten, welche aus Pohlen weg und in Schlesien zu ziehen gesonnen waren. In Posen und Driesen waren [preußische] Offiziere, welche das ganze Land mit Exekution belegten. Alle [deutschen Kolonisten], die vor vielen Jahren etwas erlitten hatten, meldeten sich jetzo und bekamen ohne fernere Untersuchung Soldaten-Hülffe an die adeligen Höfe und in die Städte. Diese Exequirer übten schreckliche Gewalt aus, und mißhandelten auch vornehme, sogar geistliche Personen auff das unanständigste. Ob nun zwar auf diese Weise manches Böse, welches sonst ungestrafft geblieben wäre, gerochen wurde, so ist doch auch nicht zu läugnen, daß hinwiederum viel Ungerechtigkeiten zugleich ausgeübt wurden, und kein Billigkeit liebendes Herz wird wünschen, daß die Befreyung der Schwachen von den Unterdrückungen der Stärkeren jemals auf diese Art versucht werden möchte."[54]

Immerhin ist in jener Phase vor der Jahrhundertmitte eine Anzahl von Dörfern notgedrungen katholisch geworden, nachdem schon in der zweiten Hälfte des 17. Jahrhunderts eine Welle der Rekatholisierung über das Land geflutet war. Beispiele kommen auch an anderer Stelle zur Sprache.[55] Aber der an den Bekenntniswechsel geknüpfte Polonisierungsprozeß brauchte seine Zeit. So ist bekannt, daß in den Dörfern der Stadt Posen und einiger Posener Kirchenherren in jener protestantenfeindlichen, bekenntnisstrengen Periode zahlreiche katholische Bamberger angesetzt worden waren, um der Ansiedlung von evangelischen Ostdeutschen bewußt eine katholische Konkurrenz entgegenzusetzen; selbst sie

52) M. Meyer: Einige bisher noch nicht veröffentlichte Cabinetsordres Friedrichs des Großen ... betr. die Verwaltung des Netzedistrikts, in: Jb. der Hist. Ges. zu Bromberg 1896, S. 57 f.

53) vgl. G. Rhode, Das Siedlungswerk Friedrichs des Großen, S. 30 ff., der ihre Zahl mit mindestens 27 000 veranschlagt.

54) K. Schulz, Geschichte der evangelischen Kirche, S. 54. Vgl. auch oben S. 89.

55) Vgl. S. 46, 156.

verpolten indes erst ein Jahrhundert später unter preußischer Verwaltung. Ähnlich verlief die Entwicklung in einigen anderen deutsch-katholischen Dörfern.[56] So sind in Kromnolice, Kreis Krotoschin, im Jahre 1740/41 ebenfalls deutsche Katholiken angesiedelt worden. Auch sie stammten aus Südwestdeutschland und verpolten später.[57] Nach Maas waren sie im Jahre 1840 bereits Polen.[58] Deutsche Katholiken saßen ferner in den Holländereien Chromiec, Kruczyn, Borucin und in einigen anderen Orten im Südosten von Schrimm, die dann wie die Bewohner von Poslugowo bei Janowitz im 19. Jahrhundert zu Polen wurden.[59] Um 1790, das Stichjahr für Rusiński, kann demnach die Polonisierung etwaiger katholischer oder katholisierter Holländer noch nicht weit fortgeschritten gewesen sein.

Wie ersichtlich hat es damals zahlreiche deutsche Neusiedlungen in Großpolen gegeben, die von Anfang an katholisch waren. Sie entstanden verständlicherweise am häufigsten in den reaktionären Jahrzehnten kurz vor der Mitte des 18. Jahrhunderts, aber auch danach. Dem entspricht in gewissem Maße ihre geographische Lage. Während die älteren Siedlungen noch fast ausschließlich evangelisch waren und mehr im Norden und Westen lagen, wo die Kolonisation eingesetzt hatte, waren in der Mitte des Landes, die erst in der Zeit der Reaktion von der Siedlungswelle erreicht wurde, die katholischen Holländer etwas häufiger. Der Sprung nach dem Osten Großpolens und nach Mittelpolen erfolgte erneut in einer Zeit relativer Toleranz. Dort war daher die holländische Siedlung wiederum ganz überwiegend evangelisch. So widerspiegeln die einzelnen Wachstumsringe der Siedlung, die immer weiter nach Osten ausgriffen, den Geist der jeweiligen historischen Phase, der sie entstammten.

Nicht nur die Kirche versuchte damals, in ihren Besitzungen im Sinne der Formel *cuius regio, eius religio* reinen Tisch zu machen, sondern auch einzelne weltliche Grundherren bemühten sich ernstlich um katholische Siedler, sei es unter kirchlichem Druck, sei es aus Gewissensgründen. Das bekannteste Beispiel in weltlichen Territorien sind die Dörfer der oben erwähnten Posener Stadtkämmerei. Sie wurden vor der Mitte des Jahrhunderts mit Katholiken, meist aus der Bamberger Gegend, besetzt oder aufgefüllt.[60] Es waren die Dörfer (nicht Holländereien) Czapury, Wiorek, Ratai, Dembsen, Luban, Wilda, Jerzyc, Winiary, Gurczyn, dazu Obrzyca, Berdychowo, Piotrowo,[61] sowie Zegrze, Solatsch und noch einige Orte mehr.[62]

Im Vertrag eines dieser Dörfer (Luban) findet sich die berühmte Stelle, die

---

56) vgl. weiter unten S. 181.

57) H. B a r t e n , Die Siedlungen in Südwestposen, S. 81, 87.

58) W. M a a s , Die Posener Hauländereien, S. 122.

59) vgl. unten S. 183.

60) M. B ä r : Die Bamberger bei Posen, in: Zeitschrift f. Geschichte u. Landeskunde der Provinz Posen 1 (1882), S. 295—368.

61) ebenda, S. 313.

62) K. L ü c k , Deutsche Aufbaukräfte, nach S. 329. Auch in Grünberg, gegenüber Obersitzko a. d. Warthe, war eine Bamberger Kolonie von 17 Wirten angelegt worden (Materiały do dziejów chłopa, Bd 1, S. 51).

auch hier nicht fehlen darf und ursprünglich als Entschuldigung der Grundherrschaft wegen der Ansiedlung von Deutschen gedacht war: „Bei dem haben wir auch erwogen, daß die deutschen Leute Ordnung lieben, gute Wirtschaft halten, gehorsam sein in allen Dingen, die gewöhnlichen Zinse und andere Gaben zur rechten Zeit gerne abgeben, ihre Schuldigkeit in Hofdiensten ohne Zwang verrichten und in allen Schuldigkeiten und Befehlungen sich gehorsam finden lassen."[63] Der Text setzt offenbar voraus, daß nach landesüblichen Vorstellungen der polnischen Fronbauer diese Tugenden des dienstwilligen und pünktlichen Kolonisten nicht in gleichem Maße besitze.

Ein ähnliches Lob vermerkt die Bromberger polnische Präfektur im Jahre 1813: „Die Landleute deutscher Herkunft sind allgemein Erbbesitzer oder Zeitpächter ihrer Grundstücke. Sie zeichnen sich durch Fleiß und Ordnungssinn (wofür das Besitzrecht immer der stärkste Antrieb ist) vor den Landleuten polnischer Herkunft aus. Reinlichkeit, Arbeit und Regelmäßigkeit bei der Zahlung der Abgaben sprechen außerdem für diese Bewohner; jedoch haben sie eine starke Abneigung gegen den Dienst im Landesheer, sind trutzig, grob und haben keine Nationalität [keinen Patriotismus]."[64]

Die Herbeischaffung katholischer Siedler bis aus dem Bambergischen und noch weiter aus Süddeutschland deutet überdies an, wie schwer es war, geeignete katholische Bauern im Lande selbst aufzutreiben. Dabei hat es in der Provinz schon seit dem ausgehenden Mittelalter zahlreiche deutschkatholische Dienstbauern gegeben, die hauptsächlich im westlichen Grenzsaum des Posenschen saßen.[65] Auch sie fanden verständlicherweise den Weg ins Polentum leichter als die Evangelischen.

---

63) M. Bär, Die Bamberger, S. 348.

64) Dokumenty do dziejów Kujaw, S. 71.

65) Im Rahmen des allgemeinen Bevölkerungswachstums hat auch ihre Zahl im Vergleich zu 1793 zugenommen. Laut L. Wegener: Der wirtschaftliche Kampf der Deutschen mit den Polen um die Provinz Posen, Posen 1903, S. 20 ff., 27, wohnten im J. 1890 über 70 000 deutsche Katholiken in den Grenzkreisen Schwerin, Fraustadt, Meseritz, Lissa, Kolmar, Czarnikau, Bomst, Filehne. Weitere rund 50 000 lebten nach seiner Meinung zerstreut in den übrigen Kreisen. Aber als „sicher deutsch" will Wegener nur rund 101 000 ansehen. Zuletzt habe ihre Zahl ständig abgenommen, „indem dieselben in Sprache und Zusammengehörigkeit zu den Polen übergegangen sind". Selbst der Gnesener Erzbischof Przyłuski (Zur Beurtheilung der polnischen Frage im Großherzogthum Posen im Jahre 1848, Berlin o. J., S. 48) rechnete offenbar mit einer ähnlich hohen Zahl der deutschen Katholiken für 1848: er sprach von 800 000 Polen im Großherzogtum bei „rund" 900 000 Katholiken. — Nach E. von Bergemann: Zur Geschichte der Entwicklung deutscher, polnischer und jüdischer Bevölkerung in der Provinz Posen seit 1824, Tübingen 1883, S. 242 ff., gab es 1848 im Großherzogtum freilich nur 850 000 Katholiken bei 408 000 Evangelischen und 79 000 Juden. H. von H. auf T.: Das Verhältnis der Provinz Posen zum preußischen Staatsgebiet, Berlin 1872, S. V, schätzte die deutschen Katholiken der Provinz — sicher zu hoch — sogar auf 120 000. Sie wohnten „vornehmlich an der schlesischen und brandenburgischen Grenze tief in die Provinz Posen hinein, ferner im westpreußischen Anteil an der Netze". Auch von polnischer Seite war bisher nicht in Frage gestellt worden, daß etwa 10% der Katholiken

3. Polonisierung evangelischer Holländer

Aus Großpolen sind mir evangelische Holländereien, die schon im 18. Jahrhundert der Polonisierung erlegen wären, nicht bekannt geworden. Ein gutes Beispiel aber sind die entlegenen evangelischen Holländer von Neudorf und Neubruch am mittleren Bug, an der Ostgrenze des polnischen Volksbodens. „Als losgelöste, weit vorgeprellte Welle der neuzeitlichen deutschen Einwanderung wurden sie zu Beginn des 17. Jahrhunderts in ein Gebiet verschlagen, in dem es noch fast 200 Jahre lang weit und breit keine anderen Deutschen gab. So kam es, daß sie im 18. Jahrhundert die polnische Sprache annahmen."[66] Obwohl seither polonisiert, gründeten sie noch im 19. Jahrhundert „holländische" Tochtersiedlungen in Wolhynien, d. i. im angrenzenden russischen Gebiet. Damit war hier in der Tat ein Kader polnischsprechender Holländer geschaffen. Holländische Tradition und Selbstverständnis waren, wie man sieht, stark genug, um sich in immer ferneren Tochtersiedlungen auf die Nachkommen zu vererben. Später zugezogene deutsche Kolonisten nannten sie „deutsche Katholiken", meinten aber damit „evangelische Polen", da man allgemein deutsch für evangelisch und Katholik statt Pole sagte.[67]

Ein weniger bekanntes Beispiel der Entdeutschung, ebenfalls in großer Ferne, ist das Dorf Gogi in der Talniederung der Memel (Kreis Mariampol, Parochie Pokoynie). J. Ch. F. Schulz nennt es in seinem bekannten Reisebericht aus den Jahren 1791/93 ein „freies Dorf, das sich von allen übrigen, die mir in Litauen vorgekommen sind, unterscheidet. Es ist mit sogenannten [!] deutschen Bauern besetzt, die sich in älteren Zeiten in Litauen und Polen auf das Versprechen gewisser Freiheiten niederließen, die man ihnen auch ziemlich gehalten hat, zum eigenen Nutzen der Güterbesitzer. Deutsch können aber diese Leute längst nicht mehr. — Die Häuser dieses Dorfes waren größer, länger, sorgfältiger gebaut, die Gärten an denselben mit Fleiß bearbeitet und verzäunt; die Scheuern ohne Löcher in den Dächern, der Weg durch dasselbe nicht sumpfig, sondern fest. Die Einwohner hatten einen freien, offenen, gefälligen Blick und Anstand, nicht jenes sklavisch-höfliche Wesen, das man an den übrigen litauischen Bauern bedauert ... Ich trat in ein paar ihrer Häuser und fand Ordnung und Reinlichkeit. In dem einen bot mir ein junger Mann Brot, Butter und Milch mit dem gefälligsten Wesen an ... Dies Völkchen mag ungefähr dreihundert Köpfe stark sein. Der Schulze oder Vater, der zugleich den Postwechsel besorgt, schien bei ihnen in großem Ansehen zu stehen".[68] Offenbar handelte es sich um ein Schulzendorf, wie man

---

Deutsche gewesen seien. Erst B. Grześ: Struktura społeczna i zawodowa ludności niemieckiej w Poznańskiem [Die Sozial- und Berufsstruktur der deutschen Bevölkerung im Posenschen, 1882—1907], in: Społeczeństwo polskie XVIII i XIX w., Bd 6, Warschau 1974, S. 234f., will diesen Anteil auf 8% senken.

66) W. Kuhn, Die Anfänge von Neudorf am Bug, S. 538.

67) Z. Cichocka-Petrażycka, Żywioł niemiecki na Wołyniu, S. 152.

68) J. Ch. F. Schulz: Reise eines Livländers von Riga nach Warschau, neu hrsg. von Th. Schieder, Breslau 1941, S. 30 f.

u. a. aus der Rolle des „Schulzen oder Vaters“ schließen darf. Der Text ist gleichzeitig ein gutes Beispiel für die Auswirkungen der Freiheit auf den damaligen bäuerlichen Siedler, der sich deswegen von den Fronbauern der Umgebung scharf unterschied. — Auch in Gogi hatte sich, wie man sieht, ein Kader polnischer Kolonisten gebildet, der sich in Tochtersiedlungen weiter verbreiten konnte und wahrscheinlich bald völlig in der fremden Umwelt aufging, anders als die Holländer, die selbst bei Sprachwechsel das Bewußtsein ihrer Sonderart behielten.

Die Beispiele einer fast vollkommenen Polonisierung evangelischer Dörfer noch im 18. Jahrhundert stammen sicher nicht von ungefähr aus so entlegenen Gegenden. In Westpolen, von dem hier hauptsächlich die Rede ist, da sich dort die deutsche Einwanderung am stärksten konzentrierte, behaupteten sich die Siedler meist bei ihrer Eigenart, besonders soweit sie evangelisch waren. Eine rasche Assimilierung war schon durch ihre abseitige geographische Lage in den Wildniszonen erschwert. Selbst ein polnisches Gesetz von 1768 sah mittelbar ihre Isolierung vor, indem es in Punkt VIII ausdrücklich bestimmte, daß Kolonisten nur auf „wirklich leeren Gebieten“ und „bei offensichtlichem Nutzen der Grundherrschaft“ angesetzt werden sollten.[69] Auf den besseren Böden gedachte man offensichtlich beim Vorwerksbetrieb mit den eigenen Leuten zu bleiben. Nicht zuletzt dürfte die Kirche auf solche Beschränkungen gedrängt haben. Sie wollte ihr Zehntrecht und andere Ansprüche auf die altbesiedelten Böden nicht gefährdet sehen. Dementsprechend befleißigten sich die Grundherren, in den Präambeln der Verträge zu versichern, daß sie nur solche Ländereien an die Siedler ausgeben, „die jetzt ohne Nutzen liegen und zur Bebauung ungeeignet sind“, „aus welchen niemals irgend ein Nutzen zu erwarten war“.[70] Die geographische Tatsache, daß die deutsche Siedlung hier fast regelmäßig auf die landwirtschaftlich schwer nutzbaren Siedlungslücken, auf Sand, Sumpf und auf die Überschwemmungsgebiete angewiesen war, fand darin ihre gesetzliche Verankerung. Den Schulzendörfern, die oft alte polnische Dörfer übernahmen, war damit gleichzeitig ein Riegel vorgeschoben und der holländischen Wildnissiedlung Tür und Tor geöffnet.

Hinzu kam die Standesqualität des freien evangelischen Bauern, die jede Annäherung sowohl zum Kleinadel nach oben, wie zum Fronbauern nach unten erschwerte, wenn nicht unterband. Da außerdem die Landeskirche immer höhere ideologische Barrieren gegen die verketzerten und verteufelten Holländer errichtete, war deren Isolierung fast vollkommen. Dadurch wird überhaupt erst verständlich, daß die evangelischen Holländer aller Schattierungen so erstaunlich lange als Fremdkörper in der sie zahlenmäßig zweifellos erdrückenden polnischen Umwelt bestehen konnten. Noch vor dem letzten Weltkrieg, als an die Stelle des konfessionellen der nationale Eifergeist getreten war, wurde polnischerseits beklagt, daß diese Leute „sich nicht einmal teilweise polonisierten (mit kleinen Ausnahmen)“. Gemeint waren die Wolhynien-Deutschen; die Klage kann aber auf alle evangelischen Kolonisten bezogen werden. „In allen Krisen-

69) vgl. Kossmann, Die Anfänge, S. 14; Vol. leg. 7, 280.

70) ebenda.

zeiten Polens, wie z. B. während der Aufstände, haben sich die Kolonisten bestenfalls gleichgültig verhalten, häufig aber feindselig, und die Hoffnung ist gering, daß sie irgendwann einmal polnische Patrioten werden."[71] Dabei hat es in Wirklichkeit nicht wenig polnische Patrioten deutscher Herkunft gegeben, deren Namen in der polnischen Geschichte einen Ehrenplatz einnehmen; aber es trifft zu, daß die Deutschen hier nicht annähernd so schnell in der fremden Umgebung aufgingen, wie etwa in USA, Kanada, Australien oder in anderen westlichen Ländern. Es kann also nicht nur an den Kolonisten gelegen haben.

Als der Rußlanddeutsche E. H. Busch nach dem Aufstand von 1864 das damals russische Kongreßpolen bereiste und u. a. die alten Holländereien des östlichen Großpolen in der Kalischer Gegend besuchte, staunte er, wie viele Kolonisten noch im 19. Jahrhundert kein Polnisch verstanden, was übrigens, wie hinzugefügt sei, für einzelne Kolonistenfrauen noch bis ins 20. Jahrhundert galt. Busch begründete das folgendermaßen: „Unter der polnischen Regierung hatten die Colonisten ihres Glaubens wegen von den katholischen Landeskindern Manches zu ertragen, und darum waren sie auch nicht geneigt, in nähere Berührung mit ihnen zu kommen; sie lebten vielmehr ganz abgeschlossen für sich und, von den Wäldern gedeckt, fast unbemerkt von den übrigen Einwohnern des platten Landes. Daher läßt sich's erklären, daß noch heutigen Tages die Mitglieder der hiesigen Gemeinde [Prażuchy im Kalischer Land], obwohl sie alle schon im Lande geboren, dennoch die polnische Sprache nicht verstehen."[72] Hier und da wurde die einheimische Bevölkerung von ihren Seelsorgern gewarnt, sich als Dienstboten in die Hausgemeinschaft der „Häretiker" zu begeben.[73] Den psychologischen Hintergrund, auf dem sich das Zusammenleben der Kolonisten mit den Polen abspielte, erhellt eine polnische Expertin mit folgendem Satz: „Die von der Geistlichkeit vorgebrachten Argumente, daß alles Unheil [während der Schwedenkriege] eine Strafe Gottes für die Duldung der Häresie sei, fanden Gehör beim Adel und bei der ganzen polnischen Gesellschaft."[74]

Eine gewisse Gelegenheit für die Kreierung „polnischer Holländer" bot, wie hier angefügt sei, die vorwiegend slawische Pustkowiensiedlung.[75] Im Süden wie im Norden Großpolens kam es dabei zu gewissen Überschneidungen mit den Holländereien. Es ist daher dort mitunter schwierig, sie auseinanderzuhalten. Schon Holsche meinte, daß die Pustkowien des Netzedistrikts „mit den Holländereien viel Ähnlichkeit haben".[76] Eine polnische Autorin wies neuer-

---

71) Z. Cichocka-Petrażycka, Żywioł niemiecki, S. 8.

72) E. H. Busch: Beiträge zur Geschichte und Statistik des Kirchen- und Schulwesens der Ev. Augsburg. Gemeinden im Königreich Polen, Petersburg-Leipzig 1867, S. 132 f.

73) s. die Reisebeschreibung von J. J. Kausch in Polska Stanisławowska, Bd 2, S. 161 (s. Anm. 31 auf S. 62).

74) J. Dworzaczkowa: Sprawa dysydencka [Die Dissidenten-Frage], im Sammelwerk Dzieje Wielkopolski, Bd 1, S. 737. Hierzu auch J. Tazbir: Państwo bez stosów [Staat ohne Scheiterhaufen], Warschau 1967, S. 215 f.

75) vgl. oben S. 73.

76) Holsche, Der Netzdistrikt, S. 223.

dings darauf hin, daß Holländer im südöstlichen Großpolen in Gutsinventaren gelegentlich als Pustkowier bzw. Pustkowier als Holländer bezeichnet wurden.[77]

4. Umsetzung alter Dörfer auf holländisches Recht

Eine ergiebige Quelle für die Entstehung polnischer Holländer sollte man, zumindest theoretisch, in der in der zweiten Hälfte des 18. Jahrhunderts recht häufigen Umsetzung älterer Dörfer auf holländisches Recht vermuten. Bekanntlich sind schon im Mittelalter zahllose polnische Bauern in den Genuß des deutschen Rechts gelangt, nachdem anfangs nur Deutsche zu diesem Recht zugelassen waren. Polnischerseits wird noch heute der älteren deutschen Forschung — teilweise zu Unrecht — der Vorwurf gemacht, sie habe diese Entwicklung übergangen und zu deutschem Recht angesetzte Bauern in Bausch und Bogen als Deutsche mißverstanden.[78] Jetzt freilich betrachtet es Rusiński als selbstverständlich, auf holländisches Recht umgesetzte polnische Bauern eo ipso als Holländer anzusehen. Andererseits sind ihm sog. Mischsiedlungen aufgefallen, wo Holländer neben Nichtholländern wohnten, die letzteren jedoch nicht zur Höllandergemeinde gezählt wurden.[79]

Freilich, wenn man den Begriff Holländer seines einstigen Inhalts entledigt, ihn zur abstrakten Rechtsfigur einengt, zu einer Form, in die jeder beliebige Siedler durch einen bloßen Rechtsakt hineingegossen werden kann, dann wären umgesetzte Fronbauern in der Tat wie mit einem Zauberstab plötzlich in Holländer verwandelt. Wenn wir jedoch zeitgenössischen Auffassungen den Vortritt geben, jeden Fall nach Möglichkeit einzeln prüfen, so entsteht ein anderes Bild.

Das erste Beispiel Rusińskis für eine Umsetzung ist das Dorf Miłostowo (im Südosten von Birnbaum). Sie sei 1791 zu den üblichen Bedingungen durch den Grundherrn Christoph Unrug erfolgt, ohne daß dabei der Personenbestand des Dorfes geändert worden sei.[80] Rusiński hat eigens für solche Fälle die Formel „dasselbe Dorf, dieselben Leute“ geprägt. Für Miłostowo ließen sich nun einige historische Fakten ausfindig machen, die bei Rusiński — vielleicht aus guten Gründen — fehlen. Wie nämlich ein historisch interessierter Nachfahre des damaligen Grundherrn jener Güter im Jahre 1930 feststellte, hat Christoph Peter von Unruh, der seinerzeitige Grundherr, die Klostergüter Mniszki und Tuczempe mit den „Holländereien Miłostowo“ 1778 erworben.[81] Demnach wären dort schon vor der „Umsetzung zu holländischem Recht“ Holländer ansässig gewesen. Jedenfalls besaß das Dorf noch im Jahre 1840 eine ganz überwiegend deutsche Bevölkerung (354 Evangelische, 37 Katholiken), was als Bestätigung der Mittei-

77) J. Łużyńska, Rozwój demograficzny, S. 34 (s. Anm. 37 auf S. 63).

78) vgl. Kossmann, Polen im Mittelalter, S. 429, 432 ff.

79) Rusiński, S. 58 bzw. S. 18. Als Mischsiedlungen nennt er dort: Daleszyno, Jablonna Nowa, Maryanowo, Rakwitz, Popowo.

80) Rusiński, S. 19, Anm. 4.

81) G. von Unruh, in: Dt. Blätter in Polen 7 (1930), S. 472.

lung Unruhs angesehen werden kann. Auch 1819 waren die Bewohner evangelisch; denn laut dem Posener Ortsverzeichnis von 1821 gingen die Holländer von Miłostowo damals nach Neustadt zur Kirche, wo es bekanntlich eine evangelische Gemeinde gab, während die Bewohner des Vorwerks Miłostowo nach Kähme ⟨Kamionna⟩ eingepfarrt waren. Die Formel „dasselbe Dorf, dieselben Leute" führt also hier nicht zu dem erwarteten Ergebnis: die Bauern von Miłostowo waren Deutsche vor wie nach der eventuellen Umsetzung. 1910 gaben von 543 Einwohnern 525 Deutsch als Muttersprache an.

In seiner Liste der Holländereien Großpolens vom Jahre 1790 — Miłostowo ist nicht darunter, weil es laut Rusiński erst 1791 holländisches Recht erhalten habe — verzeichnet Rusiński acht weitere Orte dieses Typs, die unter „Beibehaltung des früheren Personenstandes" (wobei man unwillkürlich an Polen denkt) auf holländisches Recht umgesetzt worden seien: Borgowo, Ostrowo, Boruj, Ujście Stare und Nowe (Alt- und Neu-Tepperbuden), Barcinek, Chorzępowo, Skrzydlewo. Der Leser steht zunächst unter dem Eindruck, daß alle diese Holländereien polnisch gewesen seien. Doch schreiten wir zur Einzeluntersuchung, soweit eine solche von hier aus möglich ist:

1) Für Borgowo und 2) für Ostrowo (beide südlich Schrimm), wo nach Rusiński ebenfalls „dasselbe Dorf, dieselben Leute" im Jahre 1785 umgesetzt wurden, ließen sich bei Wundrack folgende Angaben finden: der Grundherr Niemojewski verlieh dort 1785 deutschen evangelischen Bauern 22 Hufen in Erbpacht; auch Gebäude gingen in den Besitz der Bauern über.[82] Sollte es sich um zwei verschiedene Dokumente aus demselben Jahr handeln, oder entstammen die Angaben beider Autoren derselben Urkunde? Jedenfalls zählte Borgowo 1840 bei 60 Evangelischen 40 Katholiken, Ostrowo 120 Evangelische und 47 Katholiken. Da ein Teil der Katholiken erfahrungsgemäß auf das Gesinde anzurechnen ist, bleibt nur ein kleiner Rest übrig, der aus Nachkommen der altansässigen polnischen Bauern bestehen könnte. Die Formel „dasselbe Dorf, dieselben Leute" würde hier immerhin für diesen Rest zutreffen. Aber handelt es sich überhaupt um Holländereien? Auf der Karte von Gilly werden beide Dörfer nicht als solche gekennzeichnet. Auch die recht sorgfältige preußische Ortsstatistik von 1819 bezeichnet die Qualität der beiden Dörfer nicht als „Holländerei", sondern ausdrücklich als „Freidorf". Das aber besagt, daß sie damals nicht für Holländereien gehalten wurden. Selbst in den Listen von Rusiński im Anhang seines Textes werden sie nicht als Olendry geführt.

3) Das alte Dorf Boruj, das 1409 zum ersten Mal genannt wird,[83] war zwar allseits dicht von Holländereien eingekreist, wird aber in den hier benutzten Listen und Karten ebenfalls nicht als Holland bezeichnet. Auch in der Liste von Rusiński heißt es schlicht Boruja, ohne den Zusatz Olendry. In dem vielbändigen preußischen „Topographisch-statistisch-geographischen Wörterbuch" aus dem Ende des 18. Jahrhunderts, wo es recht eingehend geschildert ist, erscheint es als

---

82) A. Wundrack: Beilage zum Jahresbericht des kgl. Gymnasiums zu Schrimm, Ostern 1914, S. 5.

83) K. Hładyłowicz, Zmiany krajobrazu, S. 169.

adliges „Dorf“. Die Einwohner werden als Untertanen bezeichnet. Da sie jedoch nur 8 Tage Spann- und 8 Tage Handdienste jährlich leisten mußten, sind sie allenfalls als sogenannte wolnicy, dienstfreie Bauern, anzusehen.[84] Vielleicht handelt es sich um ein altes polnisches Schulzendorf, das allmählich in den Sog der dort stark von Deutschen beherrschten Entwicklung hineingezogen und mehr und mehr von deutschen Bauern durchsetzt wurde. 1840 saßen in Boruj-Dorf, wie es immer noch genannt wird, neben 272 Katholiken immerhin 232 Evangelische. Auch um 1790 wurde es von den Zeitgenossen schwerlich als Holländerei angesehen, was am besten daraus hervorgeht, daß daneben ein Ort „Boruische Hauländer“ lag, wie man auf der Karte von Gilly feststellen kann.

4) Ujście Stare ⟨Alt-Tepperbuden⟩ und 5) Ujście Nowe ⟨Neu-Tepperbuden⟩, im Südwesten der Provinz, waren — wie schon die ortsüblichen deutschen Namen erwarten lassen — ganz überwiegend deutsch. Sie werden auch in der Tat im alten Posener Ortsverzeichnis von 1821 als „Hauland“ qualifiziert. Im Jahre 1840 waren in Alt-Tepperbuden 210 Evangelische und 26 Katholiken, in Neu-Tepperbuden 217 Evangelische und 17 Katholiken, welch letztere hier daher nicht als Hofbesitzer, sondern als „landlose Abhängige“, wahrscheinlich Gesinde, aufzufassen sind. „Dasselbe Dorf, dieselben Leute“ — aber trotzdem deutsch. 1910 waren beide Dörfer deutschsprachig.

6) Barcinek bei Posen mit seinen zwei deutschen Bauern und einem mit polnischem Namen wird weiter unten behandelt.[85]

7) Chorzępowo, bei Zirke, Kreis Birnbaum, das laut Rusiński schon 1753 umgesetzt wurde, hatte 1840 in der Tat eine ganz überwiegend katholische Bevölkerung (14 Evangelische, 125 Katholiken). Daß sie schon 1759 rein polnisch war, behauptet Rusiński ohne näheren Nachweis. Auch diesmal nennt er leider nur — eine Aktensignatur.[86] An anderer Stelle teilt Rusiński mit, daß das Dorf eine Schule hatte, die im Typ offenbar denen der Holländereien glich. In einem Inventar von 1759 wird laut Rusiński ein Teil der Bauern des erst 1753 umgesetzten Dorfes zu den unfreien Untertanen gerechnet.[87] Sie allein werden die altansässigen polnischen Bauern gewesen sein, die demnach trotz Umsetzung keine Holländer geworden sind. 1801 wird der Ort dementsprechend als eine Zwitterform, als „Holland/Dorf“ mit 12 Wirten erwähnt.[88] Offenbar war die Verwässerung der Bezeichnung Holländer doch nicht so weit gediehen, wie es Rusiński für die Zeit der Teilungen Polens voraussetzt.

8) Skrzydlewo, südöstlich Birnbaum, das letzte dieser Dörfer, ist nach Rusiński 1785 umgesetzt worden. Aus einem Zitat an anderer Stelle in demselben Werk von Rusiński geht hervor, daß das betreffende Dokument in deutscher Sprache abgefaßt war. Das ist ein recht deutlicher Hinweis auf Deutschsprachigkeit der Siedler. Im Jahre 1840 wohnten dort dementsprechend 134 Evangelische und 35

84) Topogr.-statist.-geographisches Wörterbuch, T. 2, Halle 1796, S. 63.

85) vgl. S. 161.

86) Rusiński, S. 32, Anm. 1.

87) ebenda, S. 114, Anm. 1; S. 41.

88) Historisch-geographisch-statistische Beschreibung des ... Meseritzischen Kreises, in: Allgemeine Geographische Ephemeriden 8 (1801), S. 28.

Katholiken. Beide Bekenntnisse waren hier schon 1819 vertreten, was aus der Einpfarrung des Ortes hervorgeht. 1910 war das Dorf zu zwei Dritteln deutschsprachig.

Wie schon aus diesen wenigen, hier zugänglichen Fakten ersichtlich ist, trifft die an sich begreifliche Annahme, daß sich in umgesetzten Dörfern vor allem Polen befinden müßten, im konkreten Fall gar nicht oder nur bedingt zu. Dementsprechend erscheint auch auf der zeitgenössischen Karte von Gilly keiner dieser auf holländisches Recht umgesetzten Orte als Holland. Ihre Dorfformen sind vom alten Stil: geschlossen bebaute, kurze Straßendörfer, bis auf die beiden zweifellos deutschen Tepperbuden, die als lange lockere Kette von Einzelgehöften nach der Art echter Holländereien angelegt sind. Die preußische Ortsstatistik von 1819 führt immerhin vier von den acht Ortschaften als „Hauland“: die beiden Tepperbuden, Barcinek und das nach Rusiński schon 1759 polnische Chorzępowo. Die späteren Ortsverzeichnisse kennen keinen dieser Orte mehr als Holland.

Dennoch war hier eine Wandlung im Gange. Mehr und mehr polnische Bauern wurden gegen angehobenen Zins von den Diensten oder einem Teil der Dienste befreit,[89] und umgekehrt: Holländer sahen sich hier und da genötigt, bestimmte Dienste zu übernehmen. Die Gegensätze schliffen sich ab. Bauernfreiheit wurde zum allgemeinen Postulat der Reformer und rückte im Posenschen mit Riesenschritten auch in der Praxis voran. Die Holländer verloren dadurch ebenso viel von ihrem Nimbus, wie die ehemaligen Dienst- und Fronbauern an Status hier und da gewannen. Daß nun auch Polen leichter Anschluß an die Holländer finden konnten, war damit grundsätzlich gegeben.

Wie dieser Prozeß im Einzelfall verlief, kann an der Entwicklung von Sroczewo-Holland abgelesen werden. Nach Rusiński, dem wir die Fakten verdanken, hatte dieses Holland eine gemischte Bevölkerung: „neben evangelischen Deutschen saßen katholische Polen“.[90] Es ist klar, daß in solchen Verhältnissen das Hinüberwachsen der Polen in die Bevölkerungsgruppe der Holländer begünstigt war. Rusiński zitiert für den Ort 19 polnische und deutsche Namen nach einer Dorfliste von 1834 (!). Sie ist bei der Regulierung von Sroczewo aufgenommen worden, also viel später, als die Gleichstellung der Holländer und Altansässigen bereits abgeschlossen war. Die Liste lautet: Zimowski Mateusz, Kowalski Wincenty, Szarkowski Wojciech, Degner Eleonora, Hełmikowski Franciszek, Pihl Samuel, Binnert Ignacy, Barsch Ludwika, Starzebecker Christian, Floeter Renata, Rozdzielski Józef, Rozdzielska Marianna, Zimowski Krzysztof, Brzeziński Jakub, Kulmaj Daniel, Rosin Jan, Jankowska Katarzyna, Tomaszewski Franciszek, Floeter Beata.[91]

Auf der großen Originalkarte von Gilly lassen sich nun im Dorfinnern etwa 10 Gehöfte, zu einer Zeile eng aneinander gefügt, erkennen. Das waren gewiß die Wohnsitze der polnischen Bauern. An beiden Enden der Zeile erscheinen regellos zerstreut etwa ein Dutzend Gehöfte mit größeren Hausgärten; sie sind den Holländern zuzuordnen. Die polnischen und deutschen Namen von 1834 entsprechen zahlenmäßig recht eindeutig dieser räumlichen Gliederung. Auf der

89) vgl. oben S. 64 ff. 90) Rusiński, S. 32. 91) ebenda, S. 32, Anm. 2.

noch älteren Karte des Quartiermeisters von Pfau aus dem Jahre 1772/3 besteht der Ort aus einem kurzen Straßendorf in der Mitte, dem im Osten und Westen einige lose Gehöfte vorgelagert sind, die jeweils durch die Aufschrift „Holl“ hervorgehoben werden.[92] Das deckt sich ausgezeichnet mit Rusińskis Vermerk: „Sroczewo Holl. ist aus dem alten Dorf Sroczewo und aus der auf einem Teil seiner Gemarkung errichteten Holländerkolonie hervorgegangen.“[93] Das Privileg für die Sroczewer Holländer an den beiden Enden des Dorfes datiert von 1743. Die Bewohner von Sroczewo-Dorf selbst sollen das holländische Recht noch vor 1789 erhalten haben und — nach Rusiński — seit diesem Zeitpunkt als richtige Holländer anzusehen sein.[94]

Indes haben sie, nach zeitgenössischer Auffassung, selbst dann noch nicht als vollwertige Holländer gegolten, obwohl sie bereits über 50 Jahre mit ihren holländischen Nachbarn in einer Gemarkung wohnten und schließlich sogar das holländische Recht erhalten hatten. Wie auf den Karten von Pfau und Gilly erscheinen sie noch in einer Tabelle von 1783 deutlich getrennt von den Holländern („Sroczewo-Dorf mit Holland“), 1789 weiterhin als „Sroczewo-Dorf oder Erbeigene Holländer“ (Sroczewo wieś czyli Olędry dziedziczne), d. h. selbst zu diesem Zeitpunkt, in dem sie bereits als Holländer bezeichnet werden, sind sie von den echten Holländern jener Zeit durch den Zusatz „erbeigene“ unterschieden und wohnten in einem „Dorf“. Sie galten offensichtlich immer noch als erbeigene Bauern des Grundherrn, obwohl sie hinsichtlich Zins und Dienst die üblichen holländischen Bedingungen erlangt haben mögen. Der Grundherr hatte sie zwar, was ihre Leistungspflichten anlangt, auf holländisches Recht angehoben, aber nicht aus der Erbuntertänigkeit befreit. Die wirkliche Gleichstellung geschah erst später und wurde bei der preußischen Dorfreform besiegelt. Deshalb konnten sie dann, 1834, in einer Namensliste zusammen mit den echten Holländern erscheinen. Die Notwendigkeit einer Unterscheidung war fortgefallen.

Nach Rusiński unterliegt es zwar keinem Zweifel, daß das persönliche Abhängigkeitsverhältnis solcher Untertanen gegenüber ihrer Herrschaft seit der Verleihung des holländischen Rechts „gelockert“ war;[95] faktisch jedoch bemerkt er, wie bereits erwähnt, daß ein Inventar von 1759 in dem 6 Jahre zuvor umgesetzten Chorzępowo „einen Teil der Wirte zu den Untertanen rechnet“.[96] Er bemerkt ferner, daß bei Neugründungen von Holländereien gelegentlich auch die Ansiedlung von Eigenbauern vorgesehen war; so z. B. in Kotusz-Holland. In dessen Privileg von 1729 heißt es aber ausdrücklich, daß die Holländer und ihre Nachfolger freie Leute bleiben würden, „außer denen, die schon vorher Untertanen waren.“ Dieselbe Klausel findet sich im Privileg für die Karpitzker Holländer.[97]

Die Wirklichkeit im konkreten Fall sieht also auch hier anders aus, als spekulative Folgerungen an sich vermuten lassen. Die Frage, ob Fronbauern, die auf holländisches Recht umgesetzt waren, dadurch unmittelbar Holländer geworden sind, ist offensichtlich negativ zu beantworten. Der wichtigste Vorzug der Hol-

92) Kossmann, Die preußischen Landesaufnahmen in Polen, S. 23 f.
93) Rusiński, S. 131. 94) ebenda. 95) ebenda, S. 41 f.
96) ebenda. 97) ebenda, S. 42.

länder in ihrer Stellung zur Grundherrschaft, den sie durch freie Geburt auf den Lebensweg mitbekommen haben, wird den eigenen Fronbauern versagt und erst mit den preußischen Reformen zuteil. Die Bedeutung des holländischen Traditionserbes für ein richtiges Verständnis des Holländerwesens in Polen findet auch in dieser Ebene ihre Bestätigung.

Immerhin dürfte es den auf holländisches Recht umgesetzten Polen leichter gefallen sein, Zugang zu holländischen Familien zu finden und schließlich Teilhaber der holländischen Tradition und Mitglied der Holländergemeinden zu werden. Diese Tradition beschränkte sich jedoch keineswegs auf Rechtselemente, sondern hatte sozusagen ganzheitlichen Charakter. Einheiraten und sonstige Annäherung konnten zunächst sogar zu einer Germanisierung des polnischen Partners führen. Seine Abkömmlinge jedenfalls durften dann bereits als richtige Holländer gelten. 1910 war indes die Polonisierung von Holländern seit langem die häufigere Erscheinung; in Sroczewo-Holland z. B. sprach in diesem Jahr nur noch knapp ein Viertel der Einwohner deutsch.

Im ganzen zeigt sich, daß alle hier geschilderten Möglichkeiten, die zur Bildung eines nationalpolnischen Holländerkaders führen konnten, erst spät zum Zuge kamen, meist wohl zu spät. Die Holländerei neigte sich um 1800 ohnehin bereits dem Ende zu.

Gleichzeitig ergaben diese Einzeluntersuchungen ein Bild von den besonderen Schwierigkeiten des Lebens in einer fremden Umwelt. Die Belastungen, die sich daraus unvermeidlich fast überall in der Welt für den Zuzügler zu entwickeln pflegen, waren gleichzeitig ein wichtiges Charakteristikum des Holländer-Daseins in Polen, das sich gerade in dieser Hinsicht von einem Leben unter Stammesgenossen unterschied. Ihre Kenntnis erst vermittelt echten Einblicke in die Geschichte einer Minderheitensiedlung.

5. Orts- und Personennamen als Nachweis der Volkszugehörigkeit

In der Diskussion über die Volkszugehörigkeit der Holländer spielen Ortsnamen vom Typ Polnisch-Holland eine gewichtige Rolle. So hat Maas schon frühzeitig erklärt, daß Ortsnamen wie Polnisch-Koschmin-Holland in Gegenüberstellung zu Deutsch-Koschmin-Holland auf die Existenz polnischer Holländer deuten.[98] Im westlichen Großpolen, in der Nähe von Bentschen, gab es ein Polnisch-Böhmisch-Holland neben einem Deutsch-Böhmisch-Holland, die früher Polnisch-Zisker und Deutsch-Zisker Holland geheißen haben. Ein drittes Namenpaar dieser Art findet sich, oder richtiger, fand sich einst im Südwesten von Posen.[99]

98) W. Maas, Die Entstehung der Posener Kulturlandschaft, S. 85.

99) W. Sobisiak: Rozwój latyfundium biskupstwa poznańskiego [Die Entwicklung des Grundbesitzes des Posener Bistums], Posen 1960, S. 86.

Man sollte es nur begrüßen, wenn damit ein klarer Nachweis für die frühe Existenz einheimischer polnischer Holländer erbracht wäre. Aber wie einleuchtend immer diese Argumente auf den ersten Blick erscheinen, es melden sich bald Zweifel. Ist es doch z. B. an und für sich unwahrscheinlich und widerspräche der sonstigen Überlieferung, daß sich Holländer so früh als „Deutsche" verstanden hätten.

Das Ortsverzeichnis von 1843 nennt für das Deutsch-Böhmische Holland 101 Evangelische und 13 Katholiken, für das Polnisch-Böhmische dagegen umgekehrt 167 Katholiken und nur 32 Evangelische. Da zu jener Zeit die Evangelischen in Großpolen als deutsch, die Katholiken als polnisch bezeichnet wurden, mit anderen Worten deutsch und evangelisch als Synonyme galten, wie polnisch und katholisch, so bietet sich hier augenfällig als Alternative statt einer nationalen Deutung eher eine konfessionelle an. In der Tat befanden sich entsprechend im Koschminer Deutsch-Holland im Jahre 1840 nur 32 Katholiken bei 490 Evangelischen, im Koschminer Polnisch-Holland aber 411 Katholiken und nur 20 Evangelische.

Bei Deutsch-Böhmisch- und Polnisch-Böhmisch-Holland dürfte es sich beidemal um Böhmen handeln. Dafür spricht auch die Form Zisken, was von czeski (tschechisch) abzuleiten ist. Daß aber in dem einen Dorf Deutsche u n d Tschechen, in dem anderen Polen u n d Tschechen gewohnt haben sollten, wäre ganz ungewöhnlich. Ortsnamen, die eine nationale Mischbevölkerung anzeigen, dürften überhaupt etwas außerordentlich Seltenes sein. Dazu pflegten sich die Angehörigen einer Nation hier gern unvermischt anzusiedeln. „Böhmisch" oder „Zisken" wird daher als das Grundwort aufzufassen sein, bei dem in dem einen Falle als Bestimmungswort „Deutsch", im anderen Falle „Polnisch" hinzutritt. Eine sinnvolle Auflösung der Kombination Deutsch-Böhmisch und Polnisch-Böhmisch ergibt sich dann nur unter der Voraussetzung, daß mit dem Bestimmungswort wiederum das Bekenntnis gemeint war: in dem einen Ort saßen evangelische Böhmen, in dem anderen katholische. Die Sprachenverhältnisse von 1910 schließen nicht aus, daß diese „Böhmen" in beiden Dörfern Sudetendeutsche waren.[100] In Polnisch-Böhmisch-Holland (Friedenhain) sprachen nämlich 307 Einwohner deutsch, 66 polnisch. Dabei ist bezeichnend, daß 142, d. i. etwa die Hälfte von den noch Deutschsprechenden, Katholiken waren. In Deutsch-Böhmisch-Holland sprachen 1910 133 Einwohner deutsch (darunter 2 Katholiken), 26 polnisch.

Pfarrer Stanisław Łukomski veröffentlichte über die Vergangenheit von Polnisch-Koschmin-Holland einige Angaben, die zur Klärung der dortigen Verhältnisse beitragen.[101] Das Holland sei frühzeitig aus einigen Freischulzeien — nebenan gab es ein Dorf mit zwei Dutzend „Schulzen" — sowie einem guten Dutzend Bauern „aus der Fremde" (z obczyzny) zu einer stattlichen Siedlung

---

100) K. Lück, Deutsche Aufbaukräfte, bei S. 331, berichtet, daß auch in Polnisch-Böhmisch-Holland vor dem ersten Kriege mit wenigen Ausnahmen Deutsche wohnten.

101) St. Łukomski: Koźmin wielki i nowy [Das große und neue Koschmin], Posen 1914, S. 421 ff.

herangewachsen. Ihr Verhältnis zur Kirche wie zur Grundherrschaft sei im Jahre 1668 noch nicht recht „organisiert" gewesen. Hinter solchen beschönigenden Vokabeln verbirgt sich die Pfarrer Łukomski offenbar unbequeme Entdeckung, daß die ersten Bewohner des Dorfes evangelische Ausländer waren. Der damalige katholische Pleban (Gemeindepfarrer) von Koschmin, setzt Łukomski fort, bestand darauf, daß auch sie die üblichen Kirchenabgaben leisten sollten. Bekanntlich wurden die Evangelischen damals überall in Polen dazu angehalten, die iura stolae usw. den katholischen Pfarrern zu zahlen; es wird sich daher auch in Koschmin nicht um eine persönliche Maßnahme des Ortspfarrers gehandelt haben.

Das ursprünglich evangelische Bekenntnis im Dorfe wird durch eine unauffällige Fußnote bei Łukomski bestätigt, laut welcher Wojciech und Zofja (Albert und Sophie), Lutheraner aus dem genannten Dorf, im Jahre 1667 in der Koschminer Pfarrkirche getraut worden seien. In einer weiteren Fußnote[102] wird aus einem Visitationsprotokoll des Bischofs Joachim Tarło von 1724 zitiert: ein gewisser Martin habe im Jahre 1718, also wieder nach einem Schwedenkrieg, als letzter Kolonist dieses Dorfes den katholischen Glauben angenommen. Bekanntlich hatte in jener Zeit, nach den Nordischen Kriegen, ein verstärkter Druck auf die Protestanten eingesetzt.

Die daraus erkennbare konfessionelle Entwicklung zeigt, daß auch hier, wo lokale Nachrichten aus dem frühen 18. und dem 17. Jahrhundert vorliegen, die katholischen Holländer nicht auf einheimische Wurzeln zurückzuführen sind und evangelische Vorfahren hatten.

Das alte Koschminer Holland trug natürlich nicht gleich die Bezeichnung Polnisch-Holland. Das wurde erst notwendig, seit nebenan im Jahre 1773 ein neues evangelisches und deutsches Holland gegründet worden war.[103] In einer Inventarliste vom gleichen Jahr ist das neue Holland noch nicht erwähnt.[104] Es taucht erst in einer Ortsliste von 1791 auf, und zwar — als jüngstes Dorf — ganz am Ende der Liste. Unmittelbar vorauf gehen ihm dort die offensichtlich ebenfalls erst nachmittelalterlichen Siedlungen Budy und Wykopy. Es folgen Olędry Polskie und zum Schluß Olędry Niemieckie. Jedenfalls war das alte Holland bereits lange katholisch, als sich in der Nähe erneut evangelische Holländer niederließen. Im Jahre 1819 führte es zwar noch im Ortsnamen den Gattungsbegriff Holland, wird aber als „Dorf" qualifiziert. Die Bezeichnung hatte für diesen Ort keine praktische Bedeutung mehr; sie war hier nur noch ein Namens-Petrefakt aus alter Zeit. 1910 sprachen allein die wenigen Evangelischen deutsch.

In einem bei Łukomski abgedruckten Gutsinventar vom Ende des 17. Jahrhunderts finden sich auch die Namen der damaligen Bewohner des „Dorfes Olędry", meist leider nur die Vornamen, ergänzt durch Berufsbezeichnungen in polnischer Sprache (kowal — Schmied, młynarz — Müller usw.): Daniel szołtys

---

102) ebenda, S. 422, Anm. 1 und S. 197, Anm. 1.

103) Die Gründungsurkunde ist abgedruckt bei K. Lück, Deutsche Aufbaukräfte, nach S. 327.

104) Łukomski, Koźmin, S. 192.

starszy [älterer Schulze], Głuch szołtys, Jan szołtys, Ratay szołtys, Nowotny szołtys, Marcin szołtys (dieser mag mit dem vorhin erwähnten, letzten Lutheraner des Dorfes identisch sein), Woch szołtys, Długi Jurga [langer Georg], Andrzej szołtys młynarz, Marcin Kowal, Ratajczyk, Szymura, Stachowa, Jurdzyk, Demel, Przybył, Młynarz wietrzny [Windmüller], Karczmarz [Krüger].[105] Holländischen Charakter verraten diese Namen sicher nicht. Wirkliche Holländer hatten schon damals ihre Familiennamen, wie aus zahlreichen Beispielen bekannt ist. Auch die vielen Schulzen, nach Łukomski Freischulzen, passen nicht in ein holländisches Dorf. Da indes der Ortsname Olendry lautet, sollten als Erstsiedler immerhin Holländer aufgetreten sein. Sind sie durch ein Katastrophenereignis, etwa während des Schwedischen Krieges in der Mitte des 17. Jahrhunderts, verschollen und an ihrer Stelle dann neue Kolonisten, erneut Protestanten, aber slawischer Herkunft, angesetzt worden? Es fehlte damals nicht an Zuzüglern aus Böhmen und Schlesien, von wo so mancher flüchtige Protestant nach Polen herüberkam. Namen wie Przybył („ er ist hergekommen") und Nowotny („Neuling") bestätigen die Aussage von Łukomski, wonach diese Leute „aus dem Ausland", z obczyzny, stammten. An polnische Holländer in der Mitte des 17. Jahrhunderts ist ohnehin nicht zu denken. Das geht auch aus Rusińskis Darstellung hervor.[106] Laut ihm kommen noch zu Anfang des 18. Jahrhunderts polnische Namen fast gar nicht vor. — Der holländische Charakter der Siedlung erscheint damit immerhin schon für das Ende des 17. Jahrhunderts in Frage gestellt, was durch die Bezeichnung als „Dorf" in jenem alten Inventar bestätigt wird.

An und für sich liegt es nahe, daß gleichzeitig mit der bekannten Massenabwanderung schlesischer Tuchmacher, die zur Gründung zahlreicher Städte im großpolnisch-schlesischen Grenzstreifen führte, auch evangelische Bauern aus ihrer schlesischen Heimat vertrieben wurden oder flüchteten. Verständlich wäre, daß sie — anders als die bürgerlichen Tuchmacher — häufig noch einen polnischen Dorfdialekt sprachen. Freilich hatten ihre neuen Niederlassungen in jener Gegend Großpolens in der Regel den Charakter kleiner Abbauten, sog. Pustkowien oder Einödsiedlungen. Theoretisch ist indes nicht in Abrede zu stellen, daß längs der schlesischen Grenze schließlich auch evangelische Holländereien polnischsprachiger Bauern entstehen konnten. Nur sind die diesbezüglichen Hinweise von Rusiński wiederum sehr knapp und im einzelnen nicht überzeugend.[107]

Für Daleszyno (20 Kilometer südlich Schrimm), das 1765 holländisches Recht erhielt,[108] nennt er zunächst drei polnisch klingende Namen: Fryderyk Wróbel, Samuel Wróbel und Fryderyk Adam Kaźmierczak,[109] an anderer Stelle die deutschen Namen: Jan [Johann] Bargier, Krzysztof Wagner, Jan Sztull.[110] In deren Gesellschaft erscheinen nun auch die drei erstgenannten mit ihren landfremden Vornamen in einem eigenartigen Licht. Nach einer weiteren Mitteilung Rusińskis

105) ebenda, S. 137 f.
106) Rusiński, S. 31.
107) ebenda, S. 32, Anm. 3.
108) ebenda, S. 125.
109) ebenda, S. 32, Anm. 3.
110) ebenda, S. 44, Anm. 4.

wurden die „Holländer“ von Daleszyno im Jahre 1777 als Lutheraner bezeichnet.[111] In der Tat war das Dorf Daleszyno noch 1871 zu zwei Dritteln evangelisch, während die benachbarte Gutssiedlung Daleszyno nur Katholiken aufwies. Nach einer Mitteilung Rusińskis an vierter Stelle zählt er Daleszyno zu den „Mischsiedlungen“, in denen neben einer Holländergemeinde mit Sonderstatus polnische Fronbauern lebten, die nicht Holländer waren. Bei diesen letzteren aber handelte es sich offensichtlich um evangelische Schlesier, z. T. mit deutschen, z. T. mit polnischen Namen. Sie sprachen 1910 durchweg deutsch, während die katholischen Einwohner, etwa ein Viertel der Bevölkerung, polnisch sprachen. Demnach waren die Holländer auch hier Deutsche. — Mit dem Mischcharakter der Siedlung mag es zusammenhängen, daß die von uns benutzten Karten und Listen Daleszyno niemals als Holland bezeichnen. Auch Rusiński führt es in seiner Liste ohne diesen Zusatz. Zudem war es ein Angerdorf mit Dorfteich.

Für Zaborowo ⟨Bismarckseich⟩, unweit der schlesischen Grenze bei Jutroschin, nennt Rusiński die Namen: Drelich, Ręczkoś, Sztybania [Stibbe?], Kwaśniewski und Cierpiński.[112] Die ersten drei machen den Eindruck mehr oder weniger verwaschener, deutsch-polnischer Mischformen. In einer Eingabe der Dorfältesten nennt sich der Gerichtsschulze „Carl Drilich“, ein Gerichtsmann — „George Sauer“. Wojciech Kwaśniewski dürfte daher in Wirklichkeit Albert Sauer geheißen haben (sauer = kwaśny). Teilt doch auch Pfarrer Zakobielski mit, daß als erster Lehrer in Zaborowo nach 1793 ein dortiger Einwohner namens Sauer tätig war.[113] Auch Cierpiński, ein auffallend polnischer Name mit adeligem Kolorit, hat vielleicht einen deutschen Kern (Leitner? Zerbe? In Lodz gab es ein bekanntes deutsches Geschlecht Sierpiński. Cierpieć heißt zu deutsch leiden, dulden). Das Dorf, das auf den Gilly-Karten und im Index des Ortsverzeichnisses von 1819 als Holland erscheint, zählte 1840 120 Evangelische, 0 Katholiken. Nach Heinrich Barten gab es in diesem ganzen Bezirk keine evangelischen Polen.[114] Dazu habe das Dorf noch im geschlossenen deutschen Sprachgebiet gelegen.[115] 1910 wohnten hier 140 deutschsprechende Evangelische und 14 Katholiken polnischer Zunge.

Der polnische Pfarrer Leonard Kurpisz erzählt in seiner Chronik der Kolmarer Kirchen, daß ein eifriger katholischer Priester jener Tage, Franciszek Celler, der sich selbst niemals mit Z, sondern immer mit C geschrieben habe, „die deutschen Namen in Akten und Dokumenten immer in polnischer Lautform schrieb,

111) ebenda, S. 32, Anm. 3.

112) ebenda, S. 33.

113) M. L. Zakobielski: Geschichte der evangelischen Pfarrgemeinde Jutroschin, Jutroschin 1913. — Zu Carl Drilich und George Sauer s. Hist. Monatsbl. f. d. Provinz Posen 11 (1910), S. 76 f.

114) H. Barten, Die Siedlungen in Südwestposen, S. 69. Nach J. Staemmler („Der Protestantismus in Polen“, in: Deutsche Blätter 2 (1925), S. 370 f.) wurden die evangelischen Schlesier von den katholischen Posener Polen hier nicht als Polen anerkannt, sondern „Deutsche“ genannt, selbst wenn sie das Deutsche nur radebrechen konnten. Sie seien „großenteils“ im Deutschtum aufgegangen.

115) ebenda, S. 89.

so daß es oft schwierig wird, in ihnen überhaupt noch den deutschen Namen zu erkennen". Bekanntlich mußten die Holländer ihre Taufen und Trauungen lange Zeit in polnischen katholischen Kirchen vollziehen, zumindest aber — mit den Sterbefällen — registrieren lassen.[116] Kein Wunder, daß ihre Namen dort, wie in den Gerichts- und Verwaltungsakten, allmählich polnische Formen annahmen, um so mehr als der vitale polnische Sprachgeist seit je unbekümmert dazu neigt, fremde Namen zu assimilieren (Szekspir, Szyler, Gete, Ruso; Genitiv der beiden letzteren: Getego, Rusa).

Was besagt es da schon, wenn Rusiński nach sicherlich eifrigem Bemühen aus überreichem, ihm unbeschränkt zur Verfügung stehendem Material einige Dutzend polnische Familiennamen von Holländern beibringen kann, die noch dazu dem Kundigen mitunter recht fragwürdig erscheinen! Selbst wenn sie alle echt wären, was bedeuten einige Dutzend Namen im Verhältnis zu den mindestens 5250 Familien, die hier in Rede stehen. Wie lauteten die Namen der über 5200 von ihm in diesem Zusammenhang nicht aufgeführten Familien? Für den westlichen Teil des Netzegebietes kann man sie bei Werner Schulz nachlesen.[117] Aus zahlreichen Urkunden und anderen alten Texten gehen sie hervor. Es sind immer wieder deutsche Namen, von denen man mit Leichtigkeit, allein auf Grund des gedruckten Materials, eine Unzahl zusammentragen könnte. Gründungsprivilegien pflegten einige bis ein Dutzend und mehr zu enthalten. Rusiński aber hat weit über hundert solcher Privilegien eingesehen, von denen die meisten noch ungedruckt sind.[118]

Hier seien als Beispiel nur die Namen aus einem Inventar des Jahres 1653 für das Dorf Olendry bei Jasień im Süden von Posen, zum Kurniker Gutsschlüssel gehörig, wiedergegeben, weil Rusiński diesen Text anscheinend nicht kannte: Szołtys [Schulze] Hans, Krüger Martin Bon, Joachim Keize [Käse, Heise], Krystian Staniel [Daniel?], Piper, Gerge [Georg] Kemla, Mathis Latka [Litke?], Hans Hefman, Dawid Beser, Paul Jexte. Offensichtlich in Gegenüberstellung zu diesen Olendry von Jasień erhielt das alte katholische Dorf nun die Bezeichnung „Polska Jasień".[119] Dazu die Namen aus einer zeitgenössischen polnischen Beschreibung von Krosno-Holland[120]: Jan Wojciech [Johann Albert] Sztark, Dawid Blemmel,

---

116) L. Kurpisz: Kronika kościołów chodzieskich [Chronik der Kolmarer Kirchen], Kolmar 1933, S. 92. St. Litak: Z problematyki wyznaniowej w Polsce XVII—XVIII w. [Aus der Bekenntnisproblematik Polens im 17.—18. Jh.], in: Roczniki Humanistyczne 20 (1972), H. 2, S. 97, sieht in der „von der Kirche geförderten Gewährung der Taufe für protestantische Kinder und in der Trauung von Protestanten in katholischen Kirchen während der ersten Hälfte des 18. Jhs." Symptome einer gewissen Toleranz.

117) Schulz, Die zweite deutsche Ostsiedlung, Quellenband.

118) Die bisher wohl größte Sammlung gedruckter Gründungsurkunden deutscher Dörfer (Holländereien) in Polen bei Kossmann, Die Anfänge, S. 82—163.

119) M. Olszewska: Dwa inwentarze klucza kórnickiego z XVII w. [Zwei Inventare des Kurniker Gutsschlüssels aus dem 17. Jh.], in: Pamiętnik Bibljoteki Kórnickiej 7 (1959), S. 217.

120) ich verdanke sie der Liebenswürdigkeit des ehem. dortigen Pfarrers Karl Kastner.

Wojciech Andersz, Jan Wayman, Maciej [Mathäus] Kunert, Martin Thiel, Martin Jochman, Michał Werner, Woyciech [Albert] Kinast, Woyciech Baar, Samuel Baar, Woyciech Migiel, Marcin Migiel, Kasper Leyman, Krzysztof Keller, Franciszek [Franz] Kol.[121]

Es ist anzunehmen, daß die von Rusiński in fünf Anmerkungen aufgeführten Namen etwa die gesamte Ernte seiner Bemühungen darstellen.[122] Eifriges Suchen mag in Zukunft noch den einen oder anderen polnischen Namen zutage fördern. An der Geringfügigkeit des Ergebnisses würde sich selbst bei ihrer Vervielfachung nicht viel ändern. Es ist letztlich dieser Abschnitt der Ausführungen von Rusiński gewesen, der die bisher weit optimistischeren Vorstellungen des Verfassers über den polnischen Anteil an der Holländersiedlung erschüttert hat. Freilich wäre die Zahl der polnischen Namen aus Holländereien wesentlich größer, wenn die seinerzeitige Bürokratie neben den Namen der Holländer-Bauern die des Gesindes stärker beachtet hätte. Doch würde das den polnischen Anteil am Holländerwesen selbst natürlich nicht vergrößern.

Die Aufzählung der wenigen polnischen Holländernamen durch Rusiński bestätigt daher nur, was schon die Zeitgenossen erkannt hatten, daß unter den Holländern wenig Polen waren. Als echter polnischer Anteil an den ersten Phasen der neuzeitlichen Kolonisation kristallisiert sich damit mehr und mehr die Pustkowiensiedlung.[123] Weshalb auch sollte man polnische Bauern, die trotz aller Kolonisten selbst in Großpolen das Siedlungsbild eindeutig beherrschten, ausgerechnet unter den Holländern suchen! Schließlich verstand man unter diesen, unbeschadet aller späteren Deutungsversuche, die fremdartigen Kolonisten

---

121) vgl. weiter unten die Bauernnamen aus der Urkunde für Złotków-Goldau, S. 164, sowie für das Glashütten-Holland, S. 163.

122) Rusiński, S. 32 f.

123) hierher gehören ferner die Siedlungen der sog. Kurpiki in der masowischen Kurpenheide. In der bereits zitierten Denkschrift eines deutschen Gutsbesitzers in Polen aus dem J. 1811 heißt es dazu: „Die Kurpi, polnischen Ursprungs, gleichen den Hauländern, nur liegen ihre auch nicht so hübsch gebauten Besitzungen weit zerstreuter in großen Waldungen. Sie halten mehr auf Viehzucht als Ackerbau ... und [sind] immer die Vorläufer und Vorarbeiter der Hauländer, ihre Avantgarde, so wie die Leute, die aus Oder- und Netzebruch in Polen einwandern, die Arrieregarde ausmachen; denn sie kaufen ihre Höfe meist von Hauländern und so nahe als möglich an ihrem Vaterland. Auf solche Weise rücken diese fleißigen und arbeitsamen Menschen immer mehr ostwärts vor, wie die Kolonisten in Nordamerika westwärts“ (zit. nach M. Laubert, Eine kulturhistorisch-politische Denkschrift über Polen, S. 120). M. Żywirska: Puszcza Biała, jej dzieje i kultura [Die Weiße Heide, ihre Geschichte und Kultur], Warschau 1973, S. 80, behandelt u. a. die Ansetzung von Kurpen als freie Zinsbauern in relativ früher Zeit. — Zu den freien Zinsbauern zählten auch die sog. Philipponen, Angehörige einer orthodoxen Glaubenssekte, im Suwalker Gebiet; vielleicht manche sog. Kątnicy (= Winkler), von denen z. B. eine Anzahl in den Sulejower Kronwäldern an der Pilica seit etwa 1600 als immerhin dienstfreie Zinsbauern mit schriftlichen Privilegien saßen (Księgi referendarii koronnej, Bd 1, S. 593 ff.). Aus Zinsleuten bestand ferner die ihrer Herkunft nach sehr gemischte Bevölkerung der sog. Budy und anderer gewerblicher Siedlungen (vgl. oben S. 57 f.).

der Wildnis, deren Bewohner von fernher kommend sich in grellem Kontrast vom einheimischen Bauern abhoben und offensichtlich ganz allgemein als Menschen seltsamer nichtpolnischer Wesensart empfunden wurden.

Um die Problematik der polnischen Holländernamen wenigstens mit einigen Sätzen aufzuzeigen, soll hier noch auf die übrigen von Rusiński beigebrachten Namen kurz eingegangen werden. Er beginnt mit den polnischen Namen aus den katholischen Holländereien und nennt als erstes Dorf Janikowo bei Posen.[124] Indes war gerade Janikowo kein Holland, sondern ein gewöhnliches Dorf von altpolnischer Art.[125] Kein Wunder, daß Rusiński dort auf echt polnische Namen gestoßen ist. Ähnliches — vielleicht war es auch eine Mischsiedlung — gilt für Krzyżewniki, wo er dementsprechend ebenfalls viele polnische Namen vorfand. Für Barcinek-Holland, das als Holländerei bekannt ist, nennt er drei Familien: Christoph Hintz, Lorenz Mantey (ein notorischer Name deutscher Kolonisten) und Andreas Sobiejewski. Das Dorf hatte 1819 nur drei Feuerstellen und war demnach zu zwei Dritteln in deutscher Hand. Es folgt der Ort Naramowskie Olendry mit dem Namen Joanna Dorota Knopka, was deutsch einfach Johanna Dorothea Knopke lautet. Sie verkaufte ihren Grund im Jahre 1809, als die ersten Schwalben bereits die Bauernbefreiung ankündigten, an Jan Kamiński. Das kann ein Pole gewesen sein, ist aber notorisch die polnische Übersetzung des unter Holländern verbreiteten Namens Steinke. Der Kaufvertrag sei unterzeichnet vom Schulzen Marcin Guziński [Martin Guse?], dazu von den Schöffen Michał Dobroć [Gutt] und Marcin Fryć [Fritsch, Fritzsch].[126] Über Czerwonak-Holland weiß Rusiński anschließend zu berichten, daß dort ein Paweł Jastrzębkowski seinen Hof an Simon Laufeld verkaufte, desgleichen ein gewisser Thomas Przybylski — an Andrzej [Andreas] Ryske. Die beiden Käufer haben deutsche Namen. Darauf folgen zwei Namen aus Ostrowo, dem oben behandelten adligen „Freidorf":[127] Christianus Rozna (die deutsche Form des Vornamens, der unter Polen wenig üblich ist, in einem polnischen Amtspapier von 1787 könnte allenfalls als Latinisierung angesehen werden; jedoch auch „Rozna" sieht nach einfachem deutschen Rosner aus) und Albertus Casimirus Biały (der Vorname Albertus ist für Polen ungebräuchlich, kann allenfalls für Wojciech stehen; auf S. 29 nennt Rusiński sogar einen Kazimierz, der wider Erwarten in der Originalquelle als „Niemiec" bezeichnet wird; biały = weiß). Soweit die Namen aus den katholischen Holländereien, wo Rusiński begreiflicherweise auf die größte Ausbeute hoffen durfte. Aber ein Teil dieser Namen ist zweifellos nicht polnisch, einige sind fragwürdig. Übrig bleibt im ganzen noch kein Dutzend polnisch klingender Namen bei auf rund 425 zu schätzenden katholischen Holländerfamilien. Dieses magere Ergebnis kann als der dokumentarische Nachweis dafür gelten,

124) Rusiński, S. 32, Anm. 1.

125) vgl. unten S. 174.

126) Zu „Steinke" — Schulz, Die zweite deutsche Ostsiedlung, Quellenband, S. 188; zu „Gutt" — A. Lattermann: Kurheim 700 Jahre alt, in: DWZ im Wartheland, Posen 1943, S. 241: „Die ursprünglich evangelischen Dobrotsch, Dobroć werden einmal noch Gutt genannt."

127) vgl. S. 150.

daß selbst die katholischen Holländer in der Regel Deutsche waren. Von der frühzeitig einsetzenden Tendenz zur Polonisierung ihrer Namen, die vielleicht noch den einen oder anderen dieser wenigen Namen künstlich hervorgebracht hat, ist bereits oben die Rede gewesen.

Kein Zweifel, daß es in Mischsiedlungen, wo Holländer neben Fronbauern angesetzt wurden, auch polnische Familiennamen gab, die gelegentlich in Dokumenten auftreten müßten. Können aber ihre Träger, selbst wenn sie inzwischen holländisches Recht empfangen haben sollten, deshalb bereits als Holländer galten? Die Frage ist oben, im Anschluß an die Bauernnamen von Sroczewo, behandelt und negativ beantwortet worden.[128] Außer jenen Namen für Sroczewo nennt Rusiński an derselben Stelle noch vier Namen aus Ostrówek, das ebenfalls eine Mischsiedlung sein soll.[129] Indes war Ostrówek mit insgesamt 27 Feuerstellen im Jahre 1789/90 ein deutsches Schulzendorf, wo 1773 fast sämtliche Namen deutsch waren.[130] Nur ein kleiner Wohnplatz daneben, von zwei Feuerstellen, galt als Holland.[131] Von den vier Namen, die Rusiński für das ganze Dorf anführt, sind übrigens zwei schwerlich Namen polnischer Bauern: Jan Mateusz (Johann Matthes oder ähnlich) und Jan Wojan; sowohl Matthes wie Wojan waren als deutsche Kolonistennamen im Lande geläufig. — Das Gesamtergebnis an polnischen Namen für die „Mischsiedlungen" fällt demnach ebenfalls äußerst mager aus.

Rusiński hat schließlich zu Recht nach polnischen Namen in den in der Nähe der schlesischen Grenze gelegenen Dörfern gesucht. Dort gab es in der Tat Tausende von evangelischen Polen, jedenfalls polnischsprechenden evangelischen Schlesiern, die nach Großpolen gegangen waren. Es ist möglich, daß auch das eine oder andere an der Grenze entstehende Dorf, das von zuziehenden Schlesiern bevölkert wurde, die Bezeichnung Holland erhielt. Leider finden sich aber im Süden der ehemaligen Posener Wojewodschaft, dem Arbeitsgebiet von Rusiński, kaum Holländereien; südlich der Obra — nur vier, darunter Daleszyno und Zaborowo-Holland. Von deren Personennamen und deutschsprachigen Einwohnern ist bereits die Rede gwesen.

Mit einer vierten, der pommerschen Namengruppe schließt Rusiński seine Sammlung polnischer Holländernamen ab.[132] Nichts beweist wohl besser die Seltenheit polnischer Namen unter den holländischen Kolonisten, als dieser letzte Versuch von Rusiński, pommersche Formen wie Rosanke, Polenske in Rosanski, Polenski umzuformen. Selbstverständlich gehen sie auf eine slawische Wurzel zurück wie so viele in Pommern. Die beiden genannten sind sogar wohl-

---

128) vgl. oben S. 153.

129) Rusiński, S. 32, Anm. 2.

130) K. Lück: Die Geschichte des Deutschtums in Chodzież (Kolmar) und Umgebung, Posen 1937, S. 16.

131) vgl. Übersicht der Bestandtheile ... des Bromberger Reg. Bezirks, Bromberg 1818, S. 30, sowie: Die Gemeinden und Gutsbezirke der Provinz Posen, Berlin 1874, S. 154.

132) Rusiński, S. 33, Anm. 1.

bekannte Namen ostdeutscher evangelischer Familien.[133] Auch Christian Radotzki in Stróżewskie Olendry (Hermstal) ist sicher kein Pole gewesen, worauf schon der Vorname deutet. Später gab es dort einen Wilhelm Raddatz.[134] Selbst ein Andreas Pollak, so seltsam das klingen mag, wird in Wirklichkeit kaum Pole gewesen sein; denn bereits im Jahre 1765 befanden sich in Hermstal neben 175 Lutheranern nur 17 Katholiken.[135] Beheim-Schwarzbach bezeichnet das Dorf auf Grund der preußischen Klassifikationsanschläge von 1773/4 als lutherisch.[136] Es zählte damals 23 Knechte und Mägde, unter denen die wenigen Katholiken gut unterzubringen sind.[137]

Aus Glashüttenholland schließlich meldet Rusiński fünf Familien des Namens „Jachalski": Johann Jachalke, Jakob Jacholske, Matias Jachalke, Jachalke, Peter Jachalske.[138] Rusiński entrüstet sich, daß Werner Schulz nicht einmal diesen pommerschen Namen als polnisch anerkennen will: „Für ihn waren alle Holländer Deutsche, und alle Namen — deutsch." Bei Schulz, der im Gegensatz zu Rusiński die Originalquellen in seltener Vollständigkeit zitiert, erscheint dieser Name im Jahre 1749 in folgender, typisch pommerscher Vergesellschaftung: Martin Anklam, Johann Schwalbe, Johann Krüger, Gottfried Kranz, Albert Jachalke, Friedrich Stubbe, Johann Broke, Friedrich Schiewelbein, Martin Gehrke, Mathias Blesing und Gottlieb Klatt, sämtliche aus Glashütten-Holland.[139] Nach Pfarrer Kurpisz saßen dort schon im Jahre 1738 „neue Dissidenten-Kolonisten".[140]

Auf Grund eines einzigen Namens von diesem pommerschen Typ verlieh der korrekte Ignacy Baranowski einst in aller Vorsicht der Annahme Ausdruck, daß einzelne Kolonistennamen in den Posener Hollândereien „sogar auf polnische Herkunft hindeuteten".[141] Anlaß dazu war ihm der Name eines Bauern in Goldau ⟨Złotkowo⟩ bei Posen: Peter Pachotek. Das aber war nur ein Druckfehler für Pachołek und konnte den angesehenen Forscher allerdings irreführen.[142] Pacholke = Knecht war damals selbst im Sprachgebrauch von Ostdeutschen, denen ja manche slawische Brocken vertraut waren, nicht ungewöhnlich. In der Gründungsurkunde von Goldau aus dem Jahre 1752 erscheint er in der Gesell-

---

133) Zu Rosanke (Rosenke) vgl. u. a. Ph. R u d o l f : Aus der Geschichte von Schulitz, Posen 1936, S. 176, sowie weiter oben S. 138. Zu Polenske — s. DWZP 35 (1938), S. 136 und DWZP 28 (1934), S. 16.

134) Zum Namen Raddatz vgl. G. R a d d a t z : Geschichte des Dorfes Freudenfier (Kreis Deutsch-Krone), in: Grenzmärkische Heimatblätter 10 (1934), T. 2, S. 61 ff., hier S. 73, 85. Es gab in Freudenfier eine altansässige Familie dieses Namens.

135) L. K u r p i s z , Kronika kościołów chodzieskich, S. 250.

136) M. B e h e i m - S c h w a r z b a c h , Der Netzedistrikt, T. 3, S. 177.

137) zu diesem Holland vgl. A. M ü l l e r : Siedlungsgeschichte eines Holländerdorfes. Hermstal, Lübeck 1970.

138) R u s i ń s k i , S. 33, Anm. 1.

139) S c h u l z , Die zweite deutsche Ostsiedlung, Quellenband, S. 76.

140) L. K u r p i s z , Kronika, S. 74.

141) I. B a r a n o w s k i , Wsie holenderskie, S. 70.

142) C. B r a n d e n b u r g e r : Das Hauländerdorf Goldau bei Posen, in: ZHGP 18 (1903), S. 7, mit der verderbten Form Pachotek; S. 40, in der Urkunde: Pachołek.

schaft von Bachmann, Meller, Kurczmann, Krüger (im Original Karczmarz), Bleszko (= Bleschke), Korn, Herszmann, Klembein, Szultz, Laube und Binder.[143] Karl Grams, ein emsiger Heimatforscher aus Mittelpolen, fand in den Gemeindeakten von Sompolno neben Krygier für Krüger, Belof für Below auch Tuchołek für Tucholke, Pachołek für Pacholke, Łysek für Lieske.[144]

Aus regionalen Namensammlungen deutscher Heimatforscher in Polen wurde hier eine noch leicht zu ergänzende Liste polnischer Familiennamen zusammengestellt, die meist auf ursprünglich deutsche Formen zurückzuführen sind (s. Tafel 5). Gleichzeitig sind sie ein sprechendes Zeugnis jenes ständigen ethnischen Druckes, dem selbstverständlich jeder ausgesetzt ist, den das Schicksal auf längere Zeit ins Ausland verschlägt, ein Zeugnis auch des mehr oder weniger beschwerlichen, weltweiten Assimilierungsprozesses, der erst in der vollkommenen Umformung sein Ende findet. Manchmal sind es freilich auch Namen von ursprünglichen Polen, die in der Gesellschaft der Holländer eingedeutscht wurden. Die Wirkung von Gewaltmethoden auf diesen Prozeß ist denkbar gering und wird beiderseitig in der Regel überschätzt.

Die polonisierten Kolonistennamen endeten nicht selten auf -ski.[145] An sich ist das ein verbreitetes polnisches Adelsprädikat, wie im Deutschen das „von“. Gegen Ende des liberaleren 18. Jahrhunderts kamen diese Namen aber auch für Bürgerliche und für freie Bauern in Mode. So wurden damals im alten ländlichen Lodz ein Kuh oder Kuch zu Kuchowski, ein Pelz zu Pełzowicz und Pełzowski, aus Kudel (= zottiger Mensch) ein Kudliński, aus Nędza (= Not) ein Nędziński. Die Bürger Gębka und Zając (= Mäulchen bzw. Hase) nahmen adlige Allüren an, zu denen der Pole ein angeborenes Talent besitzt, und nannten sich Gębski und Zajączkowski, aus Wojtek konnte Wojciechowicz und ein Wojciechowski werden. Weitere Beispiele für die wenigen Einwohner des alten Lodz können dem Lodzer Jahrbuch entnommen werden.[146] Sie erinnern in gewisser Hinsicht an die schönen, manchmal zu schönen deutschen Namen, die in demselben klassizistischen Zeitalter an deutsche Juden ausgegeben wurden, wie Goldberg, Stückgold, Silbermann usw., was ebenfalls Wunschnamen waren. Auch sie fallen ins Auge und sind etymologisch wegen ihrer späten Entstehung meist leicht aufzuschlüsseln. Bei einigem polnischem Sprachempfinden kann man auch bei den entsprechenden polnischen Namen oft heraushören, ob es sich um echte Adelsnamen oder Talmischöpfungen handelt.

Tafel 5. Polnische Familiennamen deutscher Kolonisten*

Abkürzungen:

B — A. Breyer: Polonisierte deutsche Familiennamen, in: Dt. Blätter in Polen, 1 (1924), S. 205 f.

G — F. Guderian: Marianowo, Dortmund 1966, S. 27 ff.

143) ebenda, S. 40.

144) M. Kage (Pseudonym f. Karl Grams): Volkskunde der deutschen Siedlungen, in: DWZP 36 (1939), S. 172.

145) vgl. S. 165 ff.

146) Rocznik Łódzki 2 (1931), S. 206 ff.

h — A. Heise, Marburg (mündl. Mitteilung).
H — R. Heuer: Drei Jahrhunderte Bauernleben in der Weichselniederung, Posen 1935, S. 10.
K — M. Kage (Karl Grams): Volkskunde der deutschen Siedlungen der evangelischen Pfarrgemeinde Sompolno, in: DWZP 36 (1939), S. 171 ff., S. 181.
Ko — O. Kossmann.
M — E. Mielke: Schlonsk, Dortmund 1972, S. 20 f.
P — Domherr P. Panske: Familien der Koschnaewjerdörfer im 18. Jh., in: DWZP 20 (1930), S. 57 ff.
R — Ph. Rudolf: Aus der Geschichte von Schulitz, Posen 1936, S. 137—188.
Re — D. Reiser: Lebensraum der Deutschen im Kalischer Land, Leipzig 1941, S. 96.
S — W. Schulz: Die zweite deutsche Ostsiedlung, Bd 1, S. 36 ff., Bd 2, S. 188.
T — A. Treichel: Geschichte des Deutschtums von Rippin, o. O. 1963, S. 44, 49.
To — K. Tomm: Beberen und seine Siedlungen, Lipno o. J., S. 42 ff.
W — L. Wegener: Der wirtschaftliche Kampf der Deutschen mit den Polen um die Provinz Posen, Posen 1903, S. 25.
Z — M. L. Zakobielski: Geschichte der evangelischen Kirchengemeinde Jutroschin, Jutroschin 1913, S. 47, 49.

* Vgl. auch die Listen bei A. Lattermann: Doppelter Sprachwechsel um Kempen, in: DWZ im Wartheland, Posen 1943, S. 247 ff.; sowie ders.: Kurheim 700 Jahre alt, ebenda, S. 239 ff.

Abramowicz (Abraham) S
Abramowicz (Abram) K
Adamski (Adam) B
Andrzej (Anders) S
Antoniewicz W
Arnimski B
Bartmański B
Bartnowski B
Bauerowicz B
Beczkowski (Tonn) K
Bednarczyk Ru
Betka (Bethke) K
Bocianowski T
Bogdański T
Bomgort (Baumgart) Z
Bonkowski To, h
Bonowicz (Bohne) M
Bordo (Borde) B
Borkowski T
Borma (Born) B
Borowski T
Brezmit (Brettschmidt) S
Brojerski B
Brudel (Brodel) B
Bruza (Brose) S
Brych (Brüche) Z
Bryl (Brühl) B
Bryza (Briese) K
Brzeziński (Birkholz) Re
Buza (Buse) M
Bych (Büch) B
Byśka (Büschke) K
Cender (Zünder) R
Chmielewski (Hoppe) B
Cholewicz R
Ciemny (Düsterhöft) K
Cybart (Ziebart) Re
Cygański R
Cyla (Ziel) T
Cylm (Zilm) Re
Cymer (Zimmer) Re
Czarnecki (Schwarz) T
Czech (Zech) B
Czerwiński (Rode) B, K u. T
Czybura T
Dambrowski R
Danielowski T
Darowski (Schenk) Ko
Daszkiewicz (Dach) W
Dembowski (Eichstedt) K
Dobrzycki K
Dobrzyński K
Donarski B
Dryps (Drews) M
Dur (Dürr) S
Durny R u. T
Dymek (Dümke) S
Dzbankiewicz (Krügler) K
Dzikowski (Wilde) B
Faltyński Ko
Fancka (Fenske) R
Faroniecki (Faro) W

Fęglerski B
Festerkiewicz B
Feterowski B
Folkierski B
Frydrychowski B
Fryszkowski (Frieske) K
Furkiewicz B
Furmański (Furman) B
Gąsiorowski (Gänsler) B
Giebartowski B
Gieda (Göde) R
Gierski (Gersch) P
Gierszewski (Gersch) P
Giza (Giese) Sch
Głowacki (Kopp) K
Głowacki (Koeppe) R
Gołąbek (Taube) T
Golkowski T
Gomza (Gomse) T
Gottlibowski B
Grabowski (Buchholz) K, R
Grolowski T
Gryb (Griebe) R
Grzyziński (Beissart) Re
Gutwiński B
Guza (Guse) R
Handlowski B
Hanuś (Hahnisch) B
Hassewicz B
Hendzelewski B
Henschlewski B
Hermanowski (Hermann) M
Heymowski B
Hirszowski B
Hohendajski B
Horrowski B
Huza (Heise) R
Iwanowski T
Jagodziński (Berwald) B
Jada (Jöde) R
Janetzki T
Jankowski (Janke) K
Jarlach (Gerlach) R
Jasko (Jeske) R
Jungowski B
Junka (Jung) S
Kamiński (Steinke) K, T, S, Re
Kantak (Kanthack) W
Karlowski B
Kiel (Köhl) R
Kiersz (Kirsch) R
Kieszkowski (Strauch) K
Kindelski B
Kirszkowski B
Knapski B
Kokocińska (Hahn) K
Kol (Kohl) R
Kołodzi (Rademacher) S
Konopatzki T
Kosmowski (Rauch) Re
Kotecki (Kottke) K
Kowalski (Schmidt) K
Kozlowski T
Krawczyński (Schneider) R
Krenty K
Krolikowski (Kroll) P
Krzesiński h, To
Kufalk (Kuhfeld) R
Kukacz K
Kuncewicz B
Kuntzki B
Kurak K
Kurzmanowski B
Kwela (Quelle) B
Kwiat (Blüge) K
Kwiatkowski (Blümke) T
Kwoda (Quade) B
Kyn (Kühn) R
Lackowski (Latzke) P
Lalczyk (Loel) Ko
Langowski B
Leciński (Renn) T
Lemański (Lehmann) K
Lencewicz B
Lernaciński B
Laska (Leske) K
Licznerowski B
Lika (Lück) Sch
Linka (Linke) K
Lipińska (Lindner) Re
Lis (Fuchs) K
Lisicki, -owski (Fuchs, Voss, Faß) T
Lochmanowicz (Lochmann) M
Lyra (Lehr) W
Łysek (Lieske) K
Lytka (Lüdke) S
Majerski (Meier) K
Majewski (Mai) K
Marcinkowski (Martin) K, B
Marcinowicz (Martens) S
Marecki h
Matuschka (german. Familie) H
Melerowicz B
Michlewski B
Miecznik R
Mięczny R
Morzykowski K
Mroziński (Frost) K
Mundkowski B
Muznerowski B

Mystelkowski B
Mystkowski B
Najderski B
Nilowski R
Nowaczyński (Neubert) B
Nowak (Neumann) B
Nowicki (Neumann) K
Nowowiejski (Neudorf) K
Nożownik (Messerschmidt) S
Oberski B
Okuniewski (Perske, Persch, Bartsch) W
Ostrowski (Scharff) K
Packowski (Patzke) P
Paczkowski T
Pal (Pahl) B
Palmowski B
Pankracy (Kratzer) T
Panowicz (Hermann) K, T
Parzygroch (german. in Pansegrau) H, R
Peda (Pidde) B
Penski (Panske) P
Piątek (Freitag) Ko
Pienkowski R
Piłatowski (Zaygmüller) Ko
Pióro (Fähder, Feder) Z
Pioter (Peter) R
Polak R
Pomerynkas (Pomeränke) S
Pradul (Priedöhl) R
Przepiórka (Wachtel) K
Raczkowski (Krebs) Ko
Radkowski (Radke) P
Rakowicz R
Rakowski (Krebs) K, h, B
Raski R
Ręcz (Rentz) R
Reinowski B
Rerka (Röhrke) R
Retelewski B
Reyska (Reiske) R
Rimatzki G
Ringwelski B
Rodzynka (Rosenke) M
Róg (Ruck) B
Rogowski T
Rola (Rolle) B
Romanowski (Rohmann) M
Różalski (Rosentreter) T
Rosenkiewicz B
Rozwelt (Rosenfeld) R
Rozyn (Rosin) B
Rudzynski (Rot) Ko
Rutkowski T
Ryczel (Roetschel) B
Rydel (Riedel) B, T
Ryk (Reich) R
Sadowski (Schade) K
Schimanski T
Semroch (Semmrau) B
Sika, Gzyk (Schick) W
Sikocki R
Sitkowski R
Słowiński (Nachtigall)
Śmigielski (Schmechel) R
Środziński (Schrader) K
Stawicki (Teichmann) Ko
Stodulski (Schienke) T
Stojke To
Straszewski K
Strycki W
Strzembski Ko
Strzyplewski (Ströpling) Ko
Surowiecki (Rohloff) B
Świderski (Bohrer) B
Świeczkowski (Schwitzer) M
Świętek R
Szmidecki B
Szmidowicz B
Szmitka (Schmidtke) B
Sznycerz (Schnitzer) Ko
Szramowski (Schramm) T
Szulborski B
Szwankowski (Schwanke) K
Szwemiński (Schwemin) P
Szymański (Schiemann) T
Szynka (Schienke) K
Szyw (Schewe) R
Trajkot (Traugott) K
Tyda (Tiede) K
Tynf (Timpf) R
Urbanowski W
Węsowski (Bart) K
Wawrzeniec (Wenclaw) R
Węclewski W
Wesołowski (Fröhlich) K
Weynerowski B
Więckowski (Wentzke) R
Wieczorek (Abendroth) R
Wierzbicki R
Wilmanowski B
Wiśniewski (Kirsch) Re
Wiza (Wiese) B
Wodke R
Wojak (Krieger) T
Wolicki (Wollschläger) K
Wolski R
Woyciechowski T
Woykowski T
Wylatowski K
Zając (Hase) S

Zak (Sack) B
Zamofilt (Sommerfeld) S
Zieliński (Grun) K
Zieliński (Grünke) K
Zielonka (Grun) K
Ziemięcki (Erdmann)

Im gleichen Zusammenhange ist auf die Beobachtung von Reinhold Heuer einzugehen, daß unter den Holländern des Dorfes Brzoza, südlich Thorn, im Jahr 1788 „4 augenscheinlich polnische Leute, z. B. Peter und Michael Modrzejewski, und nur ein Deutscher" gewesen sind.[147] Er beruft sich dabei auf Hans Maercker.[148] Laut diesem erneuerten die ehrbaren Holländer Peter Modrzejewski, Valentin Kunkowicz, Johann Kowalski, Johann Wunderlich, Michael Modrzejewski im Jahre 1788 den alten Dorfvertrag aus dem Jahre 1737. Diesen älteren Vertrag aber hatte Bischof Szembek, der bekannte Eiferer gegen die Protestanten, ausgestellt. Es ist daher angezeigt, hier an das Schicksal der Holländer des benachbarten Wołyszewo zu erinnern; sie waren durch denselben Szembek zum Katholizismus gezwungen worden, was dann zu einer teilweisen Polonisierung ihrer Namen führte.[149] Es ist ausgeschlossen, daß Szembek seine Holländerei Brzoza anders behandelt haben sollte als das kaum sieben Kilometer entfernte Wołyszewo. Daher liegt es nahe, Kunkowicz als Kunke und Kowalski als Schmidt zu identifizieren. Auf dieselbe Weise können die beiden Modrzejewski zu ihrem „adligen" Namen gekommen sein; nur ist schwer zu entziffern, wie er wirklich gelautet haben mag (modrzew = Lärche). Vielleicht hießen sie Lerke oder Modrow. Daß Brzoza ein ursprünglich evangelisches Dorf war, wird durch Punkt 4 der Ansiedlungsbedingungen angedeutet. Es heißt dort: „Die Jura Parochiae von Taufen, Trauen und Begräbnis sollen sie nach unserer Kirchenordnung zahlen."[150] Solche Klausel wäre für eine einheimische katholische Siedlung überflüssig gewesen, ist aber aus Gründungsprivilegien evangelischer Dörfer in dieser oder jener Formulierung bekannt.

Anders als Rusiński, der sehr sparsam Holländernamen bekannt gibt, ist Max Beheim-Schwarzbach verfahren: er hat sämtliche aufgefundenen Personennamen aus über 40 Holländereien des Netzedistrikts vom Jahre 1772/3 einfach veröffentlicht.[151] Die Erkenntnisse, die wir daraus über die nationale Zusammensetzung der Holländer gewinnen, sind dementsprechend zuverlässiger und vollständiger. Beheim-Schwarzbach war freilich nicht auf Einzelfunde angewiesen, sondern verfügte über eine Quelle, die sämtliche Ortschaften des Netzedistrikts einigermaßen gleichmäßig behandelt: die preußischen Klassifikationsanschläge. Sie sind gleich nach der preußischen Besetzung

147) R. Heuer: Die Holländerdörfer in der Weichselniederung um Thorn, in: Mitteilungen des Coppernicusvereins für Wissenschaft und Kultur zu Thorn 42 (1934), S. 133.

148) H. Maercker: Geschichte der ländlichen Ortschaften und der drei kleineren Städte des Kreises Thorn, Danzig 1899—1900, S. 714: Urkunde vom Jahre 1788 für Brzoza.

149) vgl. oben S. 138.

150) wie Anm. 148.

151) M. Beheim-Schwarzbach, Der Netzedistrikt, T. 3, S. 129 ff.

des Gebietes während der ersten Teilung Polens zusammengestellt worden. Jedes Dorf wurde gesondert, sozusagen in einer kurzen Monographie aufgenommen, wobei auch die Familien- und Vornamen ihrer Einwohner verzeichnet wurden. In den von dieser Landesaufnahme erfaßten Holländereien saßen, danach zu urteilen, insgesamt 410 Familien von Bauern und Halbbauern, sowie 153 Familien von Einliegern oder Instleuten, Hirten und Krügern. Die Namen der Knechte und Mägde freilich sind, jedenfalls in der Liste von Beheim-Schwarzbach, nicht enthalten. Da es bisher kein besseres Mittel gibt, sich ein eigenes, völlig unabhängiges Bild von der nationalen Herkunft der Holländer zu verschaffen, sei auf diese 563 Namen hier noch einmal verwiesen.[152] Rusiński geht seltsamerweise auf dieses einmalige Namengut überhaupt nicht ein, obwohl es großenteils seinem eigenen Arbeitsgebiet entstammt.

Von den aufgeführten Familiennamen aus über 40 Holländereien können 25—30 als polnisch angesehen werden. Das macht, einschließlich des fragwürdigen Drewno, rund 5 Prozent. Eine zweite Berechnung nach den Einwohnerzahlen der Dörfer bei Beheim-Schwarzbach ergab etwa 180 polnische Einwohner bei insgesamt 3500. Das macht wiederum 5 Prozent, ohne Drewno 3 Prozent. Die zeitgenössische Auffassung, daß die Holländer „deutschen Ursprungs" waren, untermischt von „wenigen" Polen, wird damit auf einfachste Weise bestätigt.

Etwa 20 von den polnischen Namen finden sich geschlossen in vier Dörfern: Brzesce Budy, Chałupsk, Drewno und Szerzawy. Alle vier waren, was sie von vornherein charakterisiert und als Ausnahmen kenntlich macht, in geistlichem Besitz. Drewno gehörte dem Gnesener Domkapitel, die anderen drei — den Benediktinern von Mogilno. In dem Benediktiner-Dorf Szerzawy heißt einer der drei Bauern Hermanowski, was die Spur einer Zwangskatholisierung sein dürfte; ein anderer heißt Rudzisławski, was schwerlich echt ist, sondern nach einer Verformung des unter den Kolonisten geläufigen pommerschen Namens Retzlaff aussieht.

Eindeutig polnisch und typisch bäuerlich sind die Namen von Drewno, trotz entstellter Wiedergabe durch die preußischen Schreiber, die sich in dieser Hinsicht kaum korrekter verhielten als vordem die polnischen. Es sind zehn Namen. Leider stehen sie insofern unter einem schlechten Stern, als bei Beheim-Schwarzbach an dieser Stelle eine Unklarheit herrscht, auf die der Ordnung halber hingewiesen sei. Laut seiner Ortsliste ist nämlich Drewno von Lutheranern bewohnt.[153] Dazu aber würden die schönen polnischen Namen keinesfalls passen. Hinzu kommt eine zweite Unstimmigkeit: in seinem Text verweist der Autor für Drewno-Holland auf die Nummer M 36 seiner großen Ortsliste. Dort findet sich indes nicht Drewno, sondern das benachbarte Osinin-Holland, das als ka-

152) Dieselben Namen bei W. Maas: 700 Posener Bauernnamen aus dem 18. Jahrhundert, in: DM 4 (1938), S. 332—347.

153) M. Beheim-Schwarzbach, Der Netzedistrikt, T. 3, S. 178 unter M 8, wo es heißt: „Niestronno einschl. Drewno und Milin Holl: Holl. L.", was besagen soll, daß nur die Holländer, nicht auch die Bauern von Niestronno, lutherisch waren. Der Zusatz Holl. bezieht sich dabei vielleicht auch auf Drewno, nicht nur auf Milin, wie aus einem Vergleich etwa mit M 9 usw. hervorgeht.

tholisch gekennzeichnet ist. Die richtige Ortslisten-Nummer für Drewno ist M 6, wo — wie gesagt — die Holländer mit L, d. h. als lutherisch angezeigt werden. Das stellt natürlich die zehn polnischen Holländernamen von Drewno in Frage und würde es verständlich machen, daß sie so echt polnisch bäuerlich klingen. Eine Klärung kann wohl nur durch erneute Einsichtnahme in die Klassifikationsanschläge herbeigeführt werden. Der Anteil der polnischen Namen ohne das sehr fragwürdige Drewno würde auf 3,5% absinken.

Es fällt auf, daß bis auf Brzesce Budy keiner der vier Orte in der Liste bei Beheim-Schwarzbach als Holland eingetragen ist. Auch auf zeitgenössischen Karten erscheint keiner mit dem Zusatz Holland. Dazu wird Chałupsk in dem Bromberger Ortschaftsverzeichnis von 1818 sogar als evangelisch bezeichnet, was wohl ein Irrtum ist. Drewno, Szerzawy und Chałupsk werden in demselben amtlichen Verzeichnis jeweils als „Dorf" geführt. Brzesce Budy wiederum erscheint in einer Liste „Kolonien im Brester Kreise 1800".[154] Angesichts der Unsicherheit der Zeitgenossen bei der Beurteilung der Qualität der drei kleineren Orte (außer Drewno) sind diese wohl besser als Pustkowien zu klassifizieren, die in jener Gegend recht häufig waren.[155]

Aus den Unterlagen bei Beheim-Schwarzbach ergibt sich auch ein erster fundierter Überblick über den Anteil der Katholiken. Er verzeichnet nämlich für 41 Holländereien des Netzedistrikts, jeweils pauschal für das ganze Dorf, die Konfessionszugehörigkeit.[156] Danach waren dort 29 Holländereien rein oder ganz überwiegend lutherisch, 10 ebenso katholisch, 2 gemischt. Von den 10 katholischen hatten die Bewohner in 5 Ortschaften deutsche Familiennamen (25 Namen), in den oben bereits untersuchten 4 Dörfern polnische (22), in einem Dorf 2 deutsche und 2 polnische Namen. Wenn die gemischt-konfessionellen je zur Hälfte auf die lutherischen und katholischen aufgeteilt werden, waren rechnerisch 30 Dörfer lutherisch und 11 katholisch. Dabei war gut die Hälfte der katholischen Holländer deutsch. Polnisch waren die bereits geschilderten vier Dörfer der Benediktiner und des Gnesener Domkapitels, wobei noch einmal auf die Vorbehalte betreffs Drewno hingewiesen sei.

Die Berechnung nach Einwohnerzahlen, nicht nach Familiennamen, ergab entsprechend 538 Katholiken bei insgesamt 3500 Einwohnern. Das macht 15% Katholiken. Eine Auszählung allein der Wirte, einschließlich Schmiede, Krüger usw., nach den Namen ergab 9% Katholiken unter den Wirten, ohne Drewno knapp 7%. Die soziale Gruppe der landlosen Instleute usw. in den katholischen Dörfern stellte 10%, ohne Drewno 8% der Angehörigen ihrer Gruppe in sämtlichen Holländereien.

---

154) W. Maas, Von der Provinz Südpreußen, S. 24.

155) W. Maas, Die Posener Hauländereien, S. 122, bezeichnete noch ein fünftes Dorf als zur Hälfte polnisch: Tarkowo-Holland, was er aber in der unter Anm. 152 zitierten Schrift, S. 338, korrigiert. Dieses Holland war lutherisch. L. Wegener, Der wirtschaftliche Kampf, S. 298, nennt für das J. 1831 Tarkowo-Holland mit 115 Einw., die sämtlich evangelisch waren.

156) M. Beheim-Schwarzbach, Der Netzedistrikt, T. 3, S. 154 ff.

6. Rusińskis Argumente für einen hohen katholischen und polnischen Anteil

Wie ist Rusiński zu den sensationellen 40 und mehr Prozent Polen unter den Holländern Großpolens um das Jahr 1790 gelangt? Da sich Topolski wie andere polnische Forscher dabei immer auf Rusiński berufen, muß dessen Rechnungsweise hier näher in Augenschein genommen werden.

Ausgangspunkt für Rusiński ist die konfessionelle Zusammensetzung der Holländer um 1790. Aus dem Anteil der Katholiken zieht er dann Schlüsse auf den der Polen. Er beginnt seine diesbezüglichen Ausführungen wieder mit einer Kritik deutscher Forscher, diesmal von Ilse Rhode. Sie habe behauptet, daß die ganze „holländische Bevölkerung" (ludność holenderska) evangelisch gewesen sei.[157] Ilse Rhode wiederum wußte, was Rusiński anscheinend entgangen ist, daß selbst auf kirchlichem Boden evangelische Holländerdörfer entstanden sind.[158] Hat doch z. B. der Domkustos von Posen im Dorfe Jerzykowo zu Beginn des 18. Jahrhunderts, nach den Schwedenkriegen, „deutsche Luthers" angesetzt und das dortige Gut denselben Deutschen gegen Zins in Pacht gegeben.[159]

Gleich die erste sachliche Feststellung, die Rusiński zum Eckstein seiner Schätzungen macht, trifft daher nicht zu, nämlich daß die Bevölkerung der auf kirchlichem Boden gegründeten Holländereien „immer" und „völlig" katholisch gewesen sei.[160] Das zeigen angeblich „die Quellen". Auf dieser Basis identifiziert er als völlig katholisch 20 Dörfer mit zusammen 1653 Einwohnern im Jahre 1789/90. Ihre Bekenntniszugehörigkeit in den Jahren 1840 und 1871 — aus früheren Jahren sind solche Angaben bisher unbekannt — läßt er außer acht. Ich habe daher für dieselben Orte die Bekenntniszahlen von 1840 und 1871 nachgetragen, dazu die Einwohnerzahl von 1819 und die jeweiligen Angaben über die Qualität der Orte nach Rusiński, Gilly und den Ortsverzeichnissen (also für „1790", 1802, 1819, 1840 und 1871), außerdem die Ergebnisse der Sprachenzählung von 1910 (vgl. Taf. 6, 7 und III).

Die Einwohnerzahl dieser Dörfer auf Kirchenbesitz ist demnach von ursprünglich 1653 (im Jahre 1789/90) über 2085 (1819) und 2729 (1840) bis auf 3260 im Jahre 1871 gestiegen, d. i. rund auf das Doppelte. Daß sich dabei das Verhältnis der Bekenntnisse in den einzelnen Ortschaften sicher nicht von Grund auf geändert hat, zeigt schon die Entwicklung von 1840 bis 1871. Insgesamt hat sich sogar der katholische Anteil in dieser Zeit stärker vermehrt. Vorher war freilich der Anteil der Evangelischen an der Gesamtbevölkerung der Provinz etwas, minimal, stärker gestiegen als der der Katholiken.[161] Dennoch ist — auch nach Ładogórski

157) Rusiński, S. 27.

158) I. Rhode, Das Nationalitätenverhältnis, S. 48.

159) W. Sobisiak, Rozwój latyfundium, S. 91.

160) Rusiński, S. 27.

161) Nach L. Wegener, Der wirtschaftliche Kampf, S. 28, stieg der Anteil der Evangelischen in der Provinz zwischen 1825 und 1840 von 28,0 auf 29,9%. Ihr Anteil

(früher: Ladenberger) — nicht mit einer Umstülpung des Bekenntnischarakters in diesem Zeitraum zu rechnen.[162] Am krassesten läßt das die Entwicklung in den beiden Bamberger Dörfern, Czapury und Wiorek, erkennen, die bekanntlich von Anfang an rein katholisch waren und es, wie die Tabelle zeigt, auch weiterhin unverändert geblieben sind.[163]

Tafel 6. Einwohnerzahl, Bekenntnis und Ortsqualität von 20 Ortschaften in geistlichem Besitz

	Ort	1789/90		Gilly 1802	1819		1840			1871		
		Q	Einw.	Q	Q	Einw.	Q	kath.	evang.	Q	kath.	evang.
1	Oberskie Stare	H	199	H	H	233	H	12	266	H	19	321
2	Oberskie Nowe	H	120	H	H	183	H	77	116	H	96	94
3	Wilcz	H	82	H	K	100	D	—	118	D	3	153
4	Barcinek	—	(24)	H D	H	32	D	16	34	D	32	16
5	Białokoskie	H	(30)	H	H	63	H	39	46	H	42	46
6	Czapury	—	(72)	D	D	63	D	120	—	D	180	—
7	Czerwonak	H	(78)	H	H	81	H	44	63	H	51	56
8	Główno	H	(18?)	H	H	15	H	17	8	H	30	
9	Janikowo	—	(54)	D	D	61	D	92	1	D	123	—
10	Kliny	H	(66)	H	H	64	D/H	47	97	D	64	81
11	Krzyżewniki	—	(127)	D	D	196	D	207	32	D	408	34
12	Łoskońskie Stare	H	(96?)	H	H	87	H	29	46	D	11	62
13	Łoskońskie Nowe	H	(42)	H	H	50	D	60	29	D	28	31
14	Marlewo	—	(30)	D	D	34	D	34	—	D	40	5
15	Miękowskie	H	(12)	H	H	19	D	40	3	V	42	
16	Nowosileńskie	H	(230)	H	H	225	H	242	12	H	272	27
17	Pąchenskie	H	(230)	H	H	220	H	250	43	H	263	68
18	Suchylas	—	(36)	D	H	163	D	52	172	D	71	205
19	Trojanowskie	H	(48)	H	H	95	H	66	65	H	96	68
20	Wiorek	—	(66)	D	D	101	D	134	—	D	194	—
	Summe		± 1640*)			2085		1578	1151		1993	1267
								2729			3260	

D = Dorf, H = Holländerei, K = Kolonie, Q = Ortsqualität, V = Vorwerk

*) Die Summe weicht von derjenigen Rusińskis, 1653, etwas ab, weil hier die eingeklammerten Zahlen mit dem Faktor 6,0 statt 6,05 nach den bei Rus. angegebenen Feuerstellen berechnet wurden. Für die Nrn 8 und 12 mußte die Zahl der Feuerstellen des Posener Ortsverzeichnisses für 1819 zugrundegelegt werden.

nahm ab, als die industrielle Entwicklung in Westdeutschland einsetzte und das agrarische Posen daher an Anziehungskraft verlor.

162) Auch T. Ładogórski: Periodyzacja rozwoju demograficznego ludności polskich ziem zachodnich [Zeitliche Gliederung der demographischen Entwicklung der Bevölkerung in den West- und Nordgebieten Polens 1816—1914], in: Przeszłość demograficzna Polski 5 (1972), S. 107, empfiehlt neuerdings die Angaben der preußischen Volkstumsstatistik „und besonders die der recht guten Bekenntnisstatistik . . ., die keine proportionalen Veränderungen in der Nationalitäten- und Bekenntnisstruktur der Bevölkerung der preußischen Provinzen in der ersten Hälfte des 19. Jhs. aufgezeigt haben". — Hierzu vgl. auch S. 197 f. und 184 f.

163) Über die weitere konfessionelle Entwicklung im Zeitraum von 1840 bis 1895 in den Holländereien der Kreise Grätz, Neutomischel, Schroda, Jarotschin-Pleschen und der deutschen Ansiedlungen in den Kreisen Strelno-Inowrazlaw unterrichtet eingehend tabellarisch L. Wegener, Der wirtschaftliche Kampf, S. 294 ff.

Der Tafel kann daher mit Sicherheit entnommen werden, daß die Vorstellungen von Rusiński über den „völlig" und „immer" katholischen Charakter dieser 20 Dörfer im Jahre 1790 einem kardinalen Mißverständnis der Quellen entspringen, auf die er sich beruft, ohne freilich ihre Angaben dem Leser zugänglich zu machen. Aber selbst aus dem langatmigen Text des Posener Dompropstes von 1781, den Rusiński ausnahmsweise ausführlich wiedergibt, geht bei genauem Hinsehen hervor, daß in Czerwonak und Kliny auch Deutsche und neben den Katholiken Evangelische gesessen haben, wie es unsere Tabelle zeigt. Der Propst sieht nämlich vor, was dem flüchtigen Leser freilich entgehen kann, daß von den beiden aus der Mitte der Holländer von Czerwonak und Kliny zu wählenden Schöffen „wenigstens einer polnisch und deutsch" können soll.[164] Natürlich wollte der Propst damit nicht die Wahl eines deutschsprechenden Schöffen sicherstellen. Er mußte vielmehr befürchten, daß ohne diese Klausel kein Schöffe gewählt würde, der neben Deutsch auch Polnisch verstünde. Das läßt bereits einen deutlichen Rückschluß auf die Sprache der dortigen Holländer zu. Ferner heißt es: wenn an den Feiertagen a) „einer der Zinsbauern" sich zum Markt begeben, oder b) „einer der Katholiken" nicht in seiner Kirche sein sollte, so seien die Schuldigen zu bestrafen. Es hat demnach dort auch Evangelische gegeben, die nicht — wie die Katholiken — zum Kirchgang verpflichtet wurden, während das Marktverbot sämtliche Zinsbauern unabhängig vom Bekenntnis betreffen sollte.

Zudem ist ein auffallend großer Teil der in dieser Tabelle genannten Ortschaften nur bedingt oder gar nicht als Holländerei anzusehen. Nach Rusiński selbst sind die Nrn 6, 9, 11, 13, 18, 19 und 20 keine echten Holländereien gewesen, sondern ein „Übergangstyp" bzw. „nicht näher bestimmbar". Wobei anzumerken ist, daß von den insgesamt 15 unechten Holländereien, die er für das Gebiet der ehemaligen Posener Wojewodschaft neben 267 echten verzeichnet, in dieser Tabelle allein bereits sieben unechte, d. i. fast die Hälfte enthalten sind. Sie sind damit Bestandteil der ersten und wichtigsten Säule seiner sensationellen These und dienen als Ausgangsbasis seiner Berechnungen des katholischen und polnischen Anteils an den Holländereien. Darunter befinden sich sogar zwei Dörfer der Bamberger Katholiken, Czapury und Wiorek, die bisher wohl von niemandem zu den Holländereien gezählt worden sind, auch nicht von Maas, dem Rusiński seine Mißbilligung dafür ausspricht, daß er seine tausend Holländereien allzu großzügig zusammengetragen habe. Aber auch Janikowo, Krzyżewniki und Marlewo werden in den für die obige Tabelle benutzten Unterlagen nicht als Holländereien geführt, auch nicht von Maas. Im ortskundigen Słownik Geograficzny, einem der Meisterwerke polnischer Gelehrsamkeit und Heimatliebe, werden die Nrn. 4, 6, 9, 11, 14, 18, 20 ebenfalls nicht als Holländereien ausgegeben, sondern als wieś, d. h. als Dörfer alten Stils. Die Dörfer unter 6, 9, 11, 14 und 20 sind daher auf alle Fälle zu streichen. Auch Walenty Sobisiak weiß nichts von einer Holländerei Janikowo, obwohl er die Siedlungsentwicklung der Besitzungen des Posener Bischofs und Domkapitels in einer Spezialarbeit an Hand der Original-

164) Rusiński, S. 146.

quellen sorgfältig untersucht hat.[165] Er kennt dort nur die Holländereien von Czerwonak und Kliny. Der Dompropst spricht zwar in seinem oben behandelten Dokument von Janikower Holländern; doch das besagt bekanntlich keineswegs, daß sie in Janikowo lebten.[166] Krzyżewniki bezeichnet auch Rusiński in der Ortsliste nicht als Olendry; vermutlich ist das Dorf in dem von Rusiński genannten Dokument von 1786 unter Zuzug echter Holländer auf holländisches Recht gesetzt worden, was — wie oben gezeigt — keineswegs die altansässigen polnischen Eigenbauern in freie Holländer verwandeln konnte. Über Marlewo weiß er nur mitzuteilen, daß es fünf Feuerstellen hatte. Auch auf der großen Originalkarte von Gilly ist Marlewo, südlich Posen, ein einseitig bebautes kurzes Straßendörflein ohne den Zusatz Holland.

Das Zahlenverhältnis der Katholischen zu den Evangelischen, das in den „Holländereien" auf Kirchenboden laut der Bekenntnisstatistik von 1840 etwa 4 zu 3 war, verändert sich damit auf 991 zu 1118, d. h. etwa auf 10 zu 11. Die Katholiken geraten demnach selbst in diesen ausgesuchten Holländereien der Kirche in die Minderheit. Ihre Zahl würde noch kleiner, wenn z. B. die Angaben einer Liste aus dem Jahre 1820 für Nr. 15 herangezogen würden.[167] Danach befanden sich dort damals nur zwei evangelische Familien mit zusammen 5 Seelen. Rusiński gibt für dieses Holland in der Tat nur zwei Höfe an. Sie waren somit 1820 noch beide von Evangelischen besetzt. Auch die Katholiken vom Neuen Laskoner Holland gehören nicht in die Liste der Holländer, da sie im wesentlichen mit den „Klafterschlägern" identisch sein dürften, die das Ortsverzeichnis für 1819 unter den dortigen Einwohnern verzeichnet.[168]

Von den 20 Ortschaften bleiben letztlich nur zwei übrig, Neuschilln und Punken, die dem Posener Bischof gehörten und die in etwa den Vorstellungen von Rusiński über den Bekenntnischarakter von Holländereien auf Kirchenboden entsprechen, obwohl nicht einmal sie „völlig" katholisch waren.

Anschließend führt Rusiński eine Reihe von Dörfern weltlicher Grundherren auf, die er „auf Grund gelegentlicher Quellenerwähnungen" ebenfalls als völlig katholisch, wie die vorgenannten, bezeichnet.[169] Sie sind (wiederum unter Hinzufügung der Zahlen und der Ortsqualität bei Gilly, 1819, 1840 und 1871) hier in einer Tafel zusammengefaßt (vgl. Taf. 7). Bis auf die Nrn 8 und 9 bestätigt die Bekenntnisstatistik von 1840 und 1871, daß diese Ortschaften zwar nicht völlig, aber doch überwiegend katholischen Bekenntnisses waren. Der Anteil der Katholiken zu dem der Evangelischen verhielt sich hier immerhin in beiden Zähljahren wie etwa 3 zu 1.

---

165) W. Sobisiak, Rozwój latyfundium, S. 90.

166) Die Radogoszczer Holländer bei Lodz saßen in Żabieniec, die von Kały in Grabieniec usw.

167) Pfarrer Weyer: Was alte Owinsker Akten berichten, in: DWZP 33 (1937), S. 164.

168) Kurze Übersicht ... des Regierungsdepartements Posen, Posen 1821, S. 126 f., Nr. 1873 und 1874.

169) Rusiński, S. 27 f.

Tafel 7. Einwohnerzahl, Bekenntnis und Ortsqualität von 9 Ortschaften in adligem Besitz

	Ort	1789/90		Gilly	1819		1840			1871		
		Q	Einw.	Q	Q	Einw.	Q	k	ev	Q	k	ev
1	Charłub	H	73	H	H	70	H	78	35	H	128	24
2	Chromiec	H	132	H	H	171	H	229	1	H	276	6
3	Kiełczyńskie	H	152	H	H	187	H	194	24	H	170	43
4	Radoszkowskie	H	36	H	H	71	H	88	11	H	83	39
5	Terespotockie	H	178	H	H	197	H	216	15	H	190	46
6	Troszczyńskie	H	122	H	H	108	H	147	34	H	169	41
7	Włościejewskie	H	130	H	H	111	H	132	43	H	207	59
8	Łęskie	H	192	H	H	171	H	51	194	H	47	200
9	Ostrówek	—	27	D	H	30 ev.		·	·	H		11
	Summe		1042			1116		1135	357		1270	458

Das Lenker Holland (Nr. 8) freilich gehört nicht in diese Tabelle. Nach den Angaben von Pfarrer Dużyński, der jene Gegenden vor 70 Jahren genauer erforscht hat, waren dort im Jahre 1828 nur 21 Katholiken.[170] Ostrówek gehört ebenfalls nicht hierher. Rusiński verweist zwar auf das Dorfprivileg von 1750, laut welchem von den beiden Schöffen einer immer Katholik sein solle, auch wenn es außer ihm keinen weiteren Katholiken im Dorf gäbe.[171] Laut Beheim-Schwarzbach heißt es dort: „sei denn, daß unter denselben kein Katholik" befindlich.[172] Dazu darf das Dorf Ostrówke, wie es meist von den Deutschen genannt wurde, nicht mit dem gleichnamigen Holland verwechselt werden, daß nur aus 2 Feuerstellen bestand. Nicht für dieses, sondern für das Dorf wird die zitierte Schöffenregelung gegolten haben. Laut Erich Schmidt hat der Grundherr Grudziński mit dem erwähnten Privileg von 1750 „seinen deutschen Bauern in Ostrowke Kr. Kolmar eine sehr freisinnige Dorfordnung" geben wollen.[173] Ursprünglich sei der Ort eine polnische Altsiedlung gewesen, in die dann aber immer mehr Deutsche einsickerten; daraufhin sollten sie nunmehr ihre neue Dorfordnung erhalten, mit einem Erbschulzen an der Spitze. Nach den preußischen Klassifikationsanschlägen von 1773 zählte der Ort 221 Einwohner, wovon 50 Knechte und Mägde waren. Beheim-Schwarzbach bezeichnet ihn als lutherisch.[174] Im Jahre 1765 gab es dort neben 218 Lutheranern 48 Katholiken,[175] die sich gewiß vor allem aus dem Gesinde rekrutierten. Auch hatte das Schulzendorf Ostrówke eine deutsche Schule.[176] Der Schulmeister hieß im Jahre 1764 Johann Kühn.[177] Das Bromberger Ortsverzeichnis von 1818 kennt es als evangelisches

170) X. Cz. Dużyński: Z dziejów Opalenicy [Aus der Geschichte von Opalenitza], Posen 1902, S. 82.

171) Rusiński, S. 28, Anm. 1.

172) M. Beheim-Schwarzbach, Der Netzedistrikt, T. 2, S. 63.

173) E. Schmidt, Geschichte, S. 406.

174) M. Beheim-Schwarzbach, T. 3, S. 176.

175) L. Kurpisz, Kronika, S. 250.

176) Beheim-Schwarzbach, T. 1, S. 256.

177) L. Kurpisz, Kronika, S. 238.

Dorf (mit 223 Einwohnern) neben dem kleinen Holland (mit 2 Feuerstellen und 30 Einwohnern). 1871 zählte das Holland 11 Einwohner, der ganze Ort 317 Evangelische und 61 Katholiken.

Es ist anzuerkennen, daß Rusiński für die genannten neun Dörfer dieser Tabelle jeweils wenigstens ein knappes Quellenzitat über ihren katholischen Bekenntnischarakter beigebracht hat. Dieses methodisch richtige Verfahren hat sich gut ausgezahlt: die betreffenden Dörfer waren in der Tat — bis auf die beiden letzten — überwiegend, z. T. fast ausschließlich katholisch. Für die Nrn 1, 3 und 7 konnte Rusiński auf eine Bestimmung aus ihren Gründungsurkunden verweisen, die nur katholische Siedler vorsah.[178] Der Hinweis von Rusiński, daß ein Dorf noch im Jahre 1823 Meßgelder zahlte,[179] besagt allerdings nicht, daß es katholisch war. Selbst die freiheitlicheren Bestimmungen des Traktats von 1768 hatten die Lutheraner zwar von gewissen Gebühren an die katholische Pfarre befreit, nicht jedoch vom Zehnt oder Meßkorn bzw. -geld, wo solche bisher rechtlich verpflichteten.[180] Manches zweifellos evangelische Dorf mußte viel später noch, gelegentlich bis ins 20. Jahrhundert, diese Abgaben entrichten.[181]

Doch stellen wir uns auf den Boden der von Rusiński vertretenen Thesen und berücksichtigen wir alle von ihm in beiden Tabellen genannten Dörfer in seinem Sinne. Wir kämen trotzdem nur auf 2680 Personen, wobei die Zahlen von Rusiński für die Jahre 1789/90 zugrunde gelegt werden. Die Gesamtzahl der Holländer, richtiger der „holländischen Bevölkerung" in der Posener Wojewodschaft gibt er mit 31 746 an.[182] Der katholische Anteil beliefe sich demnach auf rund 8%. — Wie ein Vergleich mit unserer Karte 3 zeigt, hat Rusiński damit tatsächlich fast sämtliche, überwiegend katholischen Holländereien herausgefischt, obwohl er — wie er sagte — in dieser Hinsicht auf „zufällige Erwähnungen" angewiesen war, was wohl besagen soll, daß außerdem noch zahlreiche weitere Dörfer dieser Art bestehen könnten. Der Anteil mag daher auf 10% erhöht werden. Da jedoch oben festgestellt wurde, daß in jenen 20 „völlig" katholischen Dörfern die Relation zwischen Katholiken und Protestanten wie 4 zu 3 war, unter Zurechnung der adligen Holländereien wie 9:5, so sind diese 10% auf etwa 6,5% herabzusetzen. Bei Berücksichtigung unserer oben geltend gemachten Einwände und Korrekturen würde sich dieser Prozentsatz noch verringern.

---

178) Immerhin sei bemerkt, daß solche Anordnung keine volle Sicherheit gewährt. Befand sich doch derselbe Vorbehalt in der Gründungsurkunde für Stoki-Holland bei Lodz vom 24. 4. 1798 (laut Eintragung in Księga hipot. ingrosac. in Zgierz vom 14. 5. 1810). Trotzdem weist eine Einwohnerliste aus den 20er Jahren des 19. Jhs. 54 Höfe auf, die von evangelischen Bauern bewohnt waren (A. Hoefig: Die deutschen Siedlungen bei Lodz, in: Neue Lodzer Zeitung, Nr. 183 v. 7. 7. 1935).

179) Rusiński, S. 27, Anm. 7.

180) Kossmann, Die Anfänge, S. 26; Vol. leg. VI, S. 262.

181) vgl. G. Chr. von Unruh: Aus der Posener Hauländerei Bukowce, in: DWZP 35 (1938), S. 215; A. Rhode, Geschichte der evangelischen Kirche, S. 92 f.

182) Rusiński, S. 26. Errechnet wurde die Gesamtzahl aus der Summe für die Posener Kreise von 1790 (28 624) zuzüglich der Holländer im ehemals Posener Anteil am Netzegebiet (3122).

Die Holländereien mit starkem katholischem Anteil haben insofern eine besondere Bedeutung, als in ihnen auch mit katholischen Hofbesitzern zu rechnen ist, d. i. mit katholischen „Wirten“, die allein die wahren Holländer gewesen sind. In Orten mit niedrigem katholischem Bevölkerungsanteil, d. i. in der Masse der Holländereien, werden sich unter den Wirten nur selten Katholiken finden; diese wurden dort vielmehr vom Gesinde und den anderen unselbständigen Berufsgruppen gestellt. Auf Grund der beiden Tabellen katholischer Dörfer wird man immerhin mit einer ansehnlichen Schar katholischer Wirte zu rechnen haben, die als echte Holländer im damaligen Sprachgebrauch zu betrachten sind.[183]

Hier nun, wo die soziale Struktur der Holländereien mit ins Spiel kommt, sei auf eine zeitgenössische Liste von rund 200 Personen verwiesen, die sich im Jahre 1789 zur Umsiedlung nach dem damals bereits preußischen Netzedistrikt gemeldet hatten. Sie gewährt Einblick in die bunte soziale Palette der deutschen Dörfer der Provinz, u. a. auch der Holländereien.[184] Die Liste nennt Schmiede, Müllermeister und -gesellen, Mietskrüger, Tuchmacher, Schneider, Schuster und Schulmeister, Radmacher, Seiler, Zimmerleute, Brettschneider und Schäferknechte neben Holländern und Freiholländern, Zinsbauern, Dienstbauern, Freigutsbesitzern, Pächtern, Freischulzen, Schulzensöhnen, Einliegern u. a. m.[185] Sie alle gehörten nach damaligem Recht zu den Freien und Freizügigen, die für eine Umsiedlung in Frage kamen. Wie auch aus dieser Liste hervorgeht, zählten die verschiedenen Instleute und Handwerker keineswegs zu den Holländern. Nur bäuerliche Landleute und ihre Familienangehörigen bildeten die holländische Volksgruppe im engeren Sinne, die verschiedenen anderen Gruppen freier deutscher Bauern gegenüberstand. Anscheinend nicht dienstfreie „Holländer“ stehen hier neben „Freiholländern“. Diese wiederum werden trotzdem nicht mit den Zinsbauern identifiziert, wie auch die schlichten Holländer, die offenbar schon Dienste leisteten, nicht mit den Dienstbauern. Die Träger der holländischen Tradition hielten offensichtlich starr an ihrer Andersartigkeit selbst bei ähnlichen Ansiedlungsbedingungen fest. Beheim-Schwarzbach fand — wie bereits ausgeführt[186] — in rund 40 Holländereien des Netzedistrikts ebenfalls eine sozial gegliederte Bevölkerung: neben 410 Bauern und Halbbauern, die sich in der Größe des Anwesens unterschieden, 153 Einlieger, Instleute, Hirten und Krüger, darunter verschiedene Handwerker.

Recht umfassend geht Rusiński auf die soziale und berufliche Struktur der Holländereien ein.[187] Er unterscheidet zwei Hauptgruppen: die Selbständigen und die Abhängigen. Aus genaueren Unterlagen für die Holländereien des Kreises Kosten im Jahre 1789 errechnet er — bei insgesamt 13 000 Einwohnern dieser Ortschaften — einen Anteil von 12,2% für die Einlieger, 12% für das Gesinde, 3,9% für die Kategorie „freie Arbeiter“ (luźni za robotą) und 2,3% für die Armen, zu

---

183) vgl. S. 187.

184) Albert K o e r t h : Ein Umsiedlungsplan von 1790, in: DWZP 35 (1938), S. 128 ff.

185) wobei wiederum die Gruppe des Gesindes usw. kaum in Erscheinung tritt.

186) vgl. weiter oben S. 169.

187) R u s i ń s k i , S. 58—64.

denen auch vermögenslose Witwen und Waisen gezählt wurden. Für weitere 4000 Einwohner von Holländereien des westlichen Netzegebietes und des Gutsschlüssels von Zirke ⟨Sieraków⟩ kommt er zu ähnlichen Sätzen. Die Landlosen oder Abhängigen aller Kategorien in den Holländereien der ganzen Posener Wojewodschaft schätzt er daher auf rund 30%.

Mit dieser Schicht der Landlosen oder Abhängigen versucht nun Rusiński, den Anteil der Katholiken an der „holländischen Bevölkerung" weiter aufzustocken. Sie bilden sozusagen die zweite Säule seiner sensationellen These vom fast 40-prozentigen Anteil der Polen an der Holländersiedlung der Posener Wojewodschaft; die erste Säule, die „völlig" katholischen Dörfer der Kirche und des Adels, ist bereits oben zur Sprache gekommen. Nach Rusiński ist es „äußerst wahrscheinlich, daß die Holländer solche Arbeitskräfte in der nächsten Nachbarschaft suchten ... Daher ist anzunehmen, daß insbesondere in Siedlungen, die in polnischer Umgebung entstanden, die ärmere, landlose Bevölkerung polnisch und katholisch war."[188] Einen ähnlichen Gedankengang hatte schon Maas in seiner Polemik mit Schleinitz über die Höhe des polnischen Anteils an der Bevölkerung der Holländereien geäußert.[189]

Ohne Umschweife und ohne weitere Untersuchungen über den tatsächlichen Anteil der Katholiken an den Landlosen schreitet Rusiński sodann zu seiner entscheidenden Schlußfolgerung, die hier im Wortlaut wiedergegeben sei: „Wir nehmen als Ausgangspunkt die Bevölkerungszahl der vorhin aufgezählten katholischen Siedlungen sowie der beiden Gruppen der ‚Losen' (luźni), wie sie in der Bevölkerungstabelle des Kostener Kreises vom Jahre 1789 für die Holländereien ausgewiesen wurden [d. i. für die Wanderarbeiter und Bettler, zusammen 6,2%]; wir berücksichtigen ferner die anderen Vorbehalte von weiter oben [vermutlich ist damit das Gesinde sowie die Tatsache gemeint, daß in fast allen Holländereien auch einige Katholiken gewohnt haben, was bei Rusiński weitgehend auf eine Doppelzählung derselben Leute hinausläuft]. So gelangen wir zu der Feststellung, daß die katholische holländische [!] Bevölkerung auf dem von uns behandelten Territorium zur Zeit der Teilungen rund 40% der Gesamtbevölkerung der Siedlungen betrug."[190]

In bewußter Anlehnung an das vage Rechenverfahren von Rusiński ist vorhin die katholische Bevölkerung der überwiegend katholischen „Holländereien" auf etwa 6 bis 7 Prozent der gesamten „holländischen" Bevölkerung geschätzt worden. Um von diesem Niveau auf die 40% zu kommen, muß Rusiński die 30% der Landlosen mehr oder weniger vollständig zu den katholischen Holländern geschlagen haben, nicht nur die Arbeiter und Bettler, sondern auch die Einlieger und das Gesinde.

Daß die in der polnischen Literatur eine Sonderbehandlung genießenden luźni (= Losen, d. i. die umherziehenden freien Arbeiter, Vagabunden, Bettler mit 6,2% der gesamten „holländischen" Bevölkerung, zu denen aber auch andere undefi-

---

188) ebenda, S. 28.

189) W. Maas, Die Posener Hauländereien, S. 121 f.

190) Rusiński, S. 29.

nierbare Berufe gerechnet wurden) großenteils polnisch waren, also auch katholisch, ist nicht anzuzweifeln. Sie sollen, wie gelegentlich überliefert ist, mitunter sogar adliger Herkunft gewesen sein; besonders „Damen“ seien unter ihnen nicht selten gewesen. „Zweifellos führte ein Teil dieser losen Leute — wie die berufsmäßigen Pilgerer, Bettler, verschiedenartige Diebeselemente usw. — ein ständiges Wanderleben, die meisten jedoch befanden sich nur vorübergehend auf der Walze; sie ließen sich alsbald, wenn sie einen entsprechenden Arbeitsplatz gefunden hatten, für kürzere oder längere Zeit an einem Orte nieder. Selten nur gründeten sie einen festen Hausstand; meist zogen sie nach ein paar Monaten oder gar Jahren, wenn es nottat, wieder an einen anderen Ort.“[191] Die damaligen Bettler waren, nach dem Zeitgenossen Bernoulli, „aboriginäre Bettler, das ist: ihr Stammbaum hat keinen Anfang. Der Pole schreckt seine Kinder mit ihnen ... Man gibt diesem Gesindel, weil man sich vor ihnen fürchtet. Sie streichen mit ihren Haushaltungen im Lande hin und her.“[192] Einen wesentlichen Anteil an der statistischen Gruppe der Bettler hatten ferner die Alten, die Witwen und Waisen, die in den Holländereien vor allem evangelisch waren.

Daß darüber hinaus auch die Gruppe der Einlieger, Handwerker usw. zumeist Katholiken und Polen gewesen seien, ist freilich ganz unwahrscheinlich. Wie schon die Namenslisten bei Beheim-Schwarzbach zeigen, entsprachen sie in nationaler und konfessioneller Hinsicht eher, obschon nicht immer, den Bauern ihres Dorfes. Dasselbe geht aus einigen minutiösen Aufstellungen der Einwohnerschaft in mehreren deutschen Dörfern des nördlichen Netzegebietes und der Koschneiderei hervor.[193] Die 12,2%, die diese Gruppe laut Rusiński ausmachte, werden nur zu einem geringen Teil katholisch gewesen sein, vielleicht 1 bis 2% der „holländischen“ Gesamtbevölkerung. In den Holländereien des Netzegebiets waren anscheinend gegen 10% dieser Gruppe Katholiken,[194] was auf dasselbe herauskommt (12,2:10 = 1,22). Anders verhielt es sich mit dem Gesinde, das ebenfalls ungefähr 12% der „holländischen“ Gesamtbevölkerung ausmachte. Es ist sicher richtig, daß sich unter dem Gesinde, den Knechten und Mägden, häufig einheimische Elemente befanden, vor allem in jenen Holländereien, die inmitten polnischer Wohngaue lagen, weniger bei überwiegend deutscher Umwelt, wie z. B. in den westlichen Grenzkreisen, wo sich deutsche Dörfer und Holländereien stark häuften oder gar überwogen. Ist doch nicht zu vergessen, daß es dort überall außer den Holländern ein starkes Kontingent anderer deutscher Siedler gab, auf dem flachen Lande wie in der Stadt, die zusammen die Holländer an Zahl mehr als doppelt übertrafen. Auch aus ihrer Mitte konnten Arbeitskräfte gewor-

---

191) B. Baranowski: O hultajach, wiedźmach i wszetecnicach [Von Strolchen, Hexen und Metzen], Lodz 1962, S. 32.

192) J. Bernoulli's Sammlung kurzer Reisebeschreibungen, Bd 4 (1781), Berlin, S. 245.

193) H. J. von Wilckens: Die dt. Bevölkerung der Landgemeinden des Kirchspiels Vandsburg, in: DWZP 28 (1934); ders.: Ein Bevölkerungsbild aus dem Netzegau, ebenda; P. Panske: Familien der Koschnaewjer-Dörfer, in: DWZP 20 (1930), S. 57 ff.

194) s. S. 170.

ben werden, um so mehr, als sie alle frei beweglich waren und in Sprache und Konfession den Holländern näher standen. Es ist auch daran zu erinnern, daß es die katholische Kirche nicht gern sah, wenn Katholiken als Gesinde in Hausgemeinschaft mit Ketzern traten.

Wenn auf jedem Hof auch nur ein katholischer Dienstbote war, würde das freilich bereits an 15% der Gesamtbevölkerung des betreffenden Dorfes ausmachen. In der Ortsstatistik von 1840 finden sich tatsächlich immer wieder Holländereien, die genau oder fast genau soviel Katholiken aufweisen wie Feuerstellen, d. h. Gehöfte. Es liegt die Annahme nahe, daß sich darin die Zahl der katholischen Dienstleute spiegelt. Dagegen wird überall da, wo beträchtlich mehr Katholiken als Feuerstellen sind, neben katholischem Gesinde auch mit katholischen Einliegern und sogar mit echten, katholischen Holländern zu rechnen sein, d. i. mit katholischen Wirten, häufiger wohl mit Krügern, Schmieden und anderen Dorfhandwerkern. Nicht selten, besonders in den bekanntesten großen Holländereien des Westens, war die Zahl der Katholiken indes kleiner als die der Gehöfte. Hier waren offensichtlich, wie vorhin deduziert, selbst die Dienstboten, das Gesinde, zumeist evangelischer Abkunft. Das war selbst in den größeren deutschen Sprachinseln Mittelpolens noch in den letzten Jahrzehnten allgemein der Fall.[195]

Vielleicht sollte man daher von den 12% der Gesamtbevölkerung, die das Gesinde ausmacht, die größere Hälfte als katholisch ansetzen, d. i. gut 6%. Zusammen mit etwa 3% „fahrender Leute" (Wanderarbeiter und Bettler) und den 1 bis 2% Einlieger ergäbe das 11%. Insgesamt kämen wir so, einschließlich der katholischen Wirte, die — wie weiter unten errechnet — 5 bis 6% der „holländischen" Gesamtbevölkerung stellten, auf rund 16 bis 17% katholischer Bevölkerung der Holländereien. Rusiński dagegen hat offensichtlich die große Masse der Landlosen, einschließlich des Gros der Einlieger, zu den Katholiken gerechnet, teilweise wohl sogar doppelt; nur so konnte er zu dem 40prozentigen katholischen Anteil kommen.

Doch das war nur sein erster Schritt; der zweite folgt sogleich. Er führt zu einem nicht weniger phantastischen polnischen Anteil an den Holländereien. Es ist charakteristisch, daß Rusiński dabei wiederum von pauschalen Thesen ausgeht,[196] die freilich auf den ersten Blick durchaus glaubhaft erscheinen, besonders wenn man von den Verhältnissen von 1939 ausgeht: 1) die Katholiken in den Holländereien der Kirchen und Klöster (Tabelle 6) sowie in den katholischen Holländereien des Adels (Tabelle 7) seien „größtenteils" Polen gewesen; 2) in vielen anderen Holländereien hätten neben den evangelischen Deutschen auch polnische Katholiken gesessen; 3) „es fehlte auch nicht an Dörfern", wo sich ein Teil der Bevölkerung aus evangelischen Polen rekrutierte. — Im ganzen seien zwar die katholischen Deutschen unter den Holländern möglicherweise „etwas"

---

195) „Die meisten Kolonisten halten deutsche Knechte und Mägde", sagt auch M. Kage: Volkskunde der deutschen Siedlungen der evang. Pfarrgemeinde Sompolno, in: DWZP 36 (1939), S. 182.

196) Rusiński, S. 32 ff.

zahlreicher gewesen als die evangelischen Polen. Daher schätze er denn auch den Anteil der „polnischen Holländer“ in der einstigen Posener Wojewodschaft etwas niedriger ein als den der Katholiken: er habe folglich 35 bis 38% der „gesamten holländischen Bevölkerung“ betragen. Ostwärts, z. B. in der alten Kalischer Wojewodschaft, sei der Anteil gewiß größer gewesen.

Rusiński geht im Grunde von der in den 1930er Jahren begreiflichen Vorstellung aus, daß katholische Holländer meist Polen gewesen seien, d. h. nach seiner Rechnung rund 40%. Er zieht davon nur das vermutete negative Saldo ab, das sich bei einer Aufrechnung der katholischen Deutschen gegen die evangelischen Polen für diese ergeben würde, und gelangt so zu einer Endzahl von 35 bis 38%.

„Wie verhielt sich die Sache in Wirklichkeit?“ So wollen auch wir hier mit Rusiński fragen. Als vermeintlich schlüssige Antwort bietet er die bereits behandelten wenigen Familiennamen an, zuerst für die katholischen Musterdörfer der Kirche und des Adels, dann für die Mischsiedlungen, dann für die evangelischen Polen am Südrand der Wojewodschaft, schließlich noch einige polonisierte pommersche Namen slawischer Herkunft. Nichts beweist wohl schlagender die Seltenheit von Polen unter den eigentlichen Holländern, den Wirten, als seine spärliche Sammlung polnischer Namen. Doch dazu ist bereits oben genug gesagt worden.[197] Hier sei nur noch auf die Möglichkeit verwiesen, die örtlichen Parochialarchive für einzelne Holländereien heranzuziehen, da sich dort eine Chance bieten könnte, bisher unbekannte polnische Familiennamen von Holländern aufzuspüren.

Rusiński bestätigt natürlich, daß Czapury und Wiorek von deutschen Katholiken bewohnt waren, den sog. Bambergern; jedoch sie sind erst im 19. Jahrhundert verpolt! Für Czerwonak und Kliny konnte schon auf Grund eines von Rusiński abgedruckten Dokuments gezeigt werden, daß dort auch zahlreiche Deutsche wohnten,[198] von den angeblich katholischen Holländereien auf Kirchenterritorium wie Alt-Obra, Alt-Laskun und Wilze ganz zu schweigen.

Selbst die Terespotoker und Troschiner Holländer (Nrn 5 und 6 der Tafel 7) waren katholisch, jedoch bis zum Untergang des alten Polen nachweislich deutscher Herkunft. Außerdem haben sich dort von Anfang an auch Evangelische befunden.[199] Noch 1778 baten die dortigen Katholiken um deutschsprachige Predigten, die dann 1829 eingestellt wurden. Wie Dużyński ausdrücklich feststellt, sind diese Dörfer erst unter preußischer Herrschaft polnisch geworden.

Hat es wirklich keine echte polnisch-katholische Holländerei in diesem Raum gegeben? Rusiński, dessen Aufgabe es gewesen wäre, den Nachweis zu liefern, hat ihn nicht erbracht. So entstehen schließlich schon allein auf dieser Basis Zweifel, ob wenigstens die Bauern in den beiden katholischen Holländereien des

197) Nach B. Szczepański, Osadnictwo olęderskie, S. 45, „bildeten Polen deren Mehrheit“ (d. i. der Holländer in 40 Siedlungen des Koniner Kreises). Als Beweis nennt er 14 polnische Namen, von denen ein Teil recht zweifelhaften Charakters ist, wie Radecki (= Raddatz, ein bekanntes evangelisches Kolonistengeschlecht), Kamiński (= Steinke), Jankowski (= Jahnke), Czerwiński (= Rot), Chmiel (= Hoppe).

198) S. 173 oben.

199) Cz. Dużyński, Z dziejów Opalenicy, S. 76 f.

Posener Bischofs, Neuschilln und Punken, als Polen anzusehen sind. Rusiński glaubt das zwar, bringt aber von dort keinen einzigen Familiennamen bei, auch keinerlei andere Hinweise, außer seiner pauschalen subjektiven Überzeugung, daß die katholischen Holländer auf kirchlichem Territorium „größtenteils" Polen gewesen seien. Dabei wäre diese Frage aus den örtlichen Parochialarchiven, Dorfakten usw., vielleicht allein aus dem Gründungsprivileg mit Leichtigkeit zu klären. Aber auch aus der hier zur Verfügung stehenden Literatur, ganz abgesehen von den persönlichen Aussagen ortskundiger Gewährsleute, geht hervor, daß die dortigen katholischen Holländer ebenfalls Deutsche waren:

Immerhin berichtet Karl Hielscher, der Posener Bischof habe um 1750 das Dorf Schilln, d. i. Alt-Schilln, „aufs neue und zwar mit deutschen Jungbauern aus den Dörfern des Zisterzienserklosters Blesen-Semmritz", also dem Zeitgeist entsprechend mit Katholiken besetzt. Die Schillner selbst hätten bis zuletzt behauptet, ihre Vorfahren seien ursprünglich aus Thüringen zugezogen.[200] Hinzu kommen einige Angaben einer neueren polnischen Monographie über die Latifundien des Posener Bistums.[201] Nach ihr sind etwa zur gleichen Zeit, als Alt-Schilln von Deutschen besiedelt wurde, nämlich 1743, auch die beiden Holländereien Neuschilln und Punken angelegt worden. Hier habe man „Holländer" angesetzt. Daß Sobisiak damit keine Polen meint, ist kaum zu bezweifeln. Für Alt-Schilln z. B. formuliert er eindeutig: „Außerdem wurden auf dem Gelände des alten Dorfes Silno Deutsche zu holländischem Recht angesetzt." Wären die Holländer von Neuschilln und Punken als Polen erkennbar gewesen, Sobisiak hätte nicht gezögert, das ebenso deutlich auszusprechen. Die Gleichzeitigkeit der Ansetzung von Deutschen in Altschilln und von „Holländern" in Neuschilln und Punken, dazu die Formulierungen von Sobisiak würden aureichen, um — bei dem geschilderten allgemeinen Hintergrund — auf ursprünglich deutschen Charakter auch dieser beiden Holländereien zu schließen. Ansiedler der gewünschten Konfession waren aus dem benachbarten deutsch-katholischen Hinterland zu beschaffen.[202] Als zusätzliches Argument sei auf die deutsche Verformung der polnischen Ortsnamen Nowe Silno und Pąchenskie Olendry hingewiesen, sowie auf die deutsche Bezeichnung der beiden dortigen „Schultzseen" und des „Bürgersees", was — wie schon aus unserer Liste der Holländereien hervorgeht — in diesem Maße damals nur für deutsch besiedelte Dörfer charakteristisch war. Dazu wurde dort im Jahre 1910 ganz überwiegend, ja fast ausschließlich auch von den Katholiken deutsch gesprochen. Der letzte Zweifel ist damit beseitigt.

Was nun die katholischen Holländereien des Adels anbelangt, so bringt Rusiński auch für sie, die Nrn 1—7 der Tafel 7, keinen einzigen Familiennamen und auch keinen sonstigen Hinweis auf die Volkszugehörigkeit der dortigen Siedler. War in den örtlichen Archiven und im Posener Zentralarchiv wirklich kein ein-

200) K. Hielscher: Post und Posthalter in südpreußischer Zeit, in: Jahrbuch Weichsel-Warthe 1969, S. 118 ff.

201) W. Sobisiak: Rozwój latyfundium, S. 28.

202) Laut der preußischen Indaganda von 1793 f. hatte Blesen selbst 598 Einwohner, wovon 589 Katholiken und nur 9 Lutheraner waren. Die Namen des gesamten Magistrats waren deutsch (s. S. 46, Anm. 42).

ziger Name aus diesen Dörfern aufzufinden? Bis auf die Terespotoker und Troschiner Holländer, deren ursprünglich deutsch-katholischer Charakter bereits oben festgestellt werden konnte, liegen sie sämtlich in der gleichen Gegend, im Südosten von Schrimm. Ebenda befanden sich, außer den von Rusiński genannten, die 1840 ebenfalls überwiegend katholischen Holländereien von Kruczyn, Chrząstowo, Sosnowiec und Sroczewo. Von den „erbeigenen" polnischen und von den echten Holländern in Sroczewo war bereits oben die Rede. Bezüglich Chrząstowo Olendry teilt Rusiński mit, daß es 1777 von Protestanten besiedelt war. Im Jahre 1787 trete als ihr Schulze Antoni Taterka auf. Rusiński zieht daraus den Schluß, daß die meisten der dortigen Holländer Polen evangelischen Bekenntnisses gewesen seien, wenn sie einen polnischen Schulzen aus ihrer Mitte wählen konnten.[203] Ich finde es zwar erstaunlich, daß am Orte keine näheren Angaben und weitere Namen einzuholen waren; man könnte aber hier in der Tat an die evangelischen Polen des südlichen Grenzstreifens der Provinz denken, die aus dem benachbarten Schlesien einsickerten. Indes sprachen 1910 alle Evangelischen in Chrząstowo deutsch. Evangelische Polen meldete Rusiński bekanntlich auch aus Daleszyno und Zaborowo, die noch weiter im Süden lagen; sie sprachen aber im Jahre 1910 ebenfalls ausschließlich deutsch![204]

Über die zahlreichen Katholiken in Kruczyn, Sosnowiec und den anderen Dörfern bei Schrimm ist damit freilich noch nichts ausgesagt. Sollte es sich dort trotz mangelnder Belege nicht doch um einen echten Horst polnisch-katholischer Holländer handeln? Um diese meine ursprüngliche Arbeitshypothese zu bestätigen, versuchte ich wenigstens für einige der dortigen Holländereien Kopien der Gründungsprivilegien zu erhalten. Das Endergebnis war trotz freundlichen Entgegenkommens von polnischer Seite wider Erwarten negativ, da die beschafften drei Privilegien (für Chromiec, Charłup, Włościejewki) keinen einzigen Siedlernamen enthalten.

Inzwischen stieß ich in dem bekannten Werk von Leo Wegener über die beiden Nationalitäten in der Provinz Posen auf eine Anmerkung, in der es heißt: „So wurden und werden auf diesem Wege [gemeint ist die unter den deutschen Katholiken häufige Eheschließung mit Polen] z. B. die ehemals deutschen aber katholischen Hauländereien Chromiec und Kruczyn im Kreise Jarotschin polnisch."[205]

Wir stehen damit vor einem zusammengestürzten Kartenhaus: die polnisch-katholische Holländerei ist nicht zu finden, eher schon polnisch-evangelische Holländer aus einer späten Gründungsphase. Dennoch sollte die Brüchigkeit der Argumente von Rusiński nicht dazu verleiten, nun in das entgegengesetzte Extrem zu verfallen und die Existenz von polnischen Holländern überhaupt anzu-

---

203) Rusiński, S. 32, Anm. 3.

204) vgl. S. 158.

205) L. Wegener, Der wirtschaftliche Kampf, S. 23, Anm. 6. An anderer Stelle, S. 100, dehnt Wegener dieselbe Feststellung auf die deutschen Katholiken in Poslugowo bei Janowitz, sowie auf Borucin bei Jarotschin aus. S. 297: „Diese drei Dörfer [Kromiec, Kruczyn und Boruczin] sind durch Heiraten mit Polen überwiegend polnisch geworden."

fechten. Es kann gar kein Zweifel sein, daß einzelne Polen schon frühzeitig als Holländer auftraten, und daß ihr Anteil im Laufe der Jahrhunderte und Jahrzehnte wuchs. Zahlreicher noch waren mit der Zeit jene polnischen Holländer, die aus katholischen Deutschen hervorgehen sollten. Das trat aber, wie gezeigt, in der Regel erst im 19. Jahrhundert ein, als die Standesschranken zwischen deutschen und polnischen Bauern durch die Reformen beseitigt waren. In der Phase, die Rusiński meint, waren die deutsch-katholischen Holländer noch national unverändert.

Die Überprüfung der Zahlenvorstellungen von Rusiński ist damit abgeschlossen. Sie hat, wie im Rückblick wohl gesagt werden darf, nicht nur quantitative Korrekturen gebracht, sondern daneben auch einiges Licht auf die konfessionelle und ethnische Eigenart der Holländer geworfen und — wie ich hoffe — auch sonst zur Charakteristik des holländischen Kolonisten beigetragen.

7. Bekenntnis und Volkstum der Holländereien 1790 ff., 1840, 1871 und 1910

Es kann nicht unsere Aufgabe sein, die nunmehr wieder offene Frage nach dem Anteil des polnischen Elements an der Holländersiedlung von hier aus exakt zu beantworten. Ein Versuch aber, das ungefähre Ausmaß dieses Anteils abzuschätzen, sei dennoch unternommen.

Zunächst einmal ist für eine Schätzung der katholischen Bevölkerung der Holländereien eine feste Ausgangsbasis zu finden. Leider stammen die ältesten, hier zugänglichen Angaben über die Bekenntnisgliederung der einzelnen Ortschaften des Regierungsbezirks Posen aus dem Jahre 1840 (für den Regierungsbezirk Bromberg sogar erst aus dem Jahre 1871). Solange es indes keine zeitnäheren Unterlagen gibt, werden die Zahlen von 1840 für unsere Vorstellungen über die Bekenntniszugehörigkeit im Jahre 1790 ein unersetzliches Korrektiv und ein unentbehrlicher Ausgangspunkt sein.[206]

Hat aber vielleicht in den 50 Jahren zwischen 1790 und 1840 eine Verlagerung der Gewichte in der Bekenntniszugehörigkeit der Holländereien stattgefunden? Offensichtlich nicht; denn faktisch blieben die Bekenntnisverhältnisse in den einzelnen Dörfern, wo immer ältere Aussagen vorhanden sind, konstant. So sind z. B. die evangelischen Holländereien des westlichen Netzegebiets und südwärts bis über Neutomischel hinaus, über deren ursprünglichen Bekenntnischarakter urkundliche oder sonstige zeitgenössische Aussagen vorliegen, auch noch in den

---

206) Beiläufig sei bemerkt, daß die bisherige Forschung als Zählungsjahr 1843 angibt, d. i. das Jahr der Publikation der Ergebnisse. Auf S. 341 des Verzeichnisses wird indes ausdrücklich vermerkt, daß die Bekenntniszahlen der einzelnen Ortschaften aus dem Jahre 1840 stammen. — Zeitnähere, anscheinend aber wenig verläßliche Angaben sind aus alten Visitationsberichten der Kirchen zu erwarten, die bisher noch kaum genutzt wurden; hierzu B. Kumor: Przedrozbiorowe wizytacje kościelne jako źródło demograficzne [Kirchenvisitationen vor den polnischen Teilungen als demographische Quelle], in: Przeszłość demograficzna Polski, Bd 2, Warschau 1969, S. 3—45.

Jahren 1840 und 1870 von Evangelischen bewohnt. Sie waren und blieben, jedenfalls seit dem Ende der Gegenreformation, Hochburgen der evangelischen Gemeinde- und Kirchenorganisation im Posenschen. Genauso waren die von Anfang an rein katholischen Dörfer der Bamberger aus der Mitte des 18. Jahrhunderts auch 1840 und 1871 noch unverändert zu hundert Prozent katholisch. Die Zahl der Evangelischen in diesen Dörfern war und blieb über ein Jahrhundert lang praktisch gleich Null. Ähnlich konstant waren die Verhältnisse in den bekannten katholischen Holländereien des Adels, den Terespotoker, Troschiner, Chromiecer, Kiełczyner, Kruczyner, Włościejewker usw. Sie haben — wie die katholischen Dörfer der Kirche — ihren Bekenntnischarakter voll gewahrt. Selbst konfessionell gemischte Holländereien von 1840 sind es bereits zur Zeit ihrer Anlage gewesen. Es sei hier nur an Sroczewo erinnert, wo das in allen Einzelheiten erkennbar ist. Offensichtlich hat sich in den Holländereien, nach dem Abflauen des katholischen Druckes, in den letzten Jahrzehnten des 18. Jahrhunderts und über die Jahrhundertwende hinweg konfessionell kaum etwas geändert. Bei dem bekannten konservativen Geist des bäuerlichen Kolonisten war es nicht anders zu erwarten.

Die Entwicklung der Bekenntnisverhältnisse in der Gesamtbevölkerung der Provinz bestätigt diese Beobachtungen. Unsere Schätzungen der Lutheraner in der Provinz Großpolen (s. S. 197) haben schon für 1793 in die Nähe von 25% geführt. Im Gebiet des späteren Regierungsbezirks Posen, dem Westen der Provinz, wird dieser Anteil sogar höher gewesen sein. Er lag 1810 — nach Grossmanns Zahlen — bei 27%. Wenn er dort 1816 nur 25,1 und 1819 nur 25,5% betrug, deutet das eher auf eine geringfügige zwischenzeitliche Verschiebung zuungunsten der Deutschen und Evangelischen als auf einen Gewinn. Wie sollte auch ein solcher im Zeitraum von 1793 bis 1815, einer im ganzen für Preußen recht schwierigen Phase, zustandegekommen sein! Eher ist mit einer Abnahme zu rechnen. Von 1819 bis 1840 stieg dann der Anteil der Evangelischen an der Bevölkerung des Regierungsbezirks wieder um 0,4 auf 25,9%,[207] was — soweit das flache Land in Frage kommt — auf neue „Kolonien" zurückzuführen sein wird, da die Anlage von Holländereien außer Mode gekommen war. Eine Verschiebung der konfessionellen Verhältnisse in den Holländereien zwischen 1790 und 1840 zugunsten der Evangelischen ist demnach ganz unwahrscheinlich.

Um nun einen möglichst schlüssigen Vergleich unserer Berechnungen mit denen Rusińskis zu ermöglichen, wird hier von denselben Siedlungen ausgegangen, die Rusiński nach den ihm eigenen Kriterien in seine Liste der Holländereien aufgenommen hat,[208] wobei nur die geringfügige Zahl der Juden und sonstigen Andersgläubigen weggelassen wurde. Das Ergebnis zeigt die folgende Tafel:

---

207) Bergemann, Geschichte, S. 244 ff.

208) Rusiński, S. 124—144; s. auch unten Tafel III im Anhang.

T a f e l 8. Bekenntnisse in den Holländereien der ehemaligen Wojewodschaft Posen (1840)

Gebiet	Kathol.	Evangel.	Zusammen	in Prozenten Kathol.	in Prozenten Evangel.
Kreis Posen	3 293	16 213	19 506	16,9	83,1
Kreis Kosten	5 286	19 782	25 068	21,1	78,9
Siedlungen des „unbestimmten" oder „Zwischentyps"	911	864	1 775	51,3	48,7
insgesamt	9 490	36 859	46 349	20,5	79,5
hiervon a b die DDD-Orte*	2 921	5 424	8 345	35,0	65,0
Endergebnis	6 569	31 435	38 004	17,3	82,7

*) DDD-Orte = Orte, die in der Liste (unten Tafel III) stets als Dorf erscheinen.

In dieser Berechnung blieben die Holländereien der westlichen Netzegegenden unberücksichtigt, da sie 1840 zum Bromberger Regierungsbezirk gehörten, für den keine Zahlen aus diesem Jahre zur Verfügung stehen. Im Jahre 1790 befanden sich dort 3122 Personen,[209] die ziemlich genau 10⁰/₀ der Einwohnerschaft der Holländereien in der gesamten einstigen Posener Wojewodschaft ausmachten. Sie saßen in 28 Holländereien, von denen 24 im Jahre 1818 als evangelisch, zwei als katholisch und eine als gemischt-konfessionell festgestellt werden konnten. Die beiden katholischen sind aber auszuscheiden, da die eine, Nr. 49 der Liste des Posener Kreises, nicht als Holländerei, sondern als Vorwerk geführt wurde, während die andere, Nr. 101, ein „Dorf" war. Die Zahlen von 1871 weisen für die restlichen Holländereien etwa 7⁰/₀ Katholiken und 93⁰/₀ Evangelische auf. Rusiński selbst sagt, daß dort die Evangelischen „stärker" dominierten als sonst.[210] Die Einbeziehung dieser Siedlungen würde daher den Prozentsatz der Katholiken noch unter 16⁰/₀ herabdrücken. — Eine Ortsauswahl auf Grund der reduzierten Karte von Gilly, die in dieser Hinsicht korrekter erscheint als die erste Landesaufnahme von 1793 ff., würde den Prozentsatz allenfalls weiter senken, da Gilly wie andere Zeitgenossen insbesondere die von Rusiński als Umsetzungen und Mischsiedlungen geführten Holländereien meist nicht als solche betrachtete.

Eine nützliche Handhabe zur weiteren Analyse des so ermittelten katholischen Bevölkerungsanteils bietet die von Rusiński errechnete, berufliche und soziale Gliederung der „holländischen" Bevölkerung. Zweifellos war z. B. unter den Holländern selbst, d. i. unter den Holländerwirten, der katholische und erst recht der polnische Anteil geringer als unter den verschiedenen Kategorien der Abhängigen. Die Masse der Polen gehörte, wie auch Rusiński erkannte, der Schicht der sozial Abhängigen an. Eine exakte Aufteilung der ermittelten 16 oder 17 Prozent Katholiken auf die Schichten der Holländerwirte, der Einlieger, des Gesindes und der „Losen" (Wanderarbeiter und Dorfarmut) ist freilich nicht möglich. Glücklicherweise bietet sich aber für die Errechnung der Wirte, der Holländer im damaligen Sprachgebrauch, ein einigermaßen gangbarer Weg.

---

209) ebenda, S. 26.

210) ebenda, S. 28.

So sind in den 18 „rein“ katholischen Dörfern selbstverständlich sämtliche Feuerstellen, nämlich 253, katholischen Wirten zuzurechnen. Die betreffenden Orte sind am besten aus der Karte 3 zu ersehen; die Zahl der Feuerstellen, d. i. praktisch der Höfe, für das Jahr 1789/90 — aus den Ortslisten von Rusiński.[211]

Hinzu kommen die katholischen Höfe in den konfessionell gemischten Dörfern, wobei zunächst nur solche Holländereien berücksichtigt werden, die 1840 mehr als 15% Katholiken aufweisen.[212] Ungefähr dieser Prozentsatz (genauer: 11%) entfällt ohnehin im Provinzdurchschnitt auf die katholische abhängige Bevölkerung. Er ist bei der Errechnung der wahrscheinlichen katholischen Höfe auch hier vorher abzusetzen. Konform dem sich dann ergebenden Verhältnis der Konfessionen wurde die Zahl der wahrscheinlichen katholischen Hofbesitzer in diesen Holländereien mit 147 bestimmt.[213] Die Summe aus beiden Gruppen ergibt 400 katholische Wirte.

Im ehemals Posener Kreisgebiet beiderseits der Netze, für das keine Bekenntniszahlen aus dem Jahre 1840 vorliegen, lebten laut Beheim-Schwarzbach[214] und laut dem Bromberger Ortsverzeichnis von 1818 allenfalls einige wenige katholische Wirte, und zwar im Kruczer (Króteckie Ol.) und im Grabowka-Holland. Wir erhöhen trotzdem für alle Fälle die Zahl der Wirte von 400 auf 425. — Da die Gesamtzahl der Feuerstellen in den Holländereien der Posener Wojewodschaft 5246 war,[215] befanden sich demnach 8% aller Holländerhöfe in katholischer Hand. Mit ihren Angehörigen stellten sie aber nur 5,6% (8 mal 0,7), sagen wir 6% der Gesamtbevölkerung, weil die Wirte mit ihren Familien im Durchschnitt nur 70% der Bevölkerung ausmachten. 6% entsprechen 450 Wirten, die hier somit als katholisch angesetzt werden.

Von den 16 bis 17% katholischer Bevölkerung der Holländereien verbleiben noch 10 bis 11% für die Abhängigen: die Einlieger, das Gesinde, die Wanderarbeiter und die Dorfarmen, einschließlich der Bettler. Laut Rusiński stellten diese drei Gruppen in beiden Bekenntnissen rund 30% der Gesamtbevölkerung der Holländereien (12, 12 und 6 Prozent). Somit gehörte noch nicht die Hälfte der Abhängigen dem katholischen Bekenntnis an; selbst unter den Abhängigen dominierten die Evangelischen.

---

221) ebenda, S. 124 ff. bzw. unten Taf. III: Nrn A 19, 21, 25, 42, 48, 76, 86, 99, 101, 107; B 25, 26, 29, 79, 91, 97, 99, 101, Umułtowo.

212) Nrn. A 9, 22, 44, 61, 65, 83, 84, 88, 94; B 1, 3, 5, 17, 38, 50, 61, 82, 110, 121, 146, 147, 153; C 9. Die Bekenntniszahlen finden sich in Taf. III.

213) In den 23 Dörfern die einen relativ hohen Anteil an Katholiken aufweisen, gab es laut Unterlagen bei Rusiński und anderwärts 363 Gehöfte und 3560 Einwohner, davon 1440 Katholiken und 2120 Evangelische. Laut Rusiński entfallen 30% der Bevölkerung, 1068 Personen, auf die Abhängigen; davon 12%, d. i. 12 Teile, auf die Katholiken, 18% (18 Teile) auf die Evangelischen gerechnet, ergibt 427 bzw. 641 Personen. Es verbleiben somit für die Hofwirte und ihre Angehörigen unter den Katholiken 1013, unter den Evangelischen 1479. Demnach sind den Katholiken 147, den Evangelischen 216 Höfe aus diesen Dörfern zuzuweisen.

214) Beheim-Schwarzbach, T. 3, S. 154 ff.

215) berechnet auf Grund der Angaben von Rusiński, S. 23 ff.

Es gibt kaum Anhaltspunkte, wie nunmehr diese 10 bis 11% auf die drei Gruppen der Abhängigen aufzuteilen sind. Mit Sicherheit kann immerhin festgestellt werden, daß der geringste Anteil unter den Einliegern zu suchen ist, der größte beim Gesinde. Das Größenverhältnis der drei Gruppen könnte, um einer unverbindlichen Vorstellung Ausdruck zu geben, wie 1—2 zu 6—7 zu 3 (zusammen bei 11%) lauten. Mit anderen Worten: die Masse der Einlieger wäre evangelisch, etwa die Hälfte des Gesindes, der Wanderarbeiter und Bettler katholisch.[216]

Das Wichtigste freilich, die Zahl der Polen unter den Holländer-Wirten selbst, ist damit immer noch nicht geklärt. Sie werden zumeist unter den Katholiken gesucht. Deren Gesamtzahl ist oben mit rund 425 (450) ermittelt worden, was 8% aller Wirte und rund 6% der Einwohner der Holländereien ausmacht. Für 174 von diesen Wirten besitzen wir unmittelbare Aussagen. Sie waren deutsche Katholiken und wohnten in sieben größeren Dörfern, den größten unter den katholischen Holländereien: Neuschilln, Punken, Böhmische, Terespotoker, Troschiner, Chromiec, Kruczyner. Ihnen sind noch sieben Höfe von Drei (Frey)-Holland nachzutragen, das zur Schillner Gruppe der deutsch-katholischen Holländereien gehörte und einen volkstümlichen deutschen Namen trug. Auch in Bolewitz, Chmielinko, Groß-Lipke, Glashütte (bei Tirschtiegel) sprachen die katholischen Bauern noch im Jahre 1910 deutsch.

Demnach ist für etwa die Hälfte der katholischen Höfe ein deutscher Eigentümer nachgewiesen. Für den Rest ist daraus nicht etwa der Schluß zu ziehen, daß er polnisch war. Im Gegenteil! Methodisch wären wir berechtigt, auch dafür deutsche Volkszugehörigkeit anzusetzen: da überall dort, wo Aussagen vorliegen, deutsche Holländer bezeugt sind, so ist anzunehmen, daß das auch für die Dunkelfälle gilt.[217] Rusiński hat zwar einige polnische Namen aus diesen Dörfern beigebracht: Sobiejewski aus Barcinek, drei aus Naramowice-Holland, zwei aus Czerwonak (die Namen aus Sroczewo-Holland sind für 1790 nicht verwertbar). Jedoch braucht es 50 Namen, um auf ein knappes Prozent der Holländerwirte zu kommen. Vielleicht erbringen spätere Nachforschungen in Parochial- und anderen Lokalarchiven noch einige polnische Namen, so daß schließlich doch eine Basis geschaffen wird, von der aus mit größerer Sicherheit wenigstens von einem Prozent polnisch-katholischer Holländerwirte schon zu jener Zeit gesprochen werden kann.

Besser sind anscheinend die Aussichten, auf „polnische Holländer" zu stoßen, unter den evangelischen Holländern an der schlesischen Grenze. Es finden sich dort, wenn auch nicht einheimische, so doch relativ viel aus Schlesien zugezogene Lutheraner polnischer Zunge, die dort meist Schulzendörfer und Pustkowien bezogen haben. In der Posener Wojewodschaft liegen freilich nur einige wenige Holländereien so weit im Süden, daß mit polnischsprechenden evange-

---

216) vgl. S. 180.

217) Wenn z. B. festgestellt werden sollte, wieviele von 425 Kugeln in einem verschlossenen Gefäß schwarz oder weiß sind, und von den ersten 200 herausgenommenen Kugeln alle schwarz waren, so ist an sich wahrscheinlich, daß nur schwarze Kugeln darin sind.

lischen Siedlern zu rechnen wäre. Erst weiter ostwärts, im Rahmen der alten Kalischer Wojewodschaft, sind sie häufiger.[218] Die schlesische Siedlung in dem hier in Rede stehenden südwestlichen Grenzstreifen Großpolens (in der Gegend von Lissa und Rawitsch) erfolgte offensichtlich noch in der vorholländischen Schulzendorfform und war deutsch, erst die weiter östlich ausgreifende schlesische Grenzsiedlung um Krotoschin, Ostrowo, Jarotschin war stärker von polnischsprechenden Lutheranern getragen und führte dort gelegentlich zur Anlage von Holländereien. Was die Posener Wojewodschaft anbelangt, erscheint es daher bedenklich, den Anteil solcher evangelischen Polen hochzuschrauben. Es fällt schwer, auch nur ein Prozent anzusetzen.

Vielleicht ist der polnische Anteil damit insgesamt doch zu pessimistisch eingeschätzt; denn sicher sind manche polnischen Namen der Forschung bisher entgangen. Vielleicht hat die eine oder andere Mischsiedlung schon gegen Ende des 18. Jahrhunderts hier und da Polen in das Holländerwesen hineingezogen. Auch einige deutsche Katholiken mögen bereits damals in das polnische Volkstum hinübergeglitten sein, ehe ihr Gros im 19. Jahrhundert nachzog. Vielleicht gab es in der Gegend von Schrimm doch noch ein polnisch-katholisches Dorf. So unwahrscheinlich das alles im Lichte der bisherigen Forschung, vor allem der Argumente Rusińskis aussieht, auszuschließen ist es nicht. Vielleicht sollte man daher für 1790 einen etwa zwei- bis dreiprozentigen Anteil der Polen an den Holländerwirten und damit einen knapp zweiprozentigen an der gesamten Einwohnerschaft der Holländereien der Posener Wojewodschaft gelten lassen. Sollte dieser Satz hier 1790 noch nicht erreicht gewesen sein, so ist er doch bald Wirklichkeit geworden, als die Bauernreformen einsetzten und sich die Standesunterschiede zwischen Holländern und polnischen Bauern verflüchtigten. Zu einem noch etwas höheren Prozentsatz, wie er ursprünglich dem Verfasser auf Grund seiner Beobachtungen an den späten Holländereien des Lodzer Raumes vorschwebte, besteht jedoch hier nach den Ausführungen von Rusiński kein Anlaß. Die zeitgenössische Auffassung, daß es nur wenige polnische Holländer gab, findet somit ihre Bestätigung. Kein Wunder, daß polnische wie deutsche Autoren seit fast zweihundert Jahren mit völliger Selbstverständlichkeit von der holländischen Siedlung als von einer deutschen Siedlung gesprochen haben, daß sie — zumal in allgemeineren Arbeiten — den polnischen Holländer übersahen oder vernachlässigten, und daß sie die Holländer des 17. wie 18. Jahrhunderts insgesamt als eine Spezies deutscher Bauern in Polen angesehen haben. Diese traditionelle Selbstverständlichkeit hat durch die Argumente von Rusiński nunmehr ihre dokumentarische Verankerung gefunden.

Es ist andererseits richtig, wenn in einer bevölkerungsgeschichtlichen und -statistischen Darstellung heute neben den Wirten auch die Abhängigen mehr als bisher zur Geltung kommen. Innerhalb dieser Schicht war der polnische Anteil gewiß größer als unter den Holländern selbst, d. i. unter den Holländerwirten. Man sollte indes die wirklichen Holländer, die Wirte, nicht mit den Abhängi-

---

218) s. die Karte von W. Maas: Die Hauländerdörfer in Polen, 1:500 000, in: DM 6 (1939). Vgl. auch Anm. 78 auf S. 76 f.

gen vermengen. Einstige Sozialverhältnisse können nicht nach den demokratischeren Vorstellungen der Gegenwart umgemodelt werden. Wer ein Holländer war, dürfen wir heute nicht autoritär anders entscheiden, als es die Zeitgenossen taten. Im alten Sprachgebrauch aber wurden weder das Gesinde noch die „losen" Arbeiter und fremden Bettler zu den Holländern gerechnet. Der Bewohner einer Holländerei war eo ipso noch kein Holländer. Wenn Rusiński heute „die Zahl der polnischen Holländer" auf 35—38% schätzt, so beruht das — ganz abgesehen von dem maßlos überhöhten Prozentsatz — nicht zuletzt auf seiner extensiven, unhistorischen Interpretation des Begriffes Holländer. Diese waren jedenfalls eine freibäuerliche Landbevölkerung, Angehörige eines Bauernstandes von seinerzeit allgemein bekannten Traditionen, die auf echte Holländer (Niederländer) zurückgehen. Wer nicht zu diesem Bauernstand gehörte, wurde nicht als Holländer angesehen.

Ähnlich wurden in einem Dorf polnischer Kleinadliger alle die Knechte, Mägde, Handwerker und Instleute, die vielleicht ebenfalls an die 20 oder 30% der Dorfbevölkerung stellten, nicht zu den Kleinadligen gezählt, die ihre besondere Tradition besaßen und einem Stand angehörten, der freilich noch strenger von Außenstehenden isoliert war als der des Holländers. Statistisch mag es daher ein hundertprozentig kleinadliges Dorf nie gegeben haben, trotzdem bezeichnet man allgemein und zu Recht ein Dorf, in welchem die Höfe in der Hand von Schlachtschizen waren, als kleinadlig, sehr wohl wissend, daß das bevölkerungsstatistisch nicht zu hundert Prozent zutrifft.[219] Die im ständischen Denken befangenen preußischen Beamten um 1800 haben nicht anders geurteilt, als sie von rein evangelischen oder rein katholischen bzw. von konfessionell gemischten Dörfern sprachen und dabei immer nur die Hofbesitzer im Auge hatten.[220]

Den Anteil der polnischen Abhängigen in den Posener Holländereien in Prozentzahlen auszudrücken, ist zur Zeit schlechterdings unmöglich. Um aber wenigstens eine Vorstellung von den eventuellen Größenordnungen anzudeuten, sei gesagt, daß etwa die Hälfte der katholischen Einlieger, der größere Teil des katholischen Gesindes, dazu die meisten unter den katholischen Dorfarmen polnisch gewesen sein können; in Zahlen ausgedrückt: 1, 5 und 2—3%. Das würde zusammen an neun Prozent ergeben. Der polnische Anteil an der gesamten Einwohnerschaft der Holländereien, einschließlich der Wirte, wäre somit schon im Jahre 1790 auf rund 10% zu veranschlagen. Die folgende Untersuchung der Verhältnisse von 1871 und 1910 bestätigt dieses Ergebnis.

---

219) W. Kuhn: Deutsche Sprachinselforschung, Plauen i. V. 1934, S. 180 ff.; danach kann ein Dorf, das statistisch zu 80% deutsch ist, vom Sprachinselforscher als „rein" deutsch gewertet werden. „So scheidet vor allem das Gesinde (einschließlich der Dorfhirten) völlig aus."

220) vgl. z. B. die Übersicht der Bestandteile ... des Bromberger Regierungsbezirks, Bromberg 1818.

T a f e l 9 a. Bekenntnisse in den Holländereien der ehemaligen Wojewodschaft Posen 1871

Gebiet	Kathol.	Evang.	Zusammen	in Prozenten Kathol.	Evang.
Kreis Posen	4 682	27 904	32 586	14,4	85,6
Kreis Kosten	6 169	24 126	30 295	20,4	79,6
Siedlungen des „unbestimmten" oder „Zwischentyps"	1 244	1 436	2 680	46,4	53,6
insgesamt	12 095	53 466	65 561	18,4	81,6
hiervon a b die DDD-Orte unserer Liste	3 145	7 269	10 414	30,2	69,8
Endergebnis:	8 950	46 197	55 147	16,2	83,8

T a f e l 9 b. Bekenntnisse in den Holländereien der ehemaligen Wojewodschaft Posen 1910

Gebiet	Kathol.	Evang.	Zusammen	in Prozenten Kathol.	Evang.
Kreis Posen	7 927	27 553	35 480	22,3	77,7
Kreis Kosten	9 095	21 638	30 733	29,6	70,4
Siedlungen des „unbestimmten" oder „Zwischentyps"	2 218	1 715	3 933	56,4	43,6
insgesamt	19 240	50 906	70 146	27,4	72,6
hiervon a b die DDD-Orte unserer Liste	4 930	7 838	12 768	38,6	61,4
Endergebnis:	14 310	43 068	57 378	24,9	75,1

T a f e l 9 c. Sprachverhältnisse in den Holländereien der ehemaligen Wojewodschaft Posen 1910

Gebiet	polnisch	davon kath.	ev.	deutsch	davon kath.	ev.	in Prozenten poln.	deutsch
Kreis Posen	5 291	5 279	12	30 189	2 648	27 541	14,9	85,1
Kreis Kosten	8 002	7 994	8	22 731	1 101	21 630	26,0	74,0
Siedlungen des „unbestimmten" oder „Zwischentyps"	2 110	2 110	—	1 823	108	1 715	53,6	46,4
insgesamt	15 403	15 383	20	54 743	3 857	50 886	22,0	78,0
hiervon a b die DDD-Orte unserer Liste	4 199	4 195	4	8 569	735	7 834	32,9	67,1
Endergebnis:	11 204	11 188	16	46 174*)	3 122	43 052	19,5	80,5

*) hinzu kommen noch 151 Deutschsprechende anderer christlicher Bekenntnisse und Juden, was aber den Prozentanteil nicht ändert.

Im Laufe der Zeit verschoben sich zwar die nationalen und konfessionellen Gewichte. Aber noch bis 1871 blieb die konfessionelle Zusammensetzung, wie unsere Tabellen zeigen, prozentual etwa konstant, obwohl sich die Bevölkerung der Holländereien bis dahin erheblich vermehrt hatte. Ihre Zunahme in den 50 Jahren von 1790 bis 1840 betrug 67%, von 1840 bis 1871 — in 31 Jahren — nur noch 25%; sie war damit von jährlich 1,3 auf 0,8% zurückgegangen. Die scheinbar ein wenig tieferen Anteile der Katholiken des Jahres 1871 gegenüber 1840 erklären sich hauptsächlich dadurch, daß die „rein" evangelischen Holländereien des Netzegaues für 1840 nicht mitberücksichtigt werden konnten, weil für sie aus diesem Jahre keine Bekenntniszahlen vorliegen (1871 gab es dort 7472 Einwohner, von denen 93% evangelisch waren). Die Feststellung konstanter Bekenntnisverhältnisse in den Holländereien von 1840 bis 1871 bekräftigt die bereits weiter oben betonte Konstanz in den früheren Zeiträumen.

Erst in den Jahren nach 1871 macht sich eine deutliche Verschiebung zugunsten der Katholiken und Polen bemerkbar. Der evangelische Anteil sinkt seit den Jahren der Reichsgründung bis zum Jahre 1910 von 81 (bzw. 84% in den Holländereien der engeren Wahl) auf 73 (bzw. 75%). Sogar die absolute Zahl der Evangelischen geht in diesem Zeitraum um fast 3000 zurück. Dabei stieg die Gesamtbevölkerung dieser Dörfer noch leicht an, um 7% in 39 Jahren. Der Zuwachs kam demnach ausschließlich den Katholiken zugute. Ihr Anteil erhöhte sich von 18 bzw. 16% im Jahre 1871 auf 27 bzw. 25% im Jahre 1910. Die Ursachen dafür sind in der seit der Mitte des 19. Jahrhunderts schwindenden Anziehungskraft der Provinz auf deutsche Siedler zu suchen; der neue Magnet für diese war seither die industrielle Entwicklung in den westlichen Teilen des Reiches.

Trotz dieser allgemeinen Tendenzwende in der nationalen Entwicklung der Provinz überwog in den hier untersuchten Holländereien auch 1910 die deutsche Sprache mit über 80%; denn selbst von ihren katholischen Bewohnern sprachen immer noch über 3000 Personen deutsch, d. i. ein Viertel, während von den fast 45 000 Evangelischen nur 16 Personen als polnischsprachig bezeichnet werden. Immerhin war der Anteil der Polnischsprachigen auf fast 20% gestiegen.

Auch aus dieser Analyse der Entwicklung bis 1910 geht hervor, daß der Anteil der Polen an der „holländischen" Bevölkerung der Posener Wojewodschaft im Jahre 1790 zweifellos weit unter 20% lag. Betrug doch der Prozentanteil der Katholiken damals nicht 25%, sondern — wie oben gezeigt — nur etwa 16%. Außerdem waren die deutsch-katholischen Holländer zu jener Zeit noch nicht in dem Maße der Polonisierung erlegen wie z. B. 1910. Sprachen 1910 noch ein Viertel der Katholiken in den Holländereien deutsch, so waren es 1790 sicher mehr als ein Viertel. Damit wird noch einmal bestätigt, daß der Anteil der Polnischsprechenden in den Holländereien damals erheblich unter 12, ja unter 10% lag.

V. Bevölkerung Großpolens zur Zeit der Teilungen

1. Zahl der Lutheraner (Deutschen)

Die regionale Entwicklung Großpolens, d. i. der am meisten von der deutschen Siedlung betroffenen polnischen Provinz um Gnesen und Posen, ist neuerdings von Jerzy Topolski, dem bedeutenden Posener Wirtschaftshistoriker, eindrucksvoll geschildert worden, wobei er u. a. auch die Bevölkerungsentwicklung mit einer Reihe von Zahlen illustrierte.[1] Seine Entwicklungskurve für die Bevölkerung Großpolens, die er beim Jahre 1000 ansetzt, zeigt ein auffallend stetiges, immer rascher ansteigendes Wachstum bis in die Gegenwart. Nur an zwei Stellen, um 1660 und um 1710/20, zur Zeit der schwedischen Invasionen, ist die sonst konstant ansteigende Kurve geknickt. Sie fällt dort beidemal stark nach unten, um sich jedoch jedesmal alsbald wieder energisch nach oben zu wenden. Die von Staszic beobachtete Stagnation der ländlichen polnischen Bevölkerung findet jedenfalls darin keine Bestätigung. Nach dem ersten Eindruck zu urteilen, stehen einander die Vorstellungen von Staszic und Topolski unvereinbar gegenüber.[2]

So hat sich nach Topolski im letzten von ihm behandelten Zeitabschnitt, zwischen dem Tiefstand von 1720 und dem Jahre 1793, die Bevölkerung Großpolens rasch von 560 000 Einwohnern wieder auf 800 000 vermehrt. Der Zuwachs betrug 240 000. Davon kamen laut Topolski rund 200 000 auf das „eigene demographische Potential“ der altansässigen Bevölkerung, deren Zuwachsrate in diesen 73 Jahren er auf jährlich 0,45% veranschlagt. Nur 40 000 entfielen nach seiner Darstel-

---

1) Dzieje Wielkopolski [Geschichte Großpolens], hrsg. von J. Topolski, Bd 1, Posen 1969, Tafel auf S. 945, sowie Textseiten 443 ff., 811 ff.

2) Zur polnischen demographischen Literatur s. den instruktiven Forschungsbericht von E. Buchhofer: Die Entwicklung der Bevölkerungswissenschaften in Polen nach 1945, in: Zeitschrift f. Ostforschung 17 (1968), S. 307 ff.; ferner die Schrifttumsangaben bei A. Szczypiorski: Badania ksiąg metrykalnych a obliczenia ludności Polski wieku XVII—XVIII [Nachforschungen in Standesbüchern und die Errechnung der Bevölkerung Polens des 17.—18. Jhs.], in: Kwartalnik Historyczny Kult. Materj. 10 (1962), S. 53 ff.; I. Gieysztorowa: Badania demograficzne na podstawie metryk parafialnych [Demographische Forschungen auf Grund der Parochialbücher], ebenda, S. 104 ff.; dies.: Badania nad historią zaludnienia Polski [Forschungen zur polnischen Bevölkerungsgeschichte], ebenda, 11 (1963), S. 523 ff. Eine Rückschau auf 85 Jahre polnischer demographischer Forschung gibt A. Szczypiorski: Demografia historyczna w 25-leciu PRL [Die historische Demographie zur 25-Jahrfeier der polnischen Volksrepublik], in: Przeszłość demograficzna Polski 5 (1972), S. 3—12. Vgl. auch Anm. 48.

lung auf Zuwanderer von außen, richtiger auf das Konto der Wanderungsbilanz. Unter Berücksichtigung der Zuwanderung aus den angrenzenden polnischen Provinzen sowie der Abwanderung von deutschen Kolonisten aus Großpolen während des gleichen Zeitraumes usw. beziffert Topolski schließlich die Anzahl der zwischen 1720 und 1793 zugezogenen Deutschen mit 40 000. Eine Bestätigung finde er bei Rusiński, der die Deutschen unter den großpolnischen „Holländern" für das Jahr 1790 auf 25 000 veranschlage. Der noch verbleibende Überschuß von 15 000, was freilich keine exakte Zahl sei, habe in anderen, nichtholländischen Dörfern und in den Städten gesessen.[3] An dieser Stelle schon wird erkennbar, daß Topolski mit den 40 000 keineswegs nur die neu zugezogenen Deutschen meint. Damit soll vielmehr die deutsche Gesamtbevölkerung der Provinz des Jahres 1793 erfaßt sein. Eindeutig ist in dieser Hinsicht seine neueste Feststellung, wonach der Anteil der Deutschen an der Bevölkerung Großpolens um 1793 etwa 6% betragen habe.[4] Das macht bei von ihm veranschlagten 800 000 Einwohnern in der Tat rund 48 000 Personen.

Um die Zahl der um jene Zeit in der Provinz wohnhaften Deutschen zu ermitteln, hätte es Topolski freilich nicht nötig gehabt, Berechnungen auf so unsicherer Grundlage anzustellen. Holsche nämlich, der für jene Zeit bereits auf einigermaßen soliden Zählungen fußt, nennt allein für das preußische Kammerdepartement Posen „nach der neueren Ausmittelung von 1801" 115 822 Lutheraner, 2378 Reformierte und 36 833 Juden. Die Gesamtzahl der Bevölkerung des Departements im Jahre 1800 beziffert er mit 598 306. Der Anteil der Evangelischen belief sich demnach hier nicht auf 6, sondern auf rund 20%.[5] Kein Zweifel, daß die großpolnischen Lutheraner jener Zeit ganz überwiegend Deutsche waren. Der Sachse Johann Joseph Kausch vermerkte im Jahre 1793: „Daher bedeutet in Polen ein Deutscher soviel wie ein Protestant, die protestantische Kirche heißt deutsche Kirche, die katholische — polnische Kirche; den lutherischen Geistlichen nennen sie den deutschen, den katholischen — den polnischen Geistlichen."[6] Das bestätigt neuerdings auch Jolanta Dworzaczkowa.[7]

Gewiß, das Posener Kammerdepartement reichte ostwärts z. T. über die alte großpolnische Provinz hinaus. Es umfaßte dort auch kujawische Kreise (Brest, Kowal, Radziejów), wo es ebenfalls bereits lutherische Ansiedler gab. Ausgehend von Holsches Globalzahl für das Departement und prozentual zur Bevölkerung

---

3) Dzieje Wielkopolski, Bd 1, S. 813 f.

4) J. Topolski: Wielkopolska poprzez wieki [Großpolen durch die Jahrhunderte], Posen 1973, S. 122.

5) Holsche, Geographie und Statistik, Bd 2, S. 425 und 429.

6) J. J. Kausch: Nachrichten über Polen, Salzburg 1793; hier zit. nach der polnischen Ausgabe durch W. Zawadzki, Bd 2, S. 330 (s. S. 62, Anm. 31).

7) s. den Beitrag von J. Dworzaczkowa in Dzieje Wielkopolski, Bd 1, S. 736. Die aus Schlesien zugewanderten bäuerlichen Lutheraner polnischer Zunge im Südosten der Provinz, die seinerzeit wegen ihres Luthertums von den Einheimischen als Niemcy (Deutsche) bezeichnet wurden, werden nach allgemeiner Auffassung rechnerisch mehr als aufgewogen durch die deutschen Katholiken, die im Westen der Provinz saßen.

verrechnet, wären es etwa 12 000 gewesen. Das ist aber zweifellos zu hoch gegriffen, da die Lutheraner in Großpolen nicht gleichmäßig über die Provinz verteilt waren, sondern vornehmlich im Westen saßen. In den genannten Kreisen wurden 1810 in der Tat 10 816 Lutheraner gezählt.[8] 1800 werden es entsprechend weniger gewesen sein, vielleicht 9000. Diese sind von der Zahl der Lutheraner des Departements abzuziehen, da hier nur großpolnische Gebiete berücksichtigt werden sollen.

Hinzuzurechnen sind freilich die Lutheraner des Kalischer Departements, soweit dieses großpolnische Gebiete umfaßte. Dietrich Reiser hat die Anzahl der Gehöfte in den Holländereien zwischen unterer Prosna und Warthe dorfweise aus der Karte Gillys von 1796 ermittelt und in einer Liste veröffentlicht.[9] Man braucht sie nur noch zusammenzuzählen: es waren 1190 Gehöfte. Ihre wirkliche Zahl wird eher höher als niedriger gelegen haben. Hinzu kommen die Holländer nördlich des Koniner Wartheabschnitts, die polnischsprechenden Lutheraner des Kreises Adelnau, sowie die städtischen Deutschen. Amtlich gezählt wurden im Jahre 1810 in den Kreisen Kalisch, Konin, Adelnau zusammen rund 20 000 Lutheraner.[10] 1800 mögen es bei 16 000 gewesen sein. Jedenfalls wird hier die Zahl der kujawischen Lutheraner erheblich übertroffen, so daß bei dieser territorialen Bereinigung oder Verrechnung ein positiver Saldo von etwa 7000 zugunsten Großpolens verbleibt.

Außerdem aber zählt Topolski zu Großpolen noch den überwiegenden Teil des preußischen Netzedistrikts. Nach Goldbeck waren die christlichen Einwohner dort „bis zur Hälfte Protestanten und Katholiken".[11] Nach Holsche konnte man ebenda „die Deutschen jetzt beynahe auf die Hälfte der Einwohner rechnen".[12] An anderer Stelle gibt er die Zahl der Lutheraner im Netzedistrikt mit 75 000 an, was „beynahe bis auf die Hälfte aller christlichen Einwohner" herankomme.[13] Die Zahl der christlichen Einwohner aber betrug laut demselben im Jahre 1791: 181 000.[14] Demnach waren von ihnen 42% lutherisch. Holsche sagt ferner: „Im Jahre 1785 betrug die Volksmenge im Netzdistrikt 163 070 Seelen, hierunter waren 85 296 Catholiken, 70 989 Evangelische oder Protestanten und 6785 Juden."[15] Das macht 45% der christlichen Bevölkerung.[16]

---

8) H. Grossmann, Struktura społeczna, S. 48. Die wirkliche Zahl wäre freilich, nach Grossmann, um 8% höher anzusetzen.

9) D. Reiser: Lebensraum der Deutschen im Kalischer Land, Leipzig 1941, S. 97 f.

10) H. Grossmann, Struktura społeczna, S. 47.

11) J. F. Goldbeck: Vollständige Topographie des Königreichs Preußen, T. 2, Marienwerder 1789, S. 79.

12) Holsche: Der Netzdistrikt, ein Beitrag zur Länder- und Völkerkunde mit statistischen Nachrichten, Königsberg 1793, S. 63.

13) ebenda, S. 262. J. Grüner: Das Schulwesen des Netzedistrikts zur Zeit Friedrichs des Großen, Breslau 1904, S. 31, schätzte die Zahl der dortigen deutschen Katholiken jener Jahre auf etwa 15% der Gesamtbevölkerung (?).

14) Holsche, Der Netzdistrikt, S. 70.

15) ebenda, S. 65.

16) S. Komornicki: Polska na zachodzie w świetle cyfr [Polen im Westen im

Da die zu Großpolen gehörenden Teile des Netzedistrikts im Westen lagen, ist der lutherische und deutsche Anteil dort nach allem, was bekannt ist, eher höher gewesen als in den östlichen Teilen des Distrikts. Laut Ilse Rhode lebten im Kreis Bromberg damals in der Tat nur wenig Deutsche, noch weniger im Kreis Hohensalza (Inowrocław).[17] Immerhin saßen im Schulitzer Kirchspiel an der Weichsel oberhalb Bromberg im Jahre 1772 über 1250 Deutsche.[18]

Dieses Bild bestätigt der Bereisungsbericht eines preußischen Beamten vom Jahre 1773. Laut ihm war der westliche Grenzbezirk Krone derjenige, „welcher am angebautesten, und die meisten deutschen Einwohner hat". Der Nakelsche Distrikt, weiter östlich, sei „weit schlechter, indem die Städte meist von Ackersleuten und Juden bewohnt sind; die polnische Sprache fängt hier schon an gemeiner zu werden; verfallene und wüste Städte machen einem kenntlich, daß dieser Strich von lauter Nationalpolen bewohnt werde". Der Inowrozlawsche oder Bromberger Distrikt, also der östlichste Teil des Netzegebiets, verrate, „daß man sich weit von der Brandenburgschen und Pommerschen Grenze befinden müsse; denn war der Nakelsche Distrikt schlecht angebauet, so ist dieser es noch weit mehr, obgleich der Boden ungleich besser".[19]

Die beiden westlichen Kreise des Netzedistrikts, Kamin und Krone, zählten im Jahre 1800 zusammen 129 026 Einwohner, die beiden östlichen Kreise, Bromberg und Inowrocław (Hohensalza), 90 258.[20] Von diesen letzteren ist — geschätzt nach der Flächenaufteilung — höchstens ein Drittel zum alten Großpolen zu rechnen, etwa 30 000. Somit entfallen auf die ursprünglich großpolnischen Gebiete des Netzedistrikts im Jahre 1800 rund 160 000 Einwohner, darunter etwa 7000 (gezählte) Juden. Bei gleichmäßiger Verteilung des 42- oder 45-prozentigen lutherischen Anteils wäre die Zahl der Protestanten in diesen Gebieten: 64—69 000. Infolge der Ungleichmäßigkeit ihrer Verteilung werden es aber mehr, vielleicht über 70 000 gewesen sein.[21]

Lichte der Zahlen], Bd 1, Lemberg 1894, S. 167, errechnete den Anteil der Evangelischen des Netzedistrikts (für das J. 1819) auf 42,5%. Er sah darin freilich nur ein Ergebnis groß angelegter preußischer Germanisierungsmaßnahmen nach 1772. J. Matuszewski: Spis ludności parafii Szubin z 1766 r. [Bevölkerungsliste der Parochie Schubin aus dem J. 1766], in: Studia i materiały do dziejów Wielkopolski i Pomorza 6 (1960), S. 355—444, betont den geringen Anteil der Protestanten im Schubiner Pfarrsprengel, der im ganzen 1100 Seelen zählte. Auf dieser lokalen Basis zieht er Schlußfolgerungen über den Anteil der Protestanten an der Gesamtbevölkerung des Netzedistrikts!

17) I. Rhode: Das Nationalitätenverhältnis in Westpreußen und Posen zur Zeit der polnischen Teilungen, in: DWZP 7 (1926), Kartenbeilage „Netzedistrikt". Denselben Eindruck vermittelt die Karte bei W. Maas: Das Deutschtum im Netzedistrikt 1774, in: Zeitschrift für Politik 5 (1927), übernommen von K. Lück: Deutsche Aufbaukräfte in der Entwicklung Polens, Plauen i. V. 1934, bei S. 328.

18) vgl. Ph. Rudolf: Aus der Geschichte von Schulitz, Posen 1936, S. 90.

19) Nach M. Bär, Westpreußen, Bd 2, S. 660.

20) Laut der Statistisch-topographischen Tabelle auf Blatt 19 der Schröttersehen „Karte von Ostpreußen nebst Preußisch Litauen und Westpreußen nebst dem Netzdistrikt", aufgenommen 1796—1802, Berlin 1809.

21) Die Ungleichmäßigkeit der Verbreitung der Evangelischen wird bestätigt durch

Die Zahl der Protestanten Großpolens für das Jahr 1800 ist somit auf rund 195 000 (für 1793 auf etwa 175 000), annähernd 200 000, anzusetzen (118 000 aus dem Departement Posen, 7000 aus der Verrechnung der drei kujawischen Kreise gegen die Kalischer, 70 000 aus dem großpolnischen Gebietsanteil am Netzedistrikt). Bei einer Gesamtbevölkerung von fast 800 000 fehlte nicht viel an 25%. Der Anteil der Deutschen wird unter Berücksichtigung der deutschen Katholiken noch höher gewesen sein und über 30% betragen haben.

Der Vergleich mit den Bekenntniszahlen der späteren Provinz Posen, die allerdings territorial nicht ganz mit dem alten Großpolen übereinstimmt, zeigt, daß ein Prozentsatz in dieser Größenordnung nicht unrealistisch ist. So betrug der Anteil der Evangelischen in der Provinz Posen im Jahre 1819 laut den Angaben von E. von Bergemann 28,5%,[22] im Regierungsbezirk Posen 1816: 25,1% und 1819: 25,5%. Der hohe Durchschnitt von 28,5% für die ganze Provinz ergibt sich erst aus der Einbeziehung des Bromberger Regierungsbezirks mit seinem hohen evangelischen Anteil von 34% im Jahre 1818.[23]

Auch in der Zeit von 1800—1810 hatte sich am protestantischen Anteil wenig geändert. Die Entwicklung stagnierte; eine polnische Zählung zur Zeit des Warschauer Herzogtums im Jahre 1810 ergab für die zum früheren Großpolen gehörenden Gebiete:*

	Lutheraner	Gesamtbevölkerung
Departement Posen	138 543	581 210
Distrikt Kalisch	6 512	49 190
„ Konin	9 767	55 366
„ Adelnau	3 904	48 995
„ Kamin	15 665	33 544
„ Krone	15 943	31 235
insgesamt	190 334	799 540

*) Grossmann, S. 47 f., wobei Gr. der Meinung ist, daß diese Zahlen um 8% hinter der Wirklichkeit zurückblieben. — Die Zahlen für Kamin und Krone wiederholen sich in Statystyka Departamentu Bydgoskiego vom April 1812 (Warschau 1972, S. 42 f.).

---

die „Übersicht der Bestandteile und Verzeichnis der Ortschaften des Bromberger Regierungsbezirks", Bromberg 1818, S. 3. Laut ihr waren im Kreis Inowroclaw „verhältnismäßig viel mehr Katholiken und dagegen im Czarnikauer Kreise verhältnismäßig mehr Evangelische, im Bromberger und Wirsitzer Kreise aber ungefähr eine gleiche Zahl in beiden Religions-Partheien". Nach P. Krüger: Antlitz und Geschichte des Kreises Kolmar, o. O. 1970, S. 35 und 46, gab es dort auf Grund der preußischen Klassifikationsakten von 1772/4 bei 7795 Deutschen (hiervon 1865 in den Städten) nur 4918 Polen und 1081 Juden. Davon waren: 5721 evangelisch, 6992 katholisch, 1081 mosaisch. Demnach müßten hier rund 2000 Katholiken Deutsche gewesen sein.

22) E. von Bergemann, Zur Geschichte der Entwicklung, S. 242 ff.

23) Übersicht der Bestandteile und Verzeichnis ..., Bromberg 1818, S. 3; A. A. Mützell: Topographisch-statist.-geogr. Wörterbuch des Preußischen Staats, Bd 6, Halle 1825, S. 384 ff. (Zahlen f. 1816).

Das macht fast 25% Lutheraner, ungefähr denselben Prozentsatz wie in unserer voraufgegangenen Berechnung für 1800. Für das Großherzogtum Posen des Jahres 1824 nennt Ludwik Plater 640 000 Polen und 270 000 Deutsche (rund 30%).[24] Zusammen mit den Juden betrug die nichtpolnische Bevölkerung der Provinz 1793 erheblich über 200 000, so daß für die polnische Stammbevölkerung etwa eine halbe Million verblieb. Keineswegs aber waren das durchweg Bauern. Damit nähern wir uns offensichtlich wieder den Vorstellungen des zeitgenössischen Staszic über das Stagnieren des Bauerntums. Ehe jedoch die letzten Schlüsse gezogen werden, erscheint es geraten, auch noch die Gesamtzahl der von Topolski mit 800 000 angegebenen Bevölkerung Großpolens für das Jahr 1793 zu überprüfen, um so mehr, als damit gleichzeitig Einblicke in eines der Hauptkapitel der interessanten bevölkerungsgeschichtlichen Forschung Polens gewonnen werden.

2. Einwohnerzahl (nach Topolski und nach eigener Rechnung)

Topolski ist bei seiner Berechnung der Einwohner Großpolens in den Grenzen der ehemaligen Wojewodschaften Posen, Gnesen und Kalisch von Bevölkerungszahlen ausgegangen, die einer der Meister auf diesem Gebiet, Egon Vielrose, errechnet hat.[25] Dieser wiederum steht auf den Schultern von Tadeusz Korzon, dessen Werk über die Zustände im untergehenden Polen heute wohl als klassisch gelten kann.[26] Korzons Originalquelle aber war Graf Fryderyk Joachim Moszyński, der als Abgeordneter vor dem letzten polnischen Reichstag darüber berichtet hatte. Die Unterlagen dazu hatte er sich aus der „Königlichen Schatzkommission", der seinerzeitigen polnischen Finanzbehörde, verschafft und dann in zweifacher Version 1789 und 1790 veröffentlicht.[27] Es sind das bisher die einzigen amtlichen Einwohnerzahlen aus der Zeit des alten Polen, die verständlicherweise bei den Teilungsmächten größtes Interesse fanden. Sie gehen auf eine „Volkszählung" zurück, die erste staatliche in Polen, die mit Einschränkun-

24) L. Plater: Opisanie historyczno-statystyczne wielkiego księstwa poznańskiego [Historisch-statistische Beschreibung des Großherzogtums Posen], hrsg. von J. N. Bobrowicz, Leipzig 1846, S. 70 f.

25) E. Vielrose: Ludność Polski od X do XVIII wieku [Die Bevölkerung Polens vom 10. bis 18. Jh.], in: Kwartalnik Historyczny Kult. Mat. 5 (1957), S. 17 ff.

26) T. Korzon: Wewnętrzne dzieje Polski za Stanisława Augusta [Innere Geschichte Polens zur Zeit Stanislaw Augusts], Bd 1.

27) Der Originaldruck ist hier unzugänglich, aber für die in Frage kommenden Gebiete sind die Zahlen von 1789 u. a. bei Holsche, Geographie und Statistik, Bd 2, S. 150 f., nachgedruckt. Für einige Wojewodschaften, darunter die großpolnischen, meldete der damalige preußische Bevollmächtigte in Warschau, von Buchholtz, die Zahlen nach Berlin (vgl. R. Prümers: Das Jahr 1793, Posen 1895, S. 76 ff., wo sie mit dem Begleitbericht vom 27. 1. 1793 veröffentlicht sind). S. auch Anm. 39.

gen diesen Namen verdient. Ihr sollten alljährlich jeweils zum 1. I. weit exaktere folgen, ein Symptom des Aufschwungs, den Polen kurz vor seinem Untergang zur Zeit der Aufklärung erfuhr. — Laut den Originalquellen von Moszyński hatten die drei großpolnischen Wojewodschaften (Posen, Gnesen, Kalisch) im Jahre 1789 552 923 Einwohner.[28]

Korzon ging nun davon aus, daß die Angaben des Abgeordneten Moszyński auf Steuerlisten basierten, die den Adel, die Geistlichkeit und die öffentlichen Beamten nicht enthalten hätten, da sie nicht besteuert wurden.[29] Auch hielt er es für ausgemacht, daß die Zahl der Juden unterschätzt worden sei, da sich diese der ihnen auferlegten Kopfsteuer großenteils zu entziehen gewußt hätten. Korzon errechnete deswegen Ergänzungszahlen für diese Bevölkerungsgruppen, wobei er immer das ganze polnische Staatsgebiet von 1791 im Auge hatte, dessen Gesamtbevölkerung er schließlich auf 8 800 000 veranschlagte.

Vielrose geht ebenfalls von den Zahlen des Grafen Moszyński aus. Sein Ziel war jedoch die Errechnung der Bevölkerung in den einzelnen Wojewodschaften. Hierzu bedurfte es nach den Vorarbeiten von Korzon seines Erachtens nur noch einer anteilsmäßigen Aufteilung von dessen Ergänzungszahl (für Adel, Geistlichkeit, Beamte und Juden) auf die Wojewodschaften, für die er jeweils die Zahlen von Moszyński zugrunde legte. In dieser Weise bestimmte er u. a. die Einwohnerzahl der drei großpolnischen Wojewodschaften, ausgehend von den 553 000 des Grafen, mit 600 900 für das Jahr 1791.

Topolski übernahm diese Zahl Vielroses und fügte ihr, wie er vermerkt, noch die Einwohnerzahl der ursprünglich großpolnischen Teile des Netzedistrikts hinzu. Diese waren nämlich schon 1772 von Polen abgetrennt und daher von Graf Moszyński nicht mehr berücksichtigt worden.[30] Bezüglich der Einwohnerzahl des Netzedistrikts beruft sich Topolski zwar auf Holsche, übernimmt aber in Wirklichkeit die Zahl 190 000 von Irena Gieysztorowa, einer führenden polnischen Bevölkerungshistorikerin.[31] Diese hat indes ebenfalls nicht Holsche unmittelbar benutzt, sondern ein Holsche-Zitat bei Beheim-Schwarz-

---

28) Kultura ludowa Wielkopolski [Volkskultur Großpolens], red. von J. Burszta, Bd 1, Posen 1960, S. 22, nennt unter Berufung auf Moszyński die Zahl 537 486. Sie gilt für 1788 (s. Rozwój polskiej myśli statystycznej [Entwicklung des polnischen statistischen Gedankens], Warschau 1968, bei S. 33). Im folgenden wurde die höhere Zahl für 1789 nach Holsche zugrundegelegt. — L. Plater, Opisanie, S. 116, schätzt die Bevölkerung der Gebiete des späteren Großherzogtums Posen für das Jahr 1768 — wie hier vermerkt sei — auf 543 929.

29) Wie weit letzteres für 1789 zutrifft, möge hier offen bleiben. Jedenfalls gab es Klagen der evangelischen Geistlichkeit, daß sie das Doppelte der katholischen zahlen müßten. Nach Holsche, Geographie, Bd 1, S. 134, sollten 1789 im Gegensatz zu früheren Rauchfangregistern auch die adligen Feuerstellen zur Steuer herangezogen werden, wobei von den Kommissaren gleichzeitig die Seelenzahl zu ermitteln war. Für einige Provinzen seien trotzdem die Zahlen der Rauchfänge einfach mit 6 multipliziert worden, um die Bevölkerung ungefähr zu „überschlagen".

30) Dzieje Wielkopolski, Bd 1, S. 812, Anm. 21.

31) I. Gieysztorowa, Badania nad historią zaludnienia, S. 538.

b a c h.[32] Darin ist die Rede von 167 542 Einwohnern des Distrikts im Jahre 1775. Gieysztorowa hat diese Zahl für etwa 1790 hochgerechnet, indem sie anscheinend einen jährlichen Zuwachs von 0,9% zugrundelegte. So kam sie zu den oben erwähnten 190 000, die Topolski übernahm. Glücklicherweise war dieses Rechenergebnis nicht einmal falsch, obwohl Ausgangszahl und Jahreszuwachs nicht einwandfrei sind.[33] Auf diesem Umwege gelangte Topolski zu seinen rund 800 000 Einwohnern der Provinz Großpolen im Jahre 1793.[34]

Die Rechnung von Topolski bedarf jedoch einiger schlichter Korrekturen:

1) Nicht der ganze Netzedistrikt war zu Großpolen zu rechnen. Seine beiden östlichen Kreise, Bromberg und Inowrocław, waren nämlich in der Hauptsache aus ehemals kujawischem Gebiet herausgeschnitten. Höchstens ein Drittel dieser Kreise kann als ursprünglich großpolnisch gelten.[35] Es sind daher für 1800 nur 160 000 und für 1793 entsprechend nur 146 000 Einwohner des Netzedistrikts zu Großpolen zu schlagen, nicht 190 000. Die Bevölkerung Großpolens vermindert sich damit gegenüber den Berechnungen Topolskis um etwa 44 000.

2) Topolski hat mit der Grundzahl für die großpolnischen Wojewodschaften auch einen Fehler V i e l r o s e s übernommen. Dieser hat nämlich den von Korzon für ganz Kronpolen auf 143 500 bezifferten Kleinadel aus unverständlichen Gründen gleichmäßig auf die einzelnen Landesteile Kronpolens verteilt. Es ist indes allgemein bekannt, daß der Kleinadel sich ganz überwiegend auf Masowien und Podlachien konzentriert. Jedenfalls war in Großpolen schon damals nichtpossessionierter Adel fast unbekannt.[36] Nach Holsche zählte das Posener Kammerdepartement auf dem platten Lande neben rund 830 begüterten Edelleuten (ohne Familienglieder) nur etwa 500 „nichtpossessionierte".[37] Dazu kamen rund 100 aus dem Kalischer Departement. Vielrose aber hat unter diesem Titel 28 000 Personen zu Großpolen geschlagen. Es wird wesentlich realistischer sein, etwa 1500 Personen für die Position Beamte anzusetzen (ausgehend von der Gesamtzahl

---

32) M. B e h e i m - S c h w a r z b a c h , Der Netzedistrikt, in: ZHGP 7 (1892), S. 189.

33) H o l s c h e , Der Netzdistrikt, S. 71, berichtet nämlich gleich anschließend — was Schwarzbach nicht mehr zitiert und Gieysztorowa daher nicht wissen konnte — daß noch 1775 gewisse Teile des Distrikts an Polen zurückgegeben werden mußten, so daß im gleichen Jahre nur 139 542 Einwohner bei Preußen verblieben. — Die Hochrechnung für 1790 war im übrigen gar nicht notwendig, da Holsche selber die Zahl für 1791 mit 189 550 angibt (ebenda). Für 1793 nennt er bereits rund 200 000 Einwohner, wobei er von der amtlichen Zahl für 1788 (180 000) ausgeht und den ihm bekannten Zuwachs von jährlich über 4200, also über 2%, dazu rechnete (ebenda, S. 66).

34) Er addierte, wie gesagt, die Zahl Vielroses (600 900) für die großpolnischen Wojewodschaften von 1791 und die Zahl für den Netzedistrikt (190 000) von Gieysztorowa. Seine großzügige Abrundung kann mit dem zweijährigen Zuwachs von 1791—1793 begründet werden.

35) vgl. oben S. 196.

36) Nebenbei sei bemerkt, daß Vielrose die Zahl 143 500 auf Kleinadel u n d Beamte bezieht, was offensichtlich auf einem Versehen beruht; denn bei Korzon, S. 101, ist das die Zahl allein des Kleinadels, während er für diesen, zuzüglich der Beamten, 159 700 angibt.

37) H o l s c h e , Geographie und Statistik, Bd 2, S. 448.

Korzons 16 000, unter proportionaler Aufteilung auf die einzelnen Wojewodschaften) und 3500 für die Position Kleinadel. Das ergibt ein weiteres Minus gegenüber Vielrose und Topolski in Höhe von etwa 23 000. Auch diese sind von der Zahl der Einwohner Großpolens bei Topolski abzuziehen.
3) Vielrose bezieht die Zahlen von Moszyński auf das Jahr 1788. Wenn wir jedoch Korzon[38] und Holsche[39] Glauben schenken, ist Vielrose hierbei ein — wenn auch unerheblicher — Irrtum unterlaufen: die Zahlen gelten für das Jahr 1789. Der Zuwachs bis 1791 (das Stichjahr Korzons und Vielroses) ist dann nicht von 1788 aus zu berechnen, sondern nur für die Periode 1789—1791. Da Vielrose für den natürlichen Zuwachs von 3 Jahren 10 500 Personen angesetzt hat, ist er für 2 Jahre um ein Drittel zu reduzieren. Das bringt ein weiteres Minus von 3500, um die Topolskis Endzahl zu berichtigen ist.

Die Gesamtkorrektur ist damit auf rund 70 000 angelaufen. Die Bevölkerung von Großpolen für das Jahr 1793 wäre daher nicht auf 800 000, sondern nur auf 730 000 anzusetzen. Dementsprechend betrug der Anteil der Lutheraner mit 175 000 bereits im Jahre 1793, vor dem Einzug der Preußen, fast 25%, der Anteil der Lutheraner und Juden zusammen rund 30% der Gesamtbevölkerung. Die Zahl der Deutschen, einschließlich der Deutsch-Katholiken, würde erheblich über 25% gelegen haben. — Soviel zur Errechnung der Einwohnerzahl Großpolens auf der Basis der polnischen Zählung von 1789.

Es gibt indes einen zweiten Weg zu demselben Ziel.[40] Dabei werden die Ergebnisse der frühen preußischen Erhebungen zugrundegelegt. Sie finden sich vornehmlich bei dem damaligen Polenexperten Holsche. Zwar hat Gieysztorowa recht, wenn sie auf die abweichende territoriale Gliederung hinweist. Die Umrechnung von den Departements auf Wojewodschaften ist in der Tat schwierig.[41] Andererseits sind sich aber alle maßgeblichen Demographen, Korzon eingeschlossen, darin einig, daß die Zahlen Holsches bei aller Unvollkommenheit das Solideste sind, was aus jener Zeit auf uns gekommen ist. Sie benutzen sie, wo es nur angeht, zur Kontrolle eigener Schätzungen. Dazu wird Großpolen restlos von den preußischen Zählungen erfaßt. Die einmalige Chance für diese Provinz sollte

38) T. Korzon, Wewnętrzne dzieje, Bd 1, S. 73.

39) Holsche, Geographie und Statistik, Bd 2, S. 150. Auch nach W. Föhl: Das Deutschtum im Lubliner Land, in: Deutsche Forschung im Osten 2 (1942), S. 279, war der Beschluß zur Zählung erst Juni 1789 gefaßt, das Ergebnis am 19. 4. 1790 durch Moszyński dem Sejm vorgetragen und im gleichen Jahr in einer sechsseitigen Broschüre publiziert worden. Die Ergebnisse der zum 1. 1. 1791 angeordneten, sehr viel präziseren, z. T. namentlichen Zählung, sind leider bis heute nicht bekannt geworden, allerdings von Föhl für seine Abhandlung ausgewertet worden. Sie lagerten nach Föhl damals im Warschauer Hauptarchiv (Abt. XIV, u. a. Bd. 77—83).

40) Über die Quellen zur Bevölkerungsstatistik unterrichten allgemein Z. Guldon und K. Wajda: Źródła statystyczne do dziejów Pomorza Wschodniego i Kujaw od połowy 16. do początków 20. w. [Statistische Quellen zur Geschichte von Pommerellen und Kujawien von Mitte des 16. bis Anfang des 20. Jhs.], Thorn 1970. Es handelt sich um Universitätsskripten, die sich zwar auf Westpreußen und Kujawien beziehen, großenteils aber auch für die Nachbargebiete gültig sind.

41) I. Gieysztorowa, Badania, S. 537, Anm. 79.

daher nicht ungenutzt bleiben, sei es auch nur, um die auf den Zahlen Moszyńskis beruhenden Berechnungen zu kontrollieren. Es ist dabei am besten von den Angaben für das Jahr 1800 auszugehen.[42]

Das Posener Kammerdepartement hatte damals nach preußischer Rechnung 598 306 Einwohner. Davon ist zunächst das Militär in Stärke von 14 000 Mann abzusetzen. Abzuziehen sind ferner 48 018 Einwohner des „platten Landes" in den kujawischen Kreisen Brest, Kowal, Radziejów und 11 146 Einwohner der dortigen Städte in der Leslauer Steuerinspektion. Es verbleiben 525 000 Einwohner (wobei vielleicht vom Kreise Powidz noch ein kleiner Teil abzusetzen ist). Hinzu kommen vom Kalischer Kammerdepartement die Kreise Kalisch, Konin, Adelnau mit einer Landbevölkerung von 93 093 und einer Stadtbevölkerung der Kalischer Steuerinspektion von 31 114. Das macht abzüglich des Militärs rund 122 000. (Wie vordem vom Kreise Powidz, so dürften hier einige wenige Gemeinden vom Kreise Adelnau auszuklammern sein, die ursprünglich zur Sieradzer Wojewodschaft gehört haben könnten. Hinzu kommen ferner die vormals großpolnischen Teile des Netzedistrikts. Deren Einwohnerzahl wurde bereits weiter oben mit 160 000 für das Jahr 1800 bestimmt. Die Addition lautet daher:

Departement Posen (ohne kujawischen Anteil)		525 000
„ Kalisch (großpolnischer Anteil)		122 000
Netzedistrikt (großpolnischer Anteil)		160 000
Großpolen im Jahre 1800	insgesamt	807 000

Von der Zahl 807 000 ausgehend ist nun die annähernde Bevölkerung für 1793 zu errechnen. Entscheidend für das Endergebnis ist die Höhe des anzusetzenden Jahreszuwachses, wobei auch die für Großpolen so charakteristische Zuwanderung von Deutschen und anderen Kolonisten nicht zu übergehen ist. Staszic als sachkundiger Zeitgenosse sagte immerhin in seiner Schrift „Über die Statistik Polens", daß die Bevölkerung seit 1776 gewachsen sei, und zwar „sowohl durch die Ankunft von Ausländern, wie durch bedeutende Siedlungskolonien und durch die natürliche Bevölkerungszunahme selbst".[43] Gieysztorowa rechnet in der Zeit von 1790 bis 1810 mit einem realen Jahreszuwachs von 0,9%.[44] Bei solcher Rate würde die Bevölkerung im Jahre 1793 bei 760 000 gelegen haben. Diese Rate ist jedoch, wie aus einem Vergleich mit vorhandenen preußischen Zahlen hervorgeht, eher zu klein, jedenfalls für den großpolnischen Raum. So wuchs nach Holsche die Bevölkerung des Netzedistrikts vom Jahre 1776 (139 000) bis zum Jahre 1788 (180 000) jährlich real um erheblich mehr als 2%, von 1788 bis 1793 (200 000)[45] um rund 2%, von 1793 bis 1800 (219 300)[46] bei 1,3% und von 1800 bis 1804

42) Holsche, Geographie und Statistik, Bd 2, S. 436 ff.

43) St. Staszic: O statystyce Polski, 1807; Neudruck in Staszic, Pisma, Bd 2, S. 293.

44) I. Gieysztorowa, Badania, S. 537, Anm. 82.

45) Holsche, Der Netzdistrikt, S. 62 ff., 70 f.

46) s. Blatt 19 von Schrötters Karte von Ostpreußen (Bevölkerungstafel).

(229 000)[47] nur noch um etwa 1,1%. Die überhöhten Raten von 2% in den älteren Jahren werden sich teilweise aus der allmählichen Verbesserung der Zählung erklären. Die ersten preußischen Zählungsergebnisse dürften daher noch erheblich hinter der Wirklichkeit zurückgeblieben sein.[48] — Für Südpreußen, das erst später besetzt wurde, haben wir vor allem Zahlen aus den Jahren 1800, 1803 und 1804: 1 348 071, 1 387 800 bzw. 1 436 621.[49] Sie galten bei den Zeitgenossen als recht

---

47) Holsche, Geographie, Bd 3, S. 16.

48) Holsche, Der Netzdistrikt, S. 61, meint, daß die Juden 1788 nicht, wie gezählt, 8154 Personen stellten, sondern gewiß über 20 000. Wiederholt bezeichnet er auch sonst die ersten preußischen Zählungen nicht als voll befriedigend. „In den Städten läßt sich die Menschenzahl noch wohl mit Gewißheit ausmitteln... Auf dem platten Lande ist die Zählung bei weitem schwieriger, denn hier gründet sich gewöhnlich alles auf die Angabe der Schulzen und Dorfvorsteher, welche selten lesen und schreiben können, und alles im Kopfe zusammenrechnen" (Geographie, Bd 3, S. 148 ff.). L. Krug: Abriß der neuesten Statistik des preußischen Staates, Halle [2]1805, S. 6, behauptete zwar: „Geburts-, Kopulations- und Todtenlisten sind nun in unserem Staate zu der wünschenswerthesten Vollkommenheit gekommen ... völlige Genauigkeit ist zu erreichen nicht möglich, es kommt bei Millionen nicht auf einige Hundert an." Aber das bezog sich schwerlich auf die neu erworbenen polnischen Provinzen. Bergemann, Zur Geschichte der Entwicklung deutscher, polnischer und jüdischer Bevölkerung in der Provinz Posen seit 1824, Tübingen 1883, weist wiederholt, z. B. S. 48 ff., auf unmotivierte Sprünge in der Bevölkerungsentwicklung hin, die sich nur durch bessere Zählmethoden erklären: in den 20er Jahren des 19. Jhs. aus Anlaß der neuen Klassensteuerveranlagung, 1833 ff. als Auswirkung des Zollvereinsvertrages und 1840 als Folge der ersten namentlichen Zählung. H. Grossmann, Struktura społeczna, S. 79 ff., schloß für die Zählung von 1808 aus den Geburtsraten (die bei der ermittelten Einwohnerzahl bei 59‰ lägen, tatsächlich aber, laut Grossmann, allenfalls 45‰ erreichen konnten) auf eine Zähllücke von 28%, d. h., die Zählung hätte nur knapp drei Viertel der tatsächlichen Bevölkerung des damaligen Herzogtums Warschau erfaßt. Für die Zählung von 1810 schließt er analog auf eine Lücke von 8%. An eine wahrscheinliche *under-enumeration* in den Zählungen der polnischen Provinzen Preußens vor 1840 glaubt auch B. S. Wojtun: Demographic transition in West Poland, 1816—1914, Michigan 1968 (Dissertation), wobei er ebenfalls die Geburtsraten zu hoch findet, die seiner Meinung nach bei 45‰ anzusetzen wären. T. Ładogórski (früher Ladenberger) glaubt für Schlesien noch größere Zähllücken feststellen zu können (Złudzenia pruskiej statystyki ludności pierwszej połowy XIX w. [Illusionen der preußischen Bevölkerungsstatistik der ersten Hälfte des 19. Jhs.], in: Przeszłość demograficzna Polski 3 (1970); ders.: Periodyzacja rozwoju demograficznego [Periodisierung der Bevölkerungsentwicklung in den polnischen West- und Nordgebieten 1816—1914, ebenda 5 (1972), S. 103 ff.). I. Gieysztorowa pflichtet dem im Prinzip bei (Niebezpieczeństwa metodyczne [Methodische Gefahren polnischer standesamtlicher Forschungen — 17.—18. Jh.], in: Kwartalnik Hist. Kult. Mat. 19 (1971), S. 357—603; dasselbe französisch (gekürzt) in: Acta Poloniae Historica 27 (1973), S. 159—185). Glauwürdiger seien im allgemeinen die Angaben über die Bevölkerungsbewegung, am wenigsten freilich die Zahlen der Verstorbenen. Als Leitzahlen in ländlichen Verhältnissen nennt sie 8—10‰ für die Trauungen, 40—50‰ für die Geburten und 30—50‰ für die Todesfälle.

49) Die Zahlen aus ZHGP 27 (1912), S. 3; Allg. Geographische Ephemeriden 31 (1810), S. 360 f.; L. Krug, Abriß der neuesten Statistik, S. 17.

zuverlässig. Aus ihnen läßt sich eine reale jährliche Zunahme in dieser Phase von rund 1,5% errechnen.

Holsche vermittelt außerdem unmittelbare Angaben über die Bevölkerungsbewegung selbst. Sie dürfen hier nicht unberücksichtigt bleiben. So stellt er fest, daß im Posener Kammerdepartement im Jahre 1800 30 764 Kinder geboren worden seien, „woraus sich ergibt, daß der 19te bis 20te Teil der Volksmenge in einem Jahre geboren wurde".[50] Das wären 51,4‰, was überhöht erscheint. Geburtenraten in dieser Höhe sind allerdings nach Gieysztorowa ein Kennzeichen primitiver landwirtschaftlicher Kulturen.[51] Auch die Zahl der von Holsche angegebenen Trauungen (10,6‰) stimmt dazu recht gut; sie soll erfahrungsgemäß etwa fünfmal kleiner sein als die Zahl der Geburten. Die Sterblichkeit im Jahre 1800 betrug laut Holsche 42‰. Er bemerkt indes ausdrücklich, das sei eine vorübergehende Erscheinung gewesen: „im Durchschnitt mehrerer Jahre kann man den 34ten bis 35ten [als gestorben] annehmen", d. i. 30‰. Das wäre wenig, aber noch innerhalb der von Gieysztorowa bezeichneten Grenzen zwischen 30 und 50‰.[52] Tatsächlich mag die Zahl der Todesfälle etwas höher gewesen sein, weil deren Registrierung, wie Gieysztorowa wohl richtig vermerkt, immer am unvollkommensten war. Nach Holsches Zahlen wäre immerhin selbst für das Sterbejahr eine Zuwachsrate von fast 1%, für das Normaljahr sogar eine solche von 2% anzunehmen. Beide Zahlen werden indes im Sinne der angedeuteten Kritik etwas zu reduzieren sein.

Aus Holsches Angaben ergibt sich ferner für das Kalischer Departement im Jahre 1800 ebenfalls eine Geburtenrate von 51‰, eine Todesrate von 41‰. „Auf 5 Geburten kann man 4 Sterbefälle rechnen." Jedoch sei 1800 auch hier „ein großes Sterbejahr" gewesen, besonders unter den Kindern.[53]

Anscheinend kann man um diese Zeit in Großpolen mit einer annähernd konstanten Geburtenhäufigkeit um 50‰ rechnen. Was den Zuwachs bestimmte, war eher die schwankende Rate der Sterblichkeit. Hunger, Kriege und Epidemien waren, wie vordem, das entscheidende Regulativ. Sie merzten aus, was in der Zwischenzeit allzustark über das „zugeteilte Land" hinaus nachgewachsen war. So errechnet sich auch aus Holsches „Mortalitäts- und Zeugungsliste von 1785 bis 1790" für den Netzedistrikt[54] im Jahre 1788 eine Geburtenzahl von 50‰ und

50) H o l s c h e , Geographie, Bd 2, S. 431. Nach Allgem. Geographischen Ephemeriden 20 (1806), S. 488, wurden 1805 im Posener Departement 30 637 Geburten (etwa 48‰) verzeichnet.

51) G i e y s z t o r o w a , Badania, S. 548, Anm. 136. Eine Geburtenzahl von 50,8‰ melden ferner A. S z c z y p i o r s k i , Badania ksiąg metrykalnych, S. 68, sowie Z. K u c h o w i c z , Z badań nad stanem biologicznym, S. 131, Anm. 9. Während des uneingeschränkten polnischen Fron-Feudalismus wird die Geburtenrate jedoch darunter gelegen haben (vgl. z. B. Materiały do dziejów Sejmu Czteroletn., Bd 1, S. 43 f.).

52) Die Sterblichkeit in der Provinz Posen lag zwischen 1824 und 1873 bei 34‰ (B e r g e m a n n , Zur Geschichte, S. 134). 1805 starben im Posener Departement 25 755 Personen oder rund 40‰ (Allg. Geograph. Ephemeriden 20 (1806), S. 488).

53) H o l s c h e , Geographie, Bd 2, S. 432 f. Nach A. T r e i c h e l : Geschichte des Deutschtums von Rippin, o. O. o. J. (1963), S. 136, herrschten 1800 die Pocken.

54) H o l s c h e , Der Netzdistrikt, S. 72.

eine Sterblichkeit von 32‰, für 1790 wiederum eine Geburtenzahl von 50‰ neben einer Sterblichkeit von 30,5‰.

Angesichts solcher Zahlen ist es angebracht, den realen Zuwachs Großpolens, der in jener relativ ruhigen Zeit sicher über dem natürlichen lag, nicht bei 0,9, sondern in größerer Nähe bei 1,5% anzusiedeln. Ist doch auch einer „General-Jahresliste" zu entnehmen, daß ganz Südpreußen im Jahre 1801 13 404 Trauungen, 67 973 Geburten und 49 569 Tote aufwies.[55] Allein der natürliche Zuwachs dieses Jahres betrug demnach fast 1,4%.[56]

Die Rückrechnung von 807 000 Einwohnern Großpolens im Jahre 1800 auf das Jahr 1793 ergäbe bei 1,5% Zuwachs etwa 725 000, bei 1,4% fast genau das vorhin aus den korrigierten Zahlen von Moszyński-Korzon-Vielrose gewonnene Ergebnis von rund 730 000, bei 1,3% bereits einige Tausend darüber usw. Holsches Zahlen für 1800 mögen, wie die Geburtenrate andeutet, zwar noch etwas hinter der Wirklichkeit zurückgeblieben sein, was besonders in Hinsicht der Juden gilt. Diese letzteren wären indes in unserer Rechnung ohnehin wieder zu eliminieren, da es hier letztlich um eine Feststellung der polnischen Fronbevölkerung des Jahres 1793 geht.

Das innere demographische Potential Großpolens, das Topolski für die Zeit von 1720—93 so optimistisch mit einem natürlichen Zuwachs von 200 000 bestimmen wollte, ist daher im Sinne der obigen Korrekturen um rund 70 000 zu kürzen. Dennoch bleibt ein eigener Zuwachs von 130 000 bestehen, der freilich auch in dieser Höhe noch der pessimistischen Darstellung der Bevölkerungsentwicklung von Staszic wie von Erich Schmidt widerspricht. Eine Vereinigung der gegensätzlichen Standpunkte scheint indes sehr wohl möglich. Aus ihr geht meines Erachtens erst die wahre Natur des großpolnischen „Modells", die regionale Eigenart Großpolens, mit größerer Klarheit hervor. Die Behauptung von Staszic über die Stagnation der polnischen Bevölkerung bezog sich ja im Kern nur auf die fronbäuerliche polnische Stammbevölkerung. Wenn man nun von der Gesamtbevölkerung von 730 000 die Deutschen (richtiger Lutheraner) mit rund 175 000 (1800 : 195 000), die Juden mit 40 000 abzieht,[57] verbleiben 515 000 Katholiken. Hiervon wären dann noch die deutschen Katholiken abzusetzen, die sonst meist stillschweigend gegen die polnischen Evangelischen aufgerechnet werden, was aber in unserem Zusammenhange nicht zulässig ist. Geht es doch hier nicht um die Volkstumszahlen an sich, sondern um die Zahl der fremden Zuwanderer. Zu ihnen gehörten auch die polnischsprechenden Evangelischen. Die einheimischen großpolnischen Katholiken des Jahres 1793 sind demnach auf weniger als eine halbe Million zu schätzen. Von ihnen wohnten indes nicht alle auf dem plat-

55) Allgemeine Geographische Ephemeriden 10 (1802), S. 187.

56) Der natürliche Zuwachs lag in Kongreßpolen 1831—1911 — unbereinigt — bei 1,4%, zwischen 1841—60 unter 1, in einzelnen Jahren unter 0,5 ja unter 0.

57) Holsche, Geographie, Bd 2, S. 429, nennt für das Posener Departement im J. 1800 34 811 Juden. Davon sind abzuziehen die Juden der kujawischen Kreise (2567 Personen im J. 1800, lt. Holsche, Geographie, Bd 2, S. 447). Zuzuzählen sind 3918 Juden der Kalischer Steuerinspektion (S. 459) sowie 7000 Juden des großpolnischen Teils des Netzedistrikts. Das ergibt 43 000, reduziert auf 1793: rund 40 000.

ten Lande, sondern viele Tausende in den Städten. Auch diese sind noch zu subtrahieren, wenn man die Zahl der fronbäuerlichen Bevölkerung von 1793 erfahren will.

3. Konfessionelle und nationale Zusammensetzung der Stadtbevölkerung

Wieder liefert die emsige preußische Statistik interessante Unterlagen. So wurden gleich nach der Besetzung Großpolens ausführliche Beschreibungen aller Städte angefordert und 1793/4 von den Magistraten unter der Aufsicht preußischer Beamter gefertigt. Sie enthalten u. a. die Einwohnerzahlen sämtlicher Städte und sind jetzt dankenswerterweise durch Jan Wąsicki in vollem Wortlaut für ganz Südpreußen veröffentlicht.[58] Von den 234 Städten, die diese „Indaganda“ erfaßte, werden hier 130 als ehemals großpolnisch angesehen, die in der preußischen Zählung von 1800 in den Steuerinspektionen Fraustadt, Meseritz, Posen, Peysern, Gnesen und Kalisch gelegen waren.[59] Die Addition aller für die 130 Städte genannten Einwohnerzahlen der Indaganda ergibt 146 650 Personen, hiervon 31 640 Juden (vgl. Tafel I im Anhang). Die Einwohnerzahl derselben Städte betrug aber im Jahre 1800 laut den Tabellen bei Holsche 182 670, hiervon 36 072 Juden. Demnach ist die dortige Stadtbevölkerung in 7 Jahren preußischer Verwaltung, was z. T. an verbesserten Zählmethoden liegen mag, um 36 020 gewachsen, d. i. um 24% oder doppelt so schnell wie die Gesamtbevölkerung. Für diese war oben nur ein Jahreszuwachs von 1,5% ermittelt worden; in sieben Jahren wären das erst 11%.

Gewiß ist jene erste Erhebung der Stadtbevölkerung weniger korrekt als die von 1800. Zum Teil treten ungewöhnliche Sprünge auf: die Posener Bevölkerung ist bis 1800 um 5000 auf 17 628 gewachsen, die des kleinen Ortes Dobrzyca von 188 auf 535. Aber auch im Netzedistrikt hat sich die Stadtbevölkerung von 1788 bis 1799, in 11 Jahren, um 22% erhöht, was immerhin einen Zuwachs von fast 2% jährlich bedeutet.[60] Jedenfalls kann man nicht sagen: „Die preußische Zeit hat keine Verbesserung der Lage [der Städte] gebracht, wie die deutsche Geschichtsschreibung behauptete, sondern — wie man schon aus den Einwohnerzahlen ersehen kann — deren Niedergang.“ Die polnische Präfektur des Bromberger Departements, die dort nach dem Abzug der Preußen und der Gründung des Warschauer Herzogtums eingerichtet wurde und es wissen mußte, stellte in ihrem Sammelbericht über den Zustand des Departements vom April 1812 fest,

58) J. Wąsicki: Opisy miast polskich z lat 1793—1794 [Beschreibungen polnischer Städte aus den Jahren 1793/94], Posen 1962.

59) Prziment und Chorap, die von der Indaganda noch als Städte behandelt werden, sind 1800 nicht mehr als solche geführt worden (Holsche, Geographie, Bd 2, S. 438 ff.), so daß es dann nur noch 128 Städte im ehemals großpolnischen Raum, ohne das Netzegebiet, gab.

60) vgl. Taf. 10.

daß die voraufgegangene preußische Regierung „durch löbliche Maßnahmen mit Riesenschritten an die Aufrichtung der untergehenden Städte herangegangen war". Es bestehe ein großer Unterschied zwischen den Städten der drei kujawischen Kreise des Departements, die erst seit 1793, und der übrigen Kreise, die schon seit 1772 preußisch geworden waren. „Schöne und z. T. prächtige Gebäude, gemauerte Häuser, ordentliches Pflaster, vervollkommnete Gewerbe, Fabriken usw. kennzeichnen die umfassende Fürsorge jener Regierung, mit der sie bemüht war, die Überbleibsel aus den Trümmern früherer Pracht zu heben, die sie einst unter der wohltätigen Herrschaft der Kasimire, Bolesławs und Siegmunds, polnischer Könige, erlangt hatten."[61]

Das Bürgertum hatte bekanntlich in altpolnischer Zeit unter der Willkür der Starosten und Grundherren besonders gelitten, was auch Staszic hervorhebt. Das wurde nun mehr und mehr abgestellt. Dazu bewirkte die seitherige Lockerung der bäuerlichen Bindungen an die Grundherrschaft einen gewissen Abfluß der ländlichen Bevölkerung zur Stadt. Wybicki notiert um 1810, daß „die Befreiung von der Leibeigenschaft [womit er freilich unmittelbar die napoleonische Proklamation meint] schon viele Bauernsöhne in Werkstätten führt und wohltätige Wirkungen auf die Industrie äußert".[62] Das wird in gewissem Maße bereits für die Zeit nach 1793 gelten. Dazu mochte von den Preußen manches Element in den Städten erfaßt worden sein, das sich bisher den Zählungen zu entziehen gewußt hatte. Von einem „Zustrom" preußischer Beamter kann bei der spartanischen Besetzung der damaligen Ämter für den nüchternen Betrachter ohnehin nicht die Rede sein. Dadurch konnte allenfalls der Bevölkerungscharakter eines kleineren Ortes, in den eine zentrale preußische Behörde einzog, eine leichte Beeinflussung erfahren, aber nicht etwa eine Stadt wie Posen. In diesem „angenehmen und lebhaften Ort, der seit der preußischen Regierung immer im Wachstum gewesen ist", stieg die Bevölkerung — z. T. wohl nur statistisch — laut dem zeitgenössischen „Topographisch-Statistisch-Geographischen Wörterbuch der sämtlichen preußischen Staaten" zwischen 1794 und 1797 von 12 538 auf 15 359 an, die der Katholiken um über 2000, d. i. fast um 28%, die der Evangelischen um 600, d. i. um fast 30%. Der nur zweiprozentige Wachstumsvorsprung der Evangelischen wird schwerlich als Ausdruck staatlichen Germanisierungseifers anzusehen sein.

Eine unzureichende Zählung ist immer noch besser als die fleißigste Schätzung.

---

61) J. Wąsicki in dem von J. Deresiewicz redigierten Sammelwerk Ziemia Leszczyńska [Das Lissaer Land], Posen 1966, S. 151; ders.: Miasta zachodniego pogranicza Wielkopolski 1793—1815 [Städte des westlichen Grenzgebiets von Großpolen], Posen 1960, S. 74 f., meinte noch, daß die Stadtbevölkerung im westlichen Grenzsaum zu preußischer Zeit „unbedeutend" gewachsen sei. In einigen Städten freilich sei ein gewisser „unbedeutender, aber recht deutlicher Rückgang" der Bevölkerung festzustellen. — Der Bromberger Bericht findet sich in der von M. Kallas und J. Wójciak herausgegebenen „Statystyka departamentu bydgoskiego" [Statistik des Bromberger Dep. v. April 1812], Warschau-Posen 1972, S. 32 f.

62) Statistisch-topographische Übersicht des Herzogtums Warschau, bearbeitet nach den Zusätzen zur Polnischen politischen Geographie des Herrn von Wybicki, Breslau 1811, in: Allgemeine Geogr. Ephemeriden 39 (1812), S. 12 f.

So soll hier davon abgesehen werden, nachträglich an den Ergebnissen der Indaganda Korrekturen anzubringen. Das kann allenfalls in regionalen Untersuchungen geschehen. Es ist vielmehr ratsam, für das Jahr 1793 bei der Zahl der 146 650 Stadtbewohner Großpolens (ohne Netzekreise) zu bleiben. Von ihnen waren rund 115 000 Christen. Wieviele davon Polen waren, dafür gibt Holsche leider keine pauschalen Hinweise. Nur mehr zufällig streift er das Thema der nationalen Zusammensetzung bei Einzelbeschreibungen der Städte und nennt Zahlen für deren deutsche oder protestantische Bevölkerung, die ihn verständlicherweise am meisten interessierte. In Rawicz z. B. gebe es über 6000 Deutsche (Gesamtbevölkerung 7328),[63] in Braetz über 600 (Gesamtbevölkerung 1135, „größtenteils evangelisch"),[64] in Lissa 2500 Lutheraner, 1000 Reformierte, 1000 Katholiken, 3677 Juden.[65] In Bojanowo waren nach Superintendent Reichard im Jahre 1793 2350 Evangelische bei einer Gesamtbevölkerung von 2576.[66] Nach Holsche waren dort „die Einwohner, mit Ausnahme der Juden, sämtlich deutschen Ursprungs".[67] Nach der aus der zweiten Hälfte des 18. Jahrhunderts stammenden „Chronik von Meseritz"[68] waren die Christen in Meseritz „alles deutsche Leute", außer den Zollbeamten. Der dortige Probst Nachowicz habe freilich die Zuwanderung von evangelischen Tuchmachern aus Schlesien seinerzeit zu verhindern gewußt, „so daß sich diese Leute in Lissa und Fraustadt setzten und sie ziemlich in Flor gebracht haben".[69]

Zu den größeren, überwiegend oder fast ganz deutschen Städten zählten ferner Fraustadt, Schmiegel, Schwerin, Schwetzkau, Zduny, Zaborowo, Neutomischel, Rakwitz, Rotenburg, Reisen, Santomischl usw. Sie verdankten ihren deutschen Charakter meist der Flucht evangelischer Tuchmacher und anderer Stadtbürger aus dem benachbarten habsburgischen Schlesien. Der Dichter der polnischen Nationalhymne Józef Wybicki sagt dazu: „Teutschen Ankömmlingen hat Polen wieder die ersten Keime von Industrie zu verdanken. Unter Wladislaw IV waren mehrere [sic!] Tuchmacher wegen Religionsbedrückungen aus Schlesien über die Grenzen von Polen geflüchtet, und hatten an denselben Städte erbaut, wie Bojanowo und Rawicz, oder andere bevölkert, wie Wschowa [Fraustadt],

63) Laut Rektor Merschel: 200 Jahre Geschichte der Stadt Rawitsch, Rawitsch 1911, S. 360, gab es dort zu der Zeit 7290 Einwohner, darunter 5411 Lutheraner, 792 Katholiken, 1087 Juden. W. Sobisiak: Dzieje ziemi rawickiej [Geschichte des Rawitscher Landes], Posen 1967, S. 219, bringt Zahlen für verschiedene Jahre.

64) Rektor W. Hämpel: Heimatbuch von Brätz, Brätz 1928, S. 63, gibt 894 Einw. an, davon 798 Lutheraner, 11 Katholiken, 85 Juden.

65) Hierzu Holsche, Geographie, Bd 2, S. 279: „In Lissa ist alles deutsch", was bei Einbeziehung des Jiddischen sicher stimmte.

66) Superint. Reichard: Geschichte der evangelischen Kirche „Zur Barmherzigkeit Gottes" in Bojanowo, Bojanowo 1914, S. 31.

67) Holsche, Geographie, Bd 2, S. 288.

68) Zeitschrift f. Geschichte und Landeskunde der Provinz Posen 1 (1882), S. 6 ff., 2 (1883), S. 1 ff.

69) ebenda, 1 (1882), S. 26 f. Laut Holsche, Bd 2, S. 440, hatte Meseritz 2400 christliche Einwohner.

Leszno [Lissa] und Kościan [Kosten] ... Den größten Nutzen brachten dem Lande von jeher die ansässigen und nationalisierten Teutschen, welche sich durch Arbeitseifer und eine außerordentliche Vaterlandsliebe auszeichneten."[70]

Ilse Rhode hat die Bevölkerung von 49 großpolnischen Städten jener Zeit auf Grund preußischer Unterlagen nach Bekenntnissen aufgegliedert.[71] Danach standen einander dort 35 319 (43,5%) Evangelische, 32 671 (40%) Katholiken und 13 413 (16,5%) Juden gegenüber. Da die letzten das bekannte Jiddisch sprachen, das als ein deutscher Dialekt gelten kann, war der sprachliche Charakter dieser meist namhafteren Städte des Landes überwiegend deutsch. Von ihrer christlichen Bevölkerung waren 52% evangelisch. Der Anteil der Deutschen aber war noch etwas höher, da sich unter den Katholiken, besonders im Südwesten, viele Deutsche befanden. Heinrich Barten hat auf denselben preußischen Grundlagen die Bekenntnisgliederung des Posener Südwestens für das Jahr 1793 dargelegt.[72] Sie umfaßt — wie eine Zusammenrechnung ergab — insgesamt 39 000 Stadtbewohner. Hiervon waren 21 000 evangelisch, 11 500 katholisch, 6500 jüdisch; in Prozenten: 53, 29, 18%. Von der christlichen Bevölkerung waren dort fast 66% evangelisch.[73]

Es nimmt daher nicht wunder, daß ein preußischer Zeitgenosse feststellte: „Man spricht fast nur deutsch bis zu 15 Meilen tief ins Land hinein. Die Städte Meseritz, Posen [Blesen?], Fraustadt, Lissa, Karge, Kempen, Unruhstadt usw. sind nur von deutschen Bürgern bewohnt. Das geht so weit, daß es eine Stadt gibt, in der nur ein einziger polnisch-katholischer Bürger als Grundbesitzer erscheint. Großpolen erfreut sich unter allen Teilen der Republik des Vorteils, daß es bereits einen dritten Stand besitzt."[74] Nach dem Urteil des sächsischen Reiseschriftstellers Johann Joseph Kausch vom Jahre 1793 war die „Mehrheit"

---

70) Statistisch-topographische Übersicht des Herzogtums Warschau (s. Anm. 62), S. 12, 14. Ulrich von Werdum berichtet aus dem J. 1671: „Im Süden Großpolens befinden sich etliche Plätze, in denen nur deutsch gesprochen wird und dennoch gehören sie zum Königreich [Polen] ... wie z. B. Lissa und andere" (nach X. Liske, Cudzoziemcy w Polsce, S. 125 f.). — Die große Einwanderung in den Jahrzehnten einer rühmlichen polnischen Glaubenstoleranz soll hier nicht näher behandelt werden. Vgl. dazu H. Wuttke: Städtebuch des Posener Landes, Leipzig 1864; E. Schmidt, Geschichte, S. 358 ff.; knapp aber präzise A. Warschauer: Geschichte der Provinz Posen in polnischer Zeit, Posen 1914, S. 93 ff.; jetzt auch polnisch bei Zofja Kulejewska-Topolska: Nowe lokacje miejskie w Wielkopolsce od XVI do końca XVIII wieku [Neue Stadtgründungen in Großpolen vom 16. bis Ende des 18. Jhs.], Posen 1964, S. 28 ff.

71) I. Rhode, Das Nationalitätenverhältnis, S. 52 f. In der letzten Zeile der Bekenntnistabelle auf ihrer S. 53 ist die Summe der Katholiken mit derjenigen der Evangelischen vertauscht. Die erstere ist um 10 000 zu erhöhen. Für Sarne sind nicht 62, sondern 662 Evangelische zu setzen.

72) H. Barten: Die Siedlungen in Südwestpolen, Breslau 1933, S. 88.

73) Von diesen 22 Städten des Posenschen Südwestens waren 21 bereits durch I. Rhode erfaßt.

74) R. Prümers: Das Jahr 1793, Posen 1895, S. 78 f. — Der Text stammt aus einem Bericht des preußischen Bevollmächtigten von Buchholtz in Warschau und ist im Original französisch.

der Einwohner in den Grenzstädten Großpolens protestantisch. „Alle aber, die zur protestantischen Kirche gehören, sprechen deutsch und pflegen deutsche Sitten.“[75]

Indes ist das sich daraus ergebende Bild von der großpolnischen Stadtbevölkerung um 1793 keineswegs vollständig. Die alte Provinz (ohne die Netzegebiete) zählte nämlich laut den Tabellen bei Holsche 128 Städte.[76] Ilse Rhode erfaßte davon, wie gesagt, nur 49 mit etwa 90 000 Einwohnern, für die sie Bekenntniszahlen angibt. Es verbleiben also noch rund 80 Städte unbesehen. Unter ihnen befanden sich besonders viele kleinere Orte. Auch liegen sie im ganzen östlicher als die bereits behandelten 49. Es ist daher anzunehmen, daß es dort verhältnismäßig weniger Deutsche, dafür mehr Polen gab.[77] Etwa 20 von ihnen fielen später an Kongreßpolen.

Diese Einzelschilderungen der Städte und Stadtgruppen, die immerhin manches interessante Schlaglicht brachten, hätten wir uns letztlich sparen können, da jetzt — nach der Veröffentlichung der Indaganda durch Wąsicki — Einwohner- und Bekenntniszahlen aller großpolnischen Städte, soweit sie in Südpreußen lagen, für jene Jahre bekannt sind. Sie sind aus der Tafel I ersichtlich. Demnach war die Zahl der Stadtbewohner (ohne Wollstein, Birnbaum, Kähme) 146 650, mit Wollstein und Birnbaum 150 054. Die nunmehr fast vollständigen Bekenntniszahlen (ohne Wollstein, Birnbaum, Kähme) waren: 46 173 (31,7%) evangelisch, 68 767 (46,7%) katholisch, 31 640 (21,6%) jüdisch, 70 anderen Bekenntnisses. Die Zahl der Deutschen ist freilich höher anzusetzen als die der Evangelischen, da mehrere Tausend Katholiken zu den Deutschen zu rechnen sind. So heißt es in der „Historisch-statistisch-topographischen Beschreibung von Südpreußen und Neu-Ostpreußen“, daß z. B. in Grätz die Hälfte der Einwohner deutsch, die andere Hälfte polnisch, „aber fast alle katholisch sind“,[78] Schwetzkau dagegen habe „1199 deutsche, aber lauter katholische Einwohner“.[79] Nichtsdestoweniger überwogen selbst in den Städten der Provinz insgesamt die Polen, was aus den Teilberechnungen von Ilse Rhode und Barten nicht hervorging.

Nun fehlt noch die Aufgliederung der Stadtbewohner der ehemals großpolnischen Netzekreise. Ihre Gesamtzahl läßt sich bequem nach einer Liste bei Holsche für das Jahr 1788 zusammenrechnen.[80] Von den darin aufgeführten Städten gehören 37 in das hier in Betracht kommende Gebiet von Großpolen.[81] Sie hatten 1788 36 680 Einwohner. Davon waren 6067 Juden, 30 613 Christen beider Bekenntnisse. Diese Zahl ist hochzurechnen für das Jahr 1793. — Die christliche Stadtbevölkerung des ganzen Netzedistrikts stieg von 39 412 im Jahre 1788 auf 41 199

---

75) s. Anm. 6.

76) Holsche, Geographie, Bd 2, S. 438 ff.

77) Das Zurücktreten der Deutschen in den kleineren, wie in den östlicheren Orten macht sich bereits in den Tabellen von I. Rhode wie bei Goldbeck bemerkbar.

78) Bd 1, Leipzig 1798, S. 423.

79) ebenda, S. 457.

80) Holsche, Der Netzdistrikt, S. 67, 69.

81) Die Zahl der hier berücksichtigten Städte des ehemaligen Großpolen für diese Epoche erhöht sich damit auf 167.

im Jahre 1791, in 3 Jahren also um 1800 Personen oder 4,5%. Das macht unter der Annahme eines gleichmäßigen Wachstums im Zeitraum von 5 Jahren (1788—1793) etwa 7,5%. Die christliche Bevölkerung der ehemals großpolnischen Städte des Netzedistrikts müßte somit bis 1793 auf etwa 33 000 Personen angewachsen sein. Wieviele davon waren Polen?

Holsche sagt: „Die Bürger in den Städten [des Netzedistrikts] außer den vielen Juden sind größtentheils deutschen Ursprungs."[82] „Größtenteils" würde bei annähernd 33 000 Personen mindestens 17 000 bedeuten. Glücklicherweise sind wir nicht auf solche Schätzungen allein angewiesen. Vielmehr liegen auch hier Zahlen vor, die eine bessere Grundlage abgeben. Sie sind im Anhang in Tafel II zusammengefaßt, der auch die Herkunft der Zahlen im einzelnen zu entnehmen ist.

Die Tafel II zeigt, daß die christliche Bevölkerung der vormals großpolnischen Städte des Netzedistrikts in den Jahren 1783 bis 1799 von 26 800 auf 33 000 gestiegen ist. Dabei haben sich die Katholiken relativ wenig vermehrt (von 13 639 auf 14 580), die Evangelischen wesentlich stärker (von 13 147 auf 18 428). Seit der preußischen Besetzung war demnach hier, abgesehen vom natürlichen Zuwachs und der freiwilligen Rückkehr zum evangelischen Bekenntnis[83], in der Tat ein verstärkter Zuzug von Deutschen erfolgt, der sich indes in Grenzen hielt. Daß er nicht die Folge einer nationalistischen Politik der neuen Landesherrschaft war, sondern eine natürliche Ausgleichsbewegung zwischen den neu erworbenen und den alten Städten Preußens, wird jedem Unvoreingenommenen einleuchten. Überdies zeigen die leider unvollständig veröffentlichten Klassifikationsanschläge von 1772/4, daß in diesen Städten schon zu polnischer Zeit auffallend viel Deutsche gewohnt haben. Das bestätigen auch die Namenslisten der Einwohner, wie sie Max Beheim-Schwarzbach recht ausgiebig veröffentlicht hat.[84] Sie enthalten eine Fülle von deutschen Familiennamen aus Bartschin, Chodzież (Kolmar, mit sehr viel deutschen Namen), Czarnikau (mit überwiegend deutschen Namen), Filehne (desgleichen), Gollantsch, Labischin, Lobsens, Margonin, Miasteczko, Radolin, Samotschin, Wirsitz, ferner aus Wissek u. a. m. Dabei fehlen die Unterlagen für die größten und am dichtesten von Deutschen bewohnten Städte wie Märkisch Friedland, Flatow, Zempelburg, Deutsch-Crone, Schneidemühl, Jastrow, Schönlanke, Schloppe. Es besteht aber kein Zweifel, daß sie schon 1772 denselben konfessionellen und nationalen Charakter aufwiesen wie 1788. So sagt Holsche von Schönlanke: es sei im 18. Jahrhundert entstanden, habe über 2000 Einwohner, „so sich größtentheils vom Tuchmachen nähren, deutschen Ursprungs und im Wohlstande sind. Auch Radolin ist etwa vor 40 bis 50 Jahren angelegt, und besteht größtentheils aus Tuchmachern, so ebenfalls Deutsche sind,

82) Holsche, Der Netzdistrikt, S. 214.

83) L. Kurpisz: Kronika kościołów chodzieskich [Chronik der Kolmarer Kirchen], 1933, S. 242.

84) in: ZHGP 8 (1893), S. 188—210. Selbst Friedrich Engels war 1848 der Meinung, daß das Deutschtum des Netzegebiets ein Ergebnis friderizianischer Kolonisation nach 1772 gewesen sei (H. Michnik: Marks i Engels o Polsce, Warschau 1960).

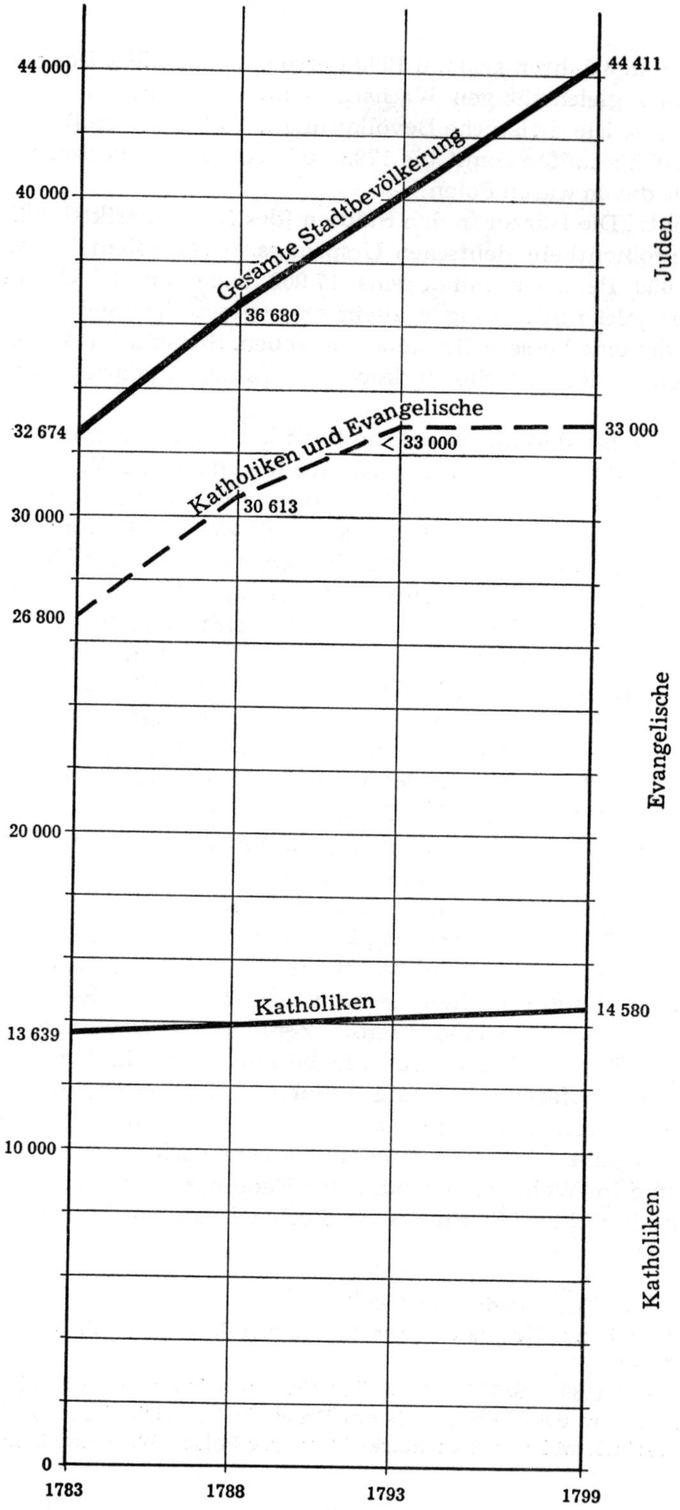

Tafel 10. Wachstum der Stadtbevölkerung des Netzedistrikts (großpolnischer Anteil) von 1783 bis 1799

denn die polnischen Bürger in den Städten treiben nur theils Ackerbau, theils solche Gewerbe, welche nicht viel Anstrengung erfordern."[85]

Wie die graphische Darstellung (Taf. 10) zeigt, war das rasche Wachstum der evangelischen Bevölkerung spätestens seit 1793 stark abgebremst; erreichte doch die Zahl der christlichen Einwohner in den Städten des Netzedistrikts schon in diesem Jahr etwa den Stand von 1799. Vielleicht hängt das u. a. damit zusammen, daß ab 1793, dem Jahr der zweiten Teilung Polens, das ganze übrige Großpolen ebenfalls unter preußische Verwaltung geraten war: den einwanderungswilligen Deutschen stand seither das ganze „Südpreußen" offen. Die jüdische Bevölkerung nahm, umgekehrt, seit 1793 weiterhin auffallend zu. Die Entwicklungskurve der katholischen Stadtbewohner wiederum hielt sich die ganze Zeit über fast auf dem gleichen Niveau und stieg nur kaum merklich an. Ackerbürger, die sie meist waren, konnten nicht „über das vorgezeichnete Maß" hinaus wachsen. Sie teilten damit das Schicksal ihrer bäuerlichen Volksgenossen auf dem platten Lande.

Die Zahl der Evangelischen lag 1793, wie die graphische Darstellung zeigt, bei 18 500. Dafür waren hier nicht alle Katholiken polnischer Nationalität, was auch sonst im Posenschen immer wieder festzustellen ist. In Krojanke z. B. sind nach Goldbeck die Katholiken „größtenteils" Polen gewesen.[86] Es waren folglich auch Deutsche darunter. Von denen in Schneidemühl sagt er, es sei für sie nicht nur polnisch, sondern auch deutsch gepredigt worden.[87] Auch in Czarnikau habe es deutschen katholischen Gottesdienst gegeben.[88] In Filehne waren laut ihm nur zwei Drittel der Deutschen evangelisch; ein Drittel war demnach katholisch.[89] In Tütz, wo die Katholiken bei weitem überwogen, seien alle christlichen Einwohner Deutsche gewesen.[90] Bekanntlich war auch die katholische Bevölkerung von Deutsch-Krone grundsätzlich deutscher Nationalität. Es ist daher nicht zu hoch gegriffen, wenn die deutschen Stadtbewohner der vormals großpolnischen Gebiete des Netzedistrikts für das Jahr 1793 auf über 20 000 veranschlagt werden, so daß als gesuchte Zahl der Polen an 13 000 verbleiben.

Die Zahl der evangelischen Stadtbewohner in den ehemals großpolnischen Städten Südpreußens war oben mit 46 000 festgehalten worden. Insgesamt haben sich demnach in den Städten Großpolens im Jahre 1793 rund 70 000 Deutsche befunden. Bei einer Gesamtzahl der Stadtbevölkerung von 186 500 (Südpreußen: 146 700, Netzedistrikt: 32 900 Christen und 7000 Juden) macht das über 38%. An polnischen Stadtbewohnern fanden sich 1793: im großpolnischen Teil des Netzedistrikts 13 000, im übrigen Großpolen 64 000, zusammen an 77 000, d. i. etwa 41% der Stadtbevölkerung. Die Einheimischen bildeten also selbst in den Städten gerade noch die stärkste Gruppe. Für die Juden bleiben 21%, d. i. rund 40 000.[91]

---

85) Holsche, Der Netzdistrikt, S. 64.

86) J. F. Goldbeck: Vollständige Topographie des Königreichs Preußen, T. 2, Marienwerder 1789, S. 102.

87) ebenda, S. 109.

88) ebenda, S. 113.

89) ebenda, S. 115.

90) ebenda, S. 116.

91) In einem Memorandum der Posener Regierung von 1831 (Dt. Blätter in Polen 5

Da es sich um Zahlen aus dem ersten Jahr der preußischen Verwaltung handelt, ist anzunehmen, daß sie in Wirklichkeit etwas höher waren, was aber für die prozentuale Gliederung der Bevölkerung nach Bekenntnissen kaum von Belang wäre.

4. Ländliche Bevölkerung (seit 1580)

Nachdem sich in den großpolnischen Städten 1793 rund 66 000 Protestanten feststellen lassen, bleiben für die protestantische ländliche Bevölkerung, ausgehend von einer Gesamtzahl von 175 000 in Großpolen im gleichen Jahr, rund 105 000 übrig. Hiervon lebte nur ein Teil, etwa die Hälfte, in den sogenannten Holländereien. Daneben gab es im Westen Großpolens ein alteingesessenes bäuerliches, z. T. katholisches Deutschtum, das dort meist in Schulzendörfern siedelte, ehe noch die Holländer nach Großpolen kamen, aber auch in solchen, die zur gleichen Zeit gegründet wurden. Einen erheblichen deutschen Anteil wiesen die Pustkowien auf. Das Mühlengewerbe, die Schäferei und ähnliche Berufe waren überwiegend oder großenteils deutsch. „Der allgemein herrschende Mangel an Industrie zog allerley Handwerker ins Land, welche größtentheils deutschen Ursprungs sind. Alle Schäfer, Müller und Leute, zu deren Gewerbe etwas Kenntnis erfordert wird, sind deutschen Ursprungs.“[92] Außerdem gab es Einsiedlungen deutscher Bauern in polnischen Dörfern.

Und nun zurück zur polnischen Landbevölkerung, die zweifellos bei weitem überwog und deren zahlenmäßiger Entwicklung hier unser Hauptinteresse gilt. Um ihre Anzahl für 1793 zu erhalten, sind die 77 000 polnischen Stadtbewohner von der Gesamtzahl der einheimischen Katholiken in Höhe von fast einer halben Million abzuziehen.[93] Die gesuchte Zahl lag demnach kaum über 400 000. Von weiteren Reduktionen (Adel, Beamte, Geistlichkeit) wird abgesehen, da sie ohnehin im Rahmen der Fehlerquellen liegen dürften. Eine größere Zahl polnischer Landbewohner als diese setzt Topolski aber schon für die zweite Hälfte des 16. Jahrhunderts an. Er rechnet für die Zeit um 1580, als sich Polen auf dem Gipfel seiner Macht befand und einer relativ friedlichen Entwicklungsphase erfreute, mit einer Bevölkerung Großpolens von 680 000, wovon 31% Stadtbewohner ge-

---

(1928), S. 420) heißt es, daß etwa ein Drittel der Deutschen in Städten wohne. Unter den Verhältnissen von 1793 wären das über 60 000. Nach unserer Rechnung waren es gut 70 000. Von den Katholiken sollte 1831 ein Sechstel in den Städten wohnen; für 1793 wären das 85 000, nach unserer Rechnung 77 000. Demnach hätte die deutsche Stadtbevölkerung von 1793—1831 anteilsmäßig sogar abgenommen, was den Tatsachen entsprechen dürfte. Es sei nur an die fast totale Abwanderung der Tuchmacher nach Kongreßpolen erinnert, die in der Hauptsache von 1815 bis 1831 stattfand.

92) Holsche, Der Netzdistrikt, S. 63 f.

93) vgl. S. 205. Wie an anderen Stellen wird auch diesmal bewußt großzügig gerechnet, um mit einem solchen „Sicherheitspolster“ von hier bereits an die 40 000 etwaige zu niedrige Ausgangszahlen oder zu hoch angesetzte Wachstumsraten aufzufangen.

wesen seien.[94] Auf das flache Land entfielen demnach laut ihm schon damals 470 000.

Staszic war also, das darf an dieser Stelle gesagt werden, mit seiner Beobachtung einer säkulären Stagnation der fronbäuerlichen Bevölkerung im Recht. Andererseits hat die Gesamtbevölkerung Großpolens von 1720 bis 1793, vorausgesetzt, daß die von Topolski für 1720 angesetzte Zahl einigermaßen richtig ist, in der Tat reichlich zugenommen. Das aber schließt, wie gezeigt, nicht aus, daß eine bestimmte Bevölkerungsschicht lange Zeit stagnierte, ja abnahm, solange sie in menschenunwürdigen Verhältnissen lebte. Jedenfalls hat Topolski neben anderen das Verdienst, diese provinziellen Entwicklungen, darunter auch die deutsche Siedlung in Großpolen, konkret in den größeren Rahmen der bevölkerungsgeschichtlichen Statistik Polens gestellt zu haben.

Vielrose hat im Vergleich zu Topolski eine geringere Zahl von Landbewohnern für 1580 in Großpolen angesetzt: 409 100.[95]. Die Zahlen von Kula sind etwa dieselben wie die von Vielrose.[96] Von einer Bevölkerungszunahme auf dem flachen Lande gegenüber dem Zustand von 1580 kann trotzdem keine Rede sein.

Topolski nennt außerdem Bevölkerungszahlen Großpolens für folgende neuzeitliche Jahre: 1650 (810 000), 1660 (570 000) 1700 (640 000), 1710/20 (560 000), 1793 (800 000).[97] Nur die Einwohnerzahl des „goldenen" Zeitalters kurz vor der „Sintflut" der Schweden- und Kosakenkriege, um 1650, setzt er so hoch an, daß an eine Zunahme der Bauern bis in die Mitte des 17. Jahrhunderts zu denken wäre. Indes scheint diese Zahl überhöht. Gieysztorowa sieht jedenfalls die Unterlagen aus jener Zeit als unzureichend für genauere Schätzungen an.[98] Dazu hatte sich bekanntlich gerade damals der große Flüchtlingsstrom protestantischer Siedler nach Großpolen ergossen. Auch aus anderen Teilen Deutschlands, das im Dreißigjährigen Kriege lag, waren Siedler in das zunächst noch friedliche Polen gezogen. Topolski taucht die Provinz offenbar schon für das Jahr 1580 in ein zu rosiges Licht, indem er die Gesamtbevölkerung für dieses Jahr mit 680 000 beziffert. Das ist um fast 100 000 mehr als bei Vielrose, der eine Zahl von 591 000 nennt. Kula macht keine Angaben für die Provinz Großpolen, sondern — soweit hier feststellbar — nur für den etwa doppelt so großen „Landesteil" Großpolen. Immerhin geht daraus hervor, daß er mit keiner höheren Einwohnerzahl für die Provinz rechnet als Vielrose.[99]

Da die deutsche Siedlung — abgesehen von einem Grenzstreifen — um 1580 noch in den Kinderschuhen steckte, betreffen diese Zahlen abzüglich der wenigen Juden, fast ausschließlich die einheimische polnische Bevölkerung. Anders im Jahre 1793, als Lutheraner (175 000) und Juden (über 40 000) bereits mehr als

---

94) Dzieje Wielkopolski, Bd 1, S. 944, 466.

95) E. Vielrose, Ludność Polski, S. 35.

96) W. Kula: Stan i potrzeby badań nad demografją historyczną dawnej Polski [Stand und Erfordernisse der Forschungen zur historischen Demographie des alten Polen], in: Roczniki dziejów społecznych i gospodarczych 13 (1951), S. 69.

97) Dzieje Wielkopolski, Bd 1, S. 944.

98) I. Gieysztorowa, Badania, S. 541, Anm. 104.

99) E. Vielrose, Ludność Polski, S. 39, 35.

ein Viertel der Bevölkerung stellten. Der Zuwachs der Zwischenzeit erweist sich damit im Endeffekt ethnisch als ein Fremdkörper. Während die altansässige Bevölkerung im ganzen allenfalls, wie Staszic sagte, konstant auf einem Niveau verharrte, obwohl auch sie von den Einbrüchen zur Zeit der beiden großen Schwedeninvasionen betroffen war, hat die eingeströmte fremdstämmige Schicht offenbar stärkere Schwankungen durchstehen müssen. Allgemein bekannt sind die Flucht bzw. Vertreibung von Evangelischen und die nicht selten blutige Drangsalierung der Juden nach Abzug der Schweden, die man beide der Zusammenarbeit mit dem schwedischen Landesfeind bezichtigte. Außerdem aber hatte eine städtische Bevölkerung hier, wo es kaum schützende Stadtmauern gab, immer stärker unter Kriegen, dazu unter Epidemien zu leiden als das flache Land. So werden die Wogen der Ereignisse, besonders während der Schwedenkriege, die andersgläubigen Fremden jeweils stärker reduziert haben als die einheimische fronbäuerliche Masse. Aus allem Auf und Ab der Entwicklung resultierte schließlich 1793 ein Konglomerat, das einerseits aus der relativ konstanten, eher abnehmenden Stammbevölkerung, andererseits aus stärker fluktuierenden, immer wieder ersetzten, ja zunehmenden Neusiedlern bestand, vor allem aus freiheitssuchenden Deutschen, dazu aus Juden, welche insbesondere von der lebhaften Entwicklung der großpolnischen Grenzstädte angezogen wurden.

Zweifellos besaß das alte Großpolen das „innere demographische Potential“, um auch ohne Zuzug von außen seine Bevölkerungszahl anzuheben. Es mag wiederholt Ansätze dazu gegeben haben. Sie scheiterten aber letztlich immer wieder daran, daß die Zahl der Fronbauern im gutsherrschaftlichen Kalkül feststand und für einen Zuwachs kein zusätzlicher Ernährungsraum freigegeben wurde. So folgte jeder Flut eine Ebbe; im Endergebnis stand die Entwicklung still. Die vorhandenen Bauern langten für den Gutsbetrieb aus. In diesem Sinne kann von einer annähernden Konstanz der Stammbevölkerung seit 1600, wenn nicht früher, gesprochen werden. Voraufgegangen war freilich eine Zeit der Bevölkerungszunahme, deren größte Intensität ins 13. und 14. Jahrhundert fiel und die spätestens im Laufe des 16. versickerte.[100] Polens geschichtliche Rolle spielte sich sozusagen im Schatten dieser Bevölkerungsentwicklung ab, deren Höhen und Tiefen von ihr widergespiegelt werden.

Ganz anders waren die Lebensgrundlagen der Kolonisten, seien es Bauern auf dem platten Land oder Tuchmacher in den neuen Städten längs der Grenzen. Dank ihrer anderen sozialen Ausgangslage konnten sie sich einen zusätzlichen Lebensraum schaffen, der außerhalb der „bisherigen Zahl“ und des „zugeteilten Landes“ lag, nämlich in der Wildnis bzw. auf den Märkten des Ostens. Letzten Endes ruht darin das Geheimnis ihres kolonisatorischen Erfolges. Je nach Aufnahmebereitschaft der „Leerräume“ konnten sie ihre Zahl dank natürlichem Zuwachs und starker Zuwanderung immer wieder rasch auffüllen und vergrößern.

Nach Wybicki — richtiger nach der Zuschrift eines Posener Grundherren na-

---

100) vgl. W. Kuhn: Ostsiedlung und Bevölkerungsdichte, in: Ostdeutsche Wissenschaft, Jb. d. ostdeutschen Kulturrates 7 (1960), S. 68.

mens Zakrzewski an Wybicki — wurden bei den deutschen Kolonisten vielleicht weniger Kinder geboren, dafür war die Kindersterblichkeit bei ihnen selten, während „der Fronbauer dem Pfarrer fast ebenso viele Beerdigungen zahlt, wieviel er Taufen in seiner Hütte ausrichtet". Auch dem zeitgenössischen Holsche war bereits aufgefallen, was später wiederholt festgestellt wurde: daß die deutschen Siedler einen größeren natürlichen Zuwachs hatten als die einheimischen Fronbauern. Nach seinen Erkenntnissen konnten sich die Deutschen im Netzedistrikt als freie Leute Vermögen erwerben und sich daher „weit stärker als die in der Leibeigenschaft lebenden Polen vermehren".[101] Erst Rusiński vertritt das glatte Gegenteil. Direkte Unterlagen gebe es zwar keine, jedoch entfielen nach seinen Angaben auf die einzelne Feuerstelle der einheimischen Bevölkerung des Kostener Kreises im Jahre 1789 durchschnittlich 6,41 Personen, auf eine holländische Feuerstelle nur 6,05.[102] Die zu einer Feuerstelle gehörende Personenzahl sagt indes wenig aus über die Größe der Familien und den natürlichen Zuwachs. Schon Holsche wußte, daß es „weit mehr" Familien gab als Feuerstellen, daß man diese also nicht identifizieren darf.[103] Die Bewohner einer fronbäuerlichen Feuerstelle sind eher als Betriebsbelegschaft aufzufassen, bemessen nach dem Eigenbedarf und nach den Dienstverpflichtungen auf dem großen Herrenhof. Holländer aber waren immer nur zu geringfügigen oder gar keinen Herrendiensten verpflichtet. So konnten ihre „Belegschaften" schon deshalb kleiner sein als die der Fronbauernhöfe.

Bei den Kolonisten durften ferner die heranwachsenden Burschen und Mädchen ihren Elternhof verlassen, da sie persönlich frei und daher freizügig waren. Sie gründeten, sobald sie die Mittel dazu beisammen hatten, eigene Hausstände in Tochterkolonien. Das geschah bekanntlich am laufenden Band, war Lebensinhalt und historischer Auftrag der sogenannten Holländer. Im Frondorf dagegen starben die meisten Kinder wieder weg und mußten, wie Staszic schildert, nicht nur die Kinder, sondern auch überzählige Erwachsene als grundherrliches Eigentum auf dem elterlichen Hof, jedenfalls im Dorf bleiben. So war die Zahl der „Angehörigen" einer fronbäuerlichen Feuerstelle in der Tat mitunter recht hoch; aber es waren nicht alles Familienangehörige im engeren Sinne, aus deren Zahl dann Schlüsse auf die Stärke des Nachwuchses gezogen werden könnten. Im Gegenteil, das erzwungene Zusammenhocken der Großfamilie mit Onkeln und Tanten an der elterlichen oder großelterlichen Feuerstelle, das Rusiński als Nachweis der größeren Fruchtbarkeit der Fronbauern auffaßt, war geradezu Ausdruck der Stagnierung der einheimischen Bevölkerung.[104] Dabei waren die

---

101) Holsche, Der Netzdistrikt, S. 63; vgl. weiter oben, S. 30, die gleichlautende Auffassung von Beheim-Schwarzbach; vgl. auch weiter unten S. 301 ff. — Wybicki, Listy, S. 182.

102) W. Rusiński: Osady, S. 23 f., 26 f., 34.

103) Holsche, Geographie, Bd 2, S. 434.

104) Hinzu kam, daß — wie gesagt — sich manche Scharwerksbauern Gesinde halten mußten, um ihren Arbeitspflichten auf dem Herrenhof zu genügen (genau wie ihr Vieh und Gerät vor allem für die Arbeit auf dem Vorwerk bereitstanden) und den eignen Hof zu bewirtschaften. — „Gewöhnlich bleiben die Erben nach dem Tode des Vaters,

Höfe der Fronbauern häufig noch um ein Mehrfaches kleiner als die der Holländer!

Aus unseren Berechnungen ging hervor, daß sich — spätestens seit der preußischen Besetzung — ein Umschwung vorbereitete. Der natürliche Zuwachs von über 1% kündigte ihn deutlich an. Er bot an sich freilich noch keine Gewähr für stete Bevölkerungszunahme. Krisenjahre, vor allem Hunger und Elend rafften nur zu bald das Gewonnene wieder dahin. Was not tat, wäre vor allem eine Erweiterung der Ernährungsbasis gewesen. „Aus Mangel an Licht und Lebensmitteln [!] geht die Hälfte ihrer Nachkommenschaft zu Grunde, welche die Bevölkerung erhöhen würde, und zuletzt gehen auch sie selbst unter durch Hunger, wenn ein Jahr des Mißwachses kommt.“[105]

Das hatte auch Holsche richtig erkannt, nachdem er sich mit den Lebensverhältnissen der polnischen Bauern und überhaupt mit den Zuständen in Polen fast ein Leben lang befaßt hatte. Er gelangte zu der Überzeugung, daß die Fronbauern — ganz abgesehen von ihrer sozialen Lage — einfach zu wenig Land hatten: „denn die meisten haben zu wenig Besitzungen“.[106] Die Ernährungsbasis der Bauern, das ihnen „zugeteilte Land“, war zu eng bemessen. Die meisten gehörten den landarmen Kategorien an. Nur jeder Vierte sei Ganzhüfner. „Ein Ganzbauer hat eine Hufe, ein Halbbauer eine halbe, ein Ganzkossäte ein Viertel, ein Halbkossäte ein Achtel Hufe minder oder mehr, und ein Büdner nur ein paar Morgen. Den Bauern ist gewöhnlich die schlechteste Länderei zugetheilt; sie haben wenig und schlechte Wiesen und Weiden, kein Holz usw.; der beste Acker und die besten Wiesen gehören zum Vorwerk.“[107] Wenn man die Höfe beließe, wie sie seien, würden trotz Befreiung und Eigentumsrechten „die Bauern auf den Höfen mit ihren Familien kaum leben können“. Sie würden bald ohne Vieh dastehen und die Grundherren mit ihnen verarmen. Es müsse daher jeder Bauer auch materiell in den Stand gesetzt werden, von seiner erweiterten Stelle mit einer Familie zu leben. „Viele Bauern haben nur drei Vierteljahre Brod, und das letzte Vierteljahr vor der Ernte leben sie von Kräutern und Milch.“[108] „Fleisch bekommen sie selten zu sehen, und sind daher auch gewöhnlich sehr schwach.“[109] Daß die Freiheit allein keine Abhilfe schaffen könne, zeige das Beispiel der masowischen Edelleute. Sie lebten völlig dienstfrei in 2000 Dörfern als Eigentümer; sie befänden sich aber trotzdem oft in noch kläglicheren Verhältnissen als die Leibeigenen, „weil ihre Höfe zu klein für die Menschenzahl sind, die sich davon nähren will“.[110] Auch fehle es völlig an Gewerbe, von dem sich solche Leute in

---

um ihr Auskommen zu haben, selbst auf kleinem Hof beisammen; sie wirtschaften gemeinsam, andernfalls verarmen sie“ (so ein anonymer Schriftsteller im J. 1788, s. Materiały do dziejów Sejmu Czteroletniego, Bd 1, S. 26).

105) So die Stimme eines Zeitgenossen, zitiert nach Chr. Meyer: Geschichte des Landes Posen, Posen 1881, S. 208.

106) Holsche, Geographie, Bd 2, S. 401.

107) ebenda, S. 402.

108) ebenda, S. 404 f.

109) ebenda, S. 405.

110) ebenda, S. 406.

manchen Gegenden Deutschlands gut, ja sehr gut erhalten könnten. Sie seien in Polen vom Gutsdienst so beschwert, daß zum „Kunstfleiß“ gar keine Zeit bleibe.[111] Wenn sich jedoch die sozialen Voraussetzungen und die Landausstattung verbessern ließen, dann würde, auch nach Holsche, die Bevölkerung auf dem Lande zunehmen.[112] Er hatte also wie andere erkannt, daß die Landbevölkerung unter den gegebenen Verhältnissen, vor allem wegen der zu schmalen Ernährungsbasis, stagnierte.

5. Wirtschaftlicher und sozialer Aufstieg im ausgehenden 18. Jahrhundert

Von den Zeitgenossen kaum bemerkt, waren noch im alten Polen Wandlungen in Gang gekommen. Neue Kulturpflanzen und Betriebsformen führten langsam aber stetig zu der unerläßlichen Erweiterung der Ernährungsbasis, ohne daß es zu einer tatsächlichen Vergrößerung der Hofstellen gekommen wäre. Als Beispiel sei nur auf die Kartoffel hingewiesen, die zu der Zeit ihren Einzug in Polen hielt.

Als die Preußen das Netzegebiet im Jahre 1772 besetzten, stellten sie dort sporadisch Anbau der Kartoffel fest. „Als Gartenfrucht finden wir sie einige wenige Male in den Holländereien, z. B. Neu-Sorge u. a., wo mit Vorliebe ‚Mohrrüben und Kartoffeln‘ gebaut wurden, die nach Driesen hin Absatz fanden.“[113] Erich Schmidt bestätigt das. Er stellt Kartoffeln bereits 1764 in Strosewo fest, 1773 in Neusorge, Deutsch-Kruschin, Follstein.[114] Johann Bernoulli spricht in seinen Reiseberichten vom Jahre 1781 von Kartoffelanbau in den Dörfern bei Witkowo.[115]

Holsche fand in gleicher Weise die Kartoffel in Neuostpreußen vor. Sie wurde dort unter den Gartengewächsen von Bürgern und Bauern „zum eigenen Bedarf“ angebaut, demnach auch von den Polen. Da sie hier noch nicht Marktware

---

111) ebenda, S. 394, 412.

112) ebenda, S. 417.

113) M. Beheim-Schwarzbach, Der Netzedistrikt, T. 1, in: ZHGP 7 (1892), S. 243.

114) E. Schmidt, Geschichte des Deutschtums, S. 398.

115) J. Bernoulli: Sammlung kurzer Reisebeschreibungen, Jg. 1781, Bd 4, Berlin, S. 237. Einige weitere Belege bei J. Topolski: Gospodarstwo wiejskie w dobrach arcybiskupstwa gnieźnieńskiego [Die Landwirtschaft in den Gütern des Gnesener Erzbistums], Posen 1958, S. 300 ff.; ferner bei M. Kage (K. Grams): Förderung der Landwirtschaft und der Urbarmachung des Bodens in Polen durch die Deutschen, in: Dt. Blätter in Polen 2 (1925), S. 261 f.; vor allem aber B. Baranowski: Początki i rozpowszechnienie uprawy ziemniaków [Anfänge und Verbreitung des Kartoffelbaus in Mittelpolen], Lodz 1960, S. 16 ff., 24 ff., 38 ff.; vgl. auch Taf. 7 u. 8 bei Grossmann, Struktura społeczna. Nach L. Krug, Abriß der neuesten Statistik, S. 60 f., wurden gegen 1800 Kartoffeln bereits in allen preußischen Provinzen in hinreichender Menge gebaut, in Südpreußen 13 Wispel 23 Scheffel je Quadratmeile.

sein konnte, erschien sie selten in den Inventaren und Lustrationen, dafür aber recht häufig auf dem Tisch der armen Bevölkerung. Auch in Südpreußen waren Kartoffeln um 1800 allgemein verbreitet, berichtete doch von Nothardt 1804, daß der Gemüsebau dort kaum im Entstehen sei „außer den gemeinen Kohlarten und Kartoffeln".[116] In einer preußischen Enzyklopädie der 90er Jahre des 18. Jahrhunderts heißt es über den Kreis Meseritz: „Kraut, Rüben, Kartoffeln usw. baut man im Überfluß", und über den Kreis Bomst: „An Gartenfrüchten, als Kraut, Rüben, Kartoffeln ist immer Überfluß und letztere sind besonders ein Hauptnahrungszweig der hiesigen Hauländer, indem sie benachbarte Städte, als Fraustadt und Züllichau, damit versehen."[117] Hier, im Westen, wurden sie demnach von den Holländern schon für den Markt angebaut. Rusiński dagegen berichtet für dasselbe Gebiet: „In den Gärten [der Holländer] wurden sporadisch Hopfen, mitunter auch Kartoffeln und Mohrrüben angebaut, gewöhnlich jedoch nur für den eigenen Gebrauch."[118] Da zu jener Zeit, weiter östlich vor allem, auch die Städter meist über eigene Gärten verfügten, war — was hier betont sei — der großflächige Anbau für den Markt schon deshalb noch nicht zeitgemäß.

Georg Forster, ein Naturforscher, beobachtete im September 1784 im Krakauer Land „Äcker und Kartoffelfelder" auf den Anhöhen, Viehweiden in den Tälern. „Zwischen Troppau und Krakau sind Kartoffeln die gewöhnliche Nahrung des einfachen Mannes, der sie dreimal täglich verzehrt."[119] Bekanntlich werden in Galizien noch heute ungewöhnlich viel Kartoffeln angebaut, eine Folge der dortigen Besitzstruktur und des mageren Gebirgsbodens.[120]

Jędrzej Kitowicz dürfte daher im ganzen richtig beobachtet haben, wenn er schreibt: im Danziger Werder, bei den Holländern in Großpolen und Litauen (!) seien die Kartoffeln bald sehr verbreitet gewesen. Von den deutschen Kolonisten bei Posen usw. hätten dann zuerst die polnischen Bauern und schließlich auch der Adel die Kartoffel übernommen. Bereits gegen 1763 sei sie dem ganzen Lande vertraut gewesen. Manche einheimischen Pfarrer hätten auch dann noch versucht, die Bevölkerung vor der „deutschen" Kartoffel zu warnen, da sie

---

116) Holsche, Geographie, Bd. 1, S. 197; M. Schmit: Mundart und Siedlungsgeschichte ... bei Litzmannstadt, Marburg 1942, S. 100.

117) Topographisch-statistisch-geographisches Wörterbuch der sämtlichen preußischen Staaten, Bd 7, Halle 1799, S. 314; Bd 2, Halle 1796, S. 43. Um 1785 waren die Kartoffeln bis ins Lubliner Land vorgedrungen, am stärksten ins Radomer (M. Różycka: Ankieta rolnicza z 1785 r. [Die landwirtschaftliche Enquete von 1785], in: Studia z dziejów gospodarstwa wiejskiego, Bd 2, Breslau 1959, S. 667 f.

118) Rusiński, Osady, S. 71.

119) G. Forster: Tagebücher (zit. nach Polska Stanisławowska, Bd 2, Warschau 1963, S. 48).

120) „Die Gebirgsdörfer in Ostgalizien haben keine Äcker, sondern besitzen nur um jedes Haus ein Stück umzäunten Bodens, worauf sie Kartoffeln und andere höchst notwendige geringe Producte bauen ... Die Nahrungsmittel auf den Dörfern sind Kartoffeln, Sauerkraut, Topfkäse, Milch und Molke" (so J. Rohrer: Bemerkungen auf einer Reise von der Türkischen Grenze ... nach Wien, Wien 1804, zit. nach Allgem. Geogr. Ephemeriden 17 (1805), S. 330). Demnach hätten die Kartoffeln im dicht bevölkerten, armen Karpathenland besonders rasche Verbreitung gefunden.

der Gesundheit schädlich sei. In Wirklichkeit, meint Kitowicz, selber Pfarrer und prachtvoller Schilderer der Sitten seiner Zeit, fürchteten sie, es könne Kartoffelmehl in die geweihte Oblate geraten und damit ein Frevel geschehen.[121]

Von polnischen Demographen wird der Einführung der Kartoffel schon bisher ein wesentlicher Anteil an der Bevölkerungsexplosion Polens im 19. Jahrhundert zugeschrieben. Man wird damit, was oben belegt werden sollte, gebietsweise bis ins Ende des 18. Jahrhunderts zurückgehen können. Jedenfalls war der Anbau schon damals so weit vorgeschritten, daß die Gefahr einer Ausmerzung des deutlich ansteigenden bäuerlichen Nachwuchses durch Hunger zumindest gemildert war. Im Jahre 1810 wird die Kartoffelernte im Herzogtum Warschau bereits auf 36 kg je Einwohner geschätzt, wobei diese Zahl erheblich hinter der Wirklichkeit zurückbleiben dürfte.[122]

Ein neuer demographischer Faktor gelangte damit ins Spiel, dem um dieselbe Zeit und kurz nachher eine ganze Reihe ähnlicher folgten. Die deutschen Kolonisten waren notgedrungen oft Katalysatoren dieser Entwicklung, da sie bei ihren schlechten Böden auf jede Möglichkeit einer Verbesserung des Anbaus dringend angewiesen waren. Die Ernährungsbasis des kleinen Mannes erfuhr infolgedessen spürbare Erweiterung. Es lockerten sich die Fesseln des Hungers und die Enge des Nährraums, in die das Feudalsystem (dieser Terminus findet sich schon bei Staszic) den Bauern gepreßt hatte. Ein deus ex machina wies wieder einmal den Ausweg aus einer Situation, die noch den Zeitgenossen ausweglos erschien.

Ein Wandel bahnte sich auch auf dem anderen, dem von Staszic gegeißelten gesellschaftlichen Felde an; denn der liberale Geist des Zeitalters der Aufklärung und der Französischen Revolution machte an den Grenzen der Adelsrepublik nicht Halt. Nur kam es hier, wo es an jeglicher Staatsgewalt gebrach, nicht zu allgemeinen, das ganze Land umformenden Korrekturen, wie in manchen anderen, im Geist der Aufklärung straff regierten Ländern. Nichtsdestoweniger gaben zahlreiche polnische Grundherren aus eigener Initiative den neuen Ideen in ihren Gütern Raum. Der preußische Bevollmächtigte in Warschau, von Bucholtz, konnte daher im Jahre 1793 berichten, daß Großpolen „seit etwa 15 Jahren erstaunlich kultiviert und melioriert worden ist, obwohl es noch im Vergleich mit Schlesien und der Neumark zurückgeblieben ist".[123]

Daß noch zu polnischer Zeit Beschlüsse zu einer sozialen Generalreform gefaßt worden waren, hat auch Holsche sichtlich beeindruckt. Er schloß sich der Meinung an, daß der Bauer fleißiger würde, wenn „er zum Herrn seiner Besit-

---

121) J. Kitowicz, Opis obyczajów, S. 570 ff.

122) T. Sobczak: Przełom w konsumpcji spożywczej w królestwie polskim w XIX wieku [Der Umbruch in der Ernährung im Königreich Polen im 19. Jh.], Breslau 1968, S. 61.

123) R. Prümers, Das Jahr 1793, S. 78. Die verhältnismäßig rasch wachsende Zahl der „Freibauern" in Großpolen (okupniki) und in Westpreußen (oft: gbury), sowie ihr größerer Wohlstand waren damals notorisch.

zungen und des zu erwerbenden Vermögens gemacht würde".[124] „Die Grundherrschaften sehen dies je länger je mehr ein, und machen zum Teil aus Scharwerksbauern Contractsbauern, geben ihnen freiwillig die Freiheit. Die Erfahrung lehrt, daß sie klug handeln."[125] Fronfreie Bauern wurden im Posenschen „wolniki" genannt (von wola, die Freiheit).[126] In der preußischen Statistik von 1819 erscheinen ihre Dörfer z. T. als „Freidörfer".[127] Holsche stand nicht allein mit seinem Urteil, die Polen hätten mit der Konstitution vom 3. Mai 1791 in dieser Hinsicht „solche Aufopferungen gemacht, daß sie eine vorzügliche Stelle unter den aufgeklärtesten und ehrwürdigsten Nationen verdienen".[128]

Für Staszic, einen der bedeutendsten Trommler für die Reformen, war die erste Vorbedingung einer Gesundung von Volk und Staat die Veränderung der Gesellschaftsstruktur: die Befreiung der Bauern, mindestens aber, solange das noch utopisch war, ein verbessertes bäuerliches Besitzrecht. Die Fürsten rundum, stellte Staszic nicht ohne Bitterkeit fest, seien eifrig dabei, den Bauern, selbst gegen den Willen des Adels, gewisse Erbrechte zu vermitteln.[129] Im preußischen wie österreichischen Teilgebiet erhielten die Bauern mehr Gerechtigkeit, Erblichkeit, Eigentum.[130] Deshalb, aus ständischem Interesse, seien sie meist gegen eine Rückgliederung an Polen, die Städte seien sogar durchweg dagegen.[131]

Jan Wąsicki meint zwar, daß es sich bei der rechtlichen Besserstellung des Bauern in den polnischen Provinzen unter preußischem Regime zunächst nur um eine Absichtserklärung gehandelt habe, ohne praktische Folgen; jedoch kann das nach dem Zeugnis von Zeitgenossen nicht recht zutreffen.[132] Laut Staszic

124) Holsche, Geographie, Bd 1, S. 222. Zeigte sich doch auch ein höriger Deutscher „in Leistungen jeder Art ebenso träge und unbrauchbar, wie es der polnische Kmethone war" (F. W. F. Schmitt: Der Kreis Flatow, Thorn 1867, S. 108).

125) Holsche, Der Netzdistrikt, S. 92; ders., Geographie, Bd 2, S. 417.

126) L. Plater, Opisanie, S. 224.

127) Kurze Übersicht ... des Regierungsdepartements Posen, Posen 1821.

128) Holsche, Der Netzdistrikt, S. 88, 90.

129) Staszic, Pisma, Bd. 1, S. 269, 274 f., 284.

130) ebenda, S. 75. Fürst Kaunitz, Vertrauter von Maria Theresia, belehrte diese 1763: „Andere Souveräne suchen den Adel immer mehr zu beschränken, weil die wahre Stärke des Staates in dem größten Teil der Menschen, nämlich in dem gemeinen Manne besteht und dieser die vorzüglichste Rücksicht verdient, in Böhmen aber mehr als in anderen Ländern unterdrückt ist" (zit. nach: Friedrich der Große und Maria Theresia, hrsg. von H. Jessen, München 1972, S. 413).

131) Staszic, I 337. — Wenn der polnische Adel in dem österreichisch gewordenen Galizien wieder die Macht ergreifen sollte, schreibt ein Anonymus 1788/9, „dann würden sich alle Bauerngemeinden sofort erheben und mit den deutschen Behörden zusammengehen, die sie auf gleichberechtigten Fuß mit ihren Herren gestellt haben. Jetzt hat dort kein Adliger mehr ‚Bauern' im Dorf, sondern nur noch ‚Nachbarn'. Es würden daher 2 590 000 Bauern unter österreichischer Führung gegen ein einrückendes polnisches Heer aufstehen" (zit. nach Materiały do Dziejów Sejmu Czteroletniego, Bd 1, S. 224, 228).

132) J. Wąsicki: Ziemie polskie pod zaborem pruskim — Prusy Nowowschodnie [Polnische Länder unter preußischer Herrschaft — Neuostpreußen], Posen 1963, S. 121 ff.

jedenfalls hat Preußen wenige Tage nach der Machtübernahme in seinem Teilgebiet unabhängige Gerichte zwischen Grundherren und Hintersassen eingeführt.[133] Auch nach Holsche war der Bauer in den preußisch gewordenen Provinzen „unter den Schutz der Gesetze genommen worden".[134] Selbst der Justiziar Stenger zu Unruhstadt, der es mit den Grundherren hielt, sagt hierzu: „Der Gutseinsasse weiß [seit der preußischen Besetzung], wohin er gehen soll, wenn sein Herr ihn drückt; er weiß, wohin er sich zu wenden hat."[135] Daß damit bereits ein großer Schritt vorwärts getan war, bezeugt im Grundsatz der Sachse Kausch in einem Reisebericht vom Jahre 1793, obwohl er den Bauern in Schlesien meint: dieser wisse, „wohin er sich mit seiner Klage gegen seine Bedrücker zu wenden habe, und das ist schon ein großer Schritt vorwärts".[136] Wirkungen auf die Bevölkerungsentwicklung konnten nicht ausbleiben.

Solche Beobachtungen decken sich vorzüglich mit einer Cabinetsordre Friedrichs des Großen vom Januar 1782 an den damaligen Bromberger Kammerpräsidenten von Domhardt: „Gehet seiner Königlichen Majestät Intention auch dahin, daß die Bauern freie Leute sein sollen und keine Sclaven. Einige deutsche Colonien dorten sind schon frei, aber das mehreste polnische Volk sind noch wie die Sclaven und haben auch nicht mal rechte Lust, frei zu werden; das muß er nun sehen nach und nach zu bringen."[137]

Mit der preußischen Besetzung sind also vorher eingeleitete positive Entwicklungen keineswegs, wie Topolski meint, brutal unterbrochen,[138] sondern fortgesetzt und beschleunigt worden. Es lassen sich bei demselben Holsche Hinweise dafür finden, daß der begonnene Fortschritt tatsächlich weiterhin seinen Weg machte. So sagt er im Jahre 1800, daß das Dobriner Land und die Gegend von Płock „schon im Jahre 1793 Preußisch geworden sind, welches auf die Landeskultur einen merklichen Einfluß hat".[139] Vom Netzedistrikt, der bekanntlich 1772

---

133) Staszic, Pisma, Bd 1, S. 339 f.

134) Holsche, Geographie, Bd 1, S. 315; auch Holsche, Der Netzdistrikt, S. 215.

135) Stenger: Von den Hauländern in Südpreußen, in: Preußische Jahrbücher 1798, S. 247—256, hier S. 255.

136) J. J. Kausch: Nachrichten über Polen, Graz 1793; zit. nach der Textsammlung von W. Zawadzki: Polska Stanisławowska, Bd 2, Warschau 1963, S. 332. — Baron Warkotsch, ein schlesischer Grundherr, plante 1761 sogar ein Attentat auf Friedrich den Großen, weil die Preußen schuld seien, „daß er mit seinen Untertanen nicht tun konnte, wie er wollte; so faßte derselbe gegen den König von Preußen einen unauslöschlichen Haß ... wenn nur erst die Österreicher das Schlesien erobert haben, so wollte er die Bauern [wieder] zu Paaren treiben" (zit. nach „Friedrich der Große und Maria Theresia", München 1972, S. 384). Das läßt keinen Zweifel an Friedrichs Fürsorge um die Bauern.

137) Chr. Meyer: Friedrich der Große und der Netzedistrikt, in: Zeitschrift für Geschichte und Landeskunde der Provinz Posen 2 (1883), S. 94 f.

138) Dzieje Wielkopolski, Bd 1, S. 947. Hier sei angemerkt, daß preußischerseits schon damals eine unentgeltliche Pockenimpfung angeboten wurde, von der jedoch das abergläubische Volk mit wenigen Ausnahmen keinen Gebrauch machte (Grossmann, Struktura społeczna, S. 82).

139) Holsche, Geographie, Bd 1, S. 191.

unter preußische Verwaltung kam, berichtet Holsche im Jahre 1793: „Es verbreitete sich [seit 1772] ein neues Leben in der ganzen Provinz. Die Menschen staunten, als wenn sie aus einer langen Gefangenschaft erlöset worden ... Es ging eine neue Schöpfung vor ... Denn es ist ein großer Unterschied, von Willkür eines andern abzuhängen, und nach Gesetzen behandelt zu werden."[140] Pfarrer Johann F. Goldbeck hat im Netzedistrikt dieselbe Beobachtung gemacht: „Erst seit der Preußischen Besitznehmung ist diese Provinz ... nicht nur in einige beträchtliche Aufnahme gebracht, sondern im Verhältnis gegen ihren vorigen Zustand ganz umgeschaffen worden."[141] Auch die von der seinerzeitigen polnischen Präfektur in Bromberg erstellte und kürzlich veröffentlichte „Statistik des Bromberger Departements vom April 1812" weist wiederholt auf die wirtschaftliche Belebung der Provinz unter der voraufgegangenen preußischen Verwaltung hin, besonders in den Städten, im Gewerbe, aber auch in der Landwirtschaft, wo u. a. das System der Erb-, Zeit- und Zinspacht einen wohltätigen Einfluß ausgeübt habe.[142]

Selbst Staszic stellt noch kurz vor dem Ende der damaligen preußischen und österreichischen Herrschaft in Polen fest: der Zustand des polnischen Landes habe sich sehr verändert, wie sich auch „die Zivilisationsstufe im ganzen Lande unendlich verändert habe ... Schon ist das Land [besitzrechtlich] ungleich besser aufgeteilt und wird unendlich vollkommener bebaut". Das sei ein Ergebnis der Bemühungen der alten polnischen Regierung, aber auch der Teilungsmächte. Diese hätten vor allem die Position des Großgrundbesitzers gemindert und die Besitzrechte der Bauern gemehrt. Der Bauer stehe jetzt unter dem Schutz der Regierung, die über seine Rechte wache. Kein Grundherr könne ihm mehr nach Gutdünken das Land wegnehmen. „Eine solche Wandlung des Landwirts ist bereits in denjenigen Landschaften eingetreten, die von Preußen und Österreich annektiert wurden." Das Land habe endlich seine wahren „Besitzer" erhalten. Daraufhin „haben sich vor den Augen des ganzen Landes unermeßliche Auswirkungen im landwirtschaftlichen Fortschritt gezeigt". Schon jetzt, im Laufe von 20 Jahren, habe sich die Aussaat um ein Drittel vergrößert. „Der Himmel möge uns bewahren, daß dieses ehrenwerte Volk in seiner Wiedergeburt jemals wieder unter die Gewalt von schlechten Menschen gerate ... Gott bewahre uns vor den Großgrundbesitzern." Aus Umfragen bei Polen in allen drei Teilgebieten habe er erfahren, daß sie sogar — wenn nur die Preußen ihre Germanisierungsabsicht aufgeben könnten — unter den drei Mächten der preußischen den Vorzug gäben; denn in Preußen seien Heerwesen, Steuern und Gerichte am besten und gerechtesten geregelt.[143] Ein grundlegender Wandel auch im sozialen Bereich war demnach angebahnt. Anderenfalls hätte der Patriot Staszic sich bestimmt nicht in dieser Weise ausgelassen. Kein Zweifel, daß der Wandel im Sinne seiner Intentionen und der Vorstellungen anderer verwandter Reformgeister eingetre-

---

140) Holsche, Der Netzdistrikt, S. 73.

141) J. F. Goldbeck, Vollständige Topographie, T. 2, S. 79.

142) vgl. Anm. 61.

143) Staszic, Pisma, II, S. 290 ff.

ten war. Nicht umsonst erwähnt er hier an erster Stelle als Motor der Reformen die alte polnische Regierung und die Konstitution vom 3. Mai 1791.

Der neue Auftrieb in der Entwicklung der wirtschaftlichen Produktion und damit auch der Bevölkerung ist daher nicht zuletzt auf die im Zeitalter der Aufklärung, wenn auch in später Stunde, eindringenden liberalen Impulse zurückzuführen, unabhängig von dieser oder jener Regierung. Es sei hier nur an die in ihrem Umfang wohl erst jetzt erkannte Phase der Umsetzung von Dienstbauern auf Zins erinnert, wie überhaupt an die oft gerühmten Reformtaten einzelner Magnaten noch zu polnischer Zeit. Daß sie gleichzeitig den Eigeninteressen der Latifundien-Herren dienten, ist keine Wertminderung, sondern die objektive Triebfeder der Reform gewesen. Warum sollten die Magnaten nicht nach dem Rat Rousseaus handeln, die Bauernbefreiung so zu handhaben, daß sie auch für den Herrn „bequem, nützlich und ehrenvoll sei“?[144] Ludwik Plater, der den Auftrieb jener Tage noch aus eigenem Erleben und mündlicher Tradition kannte, erklärt ihn 1) aus den Bemühungen der aufgeklärteren Grundherren, 2) aus dem Beitrag der Holländereien und Kolonien.[145]

Welche Wirkungen auf die Bevölkerungsentwicklung schon die ersten grundherrlichen Teilreformen hatten, geht aus einer Aufstellung hervor, die William Coxe im Jahre 1784 nach Wybicki veröffentlichte. In sechs aus der Leibeigenschaft entlassenen Dörfern (und dem Städtchen Bieżuń) des Magnaten Andrzej Zamoyski habe es laut den Pfarrbüchern im Jahrzehnt vor der Befreiung, 1750—1759, zusammen 434 Geburten gegeben, in der ersten Dekade danach, 1760—1769, schon 620 Geburten. In den folgenden s i e b e n Jahren, 1770 bis 1776, seien sogar bereits 535 Geburten gezählt worden. Die jährliche Geburtenrate ist demnach von 43 auf 62 und schließlich auf 77 gestiegen, d. i. um 80 Prozent. „Nehmen wir an, daß die Bevölkerung im ganzen Königreich nach diesem Verhältniß steigen könnte; was für einen Zuwachs für die Vermehrung der Nation würde dieses geben!“[146]

Der endgültige Umbruch freilich konnte erst unter den zentralistischen fremden Teilungsmächten im 19. Jahrhundert erfolgen, wobei die Preußen und Österreicher sofort nach der Besetzung die ersten Maßnahmen einleiteten. Noch vor 1800 aber setzte jene neue Periode unerhörten Bevölkerungswachstums in Polen ein, die mit Unterbrechungen bis in die Gegenwart andauern sollte.

---

144) M. J. W a r s z a w s k i : Die Entwicklung der gutsbäuerlichen Verhältnisse in Polen und die Bauernfrage im 18. Jh., Zürich-Leipzig 1914, S. 84 ff.

145) L. P l a t e r , Opisanie, S. 132.

146) W. C o x e : Reise durch Polen, Rußland, Schweden und Dänemark, Bd 1, Zürich 1785, S. 97 f. Coxe hat diese Angaben von Józef Wybicki, einem der polnischen Reformideologen, erhalten, der auch die polnische Nationalhymne gedichtet hat: „Noch ist Polen nicht verloren.“ Vgl. W y b i c k i , Listy, S. 174 ff.

VI. Kolonien und Kolonisten in Kongreßpolen[1]

A. Historische Entwicklung, völkische Zusammensetzung, geographische Umwelt und geistiger Standort

Nachdem die beiden Vorläufer der Kolonisten, die Pustkowier (Waldbauern) und Holländer, abgehandelt sind, ist es nun so weit, das Kolonistenwesen näher zu betrachten, das sich in Kongreßpolen stärker entwickelt hat als im Posenschen oder sonst in Europa. Während in Deutschland noch heute die alten Haufendörfer, zu „Kleinstädten“ ausgewuchert, häufig das Gesicht der Kulturlandschaft prägen, wurde Kongreßpolen seit dem 19. Jahrhundert zum klassischen Land der Kolonien.[2]

Bekanntlich war Kongreßpolen eine Schöpfung des Wiener Kongresses von 1815. Als sogenanntes „Königreich Polen“ wurde es unter russische Herrschaft gestellt, wie das gleichzeitig entstandene „Großherzogtum Posen“ unter preußische. Zwischen beiden wurde die Prosna als Grenzfluß bestimmt, der seitdem das Deutsche Reich vom Russischen Imperium schied und den polnischen Volkskörper an dieser Stelle hundert Jahre lang zerschnitt. Das neue Königreich, das bald allgemein Kongreßpolen genannt wurde, hatte den russischen Kaiser zum König. Seine Hauptstadt war Warschau. Lodz zählte damals noch nicht tausend Einwohner. Zur selben Zeit fiel das langgestreckte Karpathenvorland als Königreich Galizien und Lodomerien endgültig an Habsburg.

Mit diesen territorialen Entscheidungen waren die voraufgegangenen Teilungen Polens aufgehoben und eine neue, die vierte, vollzogen. Lag Rußlands Westgrenze seit 1795 noch am Bug, bis zu dessen Ufern sich von Westen her das preußische und österreichische Teilgebiet und in der napoleonischen Ära auch das Herzogtum Warschau erstreckten, so wurde 1815, nach dem Sturz Napoleons, die Buglinie preisgegeben: das russische Herrschaftsgebiet stieß bis ins Stromgebiet der Oder vor. Der Koloß des Ostens warf damit seinen Schatten zum ersten Mal spürbar über Mitteleuropa, wie es das folgende zeitgenössische Zitat auszudrükken versucht: „Fest ruht sein einer Fuß in Asien, indes der Andere immer weiter

---

1) Über das Schrifttum zum mittelpolnischen Deutschtum unterrichtet A. Breyer: Das Schrifttum über das Deutschtum im ehemaligen Kongreßpolen, in: DWZP 19 (1930), S. 193 ff.

2) s. die Dorfformenkarte Polens bei B. Zaborski: O kształtach wsi w Polsce [Über die Dorfformen in Polen], Krakau 1926. M. Kiełczewska-Zaleska: O typach sieci osiedli wiejskich w Polsce (s. Anm. 10 auf S. 54), S. 471: „Der Dorfnetztyp aus losen Reihendörfern ist am kennzeichnendsten entwickelt in den Gebieten des ehemaligen Kongreßpolen.“

in Europa vorrückt und alles zu zerdrücken droht, das sich ihm entgegenzustemmen wagt."[3] Im Rahmen dieses russischen Dranges nach Westen stellte der Gewinn Kongreßpolens mit der alten Residenzstadt Warschau einen bedeutenden Erfolg dar.

Hatte noch Napoleon die Wiederbelebung des Namens Polen rücksichtsvoll gemieden und bekanntlich nur ein „Warschauer" Herzogtum gebildet, um Habsburg und vor allem den Zaren nicht zu provozieren, so scheute sich Alexander I. im Jahre 1815 bezeichnenderweise nicht, seine neue Warschauer Provinz unter Kanonensalut und Glockengeläut als wiedererstehendes „Königreich Polen" zu proklamieren. Als polnischer Rumpfstaat sollte es mit dieser Bezeichnung zunächst in den an Rußland gefallenen Landesteilen die Hoffnung auf eine Wiedervereinigung unter dem Szepter der Romanows wachhalten; gleichzeitig aber versprach man sich davon eine diskrete Wirkung auf die Patrioten im Posenschen und in Galizien. Die Regierung seines neuen Königreiches übergab der zeitgemäß liberale Zar polnischen Ministern unter dem Vorsitz eines kaiserlichen Statthalters. Selbst dieser war zunächst ein polnischer General (Zajączek), der noch während des Feldzugs der Grande Armée nach Moskau ein polnisches Hilfskorps zur Unterstützung Napoleons befehligt hatte. Die russischen Besatzungstruppen erhielten alsbald Befehl, das Land zu räumen. An ihre Stelle trat die erneuerte polnische Armee unter Heranziehung ruhmreicher Generale aus der napoleonischen Ära, freilich unter dem Oberbefehl des Zarenbruders Großfürst Konstantin. Polnische Amtssprache, Verwaltung, Rechtspflege, Schule, Landesfarben, Orden und Auszeichnungen usw. wurden beibehalten. Ein Sejm wurde gewählt, sogar ein eigenes Kriegsministerium geschaffen. Berühmte polnische Adelsgeschlechter stellten sich spontan dem Zaren zur Verfügung, auch Staszic. Erst der Aufstand von 1831 bereitete dieser liberalen Ära Kongreßpolens ein jähes Ende, das vom zweiten größeren Aufstand im Jahre 1863 besiegelt wurde. Die autonome Regierung und Verwaltung wurden aufgehoben und mündeten schließlich in völlige Russifizierung. Bis dahin aber stand auch das Siedlungswesen Kongreßpolens noch unter einheimischen nationalen Auspizien.

1. Ablösung des „Hollands" durch die „Kolonie"

Die Siedlungsentwicklung im kongreßpolnischen Raum ist, abgesehen von einer Anfangsphase, nicht mehr im Zeichen der Holländer verlaufen. Dieser Begriff begann vielmehr seit der Jahrhundertwende zu schwinden, wie auch andere altpolnische Traditionen mit dem Zusammenbruch des Staates zu Ende gingen.

---

3) Allgemeine Geographische Ephemeriden 28 (1809), S. 116. Friedrich der Große hatte schon 1770 dem österreichischen Minister Fürst Kaunitz erklärt, „das Bündnis Preußens mit Österreich sei der einzige Damm, den man diesem ausgetretenen Strom entgegenstellen könne, der ganz Europa zu überschwemmen drohe" (Die Werke Friedrichs

In der Zeichenerklärung der südpreußischen Karte von Gilly wurde noch deutlich auseinandergehalten: Hol: bedeutet Hauländer, Kol: Kolonie, Pustk: Pustkowien. Die „Karte vom Herzogthum Warschau“ von F. B. Engelhardt (Berlin 1812) hat in Übereinstimmung mit der Gilly-Karte dieselbe gemeinsame Signatur für „Colonie oder Holländer“ — sie besteht aus kleinen Kringeln, ooo, in verschiedener Anordnung und Zahl — konnte aber wegen des zu kleinen Maßstabes die Silbe Kol oder Hol nicht immer hinzufügen. Auch die polnische Quartiermeisterkarte von 1839 unterscheidet in der Beschriftung noch deutlich Holländereien und Kolonien. In der Zeichenerklärung heißt es immerhin bereits in einem Atem: H., Hol. oder Kol. = Holendry oder Kolonie, russ. Kolonija, frz. colonie. Die preußischen Ortsverzeichnisse, etwa das Bromberger von 1818 und das Posener von 1821, das Posener sogar noch im Jahre 1845, vermerken jeweils sorgsam die Siedlungsqualitäten: Kolonie, Hauland oder Hauländerei (Holländerei) usw. Der preußische Polenexperte Holsche nennt, wie die zitierten Karten, Kolonie und Holländerei oft nebeneinander, setzt sie aber ebenfalls nicht gleich.[4] Er sieht vielmehr in den Kolonien ein Gegenstück zur „Einländersiedlung“, obwohl laut ihm neben Ausländern gelegentlich auch „Einländer“ als Kolonisten angesetzt worden sind. Grundsätzlich aber seien die Kolonisten Leute, die „aus allen Gegenden von Deutschland“, d. h. nicht aus Preußen, herbeigeholt wurden.[5]

Kolonisten konnten sich in Polen als Ausländer frei bewegen, da ja z. B. von einem reisenden württembergischen Manne ohnehin nicht anzunehmen war, er sei ein flüchtiger Scharwerksbauer. So berichtete ein ins Lodzer Gebiet verschlagener schwäbischer Kolonist im November 1801: „Ich eilte meinen Gefährten nach, wurde aber gleich den ersten Tag arretirt von einem Schulzen in einem polnischen Dorf und sollte nach Lenczicz gebracht werden, unterwegs aber kamen deutsche Leute, welche polnisch verstanden und den Pohlen erklärten, daß ich ein Colonist [gesperrt durch O. K.] sey, die ließen mich hierauf gehen und ich setzte meine Reise weiter fort. Ich ging hierauf nach Posen zu, und wurde zwei Meilen herwärts von Posen wieder arretirt, und zu einem Edelmann, der deutsch sprach, gebracht. Er ließ mich aber, als er hörte, daß ich ein Württemberger sei, sogleich los.“[6] Die ausländische Herkunft des „Kolonisten“ tritt hier noch deutlich zutage. — Im Mittelalter waren es die „Gäste“, hospites, die damals dieselbe Stelle einnahmen wie jetzt die Kolonisten. Auch sie waren Landfremde auf freiem Fuß und ließen sich als Landsassen auf dem Land eines Grundherrn als Pächter nieder.[7]

Selbst in der geographischen Lage zeigt sich eine deutliche Verschiedenheit der ersten Kolonien im Verhältnis zu den Holländereien. So wird aus den Karten von Gilly und z. B. dem Posener Ortsverzeichnis für das Jahr 1819 ersichtlich, daß

---

des Großen, hrsg. von G. B. Volz, 1912—14, Bd 5, S. 22 f., hier zit. nach „Friedrich der Große“, hrsg. von H. Jessen, S. 442).

4) Holsche, Geographie, Bd 1, S. 177, 229.

5) Ders., Der Netzdistrikt, S. 224 f.; ders., Geographie, Bd 3, S. 179 f.

6) Kossmann, Die Anfänge, S. 235 f.

7) Ders., Polen im Mittelalter, S. 309 ff.

die als Kolonien bezeichneten Neusiedlungen im allgemeinen ostwärts häufiger werden (wobei freilich vom Weichseltal, als der „Laufbahn" der ersten Holländer, abzusehen ist). Bereits im Osten von Lodz wiegen Kolonien deutlich vor. Ebenso erscheint eine größere Gruppe von Kolonien bei Gostynin. Sie führen dort so charakteristische, klassisch-schöngeistige Namen wie Blumenfeld, Donnersruh, Friedenslust, Hainfeld und sind private Neugründungen des Herrn von Treskow aus preußischer Zeit. Im bereits früher aufgesiedelten Westen dagegen, im Kalischer Land, herrschen auf den Karten von Gilly noch unumschränkt das Holland und die Holländer. Diese Tradition war dort selbst 1835 noch so stark verwurzelt, daß die Holländereien des Kalischer Raumes zwar durchweg in die Liste der Kolonien aufgenommen wurden und damit auch als Kolonien zählten; aber sie führen in dieser Liste weiterhin den Zusatz „Olendry" und sind untermischt von Ortschaften, die ausdrücklich als „Kolonie" kenntlich gemacht werden und offenbar späteren Datums sind.[8]

Die gelegentlich geäußerte Meinung, daß Kolonie nur die neue Bezeichnung einer älteren Siedlungsweise sei und die frühere Bezeichnung, Holland oder Hauland, einfach ablöse, kann daher, wenn man die Begriffe präzisieren will, für jene Zeit des Überganges nicht zutreffen.[9] In jenen Dezennien um 1800 wurde vielmehr noch recht deutlich zwischen ihnen unterschieden. Erst im Laufe der Zeit traten die unterscheidenden Merkmale im Bewußtsein der Bevölkerung zurück und — gefördert von den politischen Ereignissen und der allgemeinen rechtlichen Nivellierung des Bauernstandes — die gemeinsamen Züge stärker hervor, bis schließlich die Holländereien mehr und mehr unter der Bezeichnung Kolonie mit verstanden wurden. Jedoch haben die Siedler selber noch lange, häufig bis ins 20. Jahrhundert, an der alten Unterscheidung festgehalten.

Die im Vergleich zu den Holländereien östlichere Lage der Kolonien bestätigt, daß sie späteren Datums sind. Wie die neuen Renaissancebauten und die italienischen Pappeln gehören sie bereits ins klassizistische Zeitalter der von Frankreich ostwärts ziehenden Aufklärung. Diese neurömische Epoche, wohlgeordnet durch eine rasch wachsende, akademisch gebildete Bürokratie, bevorzugte stilgerecht den klassischen Terminus Kolonie. Durch Vermittlung des Französischen hat das im Lateinischen beheimatete Wort auch in Deutschland allgemeinere Verbreitung gefunden. In Preußen trugen dazu u. a. offenbar die aus Frankreich geflüchteten Hugenotten bei.[10]

---

8) W. Maas, Die Posener Hauländereien, S. 118, stellt fest, daß im Posenschen die staatlichen Neugründungen jener Periode als Kolonien bezeichnet würden, während die „polnischen Adligen nach dem Wechsel der Staatshoheit ihre Gewohnheit der Anlage von Hld. beibehalten". — Das trifft im ganzen auch für Mittelpolen zu; jedoch wurden hier schon damals Kolonien auch von privater Seite angelegt. Preußische staatliche Neugründungen aber wurden von Gilly und in den Kanzleien in der Tat durchweg als Kolonien bezeichnet, selbst dann, wenn sie von „Einländern", Kolonisten aus Preußen, bewohnt waren.

9) A. Breyer: Die deutschen „Holländereien" im Gebiet von Mittelpolen und Wolhynien, im Volksfreundkalender 1933, S. 125; zit. nach A. Kargel und E. Kneifel: Deutschtum im Aufbruch, Leipzig 1942, S. 237.

10) W. Kuhn, Geschichte der deutschen Ostsiedlung, Bd 2, S. 103.

Dem polnischen Adel, der bis ans Ende der Rzeczpospolita das Latein als gehobene Amtssprache kannte und benutzte, war der Terminus *colonia,* der ursprünglich an keine bestimmte Siedlungsform gebunden war, freilich nie unbekannt gewesen. Als nun polnische Grundherren vom liberalen Reformgeist der Zeit erfaßt wurden, fiel es ihnen daher nicht schwer, den Terminus in die Alltagssprache zu übernehmen. Die rationellen preußischen Kolonien hatten sie ohnehin bereits bequem vor Augen; wurden sie doch von Friedrich dem Großen in dichter Reihe längs der westlichen Grenzen Polens in Schlesien, der Neumark und anderen seiner östlichen Provinzen, aus Sumpf und Sand gestampft. Büsching, der gute Kontakte zum letzten polnischen König Stanislaus hatte, führt in seiner langen Liste sämtlicher polnischer Ortschaften, die nach Vorlagen aus der Zeit um 1780 entstanden ist, bereits wiederholt Dörfer auf, die als Kolonien bezeichnet sind, etwa: Łubierz z koloniami, Folwark z koloniami, Smolniki kolonia.[11]

Die politische Katastrophe beschleunigte den Sieg des Neuen. Sonst hätten vielleicht die Holendry doch die Oberhand behalten. Nun aber traten — besonders in den neuen Regierungs-Kolonien — immer häufiger neben die vertrauten Holländer bisher unbekannte Siedlertypen aus fernen südwestlichen Teilen des Deutschen Reiches, aus Frankreich (Elsaß), aus Böhmen, Mähren, ja aus England und Rußland, mit einem Worte: bisher kaum gesehene, landfremde Ausländer. Es konnte keine Rede davon sein, daß sie noch in die alte holländische Siedlungsgemeinschaft der polnischen Wildnis hineinwüchsen. Hatten doch auch die Holländer in Polen inzwischen viel von ihrem Nimbus eingebüßt, während die Kolonisten aus dem Reich großenteils sogar einen höheren Lebensstandard aufwiesen. So war auch von dieser Seite der Boden für den neuen Terminus Kolonist vorbereitet.

Übernommen wurde jedoch nicht nur die Bezeichnung, sondern auch manche preußische, richtiger aufklärerische Perfektion der Siedlungsform, sei es in der dem rationalen Zeitgeist gemäßen, geometrischen Planung, sei es in der Rechtsstellung und vor allem der Rechtssicherung des Siedlers, die bisher so stiefmütterlich behandelt worden war. Seit der preußischen Besatzungszeit, als der Adel viel von seiner souveränen Sonderstellung einbüßte, wurde sie hypothekarisch oder sonst gerichtlich verankert, was unter der Garantie des Rechtsstaates stand und jetzt in der Regel schriftlich-vertraglich fixiert wurde. Der Siedlungsvertrag war seither nicht mehr ein widerruflicher Gnadenakt des Herrn. Das äußere Bild der Kolonie war beherrscht von der geradlinigen Dorfstraße, einer möglichst regelmäßigen, rechtwinkligen Anlage der Parzellen in einem Stück usw.

Das Holland war im Vergleich dazu das Aschenbrödel aus der polnischen Wildnis, das noch eigenes regionales Kolorit ausstrahlte. Es war nicht auf dem Reißbrett eines Bauconducteurs entworfen worden und nicht in das Korsett der Geometrie gezwängt. Sein naturgewachsenes Urbild war das holländische Marschhufendorf. Es war zwar auch aus dem Westen gekommen, paßte sich aber — viel-

---

11) A. F. Büsching, Verzeichnis aller ... Oerter in Polen (s. Anm. 90 auf S. 78), S. 70 f.

leicht weil es den Weg nicht über Preußen genommen hatte — noch den jeweiligen Naturgegebenheiten an. Da diese in den Niederungen über weite Strecken sehr gleichartig zu sein pflegen, ergab sich dort oft von Natur eine annähernd regelmäßige Form, die freilich — besonders in unruhigerem Gelände — zu einer wirren Streuform ausarten konnte. Aber selbst die ordentlichsten mittelpolnischen Holländereien genügten nicht den gestrengen Planvorstellungen der preußischen Bauconducteure. Sie führten mit den dortigen Bauern heftige, z. T. gewalttätige Auseinandersetzungen, um hier und da noch nachträglich die Linienführung zu begradigen und „Ordnung" hineinzubringen. Gewachsene Tradition und aufklärerische Ideologie stießen unvermittelt aufeinander. Die preußische Bürokratie setzte die ganze Skala ihrer Disziplinarmittel ein, einschließlich der Festungshaft, um der bäuerlichen Dickschädel Herr zu werden und der Geometrie zuliebe ein paar Flurlinien gerade zu ziehen.[12]

2. Ausbreitung der Kolonien in Kongreßpolen

Es gab noch kein Kongreßpolen und keine Prosnagrenze, als die Holländer, die hier im 18. Jahrhundert ganz überwiegend Deutsche waren, von Norden und dann auch von Nordwesten her in breiter Front innerpolnisches Gebiet erreichten. Diesem Sprung ins Landesinnere waren freilich einige ältere Gründungen voraufgegangen, die einer Spätphase der „echten" Holländersiedlung zu Anfang des 17. Jahrhunderts entstammten. Das erinnert an Großpolen, wo die ersten Holländereien um dieselbe Zeit im Unland der Flußtäler entstanden. Die älteste auf kongreßpolnischem Boden war Schlonsk, wo die Weichsel Kongreßpolen verläßt; sie wurde 1605 angelegt.[13] 1610 entstand Alt-Bógpomóż (Alt-Gotthelf), 1625 Węcz (Lenzen), 1630 Neu-Bógpomóż.[14] Man blieb dabei in Reichweite des Thorner Marktes sowie innerhalb Kujawiens. Masowien, eine Zitadelle des Katholizismus, verschloß sich durch herzogliches Edikt und Landtagsbeschlüsse hermetisch gegen die protestantische Neusiedlung, ein Ausdruck der traditionellen Kirchengläubigkeit des dortigen Kleinadels. An den masowischen Grenzen staute sich daher noch lange die von Westen andrängende fremde Siedlerflut, wie auf unseren Karten deutlich zu erkennen. Immerhin kam es vor 1630 im Warschauer Stadtgebiet, auf der Sächsischen Kämpe, einer Weichselinsel, zu einer kleinen Holländerei. 1645 entstand eine andere in den Jaktorower Wäldern bei Baranów in der Herrschaft Kaski, 1617 — Neubruch und Neudorf oberhalb Brest am Bug, jenseits des protestantenfeindlichen Masowien.[15]

Erst um 1700 setzte dann am Nordrand Kujawiens die Neusiedlung kräftig

12) Kossmann: Ein Lodzer Heimatbuch, Hannover 1967, S. 63 ff.: „Der Kampf der Bauern um die krummen Linien."

13) E. Mielke, Schlonsk.

14) A. Breyer: Deutsche Gaue in Mittelpolen, Plauen i. V. 1935, S. 6.

15) Lustracja województwa rawskiego 1789, Breslau 1971, S. 138. I. Baranowski, Wsie holenderskie, S. 68.

ein[16], u. a. mit Pustkowien (Rumunken), Holländereien und vielleicht auch noch mit verspäteten Schulzendörfern. Das entsprach zeitlich dem Wiedererwachen der Siedlung an Warthe und Netze in Großpolen, die damals in die Neutomischler Wälder und Sümpfe vorstieß. Dieser Neubeginn während des Nordischen Krieges griff im Dobriner Gebiet rasch südwärts aus, so daß das dortige Deutschtum insgesamt auf ein relativ hohes Alter zurückblicken konnte. Im Kalischer Land gehen die ersten tastenden Versuche auf die 40er Jahre des 18. Jahrhunderts zurück. Aus ihnen entwickelte sich seit den 60er und 70er Jahren — wie auch im gesamten kujawischen Abschnitt — ein richtiges Wanderfieber. Das geht eindeutig aus der Unzahl fast gleichzeitiger Neugründungen im gesamten Nordwesten Kongreßpolens hervor. Die konfessionellen, von der Kirche bereiteten Hindernisse waren seit dem Toleranztraktat von 1768 überwunden, das vor allem durch Katharina die Große dem polnischen Reichstag aufgenötigt worden war; auch sonst drang jetzt der liberale Zeitgeist, trotz der Adelskonföderation von Bar, auf verschiedenen Wegen in das Land. Daneben sind freilich die wirtschaftlichen Triebkräfte nicht zu unterschätzen. Inzwischen waren nämlich im Posenschen, wie bereits oben ausgeführt, die grundherrlichen Forderungen hochgeschraubt und die Dienstfreiheiten der in diesem Punkt besonders empfindlichen Holländer angetastet worden. Landeinwärts dagegen in unterentwickelten Verhältnissen, wo das Angebot an Siedlern bisher gering war, durften die Holländer noch auf freiere und damit bessere Lebensbedingungen hoffen. In der Tat erwiesen sich die mittelpolnischen Grundherren als aufnahmewillig und sehr entgegenkommend, vor allem für die zuerst eintreffenden Trupps. Die eingegangenen Verträge hatten freilich immer noch viel von der anachronistischen Form fürstlicher Gnadenbriefe und waren in majestätischen Wendungen abgefaßt: ein Ausdruck der halbsouveränen Stellung und des Stolzes des Adels noch im Untergang ihres Staates. Mit den 80er Jahren erreichte die neue Siedlerflut das Lodzer Gebiet: das Privileg für Ruda-Bugaj wurde im Jahre 1782 ausgestellt. Unwahrscheinlich rasch waren die neuen Siedlungsgaue bis an die masowischen Grenzen dicht aufgefüllt, eine Folgewirkung des voraufgegangenen Kräftestaus. Zu einer vergleichbaren, viele Beobachter hysterisch anmutenden bäuerlichen Massenbewegung kam es erst wieder nach einem Jahrhundert, zur Zeit der Abwanderung nach Wolhynien.

Der Endstand der Holländersiedlung aus polnischer Zeit, vor 1800, kann auf Karte 8 abgelesen werden. Wie im Posenschen waren auch in Kongreßpolen die alten fruchtbaren Gaue, die bereits seit dem Mittelalter dicht besetzt waren, im ganzen frei von Holländern. Einzelne wüste Dörfer wurden zwar aufgekauft und dann im Dreifelderstil bewirtschaftet, besonders im Norden des Dobriner Landes. Die Masse der Holländer jedoch setzte sich überall in denselben breiten

---

16) Treichel, Geschichte des Deutschtums, S. 41. Hinweise auf Gründungsjahre mancher Holländereien bringen u. a. die neuen Publikationen der sog. Lustrationen, wo die Gründungsprivilegien mitunter mit Signatur und Jahreszahl angegeben werden. Vgl. hierzu auch O. Reinhard: Niederländische Kolonisten im Reichsgau Wartheland, in: DWZ im Wartheland, Posen 1943, S. 53—74.

und menschenarmen Wildnisgürteln fest, die sie auch ins Land hereingeführt hatten, so im Sumpfgelände des Weichseltales, der sogenannten „Niederung“, in Anlehnung an sonstige versumpfte Urstromtäler oder an die kujawischen und Lodzer Endmoränenzüge mit unruhigerem Gelände und rascher wechselndem Mosaik der Bodenarten. Besonders viele Holländereien entstanden in den einsamen Grenzheiden zwischen den alten polnischen Kastellaneien und Ländern, z. B. zwischen dem Kalischer Land einerseits, Kujawien und dem Lentschützer Land andererseits, oder zwischen diesem bzw. Kujawien und dem kirchentreuen Masowien. In einer solchen uralten Heidezone entfaltete sich schließlich auch der Lodzer Ballungsraum, der die Hochburg des kongreßpolnischen Deutschtums werden sollte. Er erscheint bereits auf der Landesaufnahme von Gilly um 1796 von zahlreichen Neusiedlungen durchsetzt und füllte den bis dahin toten Winkel am Dreiländereck zwischen Großpolen, Kleinpolen und Masowien. Seit 1800 markierte er die Ostgrenze des deutschen Siedlungsgebiets in Mittelpolen. Nur das schmale Band der Weichselholländereien durchzog bereits das masowische Land, freilich auch erst, seit die konfessionellen Tabus erschüttert waren, d. i. nach 1768. Im ganzen behauptete sich Masowien immer noch als unzugänglicher Block. Selbst die reichen Warschauer Lutheraner und Reformierten waren bis in die 60er Jahre gezwungen, als sogenannte „Warschauer Pilgerväter“ in das bereits in Podlachien gelegene, 70 Kilometer entfernte Wengrów zum Gottesdienst zu fahren oder zu reiten, wo unter dem mächtigen Schutz der Radziwills ein evangelisches Kirchlein errichtet worden war.

Die kujawischen und Kalischer Siedlungsgruppen waren bis 1800, wie die Karten zeigen, bereits gut ausgereift. Es sind dort seitdem hauptsächlich noch einige Gründungen an den Peripherien dazugekommen. Ähnliches gilt für das Dobriner Land, die Kreise Lipno und Rypin, wo es um jene Zeit — wie im fernen Nordosten um Suwałki — von Neusiedlungen wimmelte. Man kann daher diesen Siedlungsabschnitt am besten als die k a l i s c h - k u j a w i s c h e P h a s e bezeichnen, obwohl starke Vorposten schon in den Lodzer Raum und die Weichsel hinauf geeilt waren.

Der geschilderte bahnbrechende Siedlungsvorstoß kurz vor 1800 hatte damit die marktwirtschaftlich entwickeltere Provinz Großpolen hinter sich gelassen und war bis an den Rand der damals noch naturalwirtschaftlichen, geldarmen Zentralprovinz, d. h. Masowiens, vorgedrungen. In den westlichen, dichter besiedelten Teilen Polens galten in der Tat, wie ein südpreußischer Bericht feststellt, die Agrarprodukte am meisten, während sie „fast gar keinen Werth hatten im Rawa-, Lenzschitz-, Dobbrzin-, Plotzk-, Cujawischen. Die Land bauende Klasse kannte in diesen letzteren Gegenden nur das natürliche Bedürfnis ihrer Selbsterhaltung; dieses zu befriedigen, reichte wenig hin; mehr zu bauen, war ebenso vergeblich wegen des Mangels an Absatz, als mißlich in Beziehung auf den Despotismus der Mächtigen. Was hätte den Manufakturisten oder den bloßen Verzehrer oder jeden anderen freien Arbeiter bewegen sollen, sich in ein Land zu begeben, wo durchaus kein Lohn für Arbeit irgendeiner Art zu finden war?“ Im Jahre 1775 zählten demgemäß die Wojewodschaften Lentschitz, Rawa, Kujawisch-Brest, das Dobriner Land zur zweiten Steuerklasse (5 Gulden vom

Rauchfang), die Wojewodschaften Krakau, Posen, Kalisch u. a. dagegen zur ersten Klasse (7 Gulden vom Rauchfang). Im größten Teil des Landes gab es damals auch nach Wybicki keinerlei Absatzmöglichkeiten. Der Adel kaufe nur Waren aus dem Ausland. Der Bauer sei zu arm, um sich überhaupt etwas anschaffen zu können. Seinen Rock nähe er sich selber aus einigen Schaffellen, zur Wäsche genügten ihm zwei Beete Flachs, seine Schuhe fertige er aus der Rinde junger Bäume, und für den übrigen Wirtschaftsbedarf sorge der Wald.[17]

Das sollte erst nach 1815 wirklich anders werden, als Kongreßpolen sich in das westlichste Vorland Rußlands verwandelte und nun auch für Industrie und Handel interessant wurde. Der Durchbruch zur neuen marktwirtschaftlichen Periode wurde durch die in Stadt und Land angesetzten Kolonisten gefördert, wenn nicht überhaupt erst eingeleitet. In südpreußischer Zeit bereits hat der Lodzer Raum in dieser Hinsicht eine gewisse Belebung durch Schwabensiedlungen erfahren. Das geschah aber keineswegs aus politisch weitblickender Planung oder gar nationaler Raffinesse. Ähnliches gilt für die wenig früheren staatlichen Siedlungen in Galizien, denen diese entlegene Provinz den Kern ihres Deutschtums verdankte. Preußen und Österreich wollten einfach an dem „schwäbischen“ Siedlersegen, der sich damals über die Welt ergoß, zugunsten ihrer neuen polnischen Provinzen teilhaben — wie Maria Theresia vorher in den ungarischen Steppen oder Katharina die Große in den fernen südrussischen, wie die Vereinigten Staaten in den amerikanischen Wäldern und Prärien. Preußen hatte freilich keine Steppen, dafür aber an seinem abgelegenen neupreußischen Ostrand große Staatsforsten, die vordem zu polnischen Krongütern oder zu geistlichen Besitzungen gehört hatten. Im toten Winkel von Lodz waren die Waldungen immer besonders ausgedehnt gewesen. Selbst dort aber gab die knauserige preußische Forstverwaltung nur solche Waldstücke zur Ansiedlung frei, die sonst völlig nutzlos erschienen, wo „Holzdefraudationen“, d. i. Holzdiebstahl, nicht zu überwachen waren, oder wo der Holzabsatz, wie gerade hier im entlegenen Lodzer Raum an der Grenze der marktwirtschaftlichen Welt, wegen des Mangels an schiffbaren oder flößbaren Flüssen nicht lohnte und das Holz spottbillig war. Holsche erwähnt als Kuriosum, daß die Bürger von Zgierz, einem Nachbarstädtchen von Lodz, das immerhin Kreisstadt war, „für ein Fuder Brennholz aus dem Stadtwalde 1 Groschen 6 Pfennige“ zahlten.[18] Ein deutscher Kaufmann hatte sich deswegen sogar bereit erklärt, den Oberlauf des Ner auf eigene Kosten flößbar zu machen, um den Holzreichtum für westeuropäische Märkte ausschöpfen zu können.

Forstwirtschaftliche Gesichtspunkte, nicht planmäßige Germanisierung, die den südpreußischen Behörden später in anachronistischer Verkennung der Situation unterschoben wurde, waren für die Ortswahl dieser Schwaben-Fernsiedlung, am Rand der kapitalistischen Ökumene, maßgeblich. Man hat oft den Ein-

---

17) R. Prümers: Das Jahr 1793, Posen 1895, S. 793 (aus der Denkschrift des Ministers von Voss). — Wybicki, Listy, S. 152 f. Zur Steuerklasse: Vol. leg. VIII, S. 89.

18) Holsche, Geographie, Bd 2, S. 387.

19) Kossmann, Die Anfänge, S. 170 ff. J. Charłampowicz: Kolonizacja

druck, daß bei allem Überfluß an Holz nur die schlechtesten Waldstücke, die Abfälle der Forsten, für die lästigen „Reichskolonisten“ abgestoßen wurden.[19] Selbst Holsche stellt zusammenfassend fest, daß in „Gegenden, welche von den Forsten entlegen sind, sich nicht zum Holzanwuchs schicken“, mit der Hoffnung „auf mehreren Nutzen“ Kolonien angelegt wurden.[20]

Die Schwabensiedlungen oder preußischen Kolonien sind auf Karte 8 durch eine besondere Signatur kenntlich gemacht. Sie lagen einzeln oder in kleinen Gruppen über weite Gebiete zerstreut, soweit die preußische Herrschaft reichte. In dem riesigen, damals noch so waldreichen Territorium, das sich als ein „preußisches Sibirien“ von Posen bis über Białystok erstreckte, waren in den Jahren bis 1806 mühselig etwas mehr als 10 000 Personen mit Unterstützung der preußischen Regierung angesetzt worden: eines der traurigsten Kapitel staatlicher Siedlung, die von einer, wie immer, rechthaberischen und wichtigtuerischen Bürokratie gelenkt wurde und in wenigen Jahren in völliger Verwirrung ausklang. Die Ämter schoben natürlich die Schuld den Siedlern zu, was bis heute als negatives Echo über deren Qualität in der Forschung wiederklingt. Diese staatlichen Siedlungen treten nur dort auf der Karte deutlicher in Erscheinung, wo die ältere und jüngere Neusiedlung der adligen Güter sie nicht überdeckt und in den Hintergrund drängt. So fallen die preußischen Anlagen im äußersten Südwesten (bei Tschenstochau) und im Nordosten (von Płock über die Kolonien bei Königshuld bis an die Memel) stärker in die Augen. Sie lagen dort abseits der traditionellen Ballungen der Holländer, nicht selten im altpolnischen Siedlungsgebiet, allein auf sich gestellt. Schon damit verraten sie ihre besondere Herkunft als „künstliche“ Gebilde aus staatlichem Willen.

Ihre Verbreitung in den polnischen Provinzen Preußens hing letztlich davon ab, wie die Staatsdomänen über das Land verteilt waren. Das betrifft besonders, wie man sich leicht überzeugen kann, die großen Einzelanlagen im Płocker Masowien, wo die über die Landschaft gestreuten staatlichen Domänen mit Musterkolonien sogenannter „Reichskolonisten“ ausgestattet wurden. Die private deutsche Siedlung mied dagegen im allgemeinen die Vereinzelung und konzentrierte sich in den wilden Zwischenstammesheiden, auch dort zusammengedrängt in einigen ansehnlichen, mehr oder weniger geschlossenen Sprachinseln.

Als frühes statistisches Echo und als Bestätigung dieser deutschen Siedlung in Mittelpolen seien hier einige Bekenntniszahlen der polnischen Volkszählung von 1810 wiedergegeben (s. Tafel 11). Henryk Grossmann hat sie kreisweise veröffentlicht. Daraus läßt sich die Verbreitung der Evangelischen und damit der Deutschen im Gebiet des späteren Kongreßpolen recht gut ersehen (s. auch Karte 4):

---

pruska na ziemiach polskich [Die preußische Kolonisation der polnischen Provinzen (1740—1806) in der deutschen Historiographie], in: Roczniki Historyczne 38 (1972), S. 101—133, unterzieht das deutsche Schrifttum zu dieser Frage einer harten Kritik.

20) Holsche, Geographie, Bd. 2, S. 447. Vgl. auch die Anm. zu den Nrn. 738—740 der Warschauer Kolonistenliste, S. 383 weiter unten.

Tafel 11. Bekenntnisgliederung einiger, später kongreßpolnischer Kreise im Jahre 1810*)

Kreise	Katholiken	Evangelische	Orthodoxe	Juden	Insgesamt
Warschau, Stadt	56 710	6 880	57	14 080	77 727
Warschau, Land	26 340	2 161	1	1 352	29 854
Czersk	37 737	873	—	2 896	41 506
Rawa	37 012	2 765	—	3 345	43 122
Brzeziny	34 032	3 615	2	3 586	41 235
Łęczyca	29 362	5 011	—	2 435	36 808
Orłów	28 756	1 789	4	3 210	33 759
Gostynin	32 172	6 406	3	1 933	40 514
Sochaczew	41 111	3 109	1	2 324	46 545
Błonie	26 456	985	1	2 290	29 732
Zgierz	26 912	4 983	—	1 501	33 396
Stanisławów	28 949	110	—	2 243	31 302
Siennica	25 540	86	2	3 783	29 411
Dep. Warschau	431 089	38 773	71	44 978	514 911
Kalisch	39 748	6 605	47	2 790	49 190
Konin	43 744	9 867	1	1 754	55 366
Warta	40 696	2 265	—	2 071	45 032
Szadek	35 243	2 745	—	2 458	40 446
Sieradz	32 359	555	—	1 465	34 379
Petrikau	39 639	1 780	24	2 681	44 124
Radomsko	53 844	1 338	3	3 139	58 324
Częstochowa	36 944	601	9	2 062	39 616
Wieluń	38 800	425	—	2 289	41 514
aus Dep. Kalisch	361 017	26 181	84	20 709	407 991
Brest	20 178	3 427	2	1 455	25 062
Kowal	18 561	4 253	—	1 558	24 372
Radziejów	15 545	3 244	1	1 171	19 961
Aus Dep. Bromberg	54 284	10 924	3	4 184	69 395
Lipno	56 901	12 848	—	3 803	73 552
Wyszogród	58 940	5 848	12	8 300	73 100
Pułtusk	51 907	1 727	5	7 050	60 689
Mława	53 521	2 986	14	4 451	60 972
Przasnysz	53 712	1 388	3	4 708	59 811
Ostrołęka	51 667	1 582	13	4 642	57 904
Dep. Płock	326 648	26 379	47	32 954	386 028
Biebrza	36 333	2 883	218	5 703	45 137
Seyny	55 201	—	—	7 019	62 220
Kalwaria	62 366	6 921	110	7 947	77 344
Maryampol	74 400	7 961	146	7 305	89 812
Dąbrowa	41 004	3 008	988	4 165	49 165
Aus Dep. Łomża	269 304	20 773	1 462	32 139	323 678

*) nach H. Grossmann, Struktura społeczna, S. 47 f., Tafel XX. — Bei dieser Zählung sind nach Gr. 8% der Einwohner nicht erfaßt.

Demnach gab es in Warschau im Jahre 1810 6880 Evangelische (unter 10%).[21] Die übrigen saßen in der Tat meist in den auch auf Karte 7 und 8 erkennbaren Ballungsgebieten: im Departement Warschau (35 489 Lutheraner), Kalisch (32 789), Płock (26 076). Dazu gab es bereits über 20 000 Evangelische in den an Ostpreußen grenzenden Bezirken, die später zur Wojewodschaft Augustów gehörten. In den reichsfernen Departements wie Radom (921), Lublin (227), Siedlce (1163) waren die Lutheraner weit seltener. Unter den Kreisen oder Bezirken führten Lipno, Konin, Maryampol, Kalwaria, Warschau-Stadt, Kalisch, Gostynin, Wyszogród, Łęczyca, Zgierz, Kowal, die meist im näheren Vorfeld des Reiches lagen.

Die Gesamtzahl der Protestanten in den später kongreßpolnischen Landesteilen ermittelte Różański auf dieser Grundlage mit 125 694, etwa 4% der Gesamtbevölkerung, für das Jahr 1810.[22] Sie steht, wenn auch nach Grossmann noch um 8 % zu niedrig, am Anfang der hundertjährigen Geschichte des Deutschtums in Kongreßpolen und ist bis zum Ersten Weltkrieg auf eine halbe Million angewachsen. Dabei hatte die Landbevölkerung 1810 noch das absolute Primat und dürfte unter den Deutschen des nordwestlichen Kongreßpolen mit über 100 000 zu beziffern sein.

Man wird davon ausgehen können, daß die Neusiedlung dann im Warschauer Herzogtum (1807—1815) trotz fortgesetzter Bemühungen infolge der napoleonischen Kriegswirren schleppender verlief. Zu den Verlusten durch Krieg und Seuchen trat die Abwanderung, vor allem in die Weiten des europäischen Ostens, der sich seit 1813 mit dem Rückzug Napoleons für das gesamte Polendeutschtum öff-

---

21) Sie waren zumeist zu polnischer Zeit in die Residenz zugezogen. Charakteristisch für die Ausfüllung gewisser Berufssparten mit deutschen Fachkräften ist die folgende zeitgenössische Aussage: „Die Fabrikswerkstätten, die Warschau aufweist, sind allein von Ausländern besetzt. Besäße denn Warschau ohne die Ausländer jene Kutschen, die es selbst gebraucht und ins Ausland versendet, die ausgezeichneten Goldschmiede, das gezogene Gold und Silber, Blattgold und Blattsilber, das die Maler zur Ornamentik benutzen, jene Tischlerei, Schlosserei, Schmiede, jenes Schuhhandwerk und diese Schneiderei usw.; wären sie so erlesen, wie sie sind? Jeder könnte sich davon überzeugen, daß Rechtlichkeit und Absatzmöglichkeiten weit über 10 000 Ausländer nach Warschau gebracht haben, daß weit über 10 000 Ausländer die großpolnischen Tuchfabriken bevölkert haben. In allen Eisenwerken des Sandomirer und Kielcer Landes fanden deutsche Leute aus Böhmen und Schlesien ihr Brot und begannen mit der Herstellung eines hervorragenden Eisens. Ich will hier nicht alle Fabriken aufzählen, aber doch generell sagen: was immer Polen an Gewerbe besitzt, das war den Polen nicht an der Wiege gesungen, noch haben sie es im Ausland erlernt, sondern es kamen zu uns die ausländischen Meister und gaben uns jegliche Unterweisung in den Gewerben" (J. Jezierski: Wszyscy błądzą [Alle irren], Bd 2, Warschau 1790, S. 326).

22) A. Różański: Próba określenia liczby imigrantów niemieckich przybyłych na teren Królestwa Kongresowego [Versuch zur Bestimmung der Zahl der deutschen Immigranten im Gebiet Kongreßpolens], in: Roczniki dziejów społecznych i gospodarczych 10 (1948), S. 189. Von den sonstigen Zahlen bei Różański sind diejenigen brauchbar, die er amtlichen Quellen entnommen hat. Den nicht sehr glücklichen, eigenen Berechnungen des Verfassers gegenüber ist Vorsicht am Platze.

4. Protestanten im Herzogtum Warschau nach der Zählung von 1810 (ohne südliches Kleinpolen)

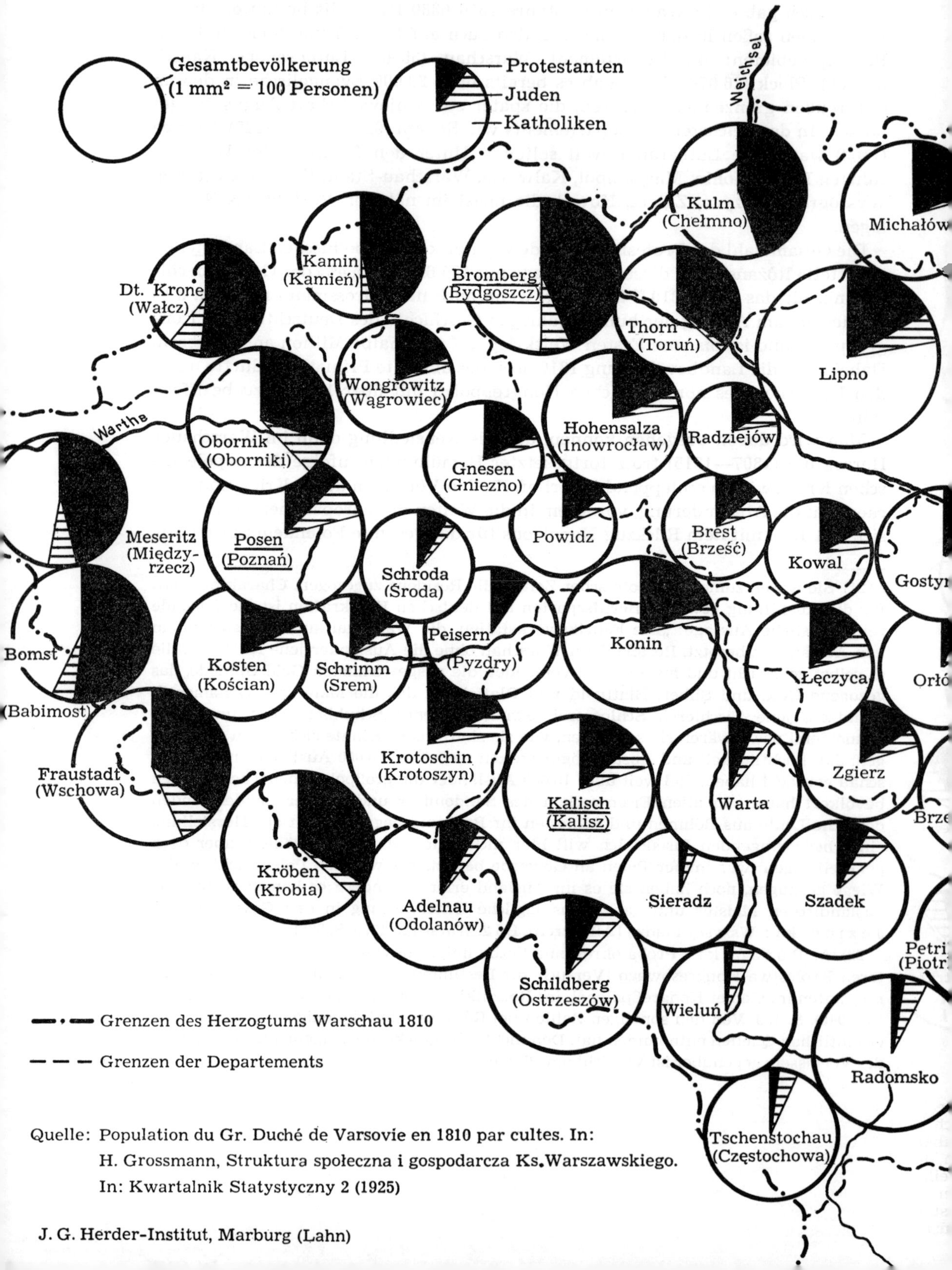

Quelle: Population du Gr. Duché de Varsovie en 1810 par cultes. In: H. Grossmann, Struktura społeczna i gospodarcza Ks. Warszawskiego. In: Kwartalnik Statystyczny 2 (1925)

J. G. Herder-Institut, Marburg (Lahn)

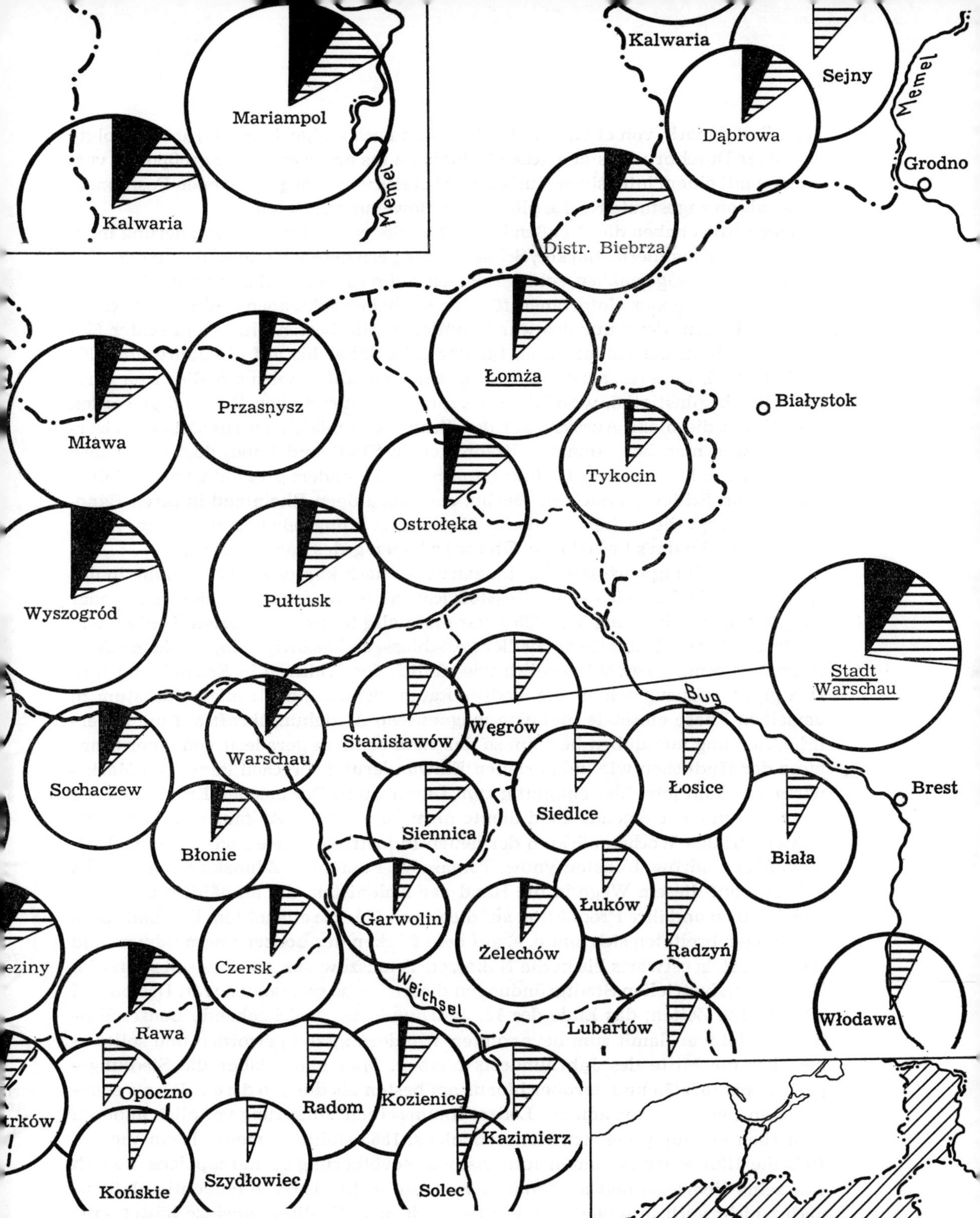

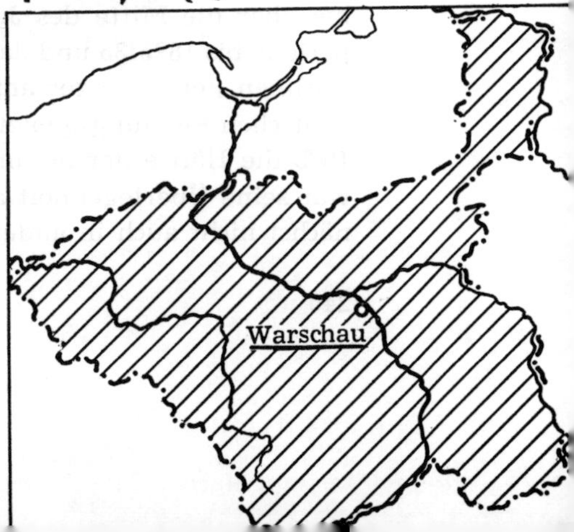

ie Volkszählung von 1810 blieb mit ihrem Ergebnis wahrschein-ch um 8% hinter der Wirklichkeit zurück. Theoretisch wären aher alle hier benutzten absoluten Zahlen um 8% zu erhöhen; den Prozentanteilen der einzelnen Bekenntnisse würde sich eilich nichts ändern. Die damaligen Zählergebnisse konnten da-er hier als Grundlage zu einer Karte der Verbreitung der Pro-stanten (Deutschen) dienen, die bis in napoleonische Zeiten urückreicht. Nachtrag: Bezirk Peisern hatte etwa 6,5% Juden.

nete. Erst danach, von etwa 1815 bis 1835 und noch einige Jahre darüber, erfolgte ein neuer Durchbruch ostdeutscher Kolonisten ins anliegende Kongreßpolen, verbunden mit einem intensiven Ausbau der bereits vor 1800 gewonnenen Positionen. Es ist, als ob angestaute Kräfte plötzlich in Bewegung gerieten.

Bekanntlich haben die Preußen in der Tat die traditionelle Ostwanderung ihrer Untertanen (Pommern, Märker, Schlesier) nie gern gesehen und unterbunden. Das gelang ihnen einigermaßen, solange sie den südpreußischen Raum unter Kontrolle hatten. Statt eigener Untertanen führten sie lieber Schwaben und andere Nichtpreußen herein; denn nur das war Peuplierung im besten Sinne und echter Gewinn. Der Stau der ostdeutschen Siedler geht daher bis auf die Jahre um 1800 zurück. Der Damm riß, als das bisher so entlegene Mittelpolen plötzlich zum wirtschaftlich begünstigten, westlichen Vorraum des eurasischen Rußland geworden war. Schon die bloße Aussicht auf den Schutz des mächtigen russischen Kaisertums bewog manchen frommen Kolonisten in Stadt und Land, dort sein Glück zu versuchen. Die russische Ordnungsmacht zog besonders großindustrielle Unternehmer aus Schlesien, Sachsen, Berlin, dem unruhigen Rheinland in ihren Bann, wie überhaupt die weitere deutsche Siedlung in Kongreßpolen stark *im Zeichen der industriellen Entwicklung* des Landes stand.

Die Neusiedlung nach 1800 hat im ganzen — nach kurzer Unterbrechung in der südpreußischen Periode — die alte Stoßrichtung nach Osten und Südosten wieder aufgenommen. Sie drang bis 1825 sogar erstmalig in nennenswertem Umfange in das früher für protestantische Siedler verschlossene Masowien ein, wo sie in schütterer Zerstreuung sowohl nördlich wie südlich der Weichsel in Erscheinung trat. Den größten Zuzug erhielt der Lodzer Raum, dessen industrielles Wachstum in derselben Phase einsetzte und eine magnetische Anziehungskraft auf die bäuerliche Siedlung auszuüben begann, so daß man seitdem geradezu von einer Symbiose der ländlichen wie industriellen Einwanderung sprechen kann. Die Marktwirtschaft kam jetzt hier endgültig zum Durchbruch. Das aus den Erlösen für die Textilwaren einströmende Geld diente nicht zuletzt zum Ankauf von Agrarprodukten auf den Wochenmärkten der neuen Industrieorte wie Lodz, Zgierz, Ozorków, Aleksandrów, Konstantynów, Tomaszów, Pabianice, Zduńska Wola usw. Es gelangte auf diesem Wege in die Hand der Kolonisten, die allmählich zu Wohlstand kamen und ihre Produktion auf die neuen Märkte einstellten. Die ländlichen Siedlungen breiteten sich nun u. a. auf dem Rücken des Lodzer Endmoränen- und Sandergürtels ostwärts bis in die Nähe von Tomaszów aus, welches selbst erst im Zuge der industriellen Stadtgründungen dieser Phase entstanden war. Das bis auf altpolnische Zeiten, das Ende des 18. Jahrhunderts, zurückgehende Lodzer Ballungsgebiet war damit zum bevorzugten Wanderungsziel geworden und sollte es bis über die Mitte des Jahrhunderts bleiben. Man kann daher die Siedlungsperiode bis 1825/35 und darüber hinaus am besten als die *Lodzer Phase* bezeichnen. Jetzt erst gewann der Lodzer Raum seinen Vorsprung vor allen anderen deutschen Siedlungsgebieten Kongreßpolens: 1865 stellte er mehr als ein Viertel, 1935 die Hälfte der gesamten lutherischen Bevölkerung Kongreßpolens. Jedoch war seine Überlegenheit als Industriezentrum nicht gleich so eindeutig, daß zunächst nicht auch in anderen Gegenden noch neue Siedlungsansätze hätten entstehen können, wie um Sobieseki südlich Kalisch, in Radomsko oder Kleszczów und Umgebung südlich von Lodz, um Wiskitki und Wola Błędowa ostwärts von Lodz, um Gostynin im Norden nahe der Weichsel. Die ersten Keimlinge der späteren Ballungen um Radomsko und nördlich Warschau waren zwar schon um 1800 erkennbar, was u. a. die Zählung von 1810 bestätigt; jetzt aber verdichtete sich dort das deutsche Siedlungsnetz. Eine vorbereitende Stufe waren auch die zahlreichen Budy und Kąty, typische Wildnisorte, die im Umkreis von Warschau mit einem Radius von etwa 50 Kilometern lagen. Aus ihnen oder in ihrer Nachbarschaft erwuchsen neue landwirtschaftliche Kolonien, die schließlich in demselben großen Kreis Warschau umgaben und im Süden bis Radom reichten. In den älteren Gauen am Nordwestrand Kongreßpolens, d. i. im Kalischer Land und in Kujawien (einschl. des Dobriner Landes) regte sich weniger. Dort war der Siedlungsprozeß, wie gesagt, in den Grundzügen schon um 1800 vollendet, desgleichen in der Weichselniederung.

Für das Jahr 1819 nennt Różański 148 874 Evangelische in Kongreßpolen, d. i. nur wenig mehr als im Jahre 1810; für 1827 gibt er bereits 180 450 an.[23] Es waren die Jahre der massenhaften Zuwanderung der Tuchmacher und Weber nach dem polnischen „Westend“ Rußlands. Dann folgte der Aufstand von 1830/31 mit seinen apokalyptischen Begleitern: Cholera und Hunger. Trotzdem werden für 1834 rund 215 000 Lutheraner genannt. Diese Zahl ist hier im Hinblick auf das Datum der Warschauer Liste, die 1835 entstand, besonders wichtig.[24] Jedenfalls hatte sich die deutsche Bevölkerung Kongreßpolens gegenüber dem Stand von 1810/1819 erheblich vermehrt, um 50%. Dieser Fortschritt der Kolonistensiedlung auf dem flachen Lande geht auch aus unseren Karten hervor.

Im großen ganzen gliederte sich die deutsche Siedlung hier schon damals in dieselben fünf Hauptgruppen, die 1938 noch etwa 325 000 Deutsche zählten. Sie bestanden jeweils etwa aus 20 000 Personen und sind bis zum Schluß nicht viel darüber hinausgekommen. Offenbar konnte in einer polnischen Heidelandschaft mehr oder weniger diese Anzahl ihren Unterhalt aus der Landwirtschaft gewinnen. Nur die Lodzer Gruppe hat alle diese Maßstäbe gesprengt, weil sie ihre Lebenskräfte letztlich aus den Weiten des osteuropäischen Textilmarktes bezog. Die erwähnten fünf Hauptgruppen saßen in den folgenden Wildnisräumen Kongreßpolens:

1) jenseits der Weichsel im Dobriner Land, in der Ecke zwischen Weichsel und Drewenz, einer jüngeren Endmoränenlandschaft (1938: noch 28 000 Deutsche, 1865: etwa 24 000 Lutheraner, 1810: rund 15 000 Evangelische);
2) in der „Niederung“ von Thorn bis oberhalb Warschau, auf den Überschwemmungsterrassen der Weichsel, auf einer Strecke von 300 Kilometern wie eine Perlenkette aufgereiht (1938: 25 000 Deutsche);

---

23) ebenda, S. 23.

24) sie stammt aus dem Astronomischen Kalender 1834; zit. nach W. Kuhn: Zahl und Bevölkerungsbewegung der Deutschen Kongreßpolens seit 1860, in: DWZP 29 (1935), S. 487.

3) diesseits der Weichsel am Südrand Kujawiens in Fortsetzung der Dobriner Moränenzüge, in weit geschwungenem Bogen von der Weichsel bei Leslau ⟨Włocławek⟩ und Płock bis an die Westgrenzen Kongreßpolens (1938: 31 000 Deutsche, 1865: etwa 31 000 Lutheraner), dazu im Warthebruch (11 000) — in beiden Gebieten zusammen schon 1810 an 30 000 Evangelische;
4) im sogenannten Kalischer Land, richtiger in der gefällearmen Flußgabel zwischen Warthe und Prosna (1938: 25 000 Deutsche, 1865: 25 000 Lutheraner, 1810: 15 000);
5) die jüngste Gruppe in der Endmoränenlandschaft des Lodzer Raumes (1938: 180 000 Deutsche, d. i. mehr als die Hälfte des kongreßpolnischen Deutschtums, 1865: 80 000 Lutheraner, 1810: unter 20 000 Evangelische).

Auffallend stark war die ländliche Siedlungsgruppe im Moränen- und Sandergebiet von Suwałki bzw. Augustów (1897: 34 000 Deutsche, 1865: 25 000 Deutsche, 1810: 20 000 Evangelische). Ihre Ansiedlungen können jedoch weder nach der Warschauer Kolonienliste von 1835, noch nach älteren Kartenwerken in gleicher Weise Ort um Ort lokalisiert werden, wie diejenigen des kujawischen Raumes beiderseits der Weichsel. Das Lubliner Deutschtum war im Jahre 1835, laut Warschauer Liste, noch geringfügig. Grossmann meldet aus dem Lubliner Distrikt für 1810 nur 286 Evangelische; Busch kennt 1865 genau 4594 Lutheraner, die in Lublin eingepfarrt waren; 1897 wurden dort bereits an 30 000 Evangelische gezählt, die ebenfalls überwiegend auf dem Lande lebten.

Zerstreute Koloniengruppen fanden sich 1825/35 an verschiedenen Stellen. Sie hatten meist einen älteren Kern, von dem aus dann der Nachwuchs oder neue Zuzügler in umliegende Siedlungen eindrangen. Im ganzen aber waren einsame, abseits gelegene Kolonien, gemessen an der Gesamtzahl, selten, nicht zuletzt ein Zeichen der Unsicherheit im fremden Lande (1938: 25 000 Deutsche in der Zerstreuung).

Im Norden wie im Süden war dieser mittelpolnische Siedlungsvorstoß von Rumunken oder Pustkowien begleitet. Die ersteren scheinen beschränkt auf die sogenannte „bucklige" Welt, d. i. das unruhige Gelände der jüngeren Vereisung, während die Pustkowien im Süden sich in ihrer Masse an eine ähnliche, aber ältere Zone rasch wechselnder Bodenverhältnisse, vor allem der Bodengüte, hielten. Diese frühen Pioniere der neuzeitlichen Kolonisation, häufig Polen und wirtschaftlich im Mittelalter wurzelnd, wußten offensichtlich noch nicht recht mit schwächeren Bodenarten umzugehen. Sie konnten sich schon deshalb nicht zu größeren Wildnissiedlungen entfalten.

Ein Vergleich des Siedlungsstandes von 1835 mit dem von 1935 zeigt, daß der hier seitdem recht bängliche „Drang nach Osten" auch nach 1835 noch andauerte; seine Stoßkraft hatte er jedoch bereits eingebüßt.[25] Am auffallendsten sind die Fortschritte im Lodzer Raum. Er wurde nun aufgefüllt und vor allem nach Süden hin ausgedehnt, aber auch nach Osten und Westen: im Nordwesten von Petrikau bei Kamocin; im Osten und Südosten Petrikaus an der Pilica; ostwärts von Turek

25) vgl. Karte 8.

und südlich von Dąbie; im Westen und Nordosten der zentralen Lodzer Sprachinselgruppe, wo sich vielfach, wie im Westen von Aleksandrów, die wohlhabenderen Bauernsöhne der älteren Kolonien einkauften. Alle anderen Siedlungsansätze der voraufgegangenen Phase dagegen verblieben in ihrem Anfangsstadium. Nirgends, außer im Cholmer Land, sollte es noch zu einer großen Siedlungsballung kommen. So verblassen im Schatten der Lodzer Entwicklung die Tochtersiedlungen der Weichselniederunger am Mittelabschnitt der Wkra westlich von Ciechanów, weitere im Osten von Radzymin (östlich Warschau) um Deutsch-Ręczaje, einige pommersche Kolonien bei Mszczonów (westlich Warschau), östlich Radom in Richtung auf die Weichsel (bei Zwoleń) und ganz verloren bei Iłża noch weiter südlich. Die Anlage des deutschen Siedlungsnetzes in Mittelpolen blieb seit ihrem ersten Entwurf im wesentlichen unverändert, bis auf den Ausbau der großen und schließlich alles überschattenden Lodzer Sprachinselgruppe und derjenigen des Cholmer Landes. Die letztgenannte ist freilich erst eine Schöpfung der zweiten Jahrhunderthälfte, während die Lodzer bereits in der ersten überragende Bedeutung gewann und dabei auch schon vom Siedlerüberschuß der älteren Ballungen im Kalischer Land und Kujawien profitierte. Die Masse der Kolonisten blieb auch jetzt dem masowischen Zentralraum Polens fern und staute sich weiterhin an dessen Westgrenze. Der Grund war freilich nicht mehr die konfessionelle Resistenz Masowiens, auch nicht so sehr die Konkurrenz des dortigen Kleinadels, als vielmehr die wirtschaftliche Anziehungskraft des in amerikanischem Tempo aufsteigenden Lodzer Industriegebiets.

Ein wichtiger Faktor für die relative Stabilisierung der Kolonisten in ihren bisherigen Ballungsräumen war der erwähnte günstige Absatz ihrer landwirtschaftlichen Erzeugnisse auf den Märkten der neuen Industriestädte, besonders im Lodzer Raum. Hinzu kam dort das reichhaltige Angebot an vorteilhaften Arbeitsplätzen. Die Holländer, seit je in vielen Fertigkeiten erfahren, fanden leicht eine Aufgabe in den neuen Städten, sei es als Spinner, Weber, Maurer, Zimmerleute oder Schlosser, aber auch als Dienstboten, Lehrlinge oder Gesellen in den verschiedenen Zünften. Die Häuser der ersten Lodzer Industriesiedler sind z. B. großenteils von ihnen erbaut.

Von den 1823—1839 nach Lodz zugezogenen Deutschen waren 15% in Kongreßpolen geboren, gegen 700 Personen. 1864 stammten von den 6344 noch lebenden deutschen Zuwanderern in Lodz bereits über 40%, d. i. über 3 100 Personen, aus anderen kongreßpolnischen Städten und Dörfern, fast ausschließlich aus dem Nordwesten des Landes.[26] Damit wurde auch der erste Arbeiterbedarf der neuen Lodzer Großindustrie gedeckt. Die Masse der polnischen Fronbauern war noch nicht beweglich genug; sie strömten erst nach den Agrarreformen von 1864 in die Fabriksäle. Zunächst beschränkte sich der Konzentrationsprozeß auf die freien deutschen Siedler. So ist Lodz mit seinen Satellitenstädten, seinen Randsiedlungen und den zahlreichen Kolonien rundum, die durch die vorteilhaften Stadtmärkte

---

26) Kossmann, Lodz, S. 157, Tab. 5, bzw. S. 161, Tab. 7. Unberücksichtigt bleiben dabei die zahlreichen Randsiedlungen rund um die werdende Großstadt, die ebenfalls eine große Zahl Kolonisten aufnahmen.

5. Tuchmacherorte und bäuerliche Kolonisation in Kongreßpolen (1815)

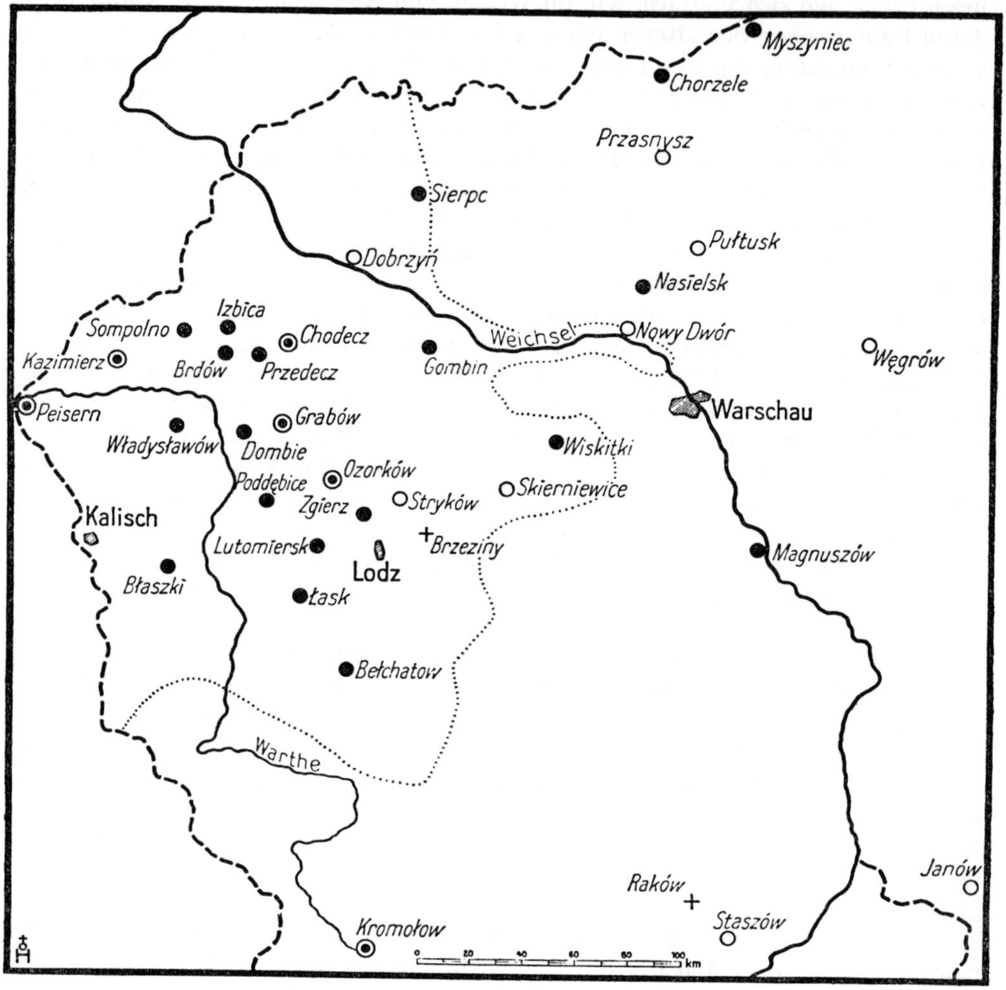

+ Tuchmacherniederlassungen seit dem 16. und 17. Jahrhundert

○ „ aus der Zeit Stanislaus Augusts (1764—1793/5)

● „ aus der preußischen Zeit (1793/5—1806)

◉ „ aus der Zeit des Herzogtums Warschau (1807—1815)

Die punktierte Linie bezeichnet die Ostgrenze der deutschen Bauern-Kolonisation um 1800.
Die Karte ist nach amtlichen Angaben von 1819 gezeichnet.

angezogen wurden, frühzeitig zu einer Endstation für viele geworden, deren Vorfahren zur Zeit Luthers zu ihrer langen Wanderung aus Pommern und Schlesien aufgebrochen waren.

In gewissem Maße besaßen auch die anderen Kolonistenballungen ihre Marktzentren und „Endstationen", die z. T. vor, z. T. nach 1800 aufgeblüht waren. So entsprach z. B. die Verbreitung der Tuchmacherorte einer amtlichen Liste von 1819 ziemlich dem Verbreitungsgebiet der kongreßpolnischen Kolonien.[27] Nur die in Masowien gelegenen Tuchmacherorte hatten keinen dichteren Kranz deutscher Kolonien. Insgesamt gesehen waren offensichtlich die mit dem gewerblichen Aufschwung verbundene Belebung des Marktes, der gesteigerte Geldumlauf, die wachsende Kaufkraft der Bevölkerung wesentliche Voraussetzungen der bäuerlichen Siedlung in diesem Raum. Schon Staszic wußte, daß sich ein Siedlungsprozeß aus privater Initiative nur dort entfalte, wo der Kolonist den baldigen Rückfluß seiner Investitionen erwarten darf.[28]

Selbst unauffälligere Kolonistengruppen wie die von Żyrardów-Wiskitki, Bełchatów hatten ihre industriellen Kerne, von denen aus sie, vor allem im späteren 19. Jahrhundert, auch mit Lohnarbeit versorgt wurden. Lodz betreute auf diese Weise seine Umgebung in einem Radius bis zu hundert Kilometern und darüber, besonders in südlicher und südwestlicher Richtung.[29]

So entwickelten die alten Ballungsgebiete der Kolonisten mehr und mehr Beharrungskräfte, die dem Wunsch nach heimatlicher Geborgenheit entgegenkamen. Sie formten bald mehr oder weniger abgeschlossene, behagliche Lebensräume. Generationen drängten sich hier zusammen, die sich auch verwandtschaftlich untereinander verbanden; man fühlte sich zu Hause. Aber früher oder später kam für manchen der Tag, an dem der Entschluß zum Weiterwandern gefaßt werden mußte. Der reiche Kindersegen, die verbreitete Anerbensitte, ein „Minorat", bei dem der jüngste Sohn den Hof erbte, der Hang zur Selbständigkeit, mit einem Wort — der für jede freibäuerliche Gruppe charakteristische Landhunger zwang früher oder später zum Aufbruch, sei es in den Lodzer Raum, sei es seit den 60er Jahren nach Wolhynien und anschließend nach Übersee.

Eine bemerkenswerte Automatik der grundherrlichen Ansiedlungsbedingungen förderte diese Entwicklung. Die Grundherren in den alten Ballungsgebieten, wo das Angebot an Kolonisten rasch stieg, zogen nämlich daraufhin die Schrauben ihrer Forderungen an.[30] Die Grundherren in fernen, schwach besiedelten Wald-

---

27) s. Karte 5 (Mittelpolnisches Tuchgewerbe von 1815 lt. Kossmann: Forschungen zur Geschichte der deutschen Tuchmacherei in Mittelpolen; in: Deutsches Archiv f. Landes- und Volksforschung 1 (1937), S. 382). Eine eingehende Schilderung der einzelnen Tuchmacherorte bei A. Breyer: Deutsche Tuchmachereinwanderung in den ostmitteleuropäischen Raum 1550—1830, Leipzig 1941.

28) Staszic, Pisma, Bd 1, S. 293.

29) Zur Lokalgeschichte von Wiskitki und Bełchatów vgl. A. Breyer, Deutsche Tuchmachereinwanderung, laut Index. Zu Bełchatów jetzt auch A. Zawilski: Bełchatów i jego historyczne awanse [B. und seine historischen Erfolge], Lodz 1967.

30) Kossmann, Die Anfänge, S. 56 f. Das galt Ende 18. Jh.s auch für Großpolen, wie aus dem Stenger-Zitat S. 127 hervorgeht. Dort zogen die grundherrlichen Lasten

massiven dagegen winkten mit um so günstigeren Vertragsbedingungen. Vor allem aber konnten sie zu Beginn jeweils bessere Böden anbieten, was auf die Kolonisten eine fast unwiderstehliche Anziehungskraft ausübte: bedeutete es doch höhere Ernten bei geringerer Mühe. In den ausgereiften Sprachinseln dagegen waren bald nur noch sandige Stellen zu haben. Das hat auch Alexander Treichel beobachtet: „Während die ersten Siedler zu Anfang des 18. Jahrhunderts sich auf bestem Boden (Oborki, Tomaszewo usw.) niederließen, mußten die späteren sich schon mit ganz minderwertigem Boden begnügen.“[31]

Trotzdem sind die kongreßpolnischen Kolonien, abgesehen von denen des Cholmer Landes, über die noch zu sprechen sein wird, im ganzen auf den Nordwesten Mittelpolens beschränkt geblieben, etwa in dem Stadium von 1835, das wir als das Lodzer bezeichnet haben. Unsere Karte umfaßt infolgedessen nicht nur die jüngere östliche Hälfte des neuzeitlichen deutschen Siedlerstromes, dessen ältere westliche Hälfte besser unter dem Stichwort der Holländereien bekannt ist und sich im wesentlichen auf Großpolen beschränkte; die Lodzer Etappe stellt vielmehr gleichzeitig die letzte, wirklich raumgreifende Phase der deutschen Siedlung auf polnischem Volksboden dar.

3. Völkische Zusammensetzung der Kolonisten

Die Kolonisten waren damals, wie schon der erste Eindruck lehrt, überwiegend Deutsche. So passen auch die Kolonien der Liste von 1835 gut in die von der Forschung identifizierten deutschen Siedlungsräume Kongreßpolens hinein. Das läßt sich bei einem Vergleich unserer Karte der Kolonien von 1835 mit der Karte der deutschen Siedlungen von Albert Breyer leicht feststellen.[32] Nicht weniger augen-

---

damals so stark an, daß die Holländer in großer Zahl nach Mittelpolen gingen. Das Mehr an Lasten, das viele von ihnen trotzdem bereit waren, in Großpolen auf sich zu nehmen, kann als Maßstab ihrer Verwurzelung in den dortigen Dörfern dienen.

31) A. Treichel: Geschichte des Deutschtums von Rippin und Umgegend, Rypin 1942, S. 30. Auch im Kalischer Land wurden offenbar frühzeitig alte Wüstungen besetzt, so die 1762 als Deserten bezeichneten Orte Borowiec, Konary, Wielołęka des Gutsschlüssels von Grodziec. Sie wurden 1772 deutschen Siedlern überlassen (Materiały do dziejów chłopa, Bd 3, S. 27). Laut A. Breyer, Deutsche Gaue, S. 20, waren die Trąbczyner Holländer (später Łazińsk) schon seit 1746 angelegt. Auf Gillys Karte finden wir sie in der Tat als „Alte Holländer“ bezeichnet. Doch auch in ihrem Privileg ist von „Waldungen und Wüstungen“ die Rede. 1754 saßen dort 15 Holländer, eine sechzehnte „Hube“ war noch leer; einige Holländer hatten bereits Gebäude errichtet, andere hausten in Erdbuden (Materiały, S. 12).

32) 1:500 000, Beilage zu V. Kauder: Das Deutschtum in Polen, Teil IV, Plauen i. V. 1938. Vgl. unsere Karten 7 u. 8.

33) laut Karte von H. Wiercieński: Majoraty i osiadłości niemieckie w Królestwie Polskiem [Majoratsgüter und deutsche Ansiedlungen im Königreich Polen], etwa 1:850 000, Lublin 1915. W. geht von einer Gesamtzahl von 700 000 Deutschen in Kongreß-

fällig ist die räumliche Übereinstimmung mit der Verbreitung der Evangelischen vom Jahre 1907,[33] sowie mit der Verbreitung der Deutschen um 1935.[34] Auch andere Hinweise, die noch zur Sprache kommen, bestätigen den einst überwiegend deutschen Charakter dieser Kolonien. Dabei ist freilich zu berücksichtigen, daß allein 100 von ihnen nur Einsiedlungen in alte polnische Dörfer waren, wo der Terminus Kolonie daher als Einzeletablissement eines oder einiger Kolonisten zu verstehen ist. Sie gehen auf Bemühungen der preußischen, dann polnischen und später russischen Domänenämter zurück, die Lücken in staatlichen Dörfern durch Ansiedlung von Ausländern zu schließen.[35] Bekannt ist auch, daß einzelne kleinere Sprachinseln durch Assimilation wie Schnee zerschmolzen sind, so besonders im Umkreis der Residenzstadt Warschau. Obwohl es in der Zwischenkriegszeit von 1919 bis 1939 dabei nicht an äußerem Druck gefehlt hat, war die gelegentliche Umvolkung im wesentlichen ein natürlicher Vorgang, bei dem die bekannten anziehenden Seiten des polnischen Nationalcharakters eine weit größere Rolle spielten als die Schikanen der Schulverwaltung oder der Polonisierungseifer der lutherischen Kirchenleitung in Warschau. Die alte Bekenntniszugehörigkeit blieb freilich in der Regel auch dann noch erhalten.[36]

Dazu war in Kongreßpolen von vornherein nicht mehr mit einer so hochgradig deutschen Kolonisation zu rechnen, wie bei der Holländersiedlung Großpolens. Setzte sie doch hier erst in den letzten Jahrzehnten des 18. Jahrhunderts mit großer Gewalt ein. Inzwischen hatte der z. T. mehrhundertjährige Aufenthalt der Siedler in polnischer Umwelt seine Wirkungen gezeitigt. Deutsche Bauern hatten in manchen alten Schulzendörfern eng mit Polen zusammengelebt; Umsetzungen polnischer Siedlungen auf holländisches Recht hatten Angehörige beider Nationen in Tuchfühlung gebracht; die Katholisierung einzelner Holländereien begann sich in deren Polonisierung auszuwirken. Zudem waren die Fronbauern seit der napoleonischen Ära formal aus der Leibeigenschaft befreit, was zunächst freilich mehr deklarativ gemeint als praktisch wirksam war. Immerhin war in den preußischen Provinzen neben diese formale Befreiung alsbald auch die wirtschaftliche getreten, vor allem durch die sogenannte Regulierung, die die ehemaligen Fronbauern zu Eigentümern machte. Im russischen Teilgebiet mußten die Bauern darauf bis 1864 warten. Aber der liberale Zeitgeist hatte auch hier

---

polen im Jahre 1914 aus, was gewiß überhöht ist und über 5% der Gesamtbevölkerung bedeutet hätte.

34) vgl. die Karte von F. A. Doubek: Die Bevölkerung Polens 1 : 1 000 000, Berlin 1938, sowie F. Doubek und E. Horn: Die zahlenmäßige Verbreitung des Deutschtums in Mittelpolen, in: Jomsburg 2 (1938), bei S. 452, angegebener Maßstab 1:750 000.

35) vgl. die Listen im Anhang des Buches von A. Pytlak: Die deutschen Kolonisationsbestrebungen auf den Staatsdomänen im Königreich Polen von 1793—1864, Berliner Dissertation 1917.

36) A. Mückler: Das Deutschtum Kongreßpolens, eine statistische Studie, Wien 1927, weist u. a. nach, daß die Polonisierung nur an wenigen Plätzen größere Erfolge hatte, und zwar in Warschau und seiner südlichen Umgebung, um Kutno, Wieluń und im Nordosten Kongreßpolens.

viele Grundherren bewogen, von sich aus die bäuerlichen Reformen vorwegzunehmen, was in der Regel für sie selbst die vorteilhaftere Lösung war. All das erschütterte die alten Standesmauern, die das Eindringen von Fronbauern in die freie Siedlerschicht solange fast unmöglich gemacht hatten. Am weitesten vorgeschritten war dieser Prozeß im preußischen Teilgebiet, u. a. im Posenschen. Kein Wunder, daß die seither nach Mittelpolen einströmenden posener und westpreußischen Neusiedler stärker von Katholiken durchmischt waren als zuvor. Dazu konnte der Grundherr dort jederzeit seine eigenen Bauern, freie Büdner oder andre, die sich als frei ausgaben oder wirklich frei waren, als seine Erbpächter aufnehmen, wann immer er ein neues Dorf anlegte, eine alte deutsche Kleinsiedlung erweiterte, regulierte oder sonst veränderte. In den in der zweiten Hälfte des 18. Jahrhunderts angesetzten Holländereien des Koniner Kreises z. B. waren Polen noch selten dabei, wie aus einer neuen Arbeit von Bolesław Szczepański hervorgeht. Für 40 Holländereien konnte er trotz Zugangs zu Akten und Archiven nur 14 z. T. unsichere polnische Familiennamen ausfindig machen.[37] Aber je näher der Mitte des 19. Jahrhunderts, umso größer wurde die Wahrscheinlichkeit einer polnischen Beteiligung. Durch alle Fugen drang schließlich der seit eh und je unter der ländlichen Übervölkerung leidende einheimische Bauer in jeden sich bietenden Freiraum, und die deutschen Sprachinseln waren nun offen dem Wellenschlag der polnischen Umwelt ausgesetzt. Das „rein" deutsche Dorf ist daher in Polen im großen ganzen ein Relikt der Feudalzeit; die kapitalistische Epoche begünstigte die nationale Mischung. Da aber die deutsche Kolonisation die Entwicklung zum Kapitalismus stark förderte, beschleunigte sie damit selbsttätig ihr eigenes Ende.

Die bisherige, meist dorfweise Behandlung auch der jüngsten deutschen Siedlungsgeschichte in Polen, besonders in Kongreßpolen, ist daher im Grunde ein Anachronismus. Die Karte der „deutschen Siedlungen" Mittelpolens von Albert Breyer z.B. ist in Wirklichkeit eine Karte der Siedlungen mit mehr oder weniger starkem deutschem Bevölkerungsanteil. Dieser neuen Entwicklung sollte auf Karte 8 schon durch die Wahl der Ortszeichen Ausdruck gegeben werden: kleine Kreise symbolisieren die ständisch recht geschlossenen Holländereien; Quadrate kennzeichnen die ebenso geschlossenen, aber strenger geometrischen Kolonien aus preußischer Zeit; Kreuzchen — die immer noch überwiegend deutschen, aber auch für Polen offenen Kolonien bis 1825; senkrechte Strichzeichen — die noch überwiegend deutschen Kolonien bis 1835; waagerechte Striche die späteren Kolonien, die bereits eng mit ihrer Umwelt verquickt waren und großenteils von dorther ihre Bewohner bezogen.

Erst eine detaillierte Untersuchung dieses fortschreitenden Mischungsprozesses würde die jüngste Geschichte des ländlichen Deutschtums in Polen in ihrer Realität enthüllen, freilich auch ein genaues Studium von Hunderten von Einzelsiedlungen erfordern, was hier nicht mehr geschehen kann. Der Mischungsprozeß,

37) B. Szczepański: Osadnictwo olęderskie w dobrach szlacheckich [Die holländische Siedlung in Adelsgütern des Kreises Konin im 18. Jh.], in: Rocznik Wielkopolski Wschodniej [Jahrbuch für das östliche Großpolen] 1 (1973), S. 56 f., Anm. 14.

d. i. die zunehmende Entdeutschung der Neusiedlung, wäre zudem als Bestandteil der gewaltigen sozialen und wirtschaftlichen Wandlungen zu sehen, die sich in der zweiten Jahrhunderthälfte im kongreßpolnischen Dorf vollzogen, begleitet von einer unvorstellbaren Bevölkerungsexplosion der endlich befreiten Fronbauernmasse. Als Beispiele, die erste Einblicke in diese Vorgänge vermitteln können, seien hier die zu Ende des 18. Jahrhunderts entstandenen Holländereien Katarzynów und Felicjanów, knapp südöstlich von Brzeziny (im Osten von Lodz) angeführt. Es handelt sich um die Nummern 194 und 195 unserer Kolonienliste von 1835. Sie zählten damals 217 bzw. 127 Kolonisten; zehn Jahre vordem betrug die Zahl ihrer Einwohner 220 bzw. 125. Das zeigt, daß in beiden Dörfern zu jener Zeit noch keine Nichtkolonisten waren, vielleicht einige Polen aus dem Posenschen. In Felicjanów war indes laut Warschauer Liste bereits vor 1835 eine Lücke entstanden, indem dort auf 22 Feuerstellen nur 19 Kolonistenfamilien saßen. In Katarzynów wiederum beschwerten sich die Kolonisten im Jahre 1851, daß der Grundherr ihnen 4 Stellen entrissen habe. Auf einer habe er einen Eigenbauern angesetzt, die drei anderen nutze er selbst; außerdem wolle er sie alle ruinieren, damit sie abzögen und er die verlassenen Stellen übernehmen könne.[38] In beiden Dörfern zeigten sich auf diese Weise erste Einstiegmöglichkeiten für einheimische Bauern. Aber noch 1865 und lange danach gab es in ihnen deutsche Schulen; diejenige von Katarzynów überstand sogar die neuen, minderheitenfeindlichen Schulgesetze des Versailler Polen. Die Einwohnerzahl in Katarzynów war schließlich bis 1921 auf 196 gesunken, die Zahl der Evangelischen betrug zu diesem Zeitpunkt nur 91.[39] Daneben aber war, nach 1880, die Kolonie Neu-Katarzynów entstanden, die 1921 bei insgesamt 793 (!) Einwohnern 144 Evangelische aufwies; eine Auswirkung der Bauernbefreiung von 1864. Der Grundherr war hier in der Lage, die Einrichtung einer neuen großen Kolonie neben der alten vorzunehmen, so daß diese ihren ursprünglichen nationalen Charakter nicht gänzlich einbüßte. — Zu demselben Besitztum gehörte die Holländerei Felicjanów. Sie zählte 1921 doppelt soviel Stellen wie 1835, 42 statt 22, war also inzwischen erweitert worden. Ihre polnische Bevölkerung war entsprechend auf 196 angewachsen, die evangelische bei 123 stehen geblieben, was ziemlich genau der alten Kolonistenzahl von 1835 entspricht. Daneben entstand auch hier nach der Bauernbefreiung eine zweite menschenreiche Kolonie, Neu-Felicjanów. Sie zählte im Jahre 1921 bei 786 Einwohnern nur 92 Evangelische. Auch hier hatte damit ein günstiges Schicksal die alte Kolonie vor völliger Überflutung bewahrt. — Letztlich war in diesen Kolonien nichts anderes im Gange als in Lodz selbst, wo zuziehende polnische Massen nach den Agrarreformen von 1864 die ältere Kolonistenmehrheit unterwanderten und numerisch schließlich weit hinter sich zurückließen.

Demgegenüber haben sich die niederunger Kolonien an der Weichsel, die die dortigen Naßböden frühzeitig mehr oder weniger restlos besetzten, verhältnis-

---

38) Cz. Ohryzko-Włodarska: Przemiany na wsi królestwa polskiego [Wandlungen auf dem Dorfe im Königreich Polen 1846—1870], Warschau 1972, S. 88.

39) die Bekenntniszahlen für 1921 nach Skorowidz miejscowości Rzeczypospolitej Polskiej [Ortsverzeichnis der Republik Polen], Bd 1 und 2, Warschau 1925.

mäßig rein erhalten können. Es war dort nämlich kaum Platz für spätere polnische Nachsiedlungen übrig geblieben. Das gilt auch für die alten, dicht sitzenden Holländereien des Kalischer Gebietes, ähnlich für die geschlossene Sprachinsel um Ruda-Bugaj bei Aleksandrów. Bugaj (Nr. 447 der Liste) zählte 1921 — infolge Erbteilung — einige „Wohnhäuser" mehr als Feuerstellen 1835 (16 gegen 12). Es hatte 1825 97 Einwohner, 1835 — 107 Kolonisten; auch hier waren also die Kolonisten ganz unter sich. 1921 zählte Bugaj aber immer noch 99 Evangelische und nur 2 Katholiken (Dienstboten), entsprechend 99 Deutsche und 2 Polen. Im benachbarten Ruda standen den 236 Kolonisten von 1835 ebenfalls ungefähr gleich viel (222) Einwohner im Jahre 1921 gegenüber, von denen immerhin 33 als katholisch ausgewiesen sind (Mühle, Schenke, Ziegelei).

Aber nicht nur die früher oder später einsetzende Durchmischung, die oft zu einheimisch-polnischen Mehrheiten führte, hat hier das Bild verändert. Manche ursprünglich deutsche Kolonie ist nach einiger Zeit völlig oder fast völlig durch einheimische Bauern übernommen worden. Zogen z. B. Kolonisten aus einer neuen Siedlung ab, so wurden sie zwar in den ersten Jahrzehnten, als polnische Freie noch rar waren, in der Regel durch frischen deutschen Nachschub ersetzt. Später jedoch übernahmen immer häufiger Polen die verlassenen Stellen. Allein während der Wolhynienwanderung der Deutschen Kongreßpolens, die genau zum Zeitpunkt der Bauernbefreiung einsetzte (1864), sind vielleicht 70 000 Kolonisten abgezogen, häufig die Einwohnerschaft ganzer Dörfer. Zehntausende übersiedelten ferner in den nahen, wirtschaftlich anziehenderen Lodzer Raum. Auch sonst herrschte Kommen und Gehen in den Neusiedlungen, besonders in den isolierteren, die als unbefriedigendes, aussichtsloses Abseits empfunden wurden. Aus anderen Siedlungen wiederum wurden die Kolonisten widerrechtlich verdrängt: im Kreise Rypin, dem östlichen Teil des Dobriner Landes, sind nach T r e i c h e l in den 40er Jahren 12 deutsche Dörfer zwangsweise geräumt worden.[40] Es gibt wenig regionale Untersuchungen, die nicht die Preisgabe ehemals deutscher Dörfer aus diesen oder jenen Gründen zu melden haben. So schreibt B r e y e r, daß allein im Gebiet der Kirchengemeinde Sompolno in den Jahren 1865 bis 1885 einige tausend deutsche Bauern Haus und Hof verkauften und in die Lublinischen und Wolhynischen Wälder zogen. Er führt als B e i s p i e l 14 Dörfer an, die mehr oder weniger völlig verlassen wurden[41]. O h r y z k o - W ł o d a r s k a berichtet in ihrer Arbeit über den Kreis Brzeziny, daß u. a. im Dorfe Skoszewy (Nr. 186 der Warschauer Liste; 1921: 1 evangelischer Bewohner) mehrere Kolonistenhöfe vom Grundherrn zwangsweise eingezogen wurden.[42] Weiter unten kommen wiederholt Fälle solcher oder ähnlicher Art zur Sprache. Wenn aber, um eine runde Zahl zu nennen, auch nur 10 000 Siedler ihre Plätze wechselten, so war das bereits die Einwohnerschaft von über Hundert jener winzigen Kolonien. Selbst große Schwabendörfer, die zu Beginn des Jahrhunderts zweifellos deutsch waren, er-

---

40) A. T r e i c h e l : Geschichte des Deutschtums von Rippin und Umgegend, 1962[3], S. 45.

41) A. B r e y e r : Zur Geschichte von Sompolno und Umgegend, Posen 1938, S. 94.

42) O h r y z k o - W ł o d a r s k a , Przemiany, S. 89.

scheinen 1921 als völlig oder fast völlig polnische Siedlungen. Manche Dörfer, die 1865 noch deutsche oder evangelische Schulen, Kantorate oder Bethäuser aufwiesen, besaßen 1921 keinen einzigen Deutschen. Kein Wunder, daß die erste polnische Nachkriegszählung von 1921 in zahlreichen dieser Kolonien nur noch wenig oder gar keine Evangelischen antraf. Dabei ist, jedenfalls im nordwestlichen Kongreßpolen, wo die Masse der Deutschen saß, keineswegs vordergründig mit Verdrängung zu rechnen. Im Gegenteil, die abziehenden Siedler folgten meist aus eigenem Antrieb den Lockungen eines neuen Wanderzieles, wo sie — wie in Lodz oder Wolhynien — ihre Situation zu verbessern hofften.

Es ist unmöglich, hier die Warschauer Liste, Dorf für Dorf, auf deren nationale Entwicklung hin durchzugehen. Das würde zudem weitere Archivstudien erforderlich machen. Immerhin seien als Beispiele die ersten Kolonien der Liste, die Nummern 1—41, herausgegriffen und mit den hier vorhandenen Mitteln untersucht, um wenigstens einige immer wiederkehrende, charakteristische Grundzüge der nationalen Entwicklung solcher Dörfer vorzuführen. Es handelt sich um die Kolonien des Bezirks Sochaczew im Vorfeld von Warschau. Aus den Bekenntniszahlen von 1921 — ältere liegen nicht vor — ist zu ersehen, daß in diesem Jahr nur noch wenige von ihnen, sieben oder acht, evangelische Mehrheiten hatten! Dennoch waren seinerzeit auch die meisten anderen, die 1921 nur wenige oder keinen einzigen Evangelischen aufwiesen, überwiegend oder „rein" deutsche Siedlungen; jedenfalls in ihren von Kolonisten besetzten Ortsteilen:

1) Kępa Szladowska — 1921 (zusammen mit „Dorf" Szladów): 382 K. (Katholiken), 284 Ev. (Evangelische). 1835: 49 Kolonisten. 1851: 249 Deutsche. Die Kämpe oder die Weichselinsel selbst war demnach 1835 von Deutschen bewohnt: auf der „Höhe" im alten Dorf wohnten die Katholiken, unten in der Niederung — die Szladower Holländer.

2) Kromnów Stary und Nowy — 1921 (zusammen mit Kromnów Niemiecki oder Kromnów-Holl.): 195 K., 153 Ev. 1851: ohne das Holland: 124 Deutsche. 1835: 121 Kolonisten auf 17 Höfen (von insgesamt 28), die nach Kartenunterlagen grundsätzlich unterhalb des Altdorfes auf der Überschwemmungsterrasse lagen. Die Kolonisten waren demnach Deutsche.

3) Kromnów Holl. — 1921: bei Kromnów-Dorf mitgezählt (s. unter 2). 1835: 29 Kolonisten. 1851: 25 Deutsche. Der Ort hieß noch 1921 Kromnów Niemiecki, lag ebenfalls in der Niederung.

4) Gorszewnica — 1921: 31 K., 67 Ev. Um 1805 laut „Specialkarte des Warschauer Kammerdepartements":[43] 6 Gehöfte. 1825: 6 Gehöfte. 1835: 48 Kolonisten auf 7 Höfen. 1921: 19 Höfe, die meisten offenbar noch in deutscher Hand.

5) Piaski Duchowne — 1921: 51 K., 57 Ev. Um 1805: 7 Gehöfte. 1825: 20 Feuerstellen. 1835: 14 Kolonistenstellen. Diese waren offensichtlich nach 1805 entstanden und

43) „Special-Karte des Warschauer Kammer-Departements im Maasstabe von 2½ Duodecimal-Zoll die Meile" (1:113 600) in der Kartenabteilung der Preußischen Staatsbibliothek, Berlin, als Manuskript. Die ihr zugrunde liegende „Brodowskische Originalaufnahme für Südpreußen", 1:58 000, aus den Jahren 1796—1805 befindet sich, wenn auch unvollständig, ebenda. Beide Karten verzeichnen für jedes Dorf die Zahl der Gehöfte. Vgl. Kossmann, Die preußischen Landesaufnahmen, S. 25 f.

ergaben mit den alten 7 Höfen die 20 Feuerstellen von 1825. Der Ort dürfte demnach von Anfang an teilweise polnisch gewesen sein, nicht aber die Kolonisten.
6) Wilków Holl. — 1921: 2 K., 192 Ev. 1851: 93 Deutsche. 1865: evangelische Schule (wie in Kępa Szlad. und Kromnów Nowy).
7) Wiersze — 1921: 207 K., 0 Ev. Nach Breyer als deutsches Dorf 1769 angesetzt.[44] Nach „Lustration der Wojewodschaft Rawa im J. 1789" war es seit 1777 von 17 Landwirten besetzt, deren Privileg 1786 vom König bestätigt wurde.[45] 1805: 13 Gehöfte. 1825: 21 Feuerstellen, von denen 1835 nur 6 in Kolonistenhand waren. Nach Pytlak erhielt das Dorf im J. 1800 von der preußischen Verwaltung 36 Hufen zugemessen und wurde gleichzeitig in „Kolonie" umbenannt.[46] Die 6 Kolonistenhöfe dürften bei dieser Gelegenheit entstanden sein.
8) Marywil (Marieville), so benannt nach Maria Walewska, der Geliebten Napoleons, princesse de Lowicz — 1921: 240 K., 10 Ev. 1835: 138 Kolonisten. 1851: 251 Deutsche, die eine evangelische Dorfschule unterhielten.
9) Secymin Niemiecki — 1921: 19 K., 215 Ev.
10) Olszynki — 1921: 55 K., 103 Ev.
11) Baby, auch Rózin (nach einer Tochter des Gutsherrn) oder Babskie Budy genannt — 1921: 83 K., 24 Ev. Es gehört zu den Gründungen des Grafen Łubieński, Erbherrn auf Guzew, aus den Jahren um 1800. Der Graf hat hier insgesamt 15 neue Dörfer angelegt und dabei 360 deutsche Kolonistenfamilien angesetzt.[47] In der Warschauer Liste von 1835 sind in der Tat 15 Guzewer Kolonien verzeichnet (die Nummern 11—25), die offensichtlich jene deutschen Neugründungen waren.
12) Tomaszew — 1921: 154 K., 0 Ev. Ein Sohn des Gründers hieß Tomasz; siehe Nr. 11. Nach Söhnen benannt sind auch die Nrn. 15, 16, 18, 21.
13) Lubno — 1921: 278 K., 11 Ev., s. Nr. 11.
14) Jasionka — 1921: 237 K., 10 Ev.; s. Nr. 11. 1789: ehemalige Budysiedlung, auf der drei Zinsbauern sitzen. Budy-Siedler waren in diesen Gegenden „Leute aus aller Herren Ländern", darunter Deutsche, Kleinadlige, verarmter Adel, Ackerbürger, Juden etc.[48]
15) Franciszków — 1921: 384 K., 21 Ev. S. Nr. 11. 1851: 160 Deutsche. 1865: evangelische Schule, Bethaus. Offenbar schon 1851 zu einem Drittel polnisch.
16) Józefów — 1921: 105 K., 0 Ev. S. Nr. 11. Auf zwei Höfen saßen wahrscheinlich schon 1835 einheimische Polen.
17) Benenard — 1921: 203 K., 0 Ev. S. Nr. 11. 1789: Budy-Siedlung mit einem oder zwei Büdnern.
18) Piotrowin — 1921: 120 K., 0 Ev. S. Nr. 11.

---

44) Breyer, Deutsche Gaue in Mittelpolen, S. 6.

45) Lustracja województwa rawskiego 1789, hrsg. von Z. Kędzierska, Breslau etc. 1971, S. 82.

46) Pytlak, Die deutschen Kolonisationsbestrebungen, S. 123.

47) A. Breyer, Deutsche Gaue, S. 38; E. Kneifel, Die ev.-augsb. Gemeinden in Polen 1555—1939, S. 48; Polnisches Biographisches Lexikon, H. 78, S. 379 (s. Anm. 57).

48) Lustracja województwa rawskiego, S. 127. Vgl. Kossmann, Die Pustkowier, S. 407 ff.

19) Felixów — 1921: 88 K., 131 Ev. 1851: 183 Deutsche. 1865: deutsche Schule. S. Nr. 11. Der Grundherr selbst hieß Felix.

20) Grądy — 1921: 200 K., 5 Ev. 1789: Budy Grądy oder Holendry, mit etlichen Büdnern, die neben geringfügigem Zins einigen Hafer, Hopfen, Nüsse, Pilze und Eicheln als Abgaben für den Grundherrn leisten. Sonst s. Nr. 11. (Grądy ist als Abbau von Baranowskie Holendry aufzufassen, die wiederum identisch sind mit Kaski-Hol., das 1645 angelegt wurde und noch 1789 achtzehn völlig dienstfreie Wirte hatte).[49]

21) Henryszew — 1921: 241 K., 10 Ev. S. Nr. 11.

22) Sade Budy — 1921: 196 K., 8 Ev. 1789: Budy-Siedlung, 9 Büdner. S. Nr. 11.

23) Mariampol — 1921: keine Angaben, da nach Żyrardów eingemeindet. Eine Tochter des Gründers hieß Maria. S. Nr. 11.

24) Teklinów — 1921: da nach Żyrardów eingemeindet, keine Angaben. 1851: 140 Deutsche. 1865: evangelische Schule. Die Frau des Gründers hieß Tekla; s. Nr. 11.

25) Bieganów — 1921: 419 K., 6 Ev. 1789: Budy-Siedlung von 15 Büdnern. 1835: 16 Kolonistenfamilien in einem Dorf von 44 Feuerstellen; s. Nr. 11.

26) Gągolin — 1921: 62 K., 111 Ev. 1835: 10 Kolonistenfamilien in geschlossener Siedlung neben dem großen alten Dorf. 1851: 112 Deutsche. 1865: evangelische Schule. Die Kolonie hieß noch vor dem Zweiten Weltkriege West- oder Deutsch-Gągolin. Eigener Feld-Friedhof, während polnische Dörfer ihren Kirchhof meist an der Kirche oder doch im Kirchdorf haben.

27) Bednary — 1921: 201 K., 75 Ev. 1835: nur 24 von 63 Feuerstellen gehörten Kolonisten, die in einer Neu-Siedlung, Bednary Niemieckie, angesetzt waren. 1851: 186 Deutsche. 1865: evangelische Schule.

28) Sowia Wola — 1921: 104 K., 0 Ev. 1789: Dorf mit 11 Bauern. 1805: 20 Gehöfte in mittelalterlicher Dorfform. 1835: 22 Kolonistenhöfe in kolonialer Form angesetzt.

29) Brzozówka — 1921: 104 K., 0 Ev. 1789: ehemalige Budysiedlung, seit 1784 auf 40 Jahre an 14 Landwirte in Erbpacht ausgegeben.[50] Zwischen 1815 und 1830 wurden laut Pytlak Kolonisten hinzugesiedelt; aus dem Protokoll sei nicht zu ersehen, ob es In- oder Ausländer waren.[51] Offensichtlich waren es indes Deutsche, denn 1835 gab es dort 23 Kolonisten-Familien, denen die 231 Deutschen vom Jahre 1851 gut entsprechen. 1865: evangelische Schule. Nach Kuhn stammten die Einwohner der deutschen Kolonie Glincze in Wolhynien vorwiegend aus Brzozówka.[52]

30) Truskawka — 1921: 150 K., 0 Ev. Um 1805: 6 reihendorfartig angeordnete Gehöfte.

---

49) Lustracja, S. 138. Als „Holländer Kasky" bezeichnet auf der Originalaufnahme von Gilly, Blatt 59.

50) Lustracja, S. 81.

51) Pytlak, Kolonisationsbestrebungen, S. 134 f.

52) W. Kuhn: Die Kirchenbücher als Geschichtsquelle des Wolhyniendeutschtums, in: DM 3 (1937), S. 430.

31) Kiścinne — 1921: 137 K., 0 Ev. Auf südpreußischen Karten noch nicht verzeichnet.
32) Wędziszewo — 1921: 65 K., 0 Ev. Auf südpreußischen Karten und in der Tabella noch nicht verzeichnet.
33) Antoniew Nowy — 1921: 166 K., 37 Ev. Gehört zu den von Guzew aus angelegten Dörfern.
34) Zakulin — 1921: 201 K., 67 Ev. Um 1805: 10 Gehöfte in mittelalterlicher Dorfform. 1835: 132 Kolonisten in 27 Gehöften in einer Linie. Anscheinend wurden die nach 1831 hinzugesiedelten rund 15 Kolonisten-Familien[53] zusammen mit den früheren Bauern in der neuen Dorfanlage untergebracht. 1865: evangelische Schule.
35) Łyszkowice Kolonia — 1921: 77 K., 61 Ev. Laut Pytlak nach 1831 entstanden.[53] Auf der Quartiermeisterkarte in ersten Ansätzen vorhanden. 1835: 80 Kolonisten. 1865: evangelische Schule mit 80 Schülern. Feld-Friedhof.
36) Sielce — 1921: 266 K., 0 Ev. Taucht erst auf der Quartiermeisterkarte als einzeiliges Reihendorf auf. 1825: 8 Höfe. 1835: 108 Kolonisten in 13 Höfen. 1865: evangelische Schule.
37) Zawady — 1921: 380 K., 56 Ev. Um 1805: Kolonia Zawady, 6 Gehöfte. 1835: 33 Kolonisten, aber schon 1825 121 Einwohner. 1865: evangelische Schule mit 46 Schülern.
38) Wygoda — 1921: 349 K., 6 Ev. 1805: 7 Gehöfte. 1835: 2 Kolonistenhöfe. 1921 zählte W. 79 Höfe; höchstens einer war noch in deutscher Hand. Kuhn stellte dafür im wolhynischen Karlswalde zwei deutsche Zuwanderer aus Wygoda fest.
39) Seroki (Sroki) — 1921: 164 K., 0 Ev. 1805: Kolonia Sroki, 7 Gehöfte. 1835: 20 Kolonisten auf 3 Höfen; 1921: 65 Höfe.
40) Jamno — 1921: 554 K., 0 Ev. 1805: 26 Höfe. In südpreußischer Zeit wurden hier Kolonisten eingesiedelt.[54] 1835 nur noch eine Kolonistenfamilie am Orte. Auf der Quartiermeisterkarte im Norden an Jamno-Dorf anschließend: Kolonia pod Jamnem. Ebenda in der Zeit vor dem letzten Weltkriege der Ortsteil „Szwaby". 1921: 94 Höfe.
41) Jastrzębia — 1921: 320 K., 0 Ev. 1805: 13 Gehöfte. 1835: 2 Kolonistenfamilien. 1921: 51 Höfe.

So läßt sich selbst für Orte, die 1921 keinen einzigen oder nur wenige Evangelische aufwiesen, zeigen, daß in ihnen ursprünglich deutsche Kolonisten saßen. Nur für vier Kolonien (Nrn. 28, 30, 31, 32) und für zwei kleine Einsiedlungen (39, 41) konnte das aus den hier vorhandenen Quellen nicht oder nicht hinreichend glaubhaft gemacht werden. In der Regel waren die Kolonien, wie aus der obigen Analyse hervorgeht, Ortsteile, Abbauten, die innerhalb der Gemarkung eines älteren Dorfes entstanden. Sie setzten sich gegen diese meist recht deutlich ab, was sowohl für die Holländereien, wie — erstaunlicherweise — auch für viele sogenannte Einsiedlungen galt, die meist in den staatlichen Domänen vorkamen. Der Abbau-Charakter vieler Kolonien brachte es mit sich, daß ihre Bewohner in den

53) Pytlak, Seite 134.
54) ebenda, S. 124.

statistischen Ortsverzeichnissen von 1921 oft mit denen des Altdorfes unter einer Rubrik zusammengefaßt sind und dann als unbedeutende Minderheit erscheinen.

Der am Sochaczewer Bezirk illustrierte, häufig bestürzend rasche Vorgang der Entdeutschung zahlreicher älterer Kolonien ist dort schon sehr früh überliefert. In einem alten Kirchenbuch von Wiskitki, wo Graf Łubieński Tuchmacher zusammengezogen hatte, heißt es, daß die Kriege Napoleons mit Preußen und Österreich bereits in den Jahren 1805 ff. die Gemeindeglieder „um die Hälfte" vermindert hätten.[55] Ursprünglich aber hatte Łubieński, wie erwähnt, 360 deutsche Familien angesetzt, was von der katholischen Gesellschaft Masowiens mit „Stimmen der Verdammnis" bedacht worden sei, in Berlin jedoch Anerkennung gefunden habe.[56] Andernorts ist zu erfahren, daß Graf Łubieński — im Warschauer Herzogtum später hochgeachteter polnischer Justizminister — vom preußischen König dafür mit dem Adlerorden ausgezeichnet wurde.[57] 1831 ff. ging das Tuchmachergewerbe hier wie im übrigen Kongreßpolen stark zurück. Geradezu verheerend aber wirkte sich dann die Weiterwanderung der Kolonisten nach Wolhynien in der zweiten Hälfte des 19. Jahrhunderts aus. „Dadurch verloren 12 deutsche Dörfer [allein der Gemeinde Łowicz] sämtliche Bewohner und in anderen wie Zakulin, Marywil und Zawady blieben nur kleine Reste zurück. Die Auswanderung erschütterte derart das Gefüge der vorhin blühenden und aufstrebenden Gemeinde, daß sie sich von diesem Schlag nicht mehr erholen konnte."[58] Betrug die Seelenzahl der Gemeinde im Jahre 1838 schon 2141 und 1865 noch 2081, so fanden sich dort im Jahre 1913 nur noch 1000 vor. Die deutsche Siedlung in Polen zeigt sich hier beim Abbau ihrer Positionen nicht minder dynamisch als bei ihrem Aufbau.

Bei diesem nationalen Umschichtungsprozeß der Kolonien, der praktisch gleich nach der Ansiedlung einsetzte, war zwar die fortschreitende Entdeutschung das für uns interessantere Phänomen; gleichzeitig jedoch werden wir dabei mit einem neuen, positiven Geschehen konfrontiert, dem zweifellos die historisch größere Bedeutung beizumessen ist: mit der beginnenden einheimischen Binnenkolonisation des 19. Jahrhunderts, der bis dahin größten polnischen Siedlungstat der Geschichte. Sie führte zu einer fast völligen Verwandlung der Kulturlandschaft. Offensichtlich geschah dieses Hineinwachsen ehemaliger Fronbauern in die neuen freien Strukturen und ihr Eingewöhnen in die Wirtschaftsweise der Kolonien zu allererst in demselben Nordwesten Kongreßpolens, wo sich die deutsche Siedlung abspielte, in denselben Kolonien oder doch in deren unmittelbarer Nachbarschaft, d. i. im gleichen Wildnisland, das solange eine Domäne der deutschen Kolonisten gewesen war. Wir haben daher auf unserer Karte der Kolonien von 1835 nicht nur eine Endphase der deut-

55) A. Breyer, Deutsche Tuchmachereinwanderung in den ostmitteleuropäischen Raum 1550—1830, Leipzig 1941, S. 142.

56) A. Zahorski in dem Sammelwerk Cztery wieki Mazowsza [Vier Jahrhunderte Masowien], Warschau 1968, S. 218.

57) Polski Słownik Biograficzny [Polnisches Biographisches Lexikon], H. 78, Breslau 1973, S. 379.

58) E. Kneifel, Die ev.-augsb. Gemeinden in Polen, S. 24.

6. Ländliche deutsche Siedlung bei Lodz

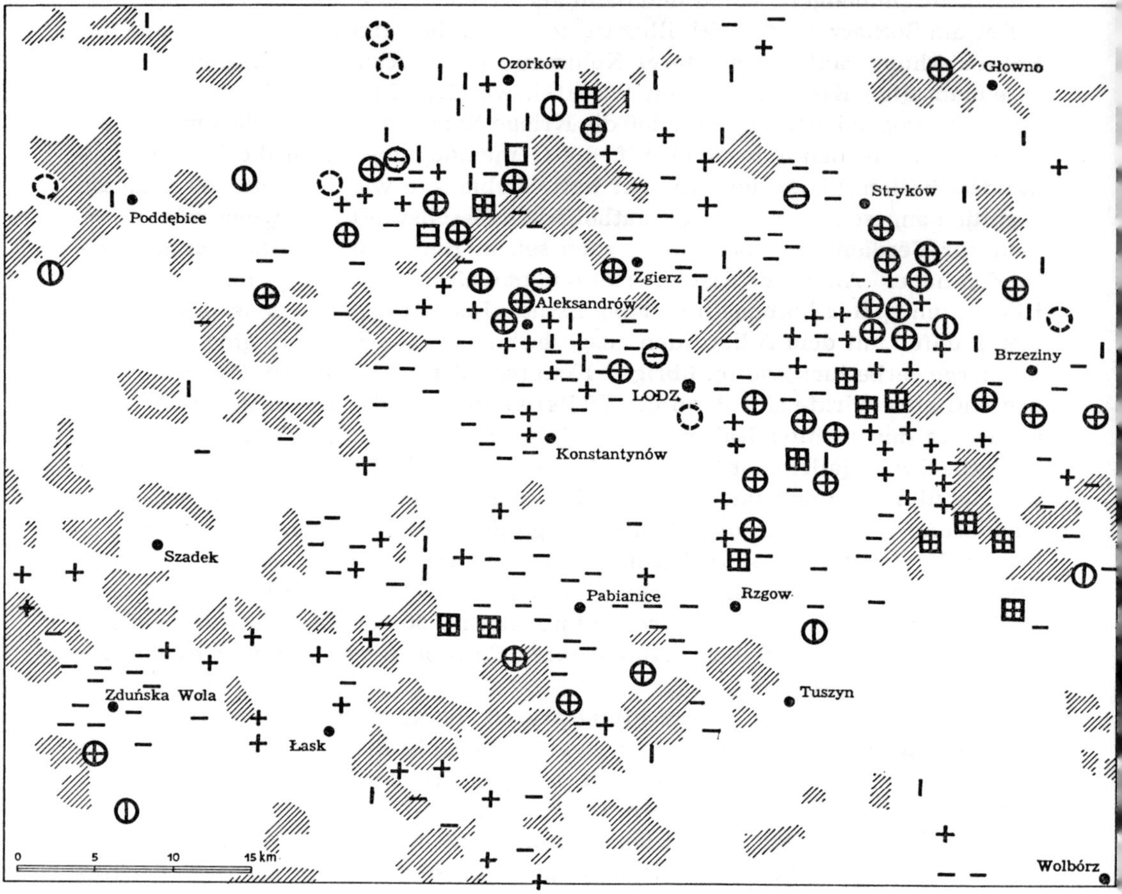

Holländereien um 1800
Untergegangene Holländereien
Südpreußische staatliche Siedlungen
Schraffierte Fläche: Wald
Kolonien lt. Liste von 1835
Orte mit deutscher Bevölkerung 1935
Orientierungsorte
Kreuze: Kolonien 1835 mit deutscher Bevölkerung 1935

schen Siedlung auf polnischem Boden vor unseren Augen, sondern gleichzeitig — als zweiten Aspekt desselben Vorgangs — die Ansätze zur neuzeitlichen polnischen Binnensiedlung.

Karte 6, die den Lodzer Raum darstellt, zeigt im Einzelnen, daß sowohl die alten Holländereien wie die südpreußischen Schwabendörfer in die Kolonienliste von 1835 aufgenommen worden sind. Insbesondere aber erweist sich an diesem Raum, für den Teilergebnisse der privaten Zählung von 1935 zugänglich waren,[59] die Identität der meisten Kolonien von 1835 mit Wohnorten des Deutschtums von 1935, wobei dieses oft nur noch als eine Art Leitfossil in Erscheinung tritt. Außerdem wird auf dem Kärtchen die vitale deutsche oder deutsch-polnische Aufsiedlung des Lodzer Raumes auch in den Jahren nach 1835 deutlich sichtbar. Einzelne dieser späten Siedlungen haben freilich schon vor 1835 bestanden und sind aus diesen oder jenen Gründen nicht in die Liste aufgenommen worden. Ortslisten wie Statistiken jener Zeit sind hier bekanntlich immer nur mit Vorbehalten und Vorsicht zu benutzen. Im allgemeinen fehlte das geschulte Personal und nicht zuletzt die Sorgfalt bei der Ausführung. Trotzdem bleibt die Forschung aus Mangel an Besserem auf solche Unterlagen angewiesen, die immer noch verläßlicher sind als Spekulation. Mitunter lassen sich für das Fehlen der einen oder anderen Siedlung auch sachliche Gründe vorbringen.

So dürften einige Webersiedlungen bei Zduńska Wola und bei Kleszczów (südwestlich Petrikau) deshalb unberücksichtigt geblieben sein, weil es keine bäuerlichen Kolonien im Pachtverhältnis waren. Vielmehr hatten dort eingewanderte Weber, bei Kleszczów neben Deutschen auch reformierte Tschechen und evangelische Polen aus Schlesien, die Orte in toto als Eigentum erkauft und untereinander aufgeteilt. Bei Kleszczów sind mehrere solche um 1818 aufgekaufte Ortschaften[60] offensichtlich aus diesem Grunde ungenannt geblieben, während die zur gleichen Zeit ebenda entstandene Ansiedlung „evangelischer Colonisten deutscher Nationalität" namens Łuszczanowice prompt in der Liste (Nr. 1096) erscheint. Ebenso fehlen Neu-Boryszewo, Kreis Płock, das bäuerliche Kolonisten ebenfalls als Eigentum gekauft und untereinander aufgeteilt hatten,[61] und z. B. im Bezirk Sochaczew die älteren deutschen Siedlungen Famułki Królewskie und Myszory. Im Lodzer Raum fehlen ferner Antolin, eine bald eingegangene Tuchmachersiedlung bei Ujazd, nahe Tomaszów, sowie die nichtlandwirtschaftliche Kleinsiedlung Baraki ebenda.[62] Wir vermissen auch das bis zuletzt von Deutschen bewohnte Dorf Brużyczka oder Księstwo bei Aleksandrów. Seine ersten Insassen waren 1813 mit Gewalt nach Rußland verschleppt worden. Ein Teil nur hatte sich

59) vgl. Karte 10 (Verbreitung der Deutschen und ihres ländlichen Grundbesitzes im Lodzer Raum), 1:100 000, bei Kossmann, Lodz.

60) Kuców, Gatka, Stawek, Nowy Folwark, Modrzewiec; s. Busch, Beiträge, S. 174.

61) F. Lackner: Chronik der Gemeinde und Volksschule Tiefenbach (Nowe Boryszewo, Kr. Płock, Polen), Dortmund 1959 (vervielfältigt).

62) zu diesem vgl. Cz. Ohryzko-Włodarska: Nadziały włościan w dobrach Tomaszowskich [Die Landausstattung der Bauern in den Tomaschower Gütern], in: Studia i materiały do dziejów Łodzi i okręgu łódzkiego, Lodz 1966, S. 86 ff.

verstecken können, bekam dann aber rechtliche Schwierigkeiten.[63] Auch sonst kam es vor, daß Siedler bei Nacht und Nebel in andre Besitzungen „entführt" wurden, wie diesbezügliche Klauseln der Gründungsurkunden erkennen lassen.[64] Es fehlt freilich auch ein so notorisches großes Holland wie Żabieniec (bei Lodz) oder Swędów, das vielleicht als „Rzędków" (Nr. 295 der Warschauer Liste) „verlesen" wurde, und selbst Schöneich (Krasnodęby).

Andererseits erscheinen in der Liste Kolonien, die hundert Jahre später keine Deutschen mehr aufweisen, besonders an den Rändern der Lodzer Sprachinselgruppe, vor allem bei Ozorków und Brzeziny. Einige davon[65] werden auf der Quartiermeisterkarte noch als Holländereien bezeichnet. Von drei Kolonien aber (Nr. 567, 576, 531) ist notorisch, daß es Anlagen für polnische Bauern waren, die wegen der Lodzer Industriegründungen, in einer Ausnahmesituation, umgesetzt werden mußten.[66] Bereits bei der Anlage des riesigen sternförmigen Dorfes Neu-Sulzfeld waren von den südpreußischen Behörden einige polnische Bauern in eine neu angelegte Kolonie (Nr. 566) umgesiedelt worden. Die Preußen erklärten sie bei dieser Gelegenheit zu Freien und verliehen ihnen die neuen Stellen als Erbpachtbesitz, was zu jener Zeit noch ein sehr großherziges Verfahren war.[67]

Einige andere Kolonien wiederum haben auch hier ihre ursprünglich evangelischen Bewohner durch Abwanderung verloren. Das gilt z. B. für die große Kolonie Modlica im Süden von Lodz, die ursprünglich zur Hälfte deutsch war.[68] Zu Gościmowice (Nr. 1082) sagt die Liste selbst: „zwei Häuser nur sind bewohnt; der Rest ist von den Kolonisten verlassen, die nach Rußland gezogen sind."

Der Verfasser hat bereits an anderer Stelle darauf hingewiesen, daß sich in manchen Kolonien schon um 1800 neben den Deutschen auch Polen befanden. Für einige polnische Siedler in den drei Kolonien des Krakauer Domkapitels südlich Lodz (Nr. 1149, 1150, 1151) ließ sich feststellen, daß sie aus dem Posenschen kamen und demnach hier am Orte Ausländer, „Kolonisten", waren.[69] Der Grundherr von Stoki wiederum wollte seine Ländereien (Nr. 429) nur an Katholiken ausgeteilt wissen; dennoch wohnten dort im Jahre 1828 überwiegend evangelische Siedler, 54 Familien. [70] Die übrigen werden meist als Kolonisten aus

---

63) Kossmann, Ein Lodzer Heimatbuch, S. 59 ff. Pytlak, Die deutschen Kolonisationsbestrebungen, S. 137, bringt die amtliche Version: Brużyczka sei 1791 von 24 Holländern besetzt worden, „welche ihre Siedlungen 1811 an den Oberpächter des Domänenamts Zdziechów verkauft haben [der in Wirklichkeit an ihrer Vertreibung am meisten verdient hat] und nach Rußland ausgewandert sind; die Wiederbesetzung der Kolonie erfolgte unter der Regierung Kongreßpolens".

64) Kossmann, Die Anfänge, S. 19; ders., Ein Lodzer Heimatbuch, S. 59.

65) Rafałów, Mikołajew, Florjanki, Konstancja. — Wytrzyszczki erscheint auf Breyers Karte der deutschen Siedlungen als „Rest eines deutschen Dorfes".

66) Kossmann, Lodz, S. 25, 43.

67) M. Schmit, Mundart und Siedlungsgeschichte, S. 190 f., 195; Kossmann, Die Anfänge, S. 169 f.

68) Kossmann, Ein Lodzer Heimatbuch, S. 64 f.

69) ders., Die Anfänge, S. 27, 29; ders., Ein Heimatbuch, S. 64 f.

70) Namenliste bei A. Hoefig: Die deutschen Siedlungen bei Lodz, in: Neue Lodzer Zeitung, Nr. 183 v. 7. 7. 1935.

preußischen Gebieten zugezogen sein.[71] Ausländische Herkunft dürfte auch für manche anderen Kolonien gelten, wo frühzeitig neben deutschen evangelischen Bauern Katholiken saßen, wie in Paprockie Olendry und einigen anderen Kolonien bei Zduńska Wola.[72] In den letzteren haben sich gewiß auch katholische Weber aus Böhmen niedergelassen. In Zamłynie und Annopol (Nrn 1158 f.) sollen um 1800 etwa je zur Hälfte katholische und evangelische Kolonisten angesetzt worden sein.[73] Nery im Osten von Lodz war nachweislich von deutschen Katholiken bewohnt, wie aus dem amtlichen polnischen Ortschaftsverzeichnis mit den Zählergebnissen von 1921 hervorgeht.

Im Gostyniner Bezirk herrschte, wie im Lodzer Raum, grundsätzlich ebenfalls Übereinstimmung zwischen alten Holländereien, den Kolonien von 1835 und Wohngebieten oder Wohnorten von Deutschen im Jahre 1935. Im Gegensatz zum Lodzer Raum jedoch sind hier Neugründungen nach 1835 seltener. Es fehlte der belebende Motor des großen Gewerbezentrums. In den Kolonien der Peripherie, näher dem polnischen Altland um Kutno, waren 1935 keine Deutschen mehr festzustellen. Gerade für diese Dörfer aber hat Breyer die Abwanderung in den 1860er Jahren nachgewiesen.[74] Liliopol ⟨Liliental⟩ im Südwesten des Kreises, das 1935 ebenfalls keine Deutschen mehr aufweist, hat sie zur selben Zeit an Wolhynien abgegeben.[75]

Die Abwanderung der 60er Jahre ist auch aus Lodz bekannt, wo unmittelbar nach dem Aufstand weit über 1000 Deutsche nach Rußland aufbrachen.[76] Zahlreiche Kolonien in ganz Mittelpolen haben sich von jenem Aderlaß nie mehr erholt. Eine größere Anzahl solcher verlassenen Kolonien, gewiß nicht alle, hat Breyer auf seiner Karte des mittelpolnischen Deutschtums als „untergegangenes Dorf“ oder „Rest eines deutschen Dorfes“ verzeichnet. So sprechen gerade diese scheinbaren Ausnahmen (d. i. Kolonien von 1835 — ohne Deutsche 1935) für die allgemeine Regel, daß die Kolonien ursprünglich überwiegend deutsche Bewohner hatten und grundsätzlich Ausländersiedlungen waren. Erst seit den 40er Jahren wurde neues Siedlungsland — wie eine polnische Forscherin feststellt — neben deutschen Kolonisten „auch immer häufiger polnischen Bauern“ zugewiesen.[77] Eingesetzt hat dieser Prozeß aber bereits früher.

Dank den auch für die Bezirke Petrikau und Wieluń, jeweils in ihrem Umfang von 1835, vorgefundenen Zahlen der deutschen privaten Zählung von 1935 konnte erwiesen werden, daß die Masse der Kolonien im Petrikauer Bezirk im Jahre

---

71) Dort ansässige Brandenburger aus dem Warthebruch sollen 1812 sämtlich nach Rußland gezogen sein (H. Steinberg: Die Brüder in Polen, Gnadau 1924, S. 20).

72) G. Lehmann: Geschichte der evangelisch-augsburgischen Gemeinde zu Zduńska Wola, Zduńska Wola 1930, S. 50 f.

73) ebenda, S. 54.

74) A. Breyer: Die Auswanderung deutscher Bauern des Gostyniner Landes nach Wolhynien (1855—1885), in: DM 3 (1937), S. 442—501, mit Karte.

75) H. Textor: Zur Geschichte des Deutschtums im Südosten Kujawiens, in: Dt. Blätter in Polen 8 (1931), S. 220.

76) Kossmann, Lodz, S. 158.

77) Cz. Ohryzko-Włodarska, Przemiany na wsi, S. 107 f.

1935 ebenfalls noch zahlreiche deutsche Bewohner, zumindest als eine Art Leitfossil, hatte. Wo das nicht der Fall war, lagen entweder von vornherein nur Einsiedelungen vor, oder die Deutschen waren abgewandert. Für Ewina (Nr. 1079) sagt es die Liste selbst. Für Kielchinia (Nr. 1093) hat es Pastor Gerhardt überliefert. Eduard Kneifel berichtet hierzu: „Die Pest [vom Jahre 1870], die 300 Menschen in der Gemeinde [Bełchatów] dahinraffte und Schrecken in den Kolonien verbreitete, nicht minder aber die Hungersnot, von der insbesondere die auf leichten Sandböden ansässigen Kolonisten heimgesucht wurden, schufen günstige Voraussetzungen zur Auswanderungsbewegung 1870—1875. Ganze Kantorate lösten sich auf: Zwierzyniec, Stoki, Wola Mikorska, Janów, Rassy, Kelchenhof."[78] Gelegentlich waren die ersten Kolonisten Ausländer nichtdeutscher Herkunft, hier nicht selten tschechische Weber, wie in Zelów, wo sie mehr als ein Drittel der ersten Einwanderer stellten. Es waren Weiterwanderer aus den böhmischen Kolonien Niederschlesiens, besonders aus Groß-Friedrichs-Tabor.[79]

Ein völlig anderes Bild bietet der alte Bezirk Wieluń, der Tschenstochau mit umfaßte, das dem oberschlesischen Lublinitz gegenüberliegt. Die Liste weist in diesem Bezirk nur 15 Kolonien auf (meist „künstliche" südpreußische Gründungen), obwohl die Karte von Gilly hier zahlreiche Neusiedlungen (Pustkowien) verzeichnet. Die südpreußischen Kolonien haben dort inzwischen ihr Deutschtum meist eingebüßt. Die Zählung von 1935 wies allein noch in Hilsbach (Czarnylas, Nr. 1162) ein nennenswertes Deutschtum auf (410 Personen). Nach 1835 sind nur wenige deutsche Siedlungen dazugekommen, von denen zwei 1935 noch 45 bzw. 93 Deutsche zählten. Aber auch in diesem Raum gab es Ausländer anderer, namentlich böhmischer und mährischer Herkunft. Kamienica Polska (Nr. 1174), etwa 1817/18 gegründet, hatte Zuzug aus Böhmen. Es waren Weber aus den Herrschaften: „Rychnow, Wamberg, Nachod, Opoczno ... im Kreise Königgrätz."[80] Die benachbarte, zweitgrößte Kolonie Stara Huta (Nr. 1175) wurde um dieselbe Zeit von etwa 50 Weberfamilien aus Mähren besetzt.[81] Diese Angaben bestätigen, daß die Kolonisten der Liste auch hier in der Weberzone, wie überall, grundsätzlich Ausländer waren. Aus dem Jahr 1851 werden in Huta Stara 155 Deutsche, in Kamienica Polska 1518, in Przystajń 310 und in Rędziny 106 Deutsche gemeldet, was aber z. T. wohl auf die seinerzeitige Identifizierung von evangelisch und deutsch zurückzuführen ist.[82]

Die überwiegend deutsche, spontane Kolonisation, abgesehen von den Zwerg-

78) laut A. Zawilski, Bełchatów, S. 163. Kneifel, Die evang.-augsburgischen Gemeinden, S. 108.

79) Archiwum Główne, Warschau, SP 908, 8; vgl. Kossmann: Schlesische Weber in Polen, in: Schlesisches Jahrbuch 8 (1935/36), S. 81.

80) Archiwum Akt Dawnych, Warschau, A. R. Adm., Vol. 1293. Nach E. H. Busch, Beiträge, S. 178, waren es Weber „Evangelischer Confession, aber Tschechischer Nationalität aus Preußisch-Schlesien", demnach Weiterwanderer aus den dortigen böhmischen Kolonien.

81) A. R. Adm. Vol. 550.

82) P. von Koeppen: Zahl und Vertheilung der Deutschen im Königreich Polen im Jahre 1851, in: Bulletin de la Classe des Sciences Historiques etc. de l'Académie impériale des sciences de Saint-Petersbourg, Bd 12, Nr. 15/16, 1855, Sp. 239.

siedlungen der Pustkowien, findet in der Höhe von Wieluń eine südliche Grenze, die nur noch gelegentlich, und zwar von staatlichen, sozusagen künstlich aufgepfropften deutschen Siedlungen überschritten wurde.[83] Dafür gab es dort relativ viele evangelische Polen. Ein „Verzeichnis der Evangelischen in der Parochie Wieluń, die nur polnisch sprechen", aus dem Jahre 1848 nennt 163 Familien mit 607 Personen.[84] Sie saßen wahrscheinlich weitgehend in den erwähnten Pustkowien. Nach Pastor Kneifel waren sie großenteils zu südpreußischer Zeit zugezogen.[85] 1865 gab es in der evangelischen Gemeinde Wieluń (ohne das Filial Panki) 1600 Polen und nur 740 Deutsche, eine in Kongreßpolen ungewöhnliche Erscheinung; denn im allgemeinen waren evangelisch und deutsch hier gleichbedeutend. Deutsche Kolonien seien dort erst „in den letzten Jahren" (vor 1865) angelegt worden.[86] In der gleich nördlich anschließenden evangelischen Gemeinde von Sobiesęki verhielt sich „die Zahl der Deutsch redenden zu der der Polnisch redenden Eingepfarrten" schon wie 3 zu 1.[87] Bei einer Gesamtzahl von 1490 Gemeindegliedern macht das 372 Polen. Es waren „Nachkommen der gleichzeitig mit deutschen Kolonisten aus Schlesien eingewanderten evangelischen Polen".[88] Der Pfarrgemeinde von Sobiesęki gehörten im Jahre 1865 11 Kolonien an.[89] Genau diese Zahl von Kolonien weist die Liste von 1835 rund um Sobiesęki auf. Noch etwas weiter nordwärts, in der Kalischer Gemeinde, gab es nur mehr „eine geringe Anzahl" evangelischer Polen.[90] In der Gemeinde Kleszczów, nordöstlich von Wieluń, kamen auf rund 550 deutsche Familien „höchstens" 50 polnische[91]; in der evangelischen Gemeinde Bełchatów hat es unter 3570 Eingepfarrten 20 polnisch-lutherische Familien gegeben.[92] Die Ausnahme in jener Gegend bleibt also Wieluń. Bekanntlich erstreckte sich der Wieluner Kreis in altpolnischer Zeit nach Westen über die Prosna, wo ebenfalls zahlreiche evangelische Polen saßen.

Auf Karte 7 erscheinen südlich der 11 Kolonien von Sobiesęki, die noch vorwiegend deutsch-evangelisch waren, eine ganze Reihe von Neusiedlungen aus der Zeit vor 1800, die in der Liste von 1835 fehlen. Ebendort setzt auch das Wieluner Pustkowiengebiet ein. Es liegt daher, wie bereits angedeutet, nahe, die evangelischen Polen jener Gemeinden, die nur aus Schlesien oder dem Südzipfel des angrenzenden Posenschen gekommen sein können, in diesen Neusiedlungen zu suchen. Sie sind auch auf älteren Karten bemerkenswerterweise nicht als Holländereien gekennzeichnet.[93]

---

83) Ihre Liste findet sich bei Kossmann, Die Anfänge, S. 249.

84) E. Kneifel: Die evangelisch-augsburgischen Gemeinden der Kalischer Diözese, Plauen i. V. 1937, S. 156.

85) ebenda, S. 153.

86) E. H. Busch, Beiträge, S. 123 f.

87) ebenda, S. 121.

88) E. Kneifel, Die evangelisch-augsburgischen Gemeinden, S. 147 f.

89) Busch, S. 121.

90) ebenda, S. 120.

91) ebenda, S. 171.

92) ebenda, S. 127.

93) vgl. oben S. 75 ff.

Von Kalisch nordwärts, in dem von Dietrich Reiser näher untersuchten Gebiet,[94] ist die Identität der Kolonien der Liste, der Holländereien und deutschen Wohnorte von 1935 ebenfalls recht deutlich. Ausnahmen bilden auch hier gerade die abgelegeneren Ortschaften.

Hinweise auf den deutschen oder doch fremdländischen Charakter der Kolonien von 1835 ergaben sich ferner nicht selten bei ihrer Identifizierung aus dem Słownik Geograficzny. Hier können nur einige wenige Beispiele angeführt werden. So wohnten laut Słownik Geograficzny vorwiegend evangelische Deutsche in der politischen Gemeinde Iłów (Nr. 91—108).[95] Sokołowy Kąt (Nr. 420) habe ein evangelisches Bethaus besessen, was auf eine beträchtliche Ansammlung von Evangelischen hindeutet. Die in Błonie (Nr. 449) eingesiedelten drei Kolonistenfamilien seien Deutsche gewesen, die zu südpreußischer Zeit einwanderten; ihre Stellen seien später durch Polen aufgekauft worden.[96] In Dąbrowa (Nr. 394) wiederum siedelten evangelische Masuren,[97] die u. a. im Gebiet von Suwałki einen erheblichen Teil der Kolonisten stellten.

Interessanter noch sind Feststellungen wie für Podkrólówek (Nr. 797) im Kreise Augustów, im äußersten Nordosten Kongreßpolens. Das Dorf sei von „russischen Kolonisten, Altgläubigen" bewohnt.[98] Diese orthodoxen Sektierer, auch Philipponen genannt, werden dort gewiß noch in manchen anderen Kolonien von 1835 gesessen haben. Holsche rechnet sie zu den freien Leuten. Auch sie haben eine Grenze überschreiten müssen und damit ihre Glaubensfreiheit gewahrt. Ihre Ansiedlungen sind auch aus Ostpreußen bekannt.[99] Obschon keine Deutschen, waren es doch Ausländer. Im Jahre 1844 wurden sie auf 4115 Seelen geschätzt.[100]

In derselben Gegend traten sogar Engländer als Kolonisten auf. Die beiden Dörfer unter Nr. 799, die in der Liste als Guwenlog und Nawork eingetragen sind, hießen richtiger Govenlock, nach einem der englischen Ansiedler, und New York. Der dortige Grundherr namens Pac war ein bekannter Anglomane und versuchte mit Hilfe englischer Kolonisten, landwirtschaftliche neue Methoden und Maschinen einzuführen.[101] In der benachbarten Stadt Raczki errichtete er eine ansehn-

---

94) D. Reiser, Lebensraum der Deutschen im Kalischer Land, Leipzig 1941; ders.: Die deutschen Siedlungen im Kalischer Lande (s. Anm. 76 auf S. 101).

95) Słownik geograficzny królestwa polskiego, Bd 3, S. 270; für Rumunki Trębno (Nr. 363 der Liste): Bd. 12 des Słownik, S. 450. Zahlreiche weitere Angaben aus demselben Słownik bei W. Maas, Von der Provinz Südpreußen, S. 93—99.

96) Słownik geograficzny, Bd 11, S. 38; Bd 1, S. 251.

97) Kneifel, Die evangelisch-augsburgischen Gemeinden, S. 32. Die starke Abwanderung von evangelischen Masuren und Deutschen in den Suwalker Raum in den 90er Jahren des 18. Jhs., also noch zu polnischer Zeit, die sich jedoch darüber hinaus fortsetzte, belegt archivalisch A. Pockrandt: Auswanderung aus Ostpreußen nach dem heutigen Nordpolen, in: DM 4 (1937), S. 163—174.

98) Słownik Geograficzny, Bd 8, S. 410.

99) Holsche, Geographie, Bd 1, S. 177; A. Müller, Die preußische Kolonisation, S. 131 f.

100) P. von Koeppen, Zahl und Vertheilung der Deutschen, Sp. 242.

101) J. Bartyś: Działalność gospodarcza i społeczna generała Ludwika Paca w

liche Fabrik für Tischtücher und Servietten, wiederum mit englischen Maschinen und Werkleuten. Bereits gegen 1831 verlieren sich jedoch jegliche Spuren dieser englischen Kolonisation.[102]

Die Liste selbst bemerkt zu Słupica (Nr. 854), daß die Kolonisten „aus dem österreichischen Galizien" gekommen seien. Das können Polen gewesen sein, waren aber hier damals sicher Ausländer. Was die Verfasser der Liste selbst unter „Kolonisten" verstanden, verrät wohl am deutlichsten ihre eigene Anmerkung zu Luszyca, einer galizisch-pfälzischen Tochtersiedlung nach 1791, im Kreise Sandomir (Nr. 820): „Unter diesen 11 Nummern sind nur 7 Häuser, die von Kolonisten bewohnt werden, in vieren aber wohnen hiesige, inländische Bauern." Die Kolonisten werden damit ausdrücklich den inländischen Bauern gegenübergestellt. Deutsche Siedler wiederum, selbst wenn sie schon in Polen geboren waren, galten immer noch als Kolonisten. So sagt die Anmerkung zum Bezirk Lublin (Nr. 730 ff.): „Die Kolonisten sind größtenteils Deutsche, die in Polen geboren und aus der Wojewodschaft Sandomir und aus Masowien zugezogen sind. Frisch aus dem Ausland Gekommene gibt es unter ihnen nicht." Sehr deutlich in bezug auf die einheimischen Bauern, die nicht als Kolonisten galten, ist die Anmerkung zu Wola Zofjowska (Nr. 762). Der Ort hatte zwar 42 Feuerstellen, aber laut Liste nur 3 Kolonisten-Hauptpersonen und deren 8 Angehörige. Die Anmerkung dazu lautet: „Diese Kolonie besteht aus 42 Rauchfängen, aber 3 sind von Deutschen bewohnt, und der Rest von Bauern, die von den Deutschen die Rechte erkauft haben und vor dem 16. September 1835 aus anderen Gemeinden angekommen sind und Zins zahlen." Obwohl hier die polnischen Bauern offenbar zu denselben Rechten sitzen wie die Deutschen, werden doch nur die drei deutschen Familien zu den Kolonisten gerechnet.

Man wird freilich solche Termini damaliger Verwaltungsbeamter nicht auf die Goldwaage legen dürfen. Das zeigte schon das Vorkommen einiger polnischer und gemischter Kolonien im Lodzer Raum. Es geht auch aus den relativ konkreten Angaben von Władysław Grabski über die Anlage von vier polnischen Kolonien der Gutsherrschaft Sanniki in der Zeit vor 1835 hervor, die möglicherweise unter den Nrn. 114—117 der Liste erscheinen.[103] Eine dieser Kolonien sei an Deutsche ausgegeben worden, schreibt Stankiewicz; vielleicht Nr. 117.[104]

Zukünftige Einzeluntersuchungen werden weitere Klärung bringen. Im ganzen erweist jedoch schon die hier vorgenommene Analyse der Warschauer Kolonistenliste von 1835, daß ihr nicht nur ein Platz in der Geschichte der neuzeitlichen Siedlung Polens, sondern auch in der Geschichte der bäuerlichen deutschen

---

dobrach Dowspuda [Die wirtschaftliche und soziale Tätigkeit des Generals Ludwik Pac in den Gütern von Dowspuda], in: Rocznik Białostocki 9 (1970), S. 35 ff.

102) Słownik Geograficzny, Bd. 2, S. 136. Auch A. Różański, Próba określenia liczby imigrantów, S. 199, 191.

103) Wł. Grabski: Historja wsi w Polsce [Geschichte des Dorfes in Polen], Warschau 1929, S. 297.

104) Z. Stankiewicz: Zasady uwłaszczenia chłopów [Die Prinzipien der Besitzübereignung an die Bauern], in: Studia i materiały do dziejów Łodzi i okręgu łódzkiego, Lodz 1966, S. 37 (wohl nach Grabski, s. Anm. 103).

Ostsiedlung gebührt. Als amtliche, wenngleich immer noch recht unvollständige Bestandsaufnahme besitzt sie, zur Zeit jedenfalls, noch einen gewissen Seltenheitswert. Da sich bis 1831 die höchsten Warschauer Regierungskörperschaften aus Polen zusammensetzten und die Siedlung auf echtem polnischem Volksboden seither keine neuen größeren Sprachinseln mehr hervorgebracht hat, darf einmal mehr festgestellt werden, daß das Kolonisationswerk hier in seinen geographischen Grundzügen noch unter polnischen Auspizien vollendet wurde. Die Karte 7 darf daher gleichzeitig als ein Ausdruck der bis dahin — trotz mancher Gegenkräfte — im ganzen ressentimentfreien, nüchternen Grundhaltung des für diesen Siedlungsprozeß verantwortlichen polnischen Adels angesehen werden. „Unterschiedene vom hohen und reichen Adel erhoben sich über alle Vorurteile und Vorwürfe, setzten fremde Familien mit beträchtlichen Kosten auf ihren Gütern an, erlaubten ihnen Kirchen zu bauen, und ließen Prediger für sie kommen; andere räumten den neuen Ankömmlingen nur Felder und Häuser, entweder gegen einen jährlichen Zins, oder gegen Arbeit ein.“[105]

4. Geographische Umwelt und geistiger Standort

Wie die Liste zeigt, häuften sich die kleineren Kolonien in der nordöstlichen Zone des mittelpolnischen Siedlungsgebiets, während die größeren in der südwestlichen lagen. Im ganzen entsprach die Verbreitung der ersten dem Siedlungsraum der eingewanderten Pommern, während im Südwesten vornehmlich Kolonisten schlesischen Stammes saßen.[106] Das wird letzten Endes damit zusammenhängen, daß beide Stämme ihre Ausgangsbasis im Nordwesten und Westen Großpolens hatten und von dort aus parallel in ostsüdöstlicher Richtung zogen.[107] Die Pommern, die von Haus aus an die jüngeren Vereisungsgebiete gewöhnt waren, blieben dabei großenteils in den ihnen vertrauten Landschaftsverhältnissen; desgleichen die Niederschlesier, die in der Heimat wie in Polen mehr auf den älteren Moränenablagerungen saßen. Bekanntlich wechseln aber in den jüngeren Moränengebieten die Bodenarten und die Oberflächengestalt außerordentlich rasch. Das Gelände ist unruhig. Zwischen kleinen Anhöhen liegen winzige Sumpf-, Torf- oder Bruchplätze, die sich nur selten zu größeren Flächen zusammenschließen. Wiederholt finden sich Seen, darunter sehr kleine, sogenannte Sölle, die sich hinter Hügelbuckeln verbergen und häufig schon zugewachsen und zugeschwemmt sind. In solchen Wannen und Bodendellen war kein Platz für ausgedehnte Dörfer.

---

105) A. F. Büsching: Erdbeschreibung, Teil 2, Hamburg 1788, S. 122.

106) s. die stammliche Gliederung auf der „Karte der deutschen Siedlungen in Mittelpolen“ von A. Breyer (vgl. Anm. 32).

107) Kossmann, Ein Lodzer Heimatbuch, S. 46 ff. (mit Neudruck des Aufsatzes „Wanderströme der Holländer, Pommern und Schlesier“, aus: Lodzer Freie Presse, Nr. 362 vom J. 1934); W. Kuhn: Die Siedlungsräume des bäuerlichen Deutschtums in Polen, in: DM 2 (1935), S. 34—48, Karte.

10. Herkunftsorte der Siedler pommerschen bzw. schlesischen Stammes
(in Wilhelmswald und Słowik bzw. Rąbień bei Lodz)*

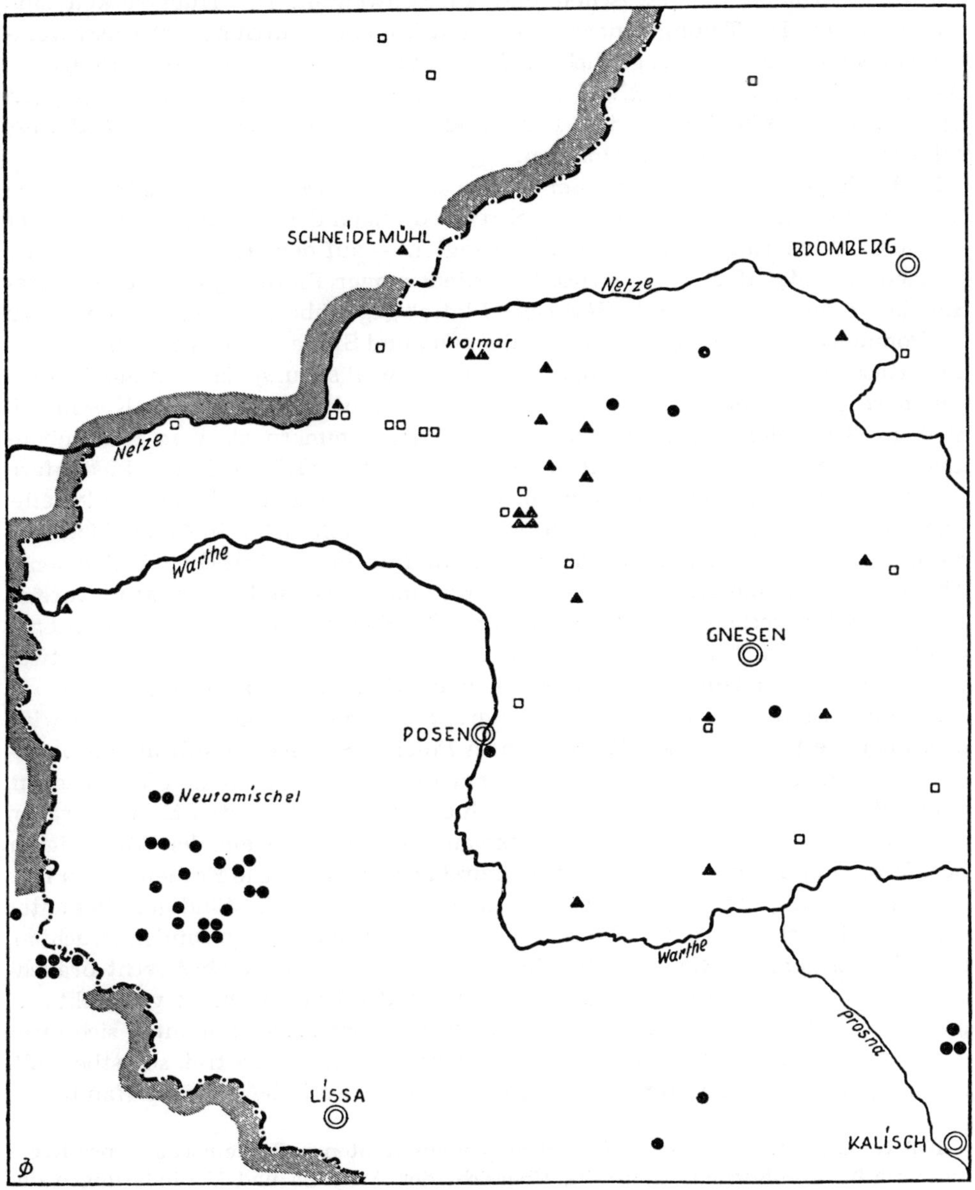

□ Wilhelmswald ▲ Słowik ● Rąbień

* nach O. Kossmann, Stammesspiegel deutscher Dörfer in Mittelpolen, in: Jomsburg 1 (1937), S. 334.

Südwärts davon, wo selbst die größeren Seen verlandet sind, da das Gebiet bereits in einer früheren Phase vom Eise befreit wurde, sind alle markanteren Bodenunterschiede weggewaschen und abgeschwemmt. Die Hügelrücken sind flach und weit. Die Talungen dazwischen sind fast eben, durch neuere Anschwemmungen nivelliert und ausgeglichen, daher auch einheitlicher in der Bodenart. Die Landschaft ist hier durchweg großzügiger, ihre ganze Anlage weitmaschiger. Diesen Naturgegebenheiten, dem Landschaftsrhythmus Staccato oder Moderato, paßte sich die neuzeitliche Siedlung an.

In der Regel saßen die Schlesier in den größeren Dörfern der südwestlichen Zone, die Pommern in den kleineren Streusiedlungen der „buckligen" Welt, oder — wie die Niederunger an der Weichsel sagten — auf der „Höcht", der Höhe. So standen einander dort am Weichseltal „Niederunger Platte" (plattdeutsch sprechende Weichselbauern) und „Höchtsche Platte" gegenüber. Diese letzteren waren die Pommern, obwohl, vom Volksmund an Ort und Stelle niemals Pommern, sondern Kaschuben genannt. Das aber rührt daher, weil sie ursprünglich aus Hinterpommern gekommen sind, das seit Jahrhunderten offiziell Cassubia (Kaschubei) hieß. In Großpolen wurde allgemein von Hinterpommern als vom Kaschubenland gesprochen. Dessen ärmste und rückständigste Gebiete lagen küstenfern auf dem Baltischen Höhenrücken, an der Grenze gegen polnische Landesteile. Von dort her stammten die meisten pommerschen Kolonisten in Polen. Noch um die Mitte des 19. Jahrhunderts saßen hier und da in den östlichen Teilen jenes Abwanderungsgebietes, in den Kreisen Rummelsburg und Neustettin, vereinzelt slawisch sprechende Kaschuben, wahrscheinlich seit je zu dem schlechteren lassitischen Recht.[108] Sie waren im 17. und 16. Jahrhundert gewiß noch etwas weiter westwärts anzutreffen, aber schon damals in ihrer Masse eingedeutscht.

Prediger Steinberg, der viel in Kongreßpolen herumgekommen ist, schrieb u. a. über die pommerschen Kolonisten in Polen: „Sie siedeln sich als die Ärmsten unter den Ansiedlern auf geringerem Boden, an Bächen und Wassern an, wo sie Wiesen und Erlen finden." Trefflich beobachtet! „Die alten Männer tragen ihre langen [!] blauen oder grauen Röcke aus Tuch, welches aus der Wolle eigner Schafe von den Frauen selbst gesponnen und gewebt wird. Die Frauen haben ihre selbstgefertigten bunten Tuchröcke und Schürzen. Ihre beständigen Begleiter sind der schwachholzige Kirschbaum mit seinen sauren aber gesunden Früchten, und die bissigen, falschen Hunde, die aber zum Hüten des Viehes recht brauchbar sind. — Während der Niedrunger seine platte Sprache nicht versteckt . . ., hörte ich die Kassuben fast nie ihren Dialekt sprechen . . . sie schämten sich ihrer ‚schlechten' Sprache. Der Niederunger ist in seinem Auftreten frei, selbstbewußt, herrisch, der Kassube unterwürfig, demütig. Bei ihnen habe ich viele Handküsse

108) G. Z. F. Hundrich: Übersicht der gesammten außerdeutschen Sprachverhältnisse im Preußischen Staate, in: Übersicht der Arbeiten und Veränderungen der Schlesischen Gesellschaft für vaterländische Kultur, Breslau 1847, S. 231. J. Bugenhagen schrieb Anfang des 16. Jh.s, daß in Pommern „sehr wenige Slawen sind, die in der Nachbarschaft der Polen [um Neustettin] wohnen", und zwar nur noch auf dem flachen Lande, „aber wegen des Handelsverkehrs in den Städten sprechen sie beide Sprachen." (Quellen zur pommerschen Geschichte, Bd 4, Stettin 1900, S. 39).

empfangen, nicht nur von Kindern, sondern auch von Männern und Frauen; Männer küßten auch, ehe man es verhindern konnte, den Rock."[109]

Der pejorative Sinn, der der Bezeichnung Kaschuben anhaftete, ist offenbar sehr alt, vielleicht so alt wie diese Bezeichnung selbst, die aus Pommern nach Polen mitgebracht wurde und den weltfremden Hinterwäldler meint.[110]

Dem Niedrunger Bauern hat das Weichseltal mit seinen fetten Marschen meist zu Wohlstand verholfen. Bis zuletzt stieß man dort auf Stolz und Sturheit von echt niederdeutscher, z. T. wohl noch niederländischer Art. Auf seinem Anwesen sitzend, häufig auf einer kleinen Wurft, umgeben vom üppigen Grün der Obstgärten, die Nachbarn außer Sicht, fühlte sich der Niederunger als Herr seiner eigenen kleinen Welt. Seine Dörfer waren meist größer als die der Kaschuben, da der Boden des Weichseltales einen ausgeglicheneren Charakter hat als die jungen Endmoränen Kujawiens.

---

109) H. Steinberg: Die Brüder in Polen, Gnadau 1924, S. 12 f. Vgl. Anm. 77 auf S. 75.

110) Nach der Großpolnischen Chronik, deren diesbezüglicher Abschnitt wohl aus dem 14. Jh. stammt (Kronika Wielkopolska, hrsg. von B. Kürbis, Warschau 1970, S. XXV, S. 5) soll „Casshubi" soviel bedeuten wie *plica rugas* (falte die Kleider!). In der pommerschen Chronik liest man, daß sie „den Namen von den gefalteten Kleidern" hätten, „weil Cas eine Falte heißt" (Pomerania, hrsg. von G. Gaebel, Bd 1, Stettin 1908, S. 50) — eine durchaus ansprechende Deutung, der meines Erachtens bisher nichts Besseres gefolgt ist. Die Hinterpommern müssen demnach im 14. und 16. Jh. mit ihren faltenreichen Kleidern besonders aufgefallen sein, sonst wären die Chronisten damals nicht auf diese Erklärung gekommen. In der Chronik Zacherts (Zs. für Geschichte u. Landeskde d. Provinz Posen 1 (1882), S. 12) heißt es dann, leider ohne Quellenangabe: „Als sie [die pommerschen Herzöge] aber untereinander uneins wurden, gefiel es den hinterpommerschen Fürsten mit den Polen, deren Tracht und Sprache sie behielten, denen Pommerschen aber mit den Deutschen des Römischen Reiches, deren Sitten sie annahmen." Bekanntlich war auch die polnische Tracht (ähnlich die russische) bis ins 18. und mitunter 19. Jh. gekennzeichnet durch überlange, faltenreiche Oberröcke oder Obergewänder, wie z. B. den Kontusch, unter dem die Hose verschwand, während in der deutschen Tracht eher die letztere das Erscheinungsbild des Mannes prägte (vgl. z. B. D. Chodowiecki: Künstlerfahrt nach Danzig im Jahre 1773, o. O. 1973, S. 49, 93, wo polnische und westliche Tracht jener Jahre nebeneinander sichtbar werden). So könnten in der Tat die eingedeutschten Stettiner Pommern ihre ärmeren Vettern in Hinterpommern, die zunächst an den alten Sitten und Trachten festhielten, deswegen Kaschuben genannt haben (vielleicht adjektivisch als kasowy, kasuwy [faltig, in Falten gehüllt] zu verstehen). Das war im Grunde herabsetzend gemeint und vererbte sich auf die Deutschen des rückständigen Waldgebiets in Hinterpommern. Analog können einst die Bewohner slawischer Restgebiete in Mecklenburg zu diesem Namen gelangt sein. Mit den Refugien der Tracht wanderte dann die Bezeichnung ostwärts. Wie sehr die langen Oberröcke von Westlern als schimpflich und rückständig empfunden wurden, zeigt Peters des Großen Verhalten, der die Röcke der Russen (von den Polen pejorativ „Kazappen" genannt) kürzen hieß, um Rußland dem Westen anzugleichen. — Neueres Schrifttum bei J. Spors: Pochodzenie i zasiąg terytorialny nazwy Kaszuby w znaczeniu politycznym [Herkunft und territorialer Bereich der Bezeichnung Kaschubei im politischen Sinne], in: Zapiski Historyczne 37 (1972), S. 7—28.

Die über 1700 Kolonien (nur etwa 6% der ländlichen Siedlungen Kongreßpolens) waren aber keineswegs gleichmäßig in die alten Ackergaue eingestreut. Im Gegenteil, sie befanden sich in der Regel außerhalb derselben, in der grünen abseitigen Wald- und Sumpfwildnis, die sich netzartig über das ganze Land ausbreitete und die alten Ackergaue von allen Seiten umspannte. Sie war nur sporadisch von alten polnischen Dörfern durchsetzt. In ihr befanden sich die Kolonisten gleichsam in einem zweiten polnischen Land, einem anderen, bisher verschmähten Polen, entrückt von den alten Wohngebieten, in einer Welt ganz für sich. Sie wurde südwärts Lodz gelegentlich als „hölzerne Welt“ bezeichnet; so auch in Wolhynien. Das ist jedoch nicht nur landschaftlich, sondern in gleichem Maße kulturgeschichtlich zu verstehen: dort wurden von den Einheimischen die Häuser ohne Nägel gebaut und Wirtschafts- wie Hausgerät aus Holz hergestellt. Aber auch die Kolonisten konnten noch die Balken so glatt aus den rohen Stämmen hauen, daß Hobeln überflüssig war. Mancher von ihnen hatte weit und breit einen guten Ruf als Zimmermann, baute Scheunen und verkaufte sie an Bauern in holzärmeren Gebieten. Das Bauholz wußten sie sich mit Hilfe bestechlicher Förster mitunter sehr billig aus dem Walde zu beschaffen, wenn es auch mal eine Nacht kostete. Ebenda weidete das Vieh unter der Aufsicht der Dorfjugend, die dabei Beeren und Pilze sammelte, und mancher Sonntagsbraten stammte aus dem Busch. So konnte eine südpreußische Behörde mit Recht feststellen, daß die Wälder ihre Heimat seien.[111] Die Karte von Gilly vermittelt noch eine gute Vorstellung von der Weite und Abgeschiedenheit ihres Lebensraumes. Im ganzen war das Siedlungsland der Kolonisten demnach das Negativ der altpolnischen Kulturlandschaft: dort, wo sie Lücken und viel Wald aufwies, häuften sich die Kolonien (s. Karte 7).

Aber auch die Wildnisräume waren nicht etwa gleichmäßig von Kolonien besetzt. Diese ballten sich vielmehr an bestimmten Plätzen zu dichten „Klumpen“ zusammen, während andere Abschnitte der Leerräume nur schwach oder gar nicht durchsiedelt waren. Das erklärt sich großenteils durch die Bodenverhältnisse. Waren doch die Wildnisböden keineswegs gleichartig. Sterile Sandflächen, gekennzeichnet durch Kiefernwälder, wurden wie eh und je gemieden. Sie bilden oft noch heute den letzten kargen Schmuck der polnischen Feld- und Wiesenlandschaft, in der Wälder selten geworden sind. Der Kolonist siedelte sich wie die Holländer nur da gern an, wo sich im flachen Untergrund eine gewisse Nässe einstellte, d. h. wo der Grundwasserspiegel recht hoch stand und der Boden daher einigen Humus führte. Sicher hätte auch er lehmige und anlehmige Stellen oder gar Löß bevorzugt. Solche von Natur fruchtbaren Böden waren aber selten frei, so daß der Neusiedler im allgemeinen mit dem feucht-humosen Sandboden der Wildnis vorlieb nehmen mußte.

Man fragt sich trotzdem, warum z. B. die weite Strecke zwischen der Kalischer und Lodzer Koloniengruppe so dünn besetzt blieb. Es wäre dort Platz gewesen für zahlreiche Kolonien oder Holländereien, allerdings mit stärkerer fronbäuerlicher Untermischung. Die gleiche Frage stellt sich angesichts der kujawischen

---

111) Kossmann, Die Anfänge, S. 180.

Sprachinselgruppe, die sich wie die Lodzer bei näherem Hinsehen ebenfalls in mehrere Untergruppen auflöst. Diese entsprechen anscheinend jedesmal einem besonderen Anschwellen des Wildnischarakters, der Bodenunruhe, der Verbreitung von Sumpf und Sand. Zwischendurch wäre auch hier immer noch Raum für Neusiedlungen gewesen, obschon dort die polnische Altsiedlung bereits die Walddecke an manchen Stellen gelichtet und durchbrochen hatte. Immer wieder haben sich die Siedler, wie man sieht, gegen solche Zwischengebiete entschieden und sich in ganz bestimmten Wildnisabschnitten eng zusammengesetzt, meist in den wildesten. Hierin macht sich eine zusätzliche, eher psychologische Kraft bemerkbar, die den vorgefundenen natürlichen Landschaftsrhythmus noch besonders hervorhob. Teilweise hing dieses Ausweichen in die menschenleersten Horste der Wildnis auch damit zusammen, daß das Land dort von älteren Nutzungsansprüchen am freiesten war und daher von den Grundherren am leichtesten vergeben werden konnte. Dazu war für diese der Anreiz zur Kolonisation an solchen Plätzen am stärksten, aus denen bisher — wie auch von der Verfassung aus dem Jahre 1768 ausdrücklich vorgeschrieben — gar kein Nutzen zu erzielen war, wo selbst das Holz wertlos war und die Vorwerkswirtschaft keinerlei Ansatzpunkte gefunden hatte, es sei denn, im vorübergehenden Aschebrennen und Teerschwelen.

So saß das Kalischer Kolonistenvolk geschlossen im finstersten, ödesten Niemandsland, in der weiten sumpfig-sandigen Grenzmembran zwischen den alten Burggauen von Kalisch und Konin.[112] Die dortige Sprachinsel erstreckte sich, von Peysern beginnend, über 55 Kilometer von Westnordwest nach Ostsüdost. Die langgestreckte historische Grenzheide wurde hier bis auf die letzte geeignete Hufe ausgeforscht und aufgesiedelt, während unweit so manche Wildnis schwächeren Grades so gut wie unberührt blieb.[113] Die Lodzer Koloniengruppe wiederum verdichtete sich am stärksten dort, wo der Urwald zwischen Großpolen und Masowien am undurchdringlichsten, die Entfernungen von den alten Landeszentren am größten waren. Auch hier wurden deutsche Sprachinseln von erheblicher Ausdehnung gebildet, die oft nur durch sterile Kiefernheiden voneinander geschieden waren.[114] Die gleichen Beobachtungen gelten für die meisten anderen Ballungen der Kolonien, wie sie der Karte 7 und 9 zu entnehmen sind.

Selbstverständlich gab es auch einzelne, einsame Kolonien, darunter weit vorgeschobene im Osten und Südosten Kongreßpolens. Die Werbung eines Grundherrn, die Vorzüge einer Gegend oder andere uns unbekannte Anlässe lockten diese ersten Pioniere weit ins Vorfeld hinaus. Sie hatten — jetzt aus der Rückschau gesehen — etwa die Aufgabe von Kundschaftern, die dem Gros vorauseilen, um das Gelände zu rekognoszieren. Einzelne solche Pionier-Siedlungen hatten

---

112) vgl. die Karte der mittelalterlichen Kastellaneien Großpolens bei St. Arnold: Terytorja plemienne w ustroju administracyjnym Polski Piastowskiej [Stammesterritorien in der Verwaltungsgliederung des Piastischen Polen], Krakau 1927, bei S. 48.

113) vgl. die schöne Karte: Deutscher bäuerlicher Grundbesitz im Kalischer Land, 1:100 000, bei D. Reiser, Lebensraum der Deutschen.

114) vgl. die Karte „Verbreitung der Deutschen und ihres ländlichen Grundbesitzes im Lodzer Raum“, 1:100 000, bei Kossmann, Lodz.

dann plötzlich Erfolg, zogen größere Scharen nach sich und wurden rasch zum Kern neuer Ballungen in Gebieten, die zwar von Natur aus dazu geeignet und vorbestimmt waren, deren Aufsiedlung durch die Kolonisten aber bald über das zu erwartende Maß weit hinausging.

Dieses Verhalten der Kolonisten zeigt, daß die meisten von ihnen — entgegen verbreiteten Meinungen — bestrebt waren, sich im fremden Land eine dauernde Heimat zu schaffen. Auch ein ideelles Bedürfnis hat demnach mitgewirkt, daß sich die Kolonistendörfer immer wieder wie die Kletten aneinander hefteten. Dahinter stand nicht zuletzt das Bemühen, in der anheimelnden Nähe von Bekannten und Verwandten zu bleiben, in Reichweite der vertrauten Schule und des elterlichen Gotteshauses, andererseits aber auch — das Zurückweichen vor der fremden Umwelt, vor deren anderem Bekenntnis, der anderen Sprache, anderem Temperament: ein allgemeines Gefühl der Unsicherheit, das die Krisen und Katastrophen der Vergangenheit im Unterbewußtsein wachgerufen hatten und das kein protestantischer Kolonist je ganz los wurde. Isoliert liegende Dörfer sind mitunter eben aus diesem Grunde verödet. Man überließ sie den Polen und zog leichten Herzens in zentraler innerhalb der Sprachinsel gelegene Höfe. Deren Kerne verfestigten sich dadurch von Jahr zu Jahr.

Der theoretisch nur 5-prozentige Anteil der Kolonisten des Jahres 1835 an der ländlichen Bevölkerung Kongreßpolens war daher praktisch im Gelände selten anzutreffen. Die Masse der über 1700 Kolonien lag vielmehr zusammengedrängt in einigen Ballungsräumen. Da sie sich fast ausschließlich auf den Nordwesten Kongreßpolens konzentrierten (von der Augustower Wojewodschaft im Nordosten sei hier abgesehen), auf einer Fläche, die nur ein Viertel des Landes ausmachte, so war ihr Anteil an der dortigen ländlichen Bevölkerung entsprechend höher. Aber selbst dieses engere Gebiet war, wie die Karten zeigen, nicht gleichmäßig von Kolonien bedeckt. Sie ballten sich dort nur in einigen Zonen zusammen, wo die Deutschen häufig in der Mehrheit oder fast ganz unter sich waren.

Der Kreis Lodz hatte im Jahre 1897 22,6% Deutsche. Da sich dort außerdem 23,5% Juden befanden, war der Kreis zu 46% deutschsprachig. Hier gab es ganze Gemeinden, die bekanntlich in Polen aus mehreren Ortschaften bestanden und die zur Hälfte, ja mehrheitlich deutsch waren. So Neusulzfeld im Osten von Lodz, Rąbień, Bełdów und Brużyca im Westen. Zur letzteren gehörte u. a. die kleine Industriestadt Aleksandrów; dort war gegen Ende des vorigen Jahrhunderts sogar ein Deutscher (ein Großvater des Verfassers) Gemeindevogt, was selten vorkam. Der Kreis Brzeziny hatte 14% Deutsche, Łask 12%, Lipno 19%, Gostynin 13%, Wilkowischki (im Nordosten) 16%.[115] Immer wieder fanden sich in diesen Kreisen zusammenhängende Sprachinseln von mehreren Tausend Deutschen, die als geschlossene Volksgruppe nebeneinander lebten.

Neben den bäuerlichen Kolonisten gab es in demselben nordwestlichen Teil Kongreßpolens auch eine deutsche Stadtbevölkerung, die 1835 über 60 000 Personen zählen mochte und damit das Deutschtum jener Gebiete wesentlich ver-

---

115) A. Krzyżanowski und K. Kumaniecki: Statystyka Polski, Krakau 1915, S. 46 f.

stärkte.[116] Einen ungefähren Eindruck von der geographischen Verteilung der Städte mit nennenswertem deutschem Bevölkerungsanteil vermitteln die Angaben von Koeppens für das Jahr 1851, obwohl seine Zahlen selbst oft falsch und meist zu niedrig erscheinen.[117]

Danach zu urteilen, wiesen der Osten und Süden Kongreßpolens nur wenig Deutsche in den Städten auf, so wenig, daß man sie hier in einer allgemeinen Betrachtung ruhig vernachlässigen darf. Als stärkste Konzentration behauptete sich immer noch Warschau mit über 6000 Deutschen (nach Koeppen). Das bedeutete, bei einer Gesamtbevölkerung Warschaus von 165 000, knapp 4⁰/₀ und konnte den spezifischen Charakter der alten Residenzstadt nicht beeinträchtigen. Immerhin hatte die Koloniengruppe um Warschau damit ein an Zahl starkes städtisches Zentrum. Es war indes den tonangebenden polnischen Gesellschaftskreisen der Landeshauptstadt in keiner Weise gewachsen und hat schließlich entscheidend dazu beigetragen, daß die ländlichen Kolonisten, die auch dort ursprünglich ganz überwiegend Deutsche waren, rascher vom Polentum aufgesogen wurden als sonst. 1897 gab es in Warschau noch 3⁰/₀ Evangelische, aber nur 1,77⁰/₀ Deutsche: von 19 000 Evangelischen waren 11 000 deutsch. 1931 waren von den 21 165 Evangelischen der Residenz noch nicht 5000 als Deutsche anzusehen.

Auch die anderen städtischen Zentren, meist Sitz der evangelischen Pfarrkirchen für einen weiten Umkreis (s. Karte 11), lagen häufig nicht in der Wildnis, sondern abseits vom bäuerlichen Kolonistenvolk in alten polnischen Landschaftsmittelpunkten, daher gesellschaftlich den dortigen Notabeln zugeordnet (ähnliches gilt für die polonisierte Kirchenleitung im residentiellen Warschau). Häufig waren es alte Kastellaneisitze, inmitten polnischer Gaue und Gutshöfe gelegen, während die Kolonisten fernab in den einstigen Grenzwäldern und Sumpfgebieten des vorgeschichtlichen Niemandslandes hausten. Die oft beklagte rasche Polonisierung der Pastoren ist daher nicht zuletzt eine Folge dieser geographischen Situation gewesen. Besonders deutlich war sie z. B. in Kalisch. Das galt aber auch für Leslau, Gombin, Gostynin, Koło, Konin usw., jeweils differenziert nach der größeren oder kleineren Entfernung der bäuerlichen Peripherie. Der deutsche Pastor hatte hier oft einen schweren Stand, selbst wenn man von den zaristischen Geheimagenten mit beschränktem Horizont absieht. Seltener fand sich eine Kirche im Kolonistendorf, wie in Ossowiec, Michałki, Maślaki (= Butterholland), Prażuchy. Dafür waren die meisten Kolonien zu klein und wirtschaftlich zu schwach. Sie hatten Mühe, ihre Schulen zu erhalten, die als Bethaus mitbenutzt wurden, und wo ein Lehrer oder Bauer sonntags die Predigt vorlas.

Doch es gab auch Kirchen, die in den Zentren der Siedlungsballungen, in der ehemaligen Wildnis, errichtet waren. So vor allem im Lodzer Raum. Hier lagen nicht nur die neuen Kolonien, sondern praktisch auch die neuen deutschen Städte in der Wildnis, in der es keine alten polnischen Zentren gab. Das trifft vor allem für Lodz selbst zu, aber auch für seine Satelliten, wie Ozorków, Zgierz, Alexand-

---

116) vgl. S. 320.

117) P. von Koeppen, Zahl und Vertheilung der Deutschen, Sp. 231 ff.

rów, Konstantynów, Pabianice, auch noch für das etwas abseits im Südosten liegende Tomaszów usw. Hier waren die Deutschen in vielen Beziehungen, nicht nur materiell, sondern auch gesellschaftlich, tonangebend. „Man könnte glauben, daß wir uns mitten in deutschen Fabriksiedlungen befinden, so rein deutsch sind hier die Vereine, die Klubs und der Geist überhaupt. Denn in der Tat, der Einfluß der polnischen Bevölkerung ist allzu klein, allzu beschränkt: er besteht aus der schmalen Gruppe von Beamten des Magistrats, der Realschule und einiger Steuerbeamter."[118]

Diese einmalige Konzentration städtischen und bäuerlichen Deutschtums im gleichen Wildnisraum, isoliert von polnischen Kulturzentren, hat entscheidend dazu beigetragen, daß die Lodzer Sprachinselgruppe rasch zum Brennpunkt des Deutschtums in Kongreßpolen auf allen Lebensgebieten wurde. Hat es doch schon in den 60er Jahren den Versuch gegeben, ein deutsches Gymnasium in Lodz zu gründen, das freilich nach wenigen Jahren des Erfolges wieder geschlossen wurde.[119] Erst nach den revolutionären Wirren von 1904 gelang es erneut, hier ein deutsches Realgymnasium zu errichten, diesmal für die Dauer (1906 bis 1945). Es entwickelte sich mit 1200 Schülern zu einer der größten Anstalten auf dem Kontinent und diente der Ausbildung einer nun rasch heranwachsenden Elite der deutschen Volksgruppe in Mittelpolen.[120] In demselben Lodzer Raum häuften sich auch sonst evangelische Kirchen und Schulen mittlerer und niederer Stufe. Vereins- und Theaterleben kamen in volle Blüte. So entfaltete sich hier schließlich unter schwierigen äußeren Bedingungen ein üppiges deutsches Kulturleben, das über den gewöhnlichen Rahmen des Bethauses und der vier Rechnungsarten entschieden hinauswuchs. Eigene Dichter, Künstler, Gelehrte, Journalisten, Heimatforscher belebten die Szene.

Wirtschaftliche Grundlage dieses emporschnellenden kulturellen Lebens war weiterhin die Lodzer Textilindustrie. Sie repräsentierte allein etwa 1% der Textilindustrie der Welt. Ihre Absatzmärkte (Polen, Rußland, China) verhießen eine sichere Zukunft. Mammutwerke wie die von Scheibler und Grohmann, Heinzel und Kunitzer, Poznański u. a. m. genossen Weltruf.[121]

Im Jahre 1864 waren zwei Drittel der damaligen Lodzer Bevölkerung Deutsche (etwa 25 000). Zusammen mit den Juden waren über 80% deutschsprechend. Ist es ein Wunder, daß so manche polnische Familie in Lodz germanisiert worden ist? Bei Kriegsausbruch betrug die Zahl der Deutschen an Hunderttausend, was aber zu der Zeit nur 18% der Gesamtbevölkerung bedeutete. Das Handwebergeschäft oder die Manufakturperiode, wie sich Rosa Luxemburg ausdrückte, war zu Ende gegangen. Die Fabriken stellten seit 1864 immer mehr polnische Arbeiter

---

118) O. Flatt: Opis miasta Łodzi [Beschreibung der Stadt Lodz], Warschau 1853, S. 116.

119) M. Kage: Zur Geschichte des deutschen Schulwesens (s. Anm. 127), S. 492 f.

120) vgl. das von ehemaligen Schülern des Lodzer Deutschen Gymnasiums erstellte Werk „Penne, Pauker und Pennäler", hrsg. von F. Weigelt, Wuppertal 1972.

121) Kossmann, Lodz, S. 85 ff.; W. Scheibler: Die Auswanderungen aus Monschau nach dem Osten, o.O. 1962; O. Heike: Aufbau und Entwicklung der Lodzer Textilindustrie, Mönchengladbach 1971.

ein. Die Deutschen blieben freilich als qualifizierte Web- und Spinnmeister die Betriebsleiter und Ingenieure. Mit den aufschießenden roten Fabrikkolossen und Wohnkasernen der „Gründerzeit“ war jedoch Lodz dem Polentum zurückgewonnen. Es schwanden die niedrigen, meist grün gestrichenen Kolonistenhäuser, Zeugen des alten deutschen Lodz, der ostdeutschen Grenzindustrie. In einigen Satellitenstädten, Konstantynów, Alexandrów usw., wo die eingeschossigen Langhäuser mit Satteldach im Dorfstil das Straßenbild weiterhin beherrschten, war auch der Anteil der Deutschen noch der höchste geblieben. In ihnen lebten Zduny, Bojanowo und Rawitsch, Schönlanke und Rogasen weiter fort, mit manchen archaisch anmutenden Eigenheiten, mit einer pietistischen Frömmigkeit, unermüdlich unruhvollem Fleiß, mit puritanischer Schlichtheit und Redlichkeit. Das neue großindustrielle Lodz hat sie unter wachsenden Stockwerken begraben, unter anonymen Firmen und entpersönlichten Wirtschaftsformen. Zuletzt, 1939, waren es in Lodz zwar noch 60 bis 70 000 Deutsche, jedoch neben 300 000 Polen und 200 000 Juden.[122]

Wie Lodz selbst und seine Satellitenstädte ihr deutsches Kulturleben, vor allem ihre evangelischen Kirchen der Ansammlung von deutschen Tuchmachern und Webern verdankten, so sind auch sonst in Mittelpolen die evangelischen Kirchen häufig in den neuen Industriezentren entstanden: Organisation des evangelischen Kirchenlebens und Entwicklung der Textilindustrie gehen dort Hand in Hand.

In den ersten Zeiten der Naturalwirtschaft, als es den Bauern kaum möglich war, Geld dafür aufzubringen, waren noch Schulland und Pastorwirtschaft die Grundlage des evangelischen Kirchen- und Schulwesens, vor allem des letzteren. Allenfalls der Grundherr war hier am Rande der Marktökumene in der Lage, zusätzlich einen Geldbetrag zum Jahresgehalt beizusteuern. Der Pastor von Iłów z. B., oberhalb Płock, einer der ältesten evangelischen Kirchengemeinden Mittelpolens, war daher noch bis zuletzt ein angehender Gutsherr und mußte ein tüchtiger Landwirt sein, wenn er sein Feld selbst bestellen wollte. Aus dieser Periode der schwindenden Naturalwirtschaft stammte auch die große „Pastorwirtschaft“ in Ruda-Bugaj, die dann zum Pastorat des Tuchmacherstädtchens Alexandrów bei Lodz geschlagen wurde.[123] Mit einer Pastorwirtschaft von immerhin einer Hufe (16 ha) ausgestattet wurde ferner u. a. die noch zu altpolnischer Zeit (1777) gegründete Pfarrgemeinde Stawiszyn, nördlich Kalisch; ähnlich — die 1784 gegründete in Michałki im Dobriner Land jenseits der Weichsel, die anderthalb Hufen erhielt. Die jüngeren Pfarren aber, die aus den ersten Jahrzehnten des 19. Jahrhunderts stammen, gehörten bereits in die neuen marktwirtschaftlichen Zeiten und waren mehr auf die Erträge der plötzlich aufschießenden Industriezentren gestellt. Das galt ausnahmsweise schon für die im

---

122) Kossmann, Ein Lodzer Heimatbuch, S. 198.

123) Die ältesten evangelischen Kirchengründungen Kongreßpolens waren nach dem Standardwerk von E. Kneifel, Die evangelisch-augsburgischen Gemeinden in Polen: Neudorf-Neubruch am Bug 1617, Wengrów 1650, Warschau 1775, Iłów 1775, Władysławów (Rosterschütz) 1776, Stawiszyn 1777, Nowy Dwór (Neuhof) 1782, Michałki-Rypin 1784, Lublin 1784 usw.

auslaufenden 18. Jahrhundert entstandenen Gemeinden von Władysławów (Rosterschütz) und Nowydwór (Neuhof), die erste 1776 östlich von Kalisch in einem seit 1726 bestehenden Tuchmacherort gegründet, die andere 1782 — in einer später verödeten Tuchmachersiedlung unterhalb Warschau.[124] Von der letzten sagte der Berliner Gelehrte Bernoulli in einem Reisebericht von 1778: „Er [Fürst Poniatowski] nahm auch in Neuhof an der Weichsel, 5 Meilen von Warschau, eine ganze Dissidenten-Kolonie auf und gewährte ihr die Freiheit, Kirchen und Schulen zu bauen. Sein Vorgehen ist zu aller Erstaunen moralisch so rein, daß es allen jungen Herren als Beispiel dient."[125]

Als dann die Tuchmacherei unterging und die Leine- und Baumwollweber großenteils nach Lodz abwanderten, verblieben am Orte oft nur die schönen pseudoklassizistischen Kirchen als einsame Denkmäler und Bauzeugen gescheiterter Industrien, dazu Pfarre und Friedhof, sowie einige wenige evangelische Familien. Der Schwerpunkt der Gemeinden verlagerte sich erst recht in die Bauernkolonien an der Peripherie.

Die große Entfernung zahlreicher Kolonien von ihrem Pfarrsitz hat dazu beigetragen, daß sich die alte, aus den großpolnischen Heimatgebieten mitgebrachte, primitive Bethaus-Dorfschule, wenig verändert, häufig noch bis ins 20. Jahrhundert erhalten hat. Wie primitiv immer dieses Kolonistenschulwesen war, bedeutete es dennoch einen Vorzug gegenüber dem Los der Fronbauern, deren Kinder nur ausnahmsweise in den Genuß eines Schulunterrichts kamen. 1865 gab es 634 evangelische Schulen, meist sogenannte Kantorate, im Rahmen des Warschauer Konsistorialbezirks (s. Karte 11).[126] Das allgemeine kongreßpolnische Schulwesen auf dem Lande dagegen begann erst sich zu entwickeln. 1862 soll es in Kongreßpolen insgesamt nur 592 Dorfschulen gegeben haben, 1867 schon 1646, 1871 — 1863, 1882 — 2371.[127] Demnach war im Jahre 1865 die Zahl der evangelischen Schulen, die laut Busch freilich nicht nur die damaligen Elementarschulen, sondern auch die älteren Religionsschulen umfaßte, höher als die Zahl der Schulen in ganz Kongreßpolen 1862: auf jeden Fall ein für die Kolo-

---

124) Kneifel, Die evangelisch-augsburgischen Gemeinden der Kalischer Diözese, S. 39 ff., S. 17 ff.; ders.: Geschichte der evangelisch-augsburgischen Kirche in Polen, o. O., o. J., S. 69.

125) zit. nach X. Liske, Cudzoziemcy w Polsce, S. 236.

126) Busch, Beiträge, S. 72.

127) B. Baranowski: Życie codzienne wsi między Wartą a Pilicą w XIX w. [Der dörfliche Alltag zwischen Warthe und Pilica im 19. Jh.], Warschau 1969, S. 116. Über die Entwicklung des deutschen Schulwesens in Kongreßpolen unterrichten M. Kage: Zur Geschichte des deutschen Schulwesens im ehemaligen Kongreßpolen, in: Dt. Blätter in Polen 4 (1927), S. 487 ff.; „Teja": Die Zahl der deutschen Schulen Kongreßpolens einst und jetzt, ebenda 6 (1929), S. 113 ff.; „Ergo": Zur Geschichte der deutschen Kantoratsschulen in Kongreßpolen, ebenda 6 (1929), S. 142 ff.; A. Breyer: Die deutschen höheren Schulen im ehemaligen Kongreßpolen, ebenda 6 (1929), S. 121 ff.; O. Heike: Das deutsche Schulwesen in Mittelpolen, Dortmund 1963; A. Müller: Das Lehrerseminar von seiner Gründung bis zum Ausbruch des ersten Weltkrieges, in: Das deutsche Lehrerseminar in Mittelpolen, hrsg. von O. Heike, Troisdorf 1963, S. 12—33.

nisten schmeichelhaftes Zeugnis. Auf jede dritte Kolonie etwa kam eine Schule, d. h. es hatten sich jeweils einige Kolonien, die 1835 im Durchschnitt nur 100 Einwohner zählten, zusammentun müssen, um die Schule zu erhalten, die in der Regel in den größeren Kolonien angelegt wurde.[128] Ein Blick auf die Karte der Schulen vom Jahre 1865 genügt daher, um gleichzeitig ein recht genaues Bild von der damaligen Verbreitung der deutschen Kolonisten in Kongreßpolen zu gewinnen und die grundsätzliche Übereinstimmung mit unserer Karte der Kolonien festzustellen.

Die alte Schule der evangelischen Kolonien, die den einmaligen Menschenschlag des Kolonisten mitgeprägt hat, war freilich in erster Linie Bethaus gewesen. Schulisch entsprach sie zuerst und vor allem den einstigen Forderungen Luthers, den Kindern so viel Unterricht zu geben, daß sie Bibel und Gesangbuch selber lesen konnten, um als bewußte Protestanten zu bestehen. Sie entsprach nicht zuletzt auch dem Typ des Holländers, einer einmaligen Erscheinungsform deutscher Bauern im Osten von Elbe und Oder, der seit Generationen unter Unfreien ein freier und unabhängiger Wirt war, der nie den preußischen Drill erfuhr, der für sein seelisches Heil stets selbstverantwortlich einstehen mußte, und schließlich ein übergroßes Maß an Selbständigkeit, gepaart mit Mißtrauen und Widerstand gegen Grundherren und Vorgesetzte, entwickelt hat. Das hat ihm auch zu allen Zeiten das Mißfallen preußischer Ämter eingebracht und war der Grund dafür, daß die freiheitsstolzen Holländer in der amtlichen preußischen Charakteristik oft recht schlecht abschneiden.

Der den Holländern nicht wohlgesinnte preußische Justizrat Stenger aus Unruhstadt schrieb recht abfällig auch über das Schulwesen der Holländer im Jahre 1798: „Ihr liebster und gewöhnlicher Prediger, der Redner aller Gelegenheitsreden war der Vorleser im Haulande selbst. Dieser führte die Begräbnisse auf, hielt seine Reden beim Grabe und in der Schule — ein Schneider, Schumacher u. d. gl. von Profession, war er der Lehrer der Jugend auf ein Paar Stunden in den Wintertagen ... Wer seine Kinder schicken wollte, konnte es thun, aber auch eben so füglich ein jeder es unterlassen, wozu die mehresten geneigter waren, da bey ihrer oftmals weiten Entfernung von der Schule die Kinder zuviel an Schuhzeug verlohren. — Bei der Annahme eines Schulmeisters, wozu gewöhnlich Handwerker aus den Städten, die hier ihr Brodt nicht mehr fanden, sich präsentierten und gewählt wurden, ohne eine Prüfung ausstehen zu müssen, sah man mehr darauf, ob er soviel schreiben könne, die Kauf- und Verschreibungs Briefe aufzunehmen — denn die Vorleser waren die Acktuarien und Notarien der Gemeinden — als auf gründliche Kenntnisse und Methode, und ein solcher Schulhalter mußte dann auch fein den Winken der Hauländer gehorchen, wenn er nicht in seinen Revenüen verkürzt und endlich gar abgesetzt seyn wollte."[129]

Als die Preußen das Schulwesen der Holländer nach dem Wiener Kongreß erneut näher in Augenschein nehmen konnten, war es noch unverändert dasselbe geblieben. So heißt es in einem amtlichen Bericht vom Jahre 1818: „Diese Ge-

128) vgl. im Anhang die Liste der Kolonien von 1835, Kolonne VIII.

129) Stenger, Von den Hauländern, S. 254 f.

meinden [Hauländereien] besitzen in der Regel kleine Bet- und Schulhäuser. Sie unterhalten den Lehrer, dessen Haupterforderniß eine tüchtige Stimme zum Singen und Predigtvorlesen ist. Das Gehalt ist der Anzahl der Wirte angemessen ... Die Sommerschule wollen sie nicht, und den Unterricht im Winter wünschen sie auf Religion, Lesen und notdürftiges Schreiben beschränkt."[130] Immerhin sollten im preußischen Teilgebiet nun bald bessere Schulverhältnisse einkehren.

In Kongreßpolen blieb dieses System im ganzen unverändert (in abgelegenen Gegenden z. T. bis ins 20. Jahrhundert, obwohl inzwischen neue Schulordnungen offiziell eingeführt worden waren). In einer polnischen Zeitschrift vom Jahre 1825 heißt es immer noch bewundernd: „Es ist nützlich, auf die deutschen Kolonien zu blicken, in denen sich überall Kleinschulen befinden und wo alle Familienglieder nur rechnen, nach einem Buch beten und an den Feiertagen eine Unterweisung aus der Hl. Schrift lesen können, die ihrer Auffassungsgabe entspricht; es genügt, ihren Zustand, ihre bessere Lebensweise und ihre Sitten mit dem Zustand unserer polnischen Landleute zu vergleichen, um sich zu überzeugen, welche Wirkungen aus einer entsprechenden geistigen Unterrichtung hervorgehen."[131]

Bis 1865 hat sich wenig daran geändert. Nach Busch hielten die Lehrer damals höchstens 5 Monate im Jahr Schule, also nur im Winter, und trieben die übrige Zeit ein Handwerk oder gingen auf Taglohn aus.[132] „Ist eine Schule am Orte, so wird das Kind während der Winterzeit in die Schule geschickt und dabei lernt es dann selten mehr, als daß es im 14. Jahre Deutsch lesen kann, den Katechismus auswendig gelernt hat und etwas aus der biblischen Geschichte weiß ... Ein Kind, das schreiben kann, gehört bis jetzt noch zu den Seltenheiten ... Wo keine Schulen sind, da steht es natürlich mit dem Unterricht der Kinder noch trauriger; das, was die Mutter kann, wird auch dem Kinde beigebracht, und das ist in der Regel sehr wenig."[133]

Wie daraus deutlich hervorgeht, waren Lesen und Schreiben zwei verschiedene Schulfächer oder „Wissenschaften". Es ist deshalb kein Beweis für Analphabetismus, wenn die Kolonisten ihre Verträge mitunter nur mit geführter Hand, mit einem Kreuz, statt mit ihrem Namen unterzeichneten. Lesen konnten sie! Diese Kunst ging noch, wie gesagt, auf die Anforderungen der Reformatoren im 16. Jahrhundert zurück und zählte zu den ältesten Traditionen der Kolonisten und Holländer.[134] Immerhin erwähnt Busch bei der Schilderung ihrer Wohnungseinrichtung: „Auf einem Brett am Balken unter der Decke befindet sich des Kolonisten Bibliothek, die gewöhnlich aus etlichen Gesangbüchern, Brastbergers Predigten, einigen ABC-Büchern, Luthers Katechismus und leider seltener aus einer Bibel besteht, denn diese ist in Polen nur schwer zu bekommen."[135]

---

130) zit. nach M. Meyer: Mitteilungen aus der Geschichte der kgl. Regierung, S. 27.

131) Bibljoteka Polska 1825, Bd 3, S. 32 (zit. nach A. Świętochowski: Historja chłopów polskich [Geschichte der polnischen Bauern], Bd 2, S. 177 f.).

132) Busch, Beiträge, S. 71.

133) ebenda, S. 62.

134) vgl. Kossmann, Die Anfänge, S. 77—80.

135) Busch, Beiträge, S. 61.

Diese Bücher wurden laufend benutzt: „Religiöses Leben ist der Gemeinde nicht abzusprechen, die Kirche ist immer besetzt und auch die Hausandacht wird nicht verabsäumt. In vielen Familien liest der Hausvater am Nachmittag der Sonn- und Feiertage den Seinen eine Predigt aus der Postille vor und alle zusammen singen ein Lied aus dem Gesangbuche. Die meisten Gemeindeglieder führen einen christlichen Wandel, nur wenige sind dem Trunk ergeben."[136] Stenger dagegen wollte den Holländern sogar die „Religion" absprechen.[137]

Der Mangel an Bibeln, wenn Busch sich nicht in dieser Hinsicht getäuscht haben sollte, wurde jedenfalls bald behoben; denn schon 1875 schreibt Pastor Albrecht Eugen Rosenberg zu Gostynin, der der deutschen Volksgruppe in Litauen entstammte, daß die Kirche vielfach in die häusliche Sitte der Kolonisten vorgedrungen sei: „Hierzu gehört: Bibel, Gesangbuch, Gebetbuch, Hirtenstimme und ähnliches in den meisten Häusern; weiter gehört hierzu das Morgen-, Abend- und Tischgebet der Familie ... Und wie das alltägliche Leben, so begleitet das Gebet, ja eine kurze Andacht sogar, die Mahlzeiten bei besonderen Gelegenheiten, als da sind: Taufen, Trauungen, Begräbnisse usw. Hier ist es in der Regel Sache des Lehrers, vor der Mahlzeit ein kürzeres Gebet zu halten, nach derselben aber ein bedeutend längeres, an welches sich der Gesang eines entsprechenden Liedes knüpft."[138]

In manchen Gegenden Kongreßpolens, besonders aber in dem entlegenen Wolhynien, hat sich dieser geistige Typ des Kolonisten, wie er aus der Organisation ihrer Schule und aus der pietistischen Grundhaltung an Wochen- wie Feiertagen erkennbar wird, bis in die Zwischenkriegszeit unversehrt erhalten. „Außer der Arbeit auf dem Hofe war der Lebensinhalt des deutschen Kolonisten Wolhyniens die Religion ... Alle moralischen Bedürfnisse der Kolonisten, alle ihre abstrakten Gedanken, ihr ganzes geistiges Leben sind von Religion erfüllt. Außer der Hofwirtschaft und Religionsfragen haben sie für nichts Interesse ... Das Lesen eines Romans z. B. würde von den meisten als verdammenswerte Tat betrachtet werden. In manchen Kolonien gilt selbst das Singen eines nichtgeistlichen Liedes als Sünde. Allgemein wird Tanzen als Sünde betrachtet."[139] Dennoch wurde in den meisten Kolonien getanzt, vor allem bei Dorfhochzeiten, die sich über einige Tage erstreckten. Auch „Schelmenstücke" wurden gesungen, womit Volkslieder und anderes nichtgeistliches Liedgut gemeint waren. Der in Kongreßpolen und Wolhynien in den letzten Jahrzehnten gesammelte Bestand an Volksliedern und anderem Brauchgut hat mit seinem Umfang und Gehalt so manchen binnendeutschen Kenner in Erstaunen gesetzt.[140]

---

136) ebenda, S. 133.

137) vgl. oben, S. 125.

138) Kossmann, Ein Lodzer Heimatbuch, S. 244 f.

139) Z. Cichocka-Petrażycka, Żywioł niemiecki, S. 35 f.

140) z. B. A. Karasek-Langer u. E. Strzygowski: Sagen der Deutschen in Wolhynien und Polesien, Posen 1938 (mit Zeichnungen von F. Kunitzer); K. Lück — R. Klatt: Singendes Volk — Volkslieder aus Kongreßpolen und Wolhynien, Posen 1935 (mit Zeichnungen von F. Kunitzer); Volkstänze der Deutschen in Mittelpolen, hrsg. von K. Horak, Plauen 1936.

Höchste Emanation des Geisteslebens der Kolonisten war freilich der Pastor; Kompendium aller Lebensweisheit und höchster geistiger Besitz — die Bibel. Selbst unter den Kolonisten gab es jedoch so manchen Wissensdurstigen, der sich Zugang zur modernen Bildung zu verschaffen wußte. Das zeigt die Herkunft der Zöglinge des ersten Lodzer Gymnasiums aus der Mitte des Jahrhunderts, die sich aus dem ganzen Nordwesten Kongreßpolens rekrutierten, geht aber auch aus folgendem Geschichtchen hervor. Ein Niederungsbauer oberhalb Płock fragte mich einst, wie er die Wetterfahne auf seinem Hausdach genau nach Norden ausrichten könne. Er wisse nämlich nur die „Hälfte", z. B. noch alles über „Pferde", aber nichts mehr über den „Polarstern". Der Grund: sein Vater hatte ein Lexikon, von dem bei der Erbteilung nur die erste Hälfte an ihn gefallen sei.

Kennzeichnend für die allgemeine, pietistische Grundhaltung sind zeitgenössische Briefe des Lehrers Benjamin Zippel aus der Truhe meiner Großmutter.[141] Er war in Züllichau im Jahre 1807 geboren, woher zahlreiche Tuchmacher nach Tomaszów eingewandert waren. Seine Briefe vermitteln einen unmittelbaren Eindruck von dem pietistischen geistigen Standort der Kolonisten, von dem aus sie alles beurteilten, was das Leben ihnen brachte. Dieselbe Grundhaltung war noch bis zuletzt im Persönlichkeitsbilde vieler Polendeutschen zu erkennen. Damit hängt auch zusammen, daß sich das Sektenwesen unter ihnen so stark entwickelt hat und zur neuen geistigen Heimat so manches tüftelnden und grübelnden Kolonisten geworden ist.[142]

Zusammenfassend konnte Busch immerhin sagen: wo rein deutsche Kolonien angelegt waren, haben die Kolonisten mit großer Zähigkeit an ihrer Nationalität festgehalten. Sie bewahrten väterliche Sprache, Sitten und Gebräuche. Überhaupt unterschieden sie sich damals noch „wenig oder gar nicht von dem Bauernstand Deutschlands".[143]

B. Struktur der Kolonien

1. Zur Warschauer Liste der Kolonien von 1835

Zunächst sprachen mancherlei Bedenken gegen eine Veröffentlichung der Warschauer Liste der Kolonien und Kolonisten in der vorliegenden Form. Meine diesbezüglichen Aktennotizen, die Sinn und Zweck der Liste deuten könnten, sind verloren gegangen, zusammen mit der ersten, noch in Warschau hergestellten Abschrift. Weder kann jetzt die Signatur des Aktenstückes angegeben werden, dem die Liste entnommen ist, noch mit voller Sicherheit das Warschauer Archiv, in dem sie aufgefunden wurde (doch wohl das Archiwum Główne). Selbst

141) abgedruckt bei Kossmann, Ein Lodzer Heimatbuch, S. 120.

142) vgl. W. Kuhn: Kirche und Schule, in: Dt. Blätter in Polen, H. 11/12 1926, S. 618.

143) Busch: Beiträge, S. 60.

die für eine Analyse so wichtigen ursprünglichen Kolonnentitel, die in dem zufällig erhaltenen Durchschlag fehlen, mußten erst aus dem Zusammenhang wieder erschlossen werden. Die Dorfnamen waren mitunter offensichtlich falsch entziffert, was sowohl bei der ersten Abschrift in Warschau wie bei der zweiten in Berlin geschehen sein kann.

Für den Abdruck sprach, daß bisher keine ähnliche Liste der kongreßpolnischen Kolonien bekannt geworden ist und daß mit neuem derartigem Material aus den Archiven in den nächsten Jahren wohl nicht gerechnet werden kann. Vielleicht sind die betreffenden Aktenbände gar den Kriegshandlungen zum Opfer gefallen. Sollte die Liste dennoch erhalten sein, wenn auch nur in Teilen in diesem oder jenem Provinzialarchiv, so bleibt zu hoffen, daß früher oder später eine Ergänzung oder Berichtigung folgen. Eine Berichtigung wäre besonders für die Zahlen erwünscht, soweit diese verschrieben sind, da sie verständlicherweise hier nicht richtiggestellt werden können.

Um die Liste auf ihre Vollständigkeit zu prüfen — auf den ersten Blick machten sich keine territorialen Lücken bemerkbar — wurden alle darin genannten Kolonien in eine Karte (7) eingetragen. Dabei ergab sich u. a. die beste Gelegenheit, Schreibfehler in den Ortsnamen verläßlich zu korrigieren, wie z. B. „Minów" (Nr. 1065 der Liste) in Alinów usw. Selbstverständlich bleiben auch in dieser Hinsicht einige Unsicherheiten bestehen. Sie werden durch ein beigefügtes Fragezeichen kenntlich gemacht. Wie stets bei solchen Vorhaben war ein Teil der Ortschaften auf keiner Karte aufzufinden. Ihr Anteil beträgt knapp 1 Prozent (12 Orte).[1] Unangenehmer ist, daß einzelne Ortschaften falsch placiert sein können, obwohl sich der Verfasser dabei u. a. des einzigartigen Ortslexikons aus dem Ende des vorigen Jahrhunderts bedienen konnte.[2] Darüber hinaus wurden Kontrollen mit Hilfe alter topographischer Kartenwerke vorgenommen, vor allem der sogenannten Quartiermeisterkarte aus dem Jahre 1839 und der Karte Liebenows aus der zweiten Hälfte des Jahrhunderts. Als Grundlage für die Ortung selbst dienten die bekannten Generalstabskarten 1:100 000 aus der Zeit unmittelbar vor dem letzten Weltkrieg.[3]

Nach der kartographischen Bearbeitung wurde sichtbar, daß die Liste für die kujawischen Gebiete links und rechts der Weichsel, für den Augustower Zipfel im Nordosten Kongreßpolens und auch für eine schmale Zone südwärts Kalisch nur eine kleine Auswahl der dortigen Neusiedlungen bringt, während sie sonst recht vollständig verzeichnet scheinen. Es bleibt unklar, nach welchem Prinzip

---

1) die Nrn 61, 91, 248, 295, 354, 618, 622, 672, 722, 723, 823, 927 mit zusammen rund 300 Kolonisten, also besonders kleine Kolonien.

2) Słownik geograficzny królestwa polskiego [Geographisches Wörterbuch des polnischen Königreichs], 15 Bde, 1880—1902, hrsg. von F. Sulimirski, B. Chlebowski, W. Walewski u. a.

3) zur Quartiermeisterkarte s. Anm. 14, S. 55; Liebenow's Special-Karte von Mitteleuropa 1:300 000, Sektion Ost in 61 Blättern, Hannover-Berlin 1891 u. a. Als handlich erwies sich die mit vielen Ortsnamen ausgestattete österreichische Militärkarte 1:200 000, um die letzte Jahrhundertwende hrsg. vom k. und k. militär-geographischen Institut Wien.

die Auswahl getroffen wurde. Immerhin ergibt eine Untersuchung der in die Liste nur unzulänglich aufgenommenen Gebiete, insbesondere des kujawischen wie des Augustower, daß sie in Wirklichkeit recht dicht von Neusiedlungen durchsetzt waren.

So bedarf es nur eines Blickes auf die Karte von Gilly, um zu erkennen, welche Unzahl von kolonienartigen Gebilden bereits um 1800 die Bezirke Lipno rechts der Weichsel und Kujawisch-Brest links der Weichsel bedeckte. Schon zu preußischer Zeit zählte man im Kreise Lipno/Rypin 3500 evangelische Familien. Laut August Müller bestanden im Jahre 1805 im Kreise Lipno/Rypin 113 Kolonien mit 7239 Seelen.[5] Grossmann nennt für das Jahr 1810 im Kreise Lipno 12 846 Lutheraner, im Kreise Wyszogród — 5805, Pułtusk — 1708, Mława — 2747, Przasnysz — 1388, Ostrołęka — 1582; links der Weichsel saßen laut ihm im Kreise Brest zur selben Zeit — 3337 Lutheraner, Kowal — 4237, Radziejów — 3242: zusammen gegen 37 000 Lutheraner zu beiden Seiten des Stromes in Kujawien/Masowien.[6]

Die Warschauer Liste kennt indes für den Bezirk Lipno nur 37 Kolonien mit 2217 Kolonisten, für die kujawischen Kreise links der Weichsel 30 Kolonien mit 2319 Kolonisten. Kein Zweifel, daß die Liste hier nur eine sehr enge Auswahl gebracht hat.

Aber auch im Augustower Gebiet klafft eine Aufnahmelücke. Die Warschauer Liste zählt dort rund 2000 Kolonisten. Grossmann dagegen stellt bereits für 1810 über 18 000 Evangelische fest. Busch nennt in den gleichen Landschaften fast 31 000 Lutheraner. Hiervon waren, wie auf Grund seiner Angaben errechnet werden kann, 21 000 Deutsche, über 5000 sprachen polnisch (masurisch), über 4000 waren Litauer.[7] Wie aus Kolonne VI, einem Nachtrag aus anderer Quelle hervorgeht, sind in die Liste fast nur Kolonien aus dortigen Staatsdomänen aufgenommen worden. Die alte private Siedlungstätigkeit ist nahezu unberücksichtigt geblieben.

Die hier in Rede stehenden Gebiete, einschließlich des Wieluner, haben eines gemeinsam: ihre Neusiedlungen sind vorwiegend Zwerggebilde. Das kann man für Kujawien und Wieluń auf der Karte von Gilly sehen. Im Lipnoer Raum hat

---

4) J. Wąsicki: Ziemie polskie pod zaborem pruskim. Prusy Nowowschodnie [Die polnischen Länder im preußischen Teilgebiet. Neuostpreußen], Posen 1963, S. 240, nennt für den Kreis Pułtusk 700 evangelische Familien, Przasnysz — 428, Ostrołęka — 148, Mława — 703, für Płock selbst — 400, in letzterem 1810 bereits 875 Familien. Nach Z. Guldon: Zaludnienie ziemi dobrzyńskiej [Die Bevölkerung des Dobriner Landes am Ende des 18. Jh.s], in: Zapiski Historyczne 39 (1974), S. 103, gab es 1776/81 im Dobriner Lande 9,5% Dissidenten (3578 Personen). Diese Zahlen stimmen mit denen Grossmanns für den Kreis Lipno im J. 1810 nicht recht überein; laut ihm betrug der Anteil der Protestanten damals 17% und die Gesamtbevölkerung war doppelt so hoch wie die von 1776/81 laut Guldon.

5) A. Müller: Vom Deutschtum Kongreßpolens und seiner Herkunft, in: Dt. Blätter in Polen 6 (1929), S. 291.

6) H. Grossmann, Struktura społeczna, S. 48.

7) Busch, Beiträge, S. 231 ff. Noch während des Ersten Weltkrieges zählte man in den Kreisen Wilkowischki, Mariampol, Władysławów, Suwałki 17 123 Deutsche (A. Müller, Die preußische Kolonisation, S. 8).

selbst Gilly die Bezeichnung Holland kaum benutzt. Meist ist dort von Budy die Rede, oder die verstreuten Neusiedlungen tragen überhaupt keinen Namen; wenn sie einen Namen führen, so fehlt doch der Zusatz über die Qualität der Siedlung. Die Quartiermeisterkarte von 1839 zeigt nur in einem Sumpfgelände im Westen von Sierpc und im westlichen Teil des Lipnoer Raumes die Tendenz, Neusiedlungen als Holländereien zu kennzeichnen, vor allem in dem schmalen Siedlungsstreifen, der von Lipno aus nach Nordwesten zieht. Auch die Bezeichnung Kolonie, die die Quartiermeisterkarte sonst reichlich verwendet, ist in diesem Bezirk rar. Dafür erscheint sehr häufig in Haarschrift ein R., das Rumunki, Räumungen, bedeutet, welcher Siedlungstyp den Pustkowien nahe steht, wenn nicht mit ihnen zu identifizieren ist.[8] Die Karte weist auch zahlreiche Budy auf. Noch auffallender als dieses Durcheinander der Bezeichnungen ist die Ordnungslosigkeit der gesamten Neusiedlung, die dort das Gelände mit einem schütteren Netz von wirr umhergestreuten Einzelgehöften überspannt. Der letzte Grund dafür ist gewiß in den Landschaftsverhältnissen der „buckligen" Welt zu suchen, in dem überaus bunten Bodenmosaik, das nirgends größere gleichmäßige Flächen anbietet. Das aber gilt, wie bereits oben ausgeführt,[9] für alle drei hier in Rede stehenden Landesteile.

Im Zusammenhang damit wird auch die unzureichende rechtliche Sicherung der Neusiedler gerade dieser Gebiete zu sehen sein. Schon Maas erwähnt, daß die Rumunki-Bauern meist nur „Individualverträge" auf privatrechtlicher Basis abgeschlossen hätten.[10] Soweit aber Verträge vereinbart waren, lauteten sie bekanntlich in diesem Raum rechts wie links der Weichsel in der Regel nur auf Zeitpacht. Sie waren nach 20, 30, 40 oder 50 Jahren zu erneuern.[11] An dieser Unsicherheit der Siedlungsverhältnisse in Kujawien waren die dortigen Grundherren verständlicherweise interessiert. Es war ferner ausgerechnet der kujawische Adel, der im Jahre 1778 — einerseits unter dem fatalen Eindruck der Abtrennung des angrenzenden Netzedistrikts, andererseits wohl auch um des eigenen Vorteils willen — den patriotischen Beschluß faßte, die deutschen Ansiedler als eine Gefahr für die Republik zu erklären. Die kujawischen Landboten zum Warschauer Reichstag (Sejm) wurden beauftragt, auf eine gesamtstaatliche Eindämmung des Zustroms der Holländer hinzuwirken, von denen sich bereits „nicht wenige im Lande zusammengezogen haben". Deren bisher vierzigjähriges Recht sollte durch Sejmbeschluß auf 20 Jahre herabgesetzt werden, nach deren Ablauf sie sofort ein Kaufgeld zu erlegen hätten. Hier wird der persönliche Vor-

---

8) vgl. S. 68. W. Maas, Von der Provinz Südpreußen, S. 71—75, bringt Listen der Rumunken aus dem nordwestlichen Kongreßpolen.

9) vgl. S. 242, 264 f.

10) W. Maas: Zur Siedlungskunde Kujawiens und des Dobriner Landes, in: DM 2 (1935), S. 243. E. Kwiatkowska, Osadnictwo wiejskie ziemi dobrzyńskiej, S. 36, mit Hinweisen auf den vertragslosen Zustand der Rumunken.

11) H. Plehn: Geschichte des Kreises Strasburg, Leipzig 1900, S. 217; E. Schmidt, Geschichte, S. 381; dazu F. Mager: Geschichte der Landeskultur Westpreußens, S. 54; W. Kuhn, Geschichte der deutschen Ostsiedlung, Bd 2, S. 77; K. Ciesielska, Osadnictwo „olęderskie", S. 232 ff. u. a. m.

teil deutlich erkennbar, der sich mit dem patriotischen Ziel verflocht. Das Recht der Siedler sollte zeitlich begrenzt, der Kaufpreis damit praktisch auf das Doppelte erhöht werden. Gleichzeitig aber sollte so „das dem Allgemeinwohl drohende Unheil abgewendet werden".[12]

Tatsächlich ist aus denselben kujawischen Landschaften bekannt, daß zahlreiche Grundherren den deutschen Siedlern in den 30er und 40er Jahren des 19. Jahrhunderts die Verträge aufkündigten. Infolge ungenügender Sicherung der oft mehrdeutigen Siedlerabsprachen mit den Grundherren, die die Holländer anderwärts gerichtlich, d. i. durch Eintragung in die Gerichtsbücher, „roborieren" (= bestätigen) ließen, waren Rechtsbrüche gegenüber Rumunken-Bauern von vornherein erleichtert. „Ein deutsches Dorf nach dem andern verlor seine deutschen Insassen." Alexander Treichel nennt als Heimatforscher jenes Raumes zwölf Beispiele für solche Aktionen. An Stelle der von den Bauern geräumten Dörfer seien, genau wie es Holsche schildert,[13] Vorwerke der Grundherren getreten.[14] Für den Bezirk Brest gilt offensichtlich dasselbe, während aus anderen Landesteilen Fälle dieser Art zwar bekannt sind, aber anscheinend nicht annähernd so häufig waren. Für die Gegend von Chodecz, südlich Brest und Leslau, weiß Busch zu berichten, daß dort vorher meist deutsche Kolonisten gesessen hätten. „Da die Leute jedoch das Land nur auf 40 Jahre gepachtet hatten, so wurden einem großen Teil derselben nach Ablauf des Contracts die Wirtschaften genommen und polnischen katholischen Landleuten übergeben."[15] Formal mögen hier sogar gewisse Punkte der Abmachungen den Grundherren einen rechtlichen Hebel in die Hand gegeben haben.

Dem Verfasser sind leider sämtliche Notizen über die Zusammenhänge und den Zweck der Warschauer Kolonienliste von 1835 in den letzten Kriegsmonaten verloren gegangen. Wenn aber nicht alles trügt, war es die Absicht der Warschauer Zentralbehörden, sich damit eine erste Bestandsaufnahme der Kolonien zu verschaffen, die als Arbeitsgrundlage der damals ins Leben gerufenen Organe zur Kontrolle des Kolonistenwesens dienen sollte. Die Kolonisten, die bereits zugezogen waren und vor allem die im Begriff waren, zuzuziehen, auch in den privaten Gütern, sollten in staatliche Obhut genommen werden. Waren doch gerade einige aufsehenerregende Vertragsbrüche durch die Grundherren vorgekommen. Die Zentralbehörden fürchteten mit Recht, daß das auf einwanderungswillige Ausländer abschreckend wirken könnte.[16]

12) Dzieje ziemi kujawskiej [Geschichte des kujawischen Landes], hrsg. von A. Pawiński, Bd 3, Warschau 1888, S. 308. Mißverstanden bei H. Textor: Das deutsche Schulwesen in der Gemeinde Przedecz in der Zeit 1800—1830, in: Dt. Blätter in Polen 6 (1929), S. 133; nach ihm von M. Aschkewitz: Geschichte des Dobriner Landes, S. 51, übernommen.

13) Holsche, Geographie, Bd 2, S. 492.

14) A. Treichel, Geschichte des Deutschtums von Rippin und Umgegend, 3. Aufl., o. O. 1962, S. 44 ff.

15) Busch, Beiträge, S. 209.

16) vgl. K. Lück, Die deutschen Siedlungen, S. 33 ff.; A. Pytlak, Die deutschen Kolonisationsbestrebungen, S. 80; W. Śladkowski, Kolonizacja niemiecka, S. 35; Kossmann, Ein Lodzer Heimatbuch, S. 112 ff.

Die Motive, die die damaligen kujawischen und augustower Bezirkskommissare veranlaßten, ihre häufig sehr kleinen und rechtlich unvollkommenen „Kolonien“ nicht als solche anzusehen und nicht in die Liste von 1835 einzutragen, werden damit in ihren Umrissen erkennbar. Eine Eintragung hätte die nachträgliche Fixierung und Legalisierung der Ansiedlung — die oft vielleicht buchstäblich als flüchtiger rumunek, als Räumung von Gesträuch und Gestrüpp, gedacht war — im vollen Sinne einer Kolonie bewirkt und damit die Einschaltung der staatlichen Aufsichtsorgane zum Schutz der Kolonisten gegen ihre Grundherren herbeiführen können. Das aber wollte man auf jeden Fall vermeiden. Kein Zweifel, daß dieselbe Überlegung auch anderswo eine Rolle spielte und der eine oder andere Grundherr die Eintragung seiner „Kolonie“ in die Liste nicht wünschte und zu umgehen wußte. Im Stillen durfte er hoffen: *quod non est in actis, non est in mundo.*[17]

In Kujawien handelte es sich augenfällig um eine amtliche Maßnahme der dortigen Bezirksbehörden. Erkennt man doch sehr deutlich, daß gleich jenseits der Grenzen des kujawischen Bezirks praktisch sämtliche Neusiedlungen in der Kolonienliste eingetragen sind. Auf der Karte ließe sich allein auf dieser Grundlage die genaue Grenze des kujawischen Bezirks ausmachen, so scharf ist der Kontrast zwischen dem Vorgehen der Bezirkskommissare diesseits und jenseits ihrer Amtsgrenzen. Das bestätigt, daß die Kujawier nicht aus reiner Willkür vom sonst üblichen Verfahren abwichen, sondern eine rechtliche Interpretation benutzt haben, die dortigen Neusiedlungen nicht als Kolonien im damaligen Sinne zu werten. Das wird auch für den Augustower Raum zutreffen, wahrscheinlich auch für den von Wieluń. In den übrigen kongreßpolnischen Bezirken dagegen sind die Holländereien und anderen Neusiedlungen grundsätzlich in die Kolonienliste aufgenommen worden. Bekanntlich gingen die Ansiedlungsformen in diesen Bezirken in der Hauptsache auf großpolnische Vorbilder zurück und lauteten, freilich mit Ausnahmen, auf „ewige“ Erbpacht: sie konnten nun unangefochten und nahtlos in die neuere, koloniale Phase einmünden. In den genannten Randzonen dagegen, südlich und nördlich der aus Großpolen kommenden Holländerwelle, haben die formalen Grundlagen der dortigen Rumunken oder pustkowienartigen Siedlungen dafür offenbar nicht ausgereicht. So erklärt es sich letztlich, warum in der Warschauer Liste von 1835 nur wenig Daten über jenen interessanten Neusiedlungstyp der kujawischen und augustower Bezirke übermittelt worden sind. Immerhin sind aus Kujawien 67 Ortschaften und aus dem Augustower Raum 40 Ortschaften kolonialen Stils in die Liste aufgenommen worden, so daß eine Strukturanalyse auch der dortigen Kolonien auf dieser Grundlage möglich erscheint. — Soviel zur Frage der Vollständigkeit der Liste.

Eine weitere Frage, die hier vorrangig zu klären ist, betrifft die Kolonnentitel. Sie fehlen, wie gesagt, in dem erhaltenen Durchschlag der Liste und mußten erst wieder neu erschlossen werden. Daß die erste Kolonne die Namen der Kolonien angibt, geht einwandfrei schon aus der Überschrift der Listen her-

17) vgl. auch E. Textor: Streitigkeiten zwischen deutschen Siedlern in Kongreßpolen und ihren Grundherrn, in: DWZP 31 (1936), S. 18 ff.

vor. Ihre Schreibweise entspricht zwar nicht immer der modernen Form, wurde aber im Prinzip beibehalten; es sei denn, sie war so fehlerhaft entziffert, daß ihre ursprüngliche Form nicht mit Sicherheit wiederherzustellen war. Dann wurde der modernen Fassung der Vorzug gegeben.

Für Kolonien, die ursprünglich deutsche Namen trugen, wie die süd- und neuostpreußischen staatlichen Ansiedlungen aus der Zeit um 1800, führt die Liste fast durchweg polnische Bezeichnungen. Nur ganz wenige Orte haben sich mit ihren deutschen Namen behaupten können, wie Woltersdorf, Michelsdorf, Georgenthal, Franzdorf. Dieser Assimilierungseifer war nicht neu; schon das Ortsverzeichnis Kongreßpolens von 1827, die sog. Tabella, weist selten deutsche Namen auf, merzt sie aber ebenfalls noch nicht durchgehend aus. Das blieb erst der Gegenwart vorbehalten. Auf der Quartiermeister-Karte, die im wesentlichen wohl in polnischer Regie in Anknüpfung an die voraufgegangenen preußischen Aufnahmen entstand und ein Meisterwerk für jene Zeit war, finden sich die deutschen Namen sogar recht häufig. Vor allem die sagenhaften Namen Franzdorf und Michelsdorf jenseits der Weichsel haben sich lange erhalten. — Soweit dem Verfasser die deutschen Formen noch greifbar waren, wurden sie in Kolonne I neben den Listennamen gesetzt. Der Verfasser betrachtete es als eine Selbstverständlichkeit, hierin dem deutschen Benutzer entgegenzukommen; zudem ist der deutsche Name in der Regel ein sachlicher Hinweis auf den ursprünglichen Volkscharakter der ersten Siedler am Platze und besonders wertvoll, wo andere Quellen versagen.

Kolonne II enthält ebenfalls Namen von Ortschaften, deren Rolle aber nicht ohne weiteres deutlich ist. Sicher ist auf den ersten Blick nur, daß sie den Kolonien administrativ übergeordnet waren. Jedoch sind es nicht etwa, wie sich bald herausstellt, die zugehörigen Pfarrorte oder die später so bekannten politischen Großgemeinden. Es handelt sich vielmehr, wie sich während der Untersuchungen ergab, um den jeweiligen Sitz der Grundherrschaft, die zugleich administrative und polizeiliche Obrigkeit für ihre Kolonien war. Stammt doch die Liste noch aus der Zeit des sogenannten Feudalismus, als alles Land in Kongreßpolen fast ausnahmslos den in der Regel adligen Grund- und Gutsherren gehörte. Selbst die Kolonistenhöfe waren damals noch Eigentum der Grundherren. Die Bauern, die darauf saßen, waren nur Pächter, meist Erbzinspächter, die dem Herrn dafür zinsten und nicht selten auch dienen mußten. In manchen Kolonien freilich machten sich bereits Ansätze zu modernen Besitzverhältnissen bemerkbar.

Preußische Ortsverzeichnisse sprachen an dieser Stelle von der „Benennung des Dominii“,[18] von der „Bezeichnung des Königl. Dom. oder Intendantur-Amtes, desgl. des adligen Hauptgutes, zu welchem der Ort gehört“, von der „Woytschaft“,[19] was letztlich alles dasselbe war, weil z. B. der jeweilige Grundherr seine Rechte im Dorf durch einen Vogt (wójt) wahrnehmen ließ. Aus solchen privaten Wojtschaften in der Hand des Adels oder doch unter seiner Aufsicht haben

18) Verzeichnis sämtlicher Ortschaften des Reg. Bez. Posen, Posen 1845.

19) Übersicht der Bestandtheile ... des Danziger Reg. Bez., Danzig 1820; Kurze Uebersicht ... des Reg. Bez. Posen, Posen 1821.

sich erst nach dem letzten größeren Polenaufstand und im Zuge der Bauernreformen von 1864 die öffentlich-rechtlichen Großgemeinden unter der Bezeichnung wójtostwo oder gmina (Gemeinde) entwickelt. Sie bestanden in Kongreßpolen bis zuletzt. Ihr dem Einfluß des Dominiums entzogener Amtschef war ein „frei" gewählter Vogt. Bis 1864 ff. liefen alle Forderungen und Ansprüche, die die Dörfer betrafen, über das Dominium.

Von den drei Zahlenkolonnen der Liste, Kolonne III, IV und V, ist die Natur der ersten unproblematisch. Wie schon aus der Analogie zu ähnlichen Listen jener Epoche hervorgeht, kann es sich bei ihr nur um die sog. dymy, die Rauchfänge, handeln. Ältere preußische Ortsverzeichnisse sprechen an derselben Stelle von der „Anzahl der Feuerstellen". Worum es geht, sagen wohl am besten die späteren Posener Ortsstatistiken. So hat das Posener Verzeichnis von 1843 an dieser Stelle die „Zahl der Wohngebäude", fügt aber in Klammern erläuternd „Feuerstellen" hinzu; das statistische Ortsverzeichnis vom Jahre 1874 kennt dafür nur noch die Bezeichnung „Wohngebäude".[20] Bekanntlich gab es in Polen eine sog. Rauchfangsteuer, die nach der Anzahl der Feuerstellen gezahlt wurde. Es war daher wesentlich zu wissen, wieviel Feuerstellen ein Dorf hatte; denn selbstverständlich dienten solche Verzeichnisse in erster Linie administrativen und fiskalischen Zwecken.

Eine Bestätigung dessen geht aus der Liste selbst hervor. Sie bringt z. B. zu Nr. 762 folgende Anmerkung: „Diese Kolonie besteht aus 42 Rauchfängen ..." Die Kolonne III hat dort tatsächlich die Zahl 42. In einer Anmerkung zu den Nrn 926—938, die in Kolonne III überhaupt keine Eintragungen aufweisen, heißt es entsprechend: die Kolonien seien erst im Aufbau begriffen und „es kann daher die tatsächliche Anzahl der Rauchfänge nicht angegeben werden".

Schwieriger ist es mit der Dechiffrierung der Kolonnen IV und V. Zu Kolonne IV ist zunächst festzustellen, daß ihre Zahlen im allgemeinen denen der Kolonne III entsprechen, häufig aber auch größer sind. Nur gelegentlich ist ihre Zahl kleiner als die der Rauchfänge, z. B. in Ewina (Nr. 1079), wo sich 9 Rauchfänge befanden, während Kolonne IV nur eine 2 hat. Eine Anmerkung dazu sagt, daß nur zwei Häuser bewohnt seien; die übrigen seien von den Kolonisten verlassen, die nach Rußland gezogen seien. Bei Nr. 1110 steht in Kolonne III die Zahl 39, in Kolonne vier eine 1. Dazu heißt es wiederum in einer Anmerkung — weil auch das offenbar eine Anomalie war —, daß von den dortigen Häusern nur ein einziges von Kolonisten bewohnt sei, der Rest — von Nichtkolonisten. So ergäbe sich der Schluß, daß Kolonne IV die Zahl der in der Kolonie wohnhaften Kolonistenfamilien anzeigt. Eine nähere Untersuchung zeigt indes, daß IV letztlich die „Kolonisten-Hauptpersonen" oder „Familienoberhäupter" meint. Heute würde man sie etwa als Haushaltsvorstände bezeichnen. Ihre Zahl gibt freilich gleichzeitig die der Familien an.

Jeder Zweifel wird durch den glücklichen Zufall behoben, daß ich 1936 einige wenige Angaben aus Kolonne IV und V veröffentlicht habe, als die Originalabschrift mit ausgeschriebenen Kolonnentiteln noch in meinem Besitz war. Ko-

---

20) Die Gemeinden und Gutsbezirke der Provinz Posen, Berlin 1874.

lonne IV erscheint dort in der Tat unter der Überschrift: „Familienoberhäupter“, Kolonne V unter „Familienmitglieder“.[21]

Die letzte Kolonne, die erwartungsgemäß die Zahl der Kolonisten aufweisen sollte, enthält dementsprechend hohe Zahlen. Es stellt sich indes immer noch die Frage, ob sie nur die Angehörigen der in Kolonne IV aufgeführten Kolonisten-Hauptperson meint oder alle Kolonisten, d. i. die Angehörigen und das Familienhaupt zusammen. In den Statistiken jener Zeit werden gewöhnlich die Familienoberhäupter, die beruflich Aktiven, die „Hauptpersonen“, getrennt für sich und zuerst genannt, worauf dann in einer besonderen Kolonne die Zahl ihrer Angehörigen folgt. In diesem Falle, Variante 1, wären die Zahlen von IV und V zusammenzurechnen, um die Gesamtzahl der Kolonisten zu erhalten. Grossmann, ein bekannter polnischer Theoretiker und Historiker der Statistik, sagt dementsprechend in seiner Abhandlung über die beiden polnischen Volkszählungen von 1808 und 1810: „Das zweite wichtige Prinzip der polnischen Zählungen war die Unterscheidung, die man zwischen den Hauptpersonen, d. i. den beruflich Aktiven, und ihren Familien (den passiven Familienmitgliedern) machte; die beiden Gruppen zusammen ergaben die Gesamtheit der Bevölkerung.“[22] Noch der Russe Milutin, der die große Bauernreform in Kongreßpolen von 1864 theoretisch vorbereitet und ihre Durchführung überwacht hat, gibt die Zahl der ausländischen Kolonisten in Kongreßpolen für 1859 mit 12 060 Hauptpersonen an; zusammen mit ihren Familien seien es 72 300 Personen gewesen.[23] Das von Witold Kula redigierte Sammelwerk über die „Gesellschaft des Königreichs Polen“ bringt eine Tabelle desselben Milutin, in der Hauptpersonen und Angehörige getrennt voneinander in besonderen Kolonnen erscheinen. Dabei fällt auf, daß die Zahl der Frauen unter den „Hauptpersonen“ der Gruppe „Gesinde“ wie der Gruppe „Tagelöhner“ sehr hoch ist, während ihr Anteil unter den Hauptpersonen der Adelsgruppe wie der Bauern, d. i. der Besitzenden, minimal ist, meist wohl nur durch Witwen repräsentiert.[24]

Aus den Originalanmerkungen ist zu dieser Frage nichts Eindeutiges zu entnehmen. In Anm. 5 zu Nr. 828 ist zwar die Rede von Familien. Die anderen Anmerkungen sprechen indessen nur von „Kolonisten“, die freilich dann als Hauptpersonen, Familienhäupter, zu verstehen sind.

Die letzte Entscheidung ist aus den gegenseitigen Zahlenverhältnissen vor allem der Kolonnen IV und V zu treffen. Würde die Kolonne V sämtliche Kolonisten umfassen (Variante 2), einschließlich der Hauptpersonen, so fiele die Kopfzahl der Familien in 126 Ortschaften unter 2, was theoretisch noch anginge, da sich darunter Ledige befinden könnten; in mehreren Ortschaften sänke die Kopfzahl sogar unter 1.[25] Das aber ist schlechterdings unmöglich; denn die Zahl der Familienglieder kann nicht kleiner sein als die der Familien, sonst gäbe es Fa-

---

21) Kossmann: Das alte deutsche Lodz, in: DWZP 30 (1936), S. 25.

22) H. Grossmann, Struktura społeczna, S. I.

23) zit. nach M. Żychowski, Osadnictwo rolnicze kolonistów, S. 53, Anm. 37.

24) Społeczeństwo Królestwa Polskiego [Die Gesellschaft im Königreich Polen], red. von W. Kula, Bd 1, Warschau 1965, S. 73.

25) z. B. Nr. 749 (erste Zeile), 791, 354, 349, 610—622.

milien ohne Personen. Bei Variante 1, wenn die Hauptpersonen gesondert in Kolonne IV genannt sind, ergibt sich auch für diese extremen Fälle ein Durchschnitt von mindestens 1, d. i. die Kopfzahl von „Ledigen-Familien“ oder von Ledigen-Haushalten. Auch die anderen nicht so eklatanten Extremfälle unter den erwähnten 126 werden erst unter dieser Voraussetzung unproblematisch.

Bei Nr. 973 z. B. lauten die drei Kolonnen: 49, 123, 142. Wenn hier die letzte Kolonne sämtliche Personen enthielte, könnten im Dorf allenfalls 15 Familien zu zwei, 2 Familien zu drei Personen und daneben 106 Ledige gewohnt haben. Der Ort hatte aber 49 Höfe und ist deswegen in solcher kinder- und beinahe frauenlosen Struktur ganz unvorstellbar. Wenn dagegen die 142 Personen nur die Angehörigen der 123 Hauptpersonen sind, ergeben sich Verhältnisse, die für neue Kolonien vielleicht gar als charakteristisch gelten können.

In Kościelisko, Nr. 886, würden bei Variante 2 nur 17 Personen auf 20 Familien entfallen, bei Variante 1 immerhin 37 Personen auf 20 Familien. Im Dorfe Kościuszków (Nr. 825) ergäbe Variante 2 für 7 Familien insgesamt 7 Personen, d. h. alle sieben müßten als ledig gelten. Bei Variante 1 aber, wenn Kolonne IV die Hauptpersonen, die eigentlichen „Kolonisten“ meint, und V deren Angehörige, entfielen auf dieselben 7 Familien bereits 14 Personen, d. h. falls einige Kolonisten noch ledig waren, konnten andere verheiratet sein und Kinder haben. Im Dorfe Skałka (Nr. 809) gäbe es bei Variante 2 nur 28 Personen in 27 Familien usw.

Solche Zahlenverhältnisse bestätigen, daß Kolonne IV die „Kolonisten“ im engeren Sinne, die Hauptpersonen, meint und Kolonne V deren Angehörige, d. i. die „beruflich passiven“ Familienmitglieder.

Die Warschauer Liste gibt darüber hinaus häufig die S u m m e n der Zahlenkolonnen (Feuerstellen, Hauptpersonen, Angehörige) für ganze Bezirke und Wojewodschaften an, leider nicht für alle Bezirke und Wojewodschaften. Sie fehlen z. B. für die Bezirke Sochaczew, Kujawien, Gostynin, Rawa, d. i. für die Nrn 1—304. Manchmal sind die Summen wenigstens für die Wojewodschaften angegeben, während sie für die einzelnen Bezirke fehlen. Das gilt z. B. für die Wojewodschaft Płock (Nrn 305—422).

Diesen Summen kommt hier eine besondere Bedeutung zu. Sie vermitteln nämlich eine Vorstellung vom Grad der Richtigkeit der Zahlenabschrift. Müßte doch die Addition unserer Zahlen, wenn sie richtig abgeschrieben sind u n d d i e d a m a l i g e n K a n z l e i e n r i c h t i g g e r e c h n e t h a b e n, dieselben Summen ergeben.[26] Die folgende Tafel stellt die Ergebnisse der beiden Additionen nebeneinander, wobei jeweils drei Zahlen (Feuerstellen, Hauptpersonen, Angehörige) erscheinen. Die Abweichungen treten deutlich zutage:

26) Wie fehlerhaft Additionen und Zahlenabschriften in Statistiken jener Zeit sein können, zeigt z. B. Statystyka departamentu bydgoskiego [Statistik des Bromberger Departements vom April 1812], Warschau-Posen 1972, S. 40—91.

Tafel 12. Abweichungen der Summen im Original von denen der Abschrift

Gebiet	Summen im Original	Summen in der Abschrift	Abweichungen
Woj. Płock	1608	1611	. . . 3
Nrn 305	2092	2092	. . . .
bis 422	8277	8257	. . 2 .
Bez. Lentschütz	2380	2350	. . 3 .
Nrn 422	3061	3071	. . 1 .
bis 576	12888	12847	. . 41
Bez. Warschau	1149	1151	. . . 2
Nrn 577	1556	1496	. . 6 .
bis 680	5467	5468	. . . 1
Bez. Stanisławów	381	381	. . .
Nrn 681	485	485	. . .
bis 729	1787	1787	. . . .
Woj. Lublin	174	174	. . .
Nrn 730	210	210	. . .
bis 746	758	758	. . .
Woj. Sandomir	787	806	. 19
Nrn 808	1044	1044	. . . .
bis 865	4495	4495	. . . .
Woj. Podlachien	569	569	. . .
Nrn 866	834	834	. . .
bis 894	3348	3338	. . 10
Bez. Konin	2640	2643	. . . 3
Nrn 895	3204	3203	. . . 1
bis 1065	15164	15167	 3
Bez. Petrikau	1293	1220	. . 73
Nrn 1066	1484	1434	. . 5 .
bis 1125	6862	6514	. 348
Bez. Sieradz	1039	1039	. . . .
Nrn 1126	1491	1491	. . . .
bis 1160	7012	7012	. . . .
Bez. Wieluń	486	486	. . .
Nrn 1161	626	626	. . .
bis 1175	2220	2220	. . . .
Bez. Kalisch	910	910	. . .
Nrn 1176	1255	1228	. . 27
bis 1205	4666	4666	. . . .

Es besteht demnach kein Zweifel, daß die Zahlen der Originalliste wiederholt falsch abgeschrieben worden sind. Andererseits zeigt es sich, daß über weite Strecken keine Lesefehler auftreten. Unter der Annahme, daß Unstimmigkeiten der Summen meist nur auf einen Lesefehler zurückgehen (theoretisch wären jeweils viele denkbar), ließe sich aus der Zusammenstellung errechnen, auf wieviele Ziffern im Durchschnitt ein Fehler kommt. In der Hoffnung, daß sich früher oder später eine Möglichkeit zur Einsichtnahme in das Original ergibt oder auf anderem Wege eine Richtigstellung der verschriebenen Ziffern erreicht werden kann, sei hier von einer weiteren Vertiefung dieses Themas abgesehen. Immerhin ist die Wahrscheinlichkeit von Ziffernfehlern für die einzelne Kolonie so gering, daß sie in einer allgemeinen Darstellung vernachlässigt werden können, diese jedenfalls nicht von vornherein entwerten. Dazu sind die Unstimmigkeiten, mit Ausnahme des Bezirks Petrikau, nicht erheblich. Sie beschränken sich fast ausschließlich auf Einer- oder Zehnerstellen, wo — wegen deren Häufigkeit in der Liste — ohnehin die meisten Lesefehler zu erwarten waren. Im Bezirk Petrikau, wo die Abweichungen auf die Hunderter-Stelle übergreifen, dürfte ein Dorf ausgelassen sein.

Diese Zahlenanalyse auf Grund der Summen hat wesentlich zu dem Entschluß beigetragen, die Listenabschrift in der vorliegenden Form zu veröffentlichen. Wo die Zahlen allzu unglaubwürdig erscheinen — es gibt einige Fälle dieser Art — sind sie am besten aus dem Kalkül zu ziehen oder — zu verbessern, falls begründete Aussicht besteht, das Richtige zu treffen.

So ist z. B. die Zahl der Angehörigen bei Nr. 243 von 201 auf 21 zu korrigieren. Bei 14 Kolonisten ist eine so hohe Zahl von Angehörigen ganz unwahrscheinlich. Das Schwänzchen der 2 kann im Original schwungvoll zu einer 0 gerollt gewesen sein. Zu streichen ist auch die 1 in der Kolonistenzahl „18“ von Nr. 423. 18 Kolonisten bei 4 Feuerstellen und 21 Seelen sind unwahrscheinlich. Mit 8 Kolonisten gelangen wir zudem zu der für Regierungskolonien so charakteristischen Doppelbesetzung der Feuerstellen. Außerdem stimmt dann die Summe der Kolonisten für den ganzen Bezirk mit der Originalsumme überein. Graphisch wäre dieser Fehler leicht durch einen irreführenden langen Aufstrich zur 8 zu erklären. Unsicher erscheint ferner die Zahl unter Nr. 226, Kolonne III. Es sollte dort besser 16 statt 46 heißen. Kennt doch die Tabelle von 1825 nur 15 Feuerstellen in diesem Dorf, was mit 16 der Liste besser stimmen würde. Im ganzen hat es jedoch wenig Sinn, Mutmaßungen über mögliche Zahlenkorrekturen anzustellen.

Ortsstatistiken aus jener Zeit, die einen unmittelbaren Vergleich der Zahlen erlauben würden, sind leider nicht greifbar. Die einzige, die dafür in Frage kommt, liegt etwa 10 Jahre zurück. Es ist die sogenannte Tabella, die im Jahre 1827 herausgegeben wurde.[27] Ihre Autoren haben es freilich verabsäumt, mitzuteilen, für welches Jahr die veröffentlichten Zahlen gelten sollen. Nach Szulc, der diese Frage untersucht hat, stammen sie grundsätzlich aus dem Jahre 1825, gelegentlich aber auch aus einem früheren oder späteren Jahr.[28] Als zur Zeit beste Vergleichszahlen habe ich sie in Kolonne VII (Feuerstellen) und VIII (Einwohner) der Liste ortsweise beigefügt. Kolonne VI bringt Hinweise auf Eigentümer und Qualität der Ortschaften, soweit die Tabella hierzu Angaben macht.

Ein Vergleich der Zahlen von 1825 und 1835 vermittelt manche zusätzliche Erkenntnis über das Kolonistenwesen jener Jahre. Hier sei zunächst nur darauf hingewiesen, daß die Einwohnerzahlen von 1825 oft höher sind als die Kolonistenzahlen von 1835. Oft aber ist es auch umgekehrt. Gelegentlich waren Ortschaften der Liste in der Tabella unauffindbar; dann weisen Kolonne VII und

---

27) T a b e l l a miast, wsi i osad królestwa polskiego [Tabelle der Städte, Dörfer und Flecken des Königreichs Polen], bearbeitet im Büro der Regierungskommission für innere Angelegenheiten und Polizei, Warschau 1827.

28) St. S z u l c : Wartość materjałów statystycznych [Der Wert der statistischen Materialien über den Bevölkerungsstand des ehem. Kongreßpolen], Warschau 1920.

VIII keine Angaben für sie auf. Diese Orte werden 1825 noch nicht bestanden haben. In seltenen Fällen nur dürfte ein Namenswechsel vorliegen, der uns trotz aller Bemühungen unbekannt geblieben ist. Denkbar ist auch, daß einzelne solche Orte schon 1825 vorhanden waren, aber damals noch Bestandteil einer anderen Ortschaft bildeten und erst später verselbständigt worden sind. In der Regel wird es sich jedoch um Neugründungen aus der Zeit zwischen 1825 und 1835 handeln, was sich in zahlreichen Fällen aus der Liste selbst oder aus anderen Quellen beweisen läßt. Darauf kann hier im einzelnen nicht eingegangen werden. Immerhin ergibt sich so ein konkreteres Bild vom Siedlungsstand des Jahres 1825. Unsere bisherige Kenntnis der Siedlungsentwicklung in Kongreßpolen wird damit um eine wertvolle Unterlage erweitert. Ergänzt durch Angaben der gleichzeitigen Quartiermeisterkarte ermöglicht sie nunmehr mit größerer Sicherheit die Fixierung von drei Etappen der Siedlungsentwicklung: für die Jahre 1800 (1796), 1825 und 1835 (s. Karte 8).

Kolonne IX der Liste enthält die Zahl der Deutschen, die in dem betreffenden Ort im Jahre 1851 wohnten. Leider hat von Koeppen seine Zahlen nur für diejenigen Ortschaften bekannt gegeben, in denen mehr als h u n d e r t Deutsche saßen. Das war in 411 Orten der Fall, während er die Gesamtzahl der Orte, in denen Deutsche ansässig waren, mit 3063 angibt.[29]

Das Sch in der Kolonne X schließlich bedeutet, daß in dem betreffenden Ort im Jahre 1865 eine evangelische oder deutsche Schule war. Laut Busch gab es im Warschauer Konsistorialbezirk insgesamt 634 solcher Schulen mit 650 Lehrern, darunter 6 Frauen, und 25 266 Schulkindern[30] (s. Karte 11).

Zusammenfassend läßt sich sagen, daß dank der Warschauer Liste von 1835 nunmehr erstmalig statistische Unterlagen für mehr als 1200 Kolonien vorliegen, die eine fundierte Vorstellung von ihrer Substanz und Struktur ermöglichen. In den 1231 Orten oder Ortsteilen wohnten rund 125 000 Kolonisten (vgl. Tafel IV). Hinzu kommen die Kolonien im kujawischen Raum beiderseits der Weichsel, im Augustower Zipfel Kongreßpolens und im Gebiet der Kleinsiedlungen südlich Kalisch. Für diese drei Landesteile, wo die Kolonien nur unvollständig durch die Liste erfaßt wurden, sind nachzutragen: 25 000 Kolonisten für Kujawien, 20 000 für Augustów und einige auch für die Wieluń-Kalischer Lücke (Berechnung auf S. 280). Bei diesem Nachtrag von fast 50 000 Personen handelt es sich freilich nur um evangelische deutsche Kolonisten. Das ergibt eine Gesamtzahl der Kolonisten im Jahre 1835 von rund 170 000. Bei einer Einwohnerzahl von 4 190 000 im gleichen Jahr, wovon knapp 80% auf dem flachen Lande lebten,[31] d. i. 3 300 000, stellten die Kolonisten demnach nur 5% der bäuerlichen Bevölkerung. Deren weit überwiegende Masse bildeten selbstverständlich die Nichtkolonisten, d. i. die einheimischen Polen.

Die Warschauer Liste erfaßte somit etwa 75% der Gesamtzahl der bäuerlichen

---

29) P. von K o e p p e n , Zahl und Vertheilung der Deutschen, Sp. 230.

30) B u s c h , Beiträge, S. 72.

31) Nach T. S o b c z a k : Przełom w konsumpcji spożywczej (s. Anm. 122, S. 221), S. 15, lebten 1827 von 4 032 000 Einwohnern Kongreßpolens 869 000 in Städten und Städtchen, d. i. 21,5%.

Kolonisten Kongreßpolens. Aussagen, die auf ihrer Grundlage über das deutsche Kolonistenwesen jener Zeit (unter Ausklammerung der beteiligten Polen) gemacht werden, dürfen daher weitgehend als allgemeingültig angesehen werden.

2. Größe der Kolonien und soziale Zusammensetzung ihrer Bevölkerung

Nicht alle 1231 Ortschaften der Warschauer Liste von 1835, in denen Kolonisten wohnten, waren, wie bereits erwähnt, Kolonien im geläufigen Sinne dieses Wortes. Ein erheblicher Teil, rund 100 Nummern unserer Liste, entfällt auf die sogenannten Einsiedlungen. Meist zählten sie nur wenige Kolonisten. In den folgenden Aufstellungen verbergen sich Einsiedelungen vor allem unter den Ortschaften mit 1—20 und 21—40 Kolonisten. Diese beiden Gruppen wären also, um ein präziseres Bild zu erhalten, um rund 100 Ortschaften zu verringern.

Im Durchschnitt entfielen auf eine der 1231 Ortschaften 100 Kolonisten und etwas darüber, genau wie in den Posener Holländereien. 425 Kolonien lagen über diesem Durchschnitt, rund 800 darunter, wobei von den letzteren noch die 100 Einsiedelungen abzuziehen wären. Den etwa verbleibenden 700 Kolonien mit weniger als 100 Kolonisten stehen 278 Kolonien mit 101—200 Kolonisten gegenüber. (Von diesen wiederum hatte die größere Hälfte, 157, nur 101—140 Kolonisten.) Über 200 Kolonisten finden sich in 147 Ortschaften, über 300 — in 59, über 500 — nur noch in 18 Ortschaften, über 1000 — in zweien.

Tafel 13. Größenklassen der Kolonien

Kolonisten	Ortschaften
1— 100	799
101— 200	278
201— 300	88
301— 400	27
401— 500	14
501— 600	6
601— 700	6
701— 800	4
801— 900	—
901—1000	—
1001—1100	1
1101—1200	1
Insgesamt	1224 Ortschaften (mit entspr. Angaben)

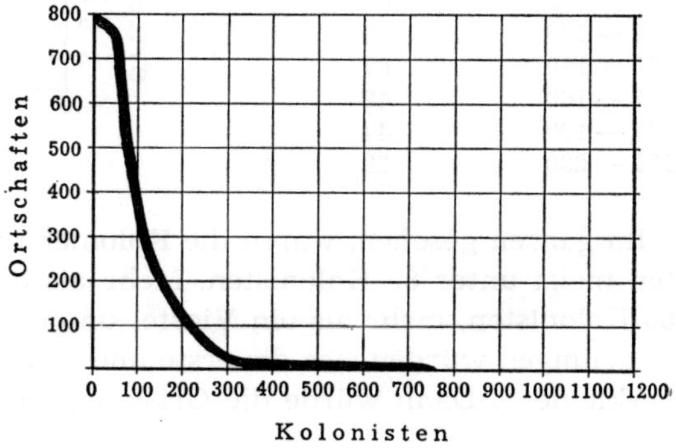

Bis auf Francdorf, das südöstlich Warschau und jenseits der Weichsel lag, befanden sich die größten Kolonien (mit über 500 Kolonisten) im Westen des Landes, meist im Kalischer Raum, wo die aus Böhmen zuwandernden Weber hängen geblieben waren und wo — nördlich Kalisch — eine alte große deutsche Sprachinsel bestand, dazu in der Umgebung von Lodz, wo sich einige große staatliche Kolonien und Holländereien bzw. Kolonien des Krakauer Domkapitels befanden.

Tafel 14. Die achtzehn größten Kolonien Kongreßpolens 1835

Listen-Nr.	Ortsbezeichnung	Kolonisten
1148	Zelów[32]	1174
1174	Kamienica Polska, ebenfalls ein Weberdorf[33]	1001
429	Antoniew, an den Toren von Lodz	783
517	Nowosolna (Neusulzfeld), Schwabensiedlung bei Lodz	757
1177	Tłokinia, östlich Kalisch[34]	748
916	Białobłoty	703
1149	Rydzyny	650
869	Francdorf[35]	645
1096	Łuszczanowice	643
1204	Kotwasice	632
962	Oborskie Hol.	618
979	Łazińskie Hol.	610
1043	Pyzdrskie Hol.	559
1071	Bukowiec (Königsbach)	535
1150	Pawlikowice	529
211	Kochanów (Erdmannsweiler)	522
1155	Olechów	516
1074	Deutschland (Trząs)	505

Die Größenklassen mit 1—200 Kolonisten stellten allein 90% aller Kolonien. Sie sollen daher hier in Zwanziger-Gruppen untergliedert werden:

Tafel 15. Größenklassen der Kolonien mit 1—200 Einwohnern

Kolonisten	Ortschaften
1— 20	183
21— 40	189
41— 60	186
61— 80	144
81—100	97
101—120	90
121—140	67
141—160	48
161—180	44
181—200	29

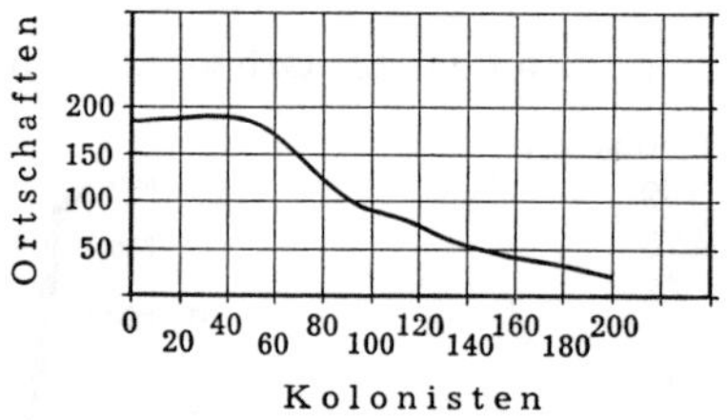

Im ganzen gesehen, waren die Kolonien in Kongreßpolen sehr klein und zählten meist unter 80 Kolonisten. Mehr als die Hälfte aller Kolonien hatte unter 80 Kolonisten, mehr als ein Viertel unter 40. Bei Ausklammerung der 100 Einsiedelungen würden sich die erste und zweite Gruppe, besonders die erste, stark verkleinern. Dann würde die Ortskategorie mit 41—60 Kolonisten als die häu-

32) vgl. A. Breyer, Deutsche Tuchmachereinwanderung, S. 182.

33) vgl. oben S. 260, sowie A. Breyer, ebenda, S. 182.

34) Im Dezember 1835 verklagten die Kolonisten von T., die aus Schlesien und Böhmen geholt worden waren, ihren Grundherrn, der zwar die Kaufpreise genommen, die Grundstücke aber nicht herausgeben wolle. Vgl. auch Breyer, ebenda, S. 182 ff.

35) K. Lück, Die deutschen Siedlungen, S. 300, nennt als Gründungszeit „Ende 18. Jahrh.“.

figste Koloniegröße erscheinen. Das ergibt einen guten Eindruck von ihrer oft unglaublichen Vereinsamung und Einzelgängerei in den weiten Ebenen an Weichsel und Warthe. Ihrer Assimilierung sollte das an sich Vorschub geleistet haben.[36]

Indes war die Zahl der Kolonisten einer Ortschaft meist nicht mit ihrer Einwohnerzahl identisch. In den Kolonien lebten vielmehr neben den Kolonisten oft auch Nichtkolonisten. Über ihre Anzahl gibt die Warschauer Liste keine Auskunft. Sie stellt aber z. B. in der Anmerkung zum Bezirk Krasnystaw (Nr. 734 ff.) fest: „Im Bezirk Krasnystaw gibt es keine besondere Kolonie — die Kolonisten, die dort wohnen, befinden sich vielmehr in den Dörfern zusammen mit den Ackerwirten und Bauern." Immerhin wird das als eine Ausnahme hingestellt. In der Anmerkung zu Nr. 820 heißt es, daß von 11 Gehöften nur 7 von Kolonisten bewohnt werden, „in vieren aber wohnen hiesige inländische Bauern". Die Anmerkung zu Nr. 1110, wo 39 Feuerstellen, aber nur 1 Kolonist (Hauptperson) mit 7 Angehörigen verzeichnet sind, lautet: „Nur ein Haus ist von Kolonisten bewohnt, der Rest zeitweilig von Bauern und Zinsleuten." Bauern und Zinsleute werden dabei nicht zu den Kolonisten gerechnet. Der Kolonist war wie der Holländer für die Zeitgenossen kein gewöhnlicher „Bauer".

In rund 100 Ortschaften der Warschauer Liste befanden sich die Kolonisten von Anfang an in hoffnungsloser Minderheit. Es waren die bereits erwähnten Einsiedelungen, wo nur wenige oder ein einziger Kolonist in ein polnisches Dorf gesetzt war. Man erkennt sie bei einem Vergleich der Feuerstellen der Liste mit derjenigen von 1825. Wo diese erheblich größer ist, handelt es sich um Einsiedelungen. Es ist das eines der wesentlichsten Ergebnisse, das aus dem Vergleich der Zahlen von 1825 und 1835 für unsere Vorstellungen über das deutsche Siedlungswesen jener Zeit hervorgeht. Mitunter werden diese Ortschaften in der Liste ausdrücklich als wieś [Dorf] bezeichnet, um deutlich zu machen, daß es sich um alte Dörfer handelt, in denen einzelne Kolonisten angesetzt worden sind, nicht um Kolonien.[37]

In Dobrzeiewice (Nr. 335) z. B., einem besonders großen alten polnischen Dorf, ursprünglich in geistlichem Besitz, hart an der preußisch-russischen Grenze, wird nur eine einzige Kolonistenfamilie verzeichnet, der ein Gehöft zugeordnet erscheint. Die Familie zählte 6 Personen. Die Tabella hat aber für dasselbe Dorf 61 Feuerstellen mit 553 Einwohnern. In Lubochnia (Nr. 280), einem alten königlichen Dorf, saßen auf vier Höfen 4 Kolonisten-Hauptpersonen mit nur 9 Angehörigen; das Dorf hatte aber schon 1825 93 Feuerstellen und 683 Einwohner.

Einsiedelungen dieser Art sind besonders von der Regierung in ihren eigenen Gütern getätigt worden. Ihre Lage entspricht daher im ganzen der einstigen Verbreitung des Fiskalbesitzes. Schon der in den Jahren 1801 ff. überraschend starke Andrang von „Reichskolonisten" machte eine solche Maßnahme erfor-

36) Laut Bildband „Das Deutschtum in Mittelpolen", hrsg. von V. Kauder, Leipzig 1938, S. 8, zählte das mittelpolnische Deutschtum damals 325 000 Seelen, wovon 70% auf dem Lande. Das wären 227 500. Diese saßen in 671 größeren Siedlungen (50—1000 Einw.), 1514 kleineren Siedlungen und Einsiedlungen.

37) Das gilt z. B. für die Nrn 278—281, 413, 416 u. a. m.

derlich, um die Leute, die man gerufen hatte, unterzubringen. Die preußischen Behörden nutzten die Gelegenheit gleichzeitig dazu, die wüsten Stellen oder Hufen in den Dörfern der Staatsdomänen aufzufüllen. Die autonome kongreßpolnische Regierung hat dieses Verfahren in der gleichen Weise fortgesetzt.[38]

Sonst aber stimmen die Angaben für die Feuerstellen von 1835 mit denjenigen von 1825 recht gut überein. Sehr häufig sind sie identisch oder weichen nur geringfügig voneinander ab. Das deutet auf eine mehr oder weniger „reine" Kolonistensiedlung und läßt immerhin auch die Statistiken Kongreßpolens aus jener Zeit wieder in etwas günstigerem Lichte erscheinen. Fast immer, darf man sagen, ist wenigstens die Größenklasse der einzelnen Kolonien in beiden Zählungen dieselbe. Größere Abweichungen werden als Einsiedelungen oder aus zwischenzeitlichen Veränderungen zu erklären sein. Dabei kann es sich gelegentlich auch nur um administrative Maßnahmen, wie Ortsteilungen, Zusammenlegungen usw. handeln.

Aber selbst dort, wo die Zahl der Feuerstellen von 1825 und 1835 annähernd übereinstimmt, ist die Einwohnerzahl häufig schon 1825 höher als die Kolonistenzahl von 1835, wo sie doch grundsätzlich kleiner sein müßte, weil sie aus einer um rund 10 Jahre zurückliegenden Phase der Entwicklung stammt. Man könnte dafür verschiedene Erklärungen beibringen. Entscheidend ist, daß die Liste von 1835 nur die Kolonisten, die Tabella von 1825 dagegen die Zahl der Einwohner nennt. In diesen Dörfern werden die Nichtkolonisten in erster Linie unter dem Gesinde zu suchen sein. Dank den Berechnungen von Rusiński wissen wir, daß die abhängige, in den Posener Holländereien teilweise einheimische Bevölkerung an 30% der Einwohnerschaft der Kolonien ausmachte.

Karte 9 veranschaulicht das gegenseitige Zahlenverhältnis der Kolonisten von 1835 und der Einwohner von 1825. Sie enthält in Rot die Zahl der Kolonisten, die hier im Mittelpunkt des Interesses stehen. Sehr häufig ist dem roten Strich oder Balken ein kurzer in Grün aufgesetzt. Die Gesamtlänge des Striches ergibt dann die Einwohnerzahl von 1825. Wo die Einwohnerzahl von 1825 kleiner war als die der Kolonisten des Jahres 1835 wird ihre Höhe durch einen Querstrich im roten Balken angezeigt. Wo für 1825 überhaupt keine Zahl ermittelt werden konnte, ist dieser Querstrich an der Basis des roten Balkens angebracht. Die Einwohnerzahl von 1825 erscheint in diesem Falle gleich Null: der betreffende Ort dürfte 1825 noch nicht bestanden haben. Die Karte läßt daran den Fortgang der Siedlung von 1825 bis 1835 deutlich erkennen.

Auf Karte 9 fallen auch die geringen Kolonistenanteile in den alten polnischen Dörfern, die sogenannten Einsiedelungen, prägnant in die Augen. Sie erscheinen meist dort, wo die Kolonien fehlen, oder auch in deren Randzonen, meist aber noch im Rahmen der altpolnischen Siedlungsgaue. Bei Kielce im polnischen Mittelgebirgsraum sind sogar einige Familien von Bergbau-Kolonisten in dieser Weise in alte Dörfer eingesiedelt worden.[39]

---

38) vgl. die Angaben bei A. Pytlak, Die deutschen Kolonisationsbestrebungen, Anhang; dazu Kossmann, Die Anfänge, S. 247 ff. (Liste der südpreußischen Siedlungen in den Departements Warschau und Kalisch).

39) vgl. S. 237, Anm. 21.

Auch sonst vermittelt die Karte einen gewissen Einblick in die für die Erhaltung der eigenen Art so wichtigen Mischungsverhältnisse zwischen Kolonisten und Nichtkolonisten in den einzelnen Siedlungen. Ihre jeweiligen Anteile an der Einwohnerzahl könnten jedoch nur dann exakt wiedergegeben werden, wenn die Einwohnerzahl für das Jahr 1835 bekannt wäre. Das ist leider nicht der Fall. Zwischen den beiden vorliegenden Zählungen liegt vielmehr ein Zeitraum von zehn Jahren, in welchem die Einwohnerzahl von ganz Kongreßpolen um 7% gewachsen ist, von 3 911 000 im Jahre 1825 auf 4 188 000 im Jahre 1835. Die Zunahme war deshalb relativ gering, weil das Jahr 1831 mit dem Polenaufstand gleichzeitig Seuchen und Hunger ins Land gebracht hat. Infolgedessen sank die Einwohnerzahl zwischenzeitlich auf 3 760 000 im Jahre 1831, nachdem sie 1829 bereits 4 138 000 betragen hatte.[40] Was global 7% ausmachte, kann freilich im einzelnen Dorf, vor allem in Ausländersiedlungen, ganz anders ausgesehen haben. Auch waren inzwischen neue Siedlungen hinzugekommen. Es wird daher von der möglichen Errechnung eines hypothetischen Ergänzungskoeffizienten abgesehen. Eine kartographische Darstellung kann ohnehin nicht mit spekulativen „Fakten“ arbeiten. So wie die Karte 9 jetzt konzipiert ist, bringt sie ausschließlich reale Angaben, nach der Tabella für 1825 und nach der Warschauer Liste für 1835. Es bleibt Sache der Spekulation, aus der Differenz der beiden Zahlen Rückschlüsse auf die etwaigen Nichtkolonisten zu ziehen.

Wie das Kartenbild zeigt und wie auch ein Zahlenvergleich nach der Liste ergibt, herrschten die Kolonisten in ihren Wohnorten — außer in den Einsiedelungen — durchaus vor; in Wirklichkeit sicher nicht ganz so stark, weil die Einwohnerzahl für 1835 hie und da um einige Prozent zu erhöhen wäre. Trotzdem bliebe eine große Überlegenheit der Kolonisten bestehen. Dabei sei daran erinnert, daß nach Walter Kuhn Siedlungen mit rund 80% Deutschen praktisch noch als rein deutsche Dörfer gelten können,[41] da die restlichen 20% in der Regel auf die nicht ortsgebundene Schicht des Gesindes, die im Lande umherziehenden Lohnarbeiter und auf andere nicht ortsfeste Personen entfallen. Die für den Ort charakteristische, ständige Bevölkerung stellten vor allem die Wirte selbst mit ihren Angehörigen.

Besonders aufschlußreich in dieser Hinsicht ist ein Vergleich der Feuerstellen von 1825 und 1835, da die Zahl der Feuerstellen an und für sich nicht so starken Schwankungen ausgesetzt ist wie die Einwohnerzahl. Selbst in Kolonien aber, wo ersichtlich alle Gehöfte von Kolonisten besetzt gewesen sind, ist die Einwohnerzahl 1825 trotzdem, wie gesagt, häufig höher als die der Kolonisten 1835.

Einen guten Einblick in die soziale Struktur der Kolonisten gewährt ein Vergleich der Zahl der Feuerstellen von 1835 mit derjenigen der Kolonisten-Hauptpersonen. Man kann dabei die Feuerstellen in etwa mit den Gehöften oder Höfen gleichsetzen, die Zahl der Kolonisten (Hauptpersonen) mit derjenigen der Kolonistenfamilien, obwohl solche Gleichsetzungen nicht immer den Tatsachen entsprachen.

---

40) die Zahlen aus Słownik Geograficzny, Bd VIII, S. 689.

41) W. Kuhn, Deutsche Sprachinselforschung, S. 182.

Die Zahl der Feuerstellen insgesamt war laut Liste von 1835 19 270. Im Durchschnitt entfielen demnach auf eine Ortschaft 15,6 Feuerstellen. Etwa die Hälfte der Kolonien bestand aus 1 bis 10 Gehöften. Auf ein Gehöft (Feuerstelle) kamen 6,5 Personen. Die Zahl der Hauptpersonen dagegen betrug laut Liste 24 090. Ihr Verhältnis zur Zahl der Feuerstellen war also etwa 5 zu 4, d. h. jeder fünfte Kolonist (Hauptperson) hatte keinen eigenen Hof. Die Differenz zwischen der Zahl der Feuerstellen und derjenigen der Hauptpersonen, rund 4800, kann als die ungefähre Zahl der l a n d l o s e n K o l o n i s t e n betrachtet werden. Diese machten mithin etwa 20% der Hauptpersonen oder Familien aus, hatten aber in der Regel weit kleinere Familien, so daß sie mit Angehörigen wahrscheinlich nur 12—14% der gesamten Kolonistengruppe bildeten. Um den vollen Anteil der Landlosen an der Dorfbevölkerung, nicht an den Kolonisten, zu errechnen, müßten vor allem noch das einheimische Gesinde und die allfälligen einheimischen Einlieger berücksichtigt werden, für die uns jedoch die Zahlen fehlen. Es mag sein, daß dabei insgesamt ein Anteil der Landlosen von 30% herauskäme, wie ihn Rusiński für die Holländereien des Posenschen bestimmt hat. Auf dieser Basis wäre demnach mit 16 bis 18% e i n h e i m i s c h e r Landloser (mit Angehörigen) zu rechnen. Sie sind zusammen mit den als Kolonisten zugezogenen Landlosen im wesentlichen als die wirtschaftlich Unselbständigen, als die Dorfarmut anzusehen, da in jener Zeit im allgemeinen noch der Grundbesitz die einzige Quelle des Wohlstands auf dem Dorfe war. Im Modelltyp der bäuerlichen Kolonie in Polen freilich kam auf jeden Wirt ein Gehöft. Die Masse der in der Liste verzeichneten Kolonien fällt unter diese Kategorie.

Auffallenderweise war der Anteil der landlosen Kolonisten in den Regierungskolonien besonders groß. Das mag z. T. daran liegen, daß in den wenigen Jahren der preußischen Kolonisation eine unerwartet große Zahl von unbemittelten Leuten aus dem übervölkerten, aber gewerbefleißigen Südwesten Deutschlands hereingeströmt war.[42] Die in den Jahren 1802 und 1803 angelegten Schwabendörfer in Südpreußen unterschieden sich daher bis zuletzt in Bevölkerungsdichte und Hofgröße wesentlich von den anderen Kolonien.[43] Die Domänen konnten seinerzeit den Ansturm der Reichskolonisten zu deren unsäglicher Enttäuschung häufig nur mit der Massenvergabe von Häuslerstellen bewältigen. Darin lag natürlich ein bedenkliches Omen für ihre Zukunft. Das war auch der Grund dafür, daß sich das Schicksal der Schwaben in Polen zunächst so bitter gestaltet hat. Man wird in der Überbesetzung der preußischen Kolonien ferner die Ursache dessen sehen dürfen, daß gerade sie so viele Weiterwanderer nach Rußland stellten.[44] Schließlich aber spornten diese Notlösungen den Gewerbe-

---

42) K o s s m a n n , Die Anfänge, S. 188 ff. Die teilweise negative Kritik der Schwabensiedlung durch Zeitgenossen wird daraus verständlich; vgl. z. B. J. W y b i c k i : „Das Gesindel unter den Ankömmlingen, die überspannten Hoffnungen mancher und die Habsucht der Beamten ließen nur wenige der neuen Anpflanzungen gedeihen" (Allgemeine Geographische Ephemeriden 39 (1812), S. 15).

43) s. die Schwabensiedlungen auf der Karte „Verbreitung der Deutschen und ihres ländlichen Grundbesitzes im Lodzer Raum" bei K o s s m a n n , Lodz (z. B. die Dörfer Königsbach, Grömbach im Osten von Lodz).

fleiß der auf handwerklichem Gebiet schon damals hervorragend geschulten und begabten Schwaben in einem Maße an, daß am Ende aus der Not eine Tugend wurde, die Grundlage des späteren Reichtums so mancher Schwabenkolonie in Polen. Man denke nur an das gewerbefleißige Leonberg (Nr. 109 der Liste) mit seinen Maschinenfabriken und sonstigen industriellen Unternehmungen.

In zahlreichen Regierungskolonien, die in der Liste mit r gekennzeichnet sind, soweit die Tabella dazu Angaben macht, lebte genau die doppelte oder dreifache Anzahl von Familien im Verhältnis zur Zahl der Gehöfte.[45] Das dürre, letztlich phantasiearme Planen staatlicher Bürokratie findet auch darin seinen Niederschlag. Aber selbst Privatsiedlungen weisen gelegentlich solche genormten Zahlenverhältnisse auf. (Mitunter waren es wahrscheinlich frühere Regierungskolonien, die dann erst in Privatbesitz übergegangen sind.) Im allgemeinen ist jedoch dieses Zahlenverhältnis in privaten Dörfern, die mehr Hauptpersonen aufweisen als Feuerstellen, regellos und ungenormt. Überbesetzung der Kolonien war hier ohnehin keine so häufige Erscheinung. Schließlich fühlte sich wohl kaum ein privater Grundherr moralisch verpflichtet, überzählige Einwanderer unterzubringen. Die staatlichen Domänenämter dagegen mußten neben wirtschaftlichen auch andere Gesichtspunkte im Auge behalten, wie z. B. das allgemeine Wohl, Sicherheit und Ordnung.

Die zweiten und erst recht die dritten zur gleichen Feuerstelle gehörenden Familien waren in der Regel keine selbständig wirtschaftenden Bauernfamilien. Es waren vielmehr die sogenannten Einwohner, Instleute, Häusler und Tagelöhner, nicht selten Handwerker, polnisch oft komorniki genannt, d. i. Leute, die die Kammer, nicht die izba oder Stube, bewohnten. Gelegentlich zählten dazu die Eltern im Ausgedinge, vielleicht auch Knechte und Mägde, die aber gewöhnlich, wie die Eltern, zur Familie des Hofbauern rechneten.

Busch beobachtete, daß sich in einem Kolonistenhause neben dem großen Wohnzimmer ein kleineres befand, in welchem „die Alten auf dem Ausgedinge" wohnten. „Wenn keine Eltern auf dem Ausgedinge leben, dann wohnt in der kleinen Stube gewöhnlich ein Tagelöhner, der für freie Wohnung und ein Stück Kartoffelland dem Colonisten bei der Arbeit helfen muß. Da solche Bewohner der kleinen Stube meistens sehr arm sind, befinden sich außer einer Bettstelle, einem Kasten, einigen Schemeln weiter keine Mobilien darin."[46]

Noch um 1900 stellte Prediger Steinberg im Schwabendorf Leonberg fest: „Im Gehöft selbst stand gegenüber dem Wohnhaus das kleine Ausgedingehaus, welches bei Anlage der Kolonie völlig gleichmäßig in jedem Hof erbaut worden war, in dem Arbeiter, Einwohner wohnten, wenn keine Ausgedinger da waren."[47]

---

44) vgl. Kossmann, Ein Lodzer Heimatbuch, S. 100 ff. Jetzt vor allem K. Stumpp: Die Auswanderung aus Deutschland nach Rußland, Selbstverlag o. J. (1972), wo immer wieder auf die aus Polen nach Rußland weiterziehenden Schwaben verwiesen wird, für die Polen nur eine Zwischenetappe war.

45) z. B. die Nrn 2—7, 75, 109, 110, 114, 179, 309, 322, 323 usw.; aus privatem Besitz: 310, 331.

46) Busch, Beiträge, S. 61 f.

47) H. Steinberg, Die Brüder in Polen, S. 57.

Leonberg war eine Regierungskolonie, in der daher „völlig gleichmäßig in jedem Hof“ das Ausgedingehaus errichtet wurde.

Derartige Kolonien mit vielen „Einwohnern“ fanden sich besonders in der Nähe von Gewerbezentren, wie Lodz oder Ozorków.[48] Auch eine Hüttensiedlung wie Huta Bardzińska (Nr. 445) konnte zahlreiche „Einwohner“ beherbergen; auf 5 Gehöfte entfielen dort 27 Familien. Man wird in solchen Fällen mit der kalkulierten Absicht des Grundherrn rechnen dürfen, sich auf diese Weise Arbeitskräfte für besondere Zwecke bereitzuhalten, sei es für eine Zuckerfabrik, Sägemühle oder auch einfach für sein Gut. „Fast jede Gegend bot und bietet eine Verdienstmöglichkeit, sei es in den Städten, auf dem Gutshof, bei der Eisenbahn, in den staatlichen oder privaten Fabriken, bei der ständigen Holz- oder Getreideabfuhr nach Preußen usw.“[49] Außerdem gab es Arbeiten im Walde, beim Straßenbau, bei Meliorationen, Trockenlegung von Sümpfen, Wiesen usw. Zwar war die Hauptbeschäftigung der Kolonisten die Landwirtschaft, sagt ein polnischer Wirtschaftshistoriker; durch sie seien sie zu einem gewissen Grad der Wohlhabenheit gelangt, aber auch sie beschäftigten sich mit zusätzlichen Lohnarbeiten.[50]

Die überwiegende Masse der Bevölkerung in den Kolonien stellten indes die „Wirte“ mit ihren Angehörigen. Sie brachten es in der Regel zu einem gewissen Wohlstand, besonders im Vergleich zu ihren Nachbarn, den Scharwerksbauern. Der Grund dafür war, daß die Kolonisten das Monopol der Freiheit unter den Bauern besaßen und in eigener Regie für sich und ihre Kinder arbeiten konnten. Fleiß, Ausdauer, Sparsamkeit, Wirtschaftlichkeit waren den eigenen Interessen dienstbar und wurden dadurch hochgezüchtet. Insbesondere die Freizügigkeit erwies sich als Trumpfkarte im Kampf ums Dasein. Dazu zwang ein unaufhörliches Auf und Ab des Schicksals immer wieder zu höchster Anspannung, die den Kolonisten zur Gewohnheit wurde und oft noch heute ein Charakteristikum der Nachkommen ist.

Schon der den Holländern wenig geneigte Stenger stellte 1798 fest: „Er [der Holländer] ist im ganzen nicht reich, aber auch nichts weniger als arm ... Dazu kommt seine große Geldliebe, ich sage absichtlich nicht Geiz; denn geizig mögt' ich ihn nicht nennen, wenigstens da nicht, wo es auf Befriedigung seines Stolzes und seiner Eigenliebe ankömmt ... Übrigens läßt der Hauländer sich am guten Leben nichts abgehen, und die vielen Jahrmärkte in den vielen kleinen Städten Südpreußens tragen vorzüglich dazu bey, ihn zum Wohlleben geneigt zu machen und seinen sinnlichen Geschmack zu verfeinern.“[51] Um 1800 schrieb ein deutscher Gutsbesitzer in Polen über die deutschen Kolonisten: „Ihre Besitzungen geben

---

48) bei Lodz z. B.: Dąbrowa, Kowalszczyzna, Zarzew; bei Ozorków: Bugaj, Strzeblew, Konstancja — dieses bestand aus kleinen Häuslerstellen; der Vorort Praga bei Poddębice. Einige weitere Beispiele bei Cz. Ohryzko-Włodarska, Przemiany na wsi, S. 151 (Głowa — Nr. 464 unserer Liste — das selbst eine Fabriksiedlung werden sollte), S. 69 (Natolin, Nr. 273, wo ein Eisenhammer arbeitete).

49) Aus dem Bericht eines Wirtschaftsassessors von 1855; zit. nach St. Śreniowski: Studia nad prawem i stosunkami agrarnymi, S. 112 ff.

50) ders., Studia nad prawem, S. 140 f.

51) Stenger, Von den Hauländern, S. 252.

den besten Beweis, wie sehr es die Landeskultur hebt, wenn jeder in der Mitte eines kleinen befriedigten [eingefriedeten] Eigentums wirtschaftet. Ihre wohlbestellten Äcker, ihr wohlgenährtes Vieh, die Reinlichkeit ihrer Wohnungen und Personen zeugen von ihrer glücklichen Lage. Höchst selten wird man einen liederlichen Wirth oder Trunkenbold unter ihnen finden."[52] Im allgemeinen wurden, wie Busch festgehalten hat, von der polnischen Umwelt nicht nur die deutsche Ordnungsliebe, der Fleiß und die Ausdauer bewundert, sondern auch „der mit diesen Vorzügen verbundene größere Wohlstand". Mit seinen polnischen Nachbarn lebe der Kolonist zwar meist in größter Eintracht, vielfach aber errege der Wohlstand der Deutschen „Ungunst, Neid und Haß von Seiten des polnischen Mittelstandes, wie die jüngste schreckensvolle Zeit [der Polenaufstand von 1863] dies genugsam bewiesen".[53]

Neuerdings stellte ein Wirtschaftshistoriker nach eingehenden statistischen Forschungen fest: die Kolonisten auf dem flachen Lande waren die „verhältnismäßig wohlhabendsten Leute mit einer traditionell eigenständigen Wirtschaft, die auch sonst niemandem zu Dank verpflichtet waren. Ihre Höfe waren kommassiert, die Servituten aufgehoben."[54] Eine polnische Sonderuntersuchung der deutschen Kolonisten Kongreßpolens für die Jahre 1842—1848 stellt an Hand statistischer Unterlagen einen „hohen Prozentsatz von Reichen und recht Wohlhabenden fest bei verhältnismäßig geringem Anteil der Armen."[55] Sie seien vor allem stärker mit dem Markt und der Geldwirtschaft verflochten gewesen. In der Entwicklung der kapitalistischen Wirtschaft des kongreßpolnischen Westens hätten sie „keine geringe Rolle" gespielt. Helena Brodowska, die Autorin eines wertvollen Beitrages zur Geschichte von Lodz, faßt ihre diesbezügliche Erkenntnis folgendermaßen zusammen: „Die gut geführten Höfe der Kolonisten vermittelten Fortschritte in der Landwirtschaft und förderten die Entwicklung des Kapitalismus im System des Feudalismus." Das erweise ihr Kontakt zum Markt, der Gebrauch von Mietkräften und das Bestreben, ihre Höfe auf die Produktion von marktgängigen Waren umzustellen.[56] Über die Kolonisten in einem Dorf vor den Toren von Lodz, Dąbrowa, schrieb der seinerzeitige Stadtpräsident Traeger im Jahre 1854, sie zeichneten sich durch „Ordnungsliebe und Fleiß" aus und seien keine Trinker. Die Erträge von ihren Höfen seien angewachsen und viele Kolonisten seien sogar wohlhabend geworden.[57] Selbst nach der allgemeinen Bauernbefreiung hieß es noch: „Solange die [polnischen] Bauern nicht die Dreifelderwirtschaft aufgeben und die Äcker neu verteilen, so daß jeder die seinen gesondert in einem Stück hat, wie das die zu uns kommenden Deutschen machen,

---

52) zit. nach U. L. Lehtonen, Die polnischen Provinzen Rußlands, S. 58.

53) Busch, Beiträge, S. 63.

54) W. Kula: Historia gospodarcza Polski 1864—1918 [Wirtschaftsgeschichte Polens 1864—1918], Warschau 1947, S. 21.

55) M. Żychowski, Osadnictwo rolnicze kolonistów niemieckich, S. 78.

56) H. Brodowska: Kapitalistyczne przeobrażenia wsi gminy Chojny [Kapitalistische Wandlungen in den Dörfern der Gemeinde Chojny], in: Studia i materiały do dziejów Łodzi, Lodz 1966, S. 335.

57) ebenda.

solange werden sie sich mit ihnen, diesen guten Landwirten, nicht vergleichen können."[58]

3. Die Familie des Kolonisten

Nach Walter Kuhn weisen neue Kolonien eine „ungewöhnliche Alters-, Geschlechter- und Familiengliederung" auf; „es zeigt sich im allgemeinen ein starker Männerüberschuß, ein Hervortreten der mittleren Altersstufen und eine geringe durchschnittliche Seelenzahl je Familie."[59] In Kongreßpolen gab es nun zweifellos im Jahre 1835 einen hohen Prozentsatz neuer Kolonien; selbst die älteren waren hier noch relativ jung. Waren sie doch in ihrer Masse erst nach 1770 entstanden. Der ungefähre Anteil der nach 1800 bzw. nach 1825 gegründeten Kolonien läßt sich unmittelbar aus den beigegebenen Karten ablesen. Die Siedlungen aus der Zeit nach 1825, zusammen 270, waren erst ein bis zehn Jahre alt. Die meisten von ihnen befanden sich also 1835 noch im ersten Aufbau. Trotzdem war die Durchschnittsgröße der Familien in den 270 Ortschaften schon 4,7, die der Familien in sämtlichen Kolonien nicht einmal viel höher, nämlich nur 5,1. Danach zu urteilen, hätte sich das gesamte Kolonistenwesen damals hier noch in einem sehr frischen, unausgereiften Frühstadium befunden. Das wird weithin auch zutreffen; denn selbst ältere Dörfer wurden bald nach ihrer Einrichtung von ihren ersten Ansiedlern wieder verlassen. Sie zogen weiter, während Neuankömmlinge ihre Höfe übernahmen. Die Kolonisten saßen hier nämlich oft selbst in ihren älteren Ballungszentren noch nicht fest, sondern wußten von ihrer Freizügigkeit reichen Gebrauch zu machen. Alles war im Fluß und in turbulenter Bewegung, wie es in einem neuen Kolonialland der Fall zu sein pflegt. Zur Illustration hier ein Beispiel aus der Praxis der Freizügigkeit, das keineswegs außergewöhnlichen Charakter trägt, sondern den üblichen Durchschnitt reflektiert:

In den Lodzer Seelenbüchern, die 1827 beginnen, ist unter den Zuzüglern ein

---

58) Gazeta Świąteczna, Jg. 1884, Nr. 5, S. 3; zit. nach W. Nowosz: Rozwój techniki w gospodarce rolnej okręgu łódzkiego [Die technische Entwicklung in der Landwirtschaft des Lodzer Bezirks], in: Studia i materiały do dziejów Łodzi, Lodz 1966, S. 235.

59) W. Kuhn, Deutsche Sprachinselforschung, S. 189. Die sehr aufschlußreiche Analyse von W. Styś: Współzależność rozwoju rodziny i jej gospodarstwa [Die wechselseitige Abhängigkeit der Entwicklung von Familie und Hof], Breslau 1959, trägt zwar zur Frage der Kolonistenfamilie nicht unmittelbar bei, da sie die einheimische Bauernfamilie im südlichen Kleinpolen behandelt. Sein Nachweis für die an sich nicht neue These, daß die Kinderzahl damals dem Wohlstand der Familie weitgehend entsprach, stellt indes die Rolle der Hofgröße und Bodengüte klar heraus. Die reichsten Bauern hätten dort seit Ende des 18. Jhs. etwa doppelt soviel Kinder gehabt, damit freilich auch doppelt soviel Erben wie die Kleinbauern. Nach mehreren Generationen sei es daher unter den „kapitalistischen" Verhältnissen des 19. und 20. Jhs. von selbst zu einem weitgehenden Ausgleich der Hofgrößen gekommen.

gewisser Johann Arnold, von Beruf Spinner, verzeichnet. Er war 1782 in Ruda-Bugaj westlich Lodz geboren, das damals als älteste Kolonie im Lodzer Raum eben erst unter Mitwirkung seiner Vorfahren angelegt worden war. Laut den Alexandrower Standesakten heiratete Johann im Oktober 1802 eine gewisse Rosina Dorothea geb. Zimmermann. Die Trauung fand in Ruda-Bugaj, am damaligen Wohnort der Braut und ihrer Eltern, dem ältesten evangelischen Kirchort der Lodzer Gegend, statt. Geboren war sie 1781 in Birnbaum, im westlichen Posenschen, wo die niederschlesischen „Hockerlinge" Kongreßpolens einst ihren Wanderzug begonnen hatten. Bald nach der Trauung ging Johann nach Radogoszcz-Holland, das 1793 im Nordwesten von Lodz durch Jakob Arnold gegründet worden war und später Żabieniec (= Froschort) hieß. Sein ältester Sohn ist dort 1811 geboren, die nächsten aber, bis 1822, bereits in Bedoń-Holland, zwei Meilen östlich von Lodz. Offensichtlich war Johann mit seiner Familie inzwischen nach diesem neu angelegten Ort gezogen. Bald darauf mag er eventuell wieder nach Radogoszcz zurückgekehrt sein, von wo er jedenfalls laut Lodzer Seelenbüchern nach Lodz gekommen ist. Hier ließ er sich 1827 als Spinner eintragen, vielleicht deshalb, weil die Spinner gerade damals in Lodz die größten Parzellen zugeteilt erhielten, die dem Flachsbau dienen sollten.[60] Das letzte wurde zwar bald überflüssig, aber die großen Parzellen wurden allen denen, die sie einmal hatten, zu einem Quell des Reichtums und des Wohlstands für die Enkel, da die Grundstückspreise in amerikanischem Tempo in die Höhe kletterten. — Einer der in Bedoń geborenen Söhne Johanns, namens Johann Friedrich, sicher Hanfried gerufen, ist 1829 — noch nicht 20 Jahre alt — von Lodz wieder aufs Land gegangen, diesmal in die Nachbarkolonie Grabiniec. So standen die Kolonisten oft alle paar Jahre vor einem neuen Beginn. Man denke auch an die vielen Tuchmacher, die kaum angekommen, ihre Wohnsitze wechselten und nach 1831 das Land wieder in hellen Scharen verließen, großenteils in östlicher Richtung.

Die Liste von 1835 läßt freilich nicht erkennen, um wen es sich bei den Angehörigen der Hauptpersonen jeweils wirklich handelt, wer zu den Angehörigen gezählt wurde. Im allgemeinen werden es die Ehefrauen und Kinder der Hauptpersonen gewesen sein. Darunter gemischt aber waren gewiß auch Anverwandte anderer Grade, wie die Groß- oder Schwiegereltern, Schwager und Schwägerinnen, die noch keinen eigenen Hof erwerben konnten. Der Zusammenhalt der Familien war damals noch sehr stark. Die Familie aus drei Generationen war hier bis zuletzt die Regel, d. h. Groß- und Schwiegereltern wohnten bei einem ihrer erwachsenen Kinder, meist auf ihrem alten Hof, den sie inzwischen einem der Kinder übergeben hatten. Auch die mitgebrachten Knechte, Mägde, Hirten usw. konnten zur Familie zählen. So werden in den preußischen Klassifikationsanschlägen des Netzedistrikts von 1773/4 Knechte und Mägde zur Familie gerechnet.[61] Deutlichere Angaben hierzu hat Grossmann für die Mennoniten des

60) Kossmann, Lodz, S. 73 f.

61) Beheim-Schwarzbach, Der Netzedistrikt, T. 1, S. 191: „... die Anzahl der Wirte und Familienmitglieder, wozu auch das Gesinde gehört ...". In seiner Ortsstatistik ist das Gesinde gesondert angegeben.

Herzogtums Warschau aus dem Jahre 1808; von 1980 Personen waren dort 380 Wirte, 367 Ehefrauen, 973 Kinder, 107 Hausleute und Verwandte, 153 Dienstboten. Hieraus läßt sich der Durchschnitt der anwesenden engeren Familienglieder mit 4,5 berechnen.[62]

Die wirkliche Kopfzahl der biologischen Familie im engeren Sinne (Eltern und Kinder) ist daher der Warschauer Liste nicht zu entnehmen. An dieser Unsicherheit leiden wohl die meisten Berechnungen der Familiengrößen unserer Ostsiedler, so daß die nachfolgenden Angaben und Schlußfolgerungen mit gewissem Vorbehalt aufzunehmen sind. In Wahrheit waren diese „Familien" nämlich meist Haushalts- oder Betriebsgemeinschaften, deren Kern freilich aus Verwandten ersten Grades (Eltern und Kinder) bestand.

So zählten laut Holsche die friderizianischen Kolonisten im Netzedistrikt bis 1792 genau 1218 Familien mit 4629 Köpfen.[63] Davon seien 561 Familien sogenannte „Reichskolonisten" gewesen, d. h. Nichtpreußen, die sich bei ihrer Ansiedlung jeder Unterstützung durch die Regierung erfreuten. Ihre Kopfzahl betrug 2588, je Familie demnach fast 5 Köpfe. Die weniger verhätschelte Einländerfamilie hatte dagegen bei ihrer Ansiedlung ebenda nur wenig über drei Personen. In Neuostpreußen angesetzte 600 Familien zählten einschließlich Gesinde fast 6 Köpfe.[64] In Südpreußen wurden gleichzeitig 2135 Etablissements mit je etwa 5 Personen besetzt.[65]

Aus den von Beheim-Schwarzbach veröffentlichten Angaben der preußischen Klassifikationsanschläge für den Netzedistrikt aus den Jahren 1773/4 ließen sich auf 8091 lutherische Männer und Frauen (einen Teil der dortigen Lutheraner) 9191 Söhne und Töchter auszählen.[66] Das ergibt bei denkbaren 4000 Familien eine Kopfzahl von durchschnittlich 4,3. Wenn aber auch nur jede zweite Familie außer dem Elternpaar einen Erwachsenen mehr zählte (Großvater, Onkel usw.), so entfielen auf jede der dann anzunehmenden 3200 Familien fast 3 Kinder; der Familiendurchschnitt wäre 5. Die Durchschnittszahl der anwesenden Familienglieder hätte demnach in jenen Räumen meist unter oder bei 5 gelegen.

Der Familiendurchschnitt sank deutlich unter diese Zahl bei Kolonisten, die sich noch unmittelbar in der Phase der Ansiedlung, sozusagen noch unterwegs zum Ansiedlungsort befanden. So enthält eine Liste von Umsiedlungswilligen um das Jahr 1790, die sich aus den großpolnischen Kolonien in das Netzegebiet begeben wollten, 185 „Wirte" und deren 488 Angehörige. Auf die Familie entfallen demnach 3,6 Personen. Unter den Wirten waren 46 Ledige (!) und nur 139 Verheiratete; von diesen waren noch 18 kinderlos. Auf jede verheiratete Familie

---

62) H. Grossmann, Struktura społeczna, S. 23. Nach Grossmann, S. 22, zählte die Familie im Herzogtum Warschau im J. 1808 auf dem Dorfe 4,86 Personen, in den Städten 4,08.

63) Holsche, Netzdistrikt, S. 224.

64) berechnet nach Angaben von A. Müller: Die preußische Kolonisation in Nordpolen und Litauen, Berlin 1928, Anhang.

65) Kossmann, Die Anfänge, S. 251.

66) Beheim-Schwarzbach, Der Netzedistrikt, Teil 3, Ortslisten.

kamen also 4,5 Personen.[67] Der starke Männerüberschuß, das Hervortreten der mittleren Altersstufe und die mäßige Familiengröße werden hier in der Tat deutlich.

Horst Quiring schätzt die Familien der nach Rußland abwandernden, bekanntlich recht wohlhabenden Mennoniten auf „höchstens" 4 Personen.[68] Karl Stumpp nimmt sonst für nach Rußland auswandernde Familien, großenteils deutsche Kolonisten aus Polen, durchschnittlich nur 3,5 Personen an.[69] Eine neue Kolonie in Rußland, Semenowka, wies gleich nach der Ansiedlung nur 3,1 Mitglieder in der Familie auf. Einem Auswandererzug im Jahre 1764, der sich nach Saratow an der Wolga begab, gehörten 103 Männer, 85 Frauen, 194 Kinder an. Mindestens 18 Männer waren demnach unverheiratet. Die durchschnittliche Kopfzahl der Familien betrug hier noch nicht 3,7, bei Weglassung der 18 Junggesellen unter 4,2. Die Kolonie Alt-Nassau, die 1805 angelegt wurde, hatte sechs Jahre später 281 Einwohner bei 60 „Familien", was bereits 4,7 Köpfe ergibt. Eine 1791 gegründete Kolonie in der Ukraine, Fischersdorf, hatte 25 Jahre später eine durchschnittliche Familiengröße von 6,2.[70] Die Familien vergrößerten sich anscheinend gleich nach der Ansiedlung sehr rasch.

Alle diese Beispiele, die im einzelnen nicht immer untereinander vergleichbar sind, geben eine Vorstellung von den auffallend kleinen Einwanderer-Familien, die nur leicht abgestuft waren nach Wohlhabenheit, staatlicher Förderung oder Ansiedlung aus eigener Kraft, vor allem aber wohl nach Hofgröße, Bodengüte, Alter der Siedlung. Selbst die Durchschnittszahlen für größere Gebiete wie den Netzedistrikt erwiesen sich als recht klein. Schon Beheim-Schwarzbach staunte über die kleinen Familien der Bauern, darunter der Holländer im Netzedistrikt. Jedenfalls stehen sie durchweg in krassem Widerspruch zu den verbreiteten Familienüberlieferungen, die von dem unglaublichen Kindersegen der Kolonisten in früheren Zeiten zu berichten wissen.

Die Erklärung für den Widerspruch zwischen Überlieferung und Statistik liegt gewiß teils darin, daß die letztere den Dorfdurchschnitt wiedergibt, während die Überlieferung meist nur die Familien der kinderreichen Bauern meint und dabei die der Instleute und des Gesindes übersieht, teils aber auch an den verbesserten Gesundheitsverhältnissen, die bald nach der Jahrhundertwende eintraten, als z. B. die Pockenimpfung an Boden gewann. Die Familienüberlieferung reicht meist nicht bis in jene Zeiten vor dem Eingreifen des staatlichen Gesundheitsschutzes zurück. Hinzu kommt, daß die Überlieferung sämtliche Kinder eines Elternpaares meint, ganz gleich, wo sie sich aufhielten und wohin sie sich mit der Zeit zerstreut hatten; sogar die Verstorbenen werden noch mitgerechnet. Statistiken dagegen erfassen gewöhnlich nur die zu einem bestimmten Zeitpunkt ortsanwesenden Familienglieder. Gerade die Deutschen im Osten aber

---

67) Die Zahlen von A. Koerth: Ein Umsiedlungsplan um 1790, in: DWZP 35 (1938), S. 135—171.

68) H. Quiring: Die Auswanderung der Mennoniten aus Preußen 1788—1870, in: Auslandsdt. Volksforschung, 2 (1938), S. 71.

69) K. Stumpp, Die Auswanderung aus Deutschland nach Rußland, S. 65.

70) Unterlagen ebenda, S. 81.

befanden sich in jenen Jahrzehnten und Jahrhunderten in einem Zustand ständiger Unrast, starker räumlicher Expansion. Immer ging es vorwärts oder rückwärts. Immer wieder entstanden reihenweise Neusiedlungen. Aus den Mutterkolonien zweigten sich Tochterkolonien ab. In einer agrarisch orientierten Bevölkerung, die ihre Zukunft nur auf dem Bauernhofe sah und als kostbarsten Besitz über die Freizügigkeit verfügte, konnte das gar nicht anders sein, besonders solange die Masse der übrigen einheimischen Bevölkerung nicht als Konkurrent aufzutreten in der Lage war. Laufend verließen heranwachsende Jungbauern, z. T. noch nicht 20 Jahre alt, ihre Heimatdörfer und zogen aufbauwillig in die Ferne, sozusagen als das ver sacrum der Ostdeutschen. Beispiele dafür brachte das oben wiedergegebene Wanderleben der Familie Johann Arnold aus Ruda-Bugaj. Massenhafte Trauungen junger Leute vor dem Auszug, vor allem, wenn es in weite Ferne ging, gehören in dieses Bild. Haselbach meldet solche Trauungen zu Hunderten in seinem „Verzeichnis der 1765—66 in Roßlau an der Elbe vor der Auswanderung getrauten Kolonisten".[71]

Die Abwanderung des Nachwuchses aber verringerte gleichzeitig die Zahl der in den Mutterkolonien verbliebenen Familienglieder. Ebenso mußte das Hervortreten der mittleren Altersstufen in den Tochterkolonien, sozusagen komplementär, zu einer Überalterung in den Mutterkolonien führen. Männerüberschuß dort bedingte Männermangel hier. So bewirkte jede Abwanderung letztlich auch eine Veränderung in der Familienstruktur des Hinterlandes, aus dem der Siedlungsprozeß seinen Ausgang nahm.

Größere Familien im Hinterland können daher bereits auf eine Verlangsamung der Abwanderung, auf ein Nachlassen des Expansionsdruckes hindeuten. In einem gesunden freibäuerlichen Siedlervolk wird die Tendenz vor allem dahin zielen, möglichst nur einen Erben auf dem alten Hof zu behalten und alles, was an Nachwuchs darüber hinausgeht, anderweitig unterzubringen — sei es in Tochtersiedlungen, sei es in Städten. Die kleine Holländerfamilie ist daher vor allem ein Zeugnis rascher Ausbreitung und kein statistischer Nachweis für geringen Kindersegen, wie meist angenommen wird. Statistisch kann sie dabei scheinbar der Fronbauernfamilie gleichen, die alles in allem ebenfalls nur die Zweikinderehe (mit einem Hoferben) als Regelfall kannte.

Wenn mitunter die Fronbauernfamilien trotz ihrer Notlage sogar größer scheinen als die der Holländer, so liegt das hauptsächlich daran, daß ihre Angehörigen an den elterlichen Hof festgekettet waren und dort in einer Art Großfamilie zusammenhocken mußten. Das Ventil der Abwanderung war für sie verschlossen. Auch kannte man damals auf dem Lande kein entwickeltes Gewerbe, keinen „Kunstfleiß", wie sich Holsche ausdrückt, mit dem sich Leute, die keine Höfe erhielten, hätten verselbständigen können, wie das z. B. in manchen übervölkerten Gegenden Deutschlands in frühkapitalistischen Zeiten der Fall war.[72] Dazu gab es hier auf den Vorwerken der Gutsbesitzer meist keine zusätzlichen Unterbrin-

71) B. Haselbach: Einiges von den Ahnen der Rußlanddeutschen, in: Ekkehard, H. 5, S. 207 (zit. nach K. Stumpp — s. Anm. 69 — S. 1017).

72) Holsche, Geographie, Bd 3, S. 181.

gungsmöglichkeiten; denn „die Gutsbesitzer haben bei ihren Vorwerken gewöhnlich so viele Bauern, als sie brauchen, und bauen keine Häuser zum Vermieten“.[73] Um so größer war der Vorteil der Freizügigkeit für die Kolonistensöhne und -töchter, die ihr Dorf jederzeit verlassen durften, um dorthin zu gehen, wo Platz für sie war. Meist hatten sie auch die Mittel an der Hand, um sich irgendwo in der Wildnis bei einem Grundherrn in eine neue Siedlung „einzukaufen“.

Daß der Anteil der Ledigen an der Kolonisation in Polen hoch war, hatte noch einen anderen Grund. Viele junge Preußen standen damals immer wieder vor der Wahl, Rekrut zu werden oder über die grüne Grenze zu gehen und ihr Glück als Kolonisten im fremden Lande zu versuchen. Die Furcht vor dem Heeresdienst unter den berühmten preußischen Soldatenkönigen war bei vielen so groß, daß sie die Flucht nach Polen vorzogen, wo es kein größeres stehendes Heer gab und den Zuwanderern meist Militärfreiheit zugesichert wurde. Friedrich der Große hatte daraufhin sogar einen breiten Grenzstreifen seiner neuen polnischen Provinzen von der Kantonspflicht befreit, damit ihm die jungen Leute dort nicht davonliefen. Dennoch stellte Holsche einmal fest: „die Zahl der ausgetretenen Cantonnisten läuft auf einige tausend.“[74] Noch Staszic hörte im polnischen Grenzgebiet, daß die jungen Leute von der anderen Seite des Kordons bei jeder Zwangsrekrutierung zu Tausenden nach Polen, wie früher, fliehen würden, wenn sie nicht neuerdings durch das Unverständnis der polnischen Grenzwachen und Behörden davon zurückgehalten würden.[75] In der Tat versuchten die Polen damals, in letzter Stunde selber ein größeres Heer aufzustellen, und steckten daher die aufgegriffenen Grenzgänger gleich in die eigene Truppe. „Die Austretung der Cantonnisten hat sich, seitdem die Einwohner sich an die militärische Verfassung gewöhnt und sie in Polen vor der Aushebung auch nicht mehr sicher sind, sehr vermindert.“[76] Als dann die Russen Kongreßpolen in Besitz nahmen, wurde den Einwanderern und ihren Söhnen erneut Militärfreiheit zugesichert. Kein Wunder, daß sich immer wieder Kolonien finden, wo die Familien großenteils aus Ledigen bestanden.

Die kleinsten Familien gab es in der Regel in denjenigen Kolonien, wo auf jede Feuerstelle zwei oder drei Familien entfielen, d. h. wo neben dem Bauern sogenannte „Einwohner“ hausten, die entweder ledig waren oder sich nicht so viel Kinder leisten konnten wie der Hofbauer. Nach einer Tabelle bei Rusiński kamen auf 503 Familien von Holländerwirten des Posenschen 2888 Personen; das wären, wenn ich seine Angaben richtig verstehe, 5,7 Personen je Familie. Auf 37 Häuslerfamilien jedoch kamen ebenda nur 125 Personen; auf 213 „Einwohner“ — nur noch 469 Personen; d. h. je Familie knapp 3,4 bzw. 2,2 Personen.[77] Aus Aufstellungen Milutins für kongreßpolnische Landesteile geht das ebenfalls

73) ebenda.

74) Holsche, Netzdistrikt, S. 61.

75) Staszic, Pisma, Bd 1, S. 303.

76) Holsche, Netzdistrikt, S. 62.

77) Rusiński, Osady, S. 62. Vgl. T. Ładogórski: Studia nad zaludnieniem Polski XIV w. [Studien über die Bevölkerung Polens im 14. Jh.], Breslau 1958, S. 30 ff., 41 ff., mit Ausführungen über die Familiengröße im 16.—18. Jh.

eindeutig hervor.[78] So ist begreiflich, daß die 126 Ortschaften der Warschauer Liste, in denen die Kopfzahl der Familie auf einen Durchschnitt unter 3 sinkt, manchmal sogar unter 2, meist solche überbesetzten Kolonien mit vielen „Einwohnern“ sind.

Eine Budy-Siedlung (Nr. 441) zählte 29 Feuerstellen, 80 Kolonisten (Hauptpersonen) und 100 Angehörige. Die Annahme liegt nahe, daß dort zahlreiche Ledige lebten, die mit einem Waldgewerbe beschäftigt waren, wie Teerschwelen, Aschebrennen, Holzhauen usw. Das wird in diesem Falle durch die für solche Gewerbesiedlungen charakteristische Bezeichnung Budy bestätigt. Junggesellen paßten ohnehin besser in die Buden als Kolonisten mit Frauen und Kindern.

In den normalen, rein bäuerlichen Kolonien, vor allem in den älteren, finden sich dagegen häufig größere Familien. Dort entspricht die Zahl der Feuerstellen in der Regel der der Kolonisten-Hauptpersonen, d. h. jede Familie hatte ihren Hof und Herd. Durchschnittlich 9 und mehr Familienglieder finden sich besonders häufig im Koniner Bezirk mit seinen alten Holländereien, in manchen Dörfern der Weichselniederung, in den Schwabensiedlungen bei Płock, in den drei ältesten Kolonien des Lodzer Raumes (Ruda, Bugaj und Wierzbno), in den vier alten großen Kolonien des Krakauer Domstifts im Südwesten von Lodz (Rydzyny, Pawlikowice, Chechło, Olechów) usw. Dabei spielten Hofgröße und Bodengüte eine Rolle. Größere oder reichere Höfe brauchten mehr Arbeitskräfte und begünstigten schon deswegen die Entstehung größerer Familien; denn so konnte am Gesinde gespart werden. Dazu fand sich in den ausgereifteren Sprachinseln häufiger deutsches Gesinde, das in der Warschauer Liste gewiß unter den Kolonisten mitverzeichnet wurde, während polnisches Gesinde in der Liste sicherlich nicht erscheint.

Aus den bisherigen Darlegungen wird verständlich, warum die Familiengrößen der einzelnen kongreßpolnischen Bezirke nur unwesentlich von der durchschnittlichen Familiengröße des ganzen Gebietes, d. i. von 5,1, abwichen (vgl. Taf. 16). Das Maximum nach oben wiesen Konin, Sieradz und Sochaczew mit 5,7 auf, das Minimum Wieluń (4,5) im Südwesten, Opatówek (4,5) im Süden, Lublin (4,6) im Südosten, Warschau (4,5). Trotz mancher Unklarheiten wird ein allgemeines Gefälle nach Süden und Osten spürbar. Die erwartete wesentlich geringere Familiengröße in den jüngsten südöstlicheren Zonen der Kolonisation gegenüber den älteren des Nordwestens ist jedoch nicht festzustellen. Das wird vor allem mit dem oben geschilderten komplementären Charakter von Mutter- und Tochtersiedlung zusammenhängen, wo hier wie da die Familiengrößen durch die Neusiedlung verringert wurden. Dazu kommt die Überlagerung durch Auswirkungen der Überbesetzung von Kolonien. Diese war nämlich, genau umgekehrt als die Neusiedlung, im Westen häufiger als im Osten, wo es für „Einwohner“ noch nicht so viele Arbeitsmöglichkeiten gab wie im marktwirtschaftlichen Westen.

Vor allem Kalisch und Wieluń fügen sich nicht recht in das aus dem Siedlungsfortgang allein zu postulierende Gesamtbild. Was Kalisch anbelangt, so gab es

---

78) Laut einer Aufstellung Milutins, zit. nach W. Kula (Hrsg.), Społeczeństwo, S. 73 (s. oben Anm. 24).

im dortigen Bezirk ohnehin nur wenig Kolonien, insgesamt 31. Von ihnen waren mindestens acht überbesetzt. Das mußte die durchschnittliche Familiengröße herunterdrücken. Der Bezirk Wieluń weist sogar nur 15 Kolonien auf. Von ihnen waren die Nrn 1166—1168 überbesetzt, d. h. sie zählten viele „Einwohner“, die häufig Ledige waren. Außerdem gab es dort zwei Kolonien, die sich laut Liste erst im Aufbau befanden. In ihnen entfielen auf 20 Kolonisten nur 35 Angehörige. Hinzu kommt noch die Auswirkung des relativ jungen und armen Weberdorfes Kamienica Polska mit seinen zahlreichen Gesellen. Es stellte allein über ein Drittel aller Kolonisten des Bezirks und wies selber nur eine Familienstärke von 4,2 auf. Armut hatte bekanntlich damals grundsätzlich noch einen negativen Einfluß auf die Familienplanung. Eine Eliminierung der überbesetzten Dörfer würde das schwache Gefälle der Familienstärken von den älteren Siedlungsgebieten zu den jüngeren gewiß deutlicher hervortreten lassen.

Tafel 16.

Größe der Kolonistenfamilien nach Bezirken
(ungefähr geographisch gruppiert)

Woj. Augustów 5,0

Kujawien 5,0
Płock 4,9
Gostynin 5,0
Warschau 4,5
Stanisławów 4,7
Sochaczew 5,7
Konin 5,7
Woj. Podlachien 5,0
Lentschütz 5,2

Kalisch 4,7
Rawa 5,1
Sieradz 5,7
Petrikau 5,6
Opoczno 5,2
Radom 5,4
Woj. Lublin 4,6
Wieluń 4,5

Woj. Kielce 4,8
Opatów 4,5

Wie groß die Familien wirklich waren, geht aus Durchschnittszahlen freilich nicht hervor. Das Mindestmaß war 1, d. h. der Kolonist war ledig. Es tritt in der Liste gelegentlich unmittelbar in Erscheinung, wo die Kolonistenzahl mit 1 angegeben ist und die der Angehörigen mit 0 (z. B. die Nrn 610, 616, 620, 621). Familien von 2, 3 und mehr Personen, bis zu 10, sind in der gleichen Weise in der Liste einzeln vertreten (Nr. 40 — 3 Personen, Nr. 103 — 9, Nr. 218 — 7, Nr. 234 — 5, Nr. 235 — 4, Nr. 279 — 10, Nr. 296 — 4, Nr. 335 — 6, Nr. 343 — 4, Nr. 345 — 5 usw.). Einzelfamilien werden auch unter den Bergleuten angeführt (Nrn 747—750). Ihre Kopfzahl schwankte zwischen 3 und 9. Siedlungen mit nur einer Kolonistenfamilie waren besonders häufig im Kleinsiedlungsgebiet von Suwałki (Nr. 785 ff.). Aber auch hier zählte keine Familie mehr als 9 anwesende Personen.

Daß es weit größere Familien gegeben hat, unter Zurechnung des Gesindes, dazu der Alten, geht aus den Durchschnittszahlen für einzelne Dörfer hervor. Es führten in dieser Hinsicht: Dąbrowa-Holland (Nr. 1024) im Koniner Bezirk mit 16 Personen, bei im ganzen freilich nur 3 Familien; Leśnictwo-Holland (Nr. 1019) ebenda, mit 15 Personen bei 5 Familien; die preußische Kolonie Boguszyn (Nr. 312) mit 14 Personen bei 16 Familien. 13 Personen je Familie finden sich in Brzozówka (Nr. 29), in der Weichselniederung in Łęg-Suchodół-Kępa Karolińska (Nr. 131), in Jeziory (Nr. 880) und in der einstigen Schwabensiedlung Luisenbach (Nr. 1073). Häufig sind Durchschnittszahlen von 10 und etwas darunter oder darüber. Im ganzen gab es nur an 60 Kolonien mit einem Durchschnitt von 9 und darüber; davon fast die Hälfte in der Kalischer Wojewodschaft, d. i. im älter besiedelten Westen.

C. Entwicklung des Deutschtums in Kongreßpolen bis zum ersten Weltkrieg[1])

Bekanntlich sind die älteren Bevölkerungsstatistiken Kongreßpolens nur mit Vorsicht zu benutzen. Exakte Angaben sind nicht zu erwarten, pedantische Rechnung wäre daher unangebracht. Eine moderne Volkszählung fand erst im Rahmen der gesamtrussischen von 1897 statt. Bis dahin beruhen die Angaben, seit der napoleonischen Ära, meist auf der Fortschreibung der Bevölkerung in den sogenannten Księgi Ludności [Bevölkerungs- oder Seelenbücher] der einzelnen Gemeinden, dazu auf Seelenzählungen der Kirchen. Auf solcher Grundlage tauchen im Laufe des 19. Jahrhunderts hier und da meist unkontrollierbare Zahlen für die Protestanten oder Deutschen auf. In Ergänzung anderer Unterlagen sollen sie uns dazu dienen, die Grundlinien der Entwicklung des kongreßpolnischen

1) Statistische Beiträge zur modernen Volkstumsgeschichte der Deutschen in Kongreßpolen lieferten vor allem A. Müc kler: Das Deutschtum Kongreßpolens, eine statistisch-kritische Studie, Leipzig-Wien 1927, 88 Seiten (hier auch die Ergebnisse der Volkszählungen 1897 und 1921 nach Kreisen), und W. Kuhn: Zahl und Bevölkerungsbewegung der Deutschen Kongreßpolens seit 1860, in: DWZP 29 (1935), S. 485—501. Weiteres, oft nicht minder wichtiges Schrifttum kommt im Laufe der Darstellung zur Sprache.

Deutschtums nachzuzeichnen. Es mag sein, daß diese alten Zahlen mehr oder weniger hinter der Wirklichkeit zurückbleiben, was moderne Demographen glaubhaft gemacht haben.[2] Dieser Mangel wird freilich im Rahmen der vorliegenden Studie teilweise dadurch neutralisiert, daß vor allem zeitlich nahe beieinander liegende Zählergebnisse miteinander verglichen werden, die unter gleichen oder ähnlichen Zählmethoden entstanden. Die daraus ermittelten Entwicklungstendenzen dürften der Realität einigermaßen entsprechen.

1. Älteste Gesamtzahlen und Entwicklungskurve der Deutschen

Die älteste von Mückler erwähnte Zahl der Deutschen Kongreßpolens ist 173 595 für das Jahr 1851.[3] Mückler meint dazu, daß sie auf private Ermittlungen von Koeppens zurückgehe. Gewiß; nichtsdestoweniger stammt sie, wie von Koeppen selbst sagt, aus amtlichen Quellen in Warschau.[4] Mückler erschien diese Zahl mit Recht zu niedrig. In der Tat beziffert von Koeppen allein die Lutheraner im Jahre 1846 auf 262 497, eine wichtige Zahl, die Mückler anscheinend nicht gekannt hat. Walter Kuhn verfügte darüber hinaus bereits über Zahlen für die Lutheraner der Jahre 1834 und 1837 (214 899 bzw. 212 775).[5]

Eine noch ältere zeitgenössische Schätzung der Deutschen in Polen lautet auf 250 000 und betrifft die Zeit um 1810. Sie gilt für das napoleonische Herzogtum Warschau (1807—1813/15) und stammt von dem hervorragenden Gelehrten und Inspirator der modernen Statistik des Herzogtums, Wawrzyniec Surowiecki,[6] der vorher in der sächsischen Residenz tätig war. 250 000 wären fast 5,8% der Gesamtbevölkerung gewesen. Freilich kann auch diese Zahl nicht stimmen; denn die Zählung von 1810 hatte allein 363 293 Lutheraner ergeben, dazu fast 11 000 Kalvinisten, was 8,3 bzw. 0,3% der Bevölkerung war.[7] Obschon nicht alle

---

2) vgl. hierzu St. Szulc, Wartość materiałów statystycznych, Warschau 1920; s. auch S. 203, Anm. 48.

3) A. Mückler, Das Deutschtum Kongreßpolens, S. 3 f.

4) P. von Koeppen, Zahl und Vertheilung der Deutschen, S. 227 ff.

5) W. Kuhn, Zahl und Bevölkerungsbewegung, S. 487.

6) H. Grossmann, Struktura społeczna, S. 50. Grossmann fand die Zahl in einer von Surowiecki hinterlassenen Handschrift.

7) ebenda, S. 46, Taf. XIX. Wybicki (Allgem. Geograph. Ephemeriden 39 (1812), S. 16) spricht 1811, offenbar noch in Unkenntnis der Zählungsergebnisse von 1810, von 300 000 Lutheranern im Herzogtum; sie seien „am häufigsten in den Departements Posen und Bromberg, wo sie oft ganze Städte bewohnen, wie Wschowa (Fraustadt), Rawicz, Bojanowo, Trzcianka (Schönlanke), Bydgoszcz (Bromberg) und ganze Dörfer sowie Holländereien, besonders in dem Departement Kalisz. Für beinahe 300 000 evangelische Glaubensgenossen im Herzogtum gibt es im Departement Posen 63 Kirchen, im Departement Bromberg 26, im Departement Kalisz 9, im Dep. Warschau 2, Dep. Lublin 1, Dep. Krakau 1 und Dep. Siedlce 1. Evangelisch-Reformirte wohnen in großer Menge in

Lutheraner als Deutsche anzusehen sind, gab es doch wiederum viele Katholiken, die Deutsche waren, besonders in den westlichen Teilen des Posener und Bromberger Departements. Die Zahl der Deutschen wird demnach um mindestens 100 000 höher gewesen sein und nicht 250 000, sondern über 350 000 betragen haben, wenn nicht an 400 000, da die Zählung von 1810 insgesamt, wie Grossmann errechnet hat, um 8% hinter der Wirklichkeit zurückblieb. Davon wohnten die meisten verständlicherweise in den westlichen Departements Posen und Bromberg, wovon weiter oben schon die Rede war. Auf die später zu Kongreßpolen geschlagenen Gebiete entfielen über 125 000 Protestanten. Mit ihnen beginnt die Geschichte des kongreßpolnischen Deutschtums (vgl. Karte 4).

Von 1807 bis 1815, dem Jahr des Sturzes von Napoleon sowie des Untergangs seiner Schöpfung, des Warschauer Herzogtums, haben die Evangelischen gewiß manche Einbußen hinnehmen müssen. Die Standesnachrichten aus den Departements Posen und Bromberg der Jahre 1806/7 bis 1810/11 weisen wiederholt, z. T. infolge einer Pockenepidemie, mehr Todesfälle als Geburten auf, was sich in den Jahren 1812 ff. gewiß noch verschlimmert hat. Demtentsprechend erklärte Benjamin J. Flatt im Jahre 1810 (richtiger 1809), daß die Bevölkerung des Herzogtums Warschau „sehr viel durch Kriege und Auswanderungen in den letzten Unruhen gelitten hat“.[8] Schon während der französisch-preußischen Kämpfe 1806/7 traten hohe Bevölkerungsverluste ein, die von der preußischen Statistik für das benachbarte Ostpreußen mit 100 456 Personen beziffert werden, für Westpreußen mit rund 39 000, für Schlesien mit 50 000 usw. Die Verluste während des Feldzugs 1812/13 im Bromberger Departement allein schätzte die dortige polnische Behörde auf ein Sechstel der gesamten Bevölkerung, d. i. auf über 50 000 Personen.[9] Dabei dürfte die deutsche Bevölkerung in den polnischen Landesteilen stärker gelitten haben als die einheimische. Hinzu kam die Abwanderung von Kolonisten nach Rußland, das seit 1813 den Siedlern in Polen offenstand; denn die Russen hatten bei der Verfolgung Napoleons nach dem Brande von Moskau bereits 1813 fast ganz Polen besetzt und sofort mit Werbung und Abtransport von Kolonisten begonnen.[10]

Das weitere Wachstum des Protestantismus in Kongreßpolen veranschaulicht die folgende Tabelle:

---

der Stadt Lissa, in einigen Parochien an der schlesischen Grenze ... Auf 30 000 Reformirte kommen 22 Kirchen."

8) Grossmann, Struktura społeczna, S. 78, Taf. 34. Im Bromberger Departement starben in den Jahren 1806 und besonders 1807 mehr Menschen als geboren wurden (nach Statystyka departamentu bydgoskiego, hrsg. von Kallas u. Wójcik, Warschau-Posen 1972, S. 21, 41). — Vgl. auch Flatt: Statistische Übersicht des Herzogthums Warschau, in: Allgemeine Geographische Ephemeriden 33 (1810), S. 102.

9) Allgem. Geographische Ephemeriden 31 (1810), S. 362; Raport wojskowo-statystyczny departamentu bydgoskiego [Militärstatistischer Bericht des Bromberger Dep. von 1813], in: Dokumenty do dziejów Kujaw [Dokumente zur Geschichte Kujawiens], Warschau-Posen 1974, S. 68.

10) z. B. Kossmann, Ein Lodzer Heimatbuch, S. 60 f., und Anm. 97 weiter unten.

Tafel 17. Protestanten in den Wojewodschaften Kongreßpolens (1810—1856)

Wojewodschaft	Protestanten 1810*	1819*	1827*	Deutsche 1856**	Bäuerliche Kolonisten 1835***	
Warschau Stadt	6 880	6 453	7 070	(Warschau) 184 355	—	
Masowien	42 447	49 879	63 461		52 076	
Kalisch	23 253	36 435	45 126		47 406	
Płock	26 379	24 087	31 423	38 161	10 369	(+ 25 000)
Augustów	21 853	23 981	29 125	28 706	2 022	(+ 20 000)
Podlachien	1 146	1 072	1 340	(Lublin) 6 582	3 348	
Lublin	286	1 494	902		968	
Krakau	449	367	742	(Radom) 6 634	1 678	
Sandomir	1 001	1 106	1 261		5 539	
Kongreßpolen	125 694	148 874	180 450	264 438	124 240	(+ 45 000)

*) nach A. Różański, Próba określenia liczby imigrantów, in: Roczniki Dziejów Społecznych i Gosp. 10 (1948), S. 189 f., Taf. IV.
**) nach R. Böckh: Der Deutschen Volkszahl etc., S. 251.
***) nach Tafel IV (s. Anhang).

Deutlich sichtbar ist — bei aller Mangelhaftigkeit der Zahlen — die Konzentration der Protestanten auf den Norden und Nordwesten des Landes: Masowien, Kalisch, Płock, Augustów. Ein protestantisches Siedlungsgebiet für sich, seit dem ausgehenden 18. Jahrhundert, stellte die Wojewodschaft Augustów im äußersten Nordosten dar; es war eine Ausstrahlung des angrenzenden Ostpreußen, an der Masuren, Deutsche und Litauer beteiligt waren. Bemerkenswert ist ferner der kräftige Anstieg der Protestanten in der Kalischer und Masowischen Wojewodschaft bis 1819 und, stärker noch, bis 1827 und nachher, während die anderen Wojewodschaften in dieser Hinsicht bereits stagnieren oder kaum profitieren. Die Masse der neuen Zuwanderer stellten gewiß die deutschen Tuchmacher und Weber, die in hellen Scharen nach Kongreßpolen zogen und u. a. den Grundstein zur Entwicklung der Stadt Lodz legten. Doch ist unschwer zu erkennen, daß sich die Schwerpunkte der Verbreitung des Deutschtums in Kongreßpolen schon vor 1810 deutlich abzeichneten. Bereits damals stachen dieselben Gebiete durch die höchsten Anteile protestantischer Bevölkerung hervor. Sie waren geographisch wie historisch für diese Rolle vorgesehen.

Das Wachstum des Deutschtums bzw. Protestantismus in Kongreßpolen bis in die Zeit nach dem Ersten Weltkriege wird aus Tafel 18 ersichtlich.

Die Zahlen wie die Entwicklungskurve zeigen eine recht stetige Zunahme der Protestanten von 1810 bis 1913; um 1865 werden Störungen sichtbar, die aber bald behoben scheinen. Einzelne Zahlenangaben fügen sich freilich nicht in die Entwicklung. Sie sind durch Einklammerung gekennzeichnet. Auf eine Diskussion dieser Zahlen kann nicht eingegangen werden, weil es an Unterlagen mangelt. Hingewiesen sei jedoch auf den geistreichen Nachweis Kuhns für die Unzulänglichkeit der Zahl der Lutheraner bei Busch für das Jahr 1865, die dieser aus dem Konsistorium in Warschau erhalten hatte. Kuhn erkannte, was Mückler vor ihm noch übersehen hatte, daß nämlich die von Busch angegebenen Zahlen der Taufen, Todesfälle und Trauungen des gleichen Jahres bei nur 236 680 Lutheranern zu hoch wären, da dann auf je 1000 Seelen 74,7 Geburten, 44,1 Todesfälle

T a f e l 18. Zahl der Protestanten/Deutschen, Juden und der Gesamtbevölkerung Kongreßpolens (1810—1921)

Jahr	Protestanten	Deutsche	Juden	Gesamtbev.
1810	125 000 R		245 000	3 300 000
1819	148 874 R			3 438 729
1825				3 911
1827	180 450 R			4 032 335
1829				4 137 634
1830				3 998
1831				3 762 000
1834	214 899 *Lu* K		420 062	4 103 196
1835				4 188
1837	212 775 *Lu* K		411 307	4 298 962
1844	255 202 Koe		542 732	4 761 253
1845	257 051 Koe		550 197	4 798 658
1846	265 381 Koe		557 895	4 867 129
1851		(173 595) Koe	563 970	4 851 639
1856	272 399 *Lu* K	264 436 K		4 696 919
1860	291 254 B	269 548 B	612 098	4 840 466
1862	293 000 Mo	281 980 Cl	640 330	4 972 000
1863	293 547 Z	278 973 Z	652 972	4 986 230
1865	(236 680 *Lu*) B			5 336 240
1866?	290 235 Z	289 000 Z		5 389
1867		290 000 Z	783 000	5 705 607
1868		(234 142) M		5 706
1870	327 815 K		815 433	6 078 564
1873		(370 356) M		6 398 793
1885			1 087 204	7 691 421
1888	389 940 W		1 176 000	8 227 940
1892	400 902 W		1 224 652	8 721 985
1897	425 022	407 274	1 321 000	9 403 024
1904	441 000 W		1 453 000	
1913	485 000 K		1 954 644	13 055 313
1921	318 000 (ohne litauischen Anteil)			

Abkürzungen: B = Busch, Beiträge, S. 50, 72; Cl = Cleinow, Die Zukunft Polens, S. 138; K = Kuhn, Zahl und Bevölkerungsbewegung, S. 487; Koe = v. Koeppen, Zahl und Vertheilung, S. 241 f.; *Lu* = Lutheraner; M = Maas, Von der Provinz Südpreußen, S. 57; Mo = A. de Moller, Situation de la Pologne, Paris 1856 (Mo spricht von 293 000 Deutschen); R = Różański, Próba określenia, S. 189 f.; S = Słownik Geograficzny, XV², 487; W = L. Włodek in „Opis ziem zamieszkałych przez Polaków“, Bd 2, Warschau 1904, S. 197, 224; Z = Załęski, Statystyka, S. 30 f.

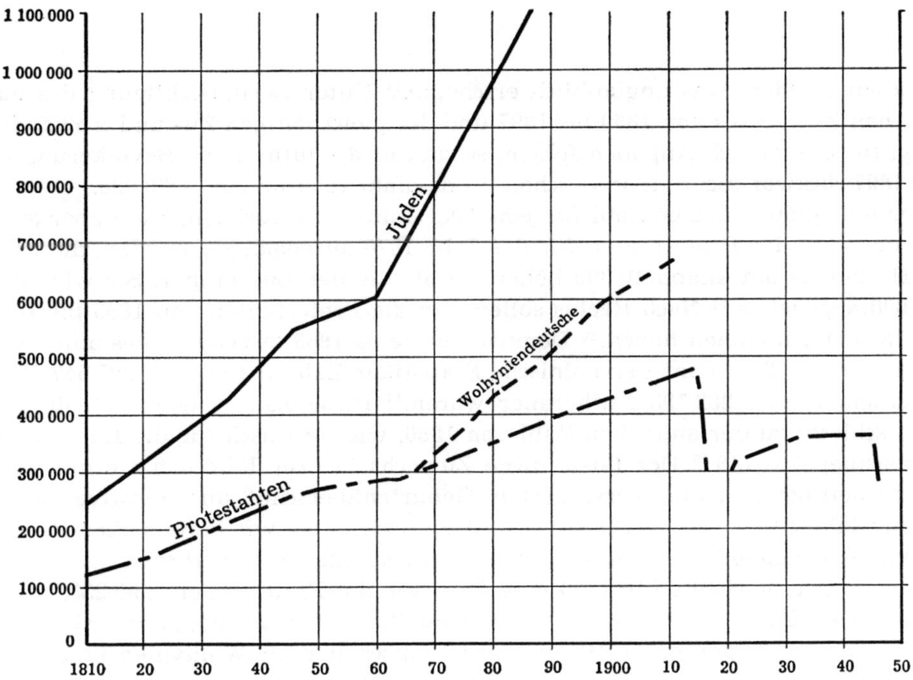

T a f e l 19. Entwicklung der Protestanten, Juden und der Gesamtbevölkerung Kongreßpolens von 1810 bis 1921

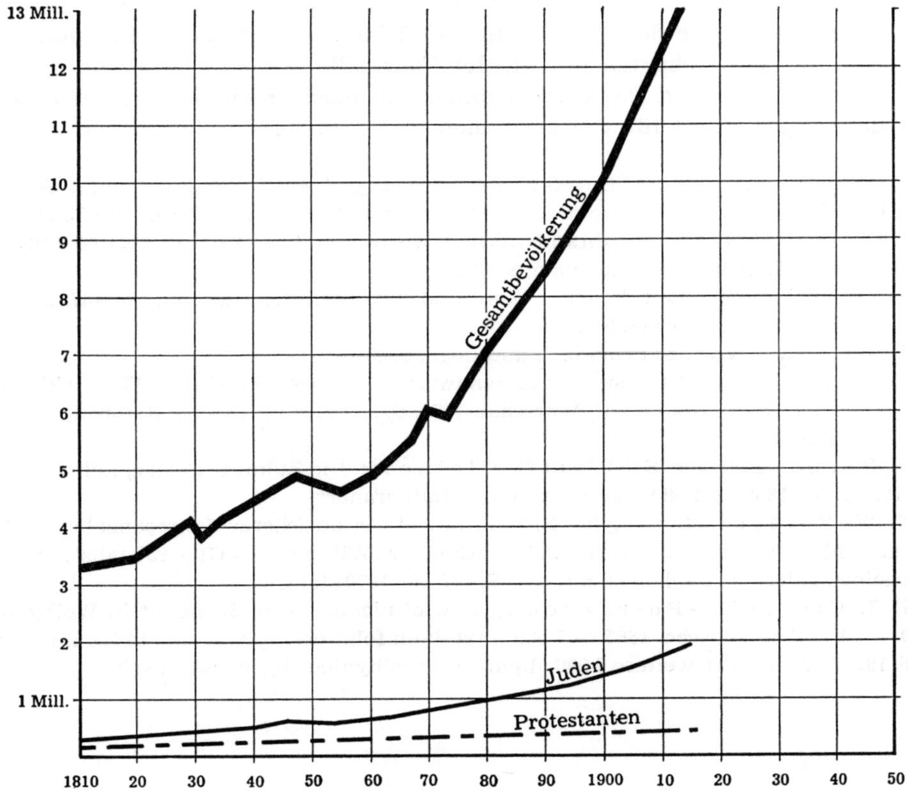

entfallen würden, was unglaublich erscheine.[11] Unter Berücksichtigung des natürlichen Zuwachses von 1860 bis 1897 und der gleichzeitigen Zu- und Abwanderung, für die freilich Angaben fehlen, schätzt er die lutherische Bevölkerung — von 1897 rückwärtsschreitend — schon für das Jahr 1860 auf 300—320 000.

Um eine glaubwürdige Zahl für jene 60er Jahre zu errechnen, kann aber auch von der Zahl der Protestanten für das Jahr 1870 ausgegangen werden, die nach Busch damals um knapp 10 000 höher lag als die der Lutheraner. Sie wird mit 328 000 angegeben.[12] Nach Reclus sollen nun die Protestanten von 1863 bis 1870 um 12% zugenommen haben.[13] Demnach hätte es 1863 293 000 Protestanten gegeben. In der Tat nennt der polnische Statistiker Załęski für 1863 293 547 Protestanten, wovon 282 793 Lutheraner waren.[14] Diese Zahl wiederum paßt gar nicht schlecht zu der amtlichen Zahl von 1860, wie sie Busch für die Lutheraner verzeichnet: 281 748.[15] Der tatsächliche Zuwachs in drei Jahren hätte nur 1000 Seelen betragen, was bei verringertem Geburtenüberschuß und negativer Wanderungsbilanz nicht ausgeschlossen ist. Andererseits ist, wie bereits oben gesagt, exaktes Rechnen mit statistischen Zahlen jener Epoche nicht am Platze.

Als nächste erscheint für 1866 eine Zahl für die Protestanten: 290 235,[16] was etwa 280 000 Lutheraner bedeutet. Auch diese Zahl ist insofern glaubwürdig, weil inzwischen, 1865, der große Sprung der Deutschen nach Wolhynien eingesetzt hatte, dem bereits in den Vorjahren kleinere Abwanderungen vorausgegangen sind.[17] Im Jahre 1865 allein können an die 10 000 Lutheraner dorthin gezogen sein, so daß sie sich im Jahre 1865 insgesamt bis auf 290 000 vermehrt hätten.

Diese offensichtlich die amtlichen Angaben jener Epoche reflektierende Zahl ergibt freilich, wenn man sie mit den von Busch überlieferten Werten der Geburten und Todesfälle desselben Jahres 1865 konfrontiert, die immer noch extremen Raten der Geburten mit 61, der Todesfälle mit 36 je Tausend Seelen. Doch solche Raten sind keineswegs unmöglich oder unvorstellbar. Kurt Lück gibt die Geburtenzahl für die Deutschen des Cholmer Landes in den Jahren

---

11) W. Kuhn, Zahl und Bevölkerungsbewegung, S. 488 f. Für Lodz nennt Statystyka Polski (s. Anm. 22), S. 91, eine Geburtenrate von 55,88‰ im J. 1906, von 73,71‰ (!) für 1908, für Radom die unwahrscheinlichen Werte von 70‰, für die dortigen Protestanten sogar 85,9‰ im J. 1908 (ebenda, S. 95).

12) die Zahl stammt laut Kuhn, Zahl und Bevölkerungsbewegung, S. 487, aus einem Russischen Kalender von Suworin.

13) W. Maas, Von der Provinz Südpreußen, S. 68.

14) W. Załęski: Statystyka porównawcza Królestwa Polskiego [Vergleichende Statistik des Königreichs Polen], Warschau 1876, S. 30 f., darunter 7395 Reformierte und 3359 Mennoniten.

15) Busch, Beiträge, S. 50. Laut G. Cleinow: Die Zukunft Polens, Leipzig 1908, S. 138, gab es 1862: 281 980 Deutsche (wohl „Lutheraner").

16) W. Załęski, Statystyka, S. 30 f., mit etwas unsicherer Jahresangabe (1864—66), aber höchstwahrscheinlich für 1866, nach einer „Zählung des Generalstabs". Das ist anscheinend dieselbe Zahl, die bei Kuhn, S. 487, für 1870 steht.

17) Z. Cichocka-Petrażycka, Żywioł niemiecki, S. 21, nennt in Wolhynien 1859 — 3 943 Evangelische, 1865 — 7 500. Erst dann folgt der Sprung auf 15 000 im Jahre 1866. 1865 könnten also weitere 7 000 allein nach Wolhynien abgewandert sein.

1925—1931 mit durchschnittlich „etwa über 55" je Tausend Seelen an.[18] Sie können 60 Jahre zuvor höher gewesen sein, wobei sich noch die Frage stellt, ob vielleicht 1865 auch in dieser Hinsicht, als erstes Jahr nach dem großen Desaster, untypisch und außergewöhnlich gewesen ist. Jedenfalls widerspiegeln die angeführten amtlichen Zahlen der 60er Jahre das Stocken der Entwicklung und sogar den Einbruch infolge des Polenaufstandes 1863/4 und der anschließenden Abwanderung.

Im neueren Schrifttum sind auch die Zahlen Koeppens für die Protestanten Kongreßpolens in den drei aufeinanderfolgenden Jahren 1844—1846 bisher ungenutzt geblieben. Sie sind freilich ebenfalls nicht problemfrei, stammen aber aus erster Hand, vom kaiserlichen Statthalter in Polen, der sie Koeppen zugeleitet hatte.[19] Danach gab es in Kongreßpolen:

	1844	1845	1846
Lutheraner	251 351	252 009	262 497
Reformierte	2 837	3 790	1 723 [?]
Mennoniten	1 014	1 252	1 161
Protestanten	255 202	257 051	265 381

Diese Zahlen von Koeppen fügen sich recht gut in die allgemeine Entwicklung der Protestanten.

Aus zwei Dutzend Angaben für den Verlauf eines ganzen Jahrhunderts ist trotzdem kein genaues Abbild der tatsächlichen Entwicklung zu gewinnen. So wird es z. B. gewisse Einbrüche, wenn auch nicht von der Tiefe wie nach 1914, schon im 19. Jahrhundert gegeben haben. Die napoleonischen Zeiten, der Aufstand 1831, Mißwuchs der Kartoffeln, Hunger, Pocken, Typhus und Pest 1831, 1847/48/49, 1851/52, 1854/55, 1866, 1872/73 müßten sich in der Entwicklung bemerkbar gemacht haben wie der Aufstand von 1863/64. Jedoch liegen kaum Daten für die Deutschen oder Protestanten aus den kritischen Jahren vor; die vorhandenen betreffen immer wieder jene Jahre, in denen sich die Entwicklung bereits wieder gefangen hatte. Auch wirkten sich die Krisen nicht so kräftig aus, um die allgemeine Wachstumstendenz für längere Zeit in ihr Gegenteil zu verkehren: ein Zeichen für die im ganzen gesunden Grundlagen des kongreßpolnischen Deutschtums jener Jahre. Ein mäßiges Wachstum setzte sich auch noch über 1897 hinaus fort. Erst mit den Eingriffen der staatlichen Gewalten 1915 und abschließend 1945 wurde das Polendeutschtum zerbrochen.

2. Die Phase der großen Einwanderung

Die Aussage der wenigen statistischen Angaben über die Protestanten läßt sich vertiefen, wenn ihre jeweilige Istzahl mit der ideellen Sollzahl verglichen wird, die zu dem betreffenden Zeitpunkt auf Grund des natürlichen Zuwachses

18) K. Lück, Die deutschen Siedlungen, S. 6.

19) P. von Koeppen, Zahl und Vertheilung, S. 241 f.

eigentlich hätte erreicht sein sollen. Ein solcher Vergleich ist in Tafel 20 bis zum Jahre 1846 durchgeführt. Die Sollzahlen sind natürlich nur ideelle Größen, die auf der Annahme beruhen, daß der natürliche Zuwachs in der betreffenden Phase einen bestimmten Prozentsatz erreichte.

Tafel 20. Protestanten in Kongreßpolen 1810—1846

	Istzahl der Protestanten	Sollzahl		Jährliche Wanderungssalden	
		bei 20‰	bei 15‰	bei 20‰	bei 15‰
1810	125 000				
1819	148 874	149 000	143 000	0	+ 660
1827	180 450	174 000	169 000	+ 800	+ 1 400
1834	214 899	206 200	200 000	+ 1 200	+ 2 100
1846	265 381	270 000	257 000	— 400	+ 700

Die Istzahlen sind der Tafel 18 entnommen, die Sollzahlen jeweils aus der voraufgegangenen Istzahl plus natürlichem Zuwachs errechnet. Für Kolonne II wurde ein Geburtenüberschuß von 20‰, für Kolonne III von 15‰ zugrundegelegt. Die Differenz zwischen Soll- und Istzahl ergibt den Wanderungssaldo. Um den Jahresdurchschnitt zu erhalten, wurde er durch die jeweilige Zahl von Jahren dividiert.

Den natürlichen Zuwachs für 1865 bestimmte Kuhn mit 23‰. Selbst wenn man seine für das Jahr 1865 geschätzte Zahl von bis zu 320 000 Evangelischen als zu hoch ansähe und dafür etwas niedrigere Werte in Anlehnung an zeitgenössische amtliche Unterlagen setzen wollte, käme man auf eine ähnliche Rate. Für 1897 errechnete Kuhn auf Grund der damaligen Volkszählung und der standesamtlichen Statistik der lutherischen Kirchen einen Überschuß von immerhin noch 19‰.[20] Dafür gab es aber im Seuchenjahr 1872 nur einen Geburtenüberschuß der Lutheraner von 1386; das machte rund 4‰.[21] 1873 dürfte er noch niedriger, vielleicht sogar negativ ausgefallen sein. Der tatsächliche Zuwachs für die einzelnen Phasen wird daher, solange keine besseren Unterlagen aus polnischen Archiven beigebracht werden, nur mehr oder weniger falsch geschätzt werden können. Als verläßlichste Orientierungshilfe können immerhin die bekannten Zuwachsraten der Gesamtbevölkerung dienen. Deren durchschnittlicher Jahreszuwachs von 1819 bis 1897 (von 3 438 000 bis 9 402 000 Seelen) betrug rund 14‰. In den beiden Jahrzehnten von 1841 bis 1860 war er freilich auf 8,6 bzw. 4,0‰ zusammengeschmolzen.[22]

Bei der Bearbeitung von Tafel 20 wurde wegen dieser Unsicherheit von zwei möglichen Durchschnittsraten ausgegangen, wobei die kleinere sich sehr deutlich als die realistischere erweist. Mit der Doppelrechnung sollte auch die Unsicherheit dieser Zahlen kenntlich gemacht werden. Die aus solcher Berechnung zu ziehenden Schlußfolgerungen würden freilich bei anderen Varianten der Zuwachsrate in die gleiche Richtung weisen.

20) W. Kuhn, Zahl und Bevölkerungsbewegung, S. 489.

21) Berechnet nach Angaben bei W. Kuhn, S. 488.

22) Krzyżanowski u. Kumaniecki, Statystyka Polski, S. 80. Nach J. Buzek: Pogląd na wzrost ludności [Blick auf das Bevölkerungswachstum der polnischen Provinzen im 19. Jh.], Krakau 1915, S. 26: 8,3 bzw. 4,5‰.

Wo nun die Istzahl über der Sollzahl liegt, ist anzunehmen, daß für diese Phase die Zuwanderung von außen größer war als die Abwanderung ins Ausland oder gelegentlich auch in ein anderes Bekenntnis. Für die Phasen bis 1846, wenn auch seit 1834 bereits nachlassend, überwog demnach die Zuwanderung. Sie betrug 15 000 (bis 1834) bei der Annahme eines Geburtenüberschusses von 20‰, 40 000 (bis 1846) bei einem solchen von 15‰. Die zweite Variante kommt der Wirklichkeit zweifellos näher. Waren es doch Jahre des Einwanderungsbooms, als Weber und Tuchmacher aus östlichen preußischen Provinzen zu Tausenden einströmten. Viele Weber und Spinner kamen aus der Lausitz oder Böhmen, wie schon die Lage mancher Weberdörfer im Südwesten Kongreßpolens verrät.

Durch die wirtschaftlichen Auswirkungen der Teilung Polens, insbesondere wegen der russischen Zollschranken, waren die deutschen Ostgebiete von ihren textilen Absatzmärkten im alten Polen, in Rußland und China[23] abgeschnitten.[24] Für die Märkte des Westens aber waren die ostdeutschen Webwaren nur wenig geeignet. Um den Anschluß an die weniger anspruchsvollen Märkte des Ostens wiederzufinden, waren die ostdeutschen Tuchmacher und Weber deshalb genötigt, nach Russisch-Polen, wie man damals statt Kongreßpolen häufig sagte, überzusiedeln.[25]

Der schlesische Heimatdichter Holtei war im Jahre 1828 bei Warmbad im Riesengebirge auf eine Schar von Leinewebern gestoßen, die nach Polen zogen. Sie sagten ihm u. a.:

Ber kummen vohn a Bärgen här,
Ber ziehn ei's Polen nei;
Ber sein urnär schund matt vur Nut,
's is gor a hüngrich Stückel Brut,
De schlaesche Weberei!

Im russ'schen Polen ga'n se üns
Jedwedem a Stück Land;
Do wulln ber nu ins Flache ziehn
Und lussen ünse Bärge stiehn. —
Härr Got, dir is's bekannt!

Kongreßpolen war zum Westend Eurasiens geworden. Diese plötzliche Umwertung seiner geographischen Lage rief Arm und Reich ins Land, nach Lodz und anderen Orten des westlichen Kongreßpolen. Im Großherzogtum Posen dagegen klagten die Behörden über die unaufhaltsame Entvölkerung der deut-

23) Noch im 20. Jh. hießen in Ostasien die besten Tuche „Mesericki" (von Meseritz). So Leo Wegener, Der wirtschaftliche Kampf, S. 62.

24) Kossmann, Forschungen zur Geschichte der deutschen Tuchmacherei, S. 390, zitiert eine Feststellung des Innenministers des Herzogtums Warschau vom März 1811: „Wie bedeutend unser Exporthandel in Tuchen nach Rußland war, ist dem Ministerrat bekannt. Dieser Handel trug dem Lande, wie die Zollberichte beweisen, einige Millionen Bargeld aus Rußland ein, und deckte damit die Verluste, die wir im Handelsverkehr mit Preußen davontrugen" (AAD, K. Rz. S. W., 18526). Der Präfekt des Departements Posen hat am 14. Juni 1811 u. a. berichtet: „Es darf nicht vergessen werden, daß der Verkauf und der Handel mit Tuchen, der nach China geht, uns nicht entrissen werden kann, und gerade an diesem Handel verdienen wir am meisten. Das nach China gehende Tuch ist schwarz und gelb gefärbt (die billigsten Farben). Der Russe aber trägt keine anderen Farben als blau und grün" (ebenda).

25) „schweren Herzens", wie M. Radtke: Festschrift zum 300-jährigen Kirchenjubiläum der evangelischen Gemeinde Birnbaum, Birnbaum 1900, S. 113, nach altem Text zitiert.

schen Gewerbeorte Lissa, Rawitsch, Zduny, Bojanowo usw., die Namensträger der alten ostdeutschen Textilindustrie, an deren Stelle jetzt bald ein einziger Name treten sollte: Lodz. Nur der Schmuggel über die neue Prosnagrenze, der dank der Bestechlichkeit der russischen Beamten florierte, konnte die zurückgebliebenen wenigen Tuchmacher noch einige Jahrzehnte lang vor dem völligen Zusammenbruch retten. Gab es im Jahre 1816, als schon viele abgewandert waren, noch 1586 Tuchmacher im Posener Bezirk, so waren es 1866 nur noch 27.[26]

Der russische Forscher Wobłyj[27] schätzte die bis 1824 nach Kongreßpolen Eingewanderten auf 150 000 Personen; von 1818 bis 1828 seien sogar 250 000 Personen eingewandert. Doch das ist sicher übertrieben, wie schon ein Blick auf die damaligen Gesamtzahlen der Protestanten in Kongreßpolen zeigt. Rosa Luxemburg spricht von ungefähr 10 000 deutschen Familien, die damals in Kongreßpolen eingewandert seien.[28] Das dürfte der Wirklichkeit näher kommen.

Die Einwanderer bevölkerten die neuen Zentren der Tuch- und Baumwoll- bzw. Leinenindustrie wie Dąbie, Ozorków, Tomaszów, Zgierz, Lodz, Pabianice, Konstantynów, Aleksandrów, Zduńska Wola usw., die hier in Kongreßpolen zunächst ebenso zahlreich waren, wie die verlassenen Gewerbeorte im Herkunftsland. Mit der Zeit erst sollte ein Auslese- und Konzentrationsprozeß das Schwergewicht der Industrie nach Lodz verschieben.[29]

Albert Breyer hat eine Liste der in die Fabrikorte der Masowischen Wojewodschaft Zugewanderten nach einer amtlichen Vorlage erstellt. Sie weist von 1815 bis 1828 einen Zuwachs in Höhe von 41 000 Personen auf.[30] Es fehlen darin aber noch die zahlreichen, in die Kalischer Wojewodschaft gegangenen Weber. Andererseits sind damals auch viele Einheimische, besonders altansässige Deutsche und Juden in die Fabrikorte gezogen. Eine befriedigende Schätzung der Gesamtzahl der industriellen oder städtischen Zuwanderer aus dem Ausland ist auf dieser Grundlage daher nicht durchführbar; immerhin wird etwa die Größenklasse erkennbar. Eigene Überlegungen führten mich seinerzeit zu der Annahme, daß die Weber von 1817 bis 1860 eine Einwanderung von rund 30 000 Personen bewirkten, während auf die Tuchmacher etwas mehr als die Hälfte dessen anzusetzen sei.[31] Da die Zuwanderung der Weber bis 1840 etwa 85% ihrer Gesamtzahl

26) L. Wegener, Der wirtschaftliche Kampf, S. 64.

27) K. G. Woblyj: Očerki po istorii polskoj fabričnoj promyšlennosti [Skizzen aus der Geschichte der polnischen Industrie], Kiew 1909, Bd 1 (zit. nach Różański, Próba określenia liczby imigrantów, S. 185 f.).

28) R. Luxemburg: Die industrielle Entwicklung Polens, Leipzig 1898, S. 3.

29) Kossmann, Lodz, S. 92, 162.

30) A. Breyer, Deutsche Tuchmachereinwanderung, S. 193.

31) Kossmann, Schlesische Weber in Polen, S. 75 f. 1865 sagte der damalige Statthalter des Königreichs Polen, Graf Berg: „Die Stadt Lodz bildet eine interessante Erscheinung im polnischen Lande. Sie verdankt ihren Wohlstand der deutschen Industrie, dem Unternehmungsgeist der Deutschen und dem deutschen Fleiße. Nächst Warschau ist Lodz die bevölkertste Stadt des Königreichs Polen. Sie zählt über 40 000 Einwohner, darunter zwei Drittel Deutsche. Lodz ist die Metropole von über 100 000 deutscher industrieller Bewohner, welche sich in zahlreichen Städten angesiedelt haben" (nach Kossmann, Lodz, S. 159).

(bis 1860) ausmachte, ist ihrerseits bis dahin mit 25 000 Einwanderern zu rechnen. Die Tuchmacher dagegen waren praktisch im wesentlichen vor 1840, ja vor 1830 ins Land gekommen. So formt sich wiederum eine Zahl von etwa 40 000 insgesamt, die damals mit der industriellen Wanderwoge nach Kongreßpolen hinübergespült worden waren. Auch das wird nur als Hinweis auf die Größenklasse aufzufassen sein. Zudem hat ein bedeutender Teil der Tuchmacher nach 1831 das Land wieder verlassen.

Um die Gesamtzahl der Zuwanderer zu überblicken, ist aber auch die bäuerliche Zuwanderung nicht zu vergessen. Nach dem Fortschritt der dörflichen Siedlung zu urteilen, wie er sich aus unseren Karten ablesen läßt, und selbst bei Berücksichtigung des eigenen Nachwuchses altansässiger Kolonisten muß die Zuwanderung erheblich gewesen sein. Różański gibt ihre Zahl für den Zeitraum 1819—1827 mit 10 000 an.[32] Das macht deutlich, daß selbst bei der geringeren natürlichen Zuwachsrate von 15‰ noch eine stete Abwanderung von Protestanten stattgefunden haben muß. Beträgt doch der positive Wanderungssaldo der Zeit zwischen 1810 und 1834 nach unserer Aufstellung nur 32 000. Theoretisch aber müßte er bei 40—50 000 liegen, wenn er den angeführten Schätzungen der Einwanderung ungefähr entsprechen soll; d. h., es wären zur gleichen Zeit — von 1810 bis 1834 — an die 8—18 000 Protestanten aus Kongreßpolen wieder abgewandert. Sogar in den Jahren, als eine überstarke Einwanderung städtischen Deutschtums die Wanderungsbilanz positiv gestalten konnte, floß also in Wirklichkeit ein ständiger Kolonistenstrom aus Kongreßpolen ins Ausland, meist nach Rußland, z. T. aber auch zurück in die alte Heimat.[33] Der Zug der Kolonisten nach Rußland in der ersten dieser Phasen, vor 1819, ist bekanntlich gut zu belegen. Die Warschauer Kolonistenliste von 1835 bringt einzelne weitere Hinweise aus späterer Zeit. In den 30er Jahren ist ferner ein großer Teil der Tuchmacher, die wegen der neuen Zollgrenze nach Kongreßpolen gekommen waren, durch erneute Verschiebung der Zollschranken, diesmal an die Ostgrenze Kongreßpolens, zur Weiterwanderung gezwungen worden. Sie ließen sich meist unmittelbar hinter den neuen russischen Zollschranken in Weißrußland und Wolhynien nieder, was u. a. zur Gründung des bekannten Fabrikorts Białystok führte.

In diese Zeit etwa fällt die Warschauer Liste der Kolonien und Kolonisten von 1835. Wie fügt sich die auf ihrer Grundlage errechnete Kolonistenzahl von 170 000 in die damalige Entwicklung des Protestantismus in Kongreßpolen? Sicher waren von diesen Kolonisten nicht alle evangelisch, aber doch bei weitem die meisten, selbst die zugewanderten Tschechen. Gemessen an der Zahl der Lutheraner für 1834 in Höhe von 215 000, mag die der Protestanten 1835 bei 220 000 gelegen haben. Es bleiben demnach gewiß über 60 000 Personen für die städtischen Protestanten übrig. Diese Zahl kann im Vergleich mit den voraufgegangenen Schätzungen der deutschen städtischen Einwanderer, die allein für das

32) A. Różański, S. 200: in den Jahren 1815—18 seien 785 Familien (3335 Personen) zugezogen.

33) vgl. z. B. A. Pockrandt: Deutsche Rückwanderung aus Mittelpolen nach 1815, in: DM 3 (1936), S. 105—146.

Textilgewerbe an 40 000 ergeben haben, als wirklichkeitsnahe gelten.[34] Demnach wären fast drei Viertel der Evangelischen als Kolonisten auf den Dörfern ansässig gewesen, während ein gutes Viertel in den neueren Fabrikorten und in Warschau lebte.[35]

3. Amtliche Zählung der Ausländer-Kolonisten

In krassem Widerspruch zu unseren Kolonistenzahlen stehen die Angaben von Marian Żychowski, die er z. T. unmittelbar amtlichen Unterlagen entnommen hat. Laut ihm waren 1827 nur 7500 Höfe in der Hand von Ausländer-Kolonisten. 1842 seien es in privaten Gütern erst 7922 gewesen.[36] Bis 1859 habe sich ihre Zahl auf über 12 000 erhöht.[37] Die Warschauer Liste von 1835 allein weist jedoch fast 20 000 Kolonisten-Höfe auf, zu denen noch rund 7000 Höfe in gewissen nördlichen Bezirken (Raum von Lipno und Augustów) hinzukommen, im ganzen eine dreimal höhere Zahl als bei Żychowski.[38]

Das eklatante Mißverhältnis der Zahlen von Żychowski zur Wirklichkeit ist bereits Czesława Ohryzko-Włodarska aufgefallen, als sie sich mit den bäuerlichen Verhältnissen des Kreises Brzeziny, im Osten von Lodz, näher befaßte. Hier, wo im Gegensatz zu östlicheren Regionen die Kolonien bereits seit

34) Da sich unter den Webern ein erheblicher Anteil von katholischen Deutschen befand, ist die Zahl der Deutschen in Kongreßpolen seitdem für eine lange Periode höher anzusetzen als die der Protestanten, bis die Katholiken dann durch die evangelischen Polen aufgewogen wurden.

35) Im J. 1897 waren von 415 000 Lutheranern 27,5%, d. i. 115 000 Städter (Mückler, S. 16).

36) Nach A. Pytlak, Die deutschen Kolonisationsbestrebungen, S. 81, waren Ende 1842 in Kongreßpolen 7859 ausländische Kolonistenfamilien mit 30 569 Köpfen, davon 20 114 auf Staatsgütern.

37) M. Żychowski: Osadnictwo rolnicze kolonistów niemieckich [Das ländliche Siedlungswesen deutscher Kolonisten im Königreich Polen in den 30er—60er Jahren des 19. Jhs.], in: Kwartalnik Historyczny, 64 (1957), S. 50.

38) P. von Koeppen, Zahl und Vertheilung, Sp. 241, fand im Bericht des Kaiserlichen Statthalters im Königreich Polen vom J. 1842 die Zahl der Kolonisten mit 7859 angegeben, die mit Angehörigen 30 696 (38 696?) Personen zählten, was sich mit den in Anm. 36 angegebenen Zahlen von Pytlak deckt. 2200 Personen davon seien allein im J. 1842 zugezogen. Der Bericht vom J. 1844 spreche von 42 392 Kolonisten, im J. 1843 seien es 40 733 gewesen (was im Vergleich zu den 30 696 für 1842 ein unwahrscheinlicher Sprung wäre). Żychowski, S. 55, dagegen gibt für 1842 allein in den privaten Gütern 7922 Kolonistenhöfe mit 38 631 Siedlern an, zu denen noch etwa 2500 Höfe (1840: 2536, 1859: 2548) in den staatlichen Gütern kämen. Zwischen beiden Aussagen klafft mithin eine erhebliche Differenz, nur die Größenordnungen stimmen einigermaßen überein. Wie aus dem teilweise dunklen Text bei Żychowski, S. 53, Anm. 37, hervorgeht, hat er freilich einen Teil seiner Zahlen nicht aus Akten, sondern aus Berechnungen unter Benutzung früherer Autoren gewonnen.

Jahrzehnten recht häufig waren, konnte sie Ort für Ort exakt nachweisen, daß die Zahl der Kolonisten im Bezirk Rawa, dem ihr Kreis Brzeziny angehörte, in Wirklichkeit „sicher dreimal höher“ war als 401, die Zahl bei Żychowski. Ihre Schlußfolgerung: der seinerzeitige Bezirkshauptmann von Rawa habe „grob fahrlässig“ berichtet.[39]

Wie aus den oben vorgelegten Zahlen hervorgeht, wäre dieser Vorwurf indes keineswegs auf Rawa zu beschränken, sondern auf alle Bezirkschefs Kongreßpolens auszudehnen, wenn sich nicht eine einfache andere Erklärung des Mißverhältnisses anböte. Die Siedler, von denen Żychowski spricht, waren nämlich nur eine bestimmte Kategorie der Kolonisten. Er selbst nennt sie an einer Stelle „deutsche Kolonisten preußischer Staatsangehörigkeit“.[40] Bei ihrer Niederlassung mußten sie erklären, daß sie auf die preußische „Untertanschaft“ verzichten und um die „kaiserliche“ ansuchen.[41] Offenbar ist es Żychowski gar nicht bewußt geworden, daß er damit nur einen Teil der Kolonisten, nämlich die neu aus dem Ausland, meist aus Preußen zugezogenen erfaßte, während die Masse der älteren Kolonisten in den von ihm benutzten Aktenbänden augenscheinlich nicht mehr erwähnt wird. Diese kommen jedenfalls bei ihm mit keinem Wort zur Sprache.

Auch Antonius Pytlak glaubte seinerzeit mit den amtlichen Verzeichnissen der Ausländer-Kolonisten die gesamte deutsche Siedlung vor sich zu haben. Auf dieser Basis kam er sogar zu dem bizarren Schluß, die private Kolonisation in den polnischen Adelsgütern habe sich „erst unter dem Einfluß der Staatskolonisation“ herausgebildet.[42] In Wirklichkeit war die Kolonisation in den Adelsgütern schon lange vorher im Gange.

Es ist eine andere Frage, zu welchem Zeitpunkt diese für die Forschung hochinteressante amtliche Zählung der ausländischen Kolonisten einsetzte, welches Jahr hier als das Jahr Null anzusehen ist. Es besteht aller Anlaß anzunehmen, daß die Zählung in die preußische Ära zurückgeht. Damals hatte hier zum ersten Mal eine Bürokratie modernen Stils mit der Ansetzung „ausländischer Kolonisten“ einen Anfang gemacht, hatte eingehend über jede Phase der Ansiedlung, über die Personen der Ansiedler, ihre Familien, ihr Vieh, ihre Sorgen und Anliegen laufend Buch geführt und immer wieder Listen der neu Angesiedelten an die Zentralbehörden eingesandt. Über jedes neue Dorf entstanden dicke Aktenbände, alljährlich wurden endlose Verzeichnisse der bis dahin angesetzten Personen abgefaßt und statistisch ausgewertet. Die polnischen Ämter des Herzogtums Warschau und anschließend diejenigen Kongreßpolens übernahmen dann

---

39) Cz. Ohryzko-Włodarska, Przemiany na wsi, S. 112. M. Żywirska, Puszcza Biała, die S. 55 ff. auf die deutschen Kolonisten eingeht, konnte diese Unstimmigkeit nicht bemerken; denn in ihrem Arbeitsgebiet war die Differenz zwischen den Angaben von Żychowski (300 Siedler) und der Wirklichkeit (584 Siedler laut Warschauer Liste von 1835) nicht auffallend genug. Dasselbe gilt für die Arbeit von W. Śladkowski über das Lubliner Land.

40) M. Żychowski, Osadnictwo rolnicze, S. 50.

41) ebenda, S. 51.

42) A. Pytlak, Die deutschen Kolonisationsbestrebungen, S. 78.

mit großen Teilen des preußischen Personals auch deren Methoden; wurde doch selbst die Kolonisation z. T. mit denselben, ehemals preußischen Beamten fortgeführt. Gerade die Statistik des Herzogtums Warschau hat die preußischen Methoden in der überkommenen Manier stilgerecht fortgesetzt.[43]

Laut den preußischen Sammellisten waren bis 1806 in den später kongreßpolnischen Gebieten etwa 2500 Höfe mit über 11 000 Ausländerkolonisten (einschließlich der Angehörigen) besetzt und säuberlich gezählt und registriert worden.[44] Von den rund 27 000 Höfen, die laut Warschauer Liste von 1835, einschließlich der Ergänzungen für Lipno und Augustów, von Kolonisten besiedelt waren, sind demnach nur 2500 von preußischen Behörden eingerichtet worden, d. i. 9%. Als diese ersten Kolonisten-Setzlinge der Preußen in den Jahren darauf zum ganz großen Teil wieder davonliefen, meist zurück in die Heimat oder nach Rußland,[45] sah sich die weitgehend autonome kongreßpolnische Regierung nach 1815 genötigt, für frischen Ersatz aus Deutschland zu sorgen. Es wird daraus ersichtlich, wie wenig die moderne, emotional angeheizte Auffassung zutrifft, daß der Löwenanteil der Kolonien dem germanisatorischen Eifer preußischer und österreichischer Behörden in den Jahren 1793 ff. zuzuschreiben sei. In Wirklichkeit machte das eine Tausend der im Jahresdurchschnitt nach Süd- und Neuost-Preußen ziehenden Kolonisten noch nicht den zwanzigsten Teil eines einzigen Jahreszuwachses der Landesbevölkerung aus.

Żychowski nennt für 1827/30 — diese Zeitangabe ist bei ihm leider unauflöslich kombiniert — 7500 Familien von Ausländerkolonisten.[46] Es müssen mithin seit 1807, als das Heft wieder in polnischer Hand war, abgesehen von der Wiederbesetzung verlassener schwäbischer Höfe, etwa 5000 neue Kolonistenhöfe geschaffen worden sein.

Różański gibt sogar die Zahl der anwesenden neuen Kolonisten für das Jahr 1819 an: 23 445. Außerdem erwähnt er, daß 1816/17 3335 Personen angesetzt worden seien.[47] Wenn wir auf dieser Grundlage für die ersten Jahre des neuen Königreiches Polen, Kongreßpolens, von 1815 bis 1818 an 5—6000 Neusiedler aus dem Ausland veranschlagen, ergibt sich, daß Kongreßpolen bei seinem Beginn bereits 17—18 000 neue Ausländersiedler als preußisches und herzogl.-warschauer Erbe übernommen hat. Daraus wiederum wäre zu folgern, daß zur Zeit des Herzogtums Warschau über 6000 Kolonisten (über 1000 Familien) neu aufgenommen worden sind, wofür freilich bisher keine anderweitige Bestätigung vorliegt.

43) H. Grossmann, Struktura społeczna, S. 5: „Die statistischen Methoden waren von den preußischen Behörden ererbt und keine Improvisation."

44) errechnet aus den Angaben bei A. Müller, Die preußische Kolonisation, und bei Kossmann, Die Anfänge. Vgl. auch E. Weise: Die Schwabensiedlungen im Posener Kammerdepartement 1799—1804, Würzburg 1961.

45) vgl. A. Breyer: Die deutschen Dörfer der Umgebung von Lodz, in: DM 2 (1935/36), S. 185 ff., sowie Kossmann: Zur Rußlandwanderung deutscher Siedler aus Mittelpolen, in: DM 6 (1939/40), S. 97 ff.

46) A. Różański, Próba określenia liczby imigrantów, stellt für 1827 37 955 Kolonisten (einschl. der Angehörigen) fest, was etwa 7500 Familien entsprach.

47) ebenda, S. 200 f.

Aus diesen im einzelnen problematischen Zahlen lassen sich andererseits Schlüsse auf die ungefähre Anzahl der anwesenden sonstigen Kolonisten ziehen, die nicht unter die Kategorie der Ausländer-Kolonisten fielen. Man könnte sie als die Altansässigen bezeichnen, die noch ins alte prästatistische und präbürokratische Polen zugezogen waren und gegenüber den neuen „Reichskolonisten" als Einheimische gelten mochten.[48]

Auszugehen ist hier am besten von den 38 000 Ausländerkolonisten, die Różański für 1827 meldet.[49] Nach Angaben von Pytlak, Koeppen und Żychowski gab es selbst zu Anfang der 40er Jahre nicht viel über 40 000 neue Ausländer-Kolonisten. Offenbar hatten auch hier der Aufstand von 1831 und seine Begleitumstände eine gewisse Rückbildung zur Folge. Jedenfalls wird man für 1835 eine Zahl unter 40 000 ansetzen müssen. Laut Warschauer Liste von 1835 indes gab es damals bereits 170 000 Kolonisten in Kongreßpolen. Als altansässig verbleiben also etwa 130 000. Diese Zahl gilt für 1835 und umfaßt nicht nur Protestanten. Im Jahre 1815 mag sie bei 100 000 gelegen haben.[50] Die Masse der Kolonisten war demnach, ohne je von einer staatlichen Bürokratie erfaßt zu sein, auf eigenen Wegen ansässig geworden, im wesentlichen noch in vorpreußischer, vorbürokratischer Zeit.

Man wird mithin weder den Bezirkschef von Rawa der fahrlässigen Berichterstattung zeihen, noch seiner oder unserer Zählweise der Kolonisten einen grundsätzlichen Fehler unterstellen. Es wurden vielmehr jedesmal ganz verschiedene Personenkreise erfaßt, und es ist nur richtig, daß die Ergebnisse voneinander abweichen.

Bis 1842 seien dann, laut Żychowski, weitere 2927 Familien gefolgt und bis 1859 noch einmal 2226 Familien. In diesem letzten Jahre habe es, nach Milutin, bereits über 12 000 Familien gegeben mit über 70 000 Personen. So unsicher diese Zahlen im einzelnen sein mögen, sie zeigen doch, daß die bäuerliche Zuwanderung in preußischer Zeit etwa 225 Familien jährlich betrug, unter polnischer Regie bis 1830 sogar knapp 250 Familien, dann aber unter russischer Kontrolle bis auf 130 herabsank. Ein starker Rückgang muß vor allem in den 40er Jahren erfolgt sein.[51] Der natürliche Zuwachs der bereits im Lande Ansässigen dagegen hat sich laufend, entsprechend der Zunahme ihrer Gesamtzahl, vergrößert, so daß die deutsche Bevölkerung in Kongreßpolen einen seitdem mehr und mehr autochthonen Charakter annahm.

---

48) Das könnte einer der Gründe sein, warum die altansässigen Kolonisten des Dobriner Landes (Lipnoer Raum) und des Suwalker Gebiets nicht in die Liste von 1835 aufgenommen wurden.

49) vgl. S. 322, Anm. 46.

50) Man kann auch von der Zahl der Protestanten des J. 1810 ausgehen, also von 125 000 (+ 8%). Davon mögen etwa 110 000 auf dem Lande gesessen haben. Abzüglich der 11 000 Auslandskolonisten, die bereits damals nach Müller und Kossmann — abgesehen von den wenigen des österreichischen Anteils — im Lande ansässig waren, käme man auf annähernd 100 000.

51) nach v. Koeppen, Sp. 241, z. B. zogen 1842 noch 2200 Kolonisten nach Kongreßpolen, im J. 1843 — 1659, 1844 — 619. Im gleichen Jahre 1844 seien aber 1044 weggezogen, worunter nur 10 nach Rußland.

4. Die Flaute seit den 40er Jahren

Wie die Zahlen von Tafel 18 und auch die Graphik (Taf. 19) erkennen lassen, verlangsamte sich die Entwicklung des kongreßpolnischen Deutschtums in den späten 40er Jahren. Das gilt zunächst in ähnlicher Weise für die Juden und mehr noch für die Gesamtbevölkerung. Die Wachstumsrate der letzteren war von rund 14‰ auf etwa 5‰ abgesunken. Da alle drei Gruppen gleichzeitig betroffen waren, werden die Ursachen in den allgemeinen Lebensverhältnissen des Landes zu suchen sein: in den politischen Wirren und den wiederholten Epidemien, die u. a. mit dem Krimkrieg und der damit verbundenen Anwesenheit von Truppen aus dem asiatischen Rußland zusammenhingen.

Die Gesamtbevölkerung hatte ihren Stand von 1846 erst im Jahre 1860 wieder erreicht (4867 T. bzw. 4840 T.); 1855 war sie auf 4 673 000 gesunken. Die Zahl der Protestanten war zwar in derselben Zeit nicht rückläufig geworden, jedoch war ihre Zunahme auf etwa die Hälfte zurückgegangen und betrug im Jahresdurchschnitt nur etwa 7‰. Ihre geringere Anfälligkeit geht u. a. sicher darauf zurück, daß sie durch die Waldlage einigermaßen gegen Epidemien abgeschirmt waren; zogen sich doch vermögende Grundherren in Pestzeiten ebenfalls gern in abgelegene Waldwinkel zurück. Die Kolonisten waren zudem gegen den Hunger meist besser gerüstet als Fronbauern.

Für die Gesamtbevölkerung folgte 1860—1870 wieder eine kräftige Aufwärtsentwicklung, nur leicht gestört durch den Aufstand von 1863; der natürliche Jahreszuwachs hielt sich bei 14‰, um gegen Ende des Jahrhunderts zum Erstaunen politischer Beobachter auf fast 16‰ anzusteigen.[52] Auch die jüdische Bevölkerung begann wieder rasch zu wachsen. Die protestantische Volksgruppe dagegen verblieb in der Talsohle bis weit in die 60er Jahre. Zu einem kräftigen Aufschwung des kongreßpolnischen Deutschtums ist es seitdem überhaupt nicht mehr gekommen. Insgesamt gesehen setzte sich zwar ein gewisser Aufstieg der Protestanten noch über Jahrzehnte fort; da er jedoch hinter dem Wachstum der übrigen Bevölkerung zurückblieb, war es in Wirklichkeit bereits ein Abstieg: der Prozentanteil der Deutschen an der Gesamtbevölkerung ging zurück. Während sich diese von 1860 bis 1897 so gut wie verdoppelte (von 4840 T. auf 9402 T.), die jüdische sich sogar mehr als verdoppelte (612 T. auf 1270 T.), stieg die protestantische im gleichen Zeitraum von 300 000 nur auf 425 000, d. i. noch nicht um 50%. Dabei hätte sich ihre Zunahme allein infolge des natürlichen Zuwachses — wie in einer Zinseszinsrechnung — mit den Jahren beschleunigen müssen. Aber nicht einmal dieses Wachstum aus eigener Kraft kam mehr zustande, d. h. nicht einmal der natürliche Zuwachs blieb zur Gänze im Lande. Dabei war der Geburtenüberschuß der Deutschen keineswegs etwa unter die Rate der Polen gesunken.[53] Hier machten sich offensichtlich neue Kräfte der Umwelt bemerkbar, die die Abwanderung verstärkten und damit einen relativen Rückgang des kongreßpolnischen Deutschtums verursachten.

---

52) s. oben Anm. 22.

53) A. Mückler, Das Deutschtum Kongreßpolens, S. 24.

Es ist aufschlußreich, daß nach der Jahrhundertmitte im Posenschen eine Wende ähnlicher Art eintrat. Die Zuwanderung aus dem Reichsinnern versiegte auch hier und zwar hauptsächlich deshalb, weil die Landwirtschaft des Ostens angesichts der im Reich aufblühenden Industrie ihren bisherigen Reiz verlor. Dazu kamen bald echte Substanzverluste des alten Posener Deutschtums, als dessen Nachwuchs nach dem Reich abzuwandern begann. Lag in agrarischen Zeiten die Zukunft Deutschlands im grünen Osten, so wandte sich jetzt das Blatt, und es kam wieder einmal zu einer historischen Kehrtwendung nach Westen.

Schon Oskar Flatt hat im Jahre 1853 in seiner brillanten polnischen Monographie der Stadt Lodz darauf hingewiesen: „Im letzten Jahrzehnt ist ganz Deutschland von einer wahren Auswanderungsmanie erfaßt; die östlichen Regionen, ziemlich voll gesogen vom deutschen Element, lockten die Auswanderer nicht mehr im gleichen Maße an wie die weiten, menschenleeren amerikanischen Prärien und die Goldgruben von St. Sacramento und Bathurst.“[54] Aufatmend stellt er, selbst von noch deutschen Eltern abstammend, fest: „Eine Erlösung ist es, daß dieser deutsche Auswanderungsstrom sich heute nicht mehr im altgewohnten Bett über unsere Grenzen ergießt, sondern über den Atlantik. Frühere deutsche Einwanderungen haben ... in unserem Lande die jungen Triebe der Industrie eingepflanzt; sie weiter zu entwickeln und zu erhalten, das muß nun unsere Sache sein, unsere Verpflichtung.“[55] Flatt erwähnt, daß bis 1820 nicht allzuviel Deutsche nach Amerika gingen. Auch in den Jahren 1820 bis 1842, also während des mächtigen Oststroms deutscher Kolonisten und Fabrikanten, habe sich die Abwanderung nach Amerika in Grenzen gehalten. 1820 seien 2 200 Deutsche dorthin gezogen, 1829 — 8000, 1842 — 20 000. Im Jahre 1846 aber, d. h. während der oben festgestellten Zeitenwende für das Polendeutschtum, gingen laut Flatt schon 106 662 Deutsche nach Amerika, 1847 — 110 434, 1851 — 113 199, allein in den ersten drei Vierteln des Jahres 1852 bereits über 200 000. Von 1846 bis 1851 seien zusammen 580 000 Deutsche nach Übersee gegangen.

Auch in Polen selbst waren inzwischen die ursprünglichen Voraussetzungen der Einwanderung geschwunden und zwar sowohl für die industrielle oder städtische Siedlung wie für die bäuerliche. Die schließlich auch Kongreßpolen erfassende Mechanisierung der Industrie machte den deutschen Facharbeiter allmählich überflüssig. Dafür holte die Maschine zwar zunächst den deutschen Kolonisten, bald aber auch den billigen polnischen Bauern in die Stadt. Unqualifizierte Arbeitskräfte, überzählige Bauernsöhne und -töchter, konnten nach kurzer Anlernung das Räderwerk in Gang halten. Zur Anleitung und Aufsicht genügte die bereits ansässige deutsche Fachelite, in erster Linie die sogenannten Meister. Buchstäblich ein deus ex machina bewahrte die mittelpolnischen Städte überraschend vor weiterer Germanisierung, die bis dahin so manchen polnischen Intellektuellen das Fürchten gelehrt hatte.

---

54) O. Flatt, Opis miasta Łodzi, S. 93. Nach E. Textor: Die Besiedlung der Domänen im Kgr. Polen (1830—1840), in: Lodzer Freie Presse, Nr. 82 vom 22. 3. 1936, faßte die Regierung 1844 den Beschluß, keine Reisepässe für Zuwanderer nach Kongreßpolen mehr auszustellen.

55) Flatt, S. 92 f.

Die Einwanderung der Deutschen im neuzeitlichen Polen erscheint in dieser Beleuchtung geradezu als eine Funktion der technischen Entwicklung, zu der sie sozusagen jeweils im umgekehrten Verhältnis stand. Die Industrialisierung und Technisierung des deutschen Westens verminderte allmählich den deutschen Wanderungsdruck auf das Posensche, wo der wirtschaftliche Kampf um die Provinz, wie ihn Leo Wegener schildert, seither mehr und mehr zugunsten der Polen verlief.[56] In Kongreßpolen hatte zwar kein Kolonist je an einen solchen Kampf um die Wirtschaft des Landes oder gar um das Land selbst gedacht; der Einsatz war hier deutscherseits unendlich bescheidener. Aber die wirkenden Kräfte im Untergrunde — technische Entwicklung, wirtschaftsgeographischer Wandel der Welt, Mobilität des einheimischen Bauern — waren von derselben Art, so daß sich eine gewisse historische Parallelität des Schicksals ergab. Weder hier noch dort haben Haß und Ideologie, geschickte oder ungeschickte, immer aber wichtigtuerische Politik und Taktik die wirkliche Entscheidung gebracht. Sie kam im Grunde automatisch aus der allgemeinen sozialen Metamorphose und der technischen Entwicklung. So wie es einst fachtechnische und wirtschaftliche Erfordernisse gewesen waren, die Tausende deutscher Fabrikanten, Weber und Spinner ins polnische Land gezogen hatten und nicht etwa — wie es unwissende oder leichtfertige Publizisten immer wieder behaupten — eine hinterhältige Germanisierungspolitik, so war es diesmal letztlich wieder der technische Fortschritt im Westen, der die historische Wende der letzten namhaften Ostkolonisation herbeiführte. So paradox es klingen mag, gerade das alte deutsche Lodz war — als Herd der mechanischen Großindustrie — vom Schicksal mit dazu ausersehen, jene „deutsche Gefahr" für Polen zu bannen.

Auch auf dem anderen, dem bäuerlichen Sektor waren die Zeiten der Konjunktur für die Kolonisten im Schwinden. Deswegen wandten polnische Grundherren, deren Nachbarn durch die Zuwanderer z. T. ungemein reich geworden waren, zu der Zeit besondere Mühe auf, um auch für sich das versiegende Gold der Kolonisation doch noch heranzuholen. Man griff dabei häufig auf entferntere Reichsgebiete zurück. „In den letzten Jahren" — so heißt es in einem amtlichen Bericht vom Jahre 1838 — „ist unter den Grundherren stärker als je der Wunsch wach geworden, Kolonisten aus dem Ausland heranzuholen, um sie auf ihren Besitzungen anzusetzen."[57] Sie hatten u. a. im Hessenlande einigen Erfolg.[58]

Die Siedlung der Hessen geschah jedoch bereits auf einer anderen Basis als bisher. Sie ließen sich nicht in der Wildnis nieder, sondern erwarben alte polnische Dörfer, die mehr oder weniger verwahrlost waren. Die Grundherren legten die

---

56) L. Wegener, Der wirtschaftliche Kampf, S. 77 und 204. Vgl. auch die sachkundige Einführung bei W. Kohte: Die deutsche Ansiedlungspolitik im deutschen Nordosten, im Sammelwerk „Deutsche Ostsiedlung in Mittelalter und Neuzeit", Köln-Wien 1971, S. 219 ff.

57) Aus einem Bericht der Regierungskommission für Innere Angelegenheiten vom J. 1838; zit. nach W. Śladkowski, Kolonizacja niemiecka, S. 26.

58) Kossmann, Ein Lodzer Heimatbuch, S. 102 ff.; F. K. Hüttig: Die pfälzische Auswanderung nach Ost-Mitteleuropa, Marburg 1958 (Wissenschaftliche Beiträge Nr. 31), S. 101 ff.

12. Herkunftsorte der Hessen in Lobudzice bei Lodz
(nach „Rechnung über Einnahme und Ausgabe des Kaufschillings")*

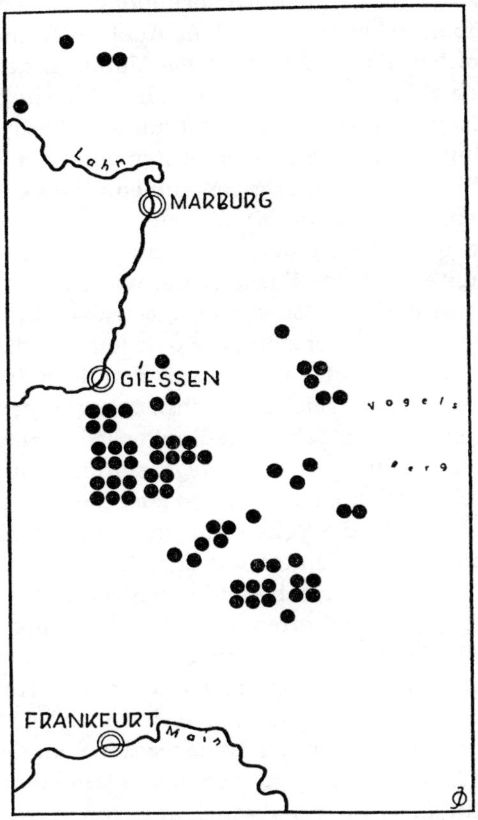

* nach O. Kossmann, Stammesspiegel deutscher Dörfer in Mittelpolen, in: Jomsburg 1 (1937), S. 338.

dortigen Bauern und verkauften, richtiger — verpachteten das frei gewordene Land gegen sehr hohe Einkaufsgelder und erhebliche Zinse. Dabei wurden die Hessen häufig kräftig übers Ohr gehauen, indem sie z. B. für die doppelt so große polnische Hufe zahlten, dann aber nur rheinische erhielten. Mancher Grundherr machte damit gute Geschäfte.[59]

Nicht zuletzt solcher Übervorteilungen wegen und aus Sorge um die Inganghaltung des stockenden Einwandererstromes ergriff die Regierung jetzt energische Maßnahmen zum Schutz der ausländischen Siedler. Die Bestandsaufnahme der Kolonien im Jahre 1835, unsere Warschauer Liste, gehört gewiß in den Rahmen dieser Maßnahmen. Doch die hessische Welle versiegte bald. Anscheinend noch vor 1840.

59) Kossmann, Heimatbuch, S. 114 f.

Die wirtschaftliche Befreiung der Fronbauern, die seit langem im Gespräch war und sich aus privater Initiative hier und da anbahnte, warf bereits ihre Schatten voraus. Der Ukas von 1864 schließlich verkündete die zaristische Agrarreform, mit der die kongreßpolnischen Bauern dem Adel entfremdet und für Rußland gewonnen werden sollten. Er brachte die freie Mobilität der bis dahin trotz aller Deklarationen an der Scholle haftenden Landbevölkerung, die jetzt ihre Hofstellen als echtes Eigentum empfing.[60] Mit diesem hochpolitischen Kunstgriff wurde zugleich — unbeabsichtigt — den Kolonisten das bereits durchlöcherte Monopol der freien Siedlung endgültig genommen. Theoretisch war der weiteren bäuerlichen deutschen Siedlung damit die wichtigste Voraussetzung entzogen. Dazu wurde Land jetzt rar und teuer; einerseits wuchs die Nachfrage lawinenartig, andrerseits mußte statt der Pachtrechte, wie bisher, nun das volle Eigentumsrecht erworben werden. Die Zuwanderung war dadurch erschwert, die Abwanderung begünstigt. Wo seither neu gesiedelt wurde oder Lücken auszufüllen waren, geschah es — wie gesagt — schon seit den 40er Jahren zunehmend mit Polen.[61] Zunächst kam es in zahlreichen Mischsiedlungen zu einer engen Symbiose beider Nationen in gemeinschaftlichen Siedlungen. Sie dauerte fast ein Jahrhundert an und führte zwar zu einer gewissen gegenseitigen Anpassung, insbesondere dort, wo sie nicht durch nationalistische Ideologen gestört wurde, jedoch nur selten zur völligen Assimilierung, da die Bekenntnisunterschiede beiderseits immer noch als unüberbrückbare Kluft empfunden wurden. Aber selbst die sprachliche Polonisierung hat wider Erwarten nur in besonderen Situationen stattgefunden.

Mit der alles Bisherige überschattenden Binnensiedlung, die nun in Schwung kam, trat auch die Kolonie als Siedlungsform ihren endgültigen Siegeszug in Kongreßpolen und darüber hinaus an. Zahllose neue Kolonien in der Gestalt von lockeren Linien- oder Reihendörfern entstanden bei den verschiedensten Gelegenheiten, wie der Separation der Bauernäcker vom Gut, bei der spontanen Flurbereinigung und Zusammenlegung der vielen schmalen Flurstreifen, bei der Ablösung der Servituten, bei der Parzellierung von verschuldeten Gütern, bei der Besiedlung ausgehauener Wälder, deren Holz in den Kesseln des Lodzer Industrierayons verheizt wurde, solange die Kohle aus dem Dombrowa-Becken noch nicht billig herangeschafft werden konnte. Das alles geschah hauptsächlich in der zweiten Hälfte des 19. Jahrhunderts, aber auch noch im 20sten, wobei sich immer wieder deutsche Bauern unter die Polen mischten. Die meisten deutschen Spätsiedlungen sind solche Mischkolonien aus der Zeit nach dem Ukas.

Das Siedlungsbild Kongreßpolens der 30er Jahre des vorigen Jahrhunderts, wie

---

60) Über die polnische Bauernbefreiung in den drei Teilgebieten berichtet in englischer Sprache St. Kieniewicz: The emancipation of the polish peasantry, Chicago-London 1969. — Die praktische Wirkungslosigkeit der „Befreiung" der Bauern im Herzogtum Warschau durch das Dekret Friedrich Augusts vom J. 1807 und die juristische Aushöhlung dieses Dekrets durch die spätere Gesetzgebung schildert Z. Stankiewicz, Zasady uwłaszczenia, in: Studia i materiały do dziejów Łodzi, Lodz 1966, S. 23 ff., 53 ff.; ebenda Schrifttum. Stankiewicz weist auch auf die erhebliche Verschlechterung der Rechtslage der Ausländer-Kolonisten durch den Ukas von 1864 hin (S. 61).

61) vgl. S. 259.

es die Quartiermeisterkarte zeigt, ist — einmal abgesehen von den ersten 1500 Kolonien, die schon damals bestanden — im ganzen noch das spätmittelalterliche, gekennzeichnet durch die geschlossenen engen Straßen- und Angerdörfer sowie die Dreifelderflur. Auf neuen Generalstabskarten ist das Land kaum wiederzuerkennen, so sehr hat die Kolonie inzwischen alles überwuchert.[62] Häufig ist nur noch der Gutshof an der alten Hofstatt geblieben, während die Bauern in kilometer-, ja meilenlangen Liniendörfern neu angesetzt wurden, in der Regel an den Rändern des Besitztums auf leichteren Böden, nach dem Beispiel der voraufgegangenen deutschen Kolonien, die — meist viel kleiner — ebenfalls abseits der alten Ackerfluren in Sumpf und Sand angelegt worden waren. Sie offenbar hatten der neuen Entwicklung den Weg in die Wildnis gewiesen und ihr im großenganzen als Modell gedient.

Mit der überdimensionalen einheimischen Binnensiedlung war gleichzeitig eine neue Welle der Rodung verbunden; denn zahllose Bauern wurden jetzt praktisch in den Wald hinein und auf die sandigen Hütungen abgedrängt. Es war ein teurer Preis, den sie für die Unabhängigkeit ihrer wirtschaftlichen Existenz gezahlt haben. Am Ende der gewaltigen Umformung waren die aus dem Mittelalter überkommenen, dem Gelände angepaßten Kurven der bisherigen Kulturlandschaft durch rationale Geraden ersetzt. Nach dem Lineal ausgerichtete Häuser- und Pappelreihen, ein strenges Schachbrett der Fluren sind seither die Dominanten der kongreßpolnischen Landschaft. Erst jetzt war Kongreßpolen zum waldärmsten Land Mitteleuropas geworden, wie überhaupt Polen seinen Namen, der zu deutsch „Gefilde" (campania, champagne) bedeutet, seit dem ausgehenden 19. Jahrhundert wieder mit vollem Recht trägt. Die Nachbargebiete, insbesondere die deutschen, waren von nun ab wesentlich waldreicher. Die relativ schwache Entwicklung der polnischen Industrie konnte den starken Bevölkerungszuwachs nicht abschöpfen; so blieb als Ausweg die Abholzung und Nutzung selbst schlechtester Böden.

Die Frage, ob die Kolonie als schon vordem von Deutschen importierte internationale Dorfform der Aufklärungszeit wirklich das Modell des letzten großen Landesausbaus in Polen war, kann — nach dem geschilderten historischen Ablauf — nur positiv beantwortet werden. Die Ansicht von Józef B u r s z t a, daß die neuen Dorfformen (Reihendörfer und Streusiedlung) „keine Erfindung der Kolonisten waren, die nichts Neues mit sich gebracht haben", läßt sich im Lichte seiner eigenen Ausführungen in dieser Form nicht halten.[63] In einer späteren

62) vgl. die aufschlußreiche Dorfformenkarte bei B. Z a b o r s k i, O kształtach wsi. Dazu weiteres Schrifttum oben S. 52 ff., Anm. 3, 9 und 10. Einer der frühesten Hinweise auf die Herkunft der bei der großen Agrarreform benutzten neuen Dorfform stammt von J. K o h t e (s. S. 53, Anm. 4).

63) J. B u r s z t a, Od osady słowiańskiej, S. 134 f. Als Begründung führt er an, daß diese Dorfformen schon „auf dem Gebiet des Königreichs Polen allgemein bei der Kommassierung der älteren Dörfer angewandt worden waren" (!). Er vergißt dabei anscheinend, daß er selber einige Seiten vorher die gleichen Dorftypen als Importe der „Holländer" bezeichnet: „Ähnlich wie die Phase der mittelalterlichen Kolonisation zu deutschem Recht neue Dorfformen gebracht und verbreitet hatte, so hat auch die ‚hollän-

Abhandlung führt er selber die bei der Zusammenlegung der Fluren benutzte Kolonie-Form auf friderizianische Vorbilder zurück.[64]

Das vorhin festgestellte Versiegen des Kolonistennachschubs aus Deutschland zeitigte noch eine weitere Begleiterscheinung: es stockte die Zufuhr neuer Verfahren und Ideen, die bisher pausenlos die Verbindung der Polendeutschen mit dem wirtschaftlichen Lebensstil des Westens lebendig gehalten hatten. Noch um 1865 konnte Busch beobachten, daß sich die „Colonisten wenig oder garnicht von dem Bauernstande Deutschlands unterschieden".[65] Das sollte nun rasch anders werden.

Siedler in der Fremde haben bekanntlich immer mit großer Zähigkeit bewahrt, was sie oder ihre Vorfahren aus der Heimat mitgebracht haben. Diese Tendenz wurde jetzt noch gesteigert durch die Isolation vom Mutterlande. Dort aber begann mittlerweile jener unerhörte kulturelle und wirtschaftliche Aufschwung, der in wenigen Jahrzehnten aus altmodischen Provinzen neuzeitliche, fortschrittliche Organismen schuf. Die Kolonien östlich der Prosnagrenze, davon unberührt, blieben beim Alten, das rasch rückständig wurde, sowohl in der Wirtschaft, wie im Sprechstil, im geistigen und sonstigen Zuschnitt des Lebens, das sich weiterhin im Rahmen eines schlichten bäuerlichen Pietismus bewegte. Was immer sich intellektuell darüber erhob, glitt häufig früher oder später und beinahe zwangsläufig ins Polentum ab. Busch beobachtete ganz richtig: „Während sich unter dem deutschen Landvolk in Polen deutsches Wesen rein erhält, sind die Deutschen in den polnischen Städten und diejenigen, welche höhere polnische Schulen besuchen, von Polonisierung nicht frei geblieben."[66]

Das Posener ländliche Deutschtum dagegen, auch das städtische, das an den Wirtschaftskreislauf des Reichs unmittelbar angeschlossen war, machte die neuesten gesamtdeutschen Entwicklungen mit, was letztlich zu einer gewissen Entfremdung gegenüber seinen Tochterkolonien in Mittelpolen führte, mit denen es kurz vorher noch eine lebendige Einheit gebildet hatte. Der russische Billigmarkt für Agrarprodukte brachte außerdem den Kolonisten in Kongreßpolen weit geringere Erträge als der reichsdeutsche den Posener Bauern; auch das hatte auf die Dauer seine differenzierende Wirkung: die kongreßpolnischen Kolonisten gerieten, genau wie ihre einheimischen Nachbarn, in die Rolle der ärmeren Verwandten ihrer Posener Volksgenossen. Die offenbar angeborene Neigung

---

dische' Kolonisation neue Typen hereingebracht, die vorher bereits in Holland und Norddeutschland (z. B. in Mecklenburg) angewandt worden waren" (S. 114).

64) J. Burszta: Osadnictwo i kształty wsi [Siedlungswesen und Dorfformen], im Sammelwerk Kultura ludowa Wielkopolski [Volkskultur Großpolens], Posen 1960, S. 31—106, hier S. 81 f. Vgl. die Bemerkungen zu dieser Frage bei W. Śladkowski, Kolonizacja niemiecka, S. 167—171, der eine vermittelnde Haltung einnimmt. Laut ihm sind die ersten Reihendörfer (rzędówki = Kolonien) im Cholmer Land in der Tat bei der Niederlassung deutscher Kolonisten entstanden. Die Streusiedlung freilich gehe u. a. auf die sog. Chutor-Höfe im ostslawischen Teil Polens zurück. Die Pustkowiensiedlung im westlichen Polen war ihm anscheinend noch unbekannt.

65) Busch, Beiträge, S. 60.

66) ebenda, S. 63 f.

der Russen, ihre Sphäre möglichst hermetisch gegen die Außenwelt abzuschirmen, vollendete so die Isolierung des kongreßpolnischen Deutschtums und seiner Umwelt gegenüber dem Westen. Ein allgemeiner zivilisatorischer Rückstand wurde augenfällig.

5. Abwanderung nach Wolhynien, ins Cholmer Land usw.

Seit den 60er Jahren gewann ein neuer europäischer Faktor Einfluß auf das Schicksal der Kolonisten, der mehr und mehr ihre Existenz selbst in Frage stellen sollte: die nationale Neurose. Die deutschen Bauern, die ihre Sonderart gegenüber den Polen bis dahin vor allem in ihrem lutherischen Glauben verkörpert sahen, mußten lernen, daß sie inzwischen auch wegen ihrer Sprache und Sitten mißliebige Fremdlinge im Lande geworden waren. Spät erst begannen sie zu begreifen, daß man sie am Ende nicht nur ethnisch, sondern sogar politisch mit den Deutschen jenseits der Grenzen, mit den Reichsdeutschen, identifizierte und letztlich als Sendlinge „Berlins" auffaßte. Unfreiwillig und lange Zeit ohne eigenes Zutun wurden die Kolonisten zum internationalen Politikum, als welches sie früher oder später zwischen die Mühlsteine der Mächte geraten mußten.

Bereits der Aufstand von 1831 hatte zu gelegentlichen Ausschreitungen gegen die Deutschen geführt, jedoch an den Fundamenten der Kolonistensiedlung nicht gerüttelt. Zu stark waren die adligen Traditionen, noch lebte das Volk im ganzen in einer Spätstruktur des Feudalismus, wußten die Grundherren vom wirtschaftlichen Wert der Kolonisten. Aber schon 1831 zogen Dutzende von Familien erschrocken nach Wolhynien, Podolien usw. ab.[67] Viele nahmen ihren Weg zurück in die Heimat.

Der Aufstand von 1863, die „Polerzeit", wurde dann zum ersten dramatischen Ereignis in der hundertjährigen Geschichte der kongreßpolnischen Deutschen (1815—1915). Gewalttaten häuften sich. Die „Hänge-Gendarmen" der aufständischen Organe gingen um. Furcht und Schrecken erfüllten die Kolonien. Noch war freilich die traditionelle Überzeugung von der Nützlichkeit der Deutschen so tief verankert, daß es nicht zu einem allgemeinen Deutschenpogrom kam. Manche einsamere, abgelegene Kolonie jedoch und die Peripherie der größeren Sprachinselgruppen fühlten sich seitdem dem Druck der in nationale Gärung geratenden Umgebung nicht gewachsen. Die Kolonisten, seit je mit einem guten Gespür für solche untergründigen Strömungen ausgestattet, konnten diesen immer nur durch rechtzeitiges Ausweichen begegnen, und da sie ohnehin unter den veränderten Umständen keine Zukunft mehr auf polnischem Volksboden für sich sahen, lösten sie sich von ihm seit den 60er Jahren und in den folgenden Jahrzehnten zu Tausenden und Zehntausenden. Sie übersprangen seine zweite, bisher von ihnen kaum berührte Hälfte und machten erst im Cholmer Land und im eigentlichen Wolhynien Halt. Dort glaubten sie sich wieder sicher genug, um

---

67) Z. Cichocka-Petrażycka, Żywioł niemiecki, S. 14.

einen neuen Siedlungszyklus in neuer Umwelt einzuleiten.[68] Ihre Anfangserfolge in Wolhynien hatten auch insofern einen politischen Hintergrund, als die Russen seit dem Aufstand die dortige Ansiedlung von Polen unterbanden.[69] Die entstehende Lücke mußte um so mehr von Deutschen und Tschechen geschlossen werden.

Erstaunlicherweise klingt das politische Motiv der letzten Weiterwanderung der Kolonisten ins Cholmer Land und nach Wolhynien im jüngeren Schrifttum kaum mehr an. Śladkowski z. B. erwähnt es mit keinem Wort, obwohl er der Entwicklung des dortigen Deutschtums eine inhaltsreiche, wertvolle Studie gewidmet hat.[70] Nur gelegentlich finden sich Hinweise auf dieses Motiv.[71] Später spielten auch die Aussichten eine Rolle, in Wolhynien billiger kaufen zu können als im landwirtschaftlich übervölkerten Kongreßpolen. Für dasselbe Geld gab es dort statt einer Hufe drei, dazu Wald und Wiese. Das auslösende Motiv aber war politischer Natur: der polnische Volksboden begann den Kolonisten zu heiß zu werden. Man wechselte daher zum ukrainischen hinüber.

In der Tat war das Cholmer Land zu Zeiten von Długosz noch ein Teil Wolhyniens.[72] Im alten Polen zählte es zur Provinz Schwarz-Rußland.[73] Laut Connor, dem Arzt des alternden Sobieski, war Cholm die sechste Wojewodschaft von Rot-Reußen, „so zwischen Lublin, Littauen und Vollhynien liegt und in sich fasset die Districte Chelm und Crasnistaw".[74] In seiner Darstellung stößt Rot-Reußen „gegen abend an Kleinpolen, wovon es durch die Flüsse Wisłocz und Wepre abgeschieden wird".[75] Auch Büsching betrachtete das Cholmer Land als Teil Rot-Reußens, als „das einzige von Roth-Rußland, oder von der russischen Wojewodschaft, bei Polen gebliebene Stück".[76] Dieses Cholmer Land, das „Rotburgenland" der polnischen Frühgeschichte, in der Südostecke Kongreßpolens gelegen, war eines der Ziele der großen Abwanderung seit den 60er Jahren.

---

68) Busch, Beiträge, S. 130: „Aber die Vor-, Mit- und Nachwehen des unseligen Aufstandes veranlaßten viele Kolonistenfamilien auszuwandern und Ruhe und Frieden in Rußland zu suchen"; S. 106: „Während des letzten Aufstandes wanderten viele von den Eingepfarrten nach Rußland aus, um sich vor Verfolgung der Aufständischen zu retten"; ebenda, auch S. 100, 199.

69) H. Wiercieński: W sprawie wydzielenia Chełmszczyzny [Zur Frage der Abtrennung des Cholmer Landes], Warschau 1910, S. 7.

70) W. Śladkowski, Kolonizacja niemiecka.

71) A. Rhode: Die evangelischen Deutschen in Russisch-Polen, Lissa 1906, S. 6, erwähnt den Aufstand und sieht die Ursache der Abwanderung vor allem im „Auflodern des polnischen Hasses gegen alles Deutsche infolge der Aufstände von 1830/31 und 1863/64". Hinweise auf den Aufstand als Anlaß der Abwanderung auch bei E. Kupsch: Geschichte der Baptisten in Polen 1852—1932, Lodz o. J. (1933), S. 70 ff.; sowie bei Z. Cichocka-Petrażycka, S. 14.

72) J. Długosz: Historiae Polonicae libri XII, Bd 1, Krakau 1873, S. 22.

73) So auf der Karte von N. Sanson — H. Jaillot: Nouvelle instruction à la géographie pour l'usage de Monseigneur le Dauphin, Paris 1692, Blatt 45.

74) B. Connor, Beschreibung, S. 326.

75) ebenda, S. 311.

76) A. F. Büsching, Erdbeschreibung, T. 2, S. 239.

Zur Zeit des Herzogtums Warschau war das Cholmer Land etwa zur Hälfte von Ruthenen bewohnt.[77] Nach Grossmann wohnten noch 1897 im Kreise Cholm 40% Russen, 34% Polen, 13% Deutsche und 13% Juden. Im Jahre 1915 habe die russische und weißrussische Bevölkerung im Kreis Cholm nur noch 36,7% betragen, im Kreis Hrubieszów 57,8 und im Kreis Tomaszów 48%, wobei die Prozentsätze auf dem flachen Lande für die Russen sicher günstiger waren als in den Städten.[78] Kein Wunder, daß das Cholmer Land zu jener Zeit den von der aufgewühlten polnischen See beunruhigten Kolonisten als ein rettendes Ufer erschien, an dem manche von ihnen auf ihrem Weg ins Wolhynische sitzen blieben.

„In den Jahren 1863—1867 waren die Straßen von Warschau über Brest, Kowel, Łuck, Równe, Shitomir nach Kiew und über Warschau, Lublin, Cholm, Kowel nach Kiew besät mit deutschen Planwagen, die nach Osten zogen. Werbeagenten holten die Kolonistentrecks häufig bis aus Kongreßpolen heraus; andere warteten dort schon an den Straßen auf sie und geleiteten sie in die zur Ansiedlung bestimmten Güter. Die Agenten jagten einander gegenseitig die Siedler ab und überboten sich in Versprechungen."[79]

Prediger Hermann Steinberg, der im Dienste der zerstreuten Herrnhuter Gemeinden Kongreßpolens weit im Lande herumkam, sagt zu dieser Abwanderung kurz und bündig: „Dann brachte der Teufel den Ziehgeist unter die Leute und auf einmal stand an Stelle des Himmelreichs das gelobte Wolhynien."[80] Mit welchen Mitteln für Wolhynien — natürlich im Auftrage der dortigen Grundherren — geworben wurde, zeigt das folgende „Kolonisten-Lügenlied": „Dorten ist der Ort auf Erden, Da kann alles glücklich werden, Nur der Weg ist etwas krumm. Dies ist gar ein gutes Land, Man weiß dort von keinem Sand, Weil der Bauer dort mit Freuden, Seinen Acker zweimal schneiden, Seine Schafe zweimal scheren kann. Erbsen, Linsen, Wicken, Bohnen Wachsen groß wie die Melonen Auf dem allerschlechtsten Land . . ."[81]

Die Abwanderung nach Wolhynien zog sich über Jahre und Jahrzehnte hin. Der in Gostynin amtierende Pastor Rosenberg schrieb darüber im Jahre 1875: „Und hinzu kommt als zweiter zerstörender Faktor [neben dem Sektenwesen] die seit mehreren Jahren über die Leute gekommene Auswanderungswut nach Wolhynien . . . Die Leute hatten hier ihr Brot selbst auf schlechtem Boden und wären . . . immer wohlhabender geworden. Der Wert des Bodens steigt an und für sich mit jedem Jahre und der Pole, der sich jetzt im Besitz der verlassenen Plätze befindet und der seinerseits allerdings noch tiefer als der Deutsche steht, aber dafür von robusten und energischen Naturanlagen unterstützt ist, wird sein Brot dort tatsächlich finden . . . Ich glaube, es wird kaum einer Reihe von zehn Jahren bedürfen und es werden keine Todten mehr zu bestatten sein. Der Rest

---

77) H. Grossmann, Struktura społeczna, S. 50.

78) s. auch H. Praesent: Die Bevölkerungsgeographie des Cholmer Landes, in: Petermanns Geographische Mitteilungen 64 (1918), S. 54—62, mit mehreren Buntkarten.

79) Cichocka-Petrażycka, Żywioł niemiecki, S. 21.

80) H. Steinberg: Die Brüder in Polen, S. 73.

81) Aus M. Hennig: Die evangelisch-lutherische Kirche in Polnisch-Wolhynien, Leipzig 1933, S. 13 f.

der Lebenden wird in steigenden Dimensionen von Jahr zu Jahr immer entschiedener den Wanderstab ergreifen, um gen Wolinien zu pilgern und wird seine Todten samt ihren Gräbern ihrem Schicksal überlassen. In Dörfern, wo z. B. vor wenigen Jahren hier noch 30 evangelische Familien wohnten ... wohnen jetzt zwei Familien; ziehn auch die in die weite Welt hinaus, was unausbleiblich ist, so führt nach wenigen Jahren des Verfalls der Pole seine Pflugschar über die geweihte Stätte und der Kirchhof gehört fortan der Erinnerung an."[82]

Da das Wanderungsziel noch zu einem Teil nach Kongreßpolen hereinreichte, eben mit dem Cholmer Land, sind die in diesem Gebiet ansässig gewordenen, zahlreichen Siedler zwar dem mittelpolnischen Deutschtum im engeren Sinne verlorengegangen, in der Statistik Kongreßpolens jedoch noch jeweils mitenthalten. Die tatsächlichen Verluste des mittelpolnischen Deutschtums durch diese Abwanderung erhöhen sich demnach um die Zahl der an das Cholmer Land abgegebenen Siedler. Nach den Zahlentafeln bei Śladkowski[83] sind sie allein bis 1870 auf achtzig Kolonien, d. i. etwa 8000 Personen, zu veranschlagen.[84]

Die nach dem eigentlichen Wolhynien gezogenen Kolonisten waren indes weit zahlreicher. So schätzt Cichocka-Petrażycka die dort im Jahre 1865 Ansässigen auf 7500.[85] Im Jahre darauf war ihre Zahl auf das Doppelte gestiegen. Dann nahm die Zuwanderung mit jährlich rund 4000 Personen offenbar etwas ruhigere Formen an. 1871 wurden in Wolhynien 24 074 Kolonisten gezählt, 1875 waren es schon 40 000, 1881 — 87 731, 1889 — 102 139, 1897 — 171 331 und 1911 — 200 938. Seit 1892 etwa wuchs die Zahl laut Cichocka-Petrażycka nur noch dank dem natürlichen, unglaublich hohen Geburtenüberschuß; denn der weiteren Zuwanderung aus Kongreßpolen hatte die russische Regierung im Zuge ihrer allgemeinen Abwendung von Berlin, aufgeschreckt durch diese Wanderwoge, einen Riegel vorgeschoben, indem sie 1887 den Ankauf von Land durch fremde Kolonisten verbot und andere Hindernisse mehr in den Weg legte.

Der Aufbruch der kongreßpolnischen Deutschen nach Wolhynien spiegelt sich recht deutlich in der folgenden Tafel wieder:

Tafel 21. Protestanten in Kongreßpolen 1860—1897

	Istzahl	Sollzahl bei 15‰ Zuwachs	Jährl. Wanderungssalden
1860	291 254		
1870	327 815	337 000	— 900
1897	425 022	489 000	— 2 400

Bei einem mit rund 15‰ angesetzten Jahreszuwachs ergibt sich für die Protestanten Kongreßpolens in der Phase 1860—1870 bereits ein jährlicher Wanderungs-

82) Kossmann, Ein Lodzer Heimatbuch, S. 245.

83) W. Śladkowski, Kolonizacja niemiecka, S. 135.

84) H. Wiercieński, W sprawie wydzielenia Chełmszczyzny, S. 22 f., nennt für 1833 nur 717 Protestanten im Lubliner Land, 1876 seien es bereits über 12 000 gewesen, 1885 — 23 108, 1895 — 31 895, 1905 — 43 761. Die Zahlen bei Śladkowski, S. 132, haben infolge ihrer Bearbeitung durch den Verfasser an Quellenwert verloren.

85) Cichocka-Petrażycka, S. 21.

verlust von fast 1000 Personen. In der Tat stieg die Zahl der Protestanten Wolhyniens gleichzeitig um rund 15—20 000,[86] wovon ein Teil auf den eigenen Zuwachs der Wolhyniendeutschen zu verrechnen ist, ein anderer Teil aus sonstigen Zuwanderern bestehen konnte. Nach 1870 hat die Abwanderung nach Wolhynien noch stark zugenommen und etwa die doppelte Stärke erreicht, z. T. die dreifache, wie die Tabelle erkennen läßt. Die Bevölkerung Wolhyniens war in diesem Zeitraum von 25 000 auf 171 000, d. i. um etwa 146 000 gestiegen, wovon freilich bereits ein erheblicher Teil auf den eigenen natürlichen Zuwachs entfiel. Aus Kongreßpolen mögen in dieser Zeit über 70 000 neu zugezogen sein.

Wenn man dieses junge wolhynische Deutschtum dem kongreßpolnischen zurechnet, von dem es in seiner Masse herstammte, so erhält man eine Gesamtzahl von rund 600 000 Protestanten im Jahre 1897 und damit dieselbe Verdoppelung seit 1860, wie sie an den Polen und Juden Kongreßpolens in der gleichen Zeitspanne zu beobachten ist.[87]

Zwischen den neu entstandenen wolhynischen und cholmer Sprachinseln einerseits und den alten Kolonistenballungen im Nordwesten Kongreßpolens andererseits lag, wie ein Blick auf die Karte zeigt, ein weiter Zwischenraum, eine Lücke, relativ frei von Kolonien und Kolonisten. Diese auffallende geographische Beschränkung der Kolonisten auf den schon 1835 und vorher erreichten Norden und Nordwesten Kongreßpolens findet meines Erachtens ihre realistische Begründung u. a. in der geschilderten, sich rasch erhitzenden nationalen Atmosphäre der ethnisch polnischen Gebiete. Walter Kuhn hat für die große Siedlungslücke gewisse geographische Sperren verantwortlich machen wollen.[88] Den im ganzen ost- und südostwärts ziehenden Siedlern hätten sich als Barrieren in den Weg gestellt: die Mittelgebirge; die Südgrenze des diluvialen Flachlandes, an welches die Kolonisten aus ihrer Heimat gewöhnt gewesen seien; die dicht bevölkerten Lößböden Kleinpolens; die bereits vom masowischen Bauernadel aufgesiedelten Gebiete Podlachiens.[89] Ausnahmsweise würde ich hier den vorhin geschilderten historischen Ursachen, einschließlich der masowischen Protestantensperre, den Vorrang geben. Die Kolonisten hatten — um es kurz zu sagen — nachdem sie im Nordwesten Kongreßpolens angelangt waren, zunächst nicht die Kraft und Zeit und später, als ihr Protestantismus kein Hindernis mehr gewesen wäre, auch nicht mehr den Willen und den Mut, weitere kernpolnische Landschaften zu besiedeln, sei es im Süden oder Osten, wo sich ihnen außerdem seit 1864 die polnische Konkurrenz in den Weg stellte.

---

86) ebenda, S. 21 f.

87) Darauf hat bereits A. Mückler, Das Deutschtum Kongreßpolens, S. 24 f. hingewiesen.

88) W. Kuhn, Die Siedlungsräume (s. oben S. 264, Anm. 107).

89) Laut Krzyżanowski-Kumaniecki, Statystyka Polski, S. 127, habe es 1904 84 000 Höfe von Kleinadligen in Kongreßpolen gegeben. Ihre Schwerpunkte waren aber laut dieser Unterlage nicht mehr Masowien und Podlachien, sondern die Gouvernements Kalisch, Petrikau, Radom und Kielce (?).

6. Entwicklung des kongreßpolnischen Deutschtums nach 1865

Nach Prediger Steinberg war die Gesamtzahl der Deutschen in Kongreßpolen bis 1889 „unter 400 000 gesunken durch die Abwanderung nach Wolhynien, Amerika, Kurland, Sibirien u. a. O.“[90] Er hat offenbar Belege gehabt, daß ihre Zahl vordem die 400 000 schon überschritten hatte und nun für einige Jahre rückläufig geworden war. Die Abwanderung mag damals besonders stark gewesen sein. Für 1890 nennt der Słownik Geograficzny bereits wieder 445 013 Protestanten, was aber gewiß überhöht ist; denn die Volkszählung von 1897 stellte erst 425 000 fest. An anderer seriöser Stelle fand sich für 1888 die Zahl von 389 940 Protestanten, für 1892 — 400 902, was recht gut zum Ergebnis der russischen Volkszählung von 1897 paßt. Erst für 1904 errechnet dieselbe Quelle 441 293 Protestanten, d. i. etwa 4% der damaligen Gesamtbevölkerung.[91] Der langsame Anstieg dürfte vor allem durch die erhebliche Abwanderung des protestantischen Nachwuchses zu erklären sein. Die Wege nach Wolhynien waren zwar inzwischen von den Russen gesperrt;[92] an dessen Stelle aber waren Brasilien, Argentinien, die USA, Kanada, Sibirien, Lettland getreten und vor allem Deutschland selbst.

Für die Jahre 1897 bis 1913, das letzte Friedensjahr, schätzt Walter Kuhn die Abwanderung der Protestanten immer noch auf 2000 jährlich. Die amtlichen Zahlen schienen ihm zu niedrig, weil sie die Abwanderung nach anderen innerrussischen Landesteilen nicht erfaßten und an und für sich unvollständig gewesen seien.[93] Andererseits errechnete Kuhn für dieselbe Zeitspanne vom Jahre 1897 bis 1913 nach kirchenamtlichen Unterlagen einen Geburtenüberschuß von 106 000 für die Lutheraner,[94] denen hier für die Reformierten und anderen Evangelischen noch 2500 hinzugefügt seien. Ausgehend von den 425 000 Protestanten der russischen Volkszählung von 1897 würde sich so für 1913 eine Gesamtzahl von 533 000 ergeben. Das hätte einer natürlichen Zuwachsrate von 15‰ entsprochen. Jedoch sind die Ausgewanderten abzuziehen, dazu andere Verluste zu berücksichtigen. Die Zahl der Protestanten bei Ausbruch des Ersten Weltkrieges lag daher, wie Kuhn schließt, unter 485 000 im Bereich des alten Kongreßpolen und in dem davon an Polen gefallenen Teil bei 450 000.

Daß die Wachstumskurve des kongreßpolnischen Deutschtums seit 1864, dem Beginn der wolhynischen Abwanderung und der großen Agrarreform, nur langsam anstieg, ist nicht weiter erstaunlich. Daß sie überhaupt noch anstieg (1865: ± 300 000, 1897: 415 000 Lutheraner), war vor allem dem rasanten Wachstum der Textilindustrie im Lodzer Raum während der „Gründerjahre“ zu verdanken.

90) H. Steinberg, Die Brüder in Polen, S. 28.

91) L. Włodek: Statystyka ludności [Statistik der Bevölkerung], im Sammelwerk Opis ziem zamieszkałych przez Polaków [Beschreibung der von Polen bewohnten Länder], Bd 2, Warschau 1904, S. 197, 224.

92) vgl. S. 334.

93) W. Kuhn, Zahl und Bevölkerungsbewegung, S. 493. Amtlich registriert waren laut Kuhn für den Zeitraum 1909—1913 nur 4965 Auswanderer.

94) ebenda, S. 492.

Um diese Entwicklung nach 1865 in ihrer regionalen Differenzierung nachzeichnen zu können, müssen wir uns der evangelischen Kirchenstatistik bedienen, die an sich wenig exakt war. Auf ihrer Grundlage ließ sich immerhin die im Anhang befindliche Tafel VI erstellen, die für jede Pfarrgemeinde bzw. Filiale (mit zureisendem Pastor) die Seelenzahl für 1865, 1913, 1923, 1938/39 angibt. Aus der Tabelle kann nun die jeweilige regionale Entwicklung in den rund 100 Einzelterritorien der Pfarrgemeinden in groben Zügen abgelesen werden. Als Ergänzung sind die Bekenntniszahlen der Volkszählung von 1897 heranzuziehen, die leider nur kreisweise bekannt geworden sind, dazu die Ergebnisse der polnischen Zählung von 1921, die ortsweise veröffentlicht wurden. Von der Zählung des Jahres 1931 liegen die Bekenntniszahlen leider ebenfalls nur kreisweise vor. Mit den Volkszählungen ließe sich daher die Entwicklung nur kreisweise und erst seit 1897 verfolgen, freilich mit exakterem Zahlenmaterial.[95]

Walter Kuhn hat bekanntlich gezeigt, daß die Seelenzahlen der evangelisch-lutherischen Kirchenstatistik von 1865 um rund ein Viertel hinter der Wirklichkeit zurückblieben.[96] Auch noch die „Pastorenzahlen" für die Pfarrgemeinden des Jahres 1913, des letzten Normaljahres vor den Weltkriegen, sind wesentlich kleiner als die wirkliche Zahl der Evangelischen: während die Addition der zweiten Zahlenkolonne unserer Tafel VI (1913) rund 360 000 ergibt, hat Kuhn für dasselbe Jahr 100 000 mehr errechnet. Dagegen stimmen die kirchenamtlichen Angaben der Jahre 1923 und 1938/39 bereits recht gut mit den Ergebnissen der polnischen Volkszählungen von 1921 und 1931 überein.[97] Die Zählung von 1921 ergab 312 000 Lutheraner, die kirchenamtliche Statistik — rund 320 000 für 1923; die Zählung von 1931 — 353 000 Evangelische, die Pastorenzahlen — rund 345 000 Lutheraner für die enddreißiger Jahre. Es sind somit die Seelenzahlen von 1865 und 1913 mit denen von 1923 und 1938/39 ohnehin nur bedingt vergleichbar. Dazu macht die Abrundung der Zahlen der letzten drei Kolonnen unserer Tafel VI auf volle Hunderter oder gar Tausender deutlich, daß sie nur als erste Orientierung dienen können. Aber auch die scheinbar so genauen Zahlen von 1865, die selbst die Einerstellen noch präzise angeben, sind — wie gesagt — keineswegs wirklichkeitstreu. Möglich, daß die Kirche damals nur die sogenannten Kontribuenten, d. i. die Beitragszahler, und ihre Familien listenmäßig erfaßte, die Beitragsunfähigen dagegen außer Betracht ließ. Es ist daher, alles in allem, von diesen Seelenzahlen nicht zu viel zu erwarten; die Grundzüge der regionalen Entwicklung nach 1865 dürften sie nichtsdestoweniger sichtbar machen.

So ergibt sich vor allem für den Lodzer Raum (etwa im Umfang der Lodzer Wojewodschaft von 1921) ein gewaltiger Anstieg der Protestantenzahlen. Während man dort 1865 etwa 80 000 Lutheraner feststellen kann (wobei die überlieferten Zahlen durchweg um 25% angehoben sind), gab es 1897 in demselben Ge-

---

95) Der Zahlenvergleich für 1897 und 1921 kreisweise bei A. Mückler, Das Deutschtum Kongreßpolens, für 1921 und 1931 bei W. Kuhn, Zahl und Siedlungsweise, S. 151 f.

96) Kuhn, Zahl und Bevölkerungsbewegung, S. 490.

97) vgl. hierzu auch E. Kneifel, Geschichte der evangelisch-augsburgischen Kirche in Polen, S. 255 ff. mit zusätzlichem Schrifttum.

biet bereits 141 000 Lutheraner, daneben über 20 000 deutsche Katholiken, die in ganz Kongreßpolen damals über 30 000 zählten. In dreißig Jahren war hier demnach ein Wachstum allein der Lutheraner um 75% eingetreten. Das ist gewiß nicht aus dem eigenen Geburtenüberschuß zu erklären. In Lodz selbst war die Zahl der Deutschen im gleichen Zeitraum von etwa 22 000 auf 67 000 gestiegen, die der Lutheraner von 15 000 auf 56 000, bis 1913 auf etwa 65 000. Entsprechend war die „Pastorenzahl" der Gemeindeglieder in den industrialisierten Gemeinden Pabianice und Tomaszów von 3000 (1865) auf 15 000 bzw. 10 000 im Jahre 1913 geklettert, in Zgierz von 4500 auf 10 000, in Zduńska Wola von 3000 auf 7500, selbst in der kleinen Textilstadt Żyrardów noch von 2800 auf 4500. In stagnierenden Industrieorten dagegen stagnierte auch das Deutschtum. So nahm es in Aleksandrów, Konstantynów nur noch leicht zu, während es in Ozorków vielleicht gar schon zurückging. In den neu aufschießenden Industrieorten des kongreßpolnischen Kohlenreviers (Zawiercie, Dąbrowa, Sosnowiec) wiederum hatten sich seit 1865 einige Tausend Evangelische eingefunden, bis 1897 rund 6000 Deutsche, die freilich nur zu zwei Dritteln evangelisch waren. Von den insgesamt 149 000 Deutschen des Petrikauer Gouvernements waren 1897 schließlich nur 39 000 landwirtschaftlich tätig. Das zeigt, daß nicht nur die Manufakturperiode, sondern offensichtlich auch das großindustrielle Zeitalter Kongreßpolens einschließlich seiner Montangebiete zunächst noch stark von Deutschen mitgeprägt war. Die gleichzeitige Zunahme der Evangelischen in Warschau von 11 000 auf 19 000 ist ebenfalls auf den geschilderten Konzentrationsprozeß, auf die fortschreitende Verstädterung, zurückzuführen. Die Vorstadtgemeinde Alt-Ilvesheim ⟨Stara Iwiczna⟩ im Süden der Millionenstadt hat dementsprechend erheblich an Seelenzahl verloren: ihre vor allem schwäbischen Gemeindeglieder suchten und fanden ein besseres Auskommen in der attraktiven Residenz, wo sie dann häufig im Polentum aufgingen.

Dafür stagnierten schon vor 1865 die Heimwebergemeinden im Süden und Westen von Petrikau, wie Bełchatów, Poździenice, Kleszczów, Radomsko-Dziepułć, die in der Periode vor 1835 starken Auftrieb hatten. Die dortigen Handweber und Spinner, die damals vor der herannahenden Welle der mechanisierten Industrie aus ihren schlesischen, böhmischen und mährischen Heimatorten nach Kongreßpolen ausgewichen waren, sahen sich, noch ehe eine Generation vergangen war, von derselben Welle hier wieder eingeholt. Der Konzentrationsprozeß, der die gesamte Textilindustrie Kongreßpolens umschichten sollte und sie aus den vielen verstreuten Weber- und Tuchmacheridyllen, alsbald nach deren Anlage, an einige wenige Plätze zusammenzog, vor allem nach Lodz, erfaßte — wie daran zu erkennen — auch viele Weber und Spinner der eben erst nach schlesischen Vorbildern errichteten Industriedörfer. Zu diesen zählten ursprünglich sogar die ersten Weber- und Spinneranlagen in Lodz längs Petrikauer Straße, Spinn- und Buschlinie, worauf letztlich auch die bekannte, abnorme Nord-Süd-Streckung dieser heutigen Großstadt zurückzuführen ist.

Die meisten übrigen Sprachinseln, darunter die ältesten im kujawischen und kalischer Gebiet, wiesen zwischen 1865 und 1897 bzw. 1913 eine weit geringere Zunahme auf, nicht selten einen völligen Stillstand, wenn nicht gar eine Abnahme, wie fast das ganze nördliche Masowien und der Nordosten überhaupt, wo sich die evangelischen Deutschen immerhin noch besser behaupteten als die dort zahlreich eingesprengten evangelischen Masuren, die nun häufig konvertierten, was aber nur *eine* der Ursachen des Niedergangs jener Gemeinden war. Es stagnierte ferner der Protestantismus von Wieluń, Kalisch und sogar Dąbie, Koło und Konin an der Warthe, Chodecz, Przedecz, Babiak, Izbica, Sompolno, Gostynin, Gąbin, Poddębice usw. Besonders betroffen waren die alten Tuchmacherorte. Sie gaben viel von ihrer Substanz an Lodz ab. Dadurch wiederum verloren die umliegenden Kolonien ihre Stadtmärkte, was nun auch ihnen bei nächster Gelegenheit den Entschluß zur Abwanderung nahelegte. Die Gemeinden von Łowicz und Kutno brachen fast völlig zusammen. Im ganzen gewannen die verdienst-intensiven Industriezentren; ihre Peripherien verloren. Erst die Gemeinden jenseits des Einzugsbereiches der Industriestädte konnten sich dem Konzentrationsprozeß entziehen, so die am Rande Kongreßpolens gelegenen ländlichen Gemeinden, die z. T. noch bis 1913 und darüber hinaus ein lebhaftes eigenständiges Wachstum aufwiesen, wie Lipno, Rypin und Ossówka im Dobriner Land, oder die ebenfalls industriefernen, zuletzt an Übervölkerung leidenden Gemeinden des Kalischer Landes Zagórów, Grodziec, Józefów, Prażuchy, wo sich daher die Sachsengängerei entwickelte, sowie die Abwanderung nach Übersee. Das Geld, das auf diesem Wege den dortigen Siedlern zufloß, wurde zum Ankauf von Land eingesetzt, wozu es bei der Parzellierung größerer Gutshöfe oft Gelegenheit gab.

Die neuartige, zonale Gruppierung rund um den Lodzer Raum erinnert letztlich an die Verhältnisse im näheren und weiteren Umkreis der Weltstadt Paris, wo der nähere ausgelaugt und entvölkert, erst der weitere wieder normal besetzt ist. Bedingte ursprünglich der vorwiegend ländliche Charakter der deutschen Siedlung eine — in der Gesamttendenz — relativ weite Streuung der Kolonien, so führte die industrielle Konzentration nun zu einer inneren Umformung, einer Metamorphose des gesamten Siedlungsnetzes: während einige Kernräume immer mehr Menschen anzogen, und dadurch lawinenartig anschwollen, entstanden rundum ausgezehrte Zonen, die als „Peripherie" bezeichnet werden können. Dieser Prozeß traf zuerst die deutsche Bevölkerung Kongreßpolens, erfaßte bald auch die Juden der vielen Kleinstädte, die nun nach Lodz fuhren, schließlich — die Polen, die aus der dörflichen Umgegend in die Fabriken strömten. Im Kalischer und Dobriner Land wie in der Weichselniederung blieben dagegen die alten ländlichen Strukturen mit ihren Vor- und Nachteilen erhalten.

7. Nationale Spannung und ihre Folgen während des Ersten Weltkrieges

Im Freiheitskampf von 1794 hat Kościuszko, der edle Volksheld, die Holländer, richtiger die Deutschen, noch als Mitbürger angesprochen, denen keine Gefahr drohe. 1806/7 forderte General Dąbrowski, der in der Nationalhymne verherrlicht wird, die Bevölkerung Westpreußens auf, „nicht auf den Bekenntnisunterschied zu sehen, sich als Bürger mit denen verbunden zu fühlen, die mit ihrem gewerblichen Können und ihrer Arbeit das Land bereichern“.[98] Die Bedrohung war demnach schon präsent, anscheinend aber noch mehr auf das ketzerische Bekenntnis gerichtet als auf das fremde Volkstum. Indes nahm die politische Führung das Deutschtum noch voll in Schutz. Andererseits ist nicht schwer zwischen den Zeilen zu lesen, wenn es heißt, die deutsche Bevölkerung wurde damals schon „mit strengen Strafen“ in Gehorsam gehalten,[99] oder wenn Gerüchte vorgaben, „daß sie sich in den Wäldern sammelten und dort im Waffengebrauch übten“, was die polnischen Behörden beunruhigt habe.[100] Aber noch 1863 gab es wohlwollende Aufrufe der aufständischen Führung.

Das sollte nunmehr anders werden. In polnischem Munde war seither überall die an die deutschen Kolonisten gerichtete Parole: „Fort nach Berlin“ (precz do Berlina)! Sie zeigt, wie sehr man die Kolonisten jetzt mit der preußischen Politik identifizierte und in welchem Maße sich inzwischen die Überzeugung durchgesetzt hatte, daß man dieser Fremdlinge nicht mehr bedürfe, vielmehr die eigene Entfaltung durch sie gefährdet sei. Das Erstarken des Reichsgedankens seit den Endvierzigern und vollends seit den 70er Jahren hatte zur Folge, daß nunmehr in jedem Deutschen eine potentielle Gefahr für das Land gesehen wurde. In diesem Sinne avancierte der ahnungslose Kolonist unversehens zum Repräsentanten des Bismarckschen Kaiserreiches. Die russischen Behörden schwenkten in den 80er Jahren auf dieselbe Linie ein.

Es ist bezeichnend, daß man allgemein erst jetzt in den bisherigen „Kolonisten“ die „Deutschen“ oder die „Schwaben“ erblickte, beides im Grunde feindselig gemeint. Selbst unsere Zahlentafel der Protestanten und Deutschen (Tafel 18) kennt letztere erst seit der Mitte des 19. Jahrhunderts, während aus seiner ersten Hälfte statistisch nur Protestanten und keine Deutschen überliefert sind. Die alten, politisch neutraleren Bezeichnungen traten nun hinter abwertenden nationalistischen zurück, die bald einen drohenden Akzent annahmen. Es folgte die Verteufelung der Kolonisten, richtiger der Polendeutschen, durch die einen, wesentlich später ihre Idealisierung durch die anderen. Ehe sie selber begriffen, wie ihnen geschah, waren sie — in ihrer Situation wohl unausbleiblich — zu einem wichtigen propagandistischen Argument im Spiel der Mächte geworden,

---

98) J. Wąsicki: Powstanie 1806 roku w Wielkopolsce [Der Aufstand vom J. 1806 in Großpolen], Posen 1958, S. 96.

99) ebenda, S. 60.

100) ebenda, S. 65. Die Bauern von Ludwigslust (Nr. 942 unserer Liste) klagten 1816 über erlittene Leiden während des polnischen Aufstandes im November 1806. Sie seien zu verschiedenen Malen ausgeplündert worden, „wie auch von uns Deutschen einige gänzlich tot, viele zuschanden geschlagen, daß zwischen Tod und Leben nichts übrig war. Dazu die ungeheuren Kriegsumstände, Durchmärsche; Einquartierungen wurden aufs möglichste uns Deutschen von den benachbarten zugeschoben“. Schließlich hätten „ganze Gemeinden, worinnen gute, brave, fleißige Wirte befindlich, ihr Vermögen einbüßen und verlassen müssen, sich nach Rußland und Bessarabien begeben“ (A. Pockrandt: Deutsche Rückwanderung aus Mittelpolen nach 1815, in: DM 3 (1936), S. 126 f.).

wie knapp zwei Jahrhunderte vordem die „Dissidenten". Wer glaubt freilich im Ernst, daß das Schicksal Polens und Europas einen anderen Lauf genommen haben würde, wenn es nie Dissidenten oder Polendeutsche gegeben hätte!

In einer gewissen polnischen Publizistik, aber auch unter manchen russischen Literaten vor dem Ersten Weltkrieg war es zur Gewohnheit geworden, die Kolonisten als Vortrupp der deutschen Aggression zu „demaskieren". Ihre geographische Verbreitung sei heimlich vom preußischen Generalstab ferngesteuert worden, so daß Festungen und wichtige Eisenbahnlinien unter die ständige Überwachung durch Kolonisten gerieten. Bekanntlich aber waren Festungen wie Modlin (Nowo-Georgjewsk) und Dęblin (Iwangorod) an der Weichsel später entstanden als die Kolonien ihrer Umgebung. Gegen Ende des 19. Jahrhunderts sahen russische Militärs in den deutschen Kolonisten „deutsche Vorposten und Spione".[101] Wiercieński, der sich immer wieder mit dem „gefährlichen", das ganze Land überziehenden Netz der deutschen Siedler befaßte und es auch kartographisch zu veranschaulichen bemüht war, sprach in diesem Sinne im Jahre 1908 von „der deutschen Armee der Siedler und Spione in unserem Lande".[102] „Ehe die Deutschen auf ihrem historischen Marsch nach Osten ein zur Beute ausersehenes Land erobern, pflegen sie dort einige mehr oder weniger verstreute Vorposten anzulegen. Diese Posten erleichtern ihnen die Auskundschaftung des Geländes, der schwachen oder starken Widerstandszentren, der Straßen und Furten, der materiellen Vorräte und Mittel. Sie gehen nicht wie Napoleon geradewegs auf Moskau los, sondern nähern sich den angepeilten Positionen allmählich, unauffällig und verstohlen."[103] Überspannte Texte wie dieser vermittelten zwar wenig sachliche Aufschlüsse über die geographische Lage der Kolonisten, dafür aber um so mehr über ihre psychologische Situation im Rahmen der neueren polnischen Publizistik, schließlich auch im Bewußtsein breiterer Volksmassen und nicht selten sogar der Forschung. Manche polnischen Gelehrten sind inzwischen davon abgerückt.[104]

---

101) George Cleinow, Die Zukunft Polens, S. 137.

102) Tygodnik Illustrowany, Nr. 27 v. J. 1908.

103) ebenda. Einen Höhepunkt dieser Publizistik bildet das Pamphlet von St. Górski: Niemcy w królestwie polskiem [Die Deutschen im polnischen Königreich], Warschau 1908.

104) hierzu A. Breyer: Die deutsche Kolonisation im ehemals russischen Teilgebiet, in: Dt. Blätter in Polen 3 (1926), S. 265—276, der sich eingehend mit dieser Publizistik auseinandersetzt. Śladkowski, S. 144 f., hält die Verdächtigungen für bewußte Zweckpropaganda der damaligen polnischen Nationaldemokratie (Dmowski), die von den russischen Behörden eifrig gefördert worden sei. Sachlich sagt M. Żychowski, Osadnictwo, S. 59: „Auf Grund des vorgelegten Materials können wir feststellen, daß die Siedlung aus Preußen und dem preußischen Teilgebiet ein elementarer Prozeß ist, und nicht eine von den Preußen ‚geplante' Siedlungsaktion — mit dem Ziel der Germanisierung der zentralpolnischen Gebiete"; vielleicht deutlicher noch J. Topolski, Model gospodarczy Wielkopolski, S. 65: „Die aktive Seite, die den damals so notwendigen Siedler aufnahm, war die polnische; nationale Fragen wurden erst durch ein bedeutend späteres Schrifttum ins Spiel gebracht."

Eine Folge dieser Kampagne — von den Ereignissen seit der Machtergreifung durch Hitler ist hier grundsätzlich nicht die Rede — war u. a. die Verschleppung der Deutschen aus Wolhynien und den östlicheren Teilen Kongreßpolens ins Innere Rußlands während des Ersten Weltkrieges im Juni/Juli 1915 auf Befehl des Oberkommandierenden Nikolai Nikolajewitsch. „Gegen 100 000 unserer Leute sind auf diese Weise nach Rußland verschleppt worden."[105] Viele sind seit 1917/18, dem Zusammenbruch des Zarenreiches, wieder zurückgekehrt, als noch die deutschen Truppen in Wolhynien standen. „Im Jahre 1915 wurden die Deutschen in der wolhynischen Gegend ausgewiesen, und somit mußte auch die Gemeinde Kołowerty das Los der Verschickung teilen ... Nach der Rückkehr aus der Verbannung Ende 1918 und Anfang 1919, fanden sie weder lebendes noch totes Inventar vor. Zwei bis drei Familien schlossen sich zu einer Kommune zusammen, kauften gemeinsam eine Kuh, um für sich und ihre Kinder Milch zu haben. Mit einem gemeinsamen Pferd wurden dann die einzelnen Landwirtschaften bearbeitet ... Die meisten Gebäude waren gänzlich zerstört, das Land verwüstet. In den Häusern, die noch standen, wohnten Fremde, die den zurückkehrenden Eigentümern mit den größten und häßlichsten Drohungen entgegentraten."[106]

Im Jahre 1921, während der ersten Volkszählung im neuen freien Polen, wurden auf ehemals kongreßpolnischem Boden nur noch 318 000 Evangelische gezählt.[107] Gegen 40 000 freilich waren an Litauen gefallen. Steinberg schätzte die Deutschen Kongreßpolens im Jahre 1924 erst wieder auf 360—400 000,[108] Kuhn — die Evangelischen auf über 360 000.[109] Nach seinen Berechnungen hatten die Protestanten durch den Ersten Weltkrieg gegen 100 000 Personen eingebüßt, meist in den östlicheren Kreisen und Gemeinden, die von der Verschleppung nach Rußland erfaßt worden waren, weil die deutschen Truppen zunächst nur die älteren Siedlungsgebiete im Westen und Norden des Landes besetzt hatten.[110] Diese entgingen damit zwar der Verschleppung, jedoch traten auch hier Verluste ein, z. T. durch Rückwanderung nach Deutschland, das während des Krieges Arbeitskräfte benötigte. Die Gesamtbevölkerung Kongreßpolens war seit 1865 auf das Zweieinhalbfache gestiegen; die Deutschen dagegen waren

---

105) Bischof J. Bursche: Die evangelisch-augsburgische Kirche in Polen, in: Ekklesia, Bd 5, Leipzig 1938, S. 67 (zit. nach O. E. Günther: Deutsche aus Polen heimatverwiesen, Marburg 1952, S. 37).

106) Aus dem Kalender „Der Hausfreund" 1921, S. 237 f., zit. nach E. Kupsch, Geschichte der Baptisten, S. 381 f.

107) dazu St. Szulc: Statystyka ewangelików w Polsce według spisu ludności [Statistik der Evangelischen in Polen nach der Volkszählung vom 30. September 1921 und nach anderen Quellen], in: Rocznik Ewangelicki 1 (1925), S. 307 ff. Die Unbrauchbarkeit der Zahlen von 1921 für die Deutschen hat A. Mückler, Das Deutschtum Kongreßpolens, zum Thema.

108) H. Steinberg, Die Brüder in Polen, S. 16.

109) W. Kuhn, Zahl und Bevölkerungsbewegung, S. 499.

110) Rocznik Ewangelicki 1925, S. 108—168: s. auch die Tafel 1 bei Mückler, Das Deutschtum Kongreßpolens, S. 6 ff. Die Zahlen für 1931, kreisweise, finden sich bei W. Kuhn: Zahl und Siedlungsweise der Deutschen in Polen 1931, in: DM 4 (1937), S. 143 ff.

etwa auf das Niveau von 1865 zurückgefallen. Auch nach 1923 fehlte es an kräftigen neuen Wachstumsimpulsen; häufig überwogen weiterhin Stagnation oder Rückgang. Da Lodz nach 1914 seine russischen Märkte verlor, kam nun selbst in diesem bisher vitalsten Siedlungsgau die Entfaltung des Deutschtums zum Stillstand. Kein Wunder, daß der durch den Ersten Weltkrieg bedingte Ausfall nicht mehr aufgeholt werden konnte.

SCHLUSSWORT

Bis 1945 konnte man an den Ostgrenzen des deutschen (wie polnischen) Volkes die ostwärts gerichtete Strömung der christlich-abendländischen Kultur des Mittelalters ablesen. Als feste Pfeiler stemmten sich Großpolen und Böhmen gegen die deutschen Träger dieser Kultur, die nebenan in Pommern und Schlesien freie Bahn fanden und durchbrachen. Die beiden Pfeiler hielten vor allem deshalb stand, weil sie bereits durch den Kitt nationaler Traditionen gefestigt und in ihrer Machtstellung von herzoglichem, ja königlichem Rang waren, denen das damalige zersplitterte Ostdeutschland nichts Gleichwertiges gegenüberzustellen hatte. Die territorial zerfallenen Länder Pommern und Schlesien dagegen, ohne starke eigenständige Tradition, mit offener Flanke zur Ostsee bzw. zu den Sudeten, mit intensivem Handelsverkehr, erschlossen sich dem deutschen Kulturkreis unter Vorantritt ihrer Fürsten. Nur jene beiden westslawischen Pfeiler hielten, bis dann im 14. Jahrhundert die Gefahr der Überflutung nachließ. Die abendländische Oströmung verlangsamte sich; Westeuropa wandte sich der Übersee zu. Seither verbrauchten die atlantischen Küstenländer Europas ihre überschüssigen Energien im Ringen um die neu entdeckten Räume und Reichtümer, während sich die Mitte des Kontinents in religiösem Buchstabenfanatismus zerfleischte.

Was in der Neuzeit noch nach Polen zog, waren meist Angehörige niederer Stände, ohne politische Aspirationen, allein auf ihren persönlichen Lebenskreis bedacht. Sie gingen über die Grenze, oft bei Nacht, oder benutzten Fluchtwege über See, um sich unerträglichem Druck in der Heimat zu entziehen. Schließlich ließ auch dieses untergründige Hinübersickern der Schwachen nach, als das liberale Zeitalter den Druck von den Menschen im Westen nahm. Zudem stand ihnen nun die freiheitliche Neue Welt offen. Nur noch künstliche Anstöße seitens des Staates oder durch Großgrundbesitzer lösten weitere Wanderungen nach Kongreßpolen aus, wie die der Weber und Tuchmacher aus den Kleinstädten des deutschen Ostens, die sich nach langen Irrwegen schließlich in Lodz wiederfanden. An Herrschaft haben diese neuzeitlichen Kolonisten nie gedacht, eher an Anpassung, wobei jedoch das lutherische Bekenntnis, sozusagen sekundär, als Isolierung wirkte, so daß Sprache und Volkstum erhalten blieben. Ihr innen- wie außenpolitisches Gewicht war praktisch gleich Null; so wichen sie, jedenfalls bis zum Ersten Weltkrieg, dem für sie aussichtslosen politischen Tätigkeitsfeld in der Regel aus. Was sie am Ende trotzdem zu einem — freilich passiven — Faktor der Weltpolitik werden ließ, war die neurotische P r o p a g a n d a , die, von beiden Seiten ins Gigantische gesteigert, schließlich den Untergang des Polendeutschtums herbeiführte.

Insgesamt gesehen war das barockzeitliche Phänomen der Holländer in Polen, die im Zeitalter des Klassizismus in „Kolonisten“ umbenannt wurden, ein typischer Bestandteil des alten weltoffenen Vielvölkerstaates, der noch nicht unter dem Trauma der nationalen Katastrophe litt. Seine besten Traditionen verknüpfen sich mit der Geschichte der Holländer und Kolonisten. Wie wäre andernfalls, ohne die wirtschaftliche Nüchternheit und tolerante Aufgeschlossenheit des polnischen Adels, ein Vordringen so fragiler winziger Fremdgruppen bis in den Kern, ja bis an den Ostrand der polnischen Nation möglich gewesen! Wie anders hätten diese Gruppen und Grüppchen — trotz konfessioneller und später nationalistischer Eiferer — in Polen bestehen, wie von Etappe zu Etappe weiter eindringen und über Jahrhunderte ihren stillen friedlichen Aufgaben dienen können! Die Epoche der Holländer und Kolonisten wird daher immer, auch wenn die polnische Geschichtsschreibung es heute oft nicht wahr haben will, ein Ruhmesblatt in der Geschichte Polens bleiben. Gleich Friedrich dem Großen, Maria Theresia und Katharina der Großen haben die halbsouveränen polnischen Grundherren teilgenommen an dem sich damals über Osteuropa ergießenden Kolonistensegen, ja, sie sind ihnen darin zweifellos voraufgegangen.

Mit dem Untergang des alten Polenreiches, das mit dem Pufendorfschen buntscheckigen Deutschland so viel gemeinsam hatte, versank die Welt der Holländer und bald auch jedes Verständnis für sie. Eine durchaus objektive polnische Expertin schrieb in der Zwischenkriegszeit: „Um deutsche Kolonisten heranzuholen, haben polnische Regierungen ein Unmaß von Anstrengungen auf sich genommen und an materiellen Opfern gebracht. Diese Politik betrieben die begabtesten Staatsmänner Polens wie Staszic, Lubecki und andere. Wenn wir heute nach hundert Jahren die Ergebnisse ihres Tuns studieren, fällt es geradezu schwer zu begreifen, wie eine solche Konzeption in den hervorragendsten Köpfen des damaligen Polen möglich war."[111] Man verstand nicht mehr und — viel schlimmer noch: im Unterbewußtsein mancher irre geleiteter Patrioten keimte bereits unaufhaltsam die irrationale Vorstellung von der Unvereinbarkeit ihrer freien staatlichen Existenz mit derjenigen des Polendeutschtums. Unterschwellig wurde diese Überzeugung genährt durch den erneuerten Glanz des Deutschen Reiches seit Bismarck. Ein wachsendes, von interessierten Stellen eifrig gepflegtes Gefühl der Bedrohung führte dazu, die Deutschen im Lande als das große Sicherheitsrisiko anzusehen. Die deutsche Gefahr wurde zum Tagesthema von Journalisten, Künstlern, u. a. auch von Historikern. Jedoch war die radikale Verdrängung der Deutschen aus Geschichte und Gegenwart des Landes zunächst noch nicht zentraler Inhalt des polnischen politischen Programms. Dazu brauchte es noch jener damals unvorstellbaren Anstöße, die aus Deutschland selber kommen sollten und die zu dem ebenso unvorstellbaren Ende führten.

Andrerseits darf man nicht, wie bisher meist üblich, den Siedlungsvorgang einseitig als deutsche Aufbauleistung für Polen ansehen. Er war in Wirklichkeit Ausdruck und Funktion eines gegenseitigen Nehmens und Gebens. Gewiß, die deutschen Bauern, die nach dem Osten zogen, erhielten nur noch die Bodenabfälle als neuen Lebensraum: tote, finstere Grenzheiden, schwer zu meisternde Gebirgsböden — wie etwa in Böhmen und an den Beskidenhängen — oder Sumpf und Sand wie im diluvialen Polen. Rastloser Fleiß war ihnen daher von erster Stunde an aufdiktiert. Als unschätzbaren Lohn dafür empfingen sie indes die persönliche Freiheit oder doch deren Sicherung, einen Wert, der später selbstverständlich wurde und daher in Vergessenheit geraten ist, der aber seinerzeit den deutschen Ostsiedler gleich dem freien Schweizer aus der Masse des damaligen

111) Cichocka-Petrażycka, Żywioł niemiecki, S. 7.

europäischen Bauernvolkes höchst vorteilhaft heraushob. Schon den ersten Schritten in die Fremde hatte die Freiheit vorangeleuchtet. Sie zu wahren, war die Triebfeder jeder Weiterwanderung von Waldmassiv zu Waldmassiv; war sie doch gleichzeitig die unverzichtbare Voraussetzung nicht nur ihres Wagemutes und Fleißes und damit des kolonisatorischen Erfolges, sondern auch ihres protestantischen Seelenfriedens auf Erden und der erhofften ewigen Seligkeit. Trotz mitunter unsäglicher Schwierigkeiten hat die Siedlung geblüht, solange Polen ihnen das unschätzbare Gut der Freiheit zu sichern imstande war. Bis zuletzt haben sie es immer wieder durch das alte Mittel des oft bitteren Weiterwanderns, ja der Flucht bewahrt. Dieses humane Ideal stand strahlend über ihrem ganzen geschichtlichen Weg, an seinem Anfang wie auch noch an seinem Ende. Schon Holsche hatte das erkannt, als er schrieb: „Denn es ist ein höchst seltenes Beispiel, daß ein Deutscher sich in die Knechtschaft begibt und einen Scharwerks-Bauernhof annimmt. Die deutschen Bauern lassen sich keine neuen Dienste auflegen, sie opfern alles auf, um sich davon zu befreien, und wenn ihnen dies unmöglich ist, so verlassen sie lieber die Höfe.“[112]

112) Holsche, Netzdistrikt, S. 64.

Tafeln I-VI

Tafel I

Bekenntnisse in den vormals großpolnischen Städten Südpreußens 1793/94

	Einwohner	evangelisch	katholisch	jüdisch
1. Bomst (Babimost)	1 098	505	417	176
2. Blesen (Bledzew)	598	9	589	
3. Bnien (Bnin)	885	315	570	
4. Bojanowa (Bojanowo)	2 576	2 350	75	151
5. Boreck (Borek)	1 302	52	802	448
6. Brätz (Brójce)	979	883	11	85
7. Buk	847		847	
8. Czempin	608	93	357	158
9. Czerniejewo	787	265	384	138
10. Dobrzyce (Dobrzyca)	188	12	163	13
11. Dolzig (Dolsk)	754		754	
12. Duppin (Dubin)	247		240	7
13. Gnesen (Gniezno)	3 350	61	2 598	685
14. Gostin (Gostyń)	1 029	58	970	
15. Grätz (Grodzisk)	2 483	213	1 114	1 156
16. Janowiec	175	2	156	17
17. Jaraczewo (Jaraczew)	382	19	277	86
18. Jarotschin (Jarocin)	965	39	605	321
19. Jutroschin (Jutrosin)	1 117	427	596	94
20. Unruhstadt (Kargowa)	1 561	1 183	27	351
21. Kasimirz (Kazimierz)	121		121	
22. Kaczimirs (Kazimierz Biskupi)	516	28	426	62
23. Kiebel (Kębłowo)	272	22	250	
24. Kiszkowo	248	67	122	59
25. Kleczewo (Kleczew)	1 348	1	731	616
26. Kleczko (Kłecko)	453	24	429	
27. Kobylin	1 564	728	606	227
28. Kopnitz (Kopanica)	380	159	221	
29. Kosten (Kościan)	1 076	80	996	
30. Kostrzin (Kostrzyn)	771	1	770	
31. Koschmin (Koźmin)	1 513	134	1 079	300
32. Kornick (Kórnik)	1 518	250	632	636
33. Kroeben (Krobia)	864		864	
34. Krotoszin (Krotoszyn)	3 825	668	1 533	1 624
35. Kriwen (Krzywiń)	419		419	
36. Xions (Książ)	577	166	347	64
37. Lissa (Leszno)	6 820	3 095	734	2 991
38. Neustadt (Lwówek)	1 481	229	801	451
39. Leckno (Łękno)	161		161	
40. Lopienno (Łopienno)	191		182	
41. Görchen (Miejska Górka)	1 039	275	760	
42. Mielzyn (Mielżyn)	244	2	205	37
43. Mieszkowe (Mieszków)	647	316	204	127
44. Meseritz (Międzyrzecz)	2 502	1 401	401	700
45. Miloslaw (Miłosław)	1 104	221	672	211
46. Mosczyn (Mosina)	419	24	375	20
47. Murowana Goslina	903	187	424	292
48. Neustadt (Nowe Miasto)	606	17	410	179
49. Nowe Miescisko	228	3	221	4

	Einwohner	evangelisch	katholisch	jüdisch
50. Neutomischel (Nowy Tomyśl)	358	342	16	
51. Obornick (Oborniki)	763	188	341	234
52. Obersitzko (Obrzycko)	1 812	1 126	222	464
53. Opalinsko (Opalenica)	583		583	
54. Storchnest (Osieczna)	834	336	384	114
55. Scharfenorth (Ostroróg)	305	20	285	
56. Sandberg (Piaski)	378	186	79	113
57. Pinne (Pniewy)	832	30	469	333
58. Pudewitz (Pobiedziska)	791	162	537	92
59. Pogorzelle (Pogorzela)	785	97	674	14
60. Powidz	481	39	435	7
61. Punitz (Poniec)	1 436	865	571	
62. Posen (Poznań)	12 066	2 033	7 012	3 021
63. Prziment (Przemęt)	189		189	
64. Betsche (Pszczew)	552	14	538	
65. Peysern (Pyzdry)	1 070		452	618
66. Radzimin	224	18	77	129
67. Rakwitz (Rakoniewice)	1 155	793	246	116
68. Rawitsch (Rawicz)	7 290	5 411	792	1 087
69. Rogowo	210	2	91	117
70. Rogasen, Altstadt (Rogóźno, Stare Miasto)	1 996	101	959	936
71. Rogasen, Neustadt (Rogóźno, Nowe Miasto)	954	732	113	108
72. Rostarzewo	424	333	16	75
73. Ritschenwalde (Ryczywół)	347	112	128	107
74. Reissen (Rydzyna)	1 593	901	416	276
75. Sarne (Sarnowa)	1 347	662	597	88
76. Stenczewo (Stęczew)	545		522	23
77. Stobnice (Stobnica)	154	27	127	
78. Samter (Szamotuły)	1 120	176	557	383
79. Zircke (Sieraków)	1 155	418	481	251
80. Schocken (Skoki)	1 050	359	204	487
81. Skólsk	160		120	40
82. Schwerin (Skwierzyna)	2 318	1 481	117	720
83. Slesin	179		162	17
84. Slupca	1 102	1	1 101	
85. Schmiegel (Śmigiel)	2 155	1 479	437	239
86. Striem (Śrem)	1 105	19	717	368
87. Środa	1 009	10	897	102
88. Schwersenz (Swarzędz)	2 508	845	290	1 373
89. Schwetzkau (Święciechowa)	1 199	5	1 089	105
90. Schlichtingsheim (Szlichtyngowa)	748	580	36	132
91. Tirschtiegel (Trzciel)	1 735	893	502	340
92. Trzemeszno	913	9	904	
93. Neubrück (Wartosław)	579	332	130	117
94. Wongrowiec (Wągrowiec)	612	23	561	28
95. Willichowo (Wielichowo)	399	1	398	
96. Witkowo	1 121	299	339	483
97. Wollstein (Wolsztyn)	(1 416)			
98. Fraustadt (Wschowa)	4 579	3 112	1 049	418
99. Wronke (Wronki)	1 375	379	533	463
100. Wreschen (Września)	1 216	142	417	657

	Einwohner	evangelisch	katholisch	jüdisch
lol. Zaborowo	842	771	71	
lo2. Sannemysl (Zaniemyśl)	745	412	126	2o7
lo3. Zduny	3 481	2 689	6o2	186
lo4. Bentschen (Zbąszyń)	953	457	361	135
lo5. Zerkow (Żerków)	349	3	241	lo5
lo6. Żerniki	12o	6	112	2
lo7. Brudzewo	24o	13	227	
lo8. Chocz	491		491	
lo9. Chorap	152		152	
llo. Dobra	9oo		419	481
111. Iwanowicz (Iwanowice)	616	15	578	23
112. Kalisch (Kalisz)	3 831	193	1 891	1 7o6
113. Kolo (Koło)	998	1	436	561
114. Conin (Konin)	78o	5	572	2o3
115. Koczmineck (Koźminek)	342	94	227	21
116. Landek (Lądek)	324		324	
117. Adelnau (Odolanów)	788	48	7o3	37
118. Opadowek (Opatówek)	2o9		2o9	
119. Ostrow (Ostrów)	2 541	1 269	891	381
12o. Pleschen (Pleszew)	1 254	14o	1 114	
121. Raczkow (Raszków)	448	7	431	lo
122. Richwal (Rychwał)	175		111	64
123. Staw	239		235	4
124. Stawiszyn	732	lo7	528	97
125. Sulmirschütz (Sulmierzyce)	1 324	3o	1 283	11
126. Tuliskowo (Tuliszków)	365	4	361	
127. Turek	443	1	442	
128. Uniejów	359		359	
129. Władyslawowa (Władysławów)	513	231	166	116
13o. Zagarowo (Zagórów)	544		544	
insgesamt	146 65o+)	46 173	68 767	31 64o

+) davon 7o "anderer" Bekenntnisse. - Die konfessionelle Zusammensetzung der Städte des Regierungsbezirks Posen in den Jahren 184o, 1871 und 1895 findet sich bei L. Wegener, Der wirtschaftliche Kampf der Deutschen, Posen 19o3, S. 31o ff.

Tafel II

Bekenntnisse in den Städten des Netzedistrikts

A. Vormals großpolnische Städte

	1773			1783				1788			1799			
Ortsname	Einw.	Bek.	jüd.	Einw.	evang.	kath.	jüd.	Einw.	christl.	jüd.	Einw.	evang.	kath.	jüd.
1. Nakel	643	C	77	683	236	26o	187	82o	768	52	1 o77	69o	22o	167
2. Exin	788	C	•	7o3	186	343	174	947	788	159	1 3o8	131	774	4o3
3. Mrotzen	•	•	•	526	16o	321	45	718	655	63	829	3o9	362	158
4. Labischin	987	C	233	712	25o	251	211	1 o4o	864	176	1 44o	7o4	99	637
5. Rinarzewo	19o	C		3o5	12o	185	-	439	439	-	528	343	185	-
6. Schubin	65o	K	39	1 17o	154	936	8o	999	852	147	1 236	249	7o2	285
7. Znin	613	K	•	6o6	36	57o	-	7o5	7o5	-	•	•	•	•
8. Mogilno	477	K	•	465	96	369	-	6o3	597	6	644	132	497	15
9. Willatowo	217	K	•	295	-	295	-	389	389	-	273	7	266	-
1o. Kwieciszewo	233	K	•	334	12o	214	-	35o	35o	-	•	•	•	•
11. Gonsawa	2oo	K	•	2o1	18	183	-	229	229	-	2o3	13	19o	-
12. Pakosc	465	K	•	498	38	46o	-	532	532	-	323	17	3o6	-
13. Cammin				521	44	417	6o	541	454	87	7o9	61	476	172
14. Wissek	291	K	62	266	87	179	-	346	346	-	371	183	188	-
15. Wirsitz	294	C	•	2o7	96	53	58	221	18o	41	359	28o	79	-
16. Flatow	•	•	•	1 597	591	292	714	1 7o5	1 o52	653	2 312	622	534	1 156
17. Zempelburg	•	•	•	1 628	657	39o	581	1 751	1 129	622	2 121	833	437	851
18. Vandsburg	•	•	•	489	244	245	-	528	528	-	56o	325	235	-
19. Lobsens	956	C	324	1 319	655	4oo	264	1 24o	957	283	1 746	76o	432	354
2o. Krojanke	•	•	•	848	443	2oo	2o5	1 o48	878	17o	1 794	749	352	693
21. Miastetzko	284	K	•	327	199	128	-	3o2	3o2	-	361	2o8	153	-
22. Margonin	741	•	291	1 347	562	563	222	1 489	1 257	232	1 156	622	553	481

Ortsname	1773 Einw.	Bek.	jüd.	1783 Einw.	evang.	kath.	jüd.	1788 Einw.	christl.	jüd.	1799 Einw.	evang.	kath.	jüd.
23. Samoszin	336	•	24	652	533	1o1	18	759	738	21	971	681	266	24
24. Gollanz	592	C	121	639	124	362	153	746	597	149	792	159	419	214
25. Deutsch Crone	•	•	•	1 448	27	1 1oo	321	1 878	1 414	464	2 223	454	1 21o	559
26. Schneidemühl	•	•	•	1 5o9	51o	758	241	1 799	1 611	188	2 126	788	9o7	431
27. Jastrow	•	•	•	2 oo9	1 731	1o9	169	2 211	1 957	254	2 518	1 971	197	35o
28. Uscz	•	•	•	58o	65	496	19	758	693	65	812	119	618	75
29. Budzin	349	K	•	766	158	6o8	-	833	827	6	864	219	645	-
3o. Chodzesen	1 588	L	448	1 816	651	8oo	365	1 8o7	1 528	279	2 516	893	93o	693
31. Czarnikau	1 648	C	362	1 432	621	6oo	211	1 437	1 232	2o5	1 734	717	554	463
32. Schönlanke	•	•	•	2 o16	1 362	365	289	2 217	1 964	253	3 28o	2 o18	692	57o
33. Radolin	317	•	•	396	35o	46	-	467	467	-	558	451	1o7	-
34. Filehne	1 721	C	828	1 48o	5oo	335	395	1 712	1 229	483	2 479	857	679	943
35. Schloppe	•	•	•	1 o18	733	55	23o	1 123	918	2o5	1 237	938	85	214
36. Tütz	•	•	•	561	57	4oo	1o4	615	514	1o1	865	1o5	518	242
37. Märkisch Friedland	•	•	•	1 3o5	733	-	572	1 376	673	7o3	1 886	82o	13	1 o53
insgesamt				32 674	13 147	13 639	5 888	36 68o	3o 613	6 o67	44 411	18 428	14 58o	11 4o3
B. Übrige Städte														
1. Bromberg	5oo	C	•	2 562	1 3oo	1 235	27	3 o98	3 o77	21	4 257	3 o45	17o	42
2. Fordon	967	K	6oo	1 119	338	338	443	1 328	845	483	1 452	24o	251	961
3. Schulitz	234	C	•	176	44	132	-	316	316	-	539	325	214	-
4. Coronowo	•	•	•	756	5o	7o6	-	895	895	-	1 o97	285	812	-
5. Barcin	3o9	C	69	397	163	163	71	552	496	56	374	172	162	4o
6. Inowratzlaw	1 792	K	1 2oo	1 7oo	15o	1 1oo	45o	2 o36	1 371	665	2 3o5	271	1 269	765

	1773			1783				1788			1799			
Ortsname	Einw.	Bek.	jüd.	Einw.	evang.	kath.	jüd.	Einw.	christl.	jüd.	Einw.	evang.	kath.	jüd.
7. Kruschwitz	57	K	.	74	-	74	-	79	79	-	118	-	118	-
8. Gniewkowo	.	.	.	377	27	35o	-	499	497	2	867	51	8o9	7
9. Strzelno	571	K	.	735	192	543	-	863	835	28	1 o99	155	917	27
1o. Gembice	3oo	K	4o	315	12o	138	57	425	388	37	438	3o5	81	52
insgesamt				8 211	2 384	4 779	1 o48	1o o91	8 799	1 292	12 546	4 849	5 8o3	1 894
vormals großpoln. Städte				32 674	13 147	13 639	5 888	36 68o	3o 613	6 o67	44 411	18 428	14 58o	11 4o3
sämtliche Städte				4o 885	15 531	18 418	6 936	46 771	39 412	7 359	56 957	23 277	2o 383	13 297

Quellen für 1773/4: Beheim-Schwarzbach, Der Netzedistrikt, T. 3, S. 154 ff.
1783: J. F. Goldbeck, Vollständige Topographie.
1788: Holsche, Der Netzdistrikt, S. 67, 69.
1799: I. Rhode, Das Nationalitätenverhältnis, S. 31.

Abkürzungen: C = Christlich (kath. und evang.).
K = Katholisch.
L = Lutherisch.

Tafel III

Holländereien der Wojewodschaft Posen+)

(Ortsauswahl und Reihenfolge lt. Rusiński, S. 124 ff.)

Quellen für Ortsqualität und Zahlen siehe am Schluß der Tabelle

A. Altpolnischer Kreis Kosten

	Ortsname++)	Qualität 18o2	1819	184o	184o Feuerst.	Kath.	Evang.	1871 Qual.	Feuerst.	Kath.	Evang.	191o p	dt	poln. k	poln. ev	dt k	dt ev
1	Albertowsker	H	H	H	115	8o	551	H	117	39	7o5	5	632	5	-	24	6o8
2	Amtskassner	H	H	H	32	13	197	D	24	14	161	-	171	-	-	15	156
3	Baranowo (Rohrheim)	H	H	H	21	9	121	H	24	6	152	94	71	94	-	1	7o
4	Barłożna P.G.	H	H	D	1o	-	53	D	9	2	63	6	56	6	-	-	51
5	" P.W.	H	H	D	6	-	32	D	9	5	44	1o	49	1o	-	5	44
6	Weisshauland (Białe Ol.)	H	H	H	55	16	312	H	65	o	46o	23	311	23	-	-	311
7	Blenke (Blinek)	H	H	D	31	5	189	D	37	2	232	25	225	25	-	-	225
8	Blumer (Błonie)	H	H	H	57	4	363	H	7o	4	433	13	363	13	-	-	357
9	Boguszyn (Herrnau)	H	H	H	25	69	96	H	5o	1o2	213	145	158	145	-	22	136
1o	Bohlen (Bolewiny)	H	H	H	7	1o	24	D	7	1o	38	.	.	.	.	.	.
11	Borgowo	D	FD	D	1o	4o	6o	D	13	54	42	68	26	68	-	-	26
12	Borek (Lindenhain)	H	H	H	24	31	138	H	27	48	153	89	1o4	89	-	-	1o4
13	Boruy	D	D	D	82	272	232	D	1o1	293	298	3o5	3o2	3o5	-	8	294
14	Boruy, Neu	H	H	D	121	47	761	H	154	11	914	9	872	9	-	2	865
15	" , Alt	H	H	D	86	7	578	H	1o9	34	761	16	893	16	-	3	89o
16	Brodnica	H	H	H	1o	13	55	H	13	39	69	62	34	62	-	-	34
17	Bystrzek	H	H	H	13	17	78	H	13	3o	89	37	58	35	2	-	58
18	Ziegel-H.	H	H	H	9	34	29	H	11	47	27	145	47	145	-	16	31
19	Charlup	H	H	H	11	78	35	H	15	128	24	86	8	86	-	2	6
2o	Kunik (Chojnickie)	H	H	H	2o	3	135	H	18	o	143	6	136	6	-	-	136
21	Chromiec (Kromitz)	H	H	H	25	229	1	H	24	276	6	111	1o6	111	-	9	93
22	Chrząstowo (Kleinlinde)	H	H	H	2o	92	71	H	16	57	86	59	75	59	-	-	75

+) Abkürz.: C - Colonie, D - Dorf, dt. - deutschsprechend, ev - evangelisch, FD - Freidorf, H - Holland, k., kath - katholisch, Kr - Krug, poln - polnischsprechend, Vw - Vorwerk.

++) Amtliche Bezeichnung von 184o; daneben in Klammern - wo notwendig - die polnische Form oder die deutsche.

	Ortsname ++)	Qualität 1802	Qualität 1819	Qualität 1840	1840 Feuerst.	1840 Kath.	1840 Evang.	1871 Qual.	1871 Feuerst.	1871 Kath.	1871 Evang.	1910 p	1910 dt	1910 poln. k	1910 poln. ev	1910 dt k	1910 dt ev
23	Cichagóra	H	H	H	98	11	607	H	104	15	687	49	598	49	-	4	594
24	Schwarzhaul. (Czarne Ol.)	H	H	H	60	5	390	H	65	5	435	6	376	6	-	1	375
25	Böhmisch-poln. (Czeskie Ol.)	H	H	H	29	167	32	H	54	186	123	66	307	66	-	142	165
26	Daleszyn	D	D	D	29	233	104	D	18	67	118	129	364	129	-	9	355
								Vw	18	196	73						
27	Dąbrowko	H	H	H	19	5	135	H	28	11	153	15	143	15	-	5	138
28	Demanczewo, neu (Neusee)	H	H	H	33	64	129	D	39	78	209	185	91	185	-	-	91
29	" , alt (Altsee)	H	H	H	40	38	265	D	46	29	292	68	209	66	2	4	205
30	Gloden (Głodno Ol.)	H	H	D	55	9	370	D	74	5	449	43	391	43	-	3	388
31	Gogolewo	H	H	H	10	10	64	H	9	5	54	149	-	149	-	-	-
32	Goile (Gola)	H	H	D	31	10	180	D	36	1	220	4	236	4	-	-	236
33	(Berg H.)	H	H	?	(4)	vielleicht in Neu-Tuchorze-H. aufgegangen											
34	Guzdzin (Guschin)	H	H	D	42	37	240	D	47	20	285	46	235	46	-	1	234
35	Grubske	H	H	H	60	62	298	H	58	44	432	7	390	7	-	21	368
36	Jablone (Jablonna nowa)	D	D	D	89	145	401		126	197	610	189	791	189	-	10	781
		(1793: 2 Holl.-Höfe in der Dorfflur)															
37	Jaromirz, neu	H	H	H	26	32	125	D	28	59	125	7	192	7	-	73	119
38	" , alt	H	H	H	49	53	284	D	67	69	366	51	348	51	-	38	310
39	Karpisko	H	D	D	33	12	240	D	44	23	294	174	288	173	1	4	284
40	Kawczyn (Weidenau)	D	H	D	20	9	119	D	23	7	147	124	86	124	-	-	86
41	Konkolewo	D	D	D	113	70	674	H?	126	38	836	13	752	13	-	32	716
42	Kiełczyn	H	H	H	20	194	24	H	21	170	43	299	40	299	-	19	21
43	Komorowo	D?	H	H	42	0	282	H	48	1	361	11	314	11	-	-	298
44	Konarskie (Friedrichsburg)	H	H	H	31	72	177	H	38	146	165	174	131	174	-	11	120
45	Kopanki	H	H	H	45	6	269	D	55	0	411	31	401	31	-	8	393
46	Kotusch	H	H	H	44	49	237	D	53	5	359	-	381	-	-	8	373
47	Krossno 1793: H	H	H	H	22	13	161	H	24	4	185	82	171	81	1	-	171
48	Kruczyn	H	H	H	20	158	14	H	20	218	11	195	8	195	-	-	8
49	Feuerstein (Krzemieniewo)	D	D	D	57	86	303	D	76	79	458	113	605	113	-	45	558
50	Kreutz (Krzyż)	D	D	D	49	76	279	D	52	79	274	15	261	15	-	64	197
51	Kuślin	H	H	D	50	14	356	D	47	51	413	38	327	38	-	-	327
52	Lenczen (Łęczne)	H	H	H	48	19	279	D	47	32	299	-	317	-	-	37	280
53	Lenke (Wiesenh.) (Łęskie)	H	H	H	33	51	194	H	31	47	200	31	232	31	-	25	207
54	Marianowo	D	D	D	21	77	62	D	34	133	89	136	79	136	-	5	74

Nr.	Ortsname ++)	Qualität 18o2	Qualität 1819	Qualität 184o	184o Feuerst.	184o Kath.	184o Evang.	1871 Qual.	1871 Feuerst.	1871 Kath.	1871 Evang.	191o p	191o dt	191o poln. k	191o poln. ev	191o dt k	191o dt ev
55	Michorzewko	H	H	H	3	-	34	H	8	-	55	.	.	.	.	.	.
56	Młyńsk	H	H	H	17	22	8o	H	16	19	95	72	55	72	-	-	55
57	Brückenholl. (Mostowskie)	gehörte zu Blumer-Holl.															
58	Naroznik, kl.	H	H	D	7	-	36	D	27	17	146	25	142	25	-	7	135
59	" , gr.	H	H	D	17	17	85										
6o	Böhmisch-deutsch (Niem.-Czeskie)	H	H	H	22	13	1o1	H	28	1o	132	26	133	26	-	2	131
61	Neuguth (Nowawieś)	H	D	D	8	33	43	D	9	49	29	39	118	39	-	1	114
62	Neuhauland	H	H	D	14	8	97	H	2o	6	141	34	91	34	-	-	91
63	Neu-Dombrowo	H	H	H	13	3	94	H	12	6	78	17	79	17	-	-	79
64	Jastrzemski, Neu (Friedenau)	H	H	H	6o	45	372	D	69	116	382	1	448	1	-	64	378
65	Obra, Neu	H	H	H	29	77	116	H	3o	96	94	7o	131	7o	-	41	78
66	" , Alt	H	H	H	43	12	266	H	52	19	321	-	316	-	-	2	313
67	Ostrowo	D	FD	D	19	47	12o	D	25	9o	121	121	77	121	-	-	77
68	Zakrzewo (Ostrowskie)	H	H	H	28	39	2o3	H	28	78	161	197	7o	197	-	2	68
69	Petzen (Pecna)	H	H	H	27	29	145	H	43	31	287	2o2	312	2o1	1	7	3o5
7o	Podgradowitz (Kaisertreu)	D	D	D	21	17	123	D	22	16	132	49	115	49	-	-	115
71	Poppen, Deutsch (Popowo)	D	D	D	3o	152	1o8	D	34	139	96	135	9o	135	-	-	9o
72	Pożegowo	D	D	D	13	134	4	D	15	137	13	35o	18	35o	-	7	11
73	Pruszkowo	D	H	H	23	5	111	D	24	15	15o	33	1o9	33	-	-	1o9
74	Przychodzker (Deutschhöhe)	H	H	H	52	24	315	H	55	33	324	21	33o	21	-	22	3o8
75	Puszczykowo (Elsenhain)	H	H	H	11	12	72	H	16	14	85	34	91	34	-	-	91
76	Radoszkowo	H	H	H	11	88	11	H	12	82	39	125	5	125	-	-	5
77	Rakwitz (Rakoniewice)	D	D	D	42	179	173	D	26	84	151	127	56	127	-	16	4o
78	Rattay	H	D	D	28	37	181	D	35	7o	19o	131	15o	131	-	3	147
79	Reklin (Niederhausen)	H	H	H	24	12	129	H	27	4	171	44	153	44	-	-	153
8o	Rensko (Renzig)	H	D	H	29	27	18o	D	37	43	236	59	21o	59	-	-	21o
81	Rojewo (Waldhorst)	H	H	H	2o	1o	145	H	27	-	171	26	1o7	26	-	-	1o7
82	Ruden	D	C	DC	3o	18	156	DC	3o	1o	173	-	116	-	-	5	111
83	Słocin	H	H	H	1o	43	37	H	13	57	35	52	3o	52	-	-	3o
84	Snowidowo	H	H	D	21	55	1o8	D	25	72	123	95	61	95	-	14	47
85	Silz (Soleckie Ol.)	H	D	HD	34	33	221	H	48	11	297	3	279	3	-	4	275
86	Sosnowiec	H	H	D	1o	87	5	D	2o	171	32	188	-	188	-	-	-

	Ortsname ++)	Qualität 1802	1819	1840	1840 Feuerst.	Kath.	Evang.	1871 Qual.	Feuerst.	Kath.	Evang.	1910 p	dt	poln. k	ev	dt k	ev
87	Sowiniec	H	H	H	22	1o	126	H	24	2	175	42	117	42	-	2	115
88	**Sroczewo**	H	H	H	28	133	88	H	23	118	95	141	4o	141	-	2	38
89	Dąbrowa, Alt	H	D	H	32	13	223	H	48	12	325	7o	314	7o	-	-	314
9o	Jastrzemski, Alt (Friedenhorst)	H	H	H	84	34	482	D	76	34	537	6	5o9	6	-	2o	488
91	Stefanowo	H	H	H	17	3o	52	H	15	42	61	8	91	8	-	42	49
92	Stodolsko (Friedheim)	H	H	D	2o	6	129	D	28	9	189	79	2o9	79	-	1	2o8
93	Strumiany (Steinort)	(1793 : H)	H	H	23	59	142	H	25	87	162	1o7	153	1o7	-	11	142
94	Wioske (Sucha Dębina)	H	H	H	53	129	237	H	75	1o	444	3	447	3	-	4	443
95	Scharke (Szarki)	H	H	D	64	7	439	D	77	5	458	15	456	15	-	4	452
96	Święczyn	H	H	H	16	28	66	H	7	39	5o	61	3o	61	-	1	29
97	Schwenten (Świętne)	D	DC	DC	92	94	574	D	92	58	554	22	7o3	21	1	41	662
98	Tarnowo	D	H	D	66	4o	456	D	83	127	519	68	467	68	-	4	463
99	Terespotocker	H	H	H	32	216	15	H	33	19o	46	179	1o7	179	-	43	64
1oo	Tłoki	H	H	H	21	21	116	H	28	48	163	151	114	151	-	-	114
1o1	Troszczyn	H	H	H	23	147	34	H	25	169	41	2o7	41	2o7	-	6	35
1o2	Tuchorze, Neu (Nowe Ol.) (Lindenheim)	H	H	DH	32	18	15o	D	33	3o	181	16	161	16	-	8	153
1o3	Tuchorze, Alt (Stare Ol.) (Tannheim)	H	H	DH	39	16	225	D	45	1o	284	96	256	96	-	5	243
1o4	Tepperbuden, Neu (Ujście Nowe)	D	H	D	36	19	217	D	38	12	25o	-	231	-	-	7	224
1o5	Tepperbuden, Alt (Ujście Stare)	D	H	D	3o	26	21o	D	35	7	254	-	236	-	-	1o	226
1o6	Wilze (Wilcz)	H	C	D	19	-	118	D	22	3	153	-	99	-	-	3	96
1o7	Włościejewki	H	H	H	16	132	43	H	26	2o7	59	279	4o	279	-	4	36
1o8	Zaborowo (Bismarckseich)	H	H	D	12	-	12o	D	19	9	146	14	146	14	-	-	146
1o9	Zakrzewko	D	D	D	23	92	5o	D	35	139	1o2	22o	89	22o	-	1o	79
11o	Zdrogowo 1793: GosterszinerH.	D	D	Vw	9	62	-	Vw	3	52	-	.	.	.	.	.	.
111	**Zabno** (Waldhöhe)	H	H	H	35	27	194	H	38	34	232	178	96	178	-	-	96

B. Altpolnischer Kreis Posen

(Die unterstrichenen Angaben stammen aus dem Bromberger Ortsverzeichnis von 1818)

	Ortsname	Qualität 1802	1819	1840	1840 Feuerst.	Kath.	Evang.	1871 Qual.	Feuerst.	Kath.	Evang.	1910 p	dt	poln. k	ev	dt k	ev
1	Barcinek	H	H	D	5	16	34	D	5	32	16	23	25	23	-	-	25
2	Białężyn (Weisstal)	H	H	H	8	18	46	H	8	37	46	48	58	48	-	1	57
3	Białokosz	H	H	H	12	39	46	H	12	42	46	38	58	38	-	15	43

Nr.	Ortsname++)	Qualität 18o2	1819	184o	184o Feuerst.	Kath.	Evang.	1871 Qual.	Feuerst.	Kath.	Evang.	191o p	dt	poln. k	ev	dt k	ev
4	Bielawy	D	D	D	14	19	127	D	21	12	231	-	156	-	-	-	156
5	Bolewice	H	H	H	26	77	1o3	H	28	86	1o2	2	215	2	-	1o3	112
6	Bronitz	C	D		(6)		ev	D	13	-	1o1	-	112	-	-	1	111
7	Braknitz (Brzekiniec)	H	H		21		ev	H	13	14	79	45	187	45	-	1o	172
8	Bucharzewo	H	H	D	7	-	56	D	1o	19	57	23	41	23	-	-	41
9	Budziszewo (Groß-Hauland)	H	H	H	19	45	129	H	22	37	14o	7o	115	7o	-	9	1o5
1o	Bukowce (Treuenwalde)	H	H	D	7	6	48	D	14	5	131	42	59	42	-	13	46
11	Ziegelscheune (Cegielnickie)	H	H	H	32	13	197	H	45	15	279	1	286	1	-	7	279
12	Chełmno	H	H	H	27	13	239	H	33	23	216	84	175	84	-	1	174
13	Chmielinka	D	D	D	69	157	315	D	91	199	479	18	934	18	-	269	665
14	Chorzempowo	D	H	D	13	125	14	D	18	138	45	151	59	151	-	11	48
15	Scharne (Czarne Ol.)	H	H	H	7	-	42	H	8	3	41	•	•	•	•	•	•
										errechnet							
16	Schwarzhauland (Czarne Ol.)	H	H	H	12	1o	83	H	22	29	148	29	49	29	-	-	49
17	Czerwonak	H	H	H	13	44	63	H	11	51	56	186	46	186	-	-	46
18	Daleszynko	H	H	D	16	12	1o8	D	19	7	162	91	113	91	-	-	113
19	Eichberg (Dębowiec)	H	H	D	1o	1	98	C	15	-	178	-	156	-	-	-	156
2o	Lauske, Neu	H	H	H	17	17	11o	D	18	32	111	-	93	-	-	12	81
21	" , Alt (Dłusko)	H	H	H	7	4	42	H	1o	3	74	3	61	3	-	9	52
22	Driwcen (Drzewiec)	H	H	H	31	1	255	H	35	2	276	-	18o	-	-	4	176
23	Trockenhauland (Wełna/ Dziewcza Struga)	H	H	H	15	29	98	H	14	15	93	29	73	29	-	1	72
24	Filipowo	H	H		52		ev					5	337	5	-	-	337
		mit Józefowo u. Raczyn															
25	Follstein		D		57		ev	D	67	15	519	3	511	3	-	15	493
26	Garganowo	H	C	Gut	1	16	-	Vw	1	18		•	•	•	•	•	•
27	Gembitz	H	H		38		ev	H	6o	9	558	1	49o	1	-	-	49o
28	Glinau (Glinno)	H	H	H	118	39	789	H	173	95	1396	64	1237	64	-	63	1173
29	Główno	H	H	H	3	17	8	H	3	3o		•	•	•	•	•	•
3o	Gogolice (Jaglitz)	H	D	H	8	-	84	D	6		64	•	•	•	•	•	•
31	Gorgoszewo	H	H	D	6	28	26	D	7	36	3o	51	7	51	-	-	7
32	Grabowko	H	H		4		ev	H	4	5	17	•	•	•	•	•	•
33	Schleife (Grudzianki)	H	H	H	13	1o	84	D	15	15	97	5	98	5	-	15	83

Nr.	Ortsname ++)	Qualität 18o2	Qualität 1819	Qualität 184o	184o Feuerst.	184o Kath.	184o Evang.	1871 Qual.	1871 Feuerst.	1871 Kath.	1871 Evang.	191o p	191o dt	191o poln. k	191o poln. ev	191o dt k	191o dt ev
34	Ehrbardorf (Herbardowo)		D		3o		ev	D	47	17	394	1	264	1	-	6	258
35	Knarrhütte (Huta)	D	D		9		ev	D	1o	9	86	-	81	-	-	2	79
36	Hüttenhauland (Hutskie)	H	H	H	38	47	2o2	H	42	28	29o	5	288	5	-	38	25o
37	Hüttenhauland (Hutskie)	H	H	H	4	3o	13	H	8	128		17	47	17	-	-	47
38	Igrzna (Rehwiese)	H	D	H	9	26	49	H	8	6	36	-	47	-	-	-	47
39	Jaracz	H	H	H	16	3	114	H	21	36	117	21	113	21	-	4	1o9
4o	Jarosławiec	Kr	Vw	C	4	17	3o	C	4	bei Rosnowo		.	.	.	.	.	.
41	Jasionna (Waldheim) 1798: H	D	D	D	29	8	322	D	36	1	367	11o	3o7	11o	-	-	3o7
42	Eschenwalde (Jasinieckie)	H	H	H	36	16	3o4	H	58	28	388	12	437	12	-	4o	397
43	Putzig (Jędrzejewskie)	H	H		22		ev	H	66	41	47o	18	599	18	-	45	554
44	Józefowo	bei Filipowo						D	18	29	145	bei Filipowo		bei Filipowo			
45	Kaminsk	H	H	H	27	29	224	H	26	37	254	55	118	55	-	-	118
46	Kamionka	D	D		15		ev	D	13	45	78	-	1o2	-	-	29	73
47	Ludwigsdorf (Kałędek)	?	D		18		ev			.	.	-	13o	-	-	1o	12o
48	Uzarzewo (Talfeld)	H	H	H	3	12	17	H	2	19		56	43	56	-	-	42
49	Kaźmierzowskie	Vw	Vw		3	kath		D	3	16		.	.	.	.	.	.
5o	Kliny (Kleinh.)	H	H	D	13	47	97	D	13	64	81	58	37	58	-	-	37
51	Kobusch	H	D	D	7	-	75	D	7	3	86	-	72	-	-	-	72
52	Kolędzin	Vw	Vw	Vw	2	26	5	Vw	1	12		.	.	.	.	.	.
53	Komorowo	H	H	H	36	47	219	H	48	1	361	5	23o	5	-	43	187
54	Kozielaski (Königsfelde)	H	H	H	43	52	19o	H	48	8o	295	53	263	53	-	42	221
55	Kaza (Koza)	H	C	D	9	9	63	D	12	-	92	-	6o	-	-	-	6o
56	Krossno (Altkirch)	D	D	D	37	5	255	D	39	15	329	1o1	237	99	2	9	228
57	Krinitze	H	H	H	17	12	116	D	22	36	115	5	111	5	-	19	92
58	Christinchen (Krystynka)	D	C		7		ev	D	7	4	48	-	32	-	-	2	3o
59	Krummenwalde	H	H	H	17	25	128	H	21	35	128	34	125	34	-	36	89
6o	Neusorge (Kwiejce Nowe)	C	D		17		ev	D	26	24	26o	28	61o	28	-	16	594
61	Lassek	H	H	D	28	126	126	D	41	235	132	677	136	677	-	26	11o
62	Lewitz	H	H	H	41	14	249	H	5o	32	347	-	438	-	-	43	39o
63	Lipke, Kl.	H	H	H	18	68	46	H	25	113	43	93	112	93	-	38	74
64	" , Gr.	H	H	H	28	42	147	H	37	83	211	19	242	19	-	66	176
65	Miłkowo (Lubaskie)	H	H		7		ev	H	11	22	73	32	7o	32	-	-	7o
66	Luben	H	H	H	27	5	162	H	33	24	187	-	24o	-	-	19	221

	Ortsname++)	Qualität 1802	1819	1840	1840 Feuerst.	Kath.	Evang.	1871 Qual.	Feuerst.	Kath.	Evang.	1910 p	dt	poln. k	ev	dt k	ev
67	Lubowo	H	D	D	26	-	248	D	37	26	290	(212x)	258)	(212x)	-	-	258)
68	" Zarzeczne																
69	Lukatz (Łokacz)	?	D		44		ev	D	144	147	1726	(175	3689	175	-	299	3366)
70	Łaskoń, Alt (1793: H)	H	H	H	8	29	46	D	8	11	62	44	43	44	-	-	43
71	Marienwalde	H	H	H	18	8	137	D	21	3	146	8	135	8	-	10	125
72	Mariendorf (Marianowo)	?	D		23		ev	D	36	8	282	1	213	1	-	2	211
73	Marlewo	D	D	D	4	34	-	D	6	40	5	32	-	32	-	-	-
74	Marszewice (1793: H)	Vw	Vw	Vw	5	69	7	Vw	4		75	•	•	•	•	•	•
75	Mechnacz	H	H	D	30	40	220	D	35	34	241	25	207	25	-	12	195
76	Muchocin	H	H	H	9	-	73	H	7	3	38	7	39	7	-	2	37
77	Merine, Neu	H	H	H	24	10	189	H	31	11	229	-	237	-	-	16	221
78	" , Alt	H	H	H	13	-	90	H	12	3	104	3	68	3	-	3	65
79	Miękowko	H	H	D	4	40	3	Vw	4		42	•	•	•	•	•	•
80	Milsch (Milczewskie)	H	H		17		ev	H	21	58	175	12	326	12	-	69	257
81	Młynsk (Krebbelmühl)	H	H	H	17	22	80	H	16	4	107	1	87	1	-	2	85
82	Naramowice (Alt u. Neu)	H	H	D	8	55	22	H	5	17	23	•	•	•	•	•	•
83	Nieszawa	H	H	H	8	25	53	H	7		66	4	37	4	-	-	37
84	Niewiemko, Alt	?	D		15		ev	H	17	-	139	6	162	6	-	-	162
85	und Neu (Neuhütte)																
86	Niwka	?	H	D	9	11	65	D	15	18	89	21	77	21	-	-	77
87	Neudorf (Nowawieś)	H	H	H	8	34	47	H	6	24	51	20	25	20	-	-	25
88	Krebbel, Groß (Krobielewo)	H	H	H	29	35	174	H	27	28	173	23	158	23	-	20	138
89	Eichquast (Nowe Ol.)	H	D	H	17	21	141	D	26	54	184	46	273	46	-	12	261
90	Neuhöfen (Nowedwory)	?	D		65		ev	D	81	15	676	5	678	5	-	6	672
91	Neuschilln (Nowe Silno)	H	H	H	34	242	12	H	41	272	27	38	275	38	-	215	60
92	Neuhauss (Nowydom)	H	H	H	6	6	42	H	6	2	33	•	•	•	•	•	•
93	Obelzanke	D	D	D	9	-	88	D	15		131	54	129	54	-	1	128
94	Chmielewo (Klingbeil)	H	Vw	Vw	2	16	27	Vw	3		57	(65	10)	(65	-	3	7)
95	Orłowce	H	H	H	10	12	58	D	11	27	65	1	71	1	-	8	63
96	Paprotsch	H	H	H	128	12	845	H	127	36	1059	123	1052	123	-	25	1027
97	Punken (Pęcheńskie)	H	H	H	37	250	43	H	40	263	68	1	322	1	-	250	72

x) offensichtlich nicht zum ehem. Holland gehörige Bevölkerung

Nr.	Ortsname[++)]	Qualität 18o2	Qualität 1819	Qualität 184o	184o Feuerst.	184o Kath.	184o Evang.	1871 Qual.	1871 Feuerst.	1871 Kath.	1871 Evang.	191o p	191o dt	191o poln. k	191o poln. ev	191o dt k	191o dt ev
98	Weissensand (Piaski)	H	C	C	8	-	49	H	9	-	75	.	.	.	.	.	.
99	Schneidemühl (Pilskie)	H	H	H	28	2o	233	CD	36	9	265	1	183	1	-	-	183
1oo	Piłka	H	H	H	2	-	19	H	2	9	7	bei Jaracz		bei Jaracz			
1o1	Pietrunki	D	D		?		kath	D	3	-	15	3	34	3	-	6	28
1o2	Połajewo	H	H̄	H	6	-	63	H	16	-	133	-	127	-	-	-	127
1o3	Popowo	D	D	D	24	7	226	D	29	-	227	179[x)]	2o4	179[x)]	-	6	198
1o4	Przyborowo (Freithal)	H	H	H	15	37	124	D	19	62	96	1o8	69	1o8	-	7	62
1o5	Psarskie, Kl.	H	H	H	7	-	51	H	7	5	53	44	42	44	-	-	42
1o6	" , Gr.	H	H	H	16	6	169	H	18	12	139	22	96	22	-	2	94
1o7	Raczyn	s. Filipowo															
1o8	Radusz (Radoskie)	H	H	H	56	6	547	C	77	-	6o4	5	587	4	1	5	582
1o9	Reinzig (Roińskie)	H	H	H	16	3	86	H	16	9	95	9	98	9	-	16	82
11o	Rosnowo (Rosenhagen)	H	H	H	23	49	16o	H	32	57	218	6o	157	6o	-	1	156
111	Rożnowskie (Raschnau)	H	H	H	11	3	77	H	11	9	1oo	7	51	7	-	9	42
112	Rosenthal (Róża)	H	H	H	9	4	69	H	9	8	57	11	65	11	-	3	62
113	Rose, Neurose (Nowa Róża)	H	H	H	46	18	238	H	5o	3	3o4	25	343	25	-	-	343
114	Rutki (Rudka)	H	H	H	18	4	12o	H	23	3o	158	41	1oo	41	-	-	1oo
115	Sępolno	H	H	H	13	24	56	H	17	51	1o4	3	128	3	-	3o	98
116	Zynskowo (Sękowo) (Friedenwalde)	H	H	H	59	1	395	H	62	6	5o6	11	463	11	-	8	455
117	Schierzig (Siereckie)	H	H	H	51	48	35o	H	61	54	41o	1	5o1	1	-	52	449
118	Sikorce	H	H	H	3	2o	16	C	2	bei Trojanowskie							
119	Skrzydlewo (Zollerndorf)	D	D	D	23	35	134	D	32	75	238	89	194	89	-	41	153
12o	Sławica	D	D	D	6	35	7	D	16	12o	24	113	-	113	-	-	-
121	Słonawy (Rotenstein)	H	H	H	9	35	57	HC	15	3o	1oo	83	2o7	83	-	7	2oo
122	Smolary (Königsruh)	H	H	H	17	17	149	H	22	31	178	21	12o	2o	1	4	116
123	Eulenberg (Sowia Góra)	H	H	D	14	-	1o1	D	19	-	127	-	124	-	-	-	124
124	Altvorwerk (Stary Folwark)	H	H	H	17	7	124	H	22	19	171	3	15o	3	-	7	143
125	Stobnica (Treuenheim)	H	H	H	2o	13	19o	H	3o	2	234	29	35o	29	-	6	344
126	Struzewo (Hermstal)	H	H		45		ev	H	81	32	632	-	7o2	-	-	5o	652
127	Striche	H	H̄	H	15	3	111	H	16	9	119	5	1o4	5	-	3	1o1

x) offensichtlich nicht zum ehem. Holland gehörige Bevölkerung

Nr.	Ortsname ++)	Qualität 18o2	Qualität 1819	Qualität 184o	184o Feuerst.	184o Kath.	184o Evang.	1871 Qual.	1871 Feuerst.	1871 Kath.	1871 Evang.	191o p	191o dt	191o poln. k	191o poln. ev	191o dt k	191o dt ev
128	Strelitz (Strzeleckie)	H	H		14		ev	H	18	25	158	1o	144	1o	-	3	141
129	Blake (Such.)	H	H	H	24	8	153	H	29	-	212	5	284	5	-	3	281
13o	Glashütte (Szklana Huta)	?	D		37		ev	D	57	8o	459	5	517	5	-	53	464
131	Glashütte (Szklana Huta)	H	D		7		ev	D	9	1	78	bei	Niewiemko		bei	Niewiemko	
132	Glashütte (Szklanohutskie)	H	D	D	21	48	9o	H	26	79	12o	-	218	-	-	68	15o
133	Schweinert (Świniary)	H	H	H	3o	4	185	H	3o	6	221	-	173	-	-	13	16o
134	Tarnowiec	H	H	H	9	25	39	H	8	29	38	15	46	15	-	15	31
135	Ludom (Teresowo)	H	H	H	15	19	131	H	14	16	113	28	7o	28	-	-	7o
136	Tucholle	H	H	D	14	6	112	D	19	19	179	2o	183	19	1	58	125
137	Twardowo 1793: H	D	Vw		Lt. Słown. Geogr. "bestand es noch 1793". Lt. Verz. 1819: "früher eine Colonie".							.	.	.	.	.	.
138	Uszcz, Uschhaul. (Ujskie)	-	H		42		ev	H	67	8o	522	4	6o5	4	-	53	552
139	Uścikowo (Warthetal)	H	H	H	17	2	134	H	26	68	153	91	111	9o	1	5	1o6
14o	Węgielno	H	H	H	44	15	269	D	52	14	318	18	251	18	-	4	247
141	Wiewierczyn	H			1819 und 184o bei Wladiszyn												
142	Füshan, Fissahn (Wizany)	?	D		17		ev	D	37	23	316	5	267	5	-	2o	247
143	Władyszyn	H	H	H	9	4	59	D	9	1	78	18	38	18	-	-	38
144	Woynowo	H	H	H	5	39	-	H	6	44	1o	5o	3	5o	-	-	3
145	Wymyślanka	H	H	H	16	42	84	H	15	2o	99	18	91	18	-	17	74
146	Wyssogotowo (Schwarzhaul.)	H	H	D	18	94	96	C	32	114	93	22o	41	214	6	-	41
147	Zakrzewo (Vier Windmühlen) (Sassenheim)	H	H	D	32	63	216	H	41	115	26o	221	187	221	-	5	182
148	Zamorze (Georgsburg)	H	H	H	2o	-	217	D	25	14	199	47	178	47	-	2	169
149	Zattum, Neu	H	H	D	2o	18	174	D	44	13	336	58	317	58	-	1	316
15o	Gościejewo (Zawadzkie)	H	H	H	4o	2	354	H	12	29	71	76	88	76	-	6	73
151	Dreyen (Zdroje)	H	H	H	3	-	26	C	3	bei	Lubowo	.	.	bei	Lubowo		
152	Sche(r)lanke (Zielonka)	H	H	H	8o	39	527	H	132	57	912	15	885	15	-	19	853
153	Trakt, Grünheide (Zielonka)	H	H	H	9	1o	27	Först	7	12	67	38	5o	38	-	-	5o
154	Złotkowo (Goldau)	H	H	D	15	29	121	D	18	38	132	73	57	73	-	-	57
155	Goldgräber (Złotoryja)	H	H	H	13	28	82	H	13	8	97	44	63	44	-	1	62
156	Thiergarten (Zwierzyniec)	H	H	H	8	1o	89	C	1o	7	79	-	1o7	-	-	-	1o7

	Ortsname[++]	Qualität 1802	1819	1840	1840 Feuerst.	Kath.	Evang.	1871 Qual.	Feuerst.	Kath.	Evang.	1910 p	dt	poln. k	poln. ev	dt k	dt ev
	C. Siedlungen eines Zwischentyps (lt. Rusiński, S. 143)																
1	Czapury	D	D	D	13	12o	-	D	22	18o	-	243	8	243	-	-	8
2	Głęboczek	H	D	H	11	-	98	H	1o	24	74	51	82	51	-	-	82
3	Kiszewko	D	D	D	16	56	1o5	D	24	39	17o	59	18o	59	-	36	144
4	Krucz (Krôteckie)	H	H		15		ev/kath	H	28	15	182	79	152	79	-	-	152
5	Krzyżownik	D	D	D	31	2o7	32	D	56	4o8	34	588	157	588	-	6	151
6	Ostrowki	D	H		2		ev	H	2		11	(27	428	27	-	52	376)
7	Rzeczyn (Rzecień)	D	D	D	25	11	235	D	58	1o	491	9	531	9	-	2	529
8	Suchylas (Steimersdorf)	D	H	D	24	52	172	D	28	71	2o5	281	188	281	-	5	183
9	Trojanowo	H	H	H	13	66	65	H	14	96	68	19o	28	19o	-	-	28
1o	Dreihäuser (Trzydomy)	zu Milsch-Holland															
11	Wiorek	D	D	D	17	134	-	D	26	194	-	245	5	244	1	4	1
	D. Siedlungen unbestimmten Typs (lt. Rusiński, S. 144)																
1	Janikowo	D	D	D	11	92	1	D	14	123	-	131	-	131	-	-	-
2	Jasiń	D	D	D	27	1o9	112	D	27	56	181	2o8	65	2o8	-	3	61
3	Łaskoń, Neu	H	H	D	7	6o	29	D	6	28	31	zu Alt-Laskon ?			zu Alt-Laskon?		
4	Tuczno	H	H	H	3	4	15	?	?	?	?	.	.	.	.	.	.
	Die Tuczno-Siedlung lag in drei Kreisen																

Quellen: 18o2 - nach Gillys Karte von Südpreußen; 1819 - Ortsverzeichnis des Posener Regierungsbezirks von 1821; 184o - Ortsverzeichnis des Posener Regierungsbezirks von 1843; 1871 - Gemeindeverzeichnis der Provinz Posen 1874; 191o - Gemeindelexikon, Reg.Bez. Posen (H. IV) u. Reg. Bez. Bromberg (H. V), Berlin 1912 (dazu E. Graber u. O. Ruppersberg: Verzeichnis der Ortsnamen-Änderungen in der Provinz Posen, Posen 1912).

Tafel IV

Kolonien und Kolonisten Kongreßpolens nach Bezirken auf Grund der Warschauer Liste von 1835

Bezirke und Wojewodschaften	Kolonien	Feuerstellen	Kolonisten		
			Hauptpersonen	Angehörige	Insgesamt
Sochaczew	41	774	865	4 051	4 916
Kujawien	30	428	466	1 853	2 319
Gostynin	109	1 387	1 759	6 118	7 877
Rawa	124	2 000	2 300	9 420	11 720
Łęczyca	154	2 380	3 061	12 888	15 949
Warschau	104	1 149	1 556	5 467	7 023
Stanisławów	49	381	485	1 787	2 272
Woj. Masowien	611	8 499	10 492	41 584	52 076
Płock	27	469	598	2 986	3 584
Lipno	37	326	508	1 709	2 217
Przasnyrz	7	55	58	280	338
Pułtusk	31	461	584	1 826	2 410
Ostrołęka	11	213	213	1 144	1 357
Mława	5	87	131	312	443
Woj. Płock	118	1 608	2 092	8 277	10 369
Lublin	4	37	37	114	151
Krasnostaw	4	36	52	185	237
Hrubieszów	1	6	6	35	41
Zamość	8	95	115	424	539
Woj. Lublin	17	174	210	758	968
Kielce	10	156	236	1 050	1 286
Stopnica	6	91	76	201	277
Olkusz	3	33	36	79	115
Miechów	-	-	-	-	-
Woj. Krakau (Kielce)	19	280	348	1 330	1 678
Łomża	2	52	49	231	280
Augustów	32	269	257	1 207	1 464
Maryampol	7	51	51	220	271
Sejny	1	2	2	5	7
Woj. Augustów	42	374	359	1 663	2 022
Opoczno	8	185	220	934	1 154
Opatów	4	62	78	272	350
Sandomir	3	27	23	101	124
Radom	43	532	723	3 188	3 911
Woj. Sandomir	58	787	1 044	4 495	5 539
Radzyn	1	11	11	55	66
Łuków	28	558	823	3 293	4 116
Woj. Podlachien	29	569	834	3 348	4 182
Konin	171	2 640	3 204	15 164	18 368
Petrikau	60	1 293	1 484	6 862	8 346

Bezirke und Woje-wodschaften	Kolonien	Feuerstellen	Kolonisten		
			Hauptpersonen	Angehörige	Insgesamt
Sieradz	35	1 039	1 491	7 012	8 503
Wieluń	15	486	626	2 220	2 846
Kalisch	30	910	1 255	4 666	5 921
Nachtrag zu Woj. Kalisch	26	686	776	2 646	3 422
Woj. Kalisch	337	7 054	8 836	38 570	47 406
Kongreßpolen	1 231	19 345	24 215	100 025	124 240

Tafel V

Warschauer Liste der Kolonien und Kolonisten vom Jahre 1835

(ergänzt durch Angaben aus den Jahren 1825, 1851, 1865)

Abkürzungen: b = Besitz der Bergbau-Verwaltung; em = emphiteut. Besitz (Erbpachtbesitz); h = Holland; k = Kolonie; kir = Kirchenbesitz; r = Regierungsbesitz (wo kein r, dort - wenn nichts anderes gesagt - im Jahre 1825 in der Regel adliges Gut); rum = Rumunek; Sch = Schule; sp = Spitalsbesitz; supr. = suprimierter Besitz (d.h. alter Kirchenbesitz, 1825 unter staatlicher Verwaltung). Die mit + versehenen Zahlen der Kolonne IX beziehen sich auf das Dominium (II).

Nachweis der Kolonien und Kolonisten, die in den Bezirken Kujawien, Gostynin, Rawa und Sochaczew in der Masowischen Wojewodschaft wohnen

Ordnungsnummer	I. Name der Kolonien	II. Dominium	III. Feuerstellen	IV. Kolonisten	V. Angehörige	1825 (lt. Tabella) VI. Ortsqualität	VII. Feuerstellen	VIII. Einwohner	IX. Deutsche 1851	X. Schulen 1865
Bezirk Sochaczew										
1	Kępa Szladowska	Kampinos	8	14	35		5	29	249	Sch
2	Kromnów St. u. Nowy	"	17	32	89	r	28	251	124	Sch
3	Kromnów Hol.	"	4	9	2o	r	3	22	25	
4	Gorszewnica	"	7	13	35	r	6	45		
5	Piaski Duchowne	"	14	26	67	r	2o	164		
6	Wilków Hol.	"	11	21	67	r	12	1o9	93	Sch
7	Wiersze	"	6	12	24	r	21	144		
8	Marywil	Walewice	26	35	1o3		.	.	251	Sch
9	Secymin Niemiecki	Secymin	35	32	265		23	262	278	Sch
							12	12o		
1o	Olszynki	Troianów	13	13	65		14	133	158	
11	Baby	Guzów	33	33	149		35	263		
12	Tomaszew	"	23	2o	86		24	154		
13	Lubno	"	36	36	198		33	259		
14	Jasionka	"	26	27	124		26	19o		
15	Franciszków	"	4o	42	23o		42	294	16o	Sch
16	Józefów	"	15	13	67		15	1o1		
17	Benenard	"	27	24	93		26	163		
18	Piotrowin	"	8	6	43		8	68		
19	Felixów	"	37	36	175		34	234	183	Sch
2o	Grędy	"	19	19	91		19	137		
21	Henryszew	"	24	26	113		3o	2o9		
22	Sade Budy	"	2o	29	9o		21	14o		

Nr.	I.	II.	III.	IV.	V.	VI.	VII.	VIII.	IX.	X.
23	Mariampol	Guzów	42	41	213		21	174		
24	Teklinów	"	19	19	82		16	123	14o	Sch
25	Bieganów	"	19	16	86		44	331		
26	Gągolin	Kompina	1o	1o	43	r	5o	282	112	Sch
27	Bednary	"	24	31	216	r	63	339	186	Sch
28	Sowia Wola	Sowia Wola	22	22	198	r	25	195		
29	Brzozówka	"	3o	23	282	r	27	246	231	Sch
3o	Truskawka	"	12	11	1o3	r	14	1o1		
31	Kiscinne	"	14	14	88	r	9	55		
32	Wędziszewo	"	11	1o	86		.	.		
33	Antoniew Nowy	Szymanów	21	51	83		.	.		
34	Zakulin	Dobra Łowickie	27	27	1o5		12	95		Sch
35	Łyszkowice Kolonia	"	1o	1o	7o		.	.		Sch
36	Sielce	"	13	19	89		8	6o		Sch
37	Zawady	"	5	5	28		12	1o9		Sch
38	Wygoda	"	2	2	11		8	63		
39	Seroki	"	3	3	17		7	22		
4o	Jamno	"	3	1	2		?	?		
41	Jastrzębia	"	2	2	2o		15	114		

Bezirk Kujawien

Nr.	I.	II.	III.	IV.	V.	VI.	VII.	VIII.	IX.	X.
42	Modzerowo	Lisek	32	8	42	rk	33	287		Sch
43	Kamieniec	Dębie	15	16	71		1o	1o4		
44	Kamieńczyk	"	3	3	5		.	.		
45	Wola Zagaykowa	"	3	3	18		9	53		
46	Bodzie	Ustronie	47	94	141		.	.	2o1	Sch
47	Zakrzewek	Wierzbinek	12	12	78	h	11	98		Sch
48	Rybno	"	13	13	81	h	13	83	117	
49	Zalesie	"	1o	1o	46	h	1o	51		
5o	Teresewo	"	23	23	9o	h	23	83		
51	Sosnowka	"	12	12	44	h	12	74		
52	Mostki Warzymowskie	"	7	7	49		7	51		
53	Jasieniec Nowy	Przedecz	16	14	92	r	14	93		
54	Jasieniec Stary	"	17	16	1o2	r	17	156		
55	Sompolno	Sompolno	22	22	154	r	21	124		Sch
56	Siarzewo	Sierzchowo	11	11	66	r	1o	73		
57	Słońsk	"	3o	3o	2o3	r	32	283	234	Sch
58	Rudzk Wielki	Piotrkowo	19	19	93		19	142		Sch
59	Zbrachlin	Lubanie	7	7	25	rh	15	137		Sch
6o	Miechowiec	Miechowiec	12	12	46	rk	3	17		
61	Wieniec [?]	Lubieniec	9	9	46		.	.		
62	Piotrowo	"	6	5	21		.	.		
63	Ruda	"	25	25	1oo		1	16	216	Sch
64	Radzieiowo	Radzieiowo	9	6	2o	rk	9	61		
65	Kaczyniec	Wrząca Mała	12	39	5o	h	12	96		Sch
66	Bycz	Głuszynek	11	9	37		15	138		Sch
67	Słuchay	"	11	11	42	h	13	6o		
68	Potołowek	"	3	3	17		4	53		
69	Rogalki	"	4	4	16	h	5	48		
7o	Czarnocice	Stare Radzieiewo	21	21	5o	rk	2o	121		Sch
71	Warzęchewka	Śmiłowice	6	2	8		18	134		

Nr.	I.	II.	III.	IV.	V.	VI.	VII.	VIII.	IX.	X.
	Bezirk Gostynin									
72	Zaranna	Strzelce	8	16	24		1o	76		
73	Strzeleckie Hol.	"	8	16	2o	h	11	77		Sch
74	Niedrzakówek	"	8	16	54		7	51		
75	Wydziały	"	6	12	24	r	2	24		
76	Żabieniec	"	5	1o	2o		2	18		
77	Woltersdorf/Marjanów	"	23	46	111		24	19o		Sch
78	Dyndya	Osiny Gostyńskie	8	8	8		11	62		
79	Starebudy	Brwilno	28	28	134		26	194		Sch
8o	Golas	Szczawin Borowy	12	12	56		13	96		Sch
81	Leopoldów	Suserz	11	39	5o		12	94		
82	Budy	"	8	18	25		.	.		
83	Dolne Budy	Ciechomice	13	13	59		.	.	151	Sch
84	Białka	Trębki	7	7	53		12	1o8		
85	Józefków	"	8	8	49		23	17o		
86	Mniszek	"	9	9	29		16	73		
87	Kiełpieniec	"	16	16	56	k	18	1o5		
88	Osowiec	"	19	19	93	h	2o	127		Sch
89	Modrzew	"	15	15	67	k	17	98		
9o	Tuliska	"	15	15	54		18	117		
91	Remlic (?)	Iłów	2	3	5		.	.		
92	Szarglew	"	4	6	39		4	33		
93	Łaziska	"	19	19	34		18	154		
94	Budy Iłoskie	"	17	18	4o		17	152		
95	Rzepki	"	6	8	42	k	3	22		
96	Nowawieś/Neudorf	"	31	31	197		22	2o5	222	Sch
97	Bieliny	"	19	19	123	k	17	123	172	Sch
98	Januszew	"	39	41	224		22	165	343	Sch
99	Łęg u. Kępa Januszew.	"	4	4	31	h	4	25		
1oo	Kępa Sempłoska	"	2	2	7		2	2o		
1o1	Bieniew	"	16	2o	1o2		1o	96		
1o2	Łęg Kępa Bieniewska	"	7	11	57		7	75		
1o3	Gran. Arciechów	"	1	1	8		1	44		
1o4	Granica Bieniewska	"	4	6	24		4	4o		
1o5	Arciechówek	"	8	1o	42		8	59		
1o6	Kępa Antonińska	"	6	11	52		6	52		
1o7	Arciechów	"	11	16	36		12	129	119	Sch
1o8	Przemysłów	"	7	7	48		2	28		
1o9	Lwówek/Leonberg	Sanniki	58	116	3o1	r	59	469	277	Sch
11o	Piotrkówek	"	43	83	218	r	42	432		Sch
111	Rumunek	"	5	1o	46		.	.		
112	Borki	"	26	47	153	r	25	23o		Sch
113	Kępa Wolkowa	"	2	4	6		1o	71		
114	Budy Olszyny/Ellernbach	"	13	26	47	r	11	66		
115	Budy Brzeziny	"	1o	19	37		.	.		
116	Budy Nowe	"	5	13	24	r	9	98		
117	Budy Piaski	"	14	36	57		.	.		
118	Troszyn Niemiecki	"	25	57	211	r	25	23o		Sch
119	Klusek	Bialle	9	8	5o		.	.		
12o	Starożente	"	11	7	35		1o	84		Sch
121	Mokre Niemieckie	"	11	9	49		11	11o	111	Sch
122	Mokre Polskie	"	8	7	39		9	58		

Nr.	I.	II.	III.	IV.	V.	VI.	VII.	VIII.	IX.	X.
123	Koniec Polski	Bialle	11	11	5o		.	.		
124	Emilików/Emilienheim	"	7	8	31		.	.		
125	Zakęcie	"	5	15	19		.	.		
126	Marciniew/Marianów?	"	11	1o	46		.	.	111	Sch
127	Nałęczane	"	7	8	35		.	.		
128	Roguszewek	"	11	11	41		5	59		
129	Maryapol/Friedrichstal,	Wieysko Dąbro-	68	68	34o	r	7	47		
	Różopol/Rosental und	wiecka					8	7o		
13o	Augustopol/Wilhelmstal					r	53	495	389	
131	Łęg Suchodoł Kepa Karolinska	Załusków	8	16	192		8	77		
							8	49	1o7	
132	Mateldów, Rybionek,	Rybno	4o	59	254	r	12	1o1	282	Sch
	Ludwików/Königsdorf									
133	Rybaki	Brzozów	11	16	69		.	.		
134	Wymyśle Niemieckie	Czermno	35	35	1o7		27	335	234	Sch
135	Skórzewska Dezerta	Jaworzyna	8	8	46		.	.		
136	Okupy	Tokary	2	2	11		.	.		
137	Kępa Tokarska	"	3	3	12		2	33		
138	Legarde	Lucień	14	13	54		15	144	14o	
139	Haynleben/Podgórze	"	16	14	62		16	142	139	Sch
14o	Frydenslust/Bolesławów	"	1o	1o	41		11	61		
141	Donnerszru/Zwoleń	"	26	22	82		24	125	228	Sch
142	Blumenfeld	"	5	5	21		5	63		
143	Ottówka	"	4	4	17		3	35		
144	Georgenthal/Miałkówek	"	16	16	64		17	162		Sch
145	Nagodów/Nagold	Rataie	12	12	1o9		12	14o	1o3	
146	Bielawy	"	8	8	86	rum.	5	67		
147	Choienko	"	8	8	58		.	.		Sch
148	Ostrowia osada	"	1	1	17		1	25		
149	Polesie	"	12	12	87		.	.		
15o	Dąbrowa	Sokołów	4	4	24		5	22		
151	Holendry Czarne	Putroń	7	7	51		7	58		
152	Sosnowiec	Górki	4	4	4o		.	.		
153	Krzewie	Solec	35	35	132		34	222	135	Sch
154	Nowa Rumunka	"	7	7	28		.	.		
155	Wesołoska	"	5	5	25		.	.		
156	Żelatka	"	14	14	6o		.	.		
157	Żurawiec	"	5	5	17		.	.		
158	Holendry Sierakowskie	Sieraków	1o	1o	59		23	239		
159	Świniary	Świniary	17	16	67		11	1o8	216	
16o	Miechowiec	"	28	28	83		12	51	1o9	
161	Osiek	"	4	2	8		.	.		
162	Sady	"	34	34	131		33	299	277	Sch
163	Wiączymin Polski	"	35	35	166		22	221	265	Sch
164	Wiączymin Niemiecki	"	17	16	83		17	117	179	Sch
165	Stokowo	"	4	4	2o		6	59		
166	Kępy Bobrza,		7	6	24		5	36		
167	Popielarka und Chrzaniew	"					4	4o		
168	Baby	Rdutów	2	2	18		.	.		
169	Liliopol/Lilienthal	"	1o	1o	5o	r	11	94		Sch
17o	Łoiewka	"	2	2	16	r	2	22		
171	Iwiny	"	7	7	36	r	9	54		

Nr.	I.	II.	III.	IV.	V.	VI.	VII.	VIII.	IX.	X.
172	Zgórze	"	14	14	96	r	15	121	111	Sch
173	Nowa Wieś/Neu-Dittlingen	Dobrzekie(?)	38	38	267	k	39	352	218	Sch
174	Holendry Dobroskie	Dobrów	4	4	26	h	4	25		
175	Przy wsi Jackowicach Piarskich	Bąkow	1	1	6		.	.		
176	Przy wsi Rząsna	"	3	3	6		.	.		
177	Kamillów	Śleszyn	11	11	63		.	.		Sch
178	Klotyldów	"	11	11	49		.	.		
179	Karnków	Jeziorko	6	12	84	r	1	14		
180	Konstantynów/Ludwigsdorf	"	12	19	59	r	12	101		Sch

Bezirk Rawa

Nr.	I.	II.	III.	IV.	V.	VI.	VII.	VIII.	IX.	X.
181	Kazimierów	Rzędków	6	10	54		.	.		
182	Wylezin	Wylezin	32	38	240		25	206		
183	Janów	"	8	8	34		.	.		
184	Wymysłów	"	8	9	46		.	.		
185	Załęże	Warszewice	3	3	11		.	.	498+	
186	Skoszewy	"	8	10	34		8	55		
187	Głogowiec	"	20	18	98		19	124		Sch
188	Boginia	"	11	10	59	k	12	58		
189	Głąbie	"	10	10	43		11	84		
190	Skoszewka	"	8	8	39		8	55		
191	Grabina	"	17	15	57		16	130		Sch
192	Anosław	Regnów	30	26	116		30	192	104	
193	Łaszczyn	"	26	26	88	k	25	171		
194	Katarzynów	Długie	36	36	181	k	36	220		Sch
195	Felicianów	"	22	19	108	k	19	125		Sch
196	Stefanów	"	11	19	82	k	12	75		
197	Słotfiny	"	13	15	64		.	.		
198	Adamów	Małczew	14	14	84		16	146		
199	Gay	Przanowice	11	12	45		.	.		
200	Emilianów	Borów	22	20	92		.	.		
201	Żakowice	Koluszki	29	27	118	k	32	186		Sch
202	Plichtów	Moskwa	13	13	74	k	10	90		
203	Teodorów	"	6	6	30	k	7	65		
204	Laski oder Byszewy	"	5	5	37	k	6	47		
205	Wincentów	Staropol	10	24	40	k	17	81		
206	Wygoda	Biernik	4	10	20		.	.		
207	Chrząszczew	"	4	11	19		9	72		
208	Małe Moskule	Moskule	20	20	90		18	116	141	Sch
209	Stanisławów	Lipie	22	22	162		21	179	125	Sch
210	Wólka Jagielczyńska	"	10	10	100		6	54	108	
211	Kochanów/Erdmannsweiler	Głuchów	71	71	451	rk	71	462	446	Sch
212	Jasień b. Kołacin	"	17	35	165		21	135		Sch
213	Taurów	Zamłynie	12	12	75	k	10	64		Sch
214	Niecki	Kalonka	5	7	28		5	52		
215	Bukowiec	"	8	8	45	k	8	56		
216	Dąbrowa	"	8	8	36		6	46		
217	Wódka	"	6	3	32		6	23		
218	Wieś Urzycze	Urzycze	1	1	6	r	45	303		
219	Łaznowska Wola/Grömbach	Łaznów	83	78	323	r	82	732		Sch

Nr.	I.	II.	III.	IV.	V.	VI.	VII.	VIII.	IX.	X.
22o	Borowo/Wilhelmswalde	"	58	55	3o4	rk	58	441		Sch
221	Zielona Górka/Grünberg	"	22	18	94		21	116		Sch
222	Gałkówek	Łaznów	48	44	229					Sch
223	Podwionczyn	"	19	17	88	rk	65	4o9		Sch
224	Mikołajew	"	41	3o	154		.	.		Sch
225	Stefanów	"	15	15	65		.	.		
226	Korabiewice	Kamion	46	42	161	r	15	165		
227	Janówka	Byliny	6	6	35		4	27		
228	Baby Podzielone	"	3	3	16		.	.		
229	Sabinów	Gutkowice	31	28	118		.	.	1o5+	
23o	Kaleń	Konopnica	26	45	71	k	33	194		
231	Przyłęk	Wieysko Jeżow.	12	45	67	rk	9	8o		Sch
232	Stamierowice	Wierzchy	1o	1o	29		1o	56		
233	Kiełbasa	Popień	9	11	47	k	8	48	131+	
234	Skierniewka	Skierniewka	1	1	4	r	57	487		
235	Bielany	"	1	1	3		.	.		
236	Sewerynów	Suliszew	19	38	66	k	18	111		Sch
237	Konstantynów	Podlesie	12	3o	1oo		.	.		
238	Lipianki	Niewiadów	29	74	156	k	28	1o8		Sch
239	Wykno	"	2o	6o	1o2		2o	1o4		Sch
24o	Franopol	Babsk	19	19	46		21	238	119	Sch
241	Chodnów	Chodnów	26	46	66		39	356		
242	Szweiki Wielkie	"	12	21	28		7	5o		
243	Pudencyanów	"	6	14	2o1		.	.		
244	Janów	"	12	23	24		.	.		
245	Józefów	"	18	3o	51	k	21	141		
246	Stanisławów	Studzianki	24	21	139		24	154	1oo	Sch
247	Teodorowice	"	18	19	99	k	15	84		
248	Teodorowice	Klęk	3	3	13		.	.		
249	Stasiolas	Uiazd	21	18	66		5	69		
25o	Goworków	"	25	21	8o		3	22		
251	Józefin	"	12	12	49		3	32		
252	Jadwigów	"	34	33	114		.	.		
253	Dąbrowa	"	11	11	53		.	.		
254	Rawitów	"	3	3	7		.	.		
255	Nowy Port oder Bocian	"	8	5	16		5	57		
256	Małecz	"	2o	16	72		15	15o		
257	Franciszkany	Trzcianna	12	12	91		7	42		Sch
258	Łączkowice	Janków	2o	2o	118		19	118		Sch
259	Ciosny	"	24	42	16o	k	3o	139		Sch
26o	Józefatów	Żelazna	17	22	75	k	19	118		
261	Julków	"	9	1o	36		.	.		
262	Erazmów	Tworzanki	1o	1o	53		1o	47		Sch
263	Stefanów	Kołacin	13	12	52	k	2o	142		(18o5)
264	Maryanów	"	18	18	95	k	2o	128		
265	Syberya	"	5	5	25		14	85		
266	Bielanki	"	11	11	54		13	89		
267	Strobów	Wólka Strobowska	12	12	46	k	12	9o		Sch
268	Ludwików	Brzozów	1o	12	5o	k	11	56		
269	Walentynów	Rękawice	17	19	126	k	15	85		
27o	Maryanów	Rogów	31	3o	139	k	3o	14o		Sch
271	Nepomucenów	Rekawiec	11	12	75		1o	47		

Nr.	I.	II.	III.	IV.	V.	VI.	VII.	VIII.	IX.	X.
272	Agnopol	"	10	10	45		6	31	100+	
273	Natolin	Wieysko-Brzezińska	26	45	180		•	•		
274	Lipiny	Wieysko-Brzezińska	21	32	130		21	203		
275	Teolin	"	13	13	24		•	•		Sch
276	Polik	"	12	21	94		8	94		
277	Brzozów/Birkenfelde	Rzeczyca	39	37	210	r	28	260	316	Sch
278	Wieś Rzeczyca	"	5	4	20	r	93	641		
279	Wieś Królowa Wola	"	1	1	9	r	26	195		
280	Wieś Lubochnia	Lubochnia	4	4	9	r	93	683		
281	Wieś Tarnowska	"	3	3	6	r	24	155		
282	Teklin mit Alexandrow	Lochów	7	7	43	k	13	59		Sch
283	Wolica mit Janów	"	5	5	28	k	8	45		
284	Felixów mit Troianów	"	11	11	65		19	125		Sch
285	Chociszew	Bukowiec u.Olszowa	12	12	42		11	36		Sch
286	Petrynów	"	13	13	47		•	•		(1805)
287	Paulinów	"	3	3	11		•	•		
288	Maxymów	Olszowa	8	8	48		7	47		
289	Bąków (?)	Dębowa Góra	27	27	100		?	?		
290	Maryanów	Żurawka	7	7	41		•	•		
291	Michałów	Olsza	4	4	26		•	•		
292	Józefów	Mroga Dolna	26	26	101	k	25	133		
293	Julianów	Lesiew	5	5	24		•	•		
294	Niemieryczów	Huta Partacka	19	8	36	k	15	81		
295	Rzędków/Swędów?	Dmosin	21	21	134		?	?		
296	Nowestawy	"	2	1	3		26	183		
297	Wieś Dmosin	"	10	4	15	r	47	409		
298	Alexandrya	Korabiewice	33	31	195		32	280		Sch
299	Michałów/Ofterdingen	"	27	26	117	k	28	171		Sch
300	Karasica	Domaradzyn	8	6	38		•	•		Sch
301	Pęgów	Rosławowice	10	20	32		6	29		(1798)
302	Janów	Nadolna	11	26	71		11	63		
303	Alexandrów	Białła	12	12	25	k	5	19		
304	Prandocin	Zglinna	15	15	97		•	•		

Die Masowische Wojewodschaftskommission bestätigt diese Liste. -
Warschau, den 1/13. Juli 1835.

Unterschriften

Ausweis der Kolonien und Kolonisten, die in der Wojewodschaft Płock wohnen

Bezirk Płock

305	Powsino/Schröttersdorf	Brwilno	32	32	200	rk	29	203	280	Sch
306	Chełpowo/Schröttersdorf	"	15	15	136	rk	17	119	153	
307	Białła/Schröttersdorf	"	23	23	207	rk	21	147	259	
308	Maszewo/Schröttersdorf	"	74	74	401	rk	69	545	591	Sch
309	Bulkowo/Marienthal	Monkolin	17	36	78	rk	16	204		Sch
310	Wiciiewo/Königsdorf	"	24	72	144	rk	27	237	236	Sch
311	Wiązewo/Milkenau	Sielec	7	7	61	rk	7	77		
312	Boguszyn/Badendorf	"	16	16	216	rk	16	181	224	Sch
313	Drwały/Wilkenau	"	37	37	361	rk	43	336	205	Sch

Nr.	I.	II.	III.	IV.	V.	VI.	VII.	VIII.	IX.	X.
314	Czerwieńsk/Milkendorf	"	1o	1o	75	rk	11	82		Sch
315	Orzechowo/Broskowendorf	Pomichów	4	5	21	r	2o	211		
316	Modlin/Luisenfelde	Pomichów	17	18	75	rk	15	53	31o	Sch
317	Gałachy	"	14	15	5o	rk	9	57		
318	Kępa Zakroczymska	"	5	6	37		6	71		
319	Dzierzązna/Günthersruhm	Gumino	29	29	167	r	32	334	184	Sch
32o	Cieszkowo/Luisenhuld	"	2o	2o	1o9	rk	14	168	113	Sch
321	Brzeźnica/Agnesenau	"	17	17	77	rk	16	14o		Sch
322	Kępa Niemiecka	Maławieś	15	3o	97		?	?	171	
323	Rakowo	"	12	24	51		18	51		
324	Mochty	Smoszewo	6	6	4o		5	38		
325	Błędówko	Błędówko	16	16	69		15	136	111	Sch
326	Brzezinki	"	5	5	31		.	.		
327	Wola Błędowska	"	1o	1o	48		1o	98		
328	Konary	Ciexyn	12	25	57		12	94		Sch
329	Winniki	"	6	1o	26		5	34		
33o	Dembinki	Czayki	18	16	99		18	153		Sch
331	Niwa	Wroninko	8	24	53		7	63		Sch

Bezirk Lipno

Nr.	I.	II.	III.	IV.	V.	VI.	VII.	VIII.	IX.	X.
332	Głowina	Będkowo Kościelne	8	8	37		29	249		
333	Głowina Kępa	"	5	5	21		4	1o		
334	Kępa Bachorzewo	Bachorzewo	4	4	27		3	29		
335	Dobrzeiewice	Ciechocin	1	1	5	r	61	553		
336	Krobia	"	2	2	13	r	15	135	164	
337	Czartownia	Goysk	12	12	59		12	77	14o	Sch
338	Jasionka	Jasień	6	12	28		.	.		
339	Ryszewek	Kłokock	14	28	66		14	91		Sch
34o	Elzanowo	"	14	27	64		13	83		Sch
341	Nagorzynek	Kolankowo	2	2	1o		2	23		
342	Ośmiałowo	Młyniec	3	4	2o		7	59		
343	Krzyżówki	Paprotki Białasy	1	1	3		1	14		
344	Joncze	"	2	3	1o		3	2o		
345	Narty	"	1	1	4		1	6		
346	Romonki Sumin	Sumin	18	22	113		.	.		
347	Jackowo/Schönwald	Steklinek	2o	3o	114		14	1o1	11o	Sch
348	Łęg	Siecień	5	7	25		.	.	113	
349	Cienkusz	Trębin	3	5	3		1	6		
35o	Głowińsk	"	7	14	24	r	25	196	153	Sch
351	Imbirkowo	"	5	1o	28	r	6	44		
352	Romunki Jankowo	"	15	17	83	r	31	259	123	Sch
353	Łukaszewo	"	27	26	154	r	25	163		
354	Rumunki Łęg	"	1	2	1		.	.		
355	Rumunki Obory	"	7	14	57	r	28	221	1o8	Sch
356	Puszcza	"	18	21	123	r	22	174		
357	Piekiełko	"	2	2	16		.	.		
358	Poddulsk	"	5	1o	16		5	42		
359	Rypin Woytostwo	"	2	4	9		.	.		
36o	Rypałki	"	19	38	83	r	8	119		
361	Starorypin	"	2	6	8	r	1o	65		
362	Trzebiegoszcz	"	38	76	187	r	3o	229		
363	Rumunki Trębno	"	25	56	114	r	47	3o1		Sch

Nr.	I.	II.	III.	IV.	V.	VI.	VII.	VIII.	IX.	X.
364	Turza Wilcza	Turza Wilcza	11	14	43		27	3oo	1o2	
365	Maryanki	Tłuchówko	7	9	55		2	55		
366	Michałkowo	"	6	7	33		2	47		Sch
367	Poremby	Wompielsk	4	4	35		4	21		
368	Lisiny	"	4	4	18		4	29		

Bezirk Przasnysz

Nr.	I.	II.	III.	IV.	V.	VI.	VII.	VIII.	IX.	X.
369	Konstantynów	Opinogóra	5	5	15		•	•		
37o	Janowko	Łopacin	1o	1o	45		1o	74		Sch
371	Lipiny	Płaciszewo	12	15	7o		12	66	12o	Sch
372	Kanigówko	Sulerzyż	8	8	77		5	53		
373	Halinin	Oyrzeń	7	7	31		•	•		
374	Dąbrowa	"	8	8	29		•	•		
375	Rzeszotka	"	5	5	13		•	•		

Bezirk Pułtusk

Nr.	I.	II.	III.	IV.	V.	VI.	VII.	VIII.	IX.	X.
376	Chlebiotki	Nasielsk	6	6	33		9	74		Sch
377	Piskornia	Pokrzywnica	4o	4o	141		7	65		
378	Lgniąca	"	15	19	74		7	36		
379	Pokrzywnica	"	3	3	14		25	216		
38o	Wielgolas	Obrytte	1o	1o	51	r	26	185		Sch
381	Pieścirogi	Pieścirogi	1	1	5		1o	85		
382	Budy P.	"	17	16	1o2		18	132		Sch
383	Nowawieś	Przetycz	11	16	64		•	•		
384	Wincentowo	Bielino	2o	38	156		19	16o	147	Sch
385	Kania Niemiecka	Popowo a. Bug	1o	1o	34		?	?	74	
386	Nowawieś/Neudorf	"	13	13	5o		14	182		Sch
387	Łacha	"	13	13	51		13	88		
388	Gąsiorowo	"	17	17	66		22	2o5		
389	Ulaski	Smrock	22	41	123		15	81		Sch
39o	Sypniewo	Sieluń	1o	2o	39	r	14	93		
391	Grądy Zalewne	Lubiel	16	4	1o		•	•		
392	Grodziczno	"	22	19	76		15	159		Sch
393	Nury	"	18	12	47		15	158		Sch
394	Grądy Polewne	"	25	14	33		•	•		
395	Nowawieś	"	28	12	5o		4	18		Sch
396	Kolonia Grądzka	"	5	5	19		•	•		
397	S-ta Rozalia	Magnuszewo Małe	2	2	9		•	•		
398	Dąbrowa	"	2	2	13		2	1o		
399	Karolina Adamówka	Zegrze	21	21	89		•	•		Sch
4oo	Chmielewo	Górki	17	34	65	r	6	4o		Sch
4o1	Gnoyno	"	27	48	81	r	26	2o7		
4o2	Boby	"	17	42	6o	r	14	114		Sch
4o3	Głodowo	"	24	32	119	r	23	167		
4o4	Przemiarowo	"	2o	42	1o9	r	21	155		
4o5	Szygówka	"	6	24	32		•	•		
4o6	Pawłówka	"	3	8	11	r	6	38		

Bezirk Ostrołęka

Nr.	I.	II.	III.	IV.	V.	VI.	VII.	VIII.	IX.	X.
4o7	Wieś Dąbrowa	Jasienicka	12	12	46	r	21	1o9		
4o8	Kowalewo/Mecklenburg	"	22	22	1o2	rk	22	169	226	Sch

Nr.	I.	II.	III.	IV.	V.	VI.	VII.	VIII.	IX.	X.
4o9	Wieś Króle	"	19	19	1o6	r	17	1o7	124	
41o	Pęchratka/Luisenau	Jasienicka	29	29	147	rk	18	121	215	
411	Kol. Króle/Wilhelmsdorf	"	18	18	1o1	rk	36	281	165	
412	Paproć Duża/Groß Königshuld	"	38	38	235	r	36	269	4o3	Sch
413	Wieś Ruskołęka	"	8	8	55	r	61	394		
414	Wieś Kalinowo	"	14	14	1o5	r	52	298	123	
415	Paproć Mała/Klein Königshuld	"	4o	4o	197	r	38	187	358	
416	Wieś Jasienica	"	1	2	5		8	37		
417	Zaszkowo	Zaszków	12	11	45	r	28	18o		

Bezirk Mława

Nr.	I.	II.	III.	IV.	V.	VI.	VII.	VIII.	IX.	X.
418	Lisice	Mochowo	12	9	42		16	93		Sch
419	Budy Leśne	Giżyno	7	5	25		.	.	127	
42o	Sokołowy Kąt	Prószkowo	53	1o4	181		16	139	334	Sch
421	Dębki	"	3	6	11		.	.		
422	Ratowo	Józefowo	12	7	53		12	8o	124	Sch
		Zusammen	16o8	2o92	8277					

In Płock, 27. Juli 1835 J.
8. August

Nachtrag zum Verzeichnis der Kolonien und Kolonisten, die in der Masowischen Wojewodschaft in den Bezirken Warschau, Łęczyca und Stanisławów wohnen

Bezirk Łęczyca

Nr.	I.	II.	III.	IV.	V.	VI.	VII.	VIII.	IX.	X.
423	Alexandrya/Friedrichsruh	Tkaczew	4	18	2o	r	4	23		
424	Aniołów u. Huta/Engelhardt	Sokołów	3	3	1o	r	19	139		
425	Antoniew	Rąbień	14	14	54		.	.		
426	Adamów Stary	Bełdów	28	28	135		19	26o		Sch
427	Adamów Nowy	"	18	18	141		.	.		
428	Ambrożew	Brysk	1	1	5	r	28	193		
429	Antoniew	Stoki	1o4	1o5	678		1oo	861	218	Sch
43o	Andryspol	Bedoń	26	26	2o6		.	.	126	
431	Andrzejów	Starawieś	48	46	293	p/r	67	476	229	Sch
432	Augustów/Friedrichshagen	"	16	15	77	r	15	118	138	
433	Białagóra	Leszno	4	5	23		4	34		
434	Borek	Kadzidłowa	4	4	15		4	38		
435	Bugay	Grabów	1o	11	62		1o	69		
436	Bibianów	Śliwniki	29	55	64		.	.		
437	Bugay Strzeblew	Strzeblew	8	27	52		12	125		
438	Bałuty	Łagiewniki	4	4	14		12	132		
439	Banachów	Umienie	4	5	23	k	4	4o		
44o	Budy	Drzewce	5	6	38		.	.		
441	Budy	Głębokie	29	8o	1oo		.	.		
442	Budy	Olszówka	4	4	2o		.	.		
443	Baranowiec	Tarnówka	5	6	48		5	52		
444	Bocianiec	Wiesiołoska	2	1	7		1	16		
445	Bardzińska Huta	Bardzinin	5	27	32		13	135		Sch
446	Bałków	Brysk	5	5	19	r	37	294		
447	Bugay	Bružyca	12	11	96		14	97		
448	Budy Sikawskie	Stoki	31	34	168		7	27	13o	

Nr.	I.	II.	III.	IV.	V.	VI.	VII.	VIII.	IX.	X.
449	Błonie	Mazew	3	3	12	r	49	423		
45o	Celestynów	Modlna	14	16	5o		•	•		
451	Cyprianów	Białła	4	6	26		3	22	175+	
452	Chrząstówek	Topola Król.	3	4	15	r	17	1o1		
453	Cegielnia/Ziegelholland	Kłodawa	2	2	11	r	2	17		
454	Dębie	Chełmno	5	1o	19	r	5	56		
455	Dębina	"	7	13	31	r	6	62		
456	Dębina	Kłodawa	13	17	89	r	13	1o9		
457	Dąbrowa Nagórna	Dalików	1o	19	34		1o	79		
458	Dąbrówka Nadolna	Woźniki	14	27	35		22	144		
459	Dąbrowa	Choyny	42	8o	28o		34	322	336	Sch
46o	Emilia	Słowik	34	34	121		•	•		
461	Eufeminów	Bedoń	43	48	294		•	•	176	Sch
462	Floryanki	Pieskowice	8	8	31		1o	68		
463	Faustynów	Ponentów Górny	12	12	89		•	•		
464	Głowa	Białła	8	16	38		•	•		
465	Grabiniec	Kały	43	43	258		43	348		Sch
466	Grabina Wielka	Chełmno	22	44	118	r	22	219		Sch
467	Grabina Mała	"	4	7	25	r	4	36		
468	Górki Stare	Choyny	8	15	28	k	7	48		
469	Górki Nowe	"	14	28	98		•	•		
47o	Helenów	Maszkowice	16	32	133		•	•		
471	Hilarów	Umienie	6	15	53		5	61		
472	Henryków	Stoki	8	8	38		8	66		
473	Janowo	Grabów	12	14	66		14	86		
474	Julianki	Pieskowice	8	8	38		•	•		
475	Ignacew Wieś	"	15	15	56		9	111		
476	Ignacew Ko..ski	Wielka Wieś	18	24	112		•	•		
477	Józefowo	Ostrów	6	9	47	h	4	56		
478	Jamy	Chełmno	4	8	13	r	5	49		
479	Janów	Mileszki	32	32	237		32	229	177	Sch
48o	Justynów	Bedoń	26	27	161		26	23o	1o5	Sch
481	Janówka	"	19	21	141	k	16	126	146	
482	Jordanów	"	48	54	259		•	•	219	
483	Kępina	Jastrzębia	7	7	41		7	5o		Sch
484	Katarzynów	Modlna	7	1o	26		1	7		
485	Krzeszew Porządkowy	Maszkowice	8	16	57		4	52		
486	Konstancya	Strzeblew	26	63	11o		21	13o		
487	Krzyżówki	Drzewce	4	5	25		4	5o		
488	Kobyle	Chełmno	16	31	69	r	16	1o2		Sch
489	Krzywiec	Rszew	5o	5o	213		45	261		Sch
49o	Konstantynówek	"	76	76	246	r	53	374	111	
491	Kamień	Rysiny	7	9	59		7	76		
492	Korytko	"	4	5	27		4	49		
493	Kęcerzyńska	Kęcerzyn	1	2	8		•	•		
494	Krótka Wieś	Bierzwienna	1	3	22		•	•		
495	Karolinów	Bardzinin	11	22	25		12	86		
496	Kowalszczyzna	Choyny	8	24	54		2	2o		
497	Leskie	Bierzwienna	6	9	51	h	6	46		
498	Luboniek	Rysiny	9	12	85	h	9	11o		
499	Liszki	Bronne	5	8	45		6	51		
5oo	Łagiewniki Małe	Łagiewniki	22	22	87		22	128		

Nr.	I.	II.	III.	IV.	V.	VI.	VII.	VIII.	IX.	X.
5o1	Łusie	Tarnówka	6	6	49		7	51		Sch
5o2	Łabędź	Wiesiołowska	7	8	61		7	74		
5o3	Łączówka	Bierzwienna	4	6	36	r	3	21		
5o4	Łomnik	Bružyca	5	5	44		4	43		
5o5	Łobodzia	"	13	13	75		13	74		
5o6	Maryampol	Pieskowice	15	19	85	k	19	137		Sch
5o7	Mikołajew	"	22	22	111		.	.		
5o8	Maydany	Chełmno	19	38	1o4	r	18	175		Sch
5o9	Mrowisko	Tarnówka Wiesio-łowska	5	7	43		5	56		
51o	Mniszki	Kłodawa	7	9	63	r	7	63		
511	Mała Wieś	"	3	3	14	r	3	25		
512	Mazew	Mazew	15	15	44	r	6o	435		
513	Mikołajew/Neu-Schwedelbach	"	34	24	95	r	34	25o		Sch
514	Nowa Jerozolima	Pieskowiec	6	6	29		.	.		
515	Niepoń	Bierzwienna	2	4	16		2	16		
516	Nery	Mileszki	9	9	1o7		.	.		
517	Nowosolna/Neu-Sulzfeld	Stara Wieś	87	133	624		86	1o59	1144	Sch
518	Orszewice	Orszewice	12	12	6o	r	14	137		
519	Osiny	Kadzidłowo	5	6	26		7	48		Sch
52o	Olszowa	Srebrna	7	9	5o		7	77		
521	Opole	Leźnica	5	3	17		5	26		
522	Ostrówek	Dzierzążna	2	5	5		1	8		
523	Pokrzywna	Ostrówek	7	7	43		9	58		
524	Pustkowa Góra	Tkaczew	14	26	52	r	14	1o2		Sch
525	Plebanki	Leźnica	3	3	16	kir	3	14		
526	Polamy	Chełmno	5	12	24	r	3	2o		
527	Placydów	Wola Grzymkowa	12	12	41		.	.		
528	Piaskowa Góra/Reschkenberg	Rąbień	1o	1o	51		1o	9o		
529	Praga	Poddębice	34	65	79		1	1o	268+	
53o	Podgórzyce	Brysk	1	1	6	r	25	2o9		
531	Poręba	Starawieś	7	7	33		.	.		
532	Rexuł	Tkaczew	9	17	56	r	7	41		
533	Rafałów	Pieskowice	2o	21	1o3	k	2o	124		
534	Rozynów/Rosenau	Dąbrówka Wielka	5	1o	63		.	.		Sch
535	Rąbień	Rąbień	44	44	184		46	358		Sch
536	Rafałów	Bružyca	7	6	42		5	54		
537	Ruda	"	3o	21	215		21	215		Sch
538	Romartów	Mazew	16	16	72		35	295		
539	Rochów	"	14	12	56	r	14	1o5		Sch
54o	Rochówek	"	7	6	31	r	7	67		
541	Sługi	Żale	4	4	13	r	38	266		
542	Sokola Góra	Wielka Wieś	14	27	1o9		16	162		
543	Słowik	Słowik	23	23	9o		32	2o8		Sch
544	Strumiany	Dąbrówka Wielka	6	6	4o		1o	92		
545	Skotniki Małe	Łagiewniki	39	39	158		6	67		
546	Sokołowo	Sokołowo	2	2	15		16	22o		
547	Szczepanów	Umienie	12	18	67		12	93		Sch
548	Sobótka	Chełmno	21	39	84	r	19	178		
549	Skąpe	"	9	18	43	r	9	78		
55o	Szatonie	Bružyca	12	9	67		2	29		
551	Sąsieczno	Stara Wieś	2o	16	9o		.	.		

Nr.	I.	II.	III.	IV.	V.	VI.	VII.	VIII.	IX.	X.
552	Topole	Królewska	7	13	24	r	45	378		
553	Teofilki	Nagórki	12	12	48		•	•		
554	Tarnowo	Golice	24	45	119		24	184		
555	Tkaczewska Góra/Neu-Württemberg	Tkaczew	46	89	262	r	5o	316		Sch
556	Wielka Wieś	Dąbrówka Wielka	2o	34	17o		21	177		
557	Wilków	Fułki	23	41	86		24	181	154	Sch
558	Wytrzyszczki	Pieskowice	12	12	59		5	46		
559	Władysławów	Rogóźno	31	36	166		•	•		Sch
56o	Wały	"	4	6	12		•	•		
561	Wilchelmów	Ostrów	3	4	29		4	32		
562	Woyciechowo	Drzewce	9	14	67		5	4o		
563	Wierzbno	Brużyca	16	13	1o8		13	187		
564	Więczyn Dolny	Starawieś	9	8	53	r	9	72		
565	Więczyn Nowy	"	9	8	32	r	9	1o8		
566	Więczyn Górny	"	39	35	161	r	1o	337	3o6	Sch
567	Widzew	"	7	7	33	r	5	56		
568	Wygorzele/Neu-Rönneberg	Mazew	26	18	113		27	199	133	Sch
569	Xawerów	"	18	16	12o	r	18	152		Sch
57o	Xawerówek u. Dębnik	"	1o	9	62	r	1o	88		
571	Zawadka Stara	Górki	22	22	167		2o	2oo	575	Sch
572	Zawadka Nowa	"	3o	3o	197		28	261		Sch
573	Zrebięta/Fohlenholland	Chełmno	16	31	69	r	11	77		
574	Zalaski	Tarnówka	4	5	31		4	46		
575	Zimna Woda	Brużyca	8	8	59		7	62		
576	Zarzew	Stara Wieś	26	44	193	r	21	136		
		summa	238o	3o61	12888					

Bezirk Warschau

Nr.	I.	II.	III.	IV.	V.	VI.	VII.	VIII.	IX.	X.
577	Brzeziny	Białołęka	37	35	123		34	264		Sch
578	Szamocin	"	11	6	23	r	7	95		
579	Józefin	"	3	3	15	r	3	24		
58o	Michałowo	"	24	23	89		18	65		Sch
581	Marcelin	"	13	11	43	em	5	66		
582	Alexandrów	"	17	8	28		9	16o		
583	Tomaszów	"	5	5	12		•	•		
584	Ziemnice	Piekary	24	24	122		1o	75		
585	Lindów	"	3o	34	223		•	•	136	Sch
586	Kępa Kiełpińska	Młociny	39	39	199		•	•		Sch
587	Głusk	Maławieś p. b.	2	2	7		25	21o		
588	Grochale	"	4	4	16		6	58		
589	Mała Wieś za drogą	"	6	12	56		5	83		
59o	Mała Wieś przy drodze	"	7	9	59		7	53		
591	Gniewniewice	Leszno	23	22	11o		23	232	288	Sch
592	Lipie	Lipie	3	3	16	r	29	272		
593	Józefosław/Ludwigsburg	Łaznowola	2o	2o	112	r	22	16o	133	
594	Orężno/Schwenningen	"	8	8	42	r	18	139		
595	Nowa Iwiczna/Neu-Ilvesheim	"	14	14	77	r	15	98	113	
596	Nowa Wola	"	11	11	53	r	39	269	138	
597	Stara Iwiczna/Alt-Ilvesheim	"	19	19	84	r	24	168	167	Sch
598	Zaluski	Opacz	14	14	226		•	•		

Nr.	I.	II.	III.	IV.	V.	VI.	VII.	VIII.	IX.	X.
599	Borowe	Borowe	2	3	13	r	40	361		
600	Dziarnów	"	4	4	20	r	52	350		
601	Mokotów	Ekonomia	10	6	27	r	29	370		
602	Szopy Niem.	Warsz. Część 2	16	15	65	r	1	6	4	Sch
603	Odolany	"	14	14	47	r	10	157		
604	Grodzisk	Ekonomia	20	19	88	r	20	142		
605	Pustelnik	Warsz. Część 1	7	3	16	r	7	46		
606	Żerań	"	13	10	44	r	9	70		
607	Saska Kępa	"	18	20	81	r	14	114		
608	Grochów	"	10	7	20	r	22	105		
609	Gocław	"	16	19	23	r	22	168		
610	Gocławek	"	3	1	1					
611	Wygoda	"	7	5	9	r	5	42		
612	Kamionek	"	1	1	"	r	2	13		
613	Elznerów	"	4	1	2	em/k	6	47		
614	Lewicepol	"	3	1	2		.	.		
615	Dotrzyma	"	2	1	"		.	.		
616	Antoninów	Ek. Warsz. Część 1	2	1	1		.	.		
617	Zacisze	"	2	1			.	.		
618	Sowińskiego	Ekonomia	2	1	"		.	.		
619	Drewnica	Warsz. Część 1	3	1	"		.	.		
620	Lewandów	"	3	1	1	em	2	4		
621	Część Brudna	"	2	1	1	r	35	249		
622	Władysławów	"	1	1	2		.	.		
623	Kępa Świderska	Świdry Małe	2	5	21					
624	Wola Alexandra	Nieporent	4	8	18		.	.		
625	Anusinek	"	3	7	15		.	.		
626	Stanisławów	"	39	39	164		28	72	365	Sch
627	Alexandrów	"	19	53	82		12	28	152	Sch
628	Izabelin	"	20	58	109		10	28		
629	Augustów	"	15	27	40		4	32		
630	Augustówek	"	18	35	45		.	.	156	Sch
631	Marysin	"	2	4	6		.	.		
632	Chynowska Wola	Chynowska Wola	9	9	60	r	15	137		
633	Chynów	"	7	7	47	r	23	220		
634	Pelinów	Dańków	12	12	50	k	13	87		
635	Huta Błędowska	Błędów	20	23	186		21	160	214+	Sch+
636	Jadwiki	"	8	9	44		7	50		
637	Broniszew	Będkowo	3	4	20	r	11	114		
638	Kępa Zawadowska	Willanów	14	21	178		7	64	207	Sch
639	Kępa Nadwiślańska	"	4	9	55		.	.		
640	Kępa Latoszkowa	"	5	9	25		.	.		
641	Dąbrowa	Arciechów	15	32	58		14	103		Sch
642	Markoszczyzna	Mikołajówek	14	18	115		13	146	104	
643	Sabina	Grzegorzewice	10	10	24		.	.	130+	Sch+
644	Zagoździe	Wólka Zerzeńska	10	10	42		8	52		
645	Wólka Jorzewska	"	7	7	22		8	73		
646	Reyszew	Jabłonna	14	14	150		15	228	224	
647	Bagno	"	2	2	12		.	.		
648	Józefów	"	16	16	120		17	196		
649	Choszczówka	"	4	4	25		.	.		
650	Kępa Falenicka	Miedzeszyn	6	4	33		6	41		

Nr.	I.	II.	III.	IV.	V.	VI.	VII.	VIII.	IX.	X.
651	Kępa Tarchomińska	Tarchomin	15	15	72		14	98	145	Sch+
652	Utuczek	"	2	2	9		2	16		
653	Ożarów	Zbików	3	3	15	r	32	257		
654	Zbików	"	3	3	17	r	32	252		
655	Borzęcin	"	5	5	26	r	36	273		
656	Woycieszyn	"	1	1	3	r	41	292		
657	Kępa Oborska	Obory	12	34	46		13	6o	1o2	
658	Skierdy	Góra	15	14	65		15	144		Sch
659	Wulka	"	4	4	14		23	211		
66o	Łęczna Wieś/Wiesendorf	"	9	9	53		1o	98		
661	Lobsa	Nowy Dwór	1	1	9	rk	1	6		Sch+
662	Kasyńskich	"	2	5	21		.	.		
663	Kępa Nowodworska	"	5	5	2o	r	4	49		
664	Macierzysz	Macierzysz	2	4	5	sp	17	126		
665	Wichradz	Wichradz	1o	1o	37	r	27	188		
666	Dziekanów	Łomna	12	12	39	rk	13	96	134	Sch
667	Kazuń Polski	"	32	32	92	r	41	314		
668	Kazuń Niemiecki	"	2o	3o	1o1	r	2o	238	131	Sch
669	Cząstków Niemiecki	"	11	22	6o	r	18	1oo	74	Sch
67o	Koszajec	Moszna	11	22	49		13	1o6		Sch
671	Zosinowo	Okęcie	1o	2o	26		.	.		
672	Helenów	"	4	8	13		5	72		
673	Gąski/Gonzig	Potycz	29	58	112	r	31	241	31o	Sch
674	Magerowa Wola	Magerowa Wola	22	44	1o5	r	25	186		
675	Górna Wieś	Pass	22	4o	92	r	18	138		
676	Wawrzyszew	"	15	3o	64	r	2o	187		
677	Piaseczno	Stara Warka	28	56	124	r	33	256		
678	Utuczek	Tarchomin	2	2	8	(vgl. Nr. 652)				
679	Kąty/Canstadt	Moczydłów	4o	8o	192	rk	41	343	2o6	Sch
68o	Mory	Chrzanów	3	6	15		3	23		
		summa	1149	1556	5467					

Bezirk Stanisławów

Nr.	I.	II.	III.	IV.	V.	VI.	VII.	VIII.	IX.	X.
681	Ludwinów	Kałuszyn	16	24	85		14	1o8		
682	Mamki	Mamki	1	1	3		2o	126		
683	Kępa Nadbrzeska	Otwock	18	19	98		4	3o	22o+	
684	Kępa Świderska	"	3	3	13		3	19		
685	Rudno	Rudzienka	15	15	71		14	224		
686	Rąbierz	"	9	9	37		11	134		Sch
687	Tyborów	Barcząca	21	21	49		21	115		Sch
688	Józefin	Tut	12	32	54		.	.		
689	Warmiaki	Strachówka	1o	11	49		17	116		
69o	Szamocin	"	5	5	2o		.	.		
691	Rzeszotki	"	1	1	3		.	.		
692	Myszadła	Jadów	11	12	74		57	352		
693	Bale	"	8	12	64		4	27		
694	Adampol	Pogorzelce	8	8	71		.	.		
695	Basinowo	Kukawki	8	8	55		.	.		
696	Pęclin	Duchnów	9	19	3o	k	11	69		
697	Maltzanów	"	8	24	36		8	42		
698	Zamiencim	Duchnów	8	25	49		.	.		

Nr.	I.	II.	III.	IV.	V.	VI.	VII.	VIII.	IX.	X.
699	Wola Czarnowska	Chajęta	5	12	2o		.	.		
7oo	Józefów	"	17	35	91		23	282		
7o1	Ludwinów	"	14	28	74		14	1o8		
7o2	Budy Mistnoskie	Mistno	6	7	3o		.	.		
7o3	Anielin	Mińsk	8	8	3o		13	48		
7o4	Gliniak	"	6	6	3o		4	27		
7o5	Marynki	"	12	12	46		11	69	1o2	
7o6	Karolin/Karlshof	"	14	14	7o		1o	49		Sch
7o7	Ciemne	Radzymin	12	12	51		5	47		
7o8	Dąbrowa	"	6	7	23		6	37		
7o9	Ruda	"	7	7	33		25	3o8		
71o	Teresin	"	6	4	45		°	°		
711	Trzcianna	"	6	7	37		6	4o		
712	Zawady	"	8	9	69		12	115		
713	Kowalicha	Łochów	1	2	3		.	°		
714	Maryanów	"	1	2	8		°	°		
715	Wierzchowisko	Kobełka	1	1	4		2	16		
716	Marcinkowo	"	1	1	6		°	°		
717	Leonów	Jędrzejewo	3	3	24		6	43		
718	Kaleń	Okuniew	26	9	12		27	212		
719	Wiktorów	Czarna	6	6	18		.	.		
72o	Sobon Joanin	Wierzbno	4	4	29		.	.		
721	Wólka Świniarska	"	1	1	6		.	.		
722	Smugi	Czarnogłów	2	2	7		.	.		
723	Grabniak	"	2	2	5		.	.		
724	Budy Janowskie	Janów	9	9	44		.	.		
725	Józefin	"	5	5	2o		.	.		
726	Choszczówka	Stojadła	6	6	24		.	.		
727	Gamratka	"	3	3	12		°	.		
728	Dembe Małe	"	4	4	3o		.	.		
729	Kępa Pijarska	Glinki	8	8	25					
		summa	381	485	1787					
	aus den Bezirken:	Łęczyca	238o	3o61	12888					
		Warschau	1149	1556	5467					
		Stanisławów	381	485	1787					
		summa	391o	51o2	2o142					

Warschau, den $\frac{27.\ \text{Januar}}{8.\ \text{Februar}}$ 1836

Verzeichnis der Kolonien und Kolonisten, die im Jahre 1835 in der Lubliner Wojewodschaft wohnen

Bezirk Lublin[1]

73o	Miaskówek	Łukawica	23	23	63		°	°
731	Palikiia	Palikiia	2	2	7		35	2o2
732	Chuda Wola und	Chuda Wola mit	12	12	44		16	61
733	Szczuchnia (die Kolonisten sind über die ganze Gemeinde zerstreut ohne feste Nomenklatur)	Szczuchnia					27	2o1

Nr.	I.	II.	III.	IV.	V.	VI.	VII.	VIII.	IX.	X.
Bezirk Krasnostaw[2]										
734	Trzciniec	Borów	1o	1o	33		.	.		
735	Trzciniec	Puchaczów	18	34	113		.	.		
736	Trzciniec	Żmudź	3	3	8		.	.		
737	Trzciniec	Zulice	5	5	31		.	.		
Bezirk Hrubieszów[3]										
738	Horyszów Ruski	Horyszów Ruski	6	6	35		73	487		
Bezirk Zamość										
739	Płoskie	Lipsko	1o	13	5o		55	382		
74o	Huszczka	"	8	1o	31		49	289		
741	Horyszów Polski	"	18	18	42		84	614	115	
742	Dorbozy	Łukowa	18	26	119	k	18	159	161	
743	Babice	"	2	2	11		1o	5o		
744	Białobrzegi	Stary Zamość	8	1o	46		22	149		
745	Sitaniec	"	16	21	74	k	15	8o	133	
746	Roguźno	Roguźno	15	15	51		45	29o	158	
		Zusammen	174	21o	758 x)					

Anm. 1: (zu Bez. Lublin) die Kolonisten sind größtenteils Deutsche, die in Polen geboren sind und aus den Wojewodschaften Sandomir und Masowien kamen. Frisch aus dem Ausland Zugezogene gibt es unter ihnen nicht.

Anm. 2: (zu Bez. Krasnystaw) im Bezirk Krasnystaw gibt es keine besondere Kolonie - die Kolonisten aber, die dort wohnen, befinden sich in den Dörfern zusammen mit den Ackerwirten und Bauern.

Anm. 3: (zu Bez. Hrubieszów) außer den Verzeichneten gibt es keine mehr im Bezirk Hrubieszów.

Verzeichnis der Kolonien und Kolonisten, die sich in der Wojewodschaft Krakau befinden

Bezirk Kielce

747	Domaszewice	Kielecka	1	1	4	rb	63	353
	"	"	2	1	3			
	"	"	1	1	3			
	"	"	1	1	5			
748	Dyminy	"	1	1	2	rb	79	382
	"	"	1	1	2			
749	Niewachlów	"	1	1		rb	11o	589
	"	"	1	1	5			
	"	"	1	1	6			
	"	"	1	1	3			
	"	"	1	1	5			
75o	Radlin	"	1	1	3	rb	67	317
	"	"	1	1	7			
	"	"	1	1	6			
	"	"	1	1	5			
	"	"	1	1	5			

Nr.	I.	II.	III.	IV.	V.	VI.	VII.	VIII.	IX.	X.
	"	"	1	1	4					
	"	"	1	1	6					
	"	"	1	1	5					
	"	"	1	1	4					
	"	"	1	1	8					
751	Eustachów	Łopuszno	5o	73	3oo[1)]		.	.		
752	Józefin	"	2o	33	137		.	.		
753	Olszówka	"	18	29	142		8	49		
754	Antonillów	"	33	67	3o2		21	16o		Sch
755	Nowaczyce	Niegosławice	1o	1o	6o[2)]		.	.		
756	Niegosławice	"	3	3	18	supr	4o	226		

Bezirk Stopnica

Nr.	I.	II.	III.	IV.	V.	VI.	VII.	VIII.	IX.	X.
757	Cholendry Chłapowskie	Chmielnik	23	42	55[3)]	h	19	123		
758	Wieś Przeczów	Łubnice	14	18	7o		16	137	173	
759	Oględów	Oględów	6	6	31		41	32o	2oo	
76o	Niemścice	"	3	4	2o		9	71		
761	Krangold	Stroynów	3	3	17[4)]		5	14		
762	Wola Zofjowska	Grabki Wielkie	42	3	8[5)]		.	.		

Bezirk Olkusz

Nr.	I.	II.	III.	IV.	V.	VI.	VII.	VIII.	IX.	X.
763	Teodorów	Podlesie	7	16	23		.	.		
764	Sokolopol	Lgota Błotna	24	19	53		.	.		
765	Kaczebłota	Bystrzanowice	2	1	3		.	.		

Bezirk Miechów

Es finden sich keine Kolonisten vor.

In Kielce, den $\frac{16}{28}$ November 1835

Anm. 1: Jede Kolonie in der Gemeinde Łopuszno hat je einen Rauchfang.

Anm. 2: Bei diesen Kolonien sind Einwohner-Kolonisten und zusammen sind ihrer 15 Personen, 1o Familien.

Anm. 3: Von den hier erwähnten ist niemand nach dem 16. September 1835 zugezogen und dieselben sind hier wohnhaft seit 3o und 4o Jahren.

Anm. 4: Die Kolonisten sind Alttestamentler, die vor 15 Jahren die Kolonien von den Schwaben gekauft haben.

Anm. 5: Diese Kolonie besteht aus 42 Rauchfängen, aber 3 sind von Deutschen bewohnt, und der Rest von Bauern, die von den Deutschen die Rechte erkauft haben und vor dem 16. September 1835 aus anderen Gemeinden angekommen sind und Zins zahlen.

Verzeichnis der Kolonien und Kolonisten in der Wojewodschaft Augustów

Bezirk Łomża

Nr.	I.	II.	III.	IV.	V.	VI.	VII.	VIII.	IX.	X.
766	Srebrny Borek	Łomżyńska	44	4o	193		.	.	29o	Sch
767	Mikołayka	"	8	9	38		.	.		

Nr.	I.	II.	III.	IV.	V.	VI.	VII.	VIII.	IX.	X.
Bezirk Augustów										
768	Maniówka	Hutta	1	1	4	r	2	13		
769	Cisówek	Kuków	6	5	27	r	4	21		
77o	Czarna	"	1	1	2		.	.		
771	Szury mit Gilucha	"	28	22	68	r	25	144		
772	Kropiwne	"	36	36	187	r	2o	116		
773	Leszczewo	"	32	32	162	r	33	191		
774	Łopuchowo	"	14	14	56		.	.		
775	Morgi	"	1	1	6	r	2	3o		
776	Niemcowizna	"	19	19	118	r	18	1o3		
777	Podsumówek	"	3	3	13	r	1	7		
778	Rasztobol	"	12	12	51	r	15	95		
779	Rutki	"	25	25	88	r	23	127		Sch
78o	Targowisko	"	4	4	14	r	3	19		
781	Wodziłki	"	31	31	168	r	29	171		
782	Zaleszczewo	"	11	11	52	r	12	74		
783	Żyliny	"	6	6	43	r	5	29		
784	Podsumowo Hultaiewo	"	1o	1o	65	r	13	83		
785	Podsumowo Michałowicze	"	1	1	8		.	.		
786	Sumowo Muchy	"	1	1	7		.	.		
787	Krukówek	"	1	1	4		.	.		
788	Jiglówek	"	1	1	2	r	1	7		
789	Podgórze	"	1	1	1	r	2	11		
79o	Bocianowo	"	1	1	4	r	1	7		
791	Babiniecka Buda	"	1	1	-	r	1	6		
792	Wesołówka	"	1	1	7	r	2	28		
793	Sosnowy Grąd	"	1	1	4	r	1	4		
794	Jeziorki	Netta	1	2	8	r	37	223		
795	Czarniucha	Kolnica	2	2	4	r	1	5		
796	Świderek	"	4	4	7	r	5	28		
797	Pod Królówek	Szczebra	7	4	14		.	.		
798	Zyliny Wnuk	"	4	2	8	r	3	2o		
799	Guwenlog mit Nawork	Dowspuda	2	1	5		.	.		
Bezirk Maryampol										
8oo	Skrynupie/Karlswerder	Kidule	5	5	22	r	7	53		
8o1	Skordupiany/Neuwalde	"	7	7	24	r	7	53		
8o2	Gotlibiszki Wielkie/Groß-Gottliebsdorf	"	11	11	47	r	11	118		
8o3	Gotlibiszki Małe/ Klein-Gottliebsdorf	"	1o	1o	44	r	8	47		
8o4	Zubrzycko/Wilhelmsdorf	"	1o	1o	46	r	8	76		
8o5	Wabaliszki/Friedrichswalde	"	7	7	29	r	7	62		
8o6	Pod Kantoliszki	"	1	1	8	r	2	7		
Bezirk Seyny										
8o7	Muchowo	Kadaryszki	2	2	5		.	.		

In Suwałki, den 23. Juli / 4. August 1835

Nr.	I.	II.	III.	IV.	V.	VI.	VII.	VIII.	IX.	X.
	Verzeichnis der Kolonien und Kolonisten, die sich in der Wojewodschaft Sandomir befinden									
	Bezirk Opoczno									
8o8	Bukowiec u. Syski	Zaiączków	56	53	256		.	.		
8o9	Skałka	Skąpe	9	27	28		.	.		
81o	Maryampol	Mikułowice	21	18	1o1		.	.		
811	Kaytanów	Góry Mokre	34	4o	225		.	.		
812	Maryanów, Kalinkowo	Janikowice	25	35	121		.	.		
813	Janów, Felixów	Wielka Wola	17	26	117		.	.	1o8^{+}	Sch
814	Grabowa	Mniszków	6	3	18		14	122		
815	Wola Kamocka	Niewierszyn	17	18	68		.	.		
	Bezirk Opatów									
816	Ciecierówka	Iłża	25	25	159[1)]	r	25	13o		
817	Piaski	Mostki	9	17	29[2)]		.	.		
818	Łubianka	"	11	22	27	kir	1o	3o		
819	Huta	Krępa	17	14	57		.	.		
	Bezirk Sandomir									
82o	Luszyca	Tursko	11	7	25[3)]		7	77		
821	Chrapy	Pęcławice	12	12	58		.	.		
822	Boduszów	Iwaniska	4	4	18		11	1o2		
	Bezirk Radom									
823	Dłutów	Gzowice	3	1o	19		.	.		
824	Marcellów	Czarna	11	22	39		.	.		
825	Kościuszków	"	1o	7	7		.	.		
826	Zabierzew	Kossów Większy	7	7	27[4)]		.	.		
827	Borki	Bartodzieie	1	1	6		.	.		
828	Małe Boże	Boże	27	76	154[5)]		16	116		
829	Krzemień	"	21	44	8o		.	.		
83o	Zator	Boże	11	19	42		.	.		
831	Ostrów	Samwodzie, część Bombeka	1	1	7		.	.		
832	Dębowa Góra	Gruszczyn	11	11	36[6)]		.	.		
833	Przewóz	Magnuszew	8	1o	54	k	9	77		
834	Holendry Magnuszewskie	"	14	14	66		.	.		
835	Latkow	"	9	9	37	h	11	76		
836	Kłoda	"	1	1	4	h	45	11o		
837	Nowa Kolonia Magierów	Gembarzów	4[7)]				.	.		
838	Kiedrzyn	Małęczyn	12	24	151		18	99		
839	Holendry	Wilczkowice Dolne	2	2	1		.	.		
84o	Olszowa	Wola Goryńska	9	15	75		.	.		
841	Pelagiów	Trablice	13	16	74		18	163		
842	Sołtyków	"	11	15	63		.	.		
843	Obozek	Bierwce Szlacheckie	8	8	35		.	.		
844	Romanów	Jedlonka	1o	1o	72		.	.		
845	Kotarbice	Mazowszany	3	3	17		.	.		
846	Jasieńczyk	Leżenice	17	18	16o		1o	36		
847	Cecylówka	"	2o	21	22o		5	74		

Nr.	I.	II.	III.	IV.	V.	VI.	VII.	VIII.	IX.	X.
848	Błonie	Kossów Mniejszy	2o	6	2o 8)		.	.		
849	Laski	Suskowola	55	66	394	r	49	343		
85o	Linów	"	18	21	163	r	9	62		
851	Męciszów	"	12	16	112	r	1o	95		
852	Koszary	"	8	9	7o	r	9	77		
853	Wąsosz	"	1	1	11		.	.		
854	Słupica	Kozienice	25	5o	245 9)	r	29	3o4		
855	Chynów	Świerze Górne	25	45	231	kir	25	171	219	Sch
856	Mieyska Dąbrowa	Bobrowniki	9	9	46		.	.		
857	Sterelnic [?]	"	6	6	14		.	.		
858	Kozmy	"	11	11	41		.	.		Sch
859	Stawki	"	8	8	28		7	42		
86o	Ignacówka	"	11	11	5o		.	.		
861	Dracholice	Staszów	5	9	27	kir	3	19		
862	Wólka Tyrzyńska	Wólka Tyrzyńska	26	27	1o4		33	2o9		Sch
863	Ligienzów	Dąbrówka Nagórna	12	13	67		5	34		
864	Helenów	Lipa	23	23	64		.	.		
865	Nowydwór	Mirów	13	28	55		.	.		
		Zusammen	787	1o44	4495					

In Radom, 19. Juni / 1. Juli 1835

Anm. 1: Die Kolonisten haben aus eigner Kraft an der von der Regierung bestimmten Stelle aufgebaut.

Anm. 2: (zu Piaski und Lubianka) diese Kolonien sind auf Kosten der Regierung errichtet, und es wohnen in denselben Bergleute.

Anm. 3: Unter diesen 11 Nummern sind nur 7 Häuser, die von Kolonisten bewohnt werden, in vieren aber wohnen hiesige inländische Bauern.

Anm. 4: Diese Kolonie wurde erst im vorigen Jahre gegründet.

Anm. 5: In Klein Boże sind Familien, die zu bauen beabsichtigen; sie bereiten noch das Material vor und wohnen einstweilen zur Miete.

Anm. 6: Neu angelegt seit dem Jahre 1833 aus der Rodung eines Gesträuchs.

Anm. 7: In der Kolonie Magierów wohnen keine Kolonisten.

Anm. 7a (zu Holendry, Gem. Wilczkowice Dolne): auf der zweiten Stelle wohnt ein Katholik.

Anm. 8: Die Kolonie ist im Jahre 1835 gegründet und bis zu diesem Augenblick gibt es dort kein Haus, in dem die Kolonisten wohnen könnten; denn sie wohnen nur in Sträuchern und sind noch nicht alle zugezogen.

Anm. 9: Die Kolonie, die seit nahezu 3o Jahren errichtet ist, ist nur zur Hälfte von Ackerbauern bewohnt, welche größtenteils vor vielen Jahren aus dem österreichischen Galizien gekommen sind, und zur zweiten Hälfte von am Orte Geborenen.

Verzeichnis der Kolonien und Kolonisten, die in der Wojewodschaft Podlasie wohnen

Bezirk Radzyn

866	Michelsdorf	Andrzeiów	11	11	55		8	66	171	Sch

Bezirk Łuków

867	Zakrzewek	Żelechów	14	14	71		6	32	1o4	
868	Kotłówka	"	22	24	1o2		14	1o5		

Nr.	I.	II.	III.	IV.	V.	VI.	VII.	VIII.	IX.	X.
869	Francdorf/Piastów	"	99	114	531		8o	638		
87o	Sokolniki	"	9	lo	47		lo	74		
871	Borki	Nowodwór	6	14	25		4	24		
872	Kępa Celeiowska	Celeiów	21	88	146		18	174	155	Sch
873	Budy Ostrożeńskie	Ostrożeń Boskiego	17	17	77		.	.		
874	Podole	Podole	13	16	79		26	228		
875	Nowe Podole	"	2o	23	98		.	.		
876	Sambodzie	"	2o	21	1o8		9	8o		
877	Wicie	"	26	28	126		3o	287		
878	Wicie Wschodnie	"	15	19	79		.	.		Sch
879	Antonówka	Jarczew	3	3	9		.	.		
88o	Jeziory	Sobienie Szlacheckie	39	39	498		39	311		
881	Kępa Skurzecka	Wilga	11	13	82		12	95		Sch
882	Podwierzbie	Macieiowice	1o	1o	69		35	277		
883	Natolin	Osieck	31	72	1o4		.	.		
884	Krystyna	"	27	44	78		.	.		
885	Pillawa	"	31	66	1oo		.	.		Sch
886	Nowe Kościelisko	"	1o	2o	17		.	.		
887	Poschła	Pszonka	1	1	5		4	36		
888	Korytnica	Korytnica	17	17	66		17	118		
889	Ludwinów	Jagodne	4	6	2o		.	.		
89o	ohne Namen	Demblin	2	2	9[1)]		.	.		
891	Płatkownica	Kołdziąż	63	71	343		72	46o	47o	Sch
892	Sadoleś	"	17	44	26o		14	1o5	388	Sch
893	Nowe Włóki	"	5	18	87		.	.		
894	Zaieziorze	"	5	9	47		4	26	1o4	
		Zusammen	569	834	3348					

Anm. 1: neu angelegte Kolonie

Siedlce, den 3. Juni / 15. Juni 1835

Verzeichnis der Kolonien und Kolonisten, die in der Wojewodschaft Kalisch wohnen

Bezirk Konin

895	Lubin u. Gliny Hol.	Biała Panieńska	54	54	366		54	457		
896	Czarny Bród Hollen.	Biskupin	7	7	32		6	4o		
897	Orliny Hol./ Groß-Adlerholland	"	57	57	237		54	395		Sch
898	Brzeźno Hol. /Briesner Holl.	Brzeźno	2o	21	1o3		19	147		Sch
899	Budki Nowe Holl.	Budzisław Kolski	46	92	196		42	26o	185	Sch
9oo	Młynek Holl.	"	26	52	93		25	24o		Sch
9o1	Nowa Wieś Kolonia/Neudorf	Brudzew	13	17	87		13	134		Sch
9o2	Tarnowa "	"	1o	21	7o		9	77		
9o3	Lisewska "	Ciemierów	2o	25	141		19	129	185	Sch
9o4	Gadowskie Holendry	Gadów	26	26	123	h	26	2o6	24o	Sch
9o5	Boberfeld Kolonia	Grabieniec	2o	21	84		.	.		
9o6	Zamostki Holendry	Golina	2	2	16		1	5		
9o7	Stare Grądy Holendry/Alt-Gründe	Grodziec	39	57	198		37	267	296	
9o8	Nowe Grądy " /Neu-Gründe	"	43	42	181		43	36o	235	
9o9	Konary "	"	25	33	125		24	2o2	233	

Nr.	I.	II.	III.	IV.	V.	VI.	VII.	VIII.	IX.	X.
910	Borowiec Holendry	"	63	72	283	h	61	590	558	Sch
911	Starahuta "	"	4	4	22		7	73		
912	Zagurznica "	"	8	11	45		8	65		
913	Wielołęka "	"	50	53	195		46	396		
914	Ciświca "	"	24	32	150		23	180	122	
915	Jaroszewskie "	"	12	14	42	h	12	80		
916	Białobłoty "	"	101	144	559	h	100	788	213	Sch
917	Orliny "/Klein-Adlerholland	"	20	23	93		20	112		
918	Zdzary "	Kręgola	2	4	4		10	120		
919	Kiszewy "	Kiszewy	18	18	105	h	18	201	120	
920	Róża Kolonia	Koszuty	8	8	32		.	.		
921	Piersk "	Krzymów	22	22	165		22	173		
922	Drężno "	"	8	8	54		8	59		
923	" Holendry	"	20	22	153		20	140	153	Sch
924	Roztoka "	"	26	26	118		26	179		
925	Drożyńskie "	"	15	15	124		15	137		Sch
926	Sakłak Kolonia	Kramsk		14	38[1)]		.	.		Sch+
927	Nieczniczka Kolonia	"		5	17		.	.		
928	Górki "	"		10	24		.	.		
929	Grabczyna "	"		11	19		.	.		
930	Grabowa "	"		19	63		.	.		
931	Buławy "	"		2	6		.	.		
932	Kędziorki "	"		14	42		.	.		
933	Nowe Police "	"		12	23		.	.		
934	Huzarka "	"		4	7		.	.		
935	Osowiec Wielki "	"		5	13		.	.		
936	Tobołka "	"		4	13		.	.		
937	Lichnowo "	"		16	55		.	.		
938	Ranny "	"		11	37[1)]		.	.		
939	Frydrychsfeld/Tarszewo Holend.	Kopayno	28	30	141		?	?		Sch
940	Adelof/Adelhof, Chruściki "	"	11	18	82		11	87		Sch
941	Sofienthal/Olchowo Holend.	Kopayno	31	42	181		31	245		Sch
942	Ludwichslust/Mały Las "	"	11	16	59		11	38		
943	Wrąbczyn "	"	7	13	63		7	57		Sch
944	Ingelfingen/Anielewo "	"	23	48	225		23	200		Sch
945	Augustynów/Augustinhof "	"	30	31	131		20	218		
946	Emilienheim "	"	31	35	138		31	206		Sch
947	Maliniec "	Kościelec	15	16	125	r	15	126	100	
948	Kieysze "	"	13	13	122	r	12	110		Sch
949	Myśliborskie "	Myśliborz	4	4	32	h	4	30		
950	Leszcze "	Leszcze	21	19	76		22	161		
951	Daniszewo "	"	25	29	137		23	192		Sch
952	Police Średnie "	"	32	43	196		34	244		Sch
953	Śmietnia "	Nowa Wieś Szymanowska	11	11	48		11	90		
954	Świerczonka	"	13	13	58	r	16	90		
955	Toporowo Kolonia	"	10	10	50		17	123		
956	Plebanki Holendry	Osiek Mały	8	7	38		6	79		
957	Hillerowo "	"	7	7	42		1	10		
958	Boreczna Wielka Hol.	"	15	12	72		16	136	131	Sch
959	" Mała "	"	2	1	13		5	32		

Nr.	I.	II.	III.	IV.	V.	VI.	VII.	VIII.	IX.	X.
960	Felicyanów Kolonia	"	13	13	49		.	.		
961	Smolniki Holend.	"	14	14	56		15	91		
962	Oborskie "	Obory	92	96	522	h	84	576	675	Sch
963	Paprotnia Stara Hol.	Paprotnia	13	13	122	h	13	99		Sch
964	" Nowa "	"	15	15	173	h	15	95		
965	Skarbki	Russocice	26	26	203		2	32		
966	Międzylesie	"	15	15	118		6	78		
967	Tury	"	30	30	357		12	120		Sch
968	Holen. Głogowskie	"	2	2	8		2	25		
969	Genowefa	Wyszyna	22	22	166		22	180		Sch
970	Kolno	Ratyn	24	24	99	r	24	180		
971	Rybie	Siąszyce Stare	14	8	32	h	5	25		
972	Młynek u. Salaminy	" Nowe	23	24	96		1	6		
							.	.		
973	Święcia	Stare Miasto	49	123	142		38	430	365	Sch
974	Sławskie Holendry	Sławsk	15	15	93		15	127	54	
975	Smieszne "	"	5	5	20		?	?	17	
976	Ostrowskie "	Szymanowice	17	17	100		?	?		
977	Studzienka "	"	9	9	51		9	53		
978	Smaszew "	Smaszew	12	36	39	h	12	60	82	
979	Łazińskie "	Trąbczyn	65	65	545		65	475	627	Sch
980	Michalinowo "	"	21	21	164		21	170	197	Sch
981	Huta "	"	12	12	91		.	.		
982	Wierzchy "	Tomice	23	23	118		23	179	115	Sch
983	Janowskie "	"	6	6	32		8	48		
984	Młynek "	"	1	1	5		1	8		
985	Kalinowa "	Wola Rozostowa	40	40	239		11	102		
986	Konstantynowo "	Wysokie	19	29	119		20	129	101	Sch
987	Węglewskie "	Węglew	18	27	107	h	14	100	149	Sch
988	Zarzyńskie "	"	7	12	48	h	7	60	67	
989	Złotkowskie "	Złotków	4	5	27	h	4	35	147	
990	Zberzyn	Budzisław Kościelny	16	16	67		15	124		
991	Kamionki	"	10	10	43		10	82		
992	Tręby	"	9	9	46		11	105		
993	Rożnowo Holendry	Bochlewo	9	9	32	k	6	46		
994	Grabina "	Izdebno	10	13	82		10	111		
995	Wierzchy "	"	7	5	27		7	58		
996	Koszary "	Jarotki	30	50	107		31	155		
997	Dąbrowa Kolonia	Ciążeń	4	6	7	rh	4	85		
998	Borki "	"	3	6	15		3	23		
999	Ciążeńskie Holend.	"	11	11	60	rh	11	72		
1000	Helenowo Kolonia	Gosławice	63	63	411		.	.		
1001	Anielin "	"	24	24	132		.	.		
1002	Pątnowskie Holend.	"	12	12	105	h	11	94	13	Sch
1003	Swinna "	Gostoń	4	4	11		.	.		
1004	Stare "	"	4	4	17	h	4	56		
1005	Makarowo "	Goranin	7	7	24		.	.		
1006	Rembowo "	"	7	4	19		7	46		
1007	Lizawy "	"	2	3	13		2	15		
1008	Bieniszewo "	Kazimierz	7	7	38	h	13	60		
1009	Kalisko "	Kalisko	6	6	40	h	6	40		

Nr.	I.	II.	III.	IV.	V.	VI.	VII.	VIII.	IX.	X.
1o1o	Nowy Świat Hol./Neuewelt	Kopydłów	24	24	6o		25	25o		
1o11	Górka Hol.	"	4	4	16		2	3o		
1o12	Maślaki Hol./Butterholland	"	11	1o	34	h	11	75		Sch
1o13	Ostrowy	Kopydłówek	1	1	3		.	.		
1o14	Giwartowskie Holend.	Giwartów	13	13	87	h	13	86		
1o15	Wierzelin "	Lubstów	1o	9	77		9	65		Sch
1o16	Ignacewo Kol.	"	11	11	43		.	.		
1o17	Pogorzele Holend./Trockenholl.	"	8	9	66		8	55		Sch
1o18	Smolniki "	"	4	5	27	h	4	29		
1o19	Leśnictwo "	"	8	5	71		5	74		
1o2o	Kempa Czamże "	"	2	2	16		.	.		
1o21	Biele Holendry	"	1o	12	1oo		11	1o4		
1o22	Kozubek Kolonia	"	7	8	41		6	4o		
1o23	Koci Ostrów	"	3	5	29		3	23		
1o24	Dąbrowa Holendry	"	4	3	46	h	9	58		
1o25	Mielnica "	Lisewo	24	24	67		27	2o5	132	Sch
1o26	Gawrony	"	23	21	67	r	23	141	114	Sch
1o27	Piaski Skulskie	Skulsk	29	29	87		.	.		
1o28	Dąbrowa Holendry	Mikorzyn	13	12	65		15	1o5		Sch
1o29	Lubomyśl "	"	6	8	28		8	47		
1o3o	Borowice Kolonia/Blinsfeld	Ostrowite Kapitulne	6	12	3o	r	6	52		Sch
1o31	Siedliska	Mostki	11	13	65		14	8o		Sch
1o32	Przystronie	"	9	7	39		2	19		Sch
1o33	Łaziska	"	6	6	28		7	8o		
1o34	Lipiny	"	16	16	71		18	16o	11o	Sch
1o35	Janowice	"	7	6	29		7	55		
1o36	Smolniki	"	3	3	16		3	17		
1o37	Zdroyki	"	2	2	8		2	28		
1o38	Wroczewo	"	7	5	2o		7	5o		
1o39	Doły Holendry	Mieczownica	13	13	73		2o	137		Sch
1o4o	Brzozogay/Birkholland	"	13	13	56		12	64		Sch
1o41	Wacławowo Kolonia	Marszewo	8	8	35		.	.		
1o42	Ościsław Holendry	Ostrowąs	7	7	31		7	53		
1o43	Pyzdrskie "	Pyzdrskie Hol.	44	44	515	rh	44	42o	67	
1o44	Wrąbczynkowska Kolon.	Pietrzyków	23	38	186	h	2o	2o8	1o2	
1o45	Półwiosek Holendry	Piotrkowice	39	41	229		4o	24o	381+	Sch
1o46	Wygoda "	"	18	21	97		2o	117		
1o47	Ostrowy "	"	6	6	21		9	67		
1o48	Korwiń "	Piotrowice	32	32	14o		32	3o7		
1o49	Józefowo	"	16	16	1o1		1o	125		
1o5o	Niezgoda	"	21	21	86		21	141		
1o51	Koszary Holendry	Racięcice	8	8	36		.	.		
1o52	Klonowo	"	5	5	2o		6	45		
1o53	Młynisko	"	2	2	19		3	26		
1o54	Bagno	"	3	3	2o		3	2o		
1o55	Makarowo Holendry	Sławęcin	1o	1o	54		1o	8o		
1o56	Trzy Budy	"	3	4	18	h	3	22		
1o57	Kania	Siernicze Małe	8	8	31		13	9o		
1o58	Salamonowo	"	8	8	32		8	56		
1o59	Michałowo	"	7	7	24		7	48		
1o6o	Skrzynka Wielka/Gr.-Lade	Siernicze Wielkie	7	7	31		7	37		Sch
1o61	Skrzynka Mała/Kl.-Lade	"	3	3	19		3	29		

Nr.	I.	II.	III.	IV.	V.	VI.	VII.	VIII.	IX.	X.
1o62	Koszewo Holendry	Warzymowo	2	2	5		2	14		
1o63	Mielno	"	6	5	15		6	4o		
1o64	Suszewy	Zakrzewek	5	5	15		8	6o		
1o65	Alinów	Złotkowy	16	16	1o3		.	.		
		Zusammen	264o	32o4	15164					

Anm. 1-1: Diese Kolonien sind erst im J. 1831 angelegt, noch nicht aufgebaut, teilweise aus Buden bestehend, und es kann darum die tatsächliche Anzahl der Rauchfänge nicht angegeben werden.

Bezirk Petrikau

Nr.	I.	II.	III.	IV.	V.	VI.	VII.	VIII.	IX.	X.
1o66	Augustynów	Lękawa	5o	54	2o1		12	137		
1o67	Alexandrów	Kamieńsko	18	18	78	h	13	83		
1o68	Antoniów	Kacienowy	15	15	1o3		12	93		Sch
1o69	Budy	Krosno	1	1	4		3	24		
1o7o	Bukienka	Kobiele Wielkie	5	6	31	k	6	45		
1o71	Bukowiec/Königsbach	Pabianice	71	72	463		64	441		Sch
1o72	Bogusławów	Myśliwczew	9	17	79	k	9	11o	1o1+	Sch
1o73	Błota Kruplińskie/Luisenbach	Wiewiec	6	6	73	k	6	54		
1o74	Duchland/Deutschland	Kaszewice	79	79	425		34	3o2	151+	Sch
1o75	Dłutów	Pabianice	7	7	33	r	34	596		
1o76	Dębsko	Golesze	34	34	19o		4	2o		
1o77	Dorszyn	Stara Wieś	16	28	54		.	.		
1o78	Elżbietów	Kietlin	5	5	45		6	32	131+	
1o79	Ewina	Żytno	9	2	11[1)]		9	57		
1o8o	Florentynów	Kietlin	12	12	9o		13	99		Sch
1o81	Felixów	Zapolice	21	27	113		23	136	215+	Sch
1o82	Gościmowice	Czarnocin	14	13	71	r	45	324	233+	Sch
1o83	Grafnort/Janów Nowy	Kaszewice	31	31	172		8	85	13o+	Sch
1o84	Jamborek	Kocieszów	6	7	35	k	7	25	629+	
1o85	Józefów	Kodrąb	13	22	1o8		16	84		
1o86	Jelica	Mierzyn	6	12	25		7	25		
1o87	Konradów	Kietlin	11	11	66	k	11	65		
1o88	Krery	Masłowice	14	25	129		8	136	139	Sch
1o89	Kazimierzów	Zmożna Wola	4	11	13		2	35		
1o9o	Krzywaniec	Krzywaniec	1o	1o	51		18	2o7		
1o91	Kołduny	Dobrzelów	35	46	2o8		22	2o7		Sch
1o92	Konstantynów/Luisenhof	Dworszowice Kościelne	15	29	112	r	15	1o3		Sch
1o93	Kielchinów	Mokracz	39	34	153		.	.		
1o94	Kurnos/K. Niemiecki	Kaszewiec	4o	4o	2o2		.	.		
1o95	Lesisko	Kuźnica Zerechowska	4	8	11	r	5	31		
1o96	Łuszczanowice	Dobrzyszyce	8o	8o	563	r	68	427		Sch
1o97	Modrzewek	Modrzewek	31	53	229		14	93		
1o98	Modlica	Pabianice	49	49	249	r	48	354		
1o99	Myszaki	Dobrzelów	18	32	135		19	238		Sch
11oo	Marszywiec	Rożniatowice	12	11	46		.	.		
11o1	Michałopól	Koniecpól	23	23	1o5		21	145		Sch
11o2	Maryanki	Krosno	5	6	18		2	27		
11o3	Meszcze	Piotrków	22	44	1o5	r	2o	127		Sch
11o4	Mayków	"	6	12	34	r	6	39		

Nr.	I.	II.	III.	IV.	V.	VI.	VII.	VIII.	IX.	X.
11o5	Norbertów	Gorzkowiczki	4	12	19		4	24		
11o6	Pinki	"	3	1o	7		•	•		
11o7	Pawłowa	Kociszów	56	61	24o		55	355		Sch
11o8	Podolin	Czarnocin	1	1	3	r	42	291		
11o9	Przybyszów	Kobiele Wielkie	28	32	141		2o	2o7		Sch
111o	Zrąbiec	" Małe	39	1	7 2)		88	495		
1111	Rassowy/Rassy	Kącik	27	32	145		17	21o	215+	Sch
1112	Reducz	Stara Wieś	17	36	61		•	•		
1113	Rychwald/Rehfeld	Trzepnica	19	4o	7o		•	•	1o4+	Sch
1114	Ruzia	Płoszów	5	5	38		4	28		
1115	Starowa Góra/Effingshausen	Pabianice	31	31	2o4	r	62	271		Sch
1116	Teodorów	Smotryszew	25	3o	16o		21	177		Sch
1117	Tomaszów	Kobiele Wielkie	4	4	18		4	37		
1118	Tązowy	Tązowy	9	9	27		18	178		
1119	Ujazdówek	Kobiele Wielkie	13	12	66		11	77		
112o	Wola Niechcicka	Niechcice	18	42	49		•	•		
1121	Zabłoty	Kocieszów	17	23	126		17	151		Sch
1122	Zalesie	Lipowczyce	11	11	38		9	65		
1123	Dąbie	Dobroniec	7	1o	46		2	18		
1124	Hucisko	Kobiele W.	6	6	33		7	44		
1125	Szpinalów	Kamińsk	34	34	183		32	176		
		Zusammen	1293	1484	6862					

Anm. 1: Zwei Häuser nur sind bewohnt, der Rest ist von den Kolonisten verlassen, die nach Rußland gegangen sind.

Anm. 2: Nur ein Haus ist von Kolonisten bewohnt, der Rest zeitweilig von Bauern und Zinsleuten.

Bezirk Sieradz

1126	Wolnica Grabowska	Grabówka	18	6o	149		18	157	216	Sch
1127	Paprotnia	Paprotnia	15	15	42		14	167		Sch
1128	Okup Duży	Bilów	21	24	91		4	93	125	Sch
1129	Okup Mały	"	19	19	74		5	56	172	
113o	Kraszęcin	"	7	7	36		9	26		
1131	Bałucz	Bałucz	29	57	346		2o	275		
1132	Kłady	Janiszewice	7	7	29		13	1o3		
1133	Roykрów	Royków	8	8	49		8	62		
1134	Rębów	Wrzeszczewice	22	26	9o		24	117		
1135	Nowy Świat	Wodzierady	13	13	61	r	14	95		
1136	Ludowinka	Chorzeszów	1o	1o	65		1o	64		
1137	Adolfów	"	9	9	42		9	61		
1138	Sikory	Zygry	11	11	54		1o	7o		
1139	Grabina	Ralewice	19	19	76		18	176		
114o	Teodory	Łask	19	3o	14o		19	133		
1141	Rokitnica	"	6o	116	377		6o	334	226	Sch
1142	Mauryca	"	12	22	66		•	•		
1143	Janowiec	"	2o	72	198		22	145		
1144	Huta Janowska	"	6	1o	28					
1145	Wysieradz	"	34	4o	152		34	285	115	
1146	Annielin	"	36	9o	284		36	225	186	Sch
1147	Utrata	"	16	56	139		1o	71		
1148	Zelów	"	158	228	946		142	847		

Nr.	I.	II.	III.	IV.	V.	VI.	VII.	VIII.	IX.	X.
1149	Rydzyny	Pabianice	60	60	590		61	554		Sch
1150	Pawlikowice	"	53	53	476		56	401		
1151	Chechło	"	55	55	428	r	62	481		
1152	Wymysłów	"	18	18	136	r	16	101		
1153	Markówka/Hochweiler	"	28	28	170	r	27	167	168	Sch
1154	Maiówka	"	6	6	32	r	4	38		
1155	Olechów	"	52	52	464	r	55	368	479	Sch
1156	Xawerów	"	86	86	361		.	.	609	
1157	Pratków	Woysławice	38	59	272		36	239		
1158	Zamłynie	"	17	30	135		21	132		
1159	Annopole/Annafeld	"	20	32	140		22	139		
1160	Zborowskie	"	37	63	274		21	177		Sch
		Zusammen	1039	1491	7012					

Bezirk Wieluń

Nr.	I.	II.	III.	IV.	V.	VI.	VII.	VIII.	IX.	X.
1161	Józefów/Luisenfeld	Wieluń	11	11	103	r	11	83		
1162	Czarnylas/Hilsbach	Iwanowice	71	56	302	r	73	404		Sch
1163	Doliska/Tielmannshof	"	10	8	26	r	10	60		
1164	Dębowiec/Uferland	Poczesna	10	10	43	r	10	41		
1165	Wielkibór/Hochberg	Częstochowa	8	8	41	r	8	66		
1166	Alexandrów/Friedrichshuld	Krzepice	21	40	88	rk	19	113		
1167	Węglowice/Kuhlhausen	"	27	52	121	r	27	256		
1168	Puszczew/Heilmannswalde	"	30	59	133	r	30	208		
1169	Topolów	Radostków	–	4	11[1]		.	.		
1170	Augustynów	Lututów	23	23	38		24	110		
1171	Przybyłów	"	16	16	24[2]		14	80		
1172	Rędziny	Rędziny	18	19	109		44	366	106	
1173	Bór	Błeszno	6	6	18		1	7		
1174	Kamienica Polska	Kamienica Polska	162	238	763[3]		101	590	1518	
1175	Huta Stara	Huta Stara	73	76	400		60	439	153	
		Zusammen	486	626	2220					

Anm. 1: Haben bisher aus Mangel an Mitteln nicht gebaut.

Anm. 2: Die Häuser sind noch nicht alle fertig und deshalb wohnen mehrere Kolonisten unter einer Nummer.

Anm. 3: Kam. P. und H. St. werden nur von Zinsleuten bewohnt, die dieselben gekauft und untereinander geteilt haben.

Bezirk Kalisch

Nr.	I.	II.	III.	IV.	V.	VI.	VII.	VIII.	IX.	X.
1176	Zbiersk	Zbiersk	21	49	79	h	22	177		Sch
1177	Tłokinia	Tłokinia	116	116	632		.	.	513	
1178	Lisków	Lisków	31	31	89		.	.		
1179	Przystayńska	Przystajń	25	25	116	h	23	160	310	
1180	Poroże	Przespolew	52	97	120		1	10	315+	Sch
1181	Plewinska	Kosmów	7	7	43	h	7	60		
1182	Kuźnica	"	23	28	106	h	24	192		
1183	Staro-Kaźmierska	Olesiec	23	23	101		23	221		
1184	Nowo-Kaźmierska	"	43	44	192		48	262		Sch
1185	Józefowska	"	52	52	242	r	57	402		Sch
1186	Nowo-Lipska	"	36	36	171		36	278		

Nr.	I.	II.	III.	IV.	V.	VI.	VII.	VIII.	IX.	X.
1187	Piskory	Brudzew	19	32	160		20	200		Sch
1188	Dembniaki	"	13	23	116		8	57		
1189	Brudzewek (Brudnówek?)	Mrowna	7	7	44		13	144		
1190	Dembe	Dembe	28	46	198	h	23	134	141	Sch
1191	Przywidz	Rudniki	18	35	60		13	91		
1192	Ossowiec	"	23	40	73		18	149		
1193	Czachulec und	Skarzyn und	15	41	205		24	130	319^{+}	Sch
1194	Niedźwiady	Siewieruszki					8	46		
1195	Mycielin	Mycielin	18	49	81	h	18	135	167	Sch
1196	Zbylczyce	Zbylczyce	9	9	35	h	9	80		
1197	Joanka	Niemiecka Wieś	40	81	164	r	36	263	244^{+}	Sch
1198	Brzeziny/Berkfelde	Uniejów	11	8	52	r	14	94		
1199	Jaszczury	Kuszyn	5	7	51	h	5	52		
1200	Szadykierz	"	12	15	103		12	112		
1201	Maranowska (?)	Sobieseki Litt. A	19	23	123		18	124		
1202	Wielopole	Piętno	56	54	302		41	401	183	Sch
1203	Bibianna	"	70	70	386		56	450		
1204	Kotwasice	"	100	120	512		21	438	153	Sch
1205	Leśnik	Borzewisko	18	60	110		?	?		Sch
		Zusammen	910	1255	4666					

Zusammenstellung:

Aus dem Bezirk	Kalisch		910	1255	4666
" " "	Konin		2640	3204	15164
" " "	Petrikau		1293	1484	6862
" " "	Sieradz		1039	1491	7012
" " "	Wieluń		486	626	2220
	Zusammen		6368	8060	35924

In Kalisch, den 13/25 Juni 1835.

Kalischer Wojewodschaftskommission

Der Präses / - /

Der Generalsekretär / - /

Nachtrag zum Verzeichnis der in der Wojewodschaft Kalisch befindlichen Kolonien und Kolonisten

1206	Zament	Dzierzbin	62	61	216		62	462	251	Sch
1207	Danowic	"	34	34	13		34	238	190	Sch
1208	Jarantów	Jarantów	22	22	38	h	8	68		
1209	Chwałborzyce	Chwałborzyce	15	16	70	h	14	163		Sch
1210	Kakawa	Kakawa	23	23	88	h	24	163		
1211	Sobieseki	Sobieseki L.B.	22	22	98		28	296		
1212	Sobieseki	" Lit. B.	21	21	102					
1213	Dębie (Dęby?)	Bronów	4	2	8		6	49		
1214	Korzeniew	Korzeniew	45	84	189		51	399	123	Sch
1215	Stare Holendry	Stropieszyn	10	12	50		?	?		
1216	Prażuchy	"	59	64	247		57	476	160	Sch
1217	Radzany	"	22	29	132		24	171		Sch

Nr.	I.	II.	III.	IV.	V.	VI.	VII.	VIII.	IX.	X.
1218	Sobiesęki Holen.	Sobiesęki L.C.	19	19	1o1	h	41	368	147	Sch
1219	Zakrzyn	Zakrzyn	28	52	95		24	244		
122o	Maleń	Maleń	9	6	6		12	66		
1221	Stok	Stok	22	44	1oo		17	129	178	
1222	Grabiszew	Kiki	13	3o	62		26	19o		Sch
1223	Die Hälfte der Holländer von Grabiszew	Saków	12	2o	35					
1224	Czyste	Długa Wieś	14	31	64		14	87		Sch
1225	Kaczka	Wartska	8	24	41		7	57		
1226	Lipicze	Lipicze	27	27	125	h	23	269		
1227	Celestynów	Malanów	19	19	84		19	155	136	
1228	Alexandrya	Opatówek	51	51	346		43	335		
1229	Zaięczki	"	19	19	84		17	162		
123o	Fajum	"	2o	2o	136		19	137		
1231	Rożenno	"	24	24	116		1o	8o		

In Kalisch, den 29. Juni / 11. Juli 1835.

Anmerkungen zu Tafel V

3 vel Kromnów Niemiecki.

6 vel Wilków Niemiecki.

8 "Marieville", benannt nach Maria Walewska, der Geliebten Napoleons.

2o Auch Budy Grądy oder Hollendry (lt. Lustracja województwa rawskiego).

5o Lt. Breyer, Zur Geschichte von Sompolno, S. 78, eine Häuslerkolonie von Deutschen und Polen.

57 Vgl. E. Mielke: Schlonsk. Chronik eines deutschen Dorfes, Dortmund 1972.

72 Das Dominium Strzelce war Besitz derer von Treskow und "vorbildlich" bewirtschaftet (lt. Słownik Geograficzny Królestwa Polskiego).

91 Die Großgemeinde Iłow war laut Słownik Geograficzny überwiegend von evangelischen Deutschen bewohnt.

1o8 Hier seit 1846 auch jüdische Kolonisten (J. Bartyś im Biuletyn Żydowskiego instytutu historycznego 43/44 (1962), S. 37).

13o, 139-142 Kolonistenlisten bei Pockrandt, DM 3 (1936), S. 132 ff.

149 Nach Pytlak, Die deutschen Kolonisationsbestrebungen, S. 133, waren die Siedler Juden. Vgl. auch Bartyś (s. unter 1o8).

18o Vgl. Nr. 132.

198 Auch Małczew-Holland genannt.

199 Auch Przanowice-Holland genannt.

2o5 Nach Bartyś, S. 39, befanden sich auch hier 1844/5o jüdische Kolonisten.

219 Vgl. Kossmann, Ein Lodzer Heimatbuch, S. 85 ff.

22o Ebenda, S. 66 ff.

233 Die dortigen Holländer haben 1814 ihre Häuser geräumt, die Felder uneingesät hinterlassen und sind nach Rußland gezogen. Sie wurden sogleich durch "andere" ersetzt, die ihren Vertrag 1848 notariell beurkunden ließen (Ohryzko-Włodarska, Przemiany, S. 112).

254 Nach Ohryzko-Włodarska, S. 15o, wurden Rawitów, Dąbrowa, Nowy Port, Jadwigów 1823-3o angelegt.

262 Auch Lisowskie Hol. genannt.

271, 272 Nach Bartyś (s. unter 1o8) befanden sich hier jüdische Kolonisten.

349 Cienkusz ist die Bezeichnung für ein dünnes Bier.

38o F. Guderian: Marianowo, Dortmund 1966, S. 8: "Jedenfalls wurde Wielgolas schlagartig von den Deutschen verlassen, und das Land ging in polnischen Besitz über."

382 Auch Mochowo genannt.

389 Südwärts gibt es ein zweites Ułaski; daneben Cygany und Lutry.

392 Ebenda lag später Marianowo, das Guderian näher beschreibt (s. unter 38o).

4o5 Wenn statt 32 "Angehörigen" 52 gesetzt werden, stimmt die Kolonnensumme mit 8 277.

422 Ratowo dürfte das Dominium und Józefowo die Kolonie gewesen sein.

423 Hier wohnten Weber aus Ozorków, wie in Nr. 437 und 486. Wenn statt 18 "Kolonisten" 8 gesetzt werden, stimmt die Kolonnensumme mit 3 o61.

449 Eine typische Einsiedlung aus südpreußischer Zeit. Damals wurde die ganze Siedlung "kolonial" geordnet und auf Zins umgesetzt. Die deutschen Einsiedlerstellen wurden später von Polen ausgekauft (Słownik Geograficzny).

465 vel Kalskie Hollendry.

478 Nach Pytlak, Die deutschen Kolonisationsbestrebungen, S. 122, eine südpreußische Anlage.

483 vel Jastrzębie-Holl. Die Einwohner waren laut Słownik Geograficzny überwiegend evangelisch-augsburgischen Bekenntnisses.

517 Vgl. Kossmann, Ein Lodzer Heimatbuch, S. 87 ff.

559 Hierzu M. Salzwedel: Kantorats- und Schulgemeinde Władysławów-Kwilno, Hagen 1973.

561 vel Wilamowo.

626-63o Die Entstehung dieser Ortschaften schildert H. Steinberg, Die Brüder in Polen, S. 11 f.

636 Sadurki ?

645 Wólka Zerzeńska.

646 Bei Gilly: Fallelon H(ol), wahrscheinlich irrtümlich für Jablon-Holl.; laut Busch, Beiträge, S. 1o4, eine deutsche Kolonie.

668 Eine bekannte Mennonitensiedlung, vgl. E. L. Ratzlaff: Im Weichselbogen - Mennonitensiedlungen in Zentralpolen, Winnipeg 1971.

678 Vgl. Nr. 652.

738-74o, 744-746 Private Gründungen aus josefinischer Zeit (A. Karasek-Langer: Josefinische Privatsiedlungen im alten Zamośćer Kreise, in: DM 2 (1936), S. 264. Die Kolonisten seien katholische Deutsche gewesen, auch in den Nrn 742, 743).

739 Lt. Bartyś (s. unter 1o8), S. 34, hat es hier seit 1825 auch jüdische Kolonisten gegeben.

741 Nach Śladkowski, Kolonizacja niemiecka, S. 43, waren hier in den 40er Jahren 19 Siedler (davon 16 Deutsche).

746 Der Ort sei in der Mitte des 18. Jhs. durch Deutsche angelegt worden (Słownik Geograficzny).

x) Nach H. Wiercieński, W sprawie wydzielenia Chełmszczyzny, S. 22, befanden sich 1833 in der Lubliner Wojewodschaft 717 Protestanten.

761 vel Krauzów-Holl.

797 "Hier wohnen altgläubige russische Kolonisten" (Słownik Geograf.).

799 "Pac (der Besitzer), ein eifriger Anglomane, bezog Leute aus England und organisierte die Wirtschaft auf englische Weise" (Słownik Geograf.) Vgl. J. Bartyś: Działalność gospodarcza i społeczna (Die wirtschaftliche und soziale Tätigkeit des Generals Ludwig Pac), in: Rocznik Białostocki 9 (1968/9), S. 35-83.

8oo-8o5 Preußische Anlagen von 18oo, z.T. noch auf polnische Zeiten zurückgehend, vgl. A. Müller, Die preußische Kolonisation, S. 133 f., 2o4. Nach der Reyman-Karte lagen die Siedlungen im Sumpf.

8o9 vel Skałka Niemiecka.

813 Die Schule war in Felixów.

849 Wenn statt 55 Feuerstellen 33 gesetzt werden, paßt die doppelte Kolonistenzahl (66) besser; auch stimmt dann die Zehnerstelle der Endsumme.

857 Zieleniec?

866 Heißt heute Michałów.

9o5 vel Boberfeldowo. Lt. Słownik Geograficzny sandiger Boden; die Bevölkerung habe teils der mennonitischen Sekte, teils den Mährischen Brüdern angehört.

942 Vgl. Pockrandt, DM (1936), S. 126 f.

946 Später auch Michalinów.

973 Kolonistenliste von 1818 bei Pockrandt, DM 3 (1936), S. 146.

979 "Die größte Kolonie in der Gemeinde ist die Łazińsker. Sie zählt an 1ooo Einwohner, überwiegend Deutsche" (Słownik Geograficzny, Bd 12, S. 449).

1o18 Auch Smolniki Niemieckie genannt.

1o71 Vgl. A. Eichler: Die deutsche Ansiedlung Königsbach, Lodz 1917; dazu Kossmann, Ein Lodzer Heimatbuch, S. 93 ff.

1o74 vel Trzęs.

1o78 Lt. Busch, Beiträge, S. 177, siedelten hier, wie in den Nrn 1o8o, 1o87, 11o1, 1116 schon frühzeitig "Deutsche Colonisten".

1o91, 1o99 Lt. demselben, S. 129, waren die beiden Orte im J. 1821 fast ausschließlich von Lutheranern bewohnt.

1111 1822 "entstand die Kolonie Rassowy" (Busch, Beiträge, S. 129).

1115 Vgl. Kossmann, Ein Lodzer Heimatbuch, S. 81 ff.

1116 vel Smotryszew-Holl.

1132 "Heute ebenfalls zu einem bedeutenden Teil an Siedler aus Deutschland verkauft" (Słownik Geograficzny).

1135 "Anfänglich von Deutschen besiedelt, die allmählich durch Polen abgelöst wurden" (Słownik Geograficzny).

1149, 115o, 1151, 1155 Vgl. Kossmann, Ein Lodzer Heimatbuch, S. 63 ff.

1152, 1153 Vgl. ebenda, S. 95 ff.

1156 Ebenda, S. 14o-151.

118o, 1182, 1193, 1199, 12oo, 1219, 1227. Gehörten zu den 12 "Colonien", die laut Busch, Beiträge, S. 13o, die evang. Pfarrgemeinde Prażuchy bildeten.

1224 "Zinsbauern rein deutscher Herkunft aus preußischer Zeit; sie können heute gut Polnisch, bewahren aber ihre Sprache dank einer deutsch-evangelischen Schule" (Słownik Geograficzny).

Tafel VI

Seelenzahl der evangelisch-augsburgischen Gemeinden in Kongreßpolen

(F = Filial, Kn = o. J. bei Kneifel, Die ev.-augsb. Gemeinden)

Gemeinde (mit Gründungsjahr)	1865	1913	1923	1938/39
Wiżajny 1844	2 892	3 514	2 150	3 000
Sejny F 1844	548	374	313	400
Suwałki 1793/1838	3 660	2 740	2 794	4 500
Augustów F 1842	548	219	205	250
Szczuczyn F 1840	560	200	660 (?)	300
Łomża 1838/43	1 310	731	634	900
Paproć Duża 1837	1 908	1 450	1 115	1 500
Przasnysz 1835	3 117	2 000	500	•
Lipiny 1837		2 000	2 000	2 500 (1936)
Mława 1839	825	602	370	250
Pułtusk 1848	2 436	2 400	2 100	2 400
Nasielsk 1849	1 603	1 300	1 100	1 500
Biele-Brzeźnica (Płońsk) F 1840	850	1 200	1 200	1 200 Kn
Sierpc 1837	3 001	4 500	4 000	5 000 Kn (mit Siemiątkowo)
Rypin 1784 (Michałki)	4 584	8 000	8 500	8 500 (mit Michałki)
Lipno 1793	5 353	8 000	8 500	8 700 (mit Filialen)
Dobrzyn F 1838	920	1 220	330	600
Ossówka 1838	4 736	7 500	7 000	6 900 (mit Fil.)
Włocławek 1829	1 522	3 500	2 500	3 000 Kn
Nieszawa 1838	2 136	4 000	3 950	•
Nowa Wieś 1843	1 804	1 700	1 570	2 500 Kn
Płock 1804	2 695	3 900	3 000	3 500 Kn
Gostynin 1825	4 628	2 700	2 500	3 500
Gąbin 1829	3 092	3 600	3 500	4 000 (1928)
Iłów 1775	3 120	3 300	3 300	3 200
Secymin 1846	1 549	3 210	3 000	3 000 Kn
Wyszogród 1805	1 644	2 000	2 000	2 000 Kn
Nowy Dwór 1782	1 896	2 400	2 000	3 250 Kn
Stara Iwiczna 1857	2 646	2 115	1 924	3 000 Kn
Warschau 1775	11 230	15 000	13 000 (18 000)	12 000 Kn (21 000)
Radzymin 1844	1 838	2 000	2 000	2 500 Kn
Pilica 1837	3 511	3 000	3 000	3 200 Kn
Karolew F 1871	1 237	ca 565	565	650
Błędów F 1839		456	420	650
Żyrardów-Wiskitki 1805	2 776	4 500	2 861	4 000
Rawa 1829	2 227	ca 2 500	2 500	3 000 Kn
Łowicz 1836	2 081	1 000	990	1 000
Kutno F 1797	1 509	724	822	•
Tomaszów 1830	3 100	10 000	10 000	8 000
Brzeziny 1829	4 114	5 500	6 000	6 300 (mit F Groembach)
Zgierz 1824	4 538	10 000	6 500	6 500
Neu-Sulzfeld (Nowo Solna) 1838	3 110	ca 4 500	4 500	4 000 Gem. Radogoszcz 4 000 Kn 3 500 Gem. Andrzejów

Gemeinde (mit Gründungsjahr)	1865	1913	1923	1938/39
Lodz, Trinitatis 1826	13 412	ca 30 000	20 000	17 500
Lodz, Johannis 1884	-	35 000	30 000	16 500
Lodz, Matthäi 1929	-	-	-	17 000 Kn
Lodz, poln. evang. 1936	-	-	-	1 000 (1936)
Aleksandrów 1801	4 163	5 951	5 584	6 000
Huta Bardzińska F 1839	752	1 049	952	.
Konstantynów 1826	3 471	4 500	3 000	4 000
Pabianice 1818/27	3 099	15 000	10 000	9 200 (mit F Königsbach)
				3 000 Kn (Ruda-Pabj.)
Zduńska Wola 1829	3 630	7 500	4 000	4 420
Łask 1809	1 946	3 000	2 800	3 000 Kn
Poddębice 1838	2 395	1 600	1 500	1 500 Kn
Ozorków 1814/26	3 000	2 940	2 600	3 000
Łęczyca 1841	750	ca 500	500	1 500
Chodecz 1800	3 098	3 000	3 000	3 000 Kn
Przedecz 1827	2 087	1 850	1 940	2 500
Babiak 1796	2 558	1 600	1 550	2 000
Izbica 1910		1 366	1 517	2 000 (1937)
Sompolno 1840	4 954	5 200	5 000	6 800 Kn (mit Fil.)
Maślaki 1842	1 449	1 680	1 540	2 000
Dąbie 1806	3 853	3 000	3 000	3 300
Koło 1843	1 357	1 950	1 800	1 500
Władysławów 1776	2 150	2 000	2 000	2 000 (1935)
Turek 1845	2 063	3 500	3 300	3 100 (1936)
Konin 1826	3 440	3 000	3 500	3 500 Kn
Zagórów 1856	1 690	ca 5 000	5 000	4 500
Lissewo-Pyzdry F 1842	730	.	1 000	1 300 (1935)
Grodziec 1796	4 836	6 000	5 700	7 000 Kn
Stawiszyn 1777	2 310	3 000	2 800	2 800 (1934)
Józefów F 1843	875	1 900	1 750	1 500 Kn
Kalisch 1795	2 029	2 000	2 000	1 600 (1936)
Sobiesęki 1808/19	1 490	1 500	1 500	2 000
Prażuchy 1808	1 945	3 500	3 000	3 500 (1935)
Wieluń 1820	2 340	3 200	3 000	3 000 Kn
Panki F 1854	364	.	.	.
Petrikau 1796	3 334	3 400	3 660	4 500
Kamocin F 1873		750	750	800 (1927)
Bełchatów 1837	2 700	3 000	3 000	3 500 Kn
Poździenice F 1857	870	1 000	1 000	1 600
Kleszczów 1847	2 901	ca 3 000	3 000	4 000 Kn
Radomsko 1917	1 672	2 000	400	400 (1929)
Dziepułć 1841/51			1 520	1 800 (1929)
Częstochowa 1846/52	468	1 850	1 500	1 500
Sosnowiec 1922	-	1 800	1 300	1 500
Dąbrowa F 1840	278	200	150	150
Zawiercie F, vor 1914	-	-	400	300 Kn
Pilica F 1857	369	.	150	150 Kn
Kielce 1835	916	.	2 000	2 000 Kn
Przeczów F 1920	(ca 300)	.	400	500 Kn
Radom 1826	3 105	ca 3 300	3 300	4 000 Kn
Kozienice F 1840	-	ca 550	550	715
Jawor F 1840	-	610	600	750 Kn

Gemeinde (mit Gründungsjahr)	1865	1913	1923	1938/39
Końska Wola F 1841	39o	118	49	5o
Węgrów 165o	2 256	2 2o1	1 497	1 8oo
Sadolesie 1842	1 644	1 6oo	1 25o	1 5oo
Lublin 1784	4 2o4	14 ooo	8 ooo	5 ooo
Cyców 1924	-	-	5 ooo	7 5oo (193o)
Chełm 1876/1936	-	17 ooo	11 ooo	3 ooo
Kamień 1936	-			3 5oo

AUTORENVERZEICHNIS

NAMENVERZEICHNIS

(nicht aufgenommen sind die Namen aus den Karten, aus der Liste auf S. 165 ff., sowie aus den Tafeln im Anhang)

SACHVERZEICHNIS

Von demselben Verfasser sind u. a. erschienen:

Lodz. Eine historisch-geographische Analyse

(Marburger Ostforschungen 25). Holzner-Verlag, Würzburg 1966. Bezug nur über Verlag J. G. Herder-Institut, Marburg/Lahn, Gisonenweg 7. XVI, 176 Seiten, 50 Abbildungen, 22 z. T. mehrfarbige Karten, davon 6 im Großformat in einer Kartentasche. ISBN 3-87969-078-2. Ganzleinen DM 27,–.

Das Werk, das auf die Krakauer Dissertation des Verfassers zurückgeht, ist das literarische Denkmal der größten friedlichen Aufbauleistung des Auslandsdeutschtums im Osten während des 19. Jhs. mit vielfältigem Stoff wirtschaftsgeschichtlicher, urbanistischer, siedlungsgeschichtlicher und -geographischer, soziologischer wie bevölkerungsgeschichtlicher Art. Die Kartenbeilagen besitzen bereits heute dokumentarischen Wert: Mehrfarbiges Kartenblatt der drei Lodzer Nationalitäten um 1864 (hausweise, 1 : 10 000); Herkunftskarte der Lodzer Deutschen aus Sachsen, dem Sudetenland, Schlesien, Brandenburg und dem Posenschen (punktweise je Zuwanderer); zweifarbige Karte der Deutschen und ihres ländlichen Grundbesitzes im weiteren Lodzer Raum (4000 qkm, 1 : 100 000, punktweise je 20 bzw. 10 Deutsche, nach einer inzwischen verlorenen Zählung aus dem J. 1935); Ausschnitte aus Meisterwerken der preußischen Kartographie um 1800; Stadtpläne aller Entwicklungsphasen; Erstveröffentlichung des vom Verfasser entdeckten ältesten Stadtplanes; Karte der altpolnischen Siedlungslandschaft aus vorindustrieller Zeit (1 : 25 000). – Professor Dr. W. Kuhn: „Ich habe schon lange kein geschichtliches Werk mit solcher Freude und Spannung gelesen“ (Jbb. f. Gesch. Osteuropas 15/1967).

Ein Lodzer Heimatbuch

Geschichte und Geschichten aus Stadt und Land. Hrsg. (1967): Hilfskomitee der ev.-luth. Deutschen aus Polen, Hannover, Seilwinderstraße 9-11. 256 Seiten mit vielen Abbildungen und Karten im Text. Kartoniert DM 12,80.

Sammlung verstreuter und sonst schwer zugänglicher Aufsätze, die zumeist in Polen in den Jahren 1926-1936 erschienen waren und mit neu erschlossenem Quellenmaterial über Menschen, Schicksale und Siedlung im Lodzer Raum und dem nordwestlichen Mittelpolen zwischen Warthe und Weichsel unterrichten (Aus polnischer Vorzeit; Bei den Hauländern; Die Schwaben; Hessen bei Lodz; Weber, Spinner und ihre Zünfte; Vom alten deutschen Lodz; Lodzer Deutsch; Landschaft; Religiöse Verwurzelung).

Von demselben Verfasser ist u. a. erschienen:

Polen im Mittelalter

Beiträge zur Sozial- und Verfassungsgeschichte. 1971. Verlag J. G. Herder-Institut, Marburg/Lahn, Gisonenweg 7. XIV, 458 Seiten mit 2 Karten im Text. ISBN 3-87969-096-0. Kartoniert DM 42,–.

„Er [Kossmann] hat mit seinem Buch den ungewöhnlich ambitiösen Versuch gemacht, beinahe alle der am meisten kontroversen Probleme der Sozialgeschichte des frühfeudalen Polen zu bearbeiten und neu zu erklären ... Die Ergebnisse seiner Studien weichen in der Regel sehr weit von den bisherigen ab und erfordern nicht nur, daß sie der Gesamtheit unserer Historiker zugänglich gemacht werden ..., sondern vor allem auch eine sorgsame Verifizierung" (K. Buczek in: Roczniki Historyczne 40 [1974], Seite 2).

„Souveräne Kenntnis der Quellengrundlage ... sowie der ganzen ... Literatur des Gegenstandes, dazu ... eine gewisse Frische der Betrachtungsweise ... ermöglichen es Kossmann, eine kompetente Diskussion mit der bisherigen polnischen Forschung aufzunehmen und ein Werk zu schaffen, ohne welches es in Zukunft schwer sein wird, Forschungen über die mittelalterliche polnische Sozialgeschichte zu betreiben ... Man kann das Werk ruhig neben die Spitzenleistungen der deutschen und polnischen Wissenschaft (Lelewel, Piekosinski, Potkanski, Bujak, Grodecki, Tymieniecki, Buczek) stellen" (J. Strzelczyk in: Studia Historica Slavo-Germanica 3 [1974], Seite 150).

„Ausgangspunkt ist jeweils die Interpretation von Begriffen und Angaben in den Urkunden und erzählenden Quellen, verbunden mit den dazu vorliegenden Darstellungen der älteren und jüngeren polnischen Forschung, einer ebenso unvoreingenommenen wie sachkundig geübten Kritik und der Ausbreitung eigener Lösungsversuche" (H. Helbig in: Zeitschrift für Ostforschung 22 [1973], Seite 546).